Sylvia Nasar

MARKT UND MORAL

Die großen Ökonomen
und ihre Ideen

Aus dem amerikanischen Englisch
übertragen von Yvonne Badal

C. Bertelsmann

Die Originalausgabe ist 2011 unter dem Titel
»Grand Pursuit. The Story of Economic Genius«
bei Simon & Schuster, New York, erschienen.

Verlagsgruppe Random House FSC-DEU-0100
Das für dieses Buch verwendete FSC®-zertifizierte Papier
EOS liefert Salzer Papier, St. Pölten, Österreich.

Umschlaggestaltung: R·M·E, Rosemarie Kreuzer
Bildredaktion: Dietlinde Orendi
Satz: Uhl + Massopust, Aalen
Druck und Bindung: GGP Media GmbH, Pößneck
Printed in Germany
ISBN 978-3-570-10026-4

www.cbertelsmann.de

Für meine Eltern

INHALT

Vorwort:
Die neun Teile der Menschheit

Wohlergehen ist etwas, das Völker erst seit außerordentlich kurzer Zeit kennen. Fast alle waren im Verlauf der Geschichte sehr arm gewesen.
John Kenneth Galbraith, 1958.[1]

In solchem Elend rackern sich, abgesehen von einigen wenigen Verschonten, und selbst unter diesen nur sehr wenige, neun von zehn Teilen des gesamten Menschengeschlechts durchs Leben.
Edmund Burke, 1756.[2]

Dass die Menschheit das Blatt der ökonomischen Zwänge wenden und selbst über ihre materiellen Bedingungen bestimmen könnte, anstatt auf ewig ihr Sklave zu bleiben, ist eine so neue Idee, dass Jane Austen sie niemals auch nur erwogen hat.

Man betrachte einmal die georgianische Opulenz der Welt, in der die Autorin von *Pride and Prejudice (Stolz und Vorurteil)* lebte. Als Bürgerin eines Landes, dessen Wohlstand »das Staunen, die Verwunderung, vielleicht sogar den Neid der übrigen Welt« erregte, gehörte sie einer Zeit an, die den Sieg über den Aberglauben, die Ignoranz und die Tyrannei erlebte, den wir als die Aufklärung des Abendlands bezeichnen.[3] Als sie in den »Mittelstand« der englischen Gesellschaft hineingeboren wurde, hatte »Mitte« noch das Gegenteil von durchschnittlich oder typisch bedeutet. Im Vergleich zu Mr. Bennett aus *Stolz und Vorurteil*, selbst zu den unglückseligen Misses Dashwood aus *Sense and Sensibility (Verstand und Gefühl)*[4], waren die Austens zwar ziemlich mittellos gewesen, hatten aber doch über ein Jahreseinkommen verfügt, das mit einer Höhe von 210 Pfund das Einkommen von 95 Prozent

aller englischen Familien der damaligen Zeit überstieg.[5] Ungeachtet der
»vulgären Sparsamkeit«, die zu üben Jane Austen sich gezwungen sah,
um »Unannehmlichkeiten, Nichtswürdigkeit und den Ruin« abzuwenden[6], verfügte ihre Familie über Besitz, konnten sich deren Mitglieder
einiger Muße hingeben und obendrein aussuchen, welche Beschäftigungen für sie in Frage kamen. Sie besuchten Schulen, besaßen Bücher
und Schreibpapier, leisteten sich Zeitschriften. Weder Jane noch ihre
Schwester Cassandra waren gezwungen, sich als Gouvernanten zu ver-
dingen – brauchten sich also nicht dem gefürchteten Schicksal zu fügen, das Jane Fairfax, der Rivalin von Austens Romanheldin Emma
blüht – oder Männer zu ehelichen, die sie nicht liebten.

Die Kluft zwischen den Austens und den sogenannten »niederen
Ständen« war, wie eine von Janes Biografinnen schrieb, »absolut und
unstrittig«.[7] Der Philosoph Edmund Burke prangerte die Misere der
Bergleute an, die »kaum jemals das Licht der Sonne erblicken; sie sind
in den Gedärmen der Erde begraben und leisten dort ihre schwere und
trostlose Fron, ohne die geringste Aussicht, jemals von ihr erlöst zu
werden; sie ernähren sich von der derbsten und abscheulichsten Kost;
ihre Gesundheit wird jämmerlich geschädigt, ihr Leben verkürzt«.[8]
Doch was den Lebensstandard betraf, zählten selbst diese »Jammerge-
stalten« noch zu den relativ Begünstigten.

Der *typische* Engländer war Landarbeiter.[9] Dem Wirtschaftshistoriker Gregory Clark zufolge waren seine materiellen Lebensbedingungen nicht viel besser als die des durchschnittlichen römischen Sklaven.
Das Cottage eines Landarbeiters bestand aus einem einzigen düsteren
Raum, den er sich tagein, tagaus mit der Frau, den Kindern und dem
Vieh teilte. Seine einzige Wärmequelle war eine qualmende Holzkoch-
stelle; er besaß lediglich eine Garnitur Kleidung; er reiste nicht weiter,
als ihn seine Füße tragen konnten; seine einzigen Entspannungen waren Sex und Wilderei; er erfuhr niemals ärztlichen Beistand; er war
sehr wahrscheinlich nicht des Lesens und Schreibens mächtig; und
seine Kinder wurden zur Arbeit als Kuhhirten oder Vogelscheuchen
eingeteilt, bis sie alt genug waren, um selbst zur »Pflicht« gerufen zu
werden.

Sogar in guten Zeiten aß der Landarbeiter nur derbe Nahrung: Weizen und Gerste in Form von Brot oder Brei. Schon Kartoffeln waren
ein unerreichbarer Luxus. (»Sie sind sehr gut, für Euch Edle, müssen

aber schrecklich teuer im Anbau sein«, sagte ein Dorfbewohner zu Jane Austens Mutter.[10]) Clark schätzt, dass der britische Landarbeiter durchschnittlich tausendfünfhundert Kalorien am Tag zu sich nahm, ein Drittel weniger als das Stammesmitglied einer neuzeitlichen Jäger- und-Sammler-Gesellschaft in Neuguinea oder am Amazonas.[11] Abgesehen davon, dass er chronisch Hunger litt, setzten ihn die unentwegt schwankenden Brotpreise der ständigen Gefahr des Hungertods aus. In den Sterberaten des 18. Jahrhunderts spiegeln sich deutlich die schlechten Ernten und kriegsbedingten Inflationen.[12] Und doch ging es dem typischen Engländer besser als seinem französischen oder deutschen Pendant. Der Staatsphilosoph Edmund Burke konnte seinen englischen Lesern glaubhaft versichern, dass die »Knechtschaft bei uns daheim all ihrer Niedertracht und ihren Schrecken zum Trotz nichts ist im Vergleich zu dem, was sich die übrige Welt in dieser Hinsicht leistet«.[13]

Allenthalben herrschte Resignation. Handel und Industrielle Revolution hatten den Wohlstand der Nation anschwellen lassen, doch selbst der aufgeklärteste Beobachter fand sich damit ab, dass man an der göttlichen Verdammung fast jedes Menschen zu Armut und »quälender Plackerei [...] an jedem Tage deines Lebens« nichts ändern konnte. Die Stationen des Lebens waren gottgewollt oder von der Natur vorgegeben. Wenn ein treuer Bediensteter starb, pflegte man ihn dafür zu loben, dass er »die Pflichten der Stationen des Lebens erfüllte, zu welchen es Ihm gefallen hat, ihn in die Welt zu setzen«.[14] Der georgianische Reformer Patrick Colquhoun fühlte sich genötigt, seiner radikalen Forderung nach einer staatlichen Ausbildung für die Kinder der Armen die Versicherung voranzustellen, dass er damit keineswegs meinte, »sie sollten auf eine Weise erzogen werden, die ihren Verstand über den Rang hinaus erhebt, welchen zu besetzen ihnen in der Gesellschaft bestimmt ist«; doch helfe man ihnen nicht, laufe man Gefahr, dass »diejenigen, welche zu mühevollen Tätigkeiten und einem minderwertigen Stand bestimmt wurden«, ihren Unmut zu äußern begännen.[15]

In Jane Austens Welt kannte ein jeder seinen Platz, und niemand stellte ihn in Frage.

Kaum fünfzig Jahre nach Austens Tod war die Welt bis zur Unkenntlichkeit verändert. Das lag nicht nur am »außergewöhnlichen Vormarsch des Wohlstands und Luxus oder an der Verfeinerung des

Geschmacks«[16], oder an der beispiellosen Verbesserung der Lebensumstände all derjenigen, für welche sie bisher als unabänderlich gegolten
hatten. Dem spätviktorianischen Statistiker Robert Giffen schien es geboten, seine Leser daran zu erinnern, dass die Löhne zu Jane Austens
Zeiten nur halb so hoch gewesen seien und »periodischer Hungertod
vor fünfzig Jahren die Conditio der breiten Masse der Werktätigen im
gesamten Königreich war…«[17]. Man hatte das Gefühl, dass mit einem
Mal alles in Fluss geriet, was im Laufe von Äonen festgelegt und eingefroren worden war. Nun stellte sich nicht mehr die Frage, ob sich die
Umstände jemals ändern könnten, sondern nur noch, in welchem Ausmaß, wie schnell und zu welchem Preis sie das tun würden. Zum ersten
Mal kam der Gedanke auf, dass Veränderungen nichts Zufälliges oder
reine Glückssache waren, sondern die Folge der Intentionen, des Willens und des Wissens der Menschheit.

Die Idee, dass der Mensch zwar ein Produkt seiner Umstände sei,
diese aber weder vorherbestimmt noch unabänderlich, undurchsich-
tig oder dem Eingriff des Menschen gänzlich unzugänglich seien, war
eine der radikalsten Erkenntnisse aller Zeiten. Sie stellte die existenzielle Wahrheit, dass die Menschheit den Diktaten Gottes und der Natur unterworfen sei, grundsätzlich in Frage; sie implizierte, dass sich
der Mensch dank neuer Werkzeuge in die Lage versetzen könne, sein
Schicksal in die eigene Hand zu nehmen; sie verlangte nach Frohlocken und Tun, nicht nach Pessimismus und Resignation. Vor 1870 war
es in der Nationalökonomie im Wesentlichen um das gegangen, was
nicht machbar war. Nach 1870 ging es im Wesentlichen nur noch um
das Machbare.

»Der Wunsch, die Menschheit selbst in den Sattel zu heben, ist die
Triebfeder fast allen Denkens beim Studium der Ökonomie«, schrieb
Alfred Marshall, der Vater der modernen Nationalökonomie. Die wirtschaftlichen Möglichkeiten – im Gegensatz zu den spirituellen, politischen oder militärischen – ergriffen sogar von der Phantasie des Volkes
Besitz. Viktorianische Intellektuelle waren besessen von der Ökonomie,
und vielfach auch von dem Wunsch, große Werke auf diesem Gebiet zu
verfassen. Inspiriert von den Fortschritten der Naturforscher, begannen
sie schließlich ein Werkzeug zu formen, mit dem sich jener »sehr in-
geniöse und sehr mächtige gesellschaftliche Mechanismus« erforschen
ließ, welcher nicht nur die Entwicklung eines bis dahin beispiellosen

materiellen Wohlstands, sondern auch eine Fülle von neuen Möglichkeiten nach sich zog. Schlussendlich sollte die neue Ökonomie das Leben eines jeden Menschen auf diesem Planeten transformieren.

Das vorliegende Buch ist weniger eine Geschichte des ökonomischen
Denkens als die Geschichte einer Idee, die im Goldenen Zeitalter vor
dem Ersten Weltkrieg das Licht der Welt erblickte, während des Ersten Weltkriegs, des Aufstiegs von totalitären Regimen in den katastrophalen Zwischenkriegsjahren, einer Weltwirtschaftskrise und im Zweiten Weltkrieg bekämpft wurde, um in einem neuen Goldenen Zeitalter
nach dem Zweiten Weltkrieg schließlich wiederbelebt zu werden.

Alfred Marshall bezeichnete die moderne Ökonomie mit dem alt-
griechischen Wort für »Werkzeug« als ein »Organon«. Er hielt diese
Wissenschaft demnach nicht per se für einen Hort von Wahrheiten,
sondern für ein »analytisches Instrument«, das der Entdeckung von
Wahrheiten dient, und für ein Hilfsmittel, das, wie es der griechische
Begriff impliziert, sich selber niemals vollkommen perfektionieren oder
vollenden lässt, sondern ebenfalls stetiger Verbesserungen, Adaptionen
und Innovationen bedarf. Sein Schüler John Maynard Keynes bezeichnete die Ökonomie als ein »Instrumentarium des Verstands«, das, wie
jede andere Wissenschaft, unerlässlich sei, und zwar nicht nur für die
Analyse der modernen Welt, sondern auch, um das meiste aus deren
Angeboten herauszuholen.

Ich wählte für dieses Buch Protagonisten, die Entscheidendes zur
Verwandlung der Ökonomie in ein Kontrollinstrument beigetragen haben. Ich wählte Männer und Frauen mit »kühlen Köpfen, aber heißen Herzen«[18], die an der Konstruktion von Marshalls »Triebfeder«
und von Keynes' innovativem »Instrumentarium« beteiligt waren. Ich
wählte Personen, deren Temperamente, Erfahrungen und Genii sie auf
ihre jeweils eigene Zeit und das eigene Umfeld reagieren und damit
zu neuen Fragestellungen und neuen Antworten inspirieren ließen. Ich
wählte Menschen, die die Geschichte dieser Verwandlung seit den Vierzigerjahren des 19. Jahrhunderts von London aus auf der ganzen Welt
verbreitet haben, bis sie um die Wende zum 21. Jahrhundert schließlich in Kalkutta ihr vorläufiges Ende fand. Ich versuchte mir vorzustellen, was diese Personen sahen, als sie ihre jeweilige Welt betrachteten,
und versuchte zu verstehen, was sie bewegte, faszinierte, inspirierte.

All diese Denker hatten nach geistigen Werkzeugen gesucht, die helfen konnten, das »politische Problem der Menschheit« zu lösen, welches für Keynes in der Frage bestand: »Wie lassen sich drei Dinge miteinander in Einklang bringen: ökonomische Effizienz, soziale Gerechtigkeit und individuelle Freiheit?«[19]

Keynes' erster Biograf Roy Harrod berichtete, dass dieser proteische Mensch all die Maler, Schriftsteller, Choreografen und Komponisten, die er so liebte und bewunderte, als »Treuhänder der Zivilisation« betrachtet habe. Für ökonomische Denker seines Schlages strebte er hingegen die bescheidenere, aber ebenso unerlässliche Rolle von »Treuhändern nicht der Zivilisation, aber der Möglichkeit von Zivilisierung« an.[20]

Es ist in nicht geringen Maßen diesen Treuhändern zu verdanken, dass sich die Idee, man könne neun Teile der Menschheit von ihrem uralten Schicksal befreien, im London der viktorianischen Zeit durchsetzen konnte. Von dort aus verbreitete sie sich wie kleine Wellen in einem Teich, um schließlich Gesellschaften auf der ganzen Welt zu verändern.

Sie verbreitet sich noch immer.

ERSTER AKT

HOFFNUNG

Prolog:
Mr. Sentiment versus Ebenezer Scrooge

Es waren die schlechtesten aller Zeiten.

Als Charles Dickens im Juni 1842 von seiner triumphalen Lesereise durch Amerika zurückkehrte, wurde England gerade vom Schreckgespenst des Hungers heimgesucht.[1] Der Brotpreis hatte sich nach mehreren Missernten verdoppelt. Die Städte wurden überschwemmt von verarmten Migranten aus ländlichen Regionen, die auf der Suche nach Arbeit oder, in deren Ermangelung, nach Almosen waren. Der Baumwollhandel erlebte das vierte Jahr einer schweren Krise, arbeitslose Fabrikarbeiter waren auf die Wohlfahrt oder private Suppenküchen angewiesen. Der konservative Sozialkritiker Thomas Carlyle warnte düster: »Angesichts der Millionen, denen nichts mehr zum Leben bleibt [...], wird nur allzu deutlich, dass die Nation auf dem besten Wege ist, Selbstmord zu begehen.«[2]

Dickens, der zutiefst überzeugt war vom Wert einer Bildung, der bürgerlichen und religiösen Freiheit und des gleichen Wahlrechts für alle, nahm die hereinbrechende Welle des Klassenhasses mit Entsetzen wahr.[3] Im August desselben Jahres kam es während eines Streiks der Baumwollspinner zu Gewalttätigkeiten. Binnen weniger Tage eskalierte die Auseinandersetzung. Die Führung der »People's Charter«-Bewegung rief zu einem landesweiten Generalstreik auf und forderte das allgemeine Wahlrecht.[4] Die Chartisten hatten sich die Sache der radikalen Bürgervertreter im Parlament zu eigen gemacht – »ein Mann – eine Stimme« – und sie auf die Straße getragen. Prompt ließ die Tory-Regierung von Premierminister Robert Peel die Redcoats der Marine aufmarschieren, um die Agitatoren zusammenzutreiben. Die meisten Streikenden begannen, in die Fabriken zurückzukehren, aber Carlyle, dessen Bericht über die Französische Revolution Dickens wieder und wieder gelesen hatte, warnte düster: »Rebellion, die verdrossene, rachsüchtige Stimmung der Rebellion gegen die Oberschichten [...] wird mehr und mehr zur allgemeinen Geisteshaltung der niederen Stände.«[5]

In den schillernden Londoner Salons, wo die Lords und Ladies so für ihn schwärmten, war Dickens nicht nur seiner republikanischen Gesinnung wegen eine Ausnahmeerscheinung, mindestens ebenso sehr stach er seiner Prunkkrawatten wegen ins Auge. Nachdem Carlyle ihm, der damals dreißigjährigen Literatursensation, zum ersten Mal begegnet war, schilderte er ihn herablassend als »eine kleine gedrungene Gestalt, *sehr* klein«, und merkte noch gehässig an, dass er »eher à la d'Orsay denn gut« gekleidet gewesen sei – was so viel hieß, wie: protzig wie ein französischer Comte.[6] Carlyles bester Freund John Stuart Mill, Vertreter des philosophischen Radikalismus, sah sich angesichts dieser Beschreibung an einen jakobinischen Revolutionär »mit der vom Genius erhellten Miene schäbiger Schurkerei« erinnert.[7] Unter den Gästen der modischen Mitternachtssoirees löste der Chartisten-»Aufstand« jedenfalls heftige Auseinandersetzungen aus. Carlyle stellte sich hinter den Premierminister, welcher harte Maßnahmen für unabdingbar hielt, auf dass die Radikalen die Lage nicht ausnutzen könnten, und der Meinung war, dass den wirklich Bedürftigen ohnedies längst geholfen würde. Dickens jedoch war zutiefst überzeugt – ungeachtet dessen, dass er einmal geschworen hatte, er würde »jederzeit weiter als jeder andere lebende Mann gehen, um Carlyle zu sehen«[8] –, dass Besonnenheit und Gerechtigkeit es von der Regierung verlangten, den leistungsfähigen Arbeitslosen und ihren Familien Fürsorge angedeihen zu lassen.

Die »Hungrigen Vierziger« führten zur Wiederbelebung einer Debatte, die schon in den Hungerjahren während der Napoleonischen Kriege von 1799 bis 1815 getobt hatte. Der strittige Punkt dabei war das kontroverse Bevölkerungsgesetz von Reverend Robert Thomas Malthus. Der Zeitgenosse von Jane Austen und Inhaber des ersten englischen Lehrstuhls für Nationalökonomie war ein scheuer, von einer Hasenscharte gezeichneter anglikanischer Pastor mit einem weichen Herzen und einem schonungslos realistischen, mathematischen Verstand. Schon während seiner Zeit als Vikar hatte ihn der Hunger in seiner ländlichen Gemeinde entsetzt. Die Bibel legte derartige Nöte der angeblich angeborenen Sündhaftigkeit von Armen zur Last; französische

Modephilosophen wie der Marquis de Condorcet, ein Freund seines Vaters, gaben dem Eigennutz der Reichen die Schuld. Malthus fand keine dieser beiden Erklärungen überzeugend und sah sich deshalb gezwungen, nach einer besseren zu suchen. Es sollte sein *Essay On the Principle of Population (Eine Abhandlung über das Bevölkerungsgesetz)* aus dem Jahr 1798 werden, der bis zu Malthus' Tod 1834 fünfmal neu aufgelegt wurde. Diese Schrift inspirierte dann nicht nur Charles Darwin und die anderen Begründer der Evolutionstheorie, sondern veranlasste auch Carlyle, die Ökonomie als eine »trostlose Wissenschaft« zu bezeichnen.[9]

Der Umstand, den Malthus zu erklären versuchte, war, dass »neun von zehn Teilen des gesamten Menschengeschlechts«, wie Edmund Burke geschrieben hatte, in allen Gesellschaften und Zeiten, seinen eigenen eingeschlossen, zu einem Leben in erbärmlicher Armut und aufreibender Schufterei verurteilt waren.[10] Sofern der typische Erdenbewohner nicht tatsächlich verhungerte, lebte er zumindest in ständiger Angst vor dem Hungertod. Es gab Zeiten des Wohlstands und Zeiten der Knappheit, es gab reichere und ärmere Regionen, doch der Anstieg des Lebensstandards über das Existenzminimum währte nie lang.

In dem Versuch, die uralte Frage des »Warum?« zu beantworten, nahm der sanftmütige Kleriker nicht nur Charles Darwin, sondern auch Sigmund Freud vorweg: Der Schuldige, stellte er fest, sei »der Geschlechtsverkehr«. Ob ihn davon das Elend in seiner Gemeinde überzeugt hatte, ob er von den Naturforschern überzeugt worden war, die erstmals begannen, den Menschen zu den Tieren zu zählen, oder durch die Geburt seines eigenen siebten Kindes – jedenfalls war Malthus zu dem Schluss gekommen, dass der Fortpflanzungstrieb stärker war als alle anderen menschlichen Triebe und Anlagen, mächtiger noch als die Begabung zur Vernunft, die Erfindungsgabe, die Schöpferkraft und sogar der religiöse Glaube.

Von dieser einzigen provokanten Prämisse leitete Malthus dann den Grundsatz ab, dass die menschliche Population immer und überall dazu tendierte, schneller anzuwachsen als die Nahrungsquellen. Seine Beweisführung war trügerisch einfach. Man stelle sich eine Situation vor, in der es ein adäquates Nahrungsangebot für die Versorgung einer gegebenen Bevölkerung gibt: Dieses glückselige Gleichgewicht konnte seiner Meinung nach schlicht nicht länger währen als Adams

und Evas Anspruch auf das Paradies. Denn ihre animalischen Leidenschaften trieben Männer und Frauen dazu, früher zu heiraten und größere Familien zu gründen; derweil bleibe das Nahrungsangebot mehr
oder weniger unverändert, ausgenommen auf sehr lange Sicht gesehen;
das Ergebnis sei, dass die Mengen von Getreide und von den anderen
Grundnahrungsmitteln, die bisher gerade ausreichend gewesen seien,
um alle am Leben zu erhalten, nun nicht mehr genügten. Malthus' unvermeidliche Schlussfolgerung lautete: Die »Armen müssen folglich
viel schlechter leben...«[11].

In jeder Volkswirtschaft, in der Geschäftsleute um Kunden und
Arbeiter um Jobs buhlen, bedeutete ein Bevölkerungswachstum, dass
mehr Haushalte um ein unverändertes Nahrungsangebot und mehr
Arbeiter um ein unverändertes Arbeitsangebot konkurrierten. Zwangsläufig drückte dieser Wettbewerb die Löhne und schraubte die Lebensmittelpreise in die Höhe. Der durchschnittliche Lebensstandard – die
jeder Person zur Verfügung stehenden Nahrungsmittel und anderen le-
bensnotwendigen Güter – sank.

An einem bestimmten Punkt wurde Getreide so teuer und Arbeit so
billig, dass sich die Dynamik ins Gegenteil verkehrte. Als der Lebensstandard sank, waren Männer und Frauen wieder einmal gezwungen,
ihre Eheschließungen zu verschieben und weniger Kinder zu bekommen. Der anschließende Bevölkerungsrückgang zog dann einerseits ein
Sinken der Preise nach sich, da weniger Haushalte um das zur Verfügung stehende Nahrungsangebot konkurrierten, andererseits einen
Anstieg der Löhne, da weniger Arbeiter um die vorhandenen Arbeitsplätze konkurrierten. Als Nahrungsversorgung und Bevölkerungs-
größe schließlich wieder im Gleichgewicht waren, pendelte sich auch
der Lebensstandard auf dem alten Niveau ein. Das heißt, sofern nicht
die »große Vernichtungsarmee« der Natur[12] – Krieg, Seuchen und
Hunger – eingriff und den Prozess beschleunigte, wie es zum Beispiel
im 14. Jahrhundert der Fall gewesen war, als die Pest Millionen da-
hinraffte und eine im Verhältnis zur Nahrungsmittelproduktion geschrumpfte Population zurückließ.

Tragischerweise sollte das neue Gleichgewicht ebenso wenig von
Dauer sein wie das ursprüngliche. »Ist dann die Lage der Arbeiter wie-
der leidlich gut geworden«, schrieb Malthus betrübt, »so treten die
Hemmnisse der Bevölkerungsvermehrung etwas zurück, und einige

Zeit darauf wiederholen sich die gleichen mit Rücksicht auf die Volks-
wohlfahrt retrograden und progressiven Bewegungen.«[13] Der Versuch,
den durchschnittlichen Lebensstandard zu heben, ist eine Sisyphusar-
beit: Je schneller Sisyphus seinen Fels auf den Berg zu rollen versucht,
umso schneller löst er die Reaktion aus, die den Stein wieder den Ab-
hang herunterrollen lässt.

Alle Versuche, sich über das Bevölkerungsgesetz hinwegzusetzen,
waren zum Scheitern verurteilt. Arbeiter, die auf Löhne über dem
Marktwert beharrten, fanden keine Anstellung. Arbeitgeber, die ihren
Arbeitern höhere Löhne als die Konkurrenz bezahlten, verloren ihre
Kunden in dem Moment, in dem sie die höheren Arbeitskosten zu
Preiserhöhungen zwangen.

Die verwerflichste Folgerung aus Malthus' Gesetz war für die Viktorianer jedoch, dass die Wohlfahrt jene Not, welche zu lindern sie angetreten war, sogar noch verschlimmern könnte – eine direkte Herausforderung an das biblische Gebot »Du sollst deinen Nächsten lieben wie
dich selbst«. Tatsächlich stand Malthus dem traditionellen englischen
Wohlfahrtssystem höchst kritisch gegenüber, weil er fand, dass es relativ bedingungslose Hilfe leistete und den Faulen auf Kosten des Fleißigen belohnte. Unterstützung wurde immer proportional zur Größe der
Familie gewährt, was faktisch dazu ermunterte, früh zu heiraten und
viele Kinder zu bekommen. Konservative wie liberale Steuerzahler fanden Malthus' Argumente schließlich derart überzeugend, dass das Parlament 1834 einstimmig ein Armengesetz verabschiedete, welches die
öffentliche Wohlfahrt auf diejenigen beschränkte, die bereit waren, in
Bezirksarmenhäuser einzuziehen.

»Ich bitte, Herr, ich möchte noch etwas haben.« Wie auch Oliver
Twist nach dieser berühmten Bitte entdecken musste, waren Armenhäuser im Wesentlichen Gefängnisse: Männer und Frauen wurden getrennt untergebracht, mussten unangenehme Arbeiten leisten und waren einer harten Disziplin unterworfen – alles im Gegenzug für einen
Schlafplatz und »täglich drei Portionen Haferschleim […] und außerdem zweimal wöchentlich eine Zwiebel dazu pro Mahlzeit und sonntags eine halbe Semmel«[14]. In den meisten Armenhäusern war die Verpflegung wahrscheinlich nicht ganz so karg wie die Hungerkost, die
Dickens in seiner Novelle beschrieb, doch zweifellos standen solche
Anstalten ganz oben auf der Liste der Missstände, die die Armen zu er-

dulden hatten.[15] Wie die meisten reformfreudigen liberalen Bürger hielt auch Dickens das neue Armengesetz für moralisch verwerflich und politischen Selbstmord; und die Theorie, auf der es beruhte, war für ihn ein Relikt aus barbarischen Zeiten. Er war erst kurz zuvor aus Amerika zurückgekehrt – dem »großen Land, wo Tausende von Millionen Morgen Landes noch nicht urbar gemacht sind« und man »eine große Menge Fleischspeisen täglich dreimal« verzehrte – und fand die Vorstellung schlicht absurd, dass der Welt durch die Abschaffung der Armenhäuser die Nahrungsmittel ausgehen würden.[16]

Wild entschlossen, eine Lanze für die Armen zu brechen, begann er 1843 eine Parabel über einen reichen Geizhals zu schreiben, der sich am Weihnachtsabend in einen gütigen Menschen verwandelt. Dickens wollte, dass diese Geschichte »mit der zwanzigfachen Kraft – der zwanzigtausendfachen Kraft« eines politischen Pamphlets einschlagen würde.[17]

A Christmas Carol [Weihnachtslied] sei Dickens' direkte Antwort auf Malthus gewesen, schreibt der Wirtschaftshistoriker James P. Henderson.[18] Die Novelle gibt einen Einblick in ein außerordentlich buntes Potpourri an kulinarischen Köstlichkeiten und Düften. Das England der Dickens'schen Geschichte ist keine felsige, karge, übervölkerte Insel, auf der Nahrungsknappheit herrscht, sondern ein riesiges Fortnum & Mason-Reich, in dem sich die Regale biegen, die Lebensmittelkisten bodenlos und die Fässer niemals leer sind. »Auf dem Fußboden waren zu einer Art von Thron Truthähne, Gänse, Wildbret, große Braten, Spanferkel, lange Reihen von Würsten, Pasteten, Plumpuddings, Austerfäßchen, glühende Kastanien, rotbäckige Äpfel, saftige Orangen, appetitliche Birnen, ungeheure Stollen und siedende Punschbowlen aufgehäuft, die das Zimmer mit köstlichem Geruch erfüllten. Auf diesem Thron saß behaglich und mit fröhlichem Angesicht ein Riese, gar herrlich anzuschauen. In der Hand trug er eine brennende Fackel, fast wie ein Füllhorn gestaltet, und hielt sie steil in die Höhe, um Scrooge damit zu beleuchten, wie er in das Zimmer guckte.« Die Geflügel-, Obst- und Gemüsehändler »strahlten in heller Freude«, während sie die Londoner einluden, ihre »Gewölbe« zu betreten und sich an den Lebensmitteln und Getränken zu ergötzen: Es war ein »glänzendes, fröhliches Märchenland«.[19]

In einem England, das eher vom Überfluss der Neuen Welt denn vom Mangel der Alten gekennzeichnet war, wirkte der knochig dürre, anorektische Ebenezer Scrooge wie ein Anachronismus. Wie James P. Henderson schreibt, ist sich dieser Geschäftsmann »des neuen Geistes menschlichen Mitgefühls ebenso unbewusst wie der Freigebigkeit, die ihn umgibt«.[20] Er ist ein eingefleischter Anhänger der Tretmühle und der Arbeitshäuser im buchstäblichen wie übertragenen Sinne: »…sie kosten genug«, behauptet er, »und wem es schlecht geht, der mag dorthin gehen.« Als Dickens' Weihnachtsgeist einwendet: »Viele können nicht hingehen, und viele würden eher sterben«, erwidert Scrooge kühl: »Wenn sie eher sterben würden […], so wäre es gut, wenn sie es täten und die überflüssige Bevölkerung dadurch verminderten.«

Glücklicherweise stellt sich heraus, dass Scrooges Hartherzigkeit ebenso wenig in Stein gemeißelt ist wie die Nahrungsmenge, die jedem zur Verfügung steht. Als er erfährt, dass auch Tiny Tim zur »überflüssigen Bevölkerung« zählt, ist er entsetzt und gibt prompt seinen malthusischen Glauben hin: »Nein, nein«, drängte Scrooge. »Ach nein, guter Geist, sag, daß [das Kind] am Leben bleiben wird.« Da schleudert ihm der Geist spöttisch entgegen: »Was tut es auch? Wenn es sterben muß, ist es besser, es tue es gleich und vermindere die überflüssige Bevölkerung.«[21] Scrooge bereut und beschließt, seinem seit Langem darbenden Schreiber Bob Cratchit eine Gehaltserhöhung zu gewähren und ihm einen Festtagstruthahn zukommen zu lassen. Indem Scrooge – rechtzeitig genug, um den Gang der Dinge noch ändern zu können –, die hoffnungsvollere, weniger fatalistische Sichtweise von Dickens' Generation übernimmt, ficht er also die trostlose malthusische Prämisse an, dass »die blinde und brutale Vergangenheit« dazu verdammt sei, sich ewig zu wiederholen.

Cratchits fröhliches Weihnachtsmahl war Dickens' unmittelbare Replik auf Malthus' Metapher von »Nature's mighty feast«, wonach an der großen Festtafel der Natur kein Gedeck für den Armen aufgelegt war. Er verstand sie als eine Warnung vor den unbeabsichtigten Folgen gut gemeinter Wohlfahrt, gerade so, wie er es mit seiner Geschichte vom ungebetenen Gast illustriert hatte: Ein mittelloser Mann bittet die Gäste an einer Tafel, ihm Platz zu machen. Zu früheren Zeiten hätten ihn die Teilnehmer an dem Mahl fortgeschickt, nun aber, verzaubert von den französischen Utopien, beschließen sie zu ignorieren, dass die Speisen nur für die geladenen Gäste ausreichen. Was sie jedoch nicht voraussehen, während sie den Neuankömmling an ihrer Tafel Platz nehmen lassen, ist das prompte Eindringen weiterer ungebetener Gäste. Die Speisen gehen zur Neige, noch bevor jedem geladenen Gast serviert wurde, und deren Genuss an diesem Mahl wird prompt »vom Anblick des Elends und der Abhängigkeit zunichte gemacht«.[22]

Die ächzende Festtafel, um die mit glücklichen Gesichtern die Cratchits sitzen, ist die Antithese des kargen, streng rationierten Mahls der Natur. Im Gegensatz zu den Portionen, die die Natur nur so widerstrebend auftischt, steht Mrs. Cratchits Plumpudding – »hart und fest wie eine gefleckte Kanonenkugel, in einem Viertelquart Rum flammend und in der Mitte mit der festlichen Stechpalme geschmückt«. Vielleicht reicht es nicht für einen Nachschlag, aber es reicht für die ganze Familie. »Mrs. Cratchit meinte, da die Last von ihrem Herzen sei, wolle sie nur gestehen, daß sie wegen der Menge des Mehls gar sehr in Angst gewesen sei. Jeder hatte darüber etwas zu sagen, aber keiner sagte oder dachte, es sei doch ein zu kleiner Pudding für eine so große Familie. Das wäre offenbare Ketzerei gewesen. Jeder Cratchit würde sich geschämt haben, an so etwas nur zu denken.«[23]

Der Geist der Weihnacht greift um sich. Am Ende der Geschichte will sogar Scrooge nicht mehr darben. Statt einsam seine übliche Schleimsuppe zu schlürfen, überrascht der gewandelte Mann seinen Neffen mit einem unangekündigten Besuch zum Weihnachtsmahl. Unnötig zu betonen, dass der Neffe eilends ein Gedeck für ihn aufträgt.

Dickens' Hoffnung, dass *A Christmas Carol* die Öffentlichkeit mit der Wucht eines Schlaghammers treffen würde, erfüllte sich. Sechstausend Exemplare der Novelle wurden zwischen ihrer Veröffentlichung am 19. Dezember und dem Weihnachtsabend verkauft, und sie wurde nicht nur zu seinen Lebzeiten ständig neu aufgelegt, sie wird es bis heute.[24] Dickens' Schilderungen der Armut brachten ihm zwar so spöttische Beinamen wie »Mr. Sentiment«[25] ein, doch der Erzähler sollte nie von seiner Überzeugung lassen, dass es einen Weg gebe, das Los der Armen zu lindern, ohne gleich die bestehende Gesellschaftsordnung umzustürzen.

Dickens war zu sehr Geschäftsmann, um sich vorstellen zu können, dass Pläne für die Verbesserung der sozialen Zustände erfolgreich sein könnten, solange sie nicht auf soliden ökonomischen Füßen standen.

Er war eher ein »reiner Modernist« und »Fortschrittsgläubiger« als ein Kritiker der Industriellen Revolution. In Anbetracht seines großen Erfolges noch vor seinem dreißigsten Geburtstag hatte er sein eigenes Talent bereits zu stark ausgeschöpft, um noch bezweifeln zu können, dass der Mensch mit seinem Einfallsreichtum das Ruder übernehmen kann. Außerdem hatte er, der selbst der Armut entflohen war und sein Glück in der aufstrebenden neuen Massenmedienindustrie gesucht hatte, nichts übrig für Konservative wie Carlyle oder für Sozialisten wie Mill, die sich beide zuzugeben weigerten, dass sich die englische Gesellschaft »langsam, schmerzlich und mit vielen harten Kämpfen aus dieser sozialen Schande und Ignoranz erhob«, derweil sie selbst »auf diese ganze blinde und brutale Vergangenheit mit einer Bewunderung zurückblicken, welche sie der Gegenwart nicht gewähren«[26].

Dickens' Gefühl, dass die englische Gesellschaft gerade aus einem langen Albtraum erwachte, erwies sich als prophetisch. Binnen eines Jahres nach dem »Aufstand« der Chartisten wurde eine neue, tolerantere und optimistischere Stimmung spürbar. Selbst der Tory-Premierminister Robert Peel gab hinter vorgehaltener Hand zu, dass viele Beschwerden der Chartisten begründet waren.[27] Selbst Arbeiterführer stemmten sich gegen den Ruf nach einem Klassenkampf und unterstützten die Kampagne der Arbeitgeber für die Aufhebung der Einfuhrzölle, die auf Getreide und andere Nahrungsmittel erhoben wurden. Liberale Politiker reagierten auf die Berichte der Parlamentskommissionen, die sich mit Kinderarbeit, Fabrikunfällen und anderen Übeln befasst hatten, mit der Einführung von Gesetzen zur Regelung der Arbeitszeiten von Frauen und Kindern.

Dickens konnte sich nicht vorstellen, dass die Welt jemals ohne eine »calculating science«, eine volkswirtschaftliche Berechnungswissenschaft, auskommen würde. Aber er hoffte, die politischen Ökonomen ebenso ändern zu können, wie der Weihnachtsgeist Scrooge verändert hatte. Er wollte, dass sie endlich aufhörten, Armut wie ein Naturphänomen zu behandeln, wollte, dass sie Ideen und Intentionen nicht grundsätzlich belanglos oder es völlig selbstverständlich fanden, dass verschiedene Gesellschaftsschichten diametral entgegengesetzte Interessen verfolgten. Vor allem aber war Dickens daran gelegen, dass sich die politischen Ökonomen »wechselseitige Erläuterungen, Nachsicht und Rücksichtnahme« angewöhnten, etwas, »das sich nicht gerade in Zahlen ausdrücken lässt«[28]. Als er seine populäre Wochenzeitung *Household Words* ins Leben rief, tat er es mit einem Appell an die Ökonomen, ihre Disziplin zu humanisieren. Im Einführungsessay schrieb er: »Die Nationalökonomie ist ein reines Gerüst, sofern sie nicht mit etwas Menschlichkeit umhüllt und gefüllt wird, ihr nicht etwas rosige menschliche Frische eingehaucht wird und etwas menschliche Wärme in ihr ist.«[29]

Mit dieser Sicht stand Dickens nicht allein. Es gab bereits Männer und Frauen in London und auf der ganzen Welt, die zum selben Schluss kamen. Nachdem sie die ersten schwierigen Hürden überwunden hatten, betrachteten auch sie den Menschen als ein Geschöpf seiner Umstände. Auch ihnen war bewusst geworden, dass die materiellen Lebensbedingungen besagter »nine parts in ten of the whole race of mankind« weder unveränderlich waren, noch von der »blinden und brutalen Vergangenheit« vorherbestimmt wurden und deshalb vollständig jeder menschlichen Kontrolle und jedem Einfluss des Menschen entzogen waren. Überzeugt, dass der Mensch durch sein Eingreifen die ökonomischen Umstände beeinflussen könne, aber misstrauisch gegenüber den utopischen Plänen und »künstlichen Gesellschaften« der radikalen Eliten, verschrieben sie sich schließlich der Entwicklung eines »analytischen Instruments«[30] (oder, wie spätere Ökonomen es ausdrückten: eines »Instrumentariums des Verstandes«[31]), um zu begreifen, wie die moderne Welt funktioniert und wie die materiellen Lebensbedingungen der Menschheit verbessert werden konnten, auf denen die ethische, emotionale, geistige und schöpferische Conditio humana beruht.

KAPITEL I

Völlig neu:
Friedrich Engels und Karl Marx
im Zeitalter der Wunder

Der entscheidende Punkt ist, dass das noch nicht lange
vor sich geht. [Es ist] völlig neu ...

Unser System kann, auch wenn es sonderbar und eigen-
tümlich ist, gefahrlos betrieben werden [...], wenn wir
es betreiben wollen, müssen wir es studieren.

Walter Bagehot, 1873[1]

»Nun sorge dafür, daß die Materialien, die Du gesammelt hast, bald in
die Welt hinausgeschleudert werden«, schrieb der 23-jährige Friedrich
Engels an seinen Mitrevolutionär Karl Marx. »Es ist verflucht hohe
Zeit. [...] Also tüchtig gearbeitet und rasch gedruckt!«[2]

Im Oktober 1844 war der europäische Kontinent ein rauchender
Vulkan, der jederzeit auszubrechen drohte. Marx, der Schwiegersohn
eines preußischen Edelmanns und Herausgeber eines radikalphiloso-
phischen Journals, hielt sich gerade in Paris auf, um eine ökonomische Abhandlung zu schreiben, die beweisen sollte, dass der »baldige
Einsturz« des Bodens, auf dem die Mittelklasse lebte, »so sicher ist
wie irgendein mathematisches oder mechanisches Gesetz«, und dass
»der tiefe Groll der ganzen Arbeiterklasse [...] in einer Revolution aus-
brechen muss...« Engels, der Spross eines wohlhabenden preußischen
Baumwollfabrikanten, saß im Barmener Familiensitz gerade »bis über
die Ohren in englischen Zeitungen und Büchern vergraben«, nachdem
er beschlossen hatte: »Ich werde den Engländern ein schönes Sünden-
register [der Klasse] zusammenstellen«, der er und Marx selber angehörten. Er fürchtete bloß, dass die Revolution vor den Druckfahnen da
sein würde.[3]

Engels war ein romantischer Rebell mit literarischen Ambitionen
und schon begeisterter Kommunist gewesen, als er Marx zwei Jahre

zuvor erstmals begegnet war. Nachdem er seine Jugendjahre damit zugebracht hatte, sich vom strengen Pietismus seiner Familie zu befreien,
hatte der schlanke, blonde und extrem kurzsichtige preußische Garde-
artillerist begonnen, seinen Blick auf die Zwillingstyrannei von Gott
und Mammon zu heften. Überzeugt, dass Privatbesitz die Wurzel allen
Übels und eine »soziale Revolution« die einzige Möglichkeit sei, eine
gerechte Gesellschaft zu erschaffen, sehnte sich Engels nach dem Leben eines »wahren« Philosophen. Zu seinem unendlichen Bedauern
war ihm jedoch das Familiengeschäft vorbestimmt. Er sei kein Doktor,
verbesserte er einmal Arnold Ruge, den Herausgeber der *Jahrbücher*,
der ihn für einen promovierten Philosophen gehalten hatte, und werde
auch nie einer sein; er sei bloß ein einfacher Geschäftsmann.

Engels senior, ein glühender Pietist, der nicht selten mit seinem frei-
denkerischen Sohn zusammenprallte, hätte nichts anderes zugelassen.
Als Geschäftsinhaber war er allerdings ziemlich progressiv: Er trat für
den freien Handel ein, erwarb für seine Wuppertaler Spinnerei die neuesten Maschinen aus England und hatte gerade erst eine zweite Fabrik
in Manchester eröffnet, dem Silicon Valley der Industriellen Revolution. Doch als Vater konnte er die Vorstellung nicht ertragen, dass sein
ältester Sohn und Erbe als professioneller Agitator und freiberuflicher
Journalist sein Dasein fristen würde. Als der Welthandel mit Baumwolle im Frühjahr 1842 zusammenbrach, gefolgt vom Streik der Chartisten in England, bestand er darauf, dass der Sohn zu Ermen & Engels
nach Manchester ging, sobald er seinen Militärdienst als »Einjährig-
Freiwilliger« beendet haben würde.

Dass sich der Sohn dem väterlichen Gebot beugte, bedeutete jedoch
nicht, dass er seinen Traum aufgegeben hatte, die Geißel aller Obrigkeit
zu werden. Manchester war berüchtigt für die Militanz seiner Fabrikarbeiter. Engels, der überzeugt war, dass der Kampf in der Industrie
bloß der Auftakt zu weiterem Aufruhr war, zeigte sich ergo nur allzu
gerne bereit, dorthin zu gehen, wo etwas los war, und diese Gelegenheit auch gleich zu nutzen, um seine journalistische Karriere voranzu-
treiben.

Im November, auf dem Weg nach England, schaute er in den ver-
qualmten Büros der prodemokratischen *Rheinischen Zeitung* in Köln
vorbei, für die er gelegentlich Artikel verfasst hatte. Der frischgebackene Herausgeber, ein barscher, Zigarre rauchender und äußerst

kurzsichtiger Philosoph aus Trier, behandelte ihn schroff, aber Engels schenkte dem keine Beachtung und wurde dafür mit dem Auftrag belohnt, als freier Mitarbeiter über die Aussichten für eine Revolution in England zu berichten.

Als Engels in Manchester eintraf, war der Generalstreik bereits im Sande verlaufen. Die Soldaten waren in ihre Londoner Kasernen zurückgekehrt, aber es »standen noch überall eine Menge Arbeitsloser an den Straßenecken, und viele Fabriken standen noch still«. Ungeachtet seiner Überzeugung, dass die Fabrikbesitzer ihre Arbeiter lieber verhungern lassen würden, als ihnen einen Lohn zu zahlen, der ihre Lebenshaltung deckte, hatte es »freilich den Anschein, als wäre [die Lage des englischen Fabrikarbeiters] so schlimm nicht [...], wenn er sein Los mit dem seiner Schicksalsgenossen in Deutschland und Frankreich vergleicht. Dort hat der Arbeiter knapp genug, um von Kartoffeln und Brot leben zu können; glücklich, wer einmal die Woche Fleisch bekommt. Hier ißt er täglich sein Rindfleisch und bekommt für sein Geld einen kräftigern Braten als der Reichste in Deutschland. Zweimal des Tages hat er Tee, und behält immer noch Geld genug übrig, um mittags ein Glas Porter und abends brandy and water trinken zu können.«[4]

Gewiss, die arbeitslosen Arbeiter der Baumwollfabriken hatten gar keine andere Wahl, als auf das Armengesetz und private Suppenküchen zu bauen, wenn sie den »endgültigen Hungertod« abwenden wollten. Wie Edwin Chadwicks erst kurz zuvor veröffentlichter *Report on the Sanitary Condition of the Labouring Population of Great Britain* enthüllt hatte, betrug die durchschnittliche Lebenserwartung eines Arbeiters in Manchester siebzehn Jahre, nur halb so viel wie in den umliegenden Dörfern; und nur jedes zweite Kleinkind überlebte dort seinen fünften Geburtstag. Chadwicks drastische Schilderungen der vom Abwasser überschwemmten Straßen, des Schimmels in den feuchten Katen, der fauligen Lebensmittel und der grassierenden Trunksucht bewiesen, dass die englischen Arbeiter allen Grund hatten, verbittert zu sein.[5] Doch während Carlyle, der einzige Engländer, den Engels bewunderte, vor einem Aufstand der Arbeiterklasse warnte, stellte Engels fest, dass ein Großteil des englischen Mittelstands diese Möglichkeit für ziemlich abwegig hielt und mit »merkwürdige[r] Ruhe und Zuversicht« in die Zukunft blickte.[6]

Nachdem er sich also in Manchester eingerichtet hatte, löste Engels den Konflikt zwischen den Ansprüchen seiner Familie und den eigenen revolutionären Ambitionen auf eine typisch viktorianische Weise: Er begann ein Doppelleben zu führen. Im Büro und unter seinen kapitalistischen Kollegen erinnerte er an den »höchst aufgeweckten, gutgelaunten, liebenswürdigen Gentleman« Frank Cheeryble, den »Neffen der Firma« aus Dickens' *Nicholas Nickleby*, welcher zurückgekehrt war, »um in das Geschäft einzutreten«, nachdem er »seit vier Jahren die Vertretung in Deutschland geleitet« hatte.[7] Wie der attraktive junge Geschäftsmann aus dieser Novelle pflegte auch Engels sich makellos zu kleiden, trat mehreren Clubs bei, lud zu aufwendigen Dinners ein und hielt sich ein eigenes Pferd, um auf den Anwesen von Freunden auf die Fuchsjagd zu gehen. In seinem anderen, dem »wahren« Leben verzichtete er »auf die Gesellschaft und die Bankette, den Portwein und den Champagner der Mittelklasse«, um seiner Nebenbeschäftigung als Organisator der Chartisten und als investigativer Journalist nachzugehen. Angeregt von den Exposés englischer Reformer und häufig in der Begleitung einer ungebildeten irischen Fabrikarbeiterin, mit der er eine Affäre hatte, verbrachte Engels seine Freizeit damit, Material für seine dramatischen Kolumnen und Essays für diverse radikale Zeitungen in Manchester zu sammeln, »weil ich es so genau wie meine eigne Vaterstadt – genauer als die meisten Einwohner – kenne«.[8]

Engels' einundzwanzigmonatiges Berufspraktikum in England brachte ihn schließlich auf die Ökonomie. Während in Deutschland religiöse und politische Fragen die Debatten unter den Radikalen beherrschten, schienen die Engländer jedes politische oder kulturelle Thema in eine ökonomische Frage zu verwandeln. Das traf vor allem auf Manchester zu, diese Hochburg der englischen Nationalökonomie, der liberalen Partei und der Liga gegen das Korngesetz. Für Engels verkörperte die Stadt die Verkoppelung der Industriellen Revolution mit den aufrührerischen Neigungen ihrer Arbeiterklasse und der Doktrin des Laissez-faire. Später erinnerte er sich: »Ich war in Manchester mit der Nase darauf gestoßen worden, daß die ökonomischen Tatsachen, die in der bisherigen Geschichtsschreibung gar keine oder nur eine verachtete Rolle spielen, wenigstens in der modernen Welt eine entscheidende geschichtliche Macht sind ...«[9]

Engels war frustriert, weil es ihm an Universitätsbildung mangelte, insbesondere aber, weil er die Werke von Adam Smith, Thomas Malthus, David Ricardo und den anderen britischen Nationalökonomen nicht kannte. Dennoch war er sich absolut sicher, dass die englische Theorie ausgesprochen mangelhaft sei. In einem der letzten Aufsätze, die er schrieb, bevor er England verließ, skizzierte er überhastet die wesentlichen Elemente einer konkurrierenden Doktrin und übertitelte diesen halbgaren Versuch dann bescheiden mit »Umrisse zu einer Kritik der Nationalökonomie«.[10]

Jenseits des Kanals, in Saint-Germain-en-Laye, dem damals wohlhabendsten Vorort von Paris, hatte sich Karl Marx derweil in die Geschichte der Französischen Revolution vertieft. Erst als Engels' »geniale[n] Skizze zur Kritik der ökonomischen Kategorien« mit der Post eintraf, riss es ihn in die Gegenwart zurück. Er war wie elektrisiert.[11]

Auch Marx war der verlorene (und liederliche) Sohn eines bourgeoisen Vaters. Und auch er war ein Intellektueller, der sich gefangen fühlte in einem »philisterhaften« Zeitalter. Wie Engels empfand er Deutschland als geistig und kulturell überlegen, bewunderte aber alles, was aus Frankreich kam, und hasste den Reichtum und die Macht Englands. Und doch war er in vielerlei Hinsicht Engels' Gegenteil. Er war nur zweieinhalb Jahre älter, aber nicht nur bereits verheiratet und Vater einer kleinen Tochter, sondern zudem Doktor der Philosophie (und bestand auch darauf, als solcher tituliert zu werden). Marx war eine stämmige, fast napoleonische Gestalt, mit dickem pechschwarzem Haar, das auch auf Wangen und Armen, aus Nase und Ohren spross. Ein Zeitgenosse erinnerte sich: Aus seinen »kleinen, dunklen, kurzsichtigen Augen spielte ein aus Geist und Bosheit gemischtes Feuer«; außerdem erzählte er, dass Marx' »Reibereien« mit ihm »gewöhnlich mit der Drohung schlossen: ›ich werde dich vernichten‹«.[12] Isaiah Berlin, einer seiner scharfsinnigsten Biografen, nannte den »Glauben an sich selbst und an die eigenen Kräfte« Marx' »hervorstechendste Eigenschaft«.[13]

Engels war pragmatisch und rational, Marx, wie George Bernard Shaw betonte, »bar jeder administrativen Erfahrung« oder irgendeines »geschäftlichen Kontakts zu einem lebendigen menschlichen Wesen«.[14] Marx war unbestritten brillant und gelehrt, hatte sich aber nie Engels' Arbeitsethik zu eigen gemacht. Während Engels jederzeit bereit war, die

Ärmel hochzukrempeln und sich an die Arbeit zu machen, fand man
Marx eher in einem Café bei einem Glas Wein im Gespräch mit russischen Aristokraten, deutschen Dichtern und französischen Sozialisten.
Arnold Ruge berichtete: »Er liest sehr viel; er arbeitet mit ungemeiner
Intensivität [...] aber er vollendet nichts, er bricht überall ab und stürzt
sich immer von neuem in ein endloses Büchermeer. [...] Marx ist womöglich noch gereizter und heftiger, am meisten, wenn er sich krank
gearbeitet und drei, ja vier Nächte hinter einander nicht ins Bett gekommen ist.«[15]

Marx hatte sich gezwungenermaßen dem Journalismus zugewandt,
weil es ihm nicht gelungen war, eine akademische Anstellung an einer
deutschen Universität zu ergattern, und weil seine leidgeprüfte Familie
jede finanzielle Unterstützung eingestellt hatte.[16] Nach nur sechs Monaten bei der *Rheinischen Zeitung* in Köln brach er einen Streit mit
dem preußischen Zensor vom Zaun und kündigte – »da die hiesige
Luft leibeigen macht«[17]. Glücklicherweise konnte er einen reichen Sozialisten überzeugen, eine neue philosophische Zeitschrift, die *Deutsch-
Französischen Jahrbücher*, zu finanzieren und ihn damit zu beauftra-
gen, sie in seiner Lieblingsstadt Paris herauszugeben.

Engels' Berichte aus Manchester, mit ihrer Betonung auf den Zusammenhängen zwischen den ökonomischen Ursachen und den politischen
Wirkungen, hinterließen bei Marx tiefen Eindruck. Die Ökonomie war
etwas völlig Neues für ihn. Noch waren die Begriffe *Proletariat*, *Arbeiterklasse*, *materielle Bedingungen* und *politische Ökonomie* in seiner
Korrespondenz nicht aufgetaucht. Ein Brief, den Marx im September
1843 an seinen Mitherausgeber Arnold Ruge schrieb, lässt erkennen,
dass er zwar »das Regiment der Dummheit« abschaffen wollte und
fand, dass »ein neuer Sammelpunkt für die wirklich denkenden und
unabhängigen Köpfe gesucht werden muss«, dass aber sein Augenmerk
doch eher auf eine Reformation des »philosophischen Bewusstseins«
als auf »die Aufhebung des Privateigentums« gerichtet war. Sein Beitrag zur ersten und einzigen Ausgabe der *Deutsch-Französischen Jahrbücher* zeigt deutlich, dass ihm mehr daran gelegen war, den Machthabern Kritik, aber keine Pflastersteine entgegenzuschleudern: »Nicht
nur, daß eine allgemeine Anarchie unter den Reformern ausgebrochen
ist, so wird jeder sich selbst gestehen müssen, daß er keine exakte An-
schauung von dem hat, was werden soll. Indessen ist das gerade wie-

der der Vorzug der neuen Richtung, daß wir nicht dogmatisch die Welt antizipieren, sondern erst aus der Kritik der alten Welt die neue finden wollen.«[18]

»Die Reform des Bewusstseins«, fuhr er fort, »besteht **nur** darin, dass man die Welt ihr Bewusstsein innewerden läßt [...]. Unser Wahlspruch muss also sein: Reform des Bewusstseins nicht durch Dogmen, sondern durch Analysierung des mystischen, sich selbst unklaren Bewußtsein. [...] Dies ist eine Arbeit für die Welt und für uns. Sie kann nur das Werk vereinter Kräfte sein.« Die Rolle des Philosophen entspreche der des Priesters: »Es handelt sich um eine **Beichte**, um weiter nichts. Um sich ihre Sünden vergeben zu lassen, braucht die Menschheit sie nur für das zu erklären, was sie sind.«[19]

Die erste wirkliche Begegnung von Marx und Engels fand im August 1844 im Café de Regence statt. Engels hatte auf seinem Heimweg nach Deutschland eigens einen Kurzaufenthalt in Paris eingelegt, um den Mann näher kennenzulernen, der ihn einst hatte abblitzen lassen. Sie redeten, stritten und tranken zehn Tage am Stück und stellten dabei wieder und wieder fest, dass jeder des anderen Gedanken dachte. Marx teilte Engels' Überzeugungen, dass es zwar völlig hoffnungslos sei, die moderne Gesellschaft reformieren zu wollen, aber dass Deutschland von Gott und der traditionellen Obrigkeit befreit werden müsse. Engels brachte ihm die Idee vom Proletariat nahe, und Marx hatte augenblicklich das Gefühl, sich mit dieser Klasse identifizieren zu können. Er betrachtete das Proletariat nicht nur, wie es zu erwarten gewesen wäre, als eine »*naturwüchsig entstandne*, sondern [als] *die künstlich produzierte* Armut«: »... nicht die mechanisch durch die Schwere der Gesellschaft niedergedrückte, sondern die aus ihrer *akuten Auflösung*, vorzugsweise aus der Auflösung des Mittelstandes, hervorgehende Menschenmasse bildet das Proletariat.«[20] Mit »künstlich produzierter Armut« meinte er Leute wie sich selbst oder Aristokraten, die ihrer Ländereien verlustig gegangen waren, oder Geschäftsleute, die Bankrott gemacht hatten, und Akademiker, die ihren Arbeitsplatz verloren hatten.

Wie Carlyle und Engels griff auch Marx sofort die Themen Hunger und Rebellion als Beweise für die Herrschaftsunfähigkeit der Bourgeoisie auf: »Ein unabweisbares Bedürfnis«[21] werde das Proletariat dazu antreiben, seine Unterdrücker zu stürzen. Indem das Proletariat Privateigentum abschaffe, werde es nicht nur sich selbst, sondern die ganze

Gesellschaft von der Herrschaft des Geldes befreien. Wie die Historikerin Gertrude Himmelfarb erläuterte, waren Engels und Marx gewiss nicht die einzigen viktorianischen Zeitgenossen, die glaubten, dass die moderne Gesellschaft unter einer unheilbaren Krankheit litt. Aber sie unterschieden sich von englischen Sozialkritikern wie Carlyle, vor allem, weil sie betonten, dass der Niedergang des herrschenden Klassensystems unvermeidlich sei.[22] Noch während sie sich um ihre Befreiung aus dem protestantischen Dogma mühten, gelangten sie zu der Überzeugung, dass der von ihnen prophezeite ökonomische Zusammenbruch und eine gewaltsame Revolution Schicksale waren, aus denen es kein Entrinnen gab – als seien sie vorherbestimmt. Und während Carlyle mit seiner Weltuntergangsbotschaft zu Reue und Reform anregen wollte, sollten ihre Botschaften die Menschen auf die richtige Seite der Geschichte ziehen, bevor es zu spät war.

In seiner Schrift *Die Lage der arbeitenden Klasse in England* (geschrieben 1844/45) legte Engels fesselnd, aber nicht notwendigerweise auch korrekt dar, dass es der Normalzustand des englischen Proletariats gewesen sei, am Rande des Hungertods zu darben, und dass es der Hunger gewesen sei, der es 1842 zum gewaltsamen Aufbegehren gegen die Fabrikbesitzer getrieben habe. Nicht überzeugen konnte er in diesem journalistischen Bericht mit der Aussage, die prekären Lebensumstände der Arbeiter seien so unabänderlich, dass es keine andere Lösung gebe als den Sturz der englischen Gesellschaft und die Errichtung einer Diktatur der Chartisten. Es war dieses Argument, mit dem Engels gegenüber seinen englischen Bekannten auf verlorenem Posten stand und welches aufzugreifen er Marx nun drängte. Ihm hatte er erklärt, dass gesellschaftliche und ethische Fragen in England zu ökonomischen Problemen umdefiniert würden und Gesellschaftskritiker deshalb gezwungen seien, sich mit *ökonomischen* Realitäten auseinanderzusetzen. So wie die Junghegelianer die Religion benutzt hätten, um die Religion vom Thron zu stoßen und die Heuchelei der herrschenden deutschen Elite bloßzustellen, würden die Gesellschaftskritiker nun die Grundsätze der politischen Ökonomie einsetzen müssen, um die abscheuliche englische »Religion des Geldes« auszurotten.

Als sich die neuen Freunde voneinander verabschiedeten, reiste Engels nach Deutschland zurück und redete sich dort den Zorn von der

Seele: »Ich klage die englische Bourgeoisie vor aller Welt des Mordes, Raubes und aller übrigen Verbrechen in Masse an…«, womit er nicht nur das englische, sondern implizit auch das deutsche Unternehmertum meinte. Kurz darauf schrieb er: »…der Schacher ist zu scheußlich […]. Ein paar Tage auf der Fabrik meines Alten haben mich dazu gebracht, diese Scheußlichkeit, die ich etwas übersehen hatte, mir wieder vor die Augen zu stellen.«[23] Ihm sei noch »nie eine so tief demoralisierte, eine so unheilbar durch den Eigennutz verderbte, innerlich zerfressene und für allen Fortschritt unfähig gemachte Klasse vorgekommen wie die englische Bourgeoisie«. Jeder »dieser Schacherjuden«, wie er die Unternehmer von Manchester nannte, sei ein »Nationalökonom« und Anhänger der »Wissenschaft des Gelderwerbs«. Es sei »dem englischen Bourgeois durchaus gleichgültig, ob seine Arbeiter verhungern oder nicht, wenn er nur Geld verdient«. Der »Schachergeist« der englischen Oberschicht »geht durch die ganze Sprache […]. Als ob dem Proletarier damit gedient wäre, ›daß ihr ihn erst bis aufs Blut aussaugt, um nachher eure selbstgefälligen, pharisäischen Wohltätigkeitskitzel an ihm üben zu können‹.« Und da sich die englische Gesellschaft zunehmend »in Millionäre und Paupers« aufspalte, werde der »Krieg der Armen gegen die Reichen […] der blutigste sein, der je geführt worden ist«.[24] Engels, ein ebenso flinker und flüssiger Schreiber wie Redner, beendete sein Manuskript in knapp zwölf Wochen.

Derweil wurde Marx von Engels zur Eile getrieben: »Mach, daß Du mit Deinem nationalökonomischen Buch fertig wirst […], sorge für einen baldigen Druck.«[25] Auf das Erscheinen von Engels' eigener Schrift *Die Lage der arbeitenden Klasse in England*, die im Juli 1845 in Leipzig auf den Markt kam, folgten wohlwollende Kritiken. Das Buch verkaufte sich gut, obwohl es ja erst nach dem Eintreten der Wirtschaftskrisen und der politischen Konflikte, die der Autor für »1846 oder 1847« korrekt vorausgesagt hatte, mit der Aura einer Prophezeiung, die sich bewahrheitet hatte, versehen werden sollte. *Das Kapital*, die grandiose Schrift, in der Marx bekanntlich versprach, das »ökonomische Bewegungsgesetz der modernen Gesellschaft« zu enthüllen, ließ noch zwanzig Jahre auf sich warten.[26]

Im Jahr 1849 erklomm Henry Mayhew, Korrespondent des *London Morning Chronicle*, die Golden Gallery an der Spitze der Londo-

ner St Paul's Cathedral, um einen Blick aus der Vogelperspektive auf
seine Heimatstadt zu werfen. Er war außerstande festzustellen, »wo
der Himmel endete und die Stadt begann«[27]. Angesichts ihres nahezu
zwanzigprozentigen Wachstums in nur einem Jahrzehnt schien die Expansion der Stadt »keinem bekannten Gesetz mehr zu gehorchen«[28].
Bis zur Mitte des 19. Jahrhunderts war ihre Bevölkerung auf zweieinhalb Millionen angeschwollen. Es gab mehr als genügend Londoner, um zwei Paris, fünf Wien oder die acht nächstgrößten englischen
Städte zusammen zu bevölkern.[29]

London »verkörperte das Wirtschaftswunder des 19. Jahrhunderts«[30]. Die Docks, die heute als der »Pool of London« bezeichnet
werden, bildeten den größten und leistungsfähigsten Hafen der Welt.
Bereits 1833 hatte ein Partner des Bankhauses Baring Brothers festgestellt, dass sich London zu einem Zentrum entwickelt habe, »an dem
der Handel nicht vorbeikommt«. Das Londoner Hafenbecken umfasste
Hunderte von Acres und war zu einer der größten Touristenattraktio-
nen geworden, nicht zuletzt deshalb, weil es darunter ein fast fünf
Quadratkilometer großes Weingewölbe gab, in dem die Besucher Bor-
deaux verkosten konnten. Die Gerüche – eine penetrante Mischung aus
Tabak, Rum, Tierhäuten und Hörnern, Kaffee und Gewürzen – weckten die Vorstellung von einem gewaltigen Welthandel, einem endlosen
Strom an Migranten und einem ungemein ausgedehnten Empire.

»Ich kenne nichts Imposanteres als den Anblick, den die Themse
darbietet, wenn man von der See nach London Bridge hinauffährt«,
schrieb Engels. »Die Häusermassen, die Werften auf beiden Seiten, besonders von Woolwich aufwärts, die zahllosen Schiffe an beiden Ufern
entlang, die sich immer dichter und dichter zusammenschließen und
zuletzt nur einen schmalen Weg in der Mitte des Flusses frei lassen,
einen Weg, auf dem hundert Dampfschiffe aneinander vorüberschie-
ßen – das alles ist so großartig, so massenhaft, daß man gar nicht zur
Besinnung kommt und daß man vor der Größe Englands staunt, noch
ehe man englischen Boden betritt.«[31]

Londons Bahnhöfe, berichtete der Kunsthistoriker John Ruskin,
waren »gewaltiger als die Tempel von Ephesus, gewaltiger als die
Mauern von Babylon«. Charles Dickens erzählt in *Dombey und Sohn*:
»Tag und Nacht rasselten die erobernden Maschinen in unablässiger
Tätigkeit.« Von London aus konnte der Reisende hoch in den schotti-

schen Norden oder gen Osten bis nach Moskau und in den Süden bis
nach Bagdad fahren, während die Eisenbahn auch die Stadtgrenzen
von London immer weiter in das Umland verlagerte. »Der erbärmliche
Grund, wo vordem der Schutt aufgehäuft gewesen, war nicht mehr,
und an der Stelle der Verwesung sah man Reihen von Magazinen, vollgestopft mit reichen, kostbaren Kaufmannsgütern, […] Brücken, die
früher nirgends hingeführt hatten, vermittelten nun den Weg zu Gärten, Landhäusern und gesunden öffentlichen Spaziergängen. Die Gerippe der Häuser und die Anfänge neuer Straßen hatten sich der Reihe
nach mit der Geschwindigkeit des Dampfes ausgebildet und schossen
ins Land hinein mit ungeheuren Armen.«[32]

Das Finanzherz des Welthandels schlug in der »City«, wie Londons Finanzdistrikt genannt wird. Der Finanzier Nathan Mayer Rothschild, der nicht zu Übertreibungen neigte, nannte London »die Bank
der Welt«[33]. Händler kamen nach London, um sich kurzfristige Darlehen zur Finanzierung ihres weltumspannenden Handels zu besorgen;
Regierungen legten Staatsanleihen auf, um den Bau von Straßen, Kanälen und Eisenbahnlinien zu finanzieren. Und auch wenn die Londoner Börse noch in den Kinderschuhen steckte, lockten die Händler und
Wechselmakler der City doch bereits mit »ausleihbarem Geld« in drei-
facher Höhe wie New York und zehnfacher Höhe wie Paris.[34] Der In-
formationshunger all der Bankiers, Investoren und Händler trug auch
dazu bei, London in das Weltzentrum der Medien und der Kommunikation zu verwandeln. »Jeder kann jetzt Nachrichten erhalten«, klagte
ein Rothschild im Jahr 1851, als die Erfindung des Telegraphen sein
Brieftaubennetzwerk obsolet machte.[35]

Das neue Industriegebiet im Londoner Norden konnte sich der
weltweit größten Anballung von Fabriken rühmen. Jeder sechste Fabrikarbeiter Englands arbeitete dort, fast eine halbe Million Männer
und Frauen.[36] Das waren rund zehnmal mehr Baumwollarbeiter als
in Manchester. Die »dark satanic mills« (düsteren satanischen Müh-
len) aus William Blakes »Jerusalem« standen vermutlich gar nicht im
»Black Country« der Kohlenregion Nordenglands, sondern wahrscheinlich an den Ufern der Themse, wo auch die monströse Maschine
der Albion-Getreidemühle zu finden war, an der fünfhundert Arbeiter
standen und die ihrerseits zwanzig gigantische Watt'sche Dampfma-
schinen in verschiedenen Stockwerken antrieb.[37] Ein populärer Reise-

führer aus den Fünfzigerjahren des 19. Jahrhunderts weist auf »Was-
serwerke, Gaswerke, Werften, Gerbereien, Brauereien, Brennereien und
Glashütten« hin, »deren Ausmaße bei erstmaligen Besuchern keine geringe Überraschung auszulösen pflegen«[38]. Sicher, London hatte kein
vorherrschendes Einzelgewerbe wie zum Beispiel eine Textilindustrie,
und die meisten Industriearbeitgeber beschäftigten weniger als zehn
Arbeiter[39], dafür waren ganze Industriebranchen auf die Stadt konzentriert – Druckereien in der Fleet Street, Farben und Präzisionsinstru-
mente in Camden und die Möbelbauer rund um die Tottenham Road.
Die riesigen Werften in Poplar und Millward beschäftigten fünfzehntausend Männer und Knaben beim Bau der größten Dampfschiffe und
gepanzerten Kriegsschiffe auf den Weltmeeren. Während Fabrikstädte
wie Leeds und Newcastle für den Großteil der englischen Exportwaren
sorgten, waren die meisten Londoner Fabrikanten jedoch darauf ausgerichtet, den Bedarf der Stadt selbst zu decken. In Wandsworth gab es
die Getreidemühlen, in Whitechapel die Zuckerraffinerien, in Cheap-
side die Brauereien, in Smithfield die Rindermärkte, in Bermondsey die
Gerbereien sowie die Kerzen- und Seifensieder. Mayhew nannte London deshalb »den emsigsten Bienenstock« der Welt. [40]

Vor allem aber war London der größte Markt der Welt. Dort konnte
man »zu niedrigen Kosten und mit geringstem Aufwand« Annehmlich-
keiten finden, wie sie sonst nur von den Reichsten und Mächtigsten genossen wurden .[41] Im wohlhabenden Londoner West End »glänzt mehr
oder weniger alles, von den Fensterscheiben bis zu den Hundehalsbän-
dern […], die Luft ist koloriert, fast parfümiert von der Gegenwart der
größten Gesellschaft auf Erden«[42]. In der Regent Street fand sich die
größte Ansammlung an »Uhrenmachern, Herrenausstattern und Fo-
tografen; an noblen Schreibwaren, noblen Strumpfwaren und noblen
Miederwaren; an Musikgeschäften, Schalgeschäften Juwelieren, französischen Handschuhsalons, Parfümerien, Posamentenläden, Confise-
rien und Modistinnen«, die die Welt je gesehen hatte.[43]

Scharfsinnig schrieb Henry Mayhew die »Grenzenlosigkeit« des Handels in London »dem beispiellosen Übergewicht von Handelsleuten«
und »der sich daraus ergebenden Unermesslichkeit des Wohlstands«
zu.[44] Der *Economist* prahlte, dass es »die reichsten Personen des Empires [in die Stadt] drängt. Das Lebensniveau ist ungemein luxuriös, die
Mieten sind höchstpreisig, die Möglichkeiten des Geldverdienens am

grenzenlosesten.«[45] Jeder sechste Brite lebte in London, das für einen sogar noch höheren Anteil am Volkseinkommen aufkam. Die individuellen Einkommen lagen dort durchschnittlich um 40 Prozent höher als in anderen englischen Städten, nicht nur, weil London über mehr wohlhabende Einwohner verfügte, sondern auch, weil die Löhne dort um mindestens ein Drittel höher lagen als anderenorts. Diese enorme Größe der Einwohnerschaft und das hohe Einkommensniveau sorgten für die weltweit größte Dichte an Konsumenten. Der Wirtschaftshistoriker Harold Perkin stellte fest, dass die »Verbrauchernachfrage letztendlich der ökonomische Schlüssel für die Industrierevolution« und ein mächtigerer Antrieb gewesen sei als die Erfindungen der Dampfmaschine oder des mechanischen Webstuhls.[46] Londons Bedürfnisse, Geschmäcker, die Leidenschaft für alles Neue, vor allem aber die wachsende Kaufkraft, waren ein unwiderstehlicher Anreiz für Unternehmer, sich an neue Technologien anzupassen und neue Industrien zu erschaffen.

Aber London zog nicht nur einige der reichsten Menschen auf Erden an, die Stadt war auch ein Magnet für viele der Ärmsten. Als Mayhew von der »beispiellosen Masse an Individuen« sprach, »die von solchem Reichtum an diesen Ort gezogen wurden«, meinte er nicht nur all die Geschäftsleute, Händler, Anwälte und Ärzte, welche speziell die Reichen versorgten, sondern auch das Heer von Migranten aus der ländlichen Umgebung, die in die Stadt kamen, um dort ihr Auskommen als Dienstboten, Näherinnen, Schuhmacher, Tischler, Dockarbeiter, Gelegenheitsarbeiter oder Boten zu suchen, oder die, wenn das nicht klappte, als Kleinkriminelle, Straßenfeger und Prostituierte ihr Dasein fristeten.[47] Dieses direkte Nebeneinander von Reich und Arm wurde durch den Exodus des Bürgertums in die Vororte noch auffälliger, wurde aus Sicht des Beobachters noch bedeutsamer, weil man allgemein davon ausging, dass London ein Vorbote der künftigen Gesellschaft sei. Armut war natürlich nichts Neues. Doch während auf dem Land Hunger, Kälte, Krankheiten und Unwissen naturgegeben schienen, wirkte das Elend in London menschengemacht und so gesehen letztendlich vermeidbar. Gab es etwa keine Mittel, um es zu lindern? Waren diese genau genommen nicht sogar sichtbar, in Gestalt all der eleganten Herrenhäuser, aufwendigen Roben, schönen Kutschen und verschwenderischen Vergnügungen? Nun – nein. So mag es vielleicht auf den blauäugigen Betrachter gewirkt haben, der keine Ahnung

hatte, dass die Frage, wie man ausreichend Brot, Bekleidung, Brennstoff, Unterkünfte, Bildung und medizinische Versorgung zur Verfügung stellen konnte, um die meisten Engländer aus ihrer Armut zu befreien, nicht damit beantwortet war, dass man die Armen ein, zwei
Tage lang mit Kuchen fütterte. Mayhew war nicht der Einzige, der naiv
davon ausging, dass die Reihen der backsteinernen Lagerhäuser, diese
»gewaltigen Magazine«, eine Fülle bargen, »die, so möchte man wohl
glauben, ausreichte, die Menschen in aller Welt zu bereichern«.[48]

Journalisten, Maler, Romanciers, Sozialreformer, Kleriker und andere
Beobachter der Gesellschaft wurden von London angezogen, weil die
Stadt »die Versinnbildlichung des Erdballs« war und »es hier nichts
gibt, das man nicht mit eigenen Augen studieren kann…«.[49] Sie kamen, um festzustellen, wohin es die Gesellschaft trieb. Während Besucher im 18. Jahrhundert dazu tendiert hatten, sich auf die Sündhaftigkeit, das Verbrechen und den Unrat in London zu konzentrieren, waren
die Besucher, die in die viktorianische Stadt strömten, fasziniert von den
extremen Gegensätzen, die dort zwischen Arm und Reich herrschten.

November sei der schlimmste Monat für die Luftqualität in der größten und reichsten Metropole der Welt, schrieb Charles Dickens in
Bleakhaus.[50] Am 29. November 1847 kämpften sich Karl Marx und
Friedrich Engels gemeinsam durch die Great Windmill Street in Richtung Piccadilly, den Blick auf den Boden gerichtet, um in dem knöchel-
tiefen Matsch nicht auszurutschen und in dem Menschengewühl nicht
umgerempelt zu werden. Dank ihrer beider starker Kurzsichtigkeit und
des schwefelig gelben Londoner Nebels war alles bis auf Armeslänge
vor ihnen verschwommen.

Friedrich Engels, der noch immer aufrecht ging wie ein Kadett, und
Karl Marx, noch immer mit rabenschwarzer Mähne und imposantem
Bart, weilten in London, um an einem Kongress des Bundes der Kommunisten teilzunehmen. Er war eines der vielen kleinen Grüppchen von
mitteleuropäischen Utopisten, Sozialisten, Anarchisten, darunter auch
der eine oder andere Chartist und gelegentliche Cockney-Lohnschrei-
ber, die um das allgemeine Wahlrecht für Männer kämpften und unter
der relativen Sicherheit der englischen Bürgerrechte wie des nachsich-
tigen Einwanderungsgesetzes blühen und gedeihen konnten. Als das
Ende des jüngsten Eisenbahnbooms eine Finanzpanik in London und

auf dem Kontinent auszulösen drohte, hatte der Bund hastig ein Treffen einberufen, um seine bis dahin reichlich nebulösen Ziele festzuklopfen. Engels hatte den Bund bereits überzeugt, den abgeschmackten Slogan »Alle Menschen sind Brüder« zugunsten der kraftvolleren Parole »Proletarier aller Länder – vereinigt euch!« fallen zu lassen. Obendrein hatte er zwei Vorschläge für ein Manifest ausgearbeitet, von dem er und Marx den Bund nun überzeugen wollten. Untereinander hatten sie bereits debattiert, wie sie die Männer in der Führung ausbooten konnten, die glaubten, »ohne jede Gefahr für Kapital und Profit die gesellschaftlichen Mißstände aller Art« beseitigen zu können.[51]

Schließlich hatten sie sich bis nach Soho zum Red Lion Pub vorgearbeitet. Das Hauptquartier des Deutschen Arbeiterbildungsvereins, der als Fassade für den illegalen Bund diente, befand sich im Obergeschoss. Neben ein paar Holztischen und Stühlen stand in einer Ecke des Raums ein Flügel, damit sich die im »unmusikalischen« London gestrandeten Flüchtlinge aus Berlin und Wien wie zu Hause fühlen konnten.[52] Es roch nach feuchtem Tuch, billigem Tabak und abgestandenem Bier. Zehn Tage lang bestimmten Engels und Marx die Beratungen und schwammen wie Fische im Wasser durch diese von Konspiration und Misstrauen beherrschte Atmosphäre.

An einem Punkt begann Marx schließlich den Entwurf von Engels' Manifest vorzulesen. Ein Delegierter erinnerte sich später an die erbarmungslose Logik und den »sarkastisch verzogenen« Mund des Philosophen[53], ein anderer an Marx' Lispeln, was dazu führte, dass ihn einige Zuhörer statt *Arbeiter* »*Achtblättler*« sagen hörten.[54] Ein paar Delegierte lehnten Marx und Engels als »bourgeoise Intellektuelle« ab, doch am Ende dieser zehn Tage war »jeder Widerstand überwunden«.

Der Kongress stimmte für die Annahme des Manifests und erklärte sich auch bereit, für »den Sturz der Bourgeoisherrschaft«, für die »Abschaffung des Erbrechts« und dafür zu votieren, »daß wir das Privateigentum aufheben wollen«.[55]

Engels wollte das Pamphlet im Stil eines einfachen historischen Berichts verfassen und schlug den Titel *Das kommunistische Manifest* vor. Er fand es wichtig, die Geschichte von den Ursprüngen der modernen Gesellschaft zu erzählen, um aufzeigen zu können, warum sie dazu bestimmt sei, sich selbst zu zerstören; ihm schwebte ein Manifest vor, das eine Art von Genesis und Offenbarung auf ein und derselben Schriftrolle sein sollte.[56]

Drei Jahre nachdem Engels seinen Freund Marx in die englische »politische Ökonomie« eingeführt hatte, betrachtete sich Marx bereits als Ökonom.[57] Auch die Evolutionstheorien, die gerade in die Naturwissenschaften Einzug hielten, hatte er mittlerweile verschlungen. Wie andere linke Jünger des Philosophen Georg Wilhelm Hegel betrachtete auch Marx die Gesellschaft als einen Organismus im Entwicklungsstadium, nicht aber als einen, der sich einfach immer nur von einer Generation zur nächsten reproduziert.[58]

Er wollte aufzeigen, dass die Industrielle Revolution mehr in sich barg als bloß die Akzeptanz von neuen Techniken und spektakuläre Fortschritte in der Produktion: Sie habe riesige Städte, Fabriken und weit verzweigte Transportnetzwerke erschaffen; sie habe einen umfassenden Welthandel ins Leben gerufen, der die globale Interdependenz, aber keine volkswirtschaftliche Unabhängigkeit zur Regel machte; sie habe den ökonomischen Aktivitäten neue konjunkturzyklische Muster aufgezwungen; sie habe alte Gesellschaftsgruppen aus ihren Verankerungen gerissen und völlig neue erschaffen, vom millionenschweren Industriellen bis hin zu armutsgeplagten urbanen Arbeitern.

Jahrhundertelang, während Imperien aufstiegen und fielen und der Wohlstand von Nationen kam und ging, sei die Bevölkerung auf der dünn und verstreut besiedelten Erde immer nur in winzigen Schritten angewachsen. Das Einzige, was im Wesentlichen unverändert geblieben war, seien die materiellen Bedingungen des Menschen, das heißt die Umstände, die dafür sorgten, dass das Leben für die überwältigende Mehrheit noch immer miserabel war. Binnen zwei bis drei Generationen habe die Industrielle Revolution dann bewiesen, dass der Wohlstand einer Nation erstens um das Vielfache und zweitens nicht nur prozentual anwachsen kann. Sie habe die grundlegendste Prämisse über die menschliche Existenz in Frage gestellt, nämlich, dass der Mensch dem harten Diktat der Natur unterworfen sei. Prometheus habe den Göttern das Feuer gestohlen, aber erst die Industrielle Revolution habe den Menschen ermutigt, die Kontrolle an sich zu reißen.

Engels und Marx hatten deutlicher als die meisten ihrer Zeitgenossen erkannt, wie neu die Gesellschaft war, in der sie aufgewachsen waren, und hatten sich besessener als fast jeder andere mit den Auswirkungen all dieser Neuerungen beschäftigt. Sie waren überzeugt, dass sich die moderne Gesellschaft schneller entwickelte als jede frühere. Das Bewusstsein von einem Wandel und von Wandelbarkeit war ein Bruch mit dem unverrückbaren Firmament traditioneller Wahrheiten und offenbarter Weisheiten. Marx' berühmte Stellungnahme dazu lautete: »Alles Ständische und Stehende verdampft...«[59] Aber dass ihre Wahrnehmungen auch von solcher Lebendigkeit waren, hatte gewiss nicht zuletzt damit zu tun, dass sie sozusagen als Auslandskorrespondenten nach England gekommen waren und aus einem Land stammten, das seine Industrielle Revolution erst noch erleben musste. Ihre Reisen von Trier und Barmen nach London waren Zeitreisen in die Zukunft gewesen. Es gab kaum jemanden, ausgenommen vielleicht Charles Dickens, der ebenso begeistert wie abgestoßen war von all dem, was sie bezeugten. Sie bekannten, Englands »philisterhafte« kommerzielle Kultur zu hassen, beneideten das Land aber um seinen Wohlstand und seine Macht. Und ihre Beobachtungen überzeugten sie schließlich, dass politische Macht in einer modernen Welt nicht mehr mit Kanonen erobert werden konnte, sondern aus der ökonomischen Überlegenheit eines Volkes und der Energie seiner Unternehmerklasse erwuchs.

England war der Titan der modernen Welt. »...wenn es sich darum handelt, welches Volk am meisten *getan* hat, so darf kein Mensch leugnen, daß die Engländer dies Volk sind«, gab Engels zu.[60] Industrie und Handel hatten ihre Nation zur reichsten der Welt gemacht. Zwischen 1750 und 1850 hatte sich der Wert der alljährlich produzierten Waren und Dienstleistungen – das Bruttoinlandsprodukt – vervierfacht und war damit in einem einzigen Jahrhundert stärker angewachsen als in den vergangenen tausend Jahren.[61] Das *Manifest* betonte die beispiellose Explosion der Produktionskräfte, die Marx' und Engels' Überzeugung nach die politische Macht in der modernen Welt bestimmten:

Die Bourgeoisie hat in ihrer kaum hundertjährigen Klassenherrschaft massenhaftere und kolossale Produktionskräfte geschaffen als alle vergangenen Generationen zusammen. [...] Erst sie hat bewiesen, was die Tätigkeit der Menschen zustande bringen kann. Sie hat ganz andere Wunderwerke vollbracht als ägyptische Pyramiden, römische Wasserleitungen und gotische Kathedralen, sie hat ganz andere Züge ausgeführt als Völkerwanderungen und Kreuzzüge.[62]

Marx und Engels bezweifelten nicht, dass Englands Produktionskräfte noch um ein Vielfaches weiterwachsen würden, waren aber überzeugt, dass der Verteilungsmechanismus verhängnisvoll kompromittiert war und das ganze System zusammenbrechen lassen würde. Ungeachtet des außergewöhnlichen Zuwachses an Wohlstand und Produktionskräften hatte sich der abgrundtief niedrige Lebensstandard von drei Viertel aller Angehörigen der britischen Arbeiterklasse nur marginal verbessert. Den jüngsten Schätzungen von Gregory Clark und anderen Wirtschaftshistorikern zufolge war der Durchschnittslohn zwischen 1750 und 1850 um etwa ein Drittel von seinem extrem niedrigen Level angestiegen.[63] Es stimmt, dass die Klasse der Werktätigen mittlerweile sehr stark zugenommen hatte, während sich die englische Bevölkerung verdreifacht hatte, aber es stimmt auch, dass sie nicht annähernd so elend dran war wie ihre deutschen oder französischen Gegenparts.

Doch Fortschritte in einigen Bereichen wurden durch Rückschritte in anderen aufgehoben. Erstens fanden die meisten Lohnsteigerungen nach 1829 statt, und der Löwenanteil davon ging an gelernte Handwerker und Fabrikarbeiter. Jede Verbesserung der Löhne von ungelernten Arbeitern, inklusive der Landarbeiter, war marginal und wurde, genau wie Malthus es befürchtet hatte, durch das parallele Anwachsen ihrer Familien aufgehoben. Die Arbeitsplätze waren nun weniger gesichert, weil Fabrikation und Bauarbeiten der Konjunktur unterlagen; die Arbeitszeiten waren länger; und es war wahrscheinlicher geworden, dass Frauen und Kinder ebenfalls zum Einkommen beitragen mussten.

In den Städten wurde der Lebensstandard von Arbeitern zudem vom Verfall ihrer physischen Umwelt bedroht. Die Massenmigration vom Land in die Stadt fand vor der Entdeckung der krankheitsverursachenden Keime statt, vor der Zeit also, in der eine Müllabfuhr, eine Kanalisation und die Versorgung mit sauberem Wasser gang und gäbe wurden. Trotz der großen Armut in den ländlichen Regionen Englands belief sich die Lebenserwartung auf dem Land deshalb auf rund fünfundvierzig Jahre, im Vergleich zu rund einunddreißig bis zweiunddreißig Jahren in Manchester oder Liverpool. Schmutz und Mangelernährung waren schlicht nicht so tödlich in einer Umwelt, in der sich Keime schlechter übertrugen. Und zu einer Zeit, in der sich Städte wie Liverpool mit einer Geschwindigkeit von 31 bis 47 Prozent pro Jahrzehnt vergrößerten, stellten Epidemien eine konstante Bedrohung dar.

Selbst die Reichsten der Reichen waren dagegen nicht immun: Queen Victorias Prinzgemahl Albert zum Beispiel wurde vom Typhus hingerafft. Doch schlechte Ernährung und das Zusammenleben auf engstem Raum erhöhten die Risiken. Als sich der Zustrom von Zuwanderern in die Städte in der ersten Hälfte des 19. Jahrhunderts beschleunigte, begann sich der Gesundheitszustand des durchschnittlichen Arbeiters auch mit Hilfe eines höheren Einkommens nicht mehr zu verbessern, sondern, im Gegenteil, sogar zu verschlechtern. Die Lebenserwartung einer Person, die zwischen 1781 und 1851 auf die Welt gekommen war, stieg von fünfunddreißig auf vierzig Jahre an, die Rohdaten für die Sterblichkeitsrate hörten in den Zwanzigerjahren des 19. Jahrhunderts zu fallen auf. Parallel dazu war die Säuglingssterblichkeit jedoch in vielen städtischen Gemeinden gestiegen und hatte sich die Körpergröße von Erwachsenen verringert – ein Indikator für Mangelernährung in der Kindheit oder, anders gesagt, ein Wert, bei dem Krankheiten und Ernährung eine Rolle spielen. In diesem speziellen Fall bezogen sich die Daten auf Männer, die zwischen 1830 und 1840 geboren worden waren.[64]

Reaktionäre wie Radikale waren sich einig, dass England unter dem Fluch des Midas zu leiden schien. »Die erfolgreiche Industrie Englands, mit ihrem übermäßigen Vermögen, hat bislang noch niemanden reich gemacht; es ist ein verwunschener Wohlstand«, wetterte Thomas Carlyle.[65] Der Geschichtsphilosoph und Wirtschaftshistoriker Arnold Toynbee behauptete, dass die erste Hälfte des 19. Jahrhunderts eine »nicht weniger katastrophale und schreckliche [Periode war], als je von irgendeiner Nation durchlebt. Sie war katastrophal und schrecklich, weil parallel zum hohen Zuwachs an Wohlstand ein enormer Anstieg der Massenarmut zu beobachten war und weil eine Produktion im gewaltigen Ausmaß, das Ergebnis des freien Wettbewerbs, zur rapiden Entfremdung der Klassen und zur Entwürdigung eines Großteils der Erzeuger führte«[66].

Gewiss hatte, wie Englands führender Philosoph John Stuart Mill erklärte, die graduelle Aufhebung von bestimmten Gesetzen, Abgaben und Konzessionen, welche die »niederen Stände« an bestimmte Dörfer, Berufe und Dienstherren gefesselt hatten, die soziale Mobilität gesteigert: »Was ist der Charakter der modernen Welt – der hauptsächlichste Unterschied zwischen modernen Institutionen, modernen sozialen Ideen, modernem Leben und dem längst vergangener Zeiten? Die Überzeugung, daß die Menschen nicht für einen vorherbestimmten Platz im Leben geboren und an die Stelle, wohin sie die Geburt gewiesen, unwiderruflich gefesselt sind, sondern die Freiheit haben, ihre Fähigkeiten anzuwenden und jede sich ihnen darbietende Gelegenheit zu benutzen, um diejenige Lebensstellung zu erlangen, welche ihnen die wünschenswerteste scheint.«[67] Doch sogar Mill, ein Liberalist mit großen Sympathien für den Sozialismus, konnte kaum Fortschritte erkennen, was das Wohlergehen der Mehrheit der englischen Bevölkerung betraf: »Es ist sehr fraglich, ob bis jetzt alle mechanischen Erfindungen die Tagesmühe irgendeines menschlichen Wesens erleichtert haben.«[68]

Dementsprechend wiederholten die Autoren des *Kommunistischen Manifests* im zweiten Jahr der großen irischen Hungersnot Engels' frühere Behauptung, dass sich die Bedingungen der Menschen im Zuge des nationalen Wachstums von Wohlstand und Macht nur verschlechtern würden: »Der moderne Arbeiter [...] statt sich mit dem Fortschritt der Industrie zu heben, sinkt immer tiefer unter die Bedingungen seiner eigenen Klasse herab. Der Arbeiter wird zum Pauper, und der Pauperismus entwickelt sich noch schneller als Bevölkerung und Reichtum. Es tritt hiermit offen hervor, daß die Bourgeoisie unfähig ist, noch länger die herrschende Klasse der Gesellschaft zu bleiben [...]. Die Proletarier haben nichts in ihr zu verlieren als ihre Ketten. Sie haben eine Welt zu gewinnen. *Proletarier aller Länder, vereinigt euch!*[69]

Nachdem die preußische Regierung wegen einer Satire über den Preußenkönig im Jahr 1845 Marx' Ausweisung aus Frankreich durchgesetzt hatte, lebte er samt seiner wachsenden Familie und dem Dienstpersonal in Brüssel von einem Vorschuss, den ihm sein Verleger für die ökonomische Abhandlung gewährt hatte. Nach einem Monat Zwischenaufenthalt in London kehrte Marx in seine Vorstadtvilla nach Brüssel zurück, wo er die Aufgabe, die endgültige Fassung des Manifests zu schreiben, jedoch prompt zurückstellte, um sich auf eine Vortragsreihe über die ökonomische Ausbeutung zu stürzen. Erst im Januar 1848, nachdem die Funktionäre des Bundes gedroht hatten, den Auftrag jemand anderem zu erteilen, griff er schließlich zur Feder. Kurz bevor die Nachricht von den Pariser Straßenkämpfen zwischen den Republikanern und den königlichen Truppen die Londoner Great Windmill Street erreichte, traf Marx' noch immer erst halb vollendeter letzter Entwurf endlich mit der Post dort ein. Am 21. Februar ließ der Bund tausend deutschsprachige Exemplare drucken und zur deutsch-französischen Grenze verfrachten. Prompt wurden sie, mit Ausnahme eines einzigen Exemplars, von den preußischen Behörden konfisziert.

Marx und Engels warteten ungeduldig auf das Armageddon. Wie so viele Romantiker im 19. Jahrhundert sahen auch sie sich, »in einer Atmosphäre allgemeiner Krise und der bevorstehenden Katastrophe leben«, in welcher *alles* geschehen konnte.[70] Johannes von Patmos, Verfasser der neutestamentarischen Offenbarung, hatte ihnen das perfekte Finale für die moderne Gesellschaft und ihr *Manifest* geliefert: Die Gesellschaft spaltet sich in zwei diametral entgegengesetzte Lager; es kommt zu einem letzten Kampf; Rom fällt; die Unterdrückten erfahren Gerechtigkeit; die Unterdrücker stehen vor ihrem Richter; das Ende der Geschichte naht.

Aber 1848 war nicht das Ende der Geschichte. Die Französische Revolution dieses Jahres brachte keinen Sozialismus, nicht einmal das allgemeine Wahlrecht für Männer, sondern die Herrschaft von Napoleon III. Die Ausrufung der französischen Republik zog Marx' Ausweisung aus Belgien nach sich, und nur wenige Wochen nachdem er einen neuen Unterschlupf in Paris gefunden hatte, begannen ihm auch die französischen Behörden nachzusetzen. Als die französische Polizei drohte, ihn in ein von Sümpfen umgebenes und von Seuchen geplagtes Dorf Hunderte Kilometer von der Hauptstadt entfernt zu verbannen, weigerte er sich, führte seine schlechte Gesundheit an und begann nach einem Land Ausschau zu halten, das ihn aufnehmen würde. Im August 1849 zog er nach London, in »dieses Patmos ausländischer Flüchtlinge«, das auch die neue Heimstatt des einstigen französischen Königs Louis Philippe und zahlreicher anderer politischer Exilanten war.[71] Es sei ja nur für kurze Zeit, tröstete er sich.

Marx' Ankunft in London fiel mit einer der schlimmsten Cholera-epidemien in der Geschichte der Stadt zusammen. Bis sie schließlich abgeflaut war, waren ihr vierzehntausend Erwachsene und Kinder zum Opfer gefallen.[72] Der Ausbruch dieser Seuche hatte den Journalisten Henry Mayhew zu einer bemerkenswerten Artikelserie über die Londoner Armen bewogen.[73] Mayhew, ein verhinderter Naturforscher, von

einem schrecklichen Verhältnis zu seinem Vater geprägt, füllig, energiegeladen und engagiert, war in Gelddingen ein absolut hoffnungsloser Fall. Obwohl erst siebenunddreißig, hatte er bereits eine Karriere als Schauspieler hinter sich, das Satiremagazin *Punch* gegründet
und erholte sich noch immer von einer erniedrigenden Finanzkrise, die
ihn sein Londoner Stadthaus gekostet hatte und fast ins Gefängnis gebracht hätte. Nach Monaten, in denen er sich mit Groschenliteratur
unter so selbstironischen Titeln wie *The Good Genius Who Turned
Everything into Gold* abkämpfte, sah er schließlich seine Chance für
ein Comeback.

Die 88-teilige Serie, die Mayhew im *Morning Chronicle* veröffentlichte, nahm die Leser auf eine Tour von Haus zu Haus durch »eben-
diese Hauptstadt der Cholera« mit.[74] Eine besonders ungesunde Ecke
von Bermondsey am Südufer der Themse war Jacobs Island – ein paar
Jahre später von Charles Dickens mit *Oliver Twist* unsterblich gemacht. Mayhew versprach den Lesern ein spektakuläres Porträt der
Bewohner dieses Distrikts, von »jenen, welche arbeiten, jenen, welche
nicht arbeiten können, und jenen, welche nicht arbeiten wollen«[75]. Er
versicherte, dass er weder Chartist noch Protektionist, Sozialist oder
Kommunist sei, »bloß ein Sammler von Fakten«[76]. Mit einem Team
von Assistenten und einigen Kutschern, die mehr oder weniger auf
Pauschalbasis für ihn arbeiteten, fiel er in Häuser mit »aberwitzigen
hölzernen Laufgängen« ein, »mit Löchern, aus welchen man auf den
Schlamm darunter blickte; mit zerbrochenen und geflickten Fenstern,
aus denen Stangen hervorragen, um das Linnen zu trocknen, das es nirgendwo gab, und mit Zimmern, die so klein, so dreckig und so beengt
waren, dass die miserable Luft sogar den Schmutz und das Elend, welches sie beherbergten, noch zu verpesten schien«[77].

Mayhew stellte fest, dass die Londoner Erwerbstätigen keineswegs
eine monolithische Klasse darstellten, sondern vielmehr ein Mosaik aus
unterschiedlichen, höchst spezialisierten Gruppen.[78] Er ignorierte dabei allerdings den Berufsstand, dem die meisten von ihnen angehörten – nämlich die hundertfünfzigtausend Hausangestellten, allein deren Zahl schon bewies, welch große Rolle Reichtum in der Londoner
Wirtschaft spielte. Und auch für die rund achtzigtausend Arbeiter, die
beim Bau des Eisenbahnnetzes, der Brücken, Straßen, Abwasserkanäle
und Ähnlichem zum Einsatz kamen, interessierte er sich nicht. Mayhew

konzentrierte sich ganz auf eine Handvoll von Gewerben, die für die Produktion unerlässlich waren. Wie der Historiker Gareth Stedman Jones erklärte, bot der Londoner Arbeitsmarkt eine Paarung der Extreme: Einerseits zog die Stadt höchst qualifizierte Kunsthandwerker an, welche die Wohlhabenden bedienten und dort rund ein Viertel bis ein Drittel mehr als in anderen Städten verdienten – so viel wie die Schreiber und Ladenbesitzer, die das »Klein«-Bürgertum bildeten. Andererseits konnte die Stadt gerade wegen des unentwegten Zustroms an ungelernten Arbeitern derart blühen und gedeihen. Auch Arbeiter verdienten dort höhere Löhne als ihre Kollegen in der Provinz, doch ihre Lebensbedingungen in so übervölkerten und heruntergekommenen Vierteln wie Whitechapel, Stepney, Popular, Bethnal Green oder Southwark, die in den Vierzigerjahren des 19. Jahrhunderts so ausgiebig von Parlamentskommissionen dokumentiert wurden, waren üblicherweise wesentlich schlechter. Schreiber, Verkäufer und andere Angestellte konnten sich Fahrkarten für die neuen Omnibusse oder Züge leisten und daher in die schnell wachsenden Vororte fliehen. Ungelernte Arbeiter hatten keine andere Wahl, als sich kurze Gehstrecken von ihren Arbeitsplätzen entfernt eine Bleibe zu suchen.

Die Konkurrenz aus den Provinzstädten und aus anderen Ländern setzte die Arbeitgeber unter den konstanten Druck, Mittel und Wege zur Einsparung von Arbeitskosten finden zu müssen. Das System der Lohndrückerei (»Sweating«) oder der Akkordarbeit, wie sie oft von Arbeitern im eigenen Heim geleistet wurde, war maßgeschneidert, um Textilbetriebe, Schneidereien oder Schuhfabriken in London halten zu können – Industrien, die angesichts der hohen Mieten, Fixkosten und Löhne ansonsten aus der Stadt abgewandert wären. Folglich, so der Schluss von Stedman Jones, war die Armut in London mit den vielen »Sweatshops«, den überfüllten Siedlungen, der chronischen Arbeitslosigkeit und der Abhängigkeit von irgendeiner Art von Wohlfahrt in Wirklichkeit ein Nebenprodukt des Londoner Wohlstands gewesen. Das rapide Wachstum der Stadt führte zu steigenden Grundstückspreisen, hohen Fixkosten und hohen Löhnen; und die hohen Löhne zogen immer weitere Wellen von ungelernten Neuankömmlingen an.

Londons Näherinnen versinnbildlichten dieses Phänomen. Und sie waren auch das Thema von Mayhews aufsehenerregendsten Berichten. »Noch nie in der Geschichte hat man einen solchen Anblick vor Augen

gehabt und solche Geschichten gehört«, versprach er den Lesern.[79] Auf
der Grundlage von Zensuszahlen berechnete er, dass es 35 000 Näherinnen in London gab, von denen 21 000 in »respektablen« Schneidereien
arbeiteten, von Maßschneidereien bis hin zu solchen, die das Kleinbürgertum versorgten. Die übrigen 14 000, schrieb er, arbeiteten im »ehrlo-
sen« Ausbeutungssektor.[80] Mayhew zufolge lagen die Akkordraten »der
Schneiderinnen generell derart weit unter dem Existenzminimum, dass
es für sie fast schon zur physischen Notwendigkeit wurde zu stehlen,
ins Pfandhaus zu gehen oder sich zu prostituieren, um sich über Wasser
halten zu können«.[81]

Gelegentlich war Mayhew mehr Impresario als Beobachter. Im
November organisierte er mit Hilfe eines Geistlichen »ein Treffen von
Näherinnen, die gezwungen waren, auf die Straße zu gehen«. Er versprach den versammelten Frauen strikte Vertraulichkeit, Männer waren von der Zusammenkunft ausgeschlossen. Zwei Stenografistinnen
schrieben alles wortgetreu nieder. Fünfundzwanzig Frauen wurde in
der Dämmerung Einlass gewährt. Sie kletterten auf die Bühne und
wurden ermuntert, ihre Sorgen und Nöte mit den anderen Frauen zu
teilen. Der Geistliche forderte sie auf, offen zu reden, und zu Mayhews
großem Erstaunen taten sie genau das.

> *Die folgende Geschichte ist vielleicht einer der tragischsten und bewe-*
> *gendsten Romane, die ich je las. Ich muss gestehen, dass mich die geis-*
> *tige und körperliche Agonie der armen Magdalene [...] doch ziemlich*
> *überwältigte. Sie war ein hochgewachsenes, gut gebautes Mädchen mit*
> *bemerkenswert ebenmäßigen Zügen. Sie berichtete ihre Geschichte, das*
> *Gesicht in den Händen verborgen und so laut schluchzend, dass ich ihre*
> *Worte nur mit Mühe verstand. Als sie die Hände vor die Augen hielt,*
> *konnte ich Tränen zwischen den Fingern hervorquellen sehen. Ich kann*
> *mich wirklich nicht erinnern, jemals solch tiefen Kummer bezeugt zu*
> *haben.*[82]

Als Thomas Carlyle Mayhews Bericht im *Morning Chronicle* las, sah
er sich in seinen schlimmsten Befürchtungen über die moderne Industriegesellschaft und ihre Apologeten bestätigt und feuerte eine Schmäh-
rede gegen die Ökonomen ab:

Angebot und Nachfrage, Laissez-faire, das Freiwilligkeitsprinzip, die Zeit wird es schon richten: Das Leben der Briten in der Industrie scheint sich physisch und moralisch schnell in einen riesigen, giftigen Morast aus stinkender Pestilenz zu verwandeln, in ein abscheuliches Golgatha lebendig begrabener Seelen und Leiber, in eine curtiusische Kluft von solch infernalischer Tiefe, dass sie bis heute kein Sonnenstrahl erreicht. Die Szenen, welche der Morning Chronicle *in die Köpfe aller Menschen hämmert – man danke ihm für einen Dienst, welchen Zeitungen nur selten geleistet haben –, sollten unerträgliche Betrachtungen in jedem Kopfe auslösen.*[83]

Zu solch »unerträglichen Betrachtungen« zählte das Bild eines Vulkans kurz vor dem Ausbruch. »Verschlingst auch du diese grandiosen Offenbarungen des Infernos aus Elend und Erbärmlichkeit, welches unter deinen Füßen schwelt?«, fragte Douglas Jerrold, damals Herausgeber des *Punch* und Mayhews Schwiegervater, eine Freundin. »Wenn man von dem Leid der einen Schicht und von der Habgier, Tyrannei, dem Geldbeutelkannibalismus der anderen liest, muss man sich bald fragen, ob die Welt weiter bestehen sollte.«[84]

Mayhews im *Morning Chronicle* abgedruckte Serie »London Labour and the London Poor« erschien über das ganze Jahr 1851 verteilt. Nachdem rund die Hälfte der Artikel veröffentlicht waren, enthüllte er schließlich sein übergeordnetes Ziel: Er wolle, gestand er, »eine neue politische Ökonomie« erfinden, »eine, die den Ansprüchen der Arbeit etwas Rechnung trägt«. Er rechtfertigte diese Ambition mit der Aussage, dass eine Ökonomie, die »dem Arbeiter ebenso gerecht wird wie dem Arbeitgeber, an oberster Stelle in den Desiderata oder jener Dinge steht, welche im gegenwärtigen Zeitalter vonnöten sind«.[85]

Carlyles Freund John Stuart Mill hatte genau den gleichen Grund für seinen Entschluss angegeben, die *Principles of Political Economy* (*Grundsätze der politischen Oekonomie*) schreiben zu wollen, welche er 1848, nur zwei Jahre zuvor, veröffentlicht hatte und die bereits zum meistgelesenen Traktat über die Ökonomie seit Adam Smiths *Wealth of Nations (Der Wohlstand der Nationen)* geworden waren.

»Die Forderungen der Arbeit sind zur Frage des Tages geworden«, hatte Mill während der großen irischen Hungersnot im Jahr 1845 geschrieben, die ihn überhaupt erst auf die Idee zu dem Buch gebracht hatte.[86] Zu dieser Zeit war der Neununddreißigjährige schon lange in Harriet Taylor verliebt gewesen, eine unglücklich verheiratete Intellektuelle. Carlyle bezeichnete sie als eine »blasse [...] und leidenschaftliche und traurig dreinblickende [...] lebendige Romanheldin«[87]. Und derweil Mill immer verdrossener wurde wegen der Weigerung von Harriets Ehemann, in die Scheidung einzuwilligen, begann er immer mehr Sympathie mit ihren sozialistischen Idealen zu entwickeln.

Als Mill schließlich das Thema der Politischen Ökonomie aufgriff, hoffte er nicht nur Carlyles Einwand zu kontern, dass diese Disziplin »öde, stumpfsinnig, trostlos, ohne Hoffnung für diese Welt oder die nächste«[88] sei, sondern auch Harriet Taylors Vorbehalt, dass sie einseitig gegen die Arbeiterklasse Partei ergreife. Ganz im Sinne von Dickens sah Mill vor allem die Notwendigkeit, »jene harte, abstrakte Art zu vermeiden, in der solche Fragen behandelt werden und welche die politischen Ökonomen in Misskredit brachte«. Sie machte er dafür verantwortlich, dass »diejenigen bevorteilt [wurden], die zu Unrecht einen exklusiven Anspruch auf hohe & wohltätige Gefühle erheben & gemeinhin auch zugestanden bekommen«.[89]

Zweifellos hatte Mill David Ricardo vor Augen, den brillanten jüdischen Börsenmakler und Politiker. Zwischen 1809 und seinem frühen Tod im Jahr 1823 hatte Ricardo nicht nur die geistreichen, oft aber ungenau definierten Ideen von Adam Smith zu einer in sich konsistenten, präzise definierten Reihe von mathematischen Grundsätzen umgeformt, sondern auch eine bemerkenswerte Zahl von originären Ideen über die Vorteile hervorgebracht, die der Handel armen wie reichen Nationen bot, und erklärt, weshalb Staaten am ehesten immer dann blühen und gedeihen, wenn sie sich spezialisieren. Doch viele potenzielle Leser seiner *Principles of Political Economy and Taxation (Über die Grundsätze der Politischen Ökonomie und Besteuerung)* waren von Ricardos Hang, seine Ideen in mathematischen Symbolen auszudrücken, ebenso abgeschreckt wie von seinen verdrießlichen Schlussfolgerungen. Sein »ehernes Lohngesetz« – welches besagt, dass die Löhne je nach der Fluktuation von Angebot und Nachfrage steigen oder sinken können, aber immer zur Subsistenz tendieren – integrierte Malthus' Bevölkerungsgesetz und schloss bedeutende Zugewinne bei den Reallöhnen aus.[90]

Ricardo, Smith und Malthus waren, wie Mill anerkennend feststellte, ausgesprochene Verfechter der politischen und ökonomischen Individualrechte und Gegner der Sklaverei, des Protektionismus, des Monopolismus und der Privilegien von Landbesitzern. Er selbst legte die Betonung jedoch auf die Gewerkschaften, das allgemeine Wahlrecht und das Besitzrecht von Frauen. Und auf die Wirtschaftskrise und die sozialen Unruhen in den Hungrigen Vierzigern reagierte er, indem er forderte, das Gesetz zur fünfzigprozentigen Besteuerung von importiertem Getreide außer Kraft zu setzen. Der typische Arbeiter pflegte rund ein Drittel seines mageren Einkommens für seine Ernährung und die seiner Familie aufzuwenden. Mill sagte korrekt voraus, dass die Lebensmittelpreise sinken und die Reallöhne steigen würden, sobald diese Einfuhrsteuer abgeschafft wäre, blieb aber zutiefst pessimistisch hinsichtlich der Frage, inwieweit sich damit gleichzeitig das Leben der Arbeiter verbessern würde. Wie Carlyle war auch er überzeugt, dass die Aufhebung der »Corn Laws« nur eine Atempause verschaffen würde, wie einst die Erfindung der Eisenbahn, die dann den nordamerikanischen Kontinent zugänglich machte, oder wie der kalifornische Goldrausch. Solche Entwicklungen mochten zwar nutzbringend sein, konnten die unveränderlichen Gesetze, von denen die Natur beherrscht wurde, seiner Meinung nach jedoch nicht außer Kraft setzen.

Malthus' Bevölkerungsgesetz, Ricardos ehernes Lohngesetz und das Gesetz vom abnehmenden Ertragszuwachs – wonach der Einsatz von immer mehr Arbeit, die nötig war, um einen Morgen zu bestellen, zu immer weniger Erträgen führen würde – diktierten allesamt, dass das Bevölkerungswachstum höher sein werde als die Erträge aus den vorhandenen Ressourcen, weshalb der Wohlstand der Nation nur auf Kosten der Armen gesteigert werden könne, die dazu verurteilt seien, »die großen Geschenke der Wissenschaft so schnell zu verbrauchen [...], wie sie [ihnen] in Gestalt einer unsinnigen Multiplikation des alltäglichen Lebens« gegeben würden.[91] Es sei die Aufgabe des Staates, jene Bedingungen zu schaffen, unter welchen aufgeklärtes Eigeninteresse und die Gesetze von Angebot und Nachfrage freier und effektiver walten könnten.

Mill zufolge wurden Ökonomien von Naturgesetzen beherrscht, die ebenso wenig vom menschlichen Willen verändert werden konnten wie das Gesetz der Schwerkraft. »Glücklicherweise«, schrieb Mill, der seine

Principles 1848 vollendete, »ist in dem Gesetze des Werthes weder vom Verfasser noch einem künftigen Schriftsteller etwas übrig gelassen, um es aufzuklären. Die Theorie dieses Gegenstandes ist abgeschlossen«[92].

Henry Mayhew war nicht bereit, sich dieser Schlussfolgerung Mills anzuschließen. Aus seiner Sicht war dessen Versuch, die Politische Ökonomie in eine »fröhliche Wissenschaft« zu verwandeln – in eine Lehre, die in der Lage war, die Summe des menschlichen Glücks zu mehren –, deutlich fehlgeschlagen. Aber die Tatsache, dass Mill das eherne Lohngesetz nicht verworfen hatte, war umso mehr Grund für ihn, es noch einmal zu versuchen. Letztendlich sollte es weder Mayhew noch irgendeinem anderen Denker aus seiner Generation gelingen, die klassische Lohndoktrin anzufechten. Dennoch wurde seine bahnbrechende Artikelreihe über die Lage der Londoner Arbeiter zu einer Art *Baedeker* für die jüngere Generation von »Sozialermittlern«, die von seinen Reportagen inspiriert worden waren und seinen Wunsch teilten herauszufinden, wie viel Fortschritt möglich war, ohne die herrschende Gesellschaftsordnung zu stürzen.

Kaum zwei Jahre nachdem Karl Marx inmitten der Choleraepidemie in London eingetroffen war, schien die ganze Welt über seinen Zufluchtsort hereinzubrechen – die Besucher der ersten Weltausstellung, das geistige Kind eines anderen deutschen Auswanderers: Queen Victorias Prinzgemahl Albert. Doch Marx, der mittlerweile mit Frau Jenny, drei kleinen Kindern und einer Haushälterin zwei schäbige Zimmer über einem Pub in Soho bewohnte, wollte damit nichts zu tun haben. Er floh auf Platz G7 unter der hohen Kuppel des Lesesaals im Britischen Museum, wo die gedämpfte Beleuchtung und wohltuende Ruhe einer Kathedrale herrschten. Die atemlosen Zeitungsberichte über den Fortschritt am Bau des Kristallpalasts im Hyde Park ließ er links liegen, vertiefte sich in die Werke der englischen Ökonomen – Thomas Malthus, David Ricardo und James Mill, dem Vater von John Stuart –, und füllte emsig ein Notizbuch nach dem anderen mit Zitaten, Formeln und abfälligen Bemerkungen. Mochten die Philister im bourgeoisen Pantheon doch beten, sagte er sich, er wolle nichts zu schaffen haben mit ihren Götzen.

Im Mai 1851 war Karl Marx nicht mehr der verträumte junge Student, der ganze Tage im Morgenrock zubrachte und Sonette an die

Tochter eines Barons schrieb oder der halbseidene Journalist, der sich in Pariser Cafés die Nächte um die Ohren schlug. In den vergangenen zehn Jahren, seit er in absentia an der Universität Jena promoviert worden war, war es ihm gelungen, die unerwartete Erbschaft von sechstausend Francs zu verschleudern, die ihm ein entfernter Verwandter vermacht hatte. Er hatte drei radikale Zeitschriften gegründet, von welchen zwei nach einer einzigen Ausgabe eingestellt worden waren; er behielt keinen einzigen Job länger als ein paar Monate; und während sein einstiger Protegé Engels einen Bestseller verfasst hatte, wartete sein eigenes Opus Magnum immer noch darauf, geschrieben zu werden. Ja, er hatte veröffentlicht, aber bei diesen Texten handelte es sich meist um langatmige Diatriben gegen andere Sozialisten. Mit zweiunddreißig war er nur einer von vielen arbeitslosen Emigranten und obendrein das Oberhaupt einer mehrköpfigen Familie, das sich gezwungen sah, von Freunden Geld zu erbetteln und zu leihen. Zu seinem Glück hatte sein Schutzengel Engels versprochen, eine Laufbahn im Familienunternehmen anzustreben, damit Marx sich voll und ganz auf sein Buch konzentrieren konnte.

Während Staatsoberhäupter und Würdenträger zur Weltausstellung in die Stadt zu strömen begannen, ließ Scotland Yard die Radikalen nicht aus den Augen. Beurteilt man die Dinge anhand des Berichts eines preußischen Polizeispitzels, dann bedrohte Marx allerdings höchstens die Wertmaßstäbe, die Mrs. Beeton, die oberste Instanz viktorianischer Haushaltsführung, in ihrem *Book of Household Management* an ein anständiges Haus anlegte:

Marx lebt in einem der schäbigsten und ergo billigsten Viertel Londons. Er bewohnt zwei Zimmer. Dasjenige mit Blick auf die Straße ist der Salon, das Schlafzimmer liegt nach hinten hinaus. In der ganzen Wohnung gibt es kein einziges sauberes und stabiles Möbelstück. Alles ist zerbrochen, ramponiert und in Fetzen, alles mit zentimeterdickem Staub bedeckt, und allenthalben herrscht größte Unordnung. In der Mitte des Salons steht ein großer altmodischer Tisch, der mit einem Wachstuch bedeckt ist, darauf Manuskripte, Bücher und Zeitungen neben Kinderspielsachen, den Hadern und Fetzen aus dem Nähkorb seiner Frau, mehrere Tassen mit abgebrochenen Henkeln, Messer, Gabeln, Lampen, ein Tintenfass, Whiskygläser, holländische Tonpfeifen, Tabakasche –

kurzum: Alles liegt wie Kraut und Rüben herum, alles stapelt sich auf ein und demselben Tisch. Ein Gebrauchtwarenhändler würde sich schämen, ein solches Sammelsurium an Krimskrams anzubieten.[93]

Die Zeit der Weltausstellung war ein neuer Tiefpunkt in Marx' Leben. Zwar verehrte er seine Frau Jenny, hatte aber sorglos Helene Demuth geschwängert, das Dienstmädchen, das Jenny mit in die Ehe gebracht hatte und das ihnen den Haushalt führte. Jenny, die ebenfalls gerade schwanger war, war außer sich. Drei Monate darauf gebar sie ein kränkliches Mädchen, ihre Haushälterin ein paar Wochen später einen strammen Jungen. Um die »Infamie« der Gerüchteküche unter den klatschsüchtigen Emigranten zum Verstummen zu bringen, sorgte Marx in Windeseile dafür, dass sein neugeborener Sohn in eine Pflegefamilie im East End kam. Er sollte ihn nie wiedersehen. »Die Taktlosigkeit einzelner Leute ist darin oft kolossal«, beklagte er sich bei einem Freund.[94] Die Mutter des Jungen aber blieb und kümmerte sich auch weiterhin um die Familie. Und da Karl Marx sein Heim somit unerträglicher denn je geworden war, eilte er Morgen für Morgen zu seinem Platz G7 und blieb dort, bis die Bibliothek schloss.

Bis zur Eröffnung der Weltausstellung am 1. Mai 1851 hatte Marx bereits zu zweifeln begonnen, dass das moderne Rom von den eigenen Untertanen gestürzt werden könnte. Die Chartisten stürmten den Buckingham Palace nicht, stattdessen fielen vier Millionen britische Bürger und Zehntausende von ausländischen Besuchern in den Hyde Park ein, um den ersten Weltjahrmarkt zu sehen. Diese anrollenden Menschenmassen waren nicht nur der Startschuss für das Reisetransportgeschäft von Thomas Cook gewesen, sie brachten auch zum ersten Mal Menschen aus allen Milieus zusammen. »Niemals zuvor fand in England eine derart ungezwungene und landläufige Vermischung der Klassen statt wie unter diesem Dach«, prahlte einer der vielen damals veröffentlichten Ausstellungsberichte.[95] Marx erinnerte die Weltausstellung jedoch eher an die Spiele, die die römischen Herrscher austragen ließen, um den Pöbel bei Laune zu halten. »England scheint der Fels, an dem die Revolutionswogen scheitern«, schrieb er in einem seiner Artikel für die *Neue Rheinische Zeitung*, »jede französisch-soziale Umwälzung scheitert notwendig an der englischen Bourgeoisie, an der industriellen und kommerziellen Weltherrschaft Großbritanniens.«[96]

Die Ausstellung sollte einen kommerziellen Wettbewerb auslösen, von dem sich Prinz Albert und die anderen Sponsoren einen Beitrag zum Frieden erhofften. Marx hingegen flehte um einen Krieg: »Und das alte England wird nur gestürzt durch einen *Weltkrieg*, der allein der Chartistenpartei, der organisierten englischen Arbeiterpartei, die Bedingungen zu einer erfolgreichen Erhebung gegen ihre riesenhaften Unterdrücker bieten kann.«[97] Je schlechter sich die Dinge entwickelten, desto besser stünden die Chancen auf eine Revolution.

Doch noch war Marx nicht bereit, die Möglichkeit ad acta zu legen, dass der gewaltige Fortschritt, der seit 1848 in der Produktion zu verzeichnen gewesen war, zu einer neuen und diesmal tödlichen Krise führen könnte. Er verhöhnte den »Fetischcharakter der Ware« auf der Weltausstellung und prophezeite der bürgerlichen Ordnung den unmittelbar bevorstehenden Zusammenbruch.[98] Die Bourgeoisie, so hatten er und Engels im *Manifest* geschrieben, »produziert vor allem ihren eigenen Totengräber«[99].

Im Wettlauf gegen die Zeit und um nicht von der »historisch unvermeidlichen proletarischen Revolution« – wenn nicht in England, dann auf dem Kontinent – eingeholt zu werden, begann Marx wie besessen an seinem eigenen Buch der Offenbarung zu arbeiten: »Was der Engländer ›the principles of political economy‹ nennt, ist in diesem Band enthalten.«[100] Die meisten Tage verbrachte er damit, das Britische Museum nach Material für sein großes Werk zu durchforsten. Er *wusste*, dass die Antworten auf die Fragen seiner Zeitgenossen – wie verbesserungsfähig war der Lebensstandard unter dem modernen System des Privateigentums und des Wettbewerbs überhaupt, und wie tragfähig war dieses System? – nur negativ ausfallen konnten. Aber nun stand er vor der Herausforderung, dies auch beweisen zu müssen.

Als er 1844 begonnen hatte, sich mit Ökonomie zu befassen, war es ihm nicht darum gegangen aufzuzeigen, wie schrecklich das Leben im Kapitalismus war. Das hatte bereits ein Jahrzehnt der Exposés, parlamentarischen Kommissionsberichte und sozialistischen Traktate bewiesen, nicht zuletzt die von Engels verfassten. Das Letzte, was Marx wollte, war, den Kapitalismus aus moralischen (heißt: christlichen) Gründen zu verdammen, wie es utopische Sozialisten nach Art von Pierre Proudhon getan hatten, etwa mit der Feststellung, dass Privateigentum »Diebstahl« sei. Marx wollte auch keine Kapitalisten bekehren, wie es sein Lieblingsautor Dickens mit seinem *Christmas Carol* zu tun gehofft hatte. Die Vorstellung von irgendeiner gottgegebenen Moral hatte Marx ohnedies längst verworfen, außerdem war er schon seit Langem überzeugt, dass sich der Mensch seine eigenen Regeln schaffen könne.

Der springende Punkt bei seinem großen Werk war für ihn, mit mathematischer Sicherheit beweisen zu können, dass das System des Privateigentums und des freien Wettbewerbs nicht funktionieren könne und deshalb eines unausweichlich sei: »... wir gehen offenbar einer Revolution entgegen.« Er wollte »das ökonomische Bewegungsgesetz der modernen Gesellschaft [...] enthüllen«[101] und im Zuge dessen die Lehren von Smith, Malthus, Ricardo und Mill als falsche Religionen bloßstellen, so wie radikale deutsche Bibelforscher biblische Texte als Fälschungen und Schwindel entlarvt hatten. Als Untertitel entschied er sich für *Kritik der politischen Ökonomie.*

Marx' »ökonomisches Bewegungsgesetz« war keine Kopfgeburt wie die Athene, keine Verkörperung seines mächtigen, stetig sinnenden Geistes, wie sein Freund, der Mediziner Louis (Ludwig) Kugelmann angenommen hatte, als er Marx zu Weihnachten eine marmorne Zeusbüste schenkte. Es war vielmehr der Journalist Engels gewesen, der Marx mit dem Rohentwurf für seine ökonomische Theorie versorgt hatte. So stand Marx nun vor der eigentlichen Herausforderung, den Nachweis erbringen zu müssen, dass diese Theorie nicht nur logisch und in sich schlüssig, sondern auch empirisch plausibel war.

Marx und Engels führten zwei Gründe für die Funktionsstörung des Kapitalismus an. Im *Kapital* schreibt Marx, je mehr Wohlstand geschaffen werde, umso elender würden die Massen werden: »Es folgt daher, daß im Maße, wie Kapital akkumuliert, die Lage des Arbeiters, welches immer seine Zahlung, hoch oder niedrig, sich verschlechtern muß.« Und im *Manifest* heißt es, je mehr Wohlstand erschaffen werde, umso mehr »allseitigere und gewaltigere« finanzielle und kommerzielle Krisen würde die Bourgeoisie auslösen.[102]

Während im *Manifest* als historischer Fakt konstatiert wurde, dass mit der »Widerwärtigkeit der Arbeit« der Lohn abnehme und mit dem Anwachsen »von Maschinerie und Teilung der Arbeit« auch »die Masse der Arbeit« zunehme, behauptete Marx im *Kapital,* dass das

»allgemeine Gesetz der kapitalistischen Akkumulation« den Niedergang der Löhne, den Anstieg der Dauer und Schwere eines Arbeitstags, die Verschlechterung der Arbeitsbedingungen, den Rückgang der Qualität all der von den Arbeitern konsumierten Waren und die Verringerung der Lebensspanne des Arbeiters *erfordere*. Auf sein Argument bezüglich der sich ständig verschärfenden Krisen griff er hier jedoch nicht zurück.[103]

Im *Kapital* verwarf Marx insbesondere Malthus' Bevölkerungsgesetz, das, wie es sich fügte, auch eine Theorie über die Bestimmung des Lohnniveaus war. Bei der Ausformulierung dieses Gesetzes war Malthus von der Annahme ausgegangen, dass der Lohn grundsätzlich eine Funktion des Umfangs der Arbeitskraft sei. Mehr Arbeiter bedeuteten mehr Konkurrenz untereinander und ergo niedrigere Löhne, weniger Arbeiter das Gegenteil. Engels hatte den Haupteinwand gegen Malthus bereits 1844 in seinem Artikel »Umrisse zu einer Kritik der Nationalökonomie« vorgebracht: Jede Gesellschaft, ergo auch die sozialistische, könne von Armut geplagt werden.

Marx' Denkgebäude ruhte auf der Annahme, dass jeder Wert, auch der Mehrwert, von der geleisteten Arbeitszeit geschaffen werde. »Von Ursprung an enthält er nicht ein einziges Wertatom, das nicht aus unbezahlter fremder Arbeit herstammt.« Im *Kapital* zitierte er Mill im Original, um seine Behauptung zu untermauern:

Tools and materials, like other things, have originally cost nothing but labor... The labor employed in making the tools and materials being added to the labor afterwards employed in working up the materials by the aid of tools, the sum total gives the whole of the labor employed in the production of the completed commodity... To replace capital, is to replace nothing but the wages of the labor employed.[104]

Mark Blaug, der britische Ideengeschichtler, spezialisiert auf das ökonomische Denken, schreibt: Wenn nur die Arbeitszeit Wert schöpfe, dann würden Gewinneinbrüche logischerweise eher durch die Anschaffung von leistungsstärkeren Maschinen oder durch die Reorganisation der Vertriebskräfte, die Anstellung von effizienteren Geschäftsführern oder die Einführung besserer Marketingstrategien verursacht als durch die Einstellung weiterer Industriearbeiter. Ergo bestehe die einzige Möglichkeit beim Marx'schen System, einen Rückgang der Profite zu verhindern, in der Ausbeutung der Arbeitskraft, indem man die Arbeiter also zu mehr Arbeitsstunden ohne Kompensationen zwinge. Wie Henry Mayhew so ausführlich in seiner Artikelreihe im *Morning Chronicle* beschrieben hatte, gab es viele Möglichkeiten, den Reallohn zu kürzen. Entscheidend bei Marx' Argumentation war Blaug zufolge, dass weder Gewerkschaften noch Regierungen – »Organisationen der Ausbeuterklasse« – den Prozess umkehren könnten.[105]

Überraschend viele Forscher bestreiten, dass Marx jemals behauptet habe, die Löhne würden im Laufe der Zeit sinken oder seien an irgendein biologisches Minimum gekoppelt. Dabei übersehen sie jedoch, was Marx mit so vielen Worten bei so unzähligen Gelegenheiten gesagt hat, das Unvermögen des Arbeiters, mehr zu verdienen, wenn er mehr – oder wertvollere Produkte – produziert, sei genau das, was die Überlebensfähigkeit des Kapitalismus verhindere.

Marx' Aussage, dass die Arbeitskraft die Quelle allen Wertes sei, beinhaltete zugleich, dass das Einkommen des Eigners – Profite, Zinsen oder Managergehalt – unverdient sei. Er bestritt nicht, dass der Arbeiter Kapital benötigte – Fabriken, Maschinen, Werkzeuge, firmeneigene Technologie und Derartiges mehr –, um sein Produkt herstellen zu können. Er behauptete vielmehr, dass das vom Eigner zur Verfügung gestellte Kapital nichts anderes sei als das Produkt *vergangener* Arbeit. Das ist eine säkulare Version der alten christlichen Argumentation gegen den Zins. Aber Besitzer jeder Ressource, ob es sich dabei um ein Pferd, ein Haus oder Bargeld handelt, können diese nach Gutdünken verwenden. Argumentiert man wie Marx, dass man die eigenen Ressourcen aufs Spiel setze, wenn man auf morgen warte, um zu konsumieren, was man heute konsumieren könne, oder dass man mit der Leitung und Organisation eines Betriebs keinerlei Wert schöpfe und deshalb auch keine Kompensation verdiene, dann läuft das auf dasselbe hinaus wie die Behauptung, dass eine Produktionsmenge hergestellt werden könne ohne die Bereitschaft zu sparen, abzuwarten oder ein Risiko einzugehen.

Das Problem sei, betont Blaug, dass dies bloß eine Abwandlung der Behauptung sei, nur die Arbeit lasse dem Produkt einen Mehrwert zukommen – jener Aussage, welche zu beweisen Marx angetreten war –, aber kein unabhängiger Beweis.

Marx kompilierte ein beeindruckendes Spektrum an Nachweisen, zusammengetragen aus »Blue Books« (die dem Parlament von der Regierung vorgelegt wurden), Zeitungen, dem *Economist* und anderen Drucksachen, denen zu entnehmen gewesen war, dass der Lebensstandard von Arbeitern in der zweiten Hälfte des 18. und ersten Hälfte des 19. Jahrhunderts erbärmlich und ihre Arbeitsbedingungen grauenvoll waren. Es gelang ihm jedoch weder der Nachweis, dass die Durchschnittslöhne oder der durchschnittliche Lebensstandard in den Fünfziger- und Sechzigerjahren des 19. Jahrhunderts gesunken waren – zu der Zeit also, in der er das *Kapital* schrieb –, noch konnte er irgendeinen Grund für die Annahme liefern, dass deren Rückgang *unausweichlich* sei.

Wäre Marx vor die Tür gegangen und hätte sich wie Henry Mayhew dort einmal gründlich umgesehen oder hätte er sich mit brillanten Zeitgenossen wie John Stuart Mill auseinandergesetzt, die sich mit denselben Fragen befassten wie er, dann hätte er vielleicht erkannt, dass die Welt nicht so funktionierte, wie er und Engels es voraussagten. Die Mittelschicht verschwand nicht, sondern vergrößerte sich; die finanziellen und industriellen Krisen verschärften sich nicht.

Selbst als die Weltausstellung ihre Tore schloss, wollte sich das »Great Festival« noch nicht auflösen. Ein Geschäftsmann kaufte den Kristallpalast, ließ ihn abbauen, nach Sydenham in Südlondon verfrachten und dort in noch gewaltigeren Ausmaßen wiederaufbauen. Zu Marx' großem Missfallen wurde dieser neu eröffnete Kristallpalast dann zu einer Art von viktorianischem Disneyland. Das war ein Omen. Schlimmer noch, die Wirtschaft boomte, und Marx musste zugeben: »Es ist, als ob [die Periode] den Fortunatussäckel gefunden hätte.« Es sei zu einem »titanische[n] Fortschritt der Produktion« gekommen, »so daß die letzte Hälfte der zwanzigjährigen Periode die erste wieder weit überflügelt«:

Keine Periode der modernen Gesellschaft ist so günstig für das Studium der kapitalistischen Akkumulation als die Periode der letztverflossenen 20 Jahre [...]. Von allen Ländern aber bietet England wieder das klassische Beispiel, weil es den ersten Rang auf dem Weltmarkt behauptet, die kapitalistische Produktionsweise hier allein völlig entwickelt ist,

und endlich die Einführung des Tausendjährigen Reichs des Freihandels
seit 1846 der Vulgärökonomie den letzten Schlupfwinkel abgeschnitten
hat.[106]

Fataler noch für Marx' Theorie aber war, dass die Reallöhne nicht sanken, derweil sich das Kapital in Form von Fabriken, Gebäuden, Eisen-
bahnnetzen und Brücken akkumulierte. Im Gegensatz zu den Jahrzehnten, die den Vierzigerjahren des 19. Jahrhunderts vorangegangen waren
und in denen die Steigerungen der Reallöhne größtenteils auf gelernte
Arbeiter beschränkt geblieben waren, während sich die höhere Arbeitslosigkeit, die längeren Arbeitszeiten und die größeren Familien auf den
Lebensstandard ausgewirkt hatten, waren die Zuwächse in den Fünf-
ziger- und Sechzigerjahren des 19. Jahrhunderts dramatisch und un-
missverständlich, was unter den Zeitgenossen denn auch weithin diskutiert wurde. Der viktorianische Statistiker Robert Giffen sprach von
der »unbestrittenen« Wesensart des »wachsenden materiellen Wohlstands« zwischen Mitte der Vierziger- und Mitte der Siebzigerjahre im
19. Jahrhundert.[107] Der englische Advokat und Statistiker Robert Dudley Baxter verglich die Einkommensverteilung im Jahr 1867, »in Anbetracht ihres langen, niedrigen Sockels an arbeitender Bevölkerung,
ihres Hochlands der Mittelschichten und den turmhohen Spitzen und
Gipfeln derjenigen mit fürstlichen Einkommen«, mit einem erloschenen Vulkan, der 12000 Fuß über Meereshöhe aufragt.[108] Der Pico del
Teide auf Teneriffa schien ihm die perfekte Metapher, um darstellen zu
können, wer was bekam. Seine Daten zeigten auf, dass der Anteil der
Arbeitskraft am Volkseinkommen im Jahr 1867 im Steigen begriffen
war.

Die Wissenschaft hat diese zeitgenössischen Beobachtungen seither erhärtet. 1963 gab der marxistische Historiker Eric Hobsbawm
zu, dass es bei dieser Debatte gänzlich darum gehe, was in der Periode geschehen war, »die nach allgemeinem Konsens irgendwann zwischen 1842 und 1845 *geendet* hat«[109]. Kürzer zurück liegt die Schlussfolgerung des englischen Wirtschaftshistorikers Charles Feinstein. Er
gehörte der »pessimistischen« Seite bei der langwierigen Debatte um
die Auswirkungen der Industriellen Revolution an und kam zu dem
Schluss, dass die Reallöhne um 1840 »schlussendlich den Aufstieg zu
neuen Höhen antraten«[110].

Aber Marx ging nie vor die Tür. Er hat sich auch nie bemüht, Englisch zu lernen.[111] Seine Welt blieb auf den kleinen Kreis von gleichgesinnten Emigranten beschränkt; seine Kontakte zu englischen Arbeiterführern blieben oberflächlich; er stellte seine Ideen niemals Personen gegenüber zur Debatte, die ihn von Gleich zu Gleich hätten herausfordern können. Interaktionen mit den »ebenso großmäulige[n] als wissenschaftlich verwahrloste[n] Freihandelshausierburschen«[112], deren Ideen er zu demolieren trachtete, gab es überhaupt keine. Niemals begegnete er einem der Genies seiner Zeit oder hat auch nur mit einem von ihnen korrespondiert – nicht mit dem Philosophen John Stuart Mill, nicht mit dem Biologen Charles Darwin, nicht mit dem Sozialforscher Herbert Spencer, nicht mit der Schriftstellerin George Eliot und auch nicht mit den vielen anderen Denkern, die nur ein, zwei Kilometer von ihm entfernt lebten (und debattierten). Und es ist doch wirklich erstaunlich, dass Marx, dieser beste Freund eines Fabrikbesitzers und Autor einiger der leidenschaftlichsten Schilderungen der Schrecken der Mechanisierung, niemals auch nur einer einzigen englischen – oder überhaupt irgendeiner – Fabrik einen Besuch abgestattet hat, bevor er gegen Ende seines Lebens schließlich einmal an einer Führung durch eine Porzellanmanufaktur nahe Karlsbad teilnahm, wo er sich gerade zur Kur aufgehalten hatte.[113]

Auf Engels' Drängen hin veröffentlichte Marx 1859 eine Vorschau auf sein unfertiges Opus Magnum, welcher er den Titel *Zur Kritik der politischen Ökonomie* gab. Der schmale Band wurde mit Enttäuschung und Betretenheit aufgenommen und regte zu buchstäblich keiner einzigen Rezension an, ausgenommen zu denjenigen, die Engels auf Marx' Geheiß selber (anonym) verfasst hatte.[114]

Marx rechtfertigte seine Entscheidung, in England zu bleiben – und sogar um die englische Staatsbürgerschaft anzusuchen –, immer wieder mit dem Hinweis auf die Vorteile, welche London, die Hauptstadt der modernen Welt, jemandem bot, der die Evolution der Gesellschaft studierte und einen Blick in die Zukunft wagen wollte. Isaiah Berlin, selbst Emigrant, schrieb, dass Marx »sein Exil genauso gut in Madagaskar hätte verbringen können, vorausgesetzt, es wäre ein regelmäßiger Nachschub von Büchern, Zeitschriften und Regierungsberichten garantiert gewesen«. 1851, in dem Jahr, in dem Marx ernsthaft an der Kritik zu arbeiten begann, von der er stolz behauptete, dass sie die englische Ökonomie demolieren würde, waren seine Ideen und Standpunkte bereits in Stein gemeißelt. Und sie sollten sich im Laufe der nächsten rund fünfzehn Jahre auch »kaum mehr ändern«.[115]

Bis Marx schließlich das Projekt in Angriff nahm, »einen vollständigen Rechenschaftsbericht abzuliefern und den unmittelbar bevorstehenden Sturz des kapitalistischen Systems zu erklären«[116], waren seine Augen bereits so schlecht geworden, dass er Bücher und Zeitschriften nur noch lesen konnte, wenn er sie wenige Zentimeter vor die Augen hielt. Man fragt sich, welche Auswirkungen diese Fehlsichtigkeit auf seine Ideen hatte. Demokrit, der das Thema seiner Dissertation gewesen war, soll sich absichtlich selbst geblendet haben. In einigen Versionen der Legende heißt es, der griechische Philosoph habe das getan, weil er nicht mehr von schönen Frauen in Versuchung geführt werden wollte, in anderen, weil er die chaotische, verwirrende, sich stetig wandelnde Welt der Fakten ausschließen und nur die Bilder und Ideen im eigenen Kopf betrachten wollte, ohne auf solch lästige Weise abgelenkt zu werden.

Man könnte meinen, der Aufstieg vom Mieter einer winzigen Familienwohnung über einem Pub zum Grundsteuer zahlenden Besitzer eines Londoner Stadthauses hätte Karl Marx ein gewisses Unbehagen hinsichtlich der eigenen Theorie bereiten müssen. In den zwanzig Jahren, seit er zu beweisen angetreten war, dass der Kapitalismus nicht funktionieren könne, hatte er sich vom Bohemien zum Bourgeois gewandelt. Nun forderte er auch nicht mehr die sofortige Abschaffung des Erbrechts, wie noch im kommunistischen Programm niedergelegt.[117] Die Marxens beeilten sich derart, eine weitere Erbschaft für den Kauf eines Hauses in einem neu erschlossenen Wohngebiet für den Mittelstand nahe Hampstead Heath auszugeben – »eine wahrhaft fürstliche Wohnung verglichen mit unseren früheren Löchern«, wie Jenny später schrieb[118] –, dass sie dort noch eine Baustelle an einer ungepflasterten Straße ohne Gaslaternen vorfanden, zu der kein Omnibus fuhr und vor welcher sich Mist, Aushub und ein Haufen Steine türmten.

Marx sagte oft, dass etwas faul an einem System sei, das den Wohlstand mehre, ohne das Elend zu lindern. Es scheint ihm aber nie in den Sinn gekommen zu sein, dass sich das Elend auch mit wachsendem Wohlstand mehren kann. Er ging immer davon aus, dass die Londoner

Slums, die mit jedem Jahrzehnt Dickens'scher wurden, ein Beweis dafür waren, wie wenig die Ökonomie in der Lage war, den kleinen Leuten einen anständigen Lebensstandard zu ermöglichen. Ganz im Gegenteil, erklärt der Wirtschaftshistoriker Gareth Stedman Jones: Dass die Wohnverhältnisse immer kritischer wurden, war das unwillkommene Nebenprodukt des chaotischen Wachstums, des steigenden Wohlstands und der unersättlichen Nachfrage nach ungelernten Arbeitern. Eine Schlüsselrolle spielte hierbei der Bauboom, der um die Mitte der viktorianischen Zeit ausgebrochen war und von einem regelrechten Abrissrausch begleitet wurde. Zwischen 1830 und 1870 wurden Tausende Hektar Land im Londoner Stadtgebiet platt gewalzt, viele davon in den ärmsten Bezirken, wo die Grundstückspreise am niedrigsten waren, um die Londoner Docks auszubauen, Bahnschienen zu legen, die New Oxford Street zu bauen, Abwasserkanäle zu graben, Wasserrohre zu legen und, in den Sechzigerjahren des 19. Jahrhunderts, auch die ersten Teilstücke für die Röhren der Londoner U-Bahn zu graben. Das heißt also, gerade als Zehntausende Arbeiter auf Arbeitssuche nach London strömten, begann das Wohnungsangebot in fußläufiger Entfernung von den Industriegebieten Londons zu schrumpfen. Die Folge war, dass die Arbeiter zu immer höheren Mieten in immer abgewracktere, übervölkertere Viertel gezwängt wurden. Erst als die Abrissaktionen aufhörten und Angestellte mit Zügen aus den Vororten zu pendeln pflegten, begann sich die Wohnungslage etwas zu entspannen.

Die zweite Weltausstellung, die 1862 in London ihre Tore öffnete, fiel erneut mit einem Tiefpunkt in der Marx'schen Haushaltskasse zusammen. Horace Greeley, der Herausgeber der *New York Tribune*, hatte Marx' Kolumne gestrichen, die ihn, obwohl allein von Engels geschrieben, mit zusätzlichen Einnahmen versorgt hatte. Marx' Geldprobleme wurden so gravierend, dass er sogar um eine Stelle als Eisenbahnbeamter ansuchte, nur um dann feststellen zu müssen, dass er wegen seiner »schlechten Handschrift« und mangelnden Englischkenntnissen abgelehnt wurde, was ihn dann kurz überlegen ließ, nach Amerika auszuwandern. Glücklicherweise benötigte er, einer Auster ähnlich, meist nur ein kleines Sandkorn, um eine Perle zu erschaffen. Die Gedanken also ganz aufs Geld konzentriert, verfasste er bald einen langen Aufsatz über die Ökonomie und begann wieder emsig seine Notizbücher zu füllen, allerdings nicht, ohne ständig zu klagen, dass er sich wie eine Maschine fühle, dazu verurteilt, Bücher zu verschlingen, nur um sie dann in veränderter Form auf den Misthaufen der Geschichte zu werfen.[119] Schließlich entschied er sich, seinem großen Werk einen neuen Titel zu geben: *Das Kapital*.[120]

Auch das Tamtam um die zweite Weltausstellung deprimierte Marx. Er hätte Verständnis gehabt für die Reaktion des russischen Dichters Fjodor Dostojewski, der den Glaspalast als einen »biblischen Anblick« bezeichnet hatte, »etwas von Babylon, etwas von einer Prophezeiung aus der Apokalypse, die sich vor deinen Augen erfüllt«[121]. Doch ein, zwei Jahre später hatte sich das Blatt wieder gewendet. Dank mehrerer unerwarteter Erbschaften und den 375 Pfund Beihilfe, die ihm Engels jährlich zukommen ließ, war die Familie in der Lage, ein noch größeres und imposanteres Stadthaus zu beziehen und bald zwischen fünfhundert und sechshundert Pfund pro Jahr auszugeben – eine Summe, die sich mehr als 98 Prozent aller englischen Familien nicht hätten leisten können.[122]

Gerade als Marx schon fast nicht mehr daran geglaubt hatte, nahte das Jüngste Gericht.

Der Stapellauf der *Northumberland*, einer gepanzerten Fregatte von elftausend Tonnen, am 17. April 1866 hätte ein stolzer Tag sein und an Großbritanniens industrielle und kommerzielle Vorherrschaft in der Welt erinnern sollen. Stattdessen geriet er zum Fiasko. Nachdem die *Northumberland* fast fünf Jahre lang auf der Slipanlage der Millwall-Werft gelegen hatte, begann sie beim Stapellauf wegen ihres ungewöhnlich hohen Gewichts von der Helling abzugleiten. Später sahen es die Leute als ein Omen für die gefährlichen Arbeitsbedingungen in den Reedereien und bei den Schiffbauern.

Knapp einen Monat später, am Nachmittag des 10. Mai 1866, dem Donnerstag in der ersten Woche der Londoner Bootssaison, machte ein schockierendes Gerücht die Runde in der City: Overend, Gurney & Company, sozusagen der Rolls-Royce unter den Handelsbanken, die der Durchschnittsbürger für so solide hielt wie die Königliche Münzanstalt, war pleite. »Das Entsetzen und die Ängste, die am Rest dieses und während des ganzen kommenden Tages von den Menschen Besitz ergriffen, lassen sich nicht beschreiben«, schrieb der Finanzkorrespondent der Londoner *Times*. »Niemand fühlte sich mehr sicher.« Um zehn Uhr am nächsten Vormittag überfiel eine Horde von »rempelnden, verzweifelten Gläubigern« beiderlei Geschlechts und offenbar von jedem Stand den Finanzdistrikt. »Zur Mittagsstunde wurde der Tumult pöbelhaft. Die Eingangstüren der ehrenwertesten Bankhäuser wurden belagert [...], eine durch die Lombard Street wogende und stolpernde Menschenmenge machte den engen Durchgang unpassierbar.«[123]

Der Korrespondent der *New York Times* setzte eilends ein Telegramm auf, um seiner Zeitung mitzuteilen, dass in der britischen Hauptstadt eine Panik herrschte, die »angstvoller ist als jede andere im Gedächtnis der Menschheit«. Noch bevor ein Sondertrupp der Polizei herbeigerufen werden konnte, um die Massen zu kontrollieren, und noch bevor der Schatzkanzler die Aussetzung des »Bank Charter Act« verfügen konnte, hatte die Bank of England bereits 93 Prozent ihrer Bargeldreserven verloren. Der englische Geldmarkt war eingefroren, und unzählige Banken und Unternehmen, die von Krediten abhängig waren, standen vor dem Ruin. »Die Engländer haben wie verrückt spekuliert. [...] Der Tag des Jüngsten Gerichts ist gekommen, in den Gesichtern sämtlicher Bankiers, Kapitalisten und Händler zeichnen sich schiere Panik und pure Angst ab.«[124]

Zu den ersten Opfern der Panik zählten die Eigner der Millwall-Werft. Der vom weltweiten Rüstungswettlauf und vom Welthandel ausgelöste Boom im Schiffsbau hatte die Zahl der Beschäftigten in den Londoner Werften zwischen 1861 und 1865 mehr als verdoppelt.[125] »Die Magnaten dieses Geschäfts hatten während der Schwindelzeit nicht nur maßlos überproduziert, sondern zudem enorme Lieferungskontrakte übernommen, auf die Spekulation hin, daß die Kreditquelle gleich reichlich fortfließen werde«, schrieb Marx nicht ohne Häme.[126]

Nachdem Overend zusammengebrochen war, versiegten diese »Lieferungskontrakte«. Vermutlich war die Bank, welche »die Meere mit ihren Schiffen bedeckte«, in den Ruin getrieben worden, weil sie mit ihrer Flotte von Dampfschiffen gewaltige Verluste gemacht hatte. Ein anderer Fall war der legendäre Eisenbahnkontraktor Pero & Betts. Es stimmt, dass die unmittelbarsten Opfer der Panik leichtgläubige Investoren und jene »zahllosen hochstaplerischen Unternehmen« gewesen waren, die wie Pilze aus dem Boden geschossen waren, als es darum ging, einen Vorteil aus dem billigen Geld zu ziehen. Doch die Vertrauenskrise zwang die Bank of England, ihren Referenzzinssatz von 6 auf vernichtende 10 Prozent, den »klassischen Paniksatz«, zu erhöhen. Und dieser Satz sollte dann den ganzen Sommer über beibehalten werden.[127] Das Theaterstück *One Hundred Thousand Pounds* musste nach kurzer Spielzeit abgesetzt werden, die *Times* hatte sich nicht einmal mehr die Mühe gemacht, es zu besprechen. Der Boom war vorbei.

Als Marx die Nachricht vom »Black Friday« aus seiner Nachmittagszeitung erfuhr, saß er gerade in seinem Arbeitszimmer im Norden Londons und grübelte über einer Finanzkrise, von der er wesentlich persönlicher betroffen war. Die Adresse Modena Villas Nr. 1 in Maitland Park, die er und seine Familie vor Kurzem bezogen hatten, war nicht weniger protzig als die vielen anderen Neubauten, die gerade an der Londoner Peripherie aus dem Boden schossen. Das Ganze war viel zu kostspielig für einen arbeitslosen Journalisten, der schon lange aufgehört hatte, Aufträge anzunehmen, damit er sein Buch beenden konnte. Begründet hatte Marx diese Extravaganz mit den Worten, dass sie »das einzige Mittel« sei, »damit die Kinder [...] Beziehungen und Verhältnisse eingehn können, die ihnen eine Zukunft sichern können«.[128] Doch nun war Marx wieder einmal pleite, und die Miete war überfällig. Und das war unseligerweise auch *Das Kapital*.

Seit nun beinahe fünfzehn Jahren hatte Marx seinem besten Freund und Gönner Engels immer wieder versichert, dass seine grandiose »Kritik der politischen Ökonomie« praktisch abgeschlossen und er bereit sei, das »ökonomische Bewegungsgesetz der modernen Gesellschaft« zu enthüllen und einen Pfahl ins Herz der »politischen Ökonomie« Englands zu treiben. Engels, der mittlerweile ebenso viele Jahre seinen Kopf in der Mühle von Manchester hingehalten hatte, um seinen Freund finanziell unterstützen zu können, begann unruhig zu werden.

Die Wahrheit ist, dass es der Glanz des englischen Wohlstands war, der seinen Schatten auf Marx' Projekt geworfen hatte. Er hatte seit 1863 kaum etwas geschrieben. Eine Reihe unverhoffter Glücksfälle hatten ihm zeitweilige Perioden der Unabhängigkeit verschafft, doch nun war er wieder von Engels' Unterstützung abhängig, und zum ersten Mal begann der engelhafte Engels Zeichen der Ungeduld zu zeigen. Marx hatte ihn mit plastischen Schilderungen von diversen Heimsuchungen und Gebrechen hingehalten, die eines Hiob würdig gewesen wären: Rheuma, Probleme mit der Leber, Influenza, Zahnschmerzen, dreiste Gläubiger, ein Ausbruch der Blattern wahrhaft biblischen Ausmaßes – die Liste war lang. Am 5. August 1865 schrieb er Engels, ein

»Rheumatismus im rechten Arm« erschwere ihm »das Schreiben«; am
26. Dezember desselben Jahres beklagte er sich bei ihm: »Ich bin all
that time over so sehr bothered [...], daß mein Arbeiten größtenteils
auf die Nacht beschränkt ist...«; über Ostern im Jahr darauf kurte er
in Margate, von wo aus er Engels am 6. April 1866 gestand: »Ich bin
jetzt bald 4 Wochen hier und habe rein der Gesundheit gelebt.«[129]

Engels vermutete – zu Recht, wie sich herausstellte –, dass »dies
verdammte Buch, an dem Du so lange getragen hast, der Grundkern
von all Deinem Pech war...«, wie er ihm am 27. April 1867 nach
Hannover schrieb. Am 1. Mai des Vorjahres hatte er ihm mitgeteilt:
»Ich hoffe, mit Deinem Rheumatismus und Gesichtsschmerzen bist Du
glücklich durch und sitzest wieder fleißig über dem *Buch*. Wie steht's
damit, und wann wird der erste Band fertig?« Marx, der mit dem *Kapital* nicht vorankam, zog sich schmollend ins Schweigen zurück.[130]

Dann kam der »Black Friday«. Und der belebte Marx nun wie ein
plötzlicher Adrenalinstoß und in einem Maße, wie es Engels auch mit
noch so viel Nörgeln nicht hatte bewirken können. Binnen weniger
Tage war der Prophet zurück an seinem Arbeitstisch und begann blind-
wütig zu schreiben. Am 7. Juli 1866 war er in der Lage, Engels mitzuteilen, er habe »während der letzten zwei Wochen wieder *ordentlich
geschanzt* und hoffe Ende August mit dem ersten Band, den ich selb-
ständig erscheinen lasse, fertig zu werden«.[131]

Wer will es dem Autor eines apokalyptischen Textes verdenken, dass
er ihn zurückhält, bis er die Zeit für gekommen sieht? Zur Zeit, da
Marx die melodramatische Prophezeiung schrieb, »die Stunde des kapitalistischen Privateigentums schlägt. Die Expropriateurs werden ex-
propriiert«, klang das jedenfalls fast glaubwürdig. Doch während er
sein berühmtes vorletztes Kapitel »Die sogenannte ursprüngliche Akkumulation« komponierte, hatte er sich zum Fälschen hinreißen lassen,
um begründen zu können, dass die Armen ärmer geworden seien: Zuerst zitierte er den liberalen britischen Premierminister William Gladstone mit der Aussage, dass das besteuerbare Einkommen des Landes
zwischen 1853 und 1861 um 20 Prozent gestiegen sei, was dieser so
»erstaunlich« gefunden habe, dass es ihm »beinahe unglaublich« erschienen sei; dann legte er ihm die Worte in den Mund: »Diese berauschende Vermehrung von Reichtum und Macht« sei »ganz und gar
auf die besitzenden Klassen beschränkt...«[132] Der von der Londoner

Times abgedruckte wörtliche Text der Rede beweist jedoch, dass Gladstone in Wahrheit das genaue Gegenteil gesagt hatte, nämlich: »Ich würde mit einem gewissen Grad von Pein und großer Besorgnis auf dieses außerordentliche und beinahe berauschende Wachstum blicken, wenn ich es beschränkt glaubte auf die Kategorie von Personen, welche man als in behaglichen Verhältnissen lebend bezeichnen kann.« Dem hatte Gladstone dann noch angemerkt, dass sich dank des rapiden Wachstums des unbesteuerten Einkommens »die durchschnittliche Lage des britischen Arbeiters, wie wir zu wissen das Glück haben, während der letzten zwanzig Jahre in einem Maße verbessert hat, die wir als außerordentlich erkennen und die wir fast schon als beispiellos in der Geschichte jedes Landes in jedem Zeitalter bezeichnen können«[133].

Marx' Voraussage, dass sein Manuskript Ende August abgeschlossen sein würde, sollte sich als ungemein optimistisch erweisen. Fünfzehn Monate nach dem Schwarzen Freitag, im August 1867, konnte er Engels schließlich berichten, dass er die letzten Korrekturfahnen an den deutschen Verleger abgeschickt habe. In dieser Notiz an seinen Freund spielte er beiläufig auf eine berühmte Kurzgeschichte von Honoré de Balzac an: Ein Maler ist sich sicher, ein Meisterwerk erschaffen zu haben, da er es jahrelang vervollkommnet hatte. Im Moment der Enthüllung starrt er jedoch darauf und torkelt zurück: »Nichts! Nichts! Nach zehn Jahren Arbeit«, jammert er, setzt sich hin und weint.[134] Wie Marx befürchtet hatte, war Balzacs Geschichte *Das unbekannte Meisterwerk* durchaus eine angemessene Metapher für seine ökonomische Theorie. Seine mathematische Beweisführung wurde mit gespenstischem Schweigen begrüßt; und John Maynard Keynes, der große Ökonom des 20. Jahrhunderts, tat *Das Kapital* während der schlimmsten Wirtschaftskrise der Neuzeit als »ein obsoletes ökonomisches Lehrbuch« ab, »von dem ich weiß, dass es nicht nur wissenschaftlich abwegig, sondern auch ohne jedes Interesse und ohne Anwendbarkeit in der modernen Welt ist«[135].

KAPITEL II

Ist das Proletariat naturgegeben?
Alfred Marshalls Schutzpatron

> The horseman serves the horse,
> The neat-herd serves the neat,
> The merchant serves the purse,
> The eater serves his meat;
> 'Tis the day of the chattel,
> Web to weave, and corn to grind,
> Things are in the saddle,
> And ride mankind[*]
>
> Ralph Waldo Emerson, 1847[1]

> Der Wunsch, die Menschheit in den Sattel zu heben, ist
> die Triebfeder fast aller ökonomischen Studien.
>
> Alfred Marshall, 1891[2]

Während des harten Winters 1866/67 versammelten sich tagtäglich rund tausend Menschen vor einem von mehreren Gebäuden im Londoner East End. Sobald sich die Tore öffneten, drängte die Menge schubsend und schreiend voran, um sich Einlasskarten zu erkämpfen. Angesichts dieses wilden Ansturms und des enttäuschten Ausdrucks in den Gesichtern all derjenigen, die erfolglos geblieben waren, hätte ein unbeteiligter Passant wohl glauben können, dass es um den Einlass zu einem Boxkampf oder einem Hundekampf ging. Doch hinter den Toren gab es keine hell erleuchteten Kampfringe, nur die matschigen Innenhöfe von Gemeindearbeitshäusern, aufgeteilt in einzelne Pferche, die mit großen Steinen »möbliert« waren. Ein Billett berechtigte seinen

---

[*] Der Kuhhirt dient der Färse, / Der Reiter dient dem Pferd, / Der Kaufmann dient der Börse, / der Esser bedient sich am Herd; / Es ist der Tag der Habe, / Zu weben das Netz und grinden das Korn, / Gesattelt ist die Gabe, / Nun, Menschheit, gib den Sporn. (Übertragen von Yvonne Badal)

Besitzer, auf einem solchen »dicken Pflasterstein« zu sitzen, sich einen
schweren Hammer zu greifen und den »frostbedeckten Granit« zu brechen »bis er 5 Bushel davon abgehauen hatte. Dann war sein Tagewerk
verrichtet und erhielt er 3 d. (2 Silbergroschen, 6 Pfennige) und ein Billett für Brot.«[3]

Die Männer, welche die Arbeitshäuser in diesem Januar belagerten,
zählten nicht zu der typischen, kränklich wirkenden, abgerissenen Kli-
entel, die üblicherweise mit diesen verachteten Einrichtungen in Verbindung gebracht wurde. Es waren kräftige Männer in guten Män-
teln. Bis vor wenigen Monaten hatten sie in den Werften oder beim
Bau von Eisenbahntunnels und Überlandstraßen ein bis zwei Pfund
pro Woche verdient – mehr als genug, um sich eine Unterkunft für eine
fünfköpfige Familie, reichlich Rindfleisch und Butter und sogar Bier
leisten zu können, genug sogar, um einen kleinen Notgroschen beisei-
telegen zu können.[4] Aber das war vor dem »Black Friday« gewesen,
bevor auf den Baustellen zu Land, zu Wasser und unter der Erde eine
gespenstische Stille ausgebrochen war; bevor die Pleitewelle Tausende
ihrer Arbeitsplätze beraubt hatte; bevor die Choleraepidemie ausgebrochen war; bevor von heute auf morgen jede Arbeit in den Docks eingestellt worden war; bevor sich die Brotpreise verdoppelt hatten; und
bevor die Ersparnisse eines ganzen Lebens dahingeschmolzen, die letzten Haushaltsgegenstände verpfändet und die Hilfsmöglichkeiten von
Verwandten erschöpft waren.

Die ärmsten Gemeinden wiesen Hunderte am Tag ab. Steuerzahler,
die wie Karl Marx knapp bei Kasse waren, machten sich Sorgen, dass
die wachsende Zahl der Armen auch sie in den Ruin treiben würde.
Die Spendenfreude war zwar hoch, doch die privaten Wohlfahrtsorganisationen waren schlicht überfordert. »Was Not *ist*, weiß niemand«,
schrieb Florence Nightingale, die vermögende Erbin und Krankenhaus-
reformerin, im Februar 1867 an einen Freund:

Es geht nicht nur darum, dass zwanzigtausend Menschen im East End
arbeitslos sind, wie es von jeder Zeitung heraustrompetet wird. Es
geht darum, dass in jeder Gemeinde nicht weniger als doppelt so viele
und manchmal fünf Mal mehr als üblich das Armenrecht in Anspruch
nehmen. Es ist so, dass alle Arbeitshäuser Krankenhäuser sind. Es ist
so, dass die abgewrackten Schulen nicht mehr in der Lage sind, eine

Mahlzeit am Tag auszugeben, und Gefahr laufen, geschlossen zu wer-
den. Und so sieht es in ganz Marylebone, St Pancras, the Strand und im
Süden von London aus.[5]

In Greenwich brachen Unruhen wegen der Brotknappheit aus. Die
Bäcker und kleinen Geschäftsleute drohten bereits, sich gegen den
zornigen Mob zu bewaffnen.[6] Im Mai kämpften Tausende Bürger aus
dem East End im Hyde Park gegen die berittene Polizei, angeblich,
um ihre Unterstützung für das Zweite Reformgesetz und das Wahlrecht für Arbeiter zu zeigen, in den meisten Fällen jedoch schlicht und
einfach, um ihrem Frust und ihrem Zorn über die Reichen Luft zu
machen.[7]

Der Londoner Mittelstand konnte kaum vermeiden, Notiz von der
Not in seiner Mitte zu nehmen, denn man lebte im neuen Informa-
tionszeitalter, wurde fünfmal täglich von der Post beliefert und obendrein mit Zeitungen, Zeitschriften, Büchern, Vorträgen und Predigten
bombardiert. Eine neue Generation von Reportern, inspiriert vom Vorbild solcher Männer wie Henry Mayhew, Charles Dickens und anderer Journalisten aus den Vierzigerjahren des 19. Jahrhunderts, füllte
die Seiten der *Daily News*, des *Morning Star*, der *Pall Mall Gazette*,
der *Westminster Review*, der *Household Words*, der *Daily Mail* der
Tories oder der liberalen *Times* mit spektakulären Augenzeugenberich-
ten und Reportagen aus dem East End. Reporter verkleideten sich als
abgerissene Arbeiter und verbrachten die Nächte in Armenhäusern, um
über deren Schrecken berichten zu können. Robert Giffen, damals Redakteur der liberalen *Daily News*, war gerade auf bestem Wege, einer
der führenden Statistiker seiner Zeit zu werden. In seiner ersten großen Studie hatte er noch die Verdreifachung des Wohlstands zwischen
1845 und 1865 gefeiert. Sein zweiter, 1867 verfasster Artikel unterschied sich deutlich im Ton und in seinen Aussagen: Giffen prangerte
den Plan für eine harte regressive Steuer an, die auf dem Rücken »der
Bedürfnisse der Armen« erhoben werden sollte. Was ihn bezüglich der
Wirtschaftskrise von 1866/67 jedoch am meisten empörte, war, wie
sein Biograf Roger Mason schrieb, dass die am schwersten Betroffe-
nen meist hart gearbeitet, ebenso sparsam wie gesetzestreu gelebt und,
sofern sie zu denjenigen zählten, denen es etwas besser ergangen war,
auch noch freizügig der Wohlfahrt gespendet hatten. Doch selbst das

tugendhafteste Verhalten hatte nicht verhindern können, dass allenthalben die Not um sich griff.[8]

Die Rückkehr von Hunger, Obdachlosigkeit und Seuchen inmitten des großen Wohlstands sollte eine ganze Generation radikalisieren – Menschen, die während des Booms aufgewachsen waren und Überfluss wie Fortschritt bereits als gegeben genommen hatten. Dramatiker schrieben Stücke über proletarische Helden, Dichter veröffentlichten sozialkritische Werke, Professoren und Prediger nutzten ihre Kanzeln für Kritik an der britischen Gesellschaft. Typisch für solche Jeremiaden war das Klagelied des blinden liberalen Reformers Henry Fawcett, der den Lehrstuhl für Politische Ökonomie an der University of Cambridge innehatte:

Man erzählt uns, dass unsere Exporte und Importe rapide zunähmen, gibt uns strahlende Schilderungen von einem Empire, über dem die Sonne niemals untergeht, und von einem Handel, der sich über die ganze Welt erstreckt. Unsere Handelsmarine wird immer größer, Manufakturen wachsen an Zahl und Umfang. Um uns herum sehen wir sämtliche Nachweise für den zunehmenden Luxus, in den Parks fahren immer prunkvollere Equipagen, und der Lebensstil wird jedes Jahr schwelgerischer. [...] Aber betrachten wir doch einmal die andere Seite der Medaille: Was sehen wir dann? Gleich neben diesem unermesslichen Reichtum, in engster Nachbarschaft zu all diesem sündigen Luxus, lauert das furchterregende Schreckgespenst einer weit verbreiteten Armut und des wachsenden Pauperismus! Besuchen Sie einmal die größten Zentren von Handel und Gewerbe: Was werden Sie sehen? Die grässlichste Armut geht immer mit dem größten Reichtum einher![9]

Erfüllt von christlichem Schuldgefühl und dem Wunsch, Gutes zu tun, entdeckten junge Universitätsabsolventen, die eigentlich davon geträumt hatten, als Missionare in irgendeine entlegene Ecke der Welt zu gehen, dass es auch im eigenen Land eine Menge Gutes zu tun gab. William Henry Fremantle, Autor des Buches *The World as a Subject of Redemption*, wurde Pastor von St Mary, einer der ärmsten Gemeinden Londons. Thomas Barnardo, Mitglied einer evangelischen Sekte, beschloss nach einem Fußmarsch durch das East End während der Choleraepidemie, lieber Waisenhäuser für arme Kinder in London zu gründen, als nach China zu gehen, um die Chinesen zum Christentum zu bekehren. Ein ähnliches Erlebnis inspirierte auch »General« William Booth, Autor der Kampfschrift *In Darkest England And The Way Out*, zur Gründung einer Heilsarmee. Samuel Barnett, ein Oxford-Absolvent, rief die »Siedlungsbewegung« ins Leben, welche Studenten dazu aufrief, während ihrer Semesterferien Suppenküchen zu betreiben und Abendkurse für Werktätige zu geben.

Diese Missionare im eigenen Land, all diese jungen Männer und Frauen, trachteten ohne jede Gefühlsduselei nach wissenschaftlich fundierten Erklärungen. Sie betrachteten es nicht als ihre Berufung, Almosen zu geben, sondern vielmehr, den Armen die Möglichkeit zu verschaffen, aus eigener Kraft in die Gefilde der Mittelschicht aufzusteigen und in den Genuss von deren Werten und Usancen zu kommen. Edward Denison, auch er ein Oxford-Absolvent, schrieb 1876: »Indem man ihnen Almosen gibt, sorgt man nur dafür, dass sie auf ewig geknechtet bleiben. Errichtet Schulen, bezahlt Lehrer, belohnt sie, gründet Clubs für Arbeiter, helft ihnen, sich selbst zu helfen.«[10]

Es war Anfang Juni 1867, als ein junger Mann mit feinen Gesichtszügen, seidigem blondem Haar und strahlend blauen Augen im Londoner Eustace-Bahnhof den Great Northern Richtung Glasgow bestieg. Er hatte nichts als einen Spazierstock und einen Rucksack voller Bücher bei sich. Seine Mitreisenden hielten ihn vermutlich für einen Vikar oder Schulmeister, der seine Ferien beim Bergwandern verbringen wollte. Doch als der Zug in Manchester hielt, schnallte sich der junge Mann den Rucksack auf, sprang auf den Perron und verschwand in der Menge.

Bevor er seine Reise gen Norden ins schottische Hochland fortsetzte, verbrachte der vierundzwanzigjährige Alfred Marshall, Mathematiker und Fellow am St John's College in Cambridge, viele Stunden damit, durch die Industrieviertel und umgebenden Slums der Stadt zu wandern, um »in die Gesichter der Ärmsten« zu blicken. Er war noch unentschlossen gewesen, ob er sich die deutsche Philosophie oder die österreichische Psychologie zur Lebensaufgabe machen solle, und dies waren nun seine ersten Schritte weg von der Metaphysik und hin zu einer hartnäckigen Auseinandersetzung mit der sozialen Wirklichkeit. Später sagte er, dass ihn diese Streifzüge gezwungen hätten, über »die Berechtigung der herrschenden gesellschaftlichen Bedingungen« nachzudenken.[11]

In Manchester sah Marshall mit eigenen Augen den rauchbraunen
Himmel, die matschigen Straßen, die langen Reihen von Lagerhallen,
die Schlunde der riesigen Fabriken und die der Gesundheit so abträg-
lichen Behausungen – jeweils nur ein paar hundert Meter entfernt von
den glitzernden Auslagen teurer Geschäfte, den vornehmen Parks und
Grandhotels, auf die ihn Romane wie Elizabeth Gaskells *North and
South* bereits vorbereitet hatten. In den engen Seitengassen begegnete
er bleichen, kleinwüchsigen Männern und unterentwickelten, blassen,
in dünne Schals gehüllten Fabrikmädchen, das Haar meliert von Baum-
wollsträhnen. Der Anblick von »so viel Not« inmitten von »so viel
Reichtum« führte Marshall zu der Frage, ob die Existenz eines Proletariats tatsächlich ein »naturgegebenes Erfordernis« sei, wie man es ihm
beigebracht hatte. »Warum nicht aus jedem Mann einen Gentleman
machen?«, fragte er sich.[12]

Marshall, dem es deutlich an dem typisch näselnden Upperclass-Akzent
und den lässigen Manieren der anderen Fellows am St John's College
mangelte, verglich seine Entdeckung der Armut manchmal mit der Entdeckung der Erbsünde, und seine letztendliche Hinwendung zur Ökonomie mit einer Glaubenskonversion. Doch auch wenn es stimmt, dass
ihm erst nach der Börsenpanik von 1867 der Gedanke gekommen war,
die Armut zu seinem Studienthema zu machen, wäre es doch falsch, daraus den Schluss zu ziehen, er habe der Armut noch nie zuvor ins Antlitz geblickt.[13] Sein Großvater mütterlicherseits war Fleischer gewesen,
sein Großvater väterlicherseits ein Bankrotteur, sein Vater und dessen
Brüder hatten ihre Kindheit als mittellose Waisen verbracht. Alfreds
Vater William Marshall hatte zwar »Gentleman« als Berufsbezeich-
nung auf seiner Heiratsurkunde angegeben, war aber bei der Bank of
England nie über die bescheidene Position eines Kassierers aufgestiegen. Und Alfred selbst wurde nicht in einer vornehmen Vorstadt gebo-
ren, wie er später behauptete, sondern im Schatten einer Gerberei in
Bermondsey, einem der berüchtigtsten Londoner Slums. Selbst als die
Marshalls schließlich in das kleinbürgerliche Clapham übersiedelten,
reichte es nur für ein Haus gegenüber dem Gaswerk.
    Nur dank Alfreds frühreifer Intelligenz und dem Bemühen seines
Vaters, einen Direktor seiner Bank von der Förderung der schulischen
Ausbildung des Sohnes zu überzeugen, wurde er mit acht Jahren an

einer Privatschule in der Londoner City angenommen, die für die Söhne von Bankiers und Börsenmakler eingerichtet worden war. Von nun an durchquerte Alfred tagtäglich mit dem Omnibus, der Fähre und zu Fuß die übelsten Fabrikdistrikte und Slums an der Themse, um zur Schule zu kommen. Er hatte also schon sein Leben lang der Armut ins Antlitz geblickt.

In *Great Expectations (Große Erwartungen)*, Dickens' halb autobiografischem Roman, der 1861 als Buch veröffentlicht wurde – dem Jahr, in dem Marshall an der Merchant Taylor's seinen Schulabschluss machte –, legt der Held, der etwas klein geratene Vollwaise Pip, ein »wahnwitziges Geständnis« ab. »›Biddy‹, sagte ich, nachdem ich ihr strengstes Stillschweigen auferlegt hatte, ›ich möchte ein vornehmer Herr werden.‹«[14] Seine Spielkameradin Biddy hätte nicht weniger verblüfft sein können, hätte Pip, der eine Lehre als Schmied angetreten hatte, ihr gesagt, dass er einmal Papst werden wolle. Damit der verrückte Traum seines Helden schließlich wahr werden konnte, musste Dickens erst noch einen geflohenen Zuchthäusler im öde nebligen Marschland erfinden, dazu eine hochnäsige Erbin, ein von Geistern heimgesuchtes Haus, einen geheimnisvollen Erben und einen unbekannten Wohltäter. Denn selbst zu einer Zeit, die den Selfmademan feierte, wirkte die Vorstellung, dass ein armer Junge wie Pip – ganz zu schweigen von einer Masse von Pips – in die Mittelschicht aufsteigen könnte, wie die Ausgeburt reinster Phantasie, oder wie eine höchst exzentrische, utopische Vision, die mit dem realen Leben ebenso wenig zu tun hatte wie Dickens' phantasmagorischer Roman. Ein Schreiber der *Times* bemerkte 1859 trocken: »Neunundneunzig von hundert Menschen kommen nicht ›voran‹ im Leben, weil sie durch ihre Geburt, Erziehung oder die Umstände an den niedrigen Stand gebunden sind, in dem sie verweilen müssen.«[15]

Es gab jedoch erste Anzeichen, dass etwas Bewegung in die Dinge geraten war und sich ein Umbruch andeutete. Die Frage, wer zu einem Gentleman werden und wie ihm das gelingen konnte, zählte, wie der englische Historiker Theodore Hoppen schreibt, zu den wiederkehrenden großen Themen viktorianischer Fiktion: Ein Gentleman wurde in erster Linie durch den Stand seiner Geburt, durch seinen Zeitvertreib und eine freie, das heißt also nicht berufsgebundene Ausbildung definiert. Das schloss von vornherein jeden Handwerker, auch jeden

Kunsthandwerker oder Schauspieler, Maler und obendrein jeden aus, der Handel trieb (es sei denn im ganz großen Stil). Miss Marrable aus Anthony Trollopes *The Vicar of Bullhampton* besteht zum Beispiel darauf, dass »der Sohn eines Gentleman, wenn er denn seinen Rang wahren will, sein Einkommen als Geistlicher oder Anwalt oder Soldat oder Seefahrer verdienen sollte«[16]. Doch die plötzliche Explosion der Zahl von Angestellten und Freiberuflern ließ die alten Demarkationslinien verschwimmen. Warum sonst hätte Miss Marrable dieses Machtwort sprechen sollen? Ärzte, Künstler, Architekten, Journalisten, Lehrer, Ingenieure und Beamte drängten nach oben und forderten ihr Anrecht auf dieses Etikett.[17]

Wenn ein Gentleman arbeitete, dann musste ihm sein Beruf zumindest ausreichend Gelegenheit zur Muße lassen, musste es ihm gestatten, auch an etwas anderes als immer nur an das Bezahlen der nächsten Rechnungen denken zu können, und ihm ein ausreichendes Einkommen für die angemessene Erziehung seiner Söhne oder die Versorgung seiner Töchter mit Gentlemen-Ehemännern garantieren. Wie hoch dieser Betrag genau sein musste, war ebenfalls Thema vieler Debatten. Die Armen aus Trollopes *The Warden (Spitalvorsteher)* sind überzeugt, dass 100 Pfund jährlich ausreichten, um zum Gentleman werden zu können. Doch als der weltfremde Warden von Barsetshire droht, sich mit 180 Pfund Pension pro Jahr zurückzuziehen, tadelt ihn sein praktisch veranlagter Schwiegersohn ob der absurden Vorstellung, von einem solchen Hungerlohn angemessen leben zu können.[18] Alfred Marshalls Vater ernährte von 250 Pfund im Jahr eine Frau und vier Kinder.[19] Karl Marx, der zugegebenermaßen schlecht mit Geld umging, konnte mit der doppelten Summe nicht einmal den äußeren Schein der Mittelschicht wahren.[20] 1867 war das angemessene Einkommen eines Gentleman dünn gesät: Nur einer von vierzehn britischen Haushalten verfügte über ein Einkommen von 100 Pfund oder mehr.[21]

Selbst Miss Marrable hätte vielleicht konzediert, dass sich der Fellow eines Cambridger Colleges als Gentleman qualifizierte. Sämtliche sechsundfünfzig Fellows von St John's hatten Anspruch auf eine jährliche Dividende, bezahlt aus den Mieteinnahmen des Colleges, die von 210 Pfund im Jahr 1865 auf 300 Pfund im Jahr 1872 anstieg, sowie auf eigene Zimmer und die Dienste eines College-Dieners.[22] Hinzu kamen tägliche Zuschüsse zu den Kosten für die Dinners eines solchen

»High Table«-Mitglieds. Das Dinner bestand in der Regel aus zwei Gängen: einem Hauptgericht mit Gemüse, Pies und Puddings, gefolgt von einer großen Käseplatte, die am Tisch herumgereicht wurde. Zweimal pro Woche wurde ein dritter Gang serviert, bestehend aus einer Suppe oder einem Fischgericht. Die meisten Fellows ergänzten ihr Einkommen durch Gebühren, welche sie von Studenten erheben durften, die sie auf Prüfungen vorbereiteten, oder durch die anderen typischen Verdienstmöglichkeiten an einem College, etwa das Salär als Dozent oder Schatzmeister. Als Junggesellen, die weder Frau noch Kinder zu versorgen hatten – die Fellows hatten sozusagen zölibatär zu leben –, blieb ihnen neben den Pflichten am College außerdem reichlich Zeit für Forschungen, zum Schreiben und für inspirierende Gespräche, obendrein ausreichend Geld von ihren Einkommen, um regelmäßig auf Reisen zu gehen, sich anständig zu kleiden, eine Privatbibliothek anzulegen und sich ein paar Gemälde und Nippes anzuschaffen, mit anderen Worten: um die erforderlichen Requisiten eines Lebens als Gentleman erwerben zu können.

Die Metamorphose des Alfred Marshall von einem blassen, unterernährten, verunsicherten, schlecht gekleideten Stipendiatsschüler in einen Cambridge-Mann war fast so bemerkenswert wie die Verwandlung des Pip vom Schmied in den Kompagnon einer Aktiengesellschaft. Alfreds Vater hatte mit sechzehn im Maklergeschäft zu arbeiten begonnen; sein nur vierzehn Monate älterer Bruder Charles war mit siebzehn nach Indien geschickt worden, um dort in einer Seidenmanufaktur zu arbeiten; seine Schwester Agnes war Charles nach Indien gefolgt, um dort einen Ehemann zu finden, jedoch gestorben, bevor ihr das gelang.

Wie so viele frustrierte viktorianische Väter hatte auch William Marshall versucht, sein Leben stellvertretend durch den begabten Sohn zu führen. Entschlossen, Alfred zum Geistlichen ausbilden zu lassen, überzeugte er seinen Arbeitgeber, das Schulgeld für eine gute höhere Privatschule aufzubringen. Er »war aus dem Holz des strengsten Protestanten geschnitzt, knochendürrer Hals, borstig vorspringendes Kinn«[23], und im eigenen Haus ein Tyrann, der seine Frau drangsalierte und die Kinder terrorisierte. Da er eine Nachteule war, pflegte er den Sohn fast jeden Abend bis elf Uhr wach zu halten, um ihm Hebräisch, Griechisch und Latein einzupauken.[24]

Da überrascht es nicht, dass der Junge unter Panikattacken und Kopfschmerzen litt. Ein Klassenkamerad erinnerte sich, dass Alfred »klein, blass und schlecht gekleidet« gewesen sei und immer »überarbeitet« ausgesehen habe. Scheu und praktisch ohne Freunde, begann er nicht nur »mathematisches Genie« zu beweisen – für »ein Fach, das sein Vater verachtete« –, sondern auch seine lebenslange Aversion gegen klassische Sprachen zu entwickeln. »Alfred pflegte auf dem Schulweg immer Potts *Euclid* in der Tasche zu verstecken und einen Lehrsatz im Kopf auszutüfteln, während er vor sich hin schlenderte.«[25]

Die Merchant Taylors' School war relativ kostengünstig und stark subventioniert. Doch nicht einmal mit seinem Jahresverdienst von 250 Pfund hätte William Marshall ohne größere Probleme die nötigen 20 Pfund für die Schulkosten seines Sohnes aufbringen können.[26] Aber der alte Marshall war bereit, an allen Ecken zu sparen – und vom Sohn dasselbe zu fordern –, um Alfred dorthin schicken zu können, denn ein Erfolg an der Merchant Taylors' garantierte ein volles Stipendium für ein Studium der Altphilologie in Oxford – kein geringer Lohn zu einer Zeit, in der eine Universitätsbildung als ein Luxus galt, den sich nur einer von fünfhundert jungen Männern aus der Generation seines Sohnes leisten konnte. Von noch größerer Bedeutung war, dass ein solches Stipendium nach den (bald darauf abgeschafften) Satzungen ein lebenslanges Fellowship als Altphilologe an einem der Oxforder Colleges garantierte oder alternativ den Eintritt in die Kirchenhierarchie, in den öffentlichen Dienst oder in das Lehrerkollegium einer der renommiertesten höheren Privatschulen.

Als Alfred seine Absicht erklärte, das Stipendium für Oxford abzulehnen und stattdessen Mathematik in Cambridge zu studieren, wurde der Vater wütend. Er begann ihn zu bedrängen und bedrohen. Nur dank eines beträchtlichen Darlehens von einem Onkel aus Australien und einem zusätzlichen Mathematikstipendium war es Alfred möglich, der väterlichen Autorität zu trotzen und sich seinen Traum zu erfüllen. Nachdem der Siebzehnjährige also in die Universitätsstadt abgereist war, um sein Stipendiatsexamen abzulegen, spazierte er am Ufer des Cam entlang und jauchzte vor Freude über seine bevorstehende Befreiung.

Am Ende des dreijährigen Studiums am St John's gab es allerdings noch einen besonderen Wettbewerb zu bestreiten, nämlich jenes mörderische »Sportereignis«, das man unter dem Namen »mathematisches Tripos« (die letzte Honours-Prüfung) kannte. Leslie Stephen, der Vater von Virginia Woolf, welcher zur selben Zeit wie Marshall in Cambridge studiert hatte, schätzte einmal, dass selbst das Prestige eines Abschlusses als Zweitbester – wie bei Marshall der Fall, der als ein »Second Wrangler« abschneiden sollte – einem Erbe von mindestens 5000 Pfund entsprach (einer halben Million Dollar nach heutigem Wert). Das war mehr als genug, um dem Leben auf die Sprünge zu helfen.[27] Als Lohn für diese Platzierung erhielt Marshall ein Fellowship am St Johns auf Lebenszeit, was ihm das Recht gab, im College zu wohnen und Gebühren für Nachhilfeunterricht und Vorlesungen zu nehmen (diese Vorteile waren nach Stephens Berechnungen weitere 2500 Pfund wert). Und nachdem er ein Jahr lang noch zusätzlich einen Nebenjob an einer höheren Privatschule angenommen hatte, um den Kredit seines Onkels zurückzahlen zu können, war er schließlich zum ersten Mal in seinem Leben finanziell unabhängig und frei zu tun, was er wollte.

Doch die große Frage war, wie er diese Freiheit nutzen sollte. Die Mathematik hatte ihn zu langweilen begonnen. Während er nun in der klaren Luft des schottischen Hochlands saß und Immanuel Kant las (»der einzige Mensch, den ich jemals vergötterte«[28]) und die Welt unter ihm im Nebel versunken lag, ließen ihn die Erinnerung an das Antlitz der Armut und die Gedanken an die seelenlose Schinderei und die Entbehrungen nicht los. Wie Pip war auch Alfred Marshall hoch aufgestiegen, aber er konnte die drunten Zurückgelassenen nicht vergessen.

Im Oktober 1867 kehrte Marshall »braun gebrannt und stark und aufrecht« aus Schottland nach Cambridge zurück.[29] Als Student war er von den Gesellschaftsclubs und privaten Zusammenkünften in den Räumen der Professoren, die der wertvollste Bestandteil jeder Cambridge-Ausbildung waren, ausgeschlossen gewesen. Nun jedoch, da er sich intellektuellen Rang und Namen gemacht hatte, wurde er eingeladen, sich dem Grote-Club anzuschließen, einer Gruppe von radikalen Geistern an der Universität, die sich regelmäßig trafen, um politische, wissenschaftliche und soziale Fragen zu diskutieren. Ihr Vorsitzender war Henry Sidgwick, ein charismatischer Philosoph, nur vier Jahre älter als Marshall, der schnell dessen Talent erkannte und ihn unter

seine Fittiche nahm. Alfreds Vater hatte ihm fast seine Lebenskraft geraubt, Sidgwick »half mir zu leben«[30].

Mit Sidgwick als intellektuellem Ratgeber stürzte sich der junge
Marshall auf die deutsche Metaphysik, die Evolutionsbiologie und
die Psychologie. Um fünf Uhr früh pflegte er aufzustehen und dann
den ganzen Tag zu lesen. Er reiste nach Dresden und Berlin, wo er
mehrere Monate verbrachte und »dem Zauber von Hegels *Philosophie der Geschichte* erlag«[31]. Wie beim jungen Marx fand auch bei
ihm Hegels Botschaft großen Nachhall, dass das Individuum nach eigenem Wissen und Gewissen über sich selbst bestimmen und der Obrigkeit nicht blind gehorchen sollte. Die evolutionäre Sicht auf die
Gesellschaft übernahm er von Charles Darwin und dessen 1859 erschienenem Werk *On the Origin of Species* (*Über die Entstehung der
Arten*, 1860) sowie aus Herbert Spencers 1862 publiziertem *System of
Synthetic Philosophy* (1. Band der *Grundlagen der Philosophie: System
der synthetischen Philosophie*, 1876). Sein Interesse an der Psychologie war hingegen von der Möglichkeit »einer höheren und schnelleren
Entwicklung menschlicher Fähigkeiten« angeregt worden.[32] Der junge
Mann, der nur dank einer erstklassigen Erziehung eine Chance im Leben bekommen hatte, war schließlich zu der Überzeugung gelangt, dass
die größten Hürden für die geistige und ethische Entwicklung des Menschen die materiellen seien.

Marshall begann sich als »Sozialist« zu bezeichnen. In den Sechzigerjahren des 19. Jahrhunderts ließ dieser Begriff lediglich auf ein Interesse an Sozialreformen oder auf die Mitgliedschaft in irgendeiner
kommunalen Sekte schließen, wohingegen das ebenso weitreichende
Etikett des »Kommunisten« jeden einschloss, der glaubte, dass sich die
Dinge nur bessern könnten, wenn man das von Privateigentum und
Wettbewerb geprägte System komplett stürzte. Aber sobald Marshall
gegenüber seinem Mentor Henry Sidgwick die Überwindung der Klas-
senschranken aufs Tapet brachte, pflegte dieser ihn sanft zu rügen:
»Ach, wenn du was von politischer Ökonomie verstündest, würdest
du davon nicht reden.« Marshall folgte diesem Fingerzeig: »Es war
mein Wunsch zu erfahren, was machbar war bezüglich einer Sozialreform durch den Staat und anderer Strukturen, der mich dazu brachte,
Adam Smith, Mill, Marx und Lasalle zu lesen«, erinnerte er sich später.
Er begann seine ökonomische Ausbildung mit John Stuart Mills *Prin-*

ciples of Political Economy (Grundsätze der politischen Oekonomie)
und war »ganz begeistert« davon. [33]

Nach der unerwarteten Verabschiedung des Zweiten Reformgesetzes im Jahr 1867, das England mit einem Schlag in eine Demokratie
verwandelte, begann sich sein Interesse an der Ökonomie zu inten-
sivieren. Diese politische Entscheidung hatte das Wahlvolk mehr als
verdoppelt, weil es das Wahlrecht auf rund 888 000 erwachsene Männer ausgeweitet hatte, wobei es sich in den meisten Fällen um gelernte
Handwerker und um Ladenbesitzer handelte, die mindestens zehn
Pfund pro Jahr an Miete oder Grundsteuer zahlten. Die Reform hatte
also erstmals die Klasse der Erwerbstätigen in das politische System
eingebracht und eine demokratische Regierung zur einzig annehmbaren Regierungsform gemacht. Obwohl dabei die drei Millionen Fabrikarbeiter, Gelegenheitsarbeiter, Landarbeiter und natürlich auch das gesamte weibliche Geschlecht außer Acht gelassen worden waren, verlieh
das Gesetz der Idee vom allgemeinen Wahlrecht doch erstmals einen
Hauch von Unausweichlichkeit.[34] Marshall bekümmerte jedoch der
Kontrast zwischen dem Ideal des uneingeschränkten Bürgerrechts und
der herrschenden Realität von Elend und materieller Not, die so viele
seiner Landsleute daran hinderte, ihre bürgerlichen Freiheiten voll aus-
zuschöpfen.

Ein gesellschaftlicher »Aufstieg«, wie ihn Marshall hinter sich gebracht hatte, kann Schuldgefühle respektive das Gefühl wecken, der
Gesellschaft etwas zu schulden. Der viktorianische Roman ist voll von
»Doubles«, die sich die Attribute und Bestrebungen mit dem jeweiligen Helden teilen, aber dazu verdammt sind, an Ort und Stelle zu verharren, während der Held steil aufsteigt. Als der amerikanische Journalist und Schriftsteller Henry James 1869 London zu Fuß erkundete,
schien ihn Hyacinth Robinson, die Hauptfigur seines Romans *Princess
Casamassima* – den er 1886 veröffentlichen sollte und in dem es um
einen Attentäter geht –, geradewegs »aus dem Londoner Trottoir an-
zuspringen«. James betrachtete sich gerade die Parade von prächtig
gekleideten Gestalten, Kutschen und all die strahlend erleuchteten
Herrenhäuser, Theater, Clubs und Galerien, aus denen so angenehme
Geräuschkulissen drangen. Sie vermittelten das Gefühl, dass sich hinter den Türen eine Welt »des Lichts, der Wärme, Heiterkeit und der
guten und charmanten Beziehungen öffnete«. Da erblickte er einen

jungen Mann, der gleich ihm diese »öffentliche Zurschaustellung« beobachtete, all dieses »Gewusel an Tatsachen«, die von »Freiheit und
Ungezwungenheit, Wissen und Macht, Geld, Chancen und Sattheit«
erzählten. Im Unterschied zu dem realen Mann gelingt es James' zum
Attentäter gewandelten Buchbinder Hyacinth Robinson dann, dieses
Geschehen »zu umkreisen, wenngleich aus höchst respektvoller Dis-
tanz«. Doch jede sich eröffnende Möglichkeit der Annäherung wird
auch ihm wie eine Tür »vor der Nase zugeschlagen«.[35]

Seit Marshall in die exklusive Welt der Freiheit und Chancen, des
Wissens und der Ungezwungenheit – wenngleich nicht auch in die der
Macht und des großen Reichtums – Einlass gefunden hatte, sorgte er
dafür, dass ihm das Antlitz seines »Doubles« immer vor Augen blieb
und er es tagtäglich vor sich sah:

Ich sah in einer Auslage ein kleines Ölbild [das Porträt eines hageren
Mannes mit auffallend schwermütigem Gesichtsausdruck, wie von je-
mandem, der »restlos erledigt« war] und erwarb es für ein paar Shil-
linge. Ich stellte es auf den Kaminsims in meinem Zimmer im College,
nenne ihn seither meinen Schutzpatron und widmete mich versuchs-
weise der Frage, wie sich Männer wie er auf den Himmel vorbereiten
lassen.[36]

Als Marshall die Schriften der Gründerväter der Nationalökonomie
las, »wurde die praktische Anwendbarkeit der Wirtschaftslehre immer
vordringlicher, weniger, was das Wachstum des Wohlstands betraf, als
in Bezug auf die Lebensqualität; ich beschloss, mich auf sie festzulegen«. Dieses »Festlegen« dauerte allerdings eine Weile, denn den »festen Boden der Fakten« fand er geistig ebenso wenig verlockend wie
gesellschaftlich. Als er gebeten wurde, ein paar Vorlesungen über die
Politische Ökonomie zu halten, willigte er nur zögernd ein. »Ich lehrte
Ökonomie […], wies jedoch indigniert die Andeutung von mir, dass ich
ein Ökonom sei. […] Ich bin ein Philosoph, der in einem fremden Land
herumstreunt.«[37]

1867 begann Marshall schließlich ernsthaft, Ökonomie zu studieren.
Zu dieser Zeit war sein Mentor Henry Sidgwick bereits überzeugt,
dass die »glücklichen Tage der politischen Ökonomie dahingeschieden

sind«[38]. Nach der erfolgreich geforderten Aufhebung des Korngesetzes im Jahr 1846, der sich eine Periode niedriger Lebensmittelpreise anschloss, hatte die Politische Ökonomie kurzfristig Furore als »eine echte, der Astronomie ebenbürtige Wissenschaft« gemacht.[39] Aber die Wirtschaftskrise und die politischen Unruhen in den Sechzigerjahren des 19. Jahrhunderts weckten dann wieder die alte Skepsis der Intellektuellen gegenüber dieser Disziplin. Der Kunstkritiker John Ruskin ging sogar noch einen Schritt über Carlyles Epitheton der »trostlosen Wissenschaft« hinaus: Er bezeichnete sie als eine »Bastardwissenschaft« und forderte wie Dickens eine »wirklich wissenschaftliche Nationalökonomie«.[40] Das Grundproblem, schrieb Gertrude Himmelfarb, war jedoch, dass »die Wissenschaft vom Wohlstand« auf den Evangelikalismus der spätviktorianischen Zeit prallte.[41] Die Viktorianer fühlten sich abgestoßen von der Vorstellung, dass Habgier etwas Gutes sei und die unsichtbare Hand des Wettbewerbs der Gesellschaft die denkbar bestmöglichen Ergebnisse garantiere.

Kaum war den Werktätigen das Wahlrecht zugestanden worden, hatten beide politischen Parteien um deren Stimmen zu buhlen begonnen. Aber nun beschwor man die »Nationalökonomie«, um Reformen entgegenzutreten – ganz gleich, ob es dabei um höhere Löhne für Landarbeiter oder um die Armenfürsorge ging –, weil sie das Wachstum von Wohlstand nur verlangsamen würden. Während die Väter der Politischen Ökonomie die radikalen Reformer ihrer Tage gewesen waren und sich für die Abschaffung der Sklaverei oder die Rechte von Frauen eingesetzt und die Interessen der Mittelschicht gegenüber denen der Aristokratie vertreten hatten, spielten nun ihre Jünger deren Theorien gegen die Arbeiterschaft aus. Virginia Woolfs Vater Leslie Stephen bemerkte einmal: »Die Lehre […] wurde genutzt, um allen nur denkbaren sozialistischen Plänen den Garaus zu machen. […] Die Politischen Ökonomen waren angehalten, eine fatalistische Theorie zu akzeptieren, welche die völlige Undurchführbarkeit sämtlicher Pläne verkündete, die die Gesellschaft regenerieren sollten.«[42]

Henry Fawcett, der reformfreudige Nationalökonom aus Cambridge, erklärte streikenden Arbeitern zum Beispiel, dass sie sich mit ihrem Verhalten bloß ins eigene Fleisch schnitten. Solche Ermahnungen empörten Ruskin. Nach einem Bauarbeiterstreik im Jahr 1869 sagte er: »Die Politischen Ökonomen sind hilflos – praktisch sprachlos; sie haben für das Problem keine nachweisliche Lösung anzubieten, die die gegnerischen Parteien überzeugen oder beschwichtigen könnte.«[43] John Stuart Mill war ein sogar noch drastischeres Beispiel als Fawcett. Mittlerweile war er zwar ein radikalliberaler Abgeordneter der Whigs, bezeichnete sich selbst aber als Sozialist, trat für das Zweite Reformgesetz, das Recht der Arbeiter auf die Gründung von Gewerkschaften und für das Streikrecht ein, warf aber einen kaum weniger verdrossenen Blick auf die Zukunft der Arbeiterschaft als Ricardo oder Marx. John Elliot Cairnes, der am University College London lehrte und berühmt geworden war, weil er die Sklaverei als ein regelrechtes Wirtschaftssystem verurteilt hatte, schrieb einige Jahre später:

> *Der Spielraum für eine mögliche Verbesserung ihres Loses wird von eng gesteckten Barrieren begrenzt, die sich nicht überwinden lassen; die Frage ihrer Aufwertung ist hoffnungslos. Als Gruppe werden sie gar nicht aufsteigen. Einige wenige, die tatkräftiger oder mehr vom Glück beschienen sind als der Rest, werden von Zeit zu Zeit entfliehen [...], doch die große Mehrheit wird im Wesentlichen bleiben, wo sie ist. Der Arbeitslohn als solcher, für Gelernte wie Ungelernte, wird nie weit über das gegenwärtige Niveau ansteigen können.*[44]

Der Kern von Mills Pessimismus war die sogenannte »Lohnfondstheorie«, die er letztendlich zwar selbst verwerfen, aber doch nie durch eine andere ersetzen sollte. Ihr zufolge steht zu jeder gegebenen Zeit nur begrenztes Kapital für Lohnzahlungen zur Verfügung. Wenn dieser Fonds erschöpft ist, gibt es keine Möglichkeit, die Gesamtsumme der Löhne zu erhöhen. Faktisch sei die Arbeitskräftenachfrage festgesetzt, ergo habe nur das Arbeitskräfteangebot eine Auswirkung auf die Löhne. Somit könne eine Gruppe von Arbeitern höhere Löhne immer nur auf Kosten von niedrigeren Löhnen für andere Arbeiter erreichen. Wenn es den Gewerkschaften gelinge, das Lohnniveau oberhalb des Lohnfondssatzes festzulegen, sei das Ergebnis Arbeitslosigkeit. Und wenn der Staat interveniere, indem er die Wohlhabenden besteuere, um die Löhne zu subventionieren, führe das zu nur noch mehr Arbeitslosigkeit und zu einer sogar noch höheren Besteuerung. Der Einsatz von Steuern zur Subventionierung von Löhnen würde obendrein die Produktivität verringern, denn sie schadeten dem Wettbewerb und beseitigten zugleich die Angst vor der Arbeitslosigkeit. »Die Besteuerung zur Unterstützung der Armen würde mehr und mehr das Gesammt-Einkommen des Landes in Anspruch nehmen …«[45] Sofern die Arbeiterschaft nicht zur Vernunft gebracht werde und sich angewöhne, sparsam zu sein und Geburtenkontrolle zu betreiben, werde sie sich, wie der Autor eines populären amerikanischen Lehrbuchs schrieb, »auf das Niveau ihrer alten Lebensbedingungen zurück vermehren«[46]. Die Frauenrechtlerin Millicent Garrett Fawcett sollte die Außerkraftsetzung des Korngesetzes als einen Beweis für die Lohnbindung an ein physiologisches Minimum anführen. Bezugnehmend auf den Arbeiter schrieb sie:

Billige Nahrungsmittel ermöglichten dem Arbeiter kein angenehmeres Leben, sondern die Ernährung von mehr Kindern. Diese Tatsachen führen zu der Schlussfolgerung, dass keine materielle Verbesserung der Lebensumstände der Arbeiterklasse von Dauer sein kann, solange sie nicht von Maßnahmen begleitet wird, die einem ausgleichenden Bevölkerungsanstieg vorbeugen.[47]

Bis zum Zeitpunkt der Verabschiedung des Zweiten Reformgesetzes wirkte die Theorie, dass Löhne langfristig nicht steigen könnten, allerdings immer unhaltbarer, und das nicht nur wegen des dramatischen Anstiegs des Durchschnittslohns. Die Eroberung der Natur durch die Eisenbahn und das Dampfschiff und die Erfindung des mechanischen Webstuhls deuteten an, dass die Gesellschaft den natürlichen Grenzen des Wachstums noch nicht einmal nahegekommen war. Dass englische Auswanderer im Ausland erfolgreich waren und im eigenen Land währenddessen eine Mittelschicht aus gelernten Handwerkern und Angestellten aus dem Boden schoss, widersprach der Vorstellung, dass eine Massenflucht aus der Armut von den biologischen Gesetzen ausgeschlossen werde. Armut, einst ein scheinbar naturgegebenes und nahezu universelles Merkmal der sozialen Landschaft, wurde mehr und mehr als Schandfleck betrachtet.

Gab es einen genialen Mechanismus, der so lange für einen Anstieg der Löhne sorgen konnte, bis der Durchschnittslohn für ein mittelständisches Leben ausreichte? Mill erkannte zwar, dass die Lohnfondstheorie mangelhaft war, doch weder er noch seine Kritiker hatten eine zufriedenstellende Alternative parat. Eine ungewöhnlich hohe Zahl von

viktorianischen Intellektuellen – von Charles Dickens über Henry
Mayhew und Karl Marx bis hin zu John Ruskin und Henry Sidgwick –
versuchten, Alternativen zu finden, doch noch war das keinem gelungen, weshalb auch niemand sagen konnte, ob sich die Hoffnung auf
eine bessere Gesellschaft wirklich mit der ökonomischen Realität in
Einklang bringen ließ oder ob den spürbaren Verbesserungen, die in
den Fünfziger- und Sechzigerjahren des 19. Jahrhunderts erreicht worden waren, nicht doch das Schicksal der Reversion bevorstand. Tories
wie Ruskin und Carlyle, ein Gegner der Sklavenbefreiung, sagten eine
Katastrophe voraus, sofern die alten Feudalbande nicht wiederhergestellt würden. Sozialisten behaupteten, dass die Lage der Arbeiter ohne
dramatische gesellschaftliche Veränderungen »nicht verbesserungsfähig und die Missstände [unter ihnen] unabänderlich« seien.[48] Die Debatte über den Lebensstandard, wie man sie nun nannte, lief auf die
Frage hinaus: Wie viel Fortschritt war unter den gegebenen sozialen
Vorkehrungen überhaupt möglich?

Eines Abends, im Frühjahr 1870, stand Alfred Marshall in einem ge-
mieteten Vortragssaal in einem Cambridger College vor »siebzig bis
achtzig Damen«. Sein attraktives Gesicht war wie von einer inneren
Flamme erleuchtet. Er redete flüssig und mit großer Kraft, ohne auf
seine Notizen zu blicken. Ohne Umschweife und mit einfachen Worten
sprach er zu den Frauen, so, als redete er mit seiner Schwester. Er beschwor sie, endlich aufzuhören, ihre »Spitzen zu klöppeln und Däum-
chen zu drehen«. Und er riet ihnen, den Forderungen ihrer Familien zu
widerstehen und sich stattdessen »wie Miss Octavia Hill« als Sozialar-
beiterinnen oder Lehrerinnen Arbeit zu suchen. Vor allem aber sollten
sie herausfinden, »welche Schwierigkeiten es zu überwinden gilt und
[…] wie sie überwunden werden können«.[49]
    Wie sein Mentor Henry Sidgwick und andere Radikalliberale, die in
den Sechziger- und Siebzigerjahren des 19. Jahrhunderts an der Universität lehrten, betrachtete auch Marshall Bildung als eine Waffe zur Bekämpfung von sozialer Ungerechtigkeit. Und wie die anderen Bewunderer von Mills 1869 publiziertem Manifest *The Subjection of Women
(Die Hörigkeit der Frau)*, hielt auch er die gebildete Frau für die entscheidende Kraft bei jeder gesellschaftlichen Veränderung. Aus Marshalls Sicht glichen sich das existenzielle Problem von Frauen und das

der Arbeiterklasse stark: Beiden mangelte es an Chancen, ein unab-
hängiges und erfülltes Leben zu führen. Die Arbeiter wurden von niedrigen Löhnen zu einem Leben der ständigen Fron verdammt, das es,
abgesehen von einigen wenigen Ausnahmen, allen unmöglich machte,
ihre ethischen und schöpferischen Fähigkeiten voll zu entwickeln; die
Frauen aus der Mittelschicht waren von den herrschenden Sitten zu Unwissenheit und einer Fron der anderen Art verdammt. Inspiriert durch
die Romane von zeitgenössischen Autorinnen wie George Eliot und
Charlotte Brontë, reagierte Marshall besonders sensibel auf die Misere
von Frauen, die an ihrer geistigen Entwicklung gehindert wurden; und
er bedauerte den Verlust an Talent, den die Gesellschaft dadurch erlitt.
Er war überzeugt, dass die Befreiung der Arbeiterschaft nicht nur einer
wissenschaftlicheren ökonomischen Lehre bedurfte, sondern auch der
Tatkraft von Frauen aus der Mittelschicht. Sobald es um das Thema
der »engen Zusammenhänge zwischen dem freien Spiel des vollen und
starken Pulses weiblichen Denkens und der Aufwertung der Arbeiterschaft« ging, war Marshall ein wahrlich »großer Prediger«. In einem
Zeitalter, das die Frau als »den Engel des Herzens« feierte, war er es,
der Weiterbildungskurse für Frauen anbot, ohne Bezahlung Prüfungen abnahm, aus eigenen Mitteln einen Essay-Preis für Ökonomie ausschließlich für Studentinnen finanzierte und den beträchtlichen Beitrag
von sechzig Pfund zum Konstruktionsfonds für Newnham Hall leistete, dem Nukleus eines der ersten Frauencolleges in Cambridge. 1873
schloss er sich Sidgwick und anderen Mitgliedern des Grote-Club sowie Millicent Fawcett an – deren Schwester Elizabeth Garrett gerade
versuchte, zum Medizinstudium zugelassen zu werden –, um gemeinsam mit ihnen das »General Committee of Management for the Lectures for Women« zu gründen.[50]

Marshalls Vorlesungen konzentrierten sich auf das zentrale Paradox
der modernen Gesellschaft: Armut inmitten der Fülle. Er lehrte, indem
er Fragen stellte: Warum hatte die Industrielle Revolution die Arbeiterklasse nicht »aus dem Elend und dem Schraubstock« befreit? Wie viel
Fortschritt ist unter den gegebenen, auf Privateigentum und Wettbewerb beruhenden sozialen Vorkehrungen möglich? Seine eigenen Antworten enthüllten, wie weit er sich bereits von den Annahmen und
Schlüssen seiner Vorgänger entfernt hatte. So erklärte er den Frauen
zum Beispiel, dass sich Philanthropie und Politische Ökonomie gegen-

seitig nicht ausschlössen, wie Malthus angenommen hatte und zeitgenössische Malthusianer noch immer glaubten.

Doch auch wenn er den Schlussfolgerungen der Väter der Politischen Ökonomie widersprach, bestand er doch darauf, dass diese Wissenschaft per se unverzichtbar war. Das Problem der Armut, erklärte er, sei wesentlich komplizierter, als es die meisten Reformer zugaben. Die volkswirtschaftliche Theorie sei letztendlich wie die physikalischen Wissenschaften mehr oder weniger nur eine Methode, um komplexe Probleme in einfachere Teile aufzuschlüsseln, die sich dann eines nach dem anderen analysieren ließen. Interventionen, die auf fehlerhaften Ursachenanalysen beruhten, könnten ein Problem schnell verschlimmern. Er zitierte Adam Smith, David Ricardo, Thomas Malthus und John Stuart Mill, nicht nur um zu demonstrieren, welche Macht das von ihnen erschaffene analytische Instrumentarium hatte, sondern vor allem auch, um aufzuzeigen, wie sehr dieses Instrument selbst einer Verbesserung bedurfte. Ohne ein solches Werkzeug, erklärte er den Frauen, bleibe die Entdeckung von Wahrheiten immer nur eine Zufallsangelegenheit, und die allmähliche Akkumulation von Wissen werde unmöglich.

Wie Mill war Marshall der Überzeugung, dass die Industrielle Revolution den Arbeiter nicht von der Tyrannei ökonomischer Notwendigkeiten befreit oder mit den materiellen Voraussetzungen für ein »höheres Leben« ausgestattet hatte. »Von unserem rapiden Fortschritt in der Wissenschaft und den Künsten der Produktion hätte man erwarten können, dass er in hohen Maßen die Opferung der Interessen des Arbeiters zum Wohle der Interessen der Produktion verhindert haben würde. [...] Das hat er nicht.«[51] Was Marshall jedoch heftig bestritt, war die Versicherung der Politischen Ökonomen, dass der Fortschritt das gar nicht leisten *könne* und dass der Lohn für geleistete Arbeit, sei es gelernte oder ungelernte, niemals um ein Wesentliches über das gegenwärtig herrschende Niveau steigen könne.[52]

Es war ein empirischer Fakt, dass niedrige Löhne die Hauptursache für Armut waren, doch was war die Ursache für diese niedrigen Löhne? Radikale Denker machten die Habgier des Arbeitgebers dafür verantwortlich, die Anhänger von Malthus stellten es als ein moralisches Versagen der Armen dar. Marshall schlug eine andere Erklärung vor: die niedrige Produktivität. Zum Nachweis führte er den Umstand an, dass gelernte Arbeiter – ganz im Gegensatz zu Marx' Behauptung, der Wettbewerb werde dafür sorgen, dass sich die Löhne für gelernte wie ungelernte Arbeit dem Subsistenzlevel annähern – »zwei, drei vier Mal so viel« verdienten wie ungelernte Arbeiter. Die Tatsache, dass Arbeitgeber bereit waren, Arbeitern mit einer Spezialausbildung oder besonderem Fachkönnen mehr zu zahlen, lege implizit nahe, dass die Löhne vom Beitrag des Arbeiters zur *aktuellen* Produktionsmenge abhingen, oder anders gesagt: dass die Nachfrage nach Arbeit und nicht nur das Angebot von Arbeit zur Bestimmung des Lohns beitrügen. Wenn das stimme, dann könne auch der Durchschnittslohn nicht statisch sein. Insofern Technik, Bildung und organisatorische Verbesserungen im Laufe der Zeit die Produktivität steigerten, steige parallel dazu auch das Einkommen. Die Früchte einer besseren Organisation, von mehr Wissen und von fortschrittlicherer Technik würden die Hauptursache für Armut mit der Zeit eliminieren. Tatkraft und Initiative, nicht Resignation, sei hier gefordert.

Der Historiker Arnold Toynbee sollte Jahre später erklären: »Hierin liegt die *erste große Hoffnung*, welche die jüngste Analyse der Lohnfrage dem Arbeiter eröffnet. Sie zeigt ihm, dass es *neben der Begrenzung seiner eigenen Zahl noch eine andere Möglichkeit gibt, seinen Lohn zu steigern.*«[53] Die Arbeiter könnten ihre und ihrer Kinder Möglichkeiten, bessere Löhne zu verdienen, selber beeinflussen. »Das beste Heilmittel gegen niedrige Löhne ist somit eine bessere Bildung«, erklärte Marshall seinem Auditorium.

Dabei war Marshall jedoch stets bestrebt, die Behauptung der Sozialisten zu entkräften, dass die Armen in »absolutem Luxus« leben könnten, gäbe es die Unterdrückung durch die Reichen nicht. Das jährliche Volkseinkommen Englands belief sich auf insgesamt rund 900 Millionen Pfund, erklärte er seinen Zuhörerinnen. Die den Arbeitern gezahlten Löhne summierten sich auf insgesamt 400 Millionen Pfund. Ein Großteil der verbliebenen Restsumme von 500 Pfund setze sich aus den Löhnen der Werktätigen zusammen, die nicht der sogenannten Arbeiterklasse angehörten: angelernte und gelernte Handwerker, Staatsbeamte, Soldaten, Akademiker und leitende Angestellte. Eine absolut gerechte Verteilung des jährlichen Volkseinkommens würde für weniger als 37 Pfund pro Kopf und Jahr sorgen. Die Reduktion von Armut erfordere somit eine Expansion der Produktionsmenge und Steigerung der Produktivität, oder anders gesagt: ein Wirtschaftswachstum.

Der entscheidende Fehler der älteren Ökonomen war aus Marshalls Sicht, nicht zu erkennen, dass der Mensch ein Geschöpf seiner Umstände ist und im Zuge von Veränderungen dieser Umstände seinerseits Veränderungen unterliegt. Der entscheidende Fehler ihrer Kritiker – den sie sich ironischerweise mit den Vätern der Politischen Ökonomie teilten – war wiederum, dass sie die kumulative Kraft des inkrementellen Wandels und die damit verbundenen Auswirkungen von Zeit nicht verstanden.

> *Es gibt meiner Ansicht nach nur wenige Dinge auf Erden, die mehr poetisches Potenzial in sich bergen als die Multiplikationstabelle. [...] Wenn man es schafft, das geistige und moralische Kapital mit einer bestimmten Rate pro Jahr anwachsen zu lassen, dann gibt es keine Grenzen des machbaren Fortschritts; wenn man der Multiplikationstabelle die Lebenskraft einhaucht, die sie anwendbar macht, dann bildet sich ein kleiner Samen heraus, der zu einem Baum unendlicher Größe heranwachsen wird.«*[54]

Ideen spielten eine Rolle, wenn die Vergangenheit nicht einfach bloß reproduziert werden, sondern etwas Neues erschaffen werden sollte. Ein »Organon« oder geistiges Werkzeug zur Entdeckung von Wahrheiten – die wie alle wissenschaftlichen Wahrheiten immer auch von den Umständen abhingen – sei als eine eigenständige Kraft zu verstehen. »Die Welt schreitet voran«, sagte Marshall, »doch die Geschwindigkeit, mit der sie sich bewegt, hängt ganz davon ab, wie viel wir selbstständig denken.«[55]

* * *

Ein Jahr später saß Marshall tief ins Gespräch versunken mit Henry Sidgwick im Wohnzimmer der englischen Frauenrechtlerin Ann Cloughs in der Regent Street. Sie diskutierten gerade »hochgeistige Themen«, als er spürte, dass ihn jemand anstarrte.[56] Die junge Frau, die dort saß und zu ihnen herüberblickte, das Nähzeug unbeachtet im Schoß, hatte einen »strahlenden Teint«, »tief liegende große Augen«

und eine Masse mahagonifarbenen Haars, »das, zu einer großen Welle verschlungen, lose am Hinterkopf hochgesteckt« war.[57] Später sagte jemand über die zwanzigjährige Mary Paley: »Sie *ist* Prinzessin Ida.« Die Heldin der gleichnamigen Oper von Gilbert & Sullivan hat sich von der Welt abgekehrt und mit einer Gruppe gleichgesinnter Frauen in ein einsames Landhaus zurückgezogen, um sich dort mit großem Ernst der Philosophie zu widmen. Mary hatte gerade ihre Verlobung mit einem attraktiven, aber dümmlichen Offizier gelöst und sich einer Handvoll Frauenrechtlerinnen angeschlossen, die um die Möglichkeit ihrer Ausbildung in Cambridge kämpften. Ihr Anteil an diesem »empörenden Vorgang« bestand jedoch nicht darin, die üblichen Eheklauseln oder gar die Männer selbst abzulehnen. »Er, der ihre Gunst zu gewinnen begehrt / muss ihren regen Geist und / nicht ihre Herzen berühren! Sie sind Schwefelhölzchen, Sir. / Und sie entzünden sich nur / an der Wissensholzschachtel.«[58]

Mary besuchte eine Vorlesung von Marshall in der Remise von Grovedodge und lauschte verzückt, als sie ihn von Kant, Bentham und Mill schwärmen hörte. »Ich dachte damals, ich hätte noch nie ein so attraktives Gesicht gesehen«, gestand sie, noch ganz gefangen von seinen »leuchtenden Augen«. Dann besuchte sie einen Ball in Marshalls College und forderte ihn auf, ermutigt von seinem »melancholischen Blick«, eine Lancier-Quadrille mit ihr zu tanzen. Sie ignorierte seinen Protest, er wisse nicht, wie, und führte ihn durch die komplizierten Schritte, »schockiert von meiner eigenen Kühnheit«.[59] Bald zählte sie zu den regelmäßigen Gästen der »Sunday evening parties« in Marshalls Räumen im St John's, wo er Tee, Crumpets, Sandwiches und Orangen servierte und ihr seine »große Porträtsammlung« zeigte, »arrangiert nach Gruppen: Philosophen, Dichter, Maler ...«

Vielleicht fühlte sich Marshall durch Mary an Maggie Tulliver erinnert, die kluge Heldin aus George Eliots *The Mill on the Floss (Die Mühle am Floss)*, die wie ihr Bruder Tom Latein und »den Euklid« lernen wollte.[60] Damals war das Marshalls Lieblingsroman gewesen. Eines Tages begegnete er Mary Paley und ihrer besten Freundin Mary Kennedy auf der Straße und machte ihr einen Antrag – nein, keinen Heiratsantrag, aber doch ein unerhörtes Angebot. Der junge Professor schlug seinen beiden besten Studentinnen vor, sich zum »Moral Science Tripos« anzumelden, der Abschlussprüfung in Nationalökonomie, Politik und Philosophie, die alle männlichen Studenten ablegen mussten, um einen akademischen Grad zu erlangen. Das war wahrlich ein wesentlich ambitionierteres Projekt als der Erwerb einer »Allgemeinbildung« durch Literatur-, Geschichts- und Logikvorlesungen, wie es Marys ursprüngliches Ziel gewesen war, als sie nach Cambridge ging.

Der Vorschlag war auch wesentlich gewagter als alles, was Bildungsreformer bislang eingebracht hatten. Ihnen war es im Wesentlichen nur darum gegangen, das Niveau der höheren Schulbildung insgesamt zu heben. »Denken Sie daran«, warnte Marshall, »bisher haben Sie mit Kutschpferden konkurriert, beim Tripos werden es Rennpferde sein.« Er versprach, dass er und Sidgwick sie auf die Prüfung vorbereiten würden. Mary Kennedy erinnerte sich: »Er erklärte, dass das ein mindestens dreijähriges Studium mit der Spezialisierung auf ein bis zwei Themen bedeuten würde. Wir nahmen die Herausforderung leichten Herzens an, ohne zu ahnen, auf was wir uns einließen.«[61]

Wie Marshall stammten auch die beiden jungen Frauen, die diese Herausforderung annahmen, aus streng protestantischen Familien. Mary Paleys Urgroßvater war der Erzdiakon von Carlisle und Autor von *Principle of Moral and Political Philosophy* gewesen, eines Werks, mit dem er Jeremy Bentham vorweggenommen hatte. Ihr Vater war Rektor von Ufford nahe Stamford, rund fünfzig Kilometer nordwestlich von Cambridge, und ein »eiserner Radikaler«, der sich ebenso gegen die Fuchsjagd und Pferderennen wie gegen die Rituale der anglikanischen High Church stemmte. Er weigerte sich, mit Pastoren aus benachbarten Gemeinden zu reden, und seinen Töchtern untersagte er die Lektüre von Dickens genauso wie das Spiel mit Puppen. Mary erinnerte sich, dass sie und ihre Schwester gerne mit Puppen gespielt hatten, bis der Vater sie eines schrecklichen Tages einfach verbrannte, weil er fand, dass die Töchter sie regelrecht vergötterten. Sie bekamen nie wieder welche.

Dennoch war Marys Vater ein toleranterer, gebildeterer Mann als Alfreds Vater William Marshall, allerdings auch wesentlich begüterter. Mary war in einem weitläufigen alten Haus aufgewachsen, dessen Frontseite mit roten und weißen Kletterrosen bewachsen war, davor eine Rasenfläche, ein Staudengarten und grüne Terrassen mit Blick auf hohe Bäume im Hintergrund. Bei den Paleys ging es zu wie in einem

Bienenstock: Schlagball, Bogenschießen, Krocket, Ausflüge nach London, Sommerferien in Hun Stanton oder Scarborough. Mary schrieb, der Vater habe stets an der Pflicht wie am Spiel teilgenommen und sich für Elektrizität wie Fotografie interessiert; die Mutter sei sehr unternehmungslustig und immer strahlend und amüsant gewesen. 1862 durfte Mary mit nach London, um die zweite Weltausstellung zu besuchen. Charles Dickens war zwar tabu, dafür las sie die *Abenteuer aus 1001 Nacht*, *Gullivers Reisen*, die *Ilias* und die *Odyssee*, griechische Dramen, die Stücke von Shakespeare und die Romane von Sir Walter Scott, einem weiteren Favoriten von Marshall.

Nachdem 1869 die »Cambridge Higher Local Examination« eingeführt worden war, eine Sonderprüfung für Frauen über achtzehn, hatte Tom Paley seine Tochter Mary gegen den Widerstand der Mutter ermuntert, diese Prüfung abzulegen. Und nachdem sie vorzüglich abgeschnitten und obendrein die Verlobung mit dem Offizier gelöst hatte, erlaubte ihr der Vater, nach Cambridge zu übersiedeln, »wiewohl so etwas noch niemals zuvor gestattet worden war«. Ann Jemima Clough, eine Freundin von Sidgwick und Vorreiterin der Bewegung, die um das Bildungsrecht von Frauen kämpfte, hatte gerade ein Wohnheim für eine Handvoll Studentinnen eröffnet. »Mein Vater war stolz und erfreut, und seine Bewunderung für Miss Clough überkam schließlich die Bedenken, seine Tochter nach Cambridge zu schicken (damals ein unerhörter Vorgang).«[62]

Im Oktober 1871 zog Mary bei Miss Clough und vier anderen jungen Frauen in der Regent Street Nr. 74 ein. Die Cambridger Community war überhaupt nicht auf Frauen an der Hochschule vorbereitet. Und da gemischte Kurse als »unangemessen« galten, mussten wohlwollende Professoren gefunden werden, die bereit waren, ihre regulären Vorlesungen eigens für die Frauen zu wiederholen, wobei Miss Clough während der gesamten Vorlesungen als Anstandsdame im Raum sitzen musste. Der starke Freiheitsdrang der jungen Frauen, die sich zu dieser Bewegung hingezogen fühlten, und das plötzliche »missliche Erscheinen« von hübschen Frauen auf dem Campus waren ständige Anlässe zur Sorge. Mary, die gerade ihre »präraffaelitische Periode« begonnen hatte und ihr Zimmer mit Tapeten von William Morris ausstatten ließ, galt als besonders exaltiert. Sie kleidete sich, als sei sie einem Gemälde von Edward Burne-Jones entsprungen, trug Sanda-

len, Capes und wallende Gewänder. Als Amateur-Aquarellistin bevorzugte sie zudem strahlende Edelsteinfarben. Einmal schmückte sie sogar ihren Tennisdress mit wildem Wein und Granatapfelblüten.

Mary begann nun regelmäßig an Marshalls Veranstaltungen teilzunehmen. Dank ihrer Ernsthaftigkeit, aber auch ihrer künstlerischen
Ader und ihres Verständnisses für »Kurven« – jene Graphen, die Marshall benutzte, um die Interaktionen von Angebot und Nachfrage zu
illustrieren –, gelang es ihr zu ihrer eigenen Überraschung, den Essay-
Preis zu gewinnen. Und so nahm sie Marshalls gewagten Vorschlag, die
Tripos-Prüfung abzulegen, begeistert an. Die langen Kommentare, die
er mit roter Tinte auf ihre Wochenarbeiten schrieb, waren für sie immer ein »großes Ereignis«.

Im Dezember 1874 legte Mary Paley die Tripos-Prüfung in Ethik
(»Moral Sciences«) ab. Noch bis zum Vorabend war unklar gewesen,
ob die Prüfer der Universität überhaupt bereit sein würden, sie zuzulassen. Einer aus der Riege hatte den Ruf, äußerst starrsinnig zu sein, und
obwohl die Prüfer schließlich mürrisch einwilligten, Marys Prüfung
zu bewerten, verweigerten sie ihr doch die Bestnote. Damals gab es
bei den Prüferbesprechungen noch keinen Vorsitzenden mit ausschlag-
gebender Stimme, berichtete Mary später, und da ihr zwei Prüfer die
Bestnote und zwei die zweitbeste Note geben wollten, blieb sie »zwischen Himmel und Hölle hängen«, wie Sidgwick im Anschluss sagte.
Dennoch – ihr Sieg machte Mary zu einer lokalen Berühmtheit.

Nachdem ihre Zeit in Cambridge nun abgelaufen war, kehrte sie zu
ihrer Familie nach Ufford zurück, wo sie prompt auf eigene Faust im
nahe gelegenen Stamford Fortbildungskurse für Frauen zu organisieren begann. Außerdem willigte sie auf Anregung von Professor Stuart
aus Cambridge ein, ein Lehrbuch über Nationalökonomie für solche
Fortbildungskurse zu schreiben. Und dann erreichte sie ein Brief von
Sidgwick mit der Frage, ob sie Marshalls Ökonomievorlesungen am
Newnham College übernehmen würde, wo Miss Clough mittlerweile
rund zwanzig Studentinnen versammelt hatte.

Marshall, mittlerweile dreiundzwanzig, war einer der »fortschrittlichen
Liberalen« an der Cambridge University. Er trug das Haar modisch
lang, stellte einen Schnauzbart zur Schau und kleidete sich nun auch
nicht mehr so zugeknöpft wie ein junger Geistlicher. Er war dem neu

gegründeten »Cambridge Reform Club« beigetreten und las den *Bee Hive*, die Zeitschrift der Internationalen Arbeiterassoziation.

Im Frühjahr 1874 löste ein Streik der Landwirtschaftsarbeiter einen erbitterten Streit zwischen den radikal und den konservativ Gesinnten in Cambridge aus. Gewerkschaften waren damals noch etwas relativ Neues, das heißt, sie waren gerade erst legalisiert worden. Die neu gegründete radikale Gewerkschaft »National Agricultural Laborers Union« hatte im vorangegangenen Herbst unter der Führung von Joseph Arch in Dutzenden von Dörfern in Ostanglien begeisterte Mitglieder anwerben können. Und diese Arbeiter forderten nun nicht nur höhere Löhne und kürzere Arbeitstage, sondern auch das Wahlrecht und eine Reform des Bodenrechts.[63] In ganz Cambridge brachen Streiks aus. Wild entschlossen, »die Rebellion zu zerschlagen«, formierten sich die Landwirte zu »Verteidigungskomitees« und feuerten alle Landarbeiter, die im Besitz eines Gewerkschaftsausweises waren, oder quartierten sie zwangsweise aus, um Streikbrecher einzuquartieren, die sogar von so weither wie Irland importiert wurden. Der den Tories nahe stehende *Cambridge Chronicle* schrieb, dass die Landwirte »weniger gegen die Anhebung von Löhnen Widerstand leisten als gegen die hinterlistigen Taktiken und das unerträgliche Diktat der Gewerkschaft und von deren demagogischen Delegierten«[64]. Mitte Mai wurde die nun schon zweieinhalb Monate währende Aussperrung schließlich zum Thema einer landesweiten Kontroverse.

An der Universität, wo gerade eine große Spendenaktion für die Opfer der Hungersnot in Bengalen stattgefunden hatte, klafften die Meinungen weit auseinander. Das Mitgefühl der Mittelschicht für die Misere der Arbeiter war durch diverse Untersuchungen geweckt worden, darunter vor allem durch den Bericht einer Royal Commission unter der Leitung des Bischofs von Manchester, der die langen Arbeitstage, die niedrigen Löhne, die grauenvollen Arbeitsunfälle und die Hungerkost aus »Teekesselbrühe und vertrocknetem Brot mit ein wenig Käse« angeprangert hatte, die die Landarbeiter ertragen mussten.[65] Die Londoner *Times* veröffentlichte während der Aussperrung mehrere Artikel, die bewusst darauf angelegt waren, die viktorianische Leserschaft zu entsetzen, etwa mit der Schilderung eines Cottage, dessen einziges Schlafzimmer sich »der Arbeiter, seine Frau, eine Tochter im Alter von 24, ein Sohn im Alter von 21, ein weiterer Sohn im Alter von

19 sowie ein 14-jähriger Junge und ein 7-jähriges Mädchen« teilten.[66] Auch die Romanciers nahmen sich des Themas an. In George Eliots Roman *Middlemarch*, der zwei Jahre zuvor erschienen war, erklärt Dorothea Brooke ihrem Onkel, einem wohlhabenden Großgrundbesitzer, warum sie die albernen Gemälde im Salon nicht mehr erträgt: »Denk an Kit Downes, Onkel, der mit Frau und sieben Kindern in einem Haus lebt, das nur einen Wohnraum und einen Schlafraum hat, der kaum größer ist als dieser Tisch! Und die armen Dagleys in ihrem baufälligen Bauernhaus, wo sie in der hinteren Küche wohnen und die anderen Räume den Ratten überlassen! Das ist einer der Gründe, warum ich die Gemälde hier nicht mochte, lieber Onkel...«[67]

Unter den Konservativen beschworen die Unruhen hingegen das Schreckgespenst des Brotaufstands von 1815/16 und Erinnerungen an das Abfackeln der Kornschober zu Beginn der Dreißigerjahre herauf. Die meisten von ihnen lehnten die Idee einer gewerkschaftlichen Organisierung strikt ab. Im Frühjahr 1874 veröffentlichte ein führendes Mitglied der Cambridger Universitätsgemeinde von »anerkannter gesellschaftlicher Stellung [...], welches eine einflussreiche Position in einem der Colleges innehat«, mehrere langatmige »Notes of Alarm« im *Cambridge Chronicle*, in denen er die Landwirte drängte, nicht nachzugeben. Die Gewerkschaftsführer bezeichnete er als »professionelle Volksredner« und deren liberale Sympathisanten als »sentimentale Wichtigtuer«. Der Autor – es handelte sich vermutlich um den Moralphilosophen William Whewell – zeichnete nur mit dem Akronym »CSM«, das er vielleicht gewählt hatte, um seine Gegner zu provozieren, denn es stand für »Common Sense Morality«. Was die Löhne und die gewerkschaftliche Organisierung betraf, so beschwor CSM die Gesetze der Nationalökonomie mit der Behauptung: »Es ist schlicht eine Frage von Angebot und Nachfrage, und man hätte es gestatten müssen, dass sich diese nach den üblichen Grundsätzen, ohne die Einmischung von gedungenen Agitatoren und Demagogen, von selbst regeln kann.«[68]

Die unüberschaubare Masse an Gewerkschaftsanhängern, die sich am Dienstag, dem 11. Mai 1874, in die Barnwell Workman's Hall im verwahrlosten Norden von Cambridge zwängte, war daher etwas verwirrt, als sie auf dem Podium einen Trupp von Männern in Talaren und Doktorhüten stehen sah, die sich als wahrlich unerwartete Bündnispartner anboten. Als George Mitchell, ein hitziger Anführer der Bewegung, »all diese Gentlemen mit ihren ausladenden Hüten und Pelerinen sah«, glaubte er – einem Zeitungsbericht zufolge zum schallenden Gelächter des ganzen Saals –, er müsse »gleich selbst welche überziehen«.[69] Sedley Taylor, Fellow am Trinity College und ein prominenter Reformer, sprach als Erster. Er schlug eine Resolution vor, die den bloß Versuch der Farmer, die Gewerkschaftsbewegung zu zerschlagen, verurteilen sollte, weil das »den allgemeinen Interessen des Landes abträglich« sei. Damit feuerte er gleich noch eine Breitseite gegen seinen Kollegen CSM ab.

Dann war Marshall an der Reihe. Er befürwortete den Antrag eines abtrünnigen Farmers, die ausgesperrten Landarbeiter zu unterstützen, und rief zu Spenden auf. »Lasst uns mit unseren Herzen und unseren Geldbeuteln Anteil nehmen.«

Dann wandte er sich direkt an die Arbeiter und stellte in Abrede, dass die Nationalökonomie in der Lage sei, zu »moralischen Grundsatzentscheidungen anzuleiten«, denn diese blieben »ihrer Schwester, der Ethik« vorbehalten. Im *Bee Hive* schrieb er: »Man missbraucht die Nationalökonomie, wenn man behauptet, dass sie per se ein Führer durchs Leben sei. Je genauer wir sie studieren, desto mehr Fälle entdecken wir, bei denen das unmittelbare materielle Interesse des Menschen nicht auf dasselbe hinausläuft wie das Allgemeinwohl. In solchen Fällen müssen wir uns unserer Pflicht entsinnen.«[70]

Am darauffolgenden Samstag verwarf der *Cambridge Chronicle* Marshalls Rede als »geschickte Sophisterei«. In Wahrheit hatte er erfolgreich darlegen können, warum Arbeitsmärkte nicht immer gerechte Löhne hervorbringen und warum Gewerkschaften nicht nur mehr Leistungskraft, sondern auch mehr Gleichheit bewirken können. Er sei gebeten worden, »über die Gesetze von Angebot und Nachfrage zu reden«, hatte er zu Beginn erklärt, und gleich noch die Gewerkschaftsgegner mit Hohn und Spott überzogen, die da behaupteten, dass die Löhne ganz offensichtlich auf ihrem »natürlichen Niveau« lägen. Denn wäre dem nicht so, meinten die Gegner, hätten die Arbeitgeber ihren Arbeitern längst mehr geboten und würden alle künstlich angehobenen Löhne automatisch wieder sinken. Das war Ricardos »ehernes Lohngesetz«, und dieses Gesetz wurde nun selbst von Männern ins Feld geführt, die mit den Arbeitern in ihrer Not sympathisierten. Das Argument selbst sei »exzellent«, gab Marshall zu, bloß seien eben die

Prämissen falsch. Kein einziger Farmer würde einem Heuerling des benachbarten Farmers mehr Lohn bieten, nur damit er bei ihm arbeitet. Und höhere Löhne würden die Arbeiter produktiver machen, da sie ihnen auch eine bessere Ernährung ermöglichten. Zwar gestand Marshall zu, dass »die Gewerkschaften ihre Mängel haben«, erklärte aber: »Eine Gewerkschaft bringt den Menschen Interesse und Mitgefühl entgegen, die über die Grenzen ihrer Gemeinden hinausgehen; sie wird sie die Notwendigkeit des Wissenserwerbs empfinden und sie geloben lassen, ihren Söhnen eine Ausbildung zu ermöglichen. [...] Die Löhne werden steigen [...], die Armutsquote wird schrumpfen [...], England wird blühen und gedeihen.«[71]

Ungeachtet der Unterstützung, die der Streik an der Universität und bei einem Großteil der Medien erfuhr, blieb er letztendlich doch erfolglos. Die Landwirte hielten durch, indem sie mehr Maschinen kauften und mehr Jungen und Mädchen als Streikbrecher einstellten. Als Anfang Juni die Streikkasse zur Neige ging, verlangte die Gewerkschaft von den Landarbeitern, auf die Felder zurückzukehren. Marshall zog aus dieser Episode die Lehre, dass neue Ideen nur dann über veraltete Theorien triumphieren können, wenn sie mit Hilfe von umsichtig geplanten, geduldigen Kampagnen die Herzen und Gemüter pragmatischer Menschen erreichen.

Fünf Wochen nach seiner Abreise aus New York City in Richtung San Francisco stand Marshall über den Niagarafällen und starrte mit finsterem Blick in die Tiefe. Von der Fußgängerbrücke nach Goat Island, der Insel zwischen dem kanadischen Horseshoe- und dem amerikanischen Niagarafall, sah der Wasserfall nicht annähernd so mächtig aus, wie es der *Baedeker* versprochen hatte. Als Mathematiker wusste Marhall, dass dafür die Perspektive verantwortlich war. Deshalb stellte er auch gleich ein paar Kopfrechnungen an, um sich zu versichern, dass die Fälle tatsächlich so gewaltig waren wie angekündigt. Doch diese Zahlenübung trug wenig zur Zerstreuung seines Gefühls bei, mächtig betrogen worden zu sein. »Niagara ist ein großer Humbug«, schrieb er am 10. Juli 1875 an seine Mutter. »Ein Mann braucht länger zu der Erkenntnis, um wie vieles grandioser der Niagara ist, als er erscheint, als zu der Erkenntnis, dass ein Tal in den Alpen, welches nur eine Meile breit zu sein scheint, in Wirklichkeit sechs Meilen breit ist.«[72]

Marshall war nach Amerika gereist, um die sozialen und ökonomischen Verhältnisse zu studieren. Manhattan hatte er auf einem Schaufelraddampfer in Richtung Albany verlassen. In einem anderen Brief erinnerte er daran, wie »angewidert und fuchsteufelswild« Alexis de Tocqueville vierzig Jahre zuvor gewesen war, als er entdeckt hatte, dass die schönste all der »Villen, die im griechischen Marmorstil erbaut von den Ufern des Hudson erstrahlten«, in Wahrheit aus Holz bestanden habe. Marshall hingegen konnte »auch nicht annähernd so viel Vorspiegelung entdecken, wie ich es erwartet hatte«.[73]

Tatsächlich schien es ihm, dass er, wohin er auch schaute, immer mehr, niemals aber weniger entdeckte, als es auf den ersten Blick den Anschein hatte: Die amerikanischen Architekten bewiesen »Mut und Kühnheit«, ihre Bauten waren »von gleichbleibender Gründlichkeit und Solidität«.[74] Ein »amerikanisches Getränk namens ›Mint-Julep‹« fand er »luxuriös«; amerikanische Prediger hielten Sermone, die »unseren Vorstellungen weit voraus« waren und von »überraschenden Verbesserungen« in der anglikanischen Liturgie zeugten.[75] Und von den amerikanischen Arbeitern höre man immer nur »Auf geht's!«[76] Im Herbst, nach seiner Rückkehr nach Cambridge, berichtete er dem Moral Science Club: »Ich begegnete keinem Mann und keiner Frau in Amerika, deren Erscheinungen auf ein durchweg stumpfsinniges oder fades Leben schließen ließen.«[77] Bis Marshall Mitte Juni Cleveland erreicht hatte, war er zu der Überzeugung gelangt, dass »neun von zehn Engländern in Kanada glücklicher & zufriedener wären als in den USA; müsste ich selbst auswandern, würde ich jedoch in die U.S. gehen.«[78]

Marshalls Hauptwerk *The Principle of Economics* sollte erst fünfzehn Jahre später erscheinen, doch die wesentlichen Grundsätze seiner »neuen Ökonomie« hatte er bereits ausgearbeitet – eine Alternative nicht nur zu den Laissez-faire-Lehren von Smith, Ricardo und Mill, sondern auch zu dem aufkommenden sozialistischen Evangelium von Marx. Ein Jahrzehnt hatte er damit zugebracht, »die Fundamente für sein Thema zu legen, aber nichts veröffentlicht«.[79] Doch seine Reise durch Amerika machte ihn zuversichtlich glauben, dass er auf der richtigen Fährte war.

Marshalls Verwandtschaft hatte sich entsetzt gezeigt angesichts seines Plans, für eine Reise durch die Vereinigten Staaten ein Erbe von zweihundertfünfzig Pfund zu verschleudern, das ihm vom selben Onkel hinterlassen worden war, der ihm einst den Kredit für sein Studium in Cambridge gewährt hatte. Marshall rechtfertigte sein Vorhaben mit der Begründung, dass er diese Reise nutzen wolle, um Material für eine Abhandlung über den Außenhandel zu sammeln. Das stimmte zwar, doch wie der Wirtschaftshistoriker John Whitacker feststellte, war sein eigentliches Ziel viel weiter gesteckt, nämlich Teil seines immer intensiveren, »fast schon besessenen« Versuchs, »eine sich ständig wandelnde ökonomische Realität in all ihren Aspekten zu begreifen«[80]. Wie auch andere europäische Beobachter, darunter Tocqueville, hielt auch Marshall die Vereinigten Staaten für ein gewaltiges Gesellschaftslabor. Doch während sich Charles Dickens, William Makepeace Thackeray und Anthony Trollope mit den alten und mittlerweile gelösten Fragen über die Demokratie, die Sklaverei und das Überleben der Union befasst hatten, wollte Marshall wissen, wohin der Aufstieg der Industrie, der wachsende Welthandel und der Niedergang traditioneller Moralvorstellungen führen konnten. Denn all das geschah in Amerika in einem viel höheren Tempo als anderenorts. »Ich wollte die Geschichte der Zukunft in Amerika sehen«, erklärte er seinem Auditorium in Cambridge nach seiner Rückkehr.[81]

Marshall hatte den Ozean während des gewaltigsten transatlantischen Tourismusbooms der Geschichte überquert. Der Verkauf des populärsten Nordamerika-Führers hatte die Fünfhunderttausender-Marke erreicht. Der Nordatlantik war buchstäblich zu einer »Überlandstraße auf See« geworden. Nicht weniger als zehn Dampfschifffahrtsgesellschaften boten wöchentliche Überfahrten von Liverpool nach New York an, und ein Engländer, der eine solche Reise plante, war gut beraten, seine Kabine ein Jahr im Voraus zu buchen.[82] Marshalls Fahrt auf der SS *Spain*, einem der schnellsten und luxuriösesten unter den großen Passagierschiffen, dauerte nur zehn Tage, wohingegen Dickens 1842 noch drei miserable Wochen für die Überfahrt hatte erdulden müssen. Reisen durch Amerika waren teuer, was natürlich mit den immensen Entfernungen dort zu tun hatte. Marshall hatte dafür ein Budget von sechzig Pfund im Monat ansetzen müssen, wohingegen er für seine sommerlichen Klettertouren in den Alpen nur fünfzehn Pfund pro Monat aufgewendet hatte. Doch Mary Paley zufolge kehrte er mit dem Gefühl zurück, sein Geld noch niemals so gut angelegt zu haben. Es sei ihm dabei weniger um das gegangen, was er dort in Erfahrung bringen konnte, als darum, zu erfahren, was er in Erfahrung bringen wollte.

Und diese Erfahrung hatte ihn überzeugt, dass »ökonomische Einflüsse einen größeren Anteil am Zustandekommen eines besseren Lebens von Männern und Frauen haben, als man dachte«. Insbesondere glaubte er: »Es gibt keine Gedanken oder Handlungen oder Gefühle, die einen Menschen so beschäftigen und solche Gelegenheit haben, einen Menschen zu formen [...] wie die Gedanken und Handlungen und Gefühle, die seinen tagtäglichen Auseinandersetzungen erwachsen.«[83] Einen Teil seiner Zeit verbrachte Marshall in Kirchen und Salons, vor allem in Boston, wo er führenden amerikanischen Intellektuellen begegnete, darunter dem Dichter Ralph Waldo Emerson und dem Kunsthistoriker Charles Eliot Norton. Er hielt sich mehrere Tage in Shaker-Kommunen und in Gemeinden auf, die von den Anhängern Robert Owens, dem britischen Vater des Genossenschaftswesens, in New England aufgebaut worden waren. Doch hauptsächlich tourte er durch Fabriken, füllte seine Tagebücher mit Gesprächen, die er mit Geschäftsleuten und Arbeitern geführt, oder mit Zeichnungen von den Maschinen, die er dort gesehen hatte. Beim Pianohersteller Chickering & Sons in der Nähe von Boston stellte er fest, dass »von vielen Arbeitern ein hohes Maß an Sorgfalt & Urteilsvermögen gefordert« war und dass diese Männer »kluge, fast beeindruckende & künstlerische Gesichtszüge« hatten. Nach dem Besuch einer Orgelfabrik fragte er sich, ob die Tatsache, dass »die Arbeit des Einzelnen auf einen sehr kleinen Teil des gesamten Arbeitsablaufs beschränkt« blieb, nicht »die Entwicklung der Intelligenz behindert«, kam aber zu dem Schluss, dass dem nicht so sei.[84]

Selbst der Geschäftsreisende dieser Tage hatte immer etwas von einem Touristen, Marshall bildete da keine Ausnahme. So konnte beispielsweise auch er den Verlockungen der erst kürzlich fertiggestellten transkontinentalen Eisenbahn nicht widerstehen. Seine Route gen Westen plante er im Hotel in Niagara Falls auf einer Landkarte, die von der Union Pacific als Reklame verteilt wurde, und markierte sie dann mit Nadelstichen, damit seine Mutter daheim in London seinen Weg bis San Francisco nachverfolgen konnte, wenn sie die Karte gegen das Licht hielt.

Chicago war der beste Ort, um einen Zug an die Pazifikküste zu be-

steigen. Das neue Eisenbahnnetz sah wie eine riesige Hand aus: Die
Handfläche lag auf den Great Lakes, die Finger breiteten sich bis nach
Seattle und Portland im Norden und, im Fall der beiden südlichsten
Strecken, bis nach San Francisco und Los Angeles aus. Die meisten
Reisenden gen Westen nahmen den North Western von Chicago über
Illinois nach Council Bluffs in Iowa. Marshall aber bestieg den Great
Northern nach St. Paul und fuhr dann mit dem Schiff den Mississippi
herunter – mit dem Typ Schiff, »das berühmter war für seine Neigung,
zu explodieren, als für die Pracht seiner Ausstattung«[85]. An der Grenze
zu Iowa stieg er in den North Western um und erreichte einen Tag später Council Bluffs. Dort überquerte er den Fluss nach Omaha in Ne-
braska und bestieg den Union Pacific. Dann ging es geradewegs nach
Cheyenne und Granger in Wyoming, wo der Zug gleisabwärts Richtung Ogden in Utah, Reno in Nevada und Sacramento in Kalifornien
fuhr, um schließlich die letzten 125 Meilen in südliche Richtung nach
San Francisco zu rattern. In Cheyenne unterbrach Marshall die Fahrt,
um eine Postkutsche für einen 24-Stunden-Trip nach Denver in Colo-
rado zu nehmen. In Ogden machte er Halt, um sich die Mormonen-
stadt Salt Lake City anzusehen. Auf der Rückfahrt stieg er in Reno
aus, um einen Blick auf »die wilde Bevölkerung von Virginia City« zu
werfen. Derweil war er sich ständig bewusst, dass er Zeuge von etwas
Außergewöhnlichem und Beispiellosem war. Aus dem Fenster seines
Abteils erblickte er, was ein anderer junger Brite Jahre zuvor als »das
Entrollen einer neuen Landkarte« bezeichnet hatte: »Die Offenbarung
eines neuen Reichs, die Erschaffung einer neuen Zivilisation.«[86]

Marshall war hingerissen von der konstanten Bewegung, die er
allenthalben beobachten konnte. »Vieles hat sich seit [Tocquevilles]
Zeiten verändert […], vieles, das damals praktisch stillstand, steht
nicht mehr still«, schrieb er.[87] Das Erste, was ihm nach dem Einchecken
im Fifth Avenue Hotel in New York aufgefallen war, war »ein durch
Dampf betriebener Lift, welcher *pausenlos, ohne jemals zu stoppen,*
von 7 Uhr morgens bis Mitternacht auf und ab fuhr!« (Hervorhebung
im Original.) Auch von dem unbemannten Telegraphenapparat in der
Lobby, der einen stetigen Papierstreifen mit Aktienkursen ausspuckte,
war er gefesselt. Geschäftsreisende, die sich in Uptown einquartieren,
waren dort »ebenso gut unterrichtet wie an der Börse selbst«[88].

Mobilität war das herausragende Merkmal amerikanischen Lebens, entschied Marshall. Dabei ging es nicht nur um die Eisenbahn und den Telegraphen, um die sukzessiven Einwanderungswellen oder die Völkerwanderungen aus den Fabrikationszentren im Nordosten in die Städte, die im Westen wie Pilze aus dem Boden schossen, und zwar so schnell, dass »man in Anbetracht des fruchtbaren Bodens nur annehmen kann, die Gebäude wüchsen von selbst«[89]. Am interessantesten fand Marshall die ökonomische, soziale und psychologische Mobilität. Er war erstaunt über die Bereitschaft des Durchschnittsamerikaners, Familie und Freunde zurückzulassen, um in eine neue Stadt zu ziehen, den Beruf oder das Gewerbe zu wechseln, neue Ideen anzunehmen oder es sich anzugewöhnen, Dinge auf immer wieder neue Art und Weise zu erledigen. »Wenn ein Mann in den Stiefelhandel einsteigt und dabei nicht so schnell wie erwartet oder vorgesehen Geld macht, versucht er es vielleicht ein paar Jahre lang mit Lebensmitteln, dann mit Büchern oder Uhren oder Kurzwaren«, berichtete er. Entzückt war er über die Unabhängigkeit der jungen Leute: »Amerikanische Burschen […] verabscheuen Lehrstellen […]. Allein die Tatsache, an einen bestimmten Beruf gefesselt zu sein, reicht im Allgemeinen aus, um im Kopf eines amerikanischen Jugendlichen den Entschluss reifen zu lassen, etwas anderes zu tun, sobald es in seiner Macht steht.«[90]

Auch die positive Einstellung der Amerikaner zur wachsenden Urbanisierung wirkte mitreißend auf ihn. »Der Engländer Mill bricht in ungewohnte Begeisterungsstürme aus, wenn er […] von den Freuden des einsamen Wanderns durch eine schöne Landschaft spricht«, notierte er trocken, um dann beifällig anzumerken, dass »viele amerikanische Schriftsteller leidenschaftliche Schilderungen vom wachsenden Reichtum menschlichen Lebens abgeben: Der Hinterwäldler findet Nachbarn, die sich um ihn herum ansiedeln, die hinterwäldlerische Siedlung entwickelt sich zu einem Dorf, das Dorf zu einer Kleinstadt und die Kleinstadt zu einer Metropole.«[91]

Wie seine Lieblingsschriftsteller war auch Marshall weniger an den materiellen und technischen Fortschritten interessiert, so beeindruckend diese auch waren, als an deren Auswirkungen auf das Denken und Verhalten der Menschen. Welche Garantie gab es, dass sich individuelle Entscheidungen zum Wohle der ganzen Gesellschaft summierten? Würden das ganze Auf und Ab der Bewegungen Einzelner und die damit verbundene Lockerung von traditionellen Banden ins soziale Chaos führen, wie es Pessimisten nach Art von Marx und Carlyle vorhersagten? Oder bedeutete Mobilität »eine Bewegung hin zu jener Lage der Dinge, welcher moderne Utopisten im Allgemeinen freudig entgegensehen«?[92] Das war die Frage.

Marshalls Instinkte ließen ihn die Dinge jedenfalls positiv betrachten. Eines Abends machte er in Norwich, Connecticut, eine Ausfahrt mit einer gewissen Miss Nunn, die ihm prompt erklärte, sie werde die Zügel selbst in die Hand nehmen, und den Wagen schließlich tatsächlich lenkte. Marshall fand das ein »sehr deliziöses« Erlebnis und stellte fest, dass junge Amerikanerinnen »Gebieterinnen ihrer selbst« seien und »vollständig ungezwungen ihre Angelegenheiten selbst regeln«. Solche Freiheit, gab er zu, »würde der durchschnittliche Engländer als einen gefährlichen Freibrief betrachten«. Er aber fand es »richtig und gesund«.[93]

Auch das Fehlen strenger Klassenunterschiede gefiel ihm. Nachdem der Verkäufer in einem Hutladen Marshall den Bowler vom Kopf gezogen und ihn sich selbst aufgesetzt hatte, um die richtige Größe zu ermitteln, notierte Marshall beifällig: »Mein Freund war ein so vollkommener Demokrat, dass es ihm nicht einmal in den Sinn kam, es könnte irgendeinen Grund geben, weshalb er meinen Hut nicht aufsetzen sollte: Seine Manieren waren völlig bar jeder Anmaßung. Möge dies zur allgemeinen Gewohnheit werden!«[94] Und nachdem er in Kalifornien eingetroffen war, berichtete er begeistert, dass die amerikanische Gesellschaft dem Gleichheitsideal immer näher komme, je weiter westlich man reise. »Ich kehrte insgesamt zuversichtlicher hinsichtlich der Zukunft unserer Welt zurück, als ich es bei meiner Abreise gewesen war.«

In prophetischem Ton sah er einen ganz neuen Gesellschaftstyp vor sich:

In Amerika erschuf Mobilität gleiche Bedingungen. [...] Wo nahezu jeder die gleiche schulische Ausbildung genießt, wo die unvergleichlich wichtigere Ausbildung, welche sich aus dem Geschäft des Lebens ergibt, so unterschiedlich es in seinen einzelnen Formen auch sein mag, dennoch für einen jeden nahezu gleich gründlich ist, nahezu gleichermaßen wirkungsvoll für die Entwicklung der menschlichen Fähigkeiten – dort kann es nur wahre Demokratie geben. Natürlich wird es große Ungleichheiten beim Wohlstand oder doch zumindest ein paar sehr reiche

Menschen geben. Doch es wird keine eindeutig gekennzeichneten Klassenstaffelungen geben. Es wird nichts von der Art jener von Mill so stark hervorgehobenen Abgrenzung zwischen den verschiedenen Rangstufen der werktätigen Klasse geben, die fast das Äquivalent zum erblichen Kastenunterschied darstellt.[95]

Marshall wollte darlegen, wie sich die Entscheidungen von Individuen zum Wohle der gesamten Gesellschaft summieren können – eben das, was Ruskin und Carlyle für unmöglich gehalten hatten –, und definierte zu diesem Zweck zwei Arten von ethischer Bildung. Die eine fand er typisch für England, wo eine »friedliche Ausformung des Charakters« stattfinde, »in Übereinstimmung mit den Bedingungen, von welchen dieser umgeben ist«, so dass der Mensch »ohne bewusstes ethisches Bemühen auf den Kurs gezwungen wird, der im Einklang steht mit den Handlungsweisen, den Gesinnungen und den Interessen der Gesellschaft, in deren Mitte er sein Leben verbringt«. In Amerika hingegen habe Mobilität einen zweiten Weg zur ethischen Evolution geebnet, nämlich »die Anerziehung eines festen Willens durch die Überwindung von Schwierigkeiten, eines Willens, der jede einzelne Handlung dem Urteil der Vernunft unterwirft«.[96]

Die meisten viktorianischen Gesellschaftskritiker, darunter nicht zuletzt Karl Marx, befürchteten, dass das Industriesystem nicht nur die traditionellen Sozialbeziehungen und Lebensgrundlagen zerstöre, sondern durch »Unwissenheit, Brutalisierung und moralische[r] Degradation« auch die menschliche Natur deformiere.[97] In Amerika sah Marshall eine andere Möglichkeit: »Es scheint mir, dass der Durchschnittsamerikaner die Angewohnheit hat, sein Urteil hinsichtlich ethischer Fragen bewusster und absichtlicher, freier und unerschrockener zu fällen als ein Engländer das seine.«[98]

Marshall schien zwar von der Menschheit im Allgemeinen zu sprechen, redete aber doch nicht zuletzt von sich selbst. *Er* hatte den festen Willen entwickelt, alle Arten von Schwierigkeiten zu überwinden – einen tyrannischen Vater, den Mangel an Vornehmheit, die Unterdrückung und die Einschränkungen der Klassenzugehörigkeit. *Er* hatte mit der Autorität gebrochen, indem er seinen religiösen Glauben hingab und sich dem Wunsch des Vaters widersetzte, ein Pfarramt zu übernehmen. Und nun hatte er das Gefühl, dass die eigene Unabhängigkeit keineswegs sein Ruin war, sondern ihn vielmehr zu großen Dingen anregen konnte. Was er in Amerika gesehen hatte, erfüllte ihn mit Hoffnung. »Eine solche Gesellschaft mag vielleicht in die Zügellosigkeit und von daher in die Sittenlosigkeit abgleiten, doch in ihren höheren Formen wird sie ein mächtiges Rechtssystem entwickeln und das Gesetz achten. […] Eine solche Gesellschaft wird ein Imperium an Energie sein.«[99]

»Ich wurde ziemlich verwöhnt«, schrieb Marshall in einem Brief aus Amerika, »wenn es um das ›Auf geht's!‹ und um den ›starken Charakter‹ bei Frauen geht.« In einem anderen schilderte er seinen »fesselnden Abend« mit besagter Miss Nunn und gestand, dass er ihre »mit Unternehmungsgeist gepaarte Naivität« bezaubernd fand, fügte jedoch hinzu, dass er sich »als dauerhafte Stütze« doch lieber »jene Kraft« wünschte, »welche von Wagemut und Erfolg geprägt wurde«.[100] Offensichtlich dachte er dabei an Mary Paley, die während seiner Abwesenheit die Tripos-Prüfung bestanden hatte.

Als sie sich nach seiner Rückkehr in Cambridge verlobten, war Marshall vierunddreißig und Mary sechsundzwanzig. Er war ein aufsteigender Stern der »New Economy«, sie eine College-Dozentin. Marshalls Vorstellungen von der Ehe waren von geistigen Partnerschaften wie der von George Eliot und George Lewes oder der von Thomas und Jane Carlyle inspiriert worden. »Als das Ideal des Ehelebens wird häufig das Füreinanderdasein von Mann und Frau betrachtet. Wenn das bedeutet, dass sie der gegenseitigen Genugtuung dienen sollen, dann erscheint mir das doch ungemein unmoralisch«, schrieb Marshall in einem Essay. »Mann und Frau sollten nicht füreinander leben, sondern miteinander für ein bestimmtes Ziel.«[101] Für Mary, die ihre erste Verlobung »aus reiner Langeweile« eingegangen war, war das eine aufregende Vision. Wie bei den anderen ungewöhnlichen und eigenwilligen viktorianischen Ehen, die die amerikanische Literaturkritikerin Phyllis Rose in ihrem Buch *Parallel Lives: Five Victorian Marriages* schildert, lag auch das Geheimnis der Verbindung von Alfred Marshall und Mary Paley in der Tatsache, dass sie »dieselbe Geschichte erzählten«.[102] Das Paar entschied sofort, Marys Lehrbuch zu einem gemeinsamen Projekt zu machen, und verbrachte fast seine gesamte Verlobungszeit mit der Arbeit daran.

Sie wurden in der Pfarrkirche von Ufford getraut, neben dem »weitläufigen alten Haus«, in dem Mary aufgewachsen war. Mary trug keinen Schleier, dafür Jasminblüten im Haar. Und in einer Geste, in der sich die unkonventionellen Ansichten und hohen Erwartungen beider spiegelten, befreite der Bräutigam seine Braut expressis verbis von der Klausel des »Gehorsams«.[103]

Durch die Eheschließung verlor Marshall sein Fellowship am St John's. Das Paar spielte kurz mit dem Gedanken, in einem Internat zu unterrichten, doch dann wurde plötzlich die Rektorenstelle am neu gegründeten »Redbrick«-College in Bristol frei – dem ersten Koedukationsexperiment in Großbritannien. Sie ergriffen diese Gelegenheit sofort und zogen 1877 nach Bristol. Mary ließ einen Tennisplatz auf ihrem Grundstück errichten und fast alle Zimmer mit Tapeten von William Morris ausstatten, während Alfred die Second-Hand-Möbel und das Piano aussuchte. Doch es dauerte nicht lange, bis Mary wieder im Vorlesungssaal stand, über Ökonomie dozierte und Studentinnen Nachhilfe gab.

Mit der finanziellen Unterstützung der Business-Gemeinde von Bristol sollte das University College Männern und Frauen der Mittelschicht eine freie Bildungsmöglichkeit anbieten.[104] Obgleich immer knapp bei Kasse, gelang es dem College während Marshalls Amtszeit, Tages- und Abendkurse für rund fünfhundert Studenten anzubieten, öffentliche Vorträge in Arbeitervierteln zu fördern, Textilarbeitern technischen Unterricht zu erteilen und gemeinsam mit der lokalen Geschäftswelt ein studienbegleitendes Ausbildungsprogramm für Studenten des Ingenieurswesens auf die Beine zu stellen. Aber Marshalls Verwaltungspflichten lasteten schwer auf ihm, ebenso die Bürde der Lehre. Seine regulären Kurse, die von einer Mischung aus kleinen Geschäftsleuten, Gewerkschaftlern und Frauen besucht wurden, waren nicht so »akademisch wie in Cambridge […], eine Mischung aus strenger Logik und praxisnahen Fragen, beleuchtet durch interessante Streiflichter auf alle möglichen Themen«, wie sich eine Studentin erinnerte.[105] Marshall »redete frei, während das Licht durch das Fenster auf sein Gesicht fiel und alles andere ins Dunkel rückte. Die Vorlesung schien mir die wunderbarste, die ich je hörte. Er sprach von seiner Überzeugung, dass der Nationalökonomie eine große Zukunft bei der Förderung des sozialen Fortschritts bevorstand. Seine Begeisterung war ansteckend«[106].

Nachmittags setzten Alfred und Mary meist die gemeinsame Arbeit an *The Economics of Industry* fort, unternahmen lange Spaziergänge und spielten so manches Match auf ihrem Tennisrasen. Ein Freund sprach einmal von einem »ununterbrochenen Glück und vollkommener Zufriedenheit«.[107]

Später erklärte Marshall, es sei Marx gewesen, der ihn davon überzeugt habe, dass »Ökonomen die Geschichte erforschen sollten – die Geschichte der Vergangenheit wie auch die zugänglichere Geschichte der Gegenwart«[108]. Doch es waren Dickens und Mayhew, die ihn bewogen, in die Fabriken zu gehen und mit Unternehmern, Direktoren, Gewerkschaftsführern und Arbeitern zu reden. »Ich bin gierig nach Fakten«, pflegte er zu sagen[109]. Und schreiben wollte er ausschließlich für Männer und Frauen, deren Geschäft das »normale des Lebens« war.[110]

Marshall war überzeugt, dass er Theorie, Geschichte und Statistik zu einem Ganzen verschmelzen musste, so wie Marx es im *Kapital* getan hatte. Doch instinktiv war er sich auch bewusst, dass sein Publikum nützliche praxisbezogene Schlussfolgerungen und eine Menge direkter Beobachtungen von ihm erwartete. Aber er war zu sehr Wissenschaftler, um ohne nachprüfbare Fakten zu theoretisieren oder sich auf Beschreibungen aus zweiter Hand zu verlassen.

Also verpflichtete er sich, die Besonderheiten jeder bedeutenden Industrie zu studieren. Er sammelte beispielsweise Beruf für Beruf und auf allen Ebenen des Fachkönnens Daten über Lohnsätze, und eine Menge Aufmerksamkeit widmete er Mills »Produktionskünsten«[111] – den Produktionsmethoden, der Produktgestaltung und dem Management –, auch wenn er zugestand, dass das permanente Bemühen der Unternehmer, ihre Produkte, Produktionsmethoden und Vertriebswege zu verbessern, mit formalen Theorien schwer zu erfassen war. Besonders interessierte ihn die Frage, wie ein privater Familienbetrieb im Vergleich zu der immer bedeutenderen Kapitalgesellschaft funktionierte. Er wurde Mitglied von Kommissionen und Gelehrtengesellschaften und saß im Vorstand einer Londoner Wohlfahrtsorganisation, führte eine ungemein umfangreiche wissenschaftliche Korrespondenz und widmete sich mit Mary als aktiver Partnerin in jedem Sommer mehrere Wochen lang der Feldforschung.

Im Zuge einer dieser Studien über die »ökonomische Wirklichkeit« verzeichnen Marys Notizen »14 verschiedene Städte, Bergwerke, Eisen- und Stahlwerke, Textilfabriken und [die] Heilsarmee«.[112] Der Reiseplan war außerordentlich ehrgeizig: die Kupferminen von Coniston, die Schieferbrüche von Kirby, die Docks in Barrow, diverse Eisen- und Stahlwerke, das Hüttenwerk von Millom, die Kohlenbergwerke von Whitehaven in Küstennähe, die Städte Lancaster und Sheffield. In dieser Zeit erfand Marshall ein System, um Informationen in einer Art persönlicher Datenbank so zu organisieren, dass er sie jederzeit abrufen konnte. Er hatte dazu eigenhändig mit rotem Faden ein »Red Book« gebunden: Jede Seite enthielt Informationen über unterschiedliche Themen, von Musik über Technik bis hin zu den Lohnsätzen, alles in chronologischer Ordnung; um zeitgleiche Entwicklungen miteinander vergleichen zu können, brauchte er nur eine Nadel an der jeweiligen Stelle durch das Buch zu stechen.

Im Gegensatz zu den meisten viktorianischen Intellektuellen bewunderte Marshall den Entrepreneur *und* den Arbeiter. Carlyle, Marx und Mill hatten die modernen Produktionsweisen als unerfreuliche Notwendigkeiten betrachtet, die entsprechende Arbeit als entwürdigend und kräftezehrend, den Unternehmer als einen raubtierhaften Philister und das urbane Leben als widerwärtig. Mill fand den Kommunismus in jeder Hinsicht der Wettbewerbswirtschaft überlegen, von zwei Aspekten abgesehen (die Motive und die Abweichungstoleranz betreffend), und sah einem sozialistischen »stationären Zustand« in nicht allzu ferner Zukunft freudig entgegen. Doch keiner dieser Intellektuellen konnte solche Vertrautheit mit dem Business und der Industrie für sich beanspruchen, wie Marshall sie nun erwarb. Natürlich war auch das, wie so oft, der Erfolg von harter Arbeit, ganz im Sinne von Edmund Burkes Formulierung »durchs Leben rackern«. Aber wieder einmal war es das Hauptaugenmerk, das Marshall auf Beobachtungen aus erster Hand legte, das ihn zu einer neuen Erkenntnis führte: Es gab zumindest einige Arbeitsmethoden in modernen Unternehmen, die den Horizont erweitern, neue Fähigkeiten beibringen, Mobilität fördern und nicht nur zu Weitblick, sondern auch zu einem ethischen Verhalten anregen konnten – ganz zu schweigen davon, dass sie es auch ermöglichten, etwas Lohn anzusparen, um eine Schule besuchen oder ein Geschäft eröffnen zu können. Obendrein hatte er beobachtet, dass diese Arbeitsmethoden immer häufiger anzutreffen waren, die alten hinge-

gen immer unüblicher wurden. Kurzum, das Unternehmen konnte ein
Schritt sein – und war oft der erste Schritt – hin zur Kontrolle des
eigenen Schicksals.

Obwohl Dickens oft als ein Chronist der Industriellen Revolution
betrachtet wird, hat er letztendlich doch nur eine einzige Fabrikszene
geschildert, und die war phantasmagorisch. Die Fabrik, die in seiner
Novelle *Hard Times* das Leben von Coketown bestimmt, ist eine Art
von Frankenstein, der Menschen in Maschinen verwandelt und die natürliche wie die soziale Umwelt nach seinem eigenen monströsen Bild
neu erschafft. Alles ist laut, schmutzig, monoton. Luft und Wasser sind
vergiftet.

> *Es war eine Stadt aus roten Ziegeln, oder aus Ziegeln, die rot gewe-*
> *sen wären, hätten Rauch und Ruß es zugelassen; doch nach Lage der*
> *Dinge war es eine Stadt von unnatürlicher Röte und Schwärze, wie das*
> *bemalte Gesicht eines Wilden. Es war eine Stadt der Maschinen und*
> *hohen Schlote, aus denen sich unaufhörliche Rauchschlangen immer*
> *und ewig um sich selbst wanden, ohne sich je aufzulösen. Sie besaß*
> *einen schwarzen Kanal in ihrer Mitte, einen Fluss, der purpurn von übel*
> *riechender Farbe dahinfloss, und unüberschaubare Reihen von Häusern*
> *mit Fenstern, hinter deren Scheiben es selbst dann, wenn sie geschlossen*
> *waren, den ganzen Tag lang ratterte und bebte, während der Kolben der*
> *Dampfmaschine eintönig hoch und nieder ging wie der Kopf eines Ele-*
> *fanten im Zustand schwermütiger Tollheit.*[113]

Coketown wird von einer Armee von Menschen bevölkert, die »einander ähnlich sahen, alle zur selben Zeit herein- und herauskamen,
mit demselben Klang über dasselbe Pflaster liefen, um dieselbe Arbeit
zu tun …« Bezeichnenderweise stellte Dickens sich vor, dass die Menschen in der Fabrik allesamt »dieselbe Arbeit tun«, und dass für sie »jeder Tag derselbe wie der gestrige und der morgige war und jedes Jahr
die Entsprechung des letzten und des nächsten«. Mit anderen Worten:
Die Produktion beinhaltete niemals die Erschaffung von etwas Neuem.

Marx betonte im *Kapital* bei seiner Schilderung der Fabrik dieselben Merkmale wie Dickens, jedoch ohne ins Detail zu gehen, was nicht
wunder nimmt, bedenkt man, dass er niemals das Innere einer einzigen Fabrik gesehen hatte. Aber auch bei ihm werden die Arbeiter der

Fabrik »als lebendige Anhängsel einverleibt«, wird die Arbeit an der Maschine zur stumpfsinnigen, »endlosen Wiederholung des Immergleichen« und einer »endlosen Arbeitsqual«, da »die Maschine nicht den Arbeiter von der Arbeit befreit, sondern seine Arbeit vom Inhalt«.[114]

Marshalls Schilderungen der Fabriken und des Fabriklebens sind spezifischer, nuancierter und vielseitiger. Er verbrachte Stunden mit Beobachtungen, notierte sich Produktionstechniken und Lohntabellen und Anlagen, befragte alle, vom Unternehmer über den Vorarbeiter bis hin zum Arbeiter in der Fabrikhalle. Und nicht einmal als er auf dasselbe problematische Phänomen stieß wie Dickens oder Marx – nämlich die Auswirkungen des Fließbands auf die Arbeiter –, zog er dieselben Schlüsse.

Die Besonderheit eines Betriebes ist die Art und Weise, wie jeder Vorgang in eine große Zahl von Teilvorgängen aufgebrochen wird, wobei die Arbeit jedes Einzelnen auf einen sehr kleinen Anteil am Gesamtablauf beschränkt bleibt. Verhindert dies den Zuwachs an Intelligenz? Ich glaube nicht. [...] Wenn ein Mensch keinen Verstand hat, werden wir ihn los: Dazu gibt es infolge der Fluktuationen des Marktes genügend Möglichkeiten. Wenn ein Mensch etwas Verstand hat, behält er seine Arbeit; doch wenn er auch nur den geringsten Ehrgeiz hat, dann muss er alles in Erfahrung bringen, was in dem Betrieb, in dem er arbeitet, vor sich geht: Ansonsten hat er keine Chance, je zum Vorarbeiter in dieser Werkstatt zu werden. [...] Die meisten Verbesserungen am Detail werden von den Vorarbeitern in den diversen Werkstätten gemacht: & Verbesserungen im sehr großen Rahmen werden von Männern gemacht, die nichts anderes tun als das. [...] Ihre Verbesserungsvorschläge betreffen kleine Details in puncto Herstellung, wie zum Beispiel zahlreiche Erfindungen, die sicherstellen, dass bestimmte Teile luftdicht sind, damit bestimmte andere reibungslos funktionieren können. Der Engländer erfand den Harfenzug.[115]

Aus der Sicht von Dickens und Marx dienten Betriebe der Kontrolle oder Ausbeutung des Arbeiters. Aus der Sicht von Mill dienten sie einzig und allein der Bereicherung ihrer Eigner. Aus der Sicht von Marshall war ein Betrieb kein Gefängnis, und es ging im Management nicht bloß darum, die Gefangenen auf Linie zu halten. Der Wettstreit um

Kunden (oder Arbeiter) bedurfte mehr als einer »endlosen Wiederholung des Immergleichen«. Marshalls Betriebe waren gezwungen, sich
weiterzuentwickeln, um überleben zu können. Natürlich bestritt er
nicht, dass Unternehmer nach Profit strebten, sein Punkt war vielmehr,
dass wettbewerbsfähige Unternehmen, wenn sie überhaupt Profit ein-
fahren wollten, genug Umsatz machen mussten, um selbst noch etwas
übrig zu haben, nachdem sie ihre Arbeiter, leitenden Angestellten, Zu-
lieferer, Verpächter, die Steuern usw. bezahlt hatten. Um dazu in der
Lage zu sein, musste man ständig nach Mitteln und Wegen suchen, um
mit denselben oder sogar weniger Ressourcen mehr leisten zu können.
Mit anderen Worten: Höhere Produktivität war ein Nebenprodukt des
Wettbewerbs.

Der britische Verlag Macmillan & Co. brachte 1897 *The Economics
of Industry* heraus, einen schmalen Band, der vorgab, nichts Neues zu
enthalten, und in einer schlichten und nüchternen Sprache gehalten
war, so, wie es einem Grundlehrbuch angemessen schien.[116] Es enthielt
alle wesentlichen Punkte von Marshalls »New Economics«, deren
zentrale Botschaft er Jahre zuvor in der folgenden Passage zusammen-
gefasst hatte:

> *Der entscheidende Fehler englischer Ökonomen zu Beginn des Jahrhun-
> derts war nicht, dass sie Geschichte und Statistik ignorierten. [...] Sie
> betrachteten den Menschen sozusagen als eine konstante Menge und ga-
> ben sich wenig Mühe, seine Variationen zu studieren. Deshalb schrieben
> sie den Kräften von Angebot und Nachfrage auch eine wesentlich me-
> chanischere und gleichmäßigere Funktionsweise zu, als ihnen tatsäch-
> lich zu eigen ist. Ihr entscheidendster Fehler aber war, dass sie nicht er-
> kannten, wie stark die Gepflogenheiten und Institutionen der Industrie
> zum Wandel neigen.[117]*

Marshalls besessener Versuch, die Funktionsweisen des Unternehmertums zu verstehen, sollte zu seiner bedeutendsten Erkenntnis führen.
Die ökonomische Funktion des Unternehmens in einem Wettbewerbsmarkt sei nicht nur – oder nicht einmal primär – die, Profite für den
Unternehmer zu erwirtschaften, sondern auch, höhere Lebensstandards
für Konsumenten wie Arbeiter zu produzieren. Und wie gelingt das

dem Unternehmen? Indem es mit weniger Ressourcen mehr und qualitativ bessere Waren und Dienstleistungen zu niedrigeren Kosten produziert und vertreibt. Und warum das? Weil der Wettbewerb Unternehmer und Manager permanent zu kleinen Veränderungen zwinge, damit sie ihre Produkte, ihre Produktionstechniken, den Vertrieb und das Marketing verbesserten. Die konstante Suche nach Möglichkeiten, die Leistungskraft zu steigern und sparsamer mit Ressourcen umzugehen, führe im Laufe der Zeit dazu, dass mehr mit den gleichen oder sogar weniger Mitteln erreicht werden könne. Multipliziere man das mit Hunderttausenden von Unternehmen in der Volkswirtschaft, dann lasse die Akkumulation dieser inkrementellen Fortschritte mit der Zeit nicht nur die durchschnittliche Produktivität, sondern auch die Durchschnittslöhne steigen. Oder anders gesagt: Der Wettbewerb zwinge das Unternehmertum, seine Produktivität zu steigern, um profitabel bleiben zu können; der Konkurrenzkampf zwinge die Eigner von Unternehmen, die Früchte dieses Bemühens mit den Managern und Mitarbeitern in Form von besseren Löhnen und Gehältern zu teilen und mit den Kunden in Form von besserer Produktqualität oder niedrigeren Preisen.

Die Schlussfolgerung, dass das Unternehmertum der Motor sei, der die Löhne und Lebensstandards hebt, stand im Widerspruch zu dessen allgemeiner Verurteilung durch die Intellektuellen. Selbst Adam Smith, der die Vorteile des Wettbewerbs bekanntlich mit dem Wirken einer »unsichtbaren Hand« erklärte, die die Produzenten unbewusst dazu bringt, den Konsumenten zu dienen, hatte nicht nahegelegt, dass es die Rolle von Fleischern, Bäckern oder von gigantischen Aktiengesellschaften sei, die Lebensstandards anzuheben. Und auch wenn Karl Marx erkannt hatte, dass das Unternehmertum der Motor für den technischen Wandel und den Produktivitätszuwachs war, konnte er sich doch nicht vorstellen, dass es auch die Mittel zur Verfügung stellen könnte, mit deren Hilfe die Menschen der Armut entfliehen und die Kontrolle über ihre materiellen Verhältnisse erlangen können.

Nach der Veröffentlichung des gemeinsamen Buches mit Mary erlebte Alfred Marshall eine ernsthafte persönliche Krise. Im Frühjahr 1879 wurde bei ihm ein Nierenstein entdeckt, aber eine Operation oder Medikamente waren damals noch keine Option. Sein Arzt erklärte ihm, dass es »keine langen Spaziergänge, keine Tennismatches« mehr geben dürfe und »vollständige Ruhe die einzige Chance auf Heilung« biete. Mary erinnerte sich: »Dieser Rat war ein großer Schock für jemanden, der so großes Vergnügen an aktiver Bewegung fand.«[118] Der schmerzhafte und kräftezehrende Zustand rief die seit Kindertagen in Alfred lauernde Angst vor der unmittelbar bevorstehenden Auslöschung hervor. Erst wenige Wochen zuvor hatte er Ferien gemacht und war alleine durch die Moorlandschaft von Dartmouth gewandert. Nun war er zu einem Invaliden geworden, der ans Haus gefesselt war und sogar stricken lernte, um sich die Zeit zu vertreiben. Ein Bekannter aus Bristol erinnerte sich an einen Besuch bei ihm. Er glaubte, einen Siebzigjährigen vor sich zu haben:

> Er [...] wirkte sehr alt und krank auf mich. Man sagte mir, er stünde mit einem Fuß im Grab, und es fiel mir nicht schwer, das zu glauben. Ich sehe ihn noch vor mir, wie er, angetan mit Schlapphut und Überzieher, durch die Apsley Road schlich. [...] Das nächste Mal sah ich ihn [...] im Jahr 1890. [...] Ich war erstaunt, ihn vierzig oder fünfzig Jahre jünger vorzufinden, als er meiner Erinnerung nach vor einem Dutzend Jahre gewesen war.[119]

Die ganze Sache machte Alfred abhängiger von Mary und verleitete ihn, seine geistige Gefährtin immer mehr in die Rolle der Krankenschwester zu drängen. Aber die Krankheit bewirkte auch eine geistige Fokussierung. Marshall hatte von jeher zu Schreibhemmungen geneigt, nun wurde ihm bewusst, dass er seine Energien fokussieren und an seinem eigenen Buch weiterschreiben musste. Seine Hoffnung, ein Werk vollenden zu können, das Mills (und vielleicht auch Marx') Werke in den Schatten stellen würde – eine Synthese der neuen Theorie und all der frisch destillierten Berichte aus der realen Welt –, war ebenso groß wie die Angst, dieser Aufgabe nicht gewachsen zu sein. Im selben Maße, in dem seine Vision an Bandbreite und Komplexität zunahm, nahm seine Zufriedenheit mit dem Geschriebenen ab. Schon lange bevor seine Krankheit aufgeflammt war, hatte er beschlossen, den Plan fallen zu lassen, seinen Text über den Handel zu publizieren. »Ich bin zu dem Schluss gelangt, dass es in seiner gegenwärtigen Gestalt nie ein bekömmliches Buch werden wird«, schrieb er im Sommer 1878.[120]

Und bald schon missfiel ihm auch das mit Mary verfasste Lehrbuch. Doch dann, 1881, saß er auf einer Dachterrasse in Palermo und begann die *Principles of Economics* zu komponieren.

Unter all den Patentrezepten, die während der Weltwirtschaftskrise in den Achtzigerjahren des 19. Jahrhunderts vorgebracht wurden, hatte der Vorschlag des amerikanischen Journalisten Henry George, eine Grundsteuer zu erheben, die bei Weitem stärkste öffentliche Aufmerksamkeit erregt und Unterstützung gefunden. Georges Bestseller *Progress and Poverty* hatte ihn schlagartig berühmt gemacht und dafür gesorgt, dass ganze Massen zu seinen Vorträgen strömten. Seine Prämisse lautete, dass Armut schneller anwachse als Wohlstand und die Schuld dafür bei den Grundherren liege. Denn diese sammelten sagenhafte Reichtümer an, nicht jedoch, weil sie der Gemeinschaft irgendeinen Dienst erwiesen, sondern schlicht und einfach, weil sie das Glück hatten, Land zu besitzen. Hinzu komme, dass die steigenden Mieten Profite und Reallöhne drückten, weil sie die Unternehmer der erforderlichen Investitionsmittel beraubten. Nachdem George somit den Mietzins als eine Ursache von Armut identifiziert hatte, schlug er als Lösung eine hohe Steuer auf den Grundbesitz vor. Solche Grundsteuern würden nicht nur den Bedarf an allen anderen Steuern abschaffen, sie würden auch »die Löhne erhöhen, die Kapitaleinnahmen steigern, die Armut ausrotten, jedem, der es wünscht, eine lukrative Anstellung garantieren, der Menschenkraft freies Spiel lassen, den Staat läutern und die Zivilisation in edlere Höhen tragen«.[121]

Marshall schrieb noch immer an den *Principles*, als er wieder einmal in die seit Langem schwelende Kontroverse über den Lebensstandard hineingezogen wurde. Die frühen Achtzigerjahre des 19. Jahrhunderts waren eine Zeit der Finanz- und Wirtschaftskrisen. Wieder flammten Radikalismus, die Forderungen nach einer Sozialreform und die wachsende Skepsis hinsichtlich der Frage auf, inwieweit die Mehrheit der Bürger vom Wirtschaftswachstum profitieren könne. Der englische Begriff *unemployment* wurde während der Rezession kurz nach der Börsenpanik von 1893 bei einer lautstarken Debatte um die Frage geprägt, ob die Reallöhne langfristig steigen oder fallen würden.

Der Streitpunkt bei dieser Debatte war der dominante Effekt des Wettbewerbs. Führte Konkurrenz zu einem Wettlauf talwärts, indem

sich die Arbeitgeber den jeweiligen Lohnkürzungen der anderen an-
passten? Oder war es vielmehr so, wie Optimisten behaupteten, dass
der Wettbewerb Firmen unter Druck setzte, sich ständig um eine Steigerung der Leistungsfähigkeit zu bemühen, dabei das Durchschnitts-
niveau der Produktivität und Löhne nach oben zu drücken und so die
Zahl der Armen zu verringern?

Die erste förmliche Konfrontation zwischen Marshall und Henry
George fand im Jahr 1884 im Clarendon Hotel von Oxford statt.[122]
Immer wieder wurde die Debatte der beiden Kontrahenten von Pfeif-
konzerten, Applaus oder Buhrufen unterbrochen. An einem Punkt fand
es ein Student sogar nötig, den Vorsitzenden daran zu erinnern, dass
»Damen anwesend sind«. Um elf Uhr war der Aufruhr so ohrenbetäu-
bend geworden, dass George die Tagung zur »undiszipliniertesten« erklärte, der er je beigewohnt habe, und sich von da an weigerte, auch
nur eine weitere Frage zu beantworten. Inmitten »großen Tumults«
und solcher Zwischenrufe wie »Landenteignung« und »Landraub«
kam die Veranstaltung schließlich »zu einem ziemlich abrupten Ende«.

Als Marshall 1874 für die ausgesperrten Landarbeiter eingetreten
war, hatte er seine Ablehnung der klassischen nationalökonomischen
»Dogmen« signalisiert; seine Konfrontation mit George ein Jahrzehnt
später bewies, dass er nun auch die modischen neuen Lehren ablehnte.

Bei anderer Gelegenheit, nachdem Marshall den Vorschlag von
George kritisiert hatte, der Armut mit einer Grundsteuer zu begegnen,
hatte er seinen amerikanischen Kontrahenten noch einen »Dichter« genannt und die »Frische und Ernsthaftigkeit« seines Weltbilds gepriesen.
Im Clarendon war Marshall entschieden weniger höflich. Nun beschuldigte er George, seine »einzigartige, fast beispiellose Macht, sich beim
Volk Gehör zu verschaffen«, zu missbrauchen, um »dessen Gedanken
zu vergiften«. Mit Gift meinte er Georges Allheilmittel gegen die Armut.

Bei seinen Vorlesungen in Bristol hielt sich Marshall an die erklärte
Absicht, »nicht viel über George selbst zu reden, aber sein Thema zur
Debatte zu stellen«. Im Untertitel von Georges Buch werde eine Untersuchung des »steigenden Bedarfs im Zuge des steigenden Wohlstands«
angekündigt, erklärte Marshall. »Doch sind wir uns sicher, dass der
Bedarf mit dem Wohlstand tatsächlich angestiegen ist? [...] Wollen wir
doch einmal nachforschen, wie die Faktenlage ist.«[123]

Er zitierte statistische Belege – viele aus dem »Red Book«, das er und Mary zusammengestellt hatten – und konstatierte, dass tatsächlich nur »die unterste Schicht« der Arbeiterschaft weiter nach unten gezogen wurde, diese Schicht per se aber wesentlich kleiner geworden sei – das heißt, im Verhältnis zur Gesamtbevölkerung weniger als die Hälfte als im Jahrhundert zuvor betrug. Was die Klasse der Werktätigen als Ganzes betraf, so habe sich deren Kaufkraft verdreifacht. »Nahezu die Hälfte des gesamten Volkseinkommens von England geht an die Klasse der Werktätigen [… also muss] ein sehr großer Teil des Nutzens, der sich aus dem schöpferischen Fortschritt ergibt, ihnen zufallen.« [124]

Marshall schöpfte aus seinem immer größeren wirtschaftshistorischen Fundus. Er war zuversichtlich, dass die Laster seines Zeitalters im Vergleich zu den Lastern der Vergangenheit verblassten: »Die Arbeiterschaft ist in keinem Teil der Welt, ausgenommen in neuen Staaten, so gut situiert wie in England.« Was Marshalls Optimismus umso bemerkenswerter macht, ist, dass er dies in einer Zeit sagte, die von späteren Historikern als eine Weltwirtschaftskrise bezeichnet werden sollte.

In seiner zweiten Vorlesung focht Marshall Georges Behauptung an, dass die Arbeitgeber wegen der niedrigen gezahlten Löhne die Schuld an der Armut trügen. Erstens könnten Arbeitgeber die Lohnkosten ebenso wenig festsetzen wie den Preis für Baumwolle oder für Maschinen. Sie bezahlten den Marktpreis, der hoch sein konnte, wenn der Arbeiter sehr produktiv war, und niedrig, wenn er es nicht war. »Viele aus der englischen Arbeiterschaft wurden nicht angemessen ernährt, und kaum einer aus ihren Reihen hat eine angemessene Bildung erhalten.« Niedrige Produktivität sei die Ursache für »die niedrigen Löhne eines Großteils des englischen Volkes und für den herrschenden Pauperismus einer nicht unbeträchtlichen Zahl«. Wenngleich Marshall nicht bestritt, dass es eine »Form der Verstaatlichung von Grund und Boden gibt, die im großen Ganzen von Vorteil wäre«, behauptete er doch, dass »es keine gibt, die ein schlagartig wirkendes Zaubermittel gegen Armut enthält. Wir müssen uns damit zufriedengeben, uns nach einem weniger sensationellen Heilmittel umzusehen.« [125]

Dieses Heilmittel, so Marshall weiter, bestehe darin, die Produktivität zu steigern. Und ein Weg dorthin sei,

die ungelernten leistungsschwachen Arbeiter durch Bildung (im weitesten Sinne) aus ihrem Dasein herauszubilden. Wenn sich andererseits –

und dieser Satz ist der Kern von allem, was ich über Armut zu sagen habe – die Zahl der ungelernten Arbeiter hinlänglich verringern würde, dann würde man auch all jenen, welche ungelernte Arbeit verrichtet haben, gute Löhne zahlen müssen. Wenn sich die Gesamtproduktion nicht gesteigert hat, müsste man diese zusätzlichen Lohnleistungen aus dem Aktienkapital und mit einem höheren Arbeitsaufwand bezahlen. [...] Wenn sich die Verringerung von ungelernter Arbeit jedoch durch eine steigende Arbeitsproduktivität ergibt, dann wird sich auch die Produktion steigern, und es wird einen größeren Fonds aufzuteilen geben.[126]

Marshall hatte nichts gegen Gewerkschaften, nicht einmal gegen einige ihrer ziemlich radikalen Vorschläge zur Landreform oder zur progressiven Besteuerung. Er merkte bloß an, dass keines dieser Mittel »mehr Brot und Butter« produzieren könne. Dies erfordere den »Wettbewerb«, Zeit, sowie die Kooperation aller Teile der Gesellschaft, des Staates und der Armen selbst.[127]

Er beschuldigte George schlicht der Quacksalberei. Das Problem sei nicht bloß, dass »Mr. George sagte, ›wenn Sie reich werden wollen, kaufen Sie Grund‹«, sondern dass er damit auch von den Themen Bildung und Ausbildung, harter Arbeit und Sparsamkeit ablenkte. Georges Plan würde »weniger als einen Penny pro Shilling ihres Einkommens einbringen. [...] Deshalb ist Mr. George bereit, verächtlich über alle Pläne hinwegzugehen, mit deren Hilfe Arbeiter sich bemühten, einen Nutzen für sich zu ziehen.«[128]

Als Marshalls *Principles of Economics* 1890 schließlich auf den Markt kamen, hauchten sie einer kränkelnden Disziplin neues Leben ein. Das Werk etablierte ihn als deren geistigen Führer und als die Autorität, an die sich Regierungen um Rat wandten.

Die *Principles* verkörperten Marshalls Ablehnung des Sozialismus, seine Akzeptanz eines Systems aus Privateigentum und freiem Wettbewerb und seinen Optimismus hinsichtlich der Besserungsfähigkeit des Menschen und seiner Lebensbedingungen. Das Werk stellte die Nationalökonomie nicht als eine Lehre, sondern als ein »Instrument des Geistes« dar. Wie Dickens gehofft hatte, war es Marshall nicht nur gelungen, die Disziplin auf ein solideres wissenschaftliches Fundament zu stellen, sondern die Ökonomie mit der Beigabe von »einem Hauch

Menschlichkeit [...] und etwas menschlicher Wärme« auch zu humanisieren.

Doch in seiner wichtigsten Erkenntnis spiegelte sich die Lektion, die er in Amerika gelernt hatte: In einem System, das Privateigentum und Wettbewerb zulässt, stehen Unternehmen unter dem ständigen Druck, mehr mit den gleichen oder sogar weniger Mitteln zu erreichen. Vom gesellschaftlichen Standpunkt aus betrachtet, ist es die Funktion des Unternehmens, die Produktivität und infolgedessen den Lebensstandard zu erhöhen.

Die zentralste Bedeutung aller gesellschaftlichen Institutionen in Amerika hatte das Unternehmen. Es genoss dort ein höheres Ansehen und trug mehr zur Ausformung des Denkens und der Kultur bei als in anderen Ländern; es war dort nicht nur der wichtigste Schöpfer von Wohlstand, sondern auch der wichtigste Akteur des sozialen Wandels und der stärkste Magnet für talentierte Individuen. Es ließ Dickens' Schilderungen des Geschäftsmanns als Kretin oder Raubtier, des Arbeiters als Zombie oder der erfolgreichen Manufaktur als einem starren Wiederholungsprozess geradezu lächerlich wirken. Die unbestrittene Tatsache, dass die Produktivkraft in Amerika mit unvorstellbarer Geschwindigkeit wuchs, bedeutete, dass das Business allgemein mehr tun musste – zumindest als Gesamtheit betrachtet –, als immer nur Peter auszubeuten, um Pauls Taschen zu füllen, oder als immer nur dieselben Arbeitsabläufe vom einen Jahr ins nächste zu übernehmen. Während seiner Besichtigung von amerikanischen Fabriken war Marshall vor allem von der konstanten Suche der Manager nach kleinen Verbesserungen fasziniert gewesen, und von der ebenso konstanten Suche der Arbeiter nach besseren Chancen und neuen nützlichen Fertigkeiten. Beide Gruppen schienen geradezu besessen zu sein von der Frage, wie sie das meiste aus den Ressourcen herausholen konnten, die ihnen jeweils zur Verfügung standen.

Natürlich räumte Marshall ein, dass Unternehmen auch dazu dienten, Profit für den Eigner, Gehälter für die Führungskräfte und Angestellten und Löhne für die Arbeiter zu erwirtschaften. Adam Smith hatte darauf verwiesen, dass Unternehmen, wenn sie ihr Einkommen unter Wettbewerbsbedingungen maximieren wollten, den Verbrauchern nützen müssten, indem sie so viel wie möglich so preiswert wie möglich produzierten. Marshall hatte jedoch das Element von Zeit in die Analyse eingeführt. Auf lange Sicht könnten Unternehmen nur profitabel bleiben und ihr eigenes Überleben garantieren, wenn sie immer produktiver würden. Ein Überleben unter Wettbewerbsbedingungen bedeute nicht nur unentwegte Anpassung, der Wettbewerb bedeute auch, dass Unternehmen mit produktiven Arbeitern im Laufe der Zeit die Gewinne teilen müssten, die sie dank der verbesserten Produktivität einfuhren.

Das war genau das, was Marx und Mill und die anderen Gründerväter der Politischen Ökonomie bestritten hatten. Sie hatten behauptet, dass Fortschritte bei der Produktivität kaum einen oder gar keinen Nutzen für die Arbeiterschaft brächten. In ihren imaginären Unternehmen konnte die Produktivität sprunghaft ansteigen, während die Löhne nie für lange Zeit über ein physiologisches Maximum stiegen. Wenn es überhaupt Bewegung gebe, meinten sie, dann die, dass sich die Arbeitsbedingungen im Laufe der Zeit verschlechtern. Marshall erkannte nicht nur, dass das nicht der Fall war, sondern auch, dass das gar nicht der Fall sein konnte. Der Wettbewerb um Arbeit zwingt die Unternehmer, ihre durch Arbeitsleistung und qualitative Verbesserungen erwirtschafteten Gewinne mit den Werktätigen zu teilen, primär in deren Rolle als Lohnempfänger, aber auch in deren Rolle als Konsumenten. Alle Nachweise stützten Marshalls These. Der Lohnanteil am Bruttoinlandsprodukt (das jährliche Volkseinkommen aus Löhnen, Profiten, Zinsen und den Aufstockungen von Eigenkapital) stieg stetig an, statt zu fallen, und dasselbe geschah mit dem Lohnniveau und dem Konsum der Werktätigen – wie schon in fast all den Jahren seit 1848, als das *Manifest der Kommunistischen Partei* und Mills *Grundsätze der politischen Oekonomie* erschienen waren.

KAPITEL III

Miss Potters Gewerbe:
Beatrice Webb und der »Housekeeping State«

> Sie sehnte sich nach etwas, das ihr Leben mit ebenso
> vernünftiger wie leidenschaftlicher Bewegung füllen
> konnte; und da die Zeit für wegweisende Visionen vo-
> rüber war [...], welch andere Laterne konnte es da ge-
> ben als das Wissen?
>
> George Eliot, 1874[1]

Jahr für Jahr fielen die »oberen Zehntausend« im März wie ein riesiger Schwarm extravagant gefiederter und exotischer Zugvögel in London ein.[2] In den drei bis vier Monaten der Londoner »Saison« pflegte
sich die britische Elite einem ausgeklügelten Paarungsritual zu widmen. Die Vormittage verbrachte man beim Ausritt entlang Rotten Row
oder auf der Ladies' Mile im Hyde Park, am Nachmittag zogen sich
die Männchen der Gattung in das Parlament oder ihre Clubs zurück,
während sich die Weibchen samt weiblichem Nachwuchs zum Shop-
ping begaben und gegenseitig Besuche abstatteten. An den Abenden
trafen sich alle in der Oper, bei Abendgesellschaften oder auf Bällen,
die ausreichend Gelegenheit boten, sich in voller Pracht zur Schau zu
stellen. Alle paar Tage boten ein obligatorisches Pferderennen, eine Re-
gatta, ein Kricketmatch oder die Eröffnung einer Galerie eine kleine
Abwechslung von der täglichen Routine.

Wie so vieles war auch diese frenetische und scheinbar so frivole
Jagd nach dem Vergnügen eine höchst ernsthafte Angelegenheit für die
viktorianische High Society. Während der Saison, die begann, sobald
das Parlament seine Sitzungen wieder aufnahm, wurde London zum
Epizentrum des globalen Heiratsmarkts. Wohlhabende Eltern pflegten
zwei bis drei Londoner Saisons für ihre Töchter einzuplanen, in derselben Manier, wie sie für die nötigen Semester ihrer Söhne in Oxford oder
Cambridge sorgten. Die Kosten und der Aufwand für die Teilnahme

der Töchter an diesem außerordentlich komplizierten Paarungstanz waren jedenfalls gewiss mit den Studienkosten für die Söhne zu vergleichen. Falls die Familie kein permanentes »Stadthaus« besaß, mussten ein imposantes Herrenhaus in bevorzugter Lage gefunden werden und eine Unmasse teurer Sachen erstanden und befördert werden, wobei »ein Stall voller Pferde und Kutschen [...], ein Vorrat an aufwendiger Kleidung [...] und all der nötigen Paraphernalien sowie die Kommissionierung von Dinners, Tanzveranstaltungen, Picknicks und Weekend Parties« de rigueur waren. Unnötig zu betonen, dass der gesellschaftliche Umgang auf so ambitioniertem Niveau einer Führungskraft bedurfte, die diese extensive Planung übernahm, »eine große Zahl von Angestellten« überwachte und »unzählige Entscheidungen« traf – mit anderen Worten: einer Dame des Hauses.[3]

Mit solchen Betrachtungen beschäftigte sich gerade Beatrice Ellen Potter, in der Familie Bo oder Bea genannt. Sie war die achte von neun Töchtern eines reichen Eisenbahnmagnaten aus Gloucester namens Richard Potter. Die Kutsche, die sie sich an einem nasskalten Nachmittag im Februar 1883 mit ihrem Vater teilte, rollte langsam vor einer imposanten Reihe von cremefarbenen Villen im italienischen Stil aus. Die schlanke, selbstbewusst wirkende junge Frau musterte das Anwesen Princes Gate Nummer 47 kühl. Es würde dem verzweigten Potter-Clan, dem auch ihre sechs vermählten Schwestern samt großen Familien angehörten, während der Saison als gesellschaftliches Hauptquartier dienen. Das fünfstöckige Herrenhaus mit Blick auf den Hyde Park besaß eine prächtige Fassade mit ionischen Säulen, korinthischen Pilastern und hohen, von steinernen Girlanden aus Früchten und Blumen umkränzten Fenstern. Der Blick durch die Fenstertüren an der Rückseite fiel auf eine ausgedehnte, stufenförmig angelegte Rasenfläche mit klassischen Statuen und riesigen Amphoren voller scharlachroter Pelargonien, die sich üppig nach allen Seiten bogen. Auch die anderen Anwesen zu beiden Seiten des Hauses waren derart herrschaftlich – eben damit sie von Nachbarn flankiert wurden, die ihnen an Reichtum und Macht in nichts nachstanden, hatte sich der Vater für Princes Gate entschieden. Der amerikanische Bankier Junius Morgan hatte die Nummer 13 gemietet; Joseph Chamberlain, ein zum liberalen Politiker gewandelter Industrieller aus Manchester und der Vater von Neville Chamberlain, hatte sich für die Saison in Nummer

40 eingerichtet. Es war das perfekte Umfeld für Potters geistreiche Tochter.

Mit ihren fünfundzwanzig Jahren war Beatrice die erfahrene Absolventin von bereits einem halben Dutzend Londoner Saisons, aber noch nie verliebt gewesen. Bislang hatten ihre Pflichten darin bestanden, sich auf rund fünfzig Bällen, sechzig Partys, dreißig Dinners und fünfundzwanzig Frühstückseinladungen zu amüsieren, bevor die Gesellschaft im Juli jeweils wieder packte und sich aufs Land zurückzog.[4] Sie hatte noch nie auch nur das Geringste mit »der ganzen komplizierten Maschinerie« zu tun gehabt, die im Hintergrund am Laufen gehalten werden musste.[5] Dieses Jahr würde es anders sein. Beatrice war die einzige der Potter-Schwestern, ausgenommen der dreizehnjährigen Rosie, die noch im Elternhaus in Gloucester gelebt hatte, als die Mutter im vergangenen Frühjahr gestorben war. Mit einem Mal war sie zur Dame des väterlichen Haushalts avanciert.

Vor der Abreise aus Gloucester hatte sich Beatrice feierlich geschworen, »mich ganz der Gesellschaft zu fügen und es mir zum Ziel zu setzen, darin erfolgreich zu sein«[6]. Unter »Erfolg« verstand sie die Verehelichung mit einem bedeutenden Mann, wie es bereits jeder ihrer älteren Schwestern gelungen war. Allerdings legt die Formulierung »mich zu fügen« nahe, dass der Preis dieses Erfolgs Selbstaufopferung war. Als Letzte hatte sich ihre Lieblingsschwester Kate geopfert. Sie hatte sogar bis zum fortgeschrittenen Alter von einunddreißig gewartet, bis sie schließlich den prominenten liberalen Politiker Leonard Courtney heiratete, der dem Land gegenwärtig als Finanzminister diente. Ihr Vater hegte keinen Zweifel, dass Bo schon bald ihrem Beispiel folgen würde, denn abgesehen von ihrer Schönheit, ihrer Herkunft und einem großen Vermögen besaß sie die Gabe, alle Aufmerksamkeit auf sich zu ziehen. Ihr langer, graziöser Hals, die klugen Augen, der intensive Blick und das glänzende schwarze Haar erinnerten Menschen, die sie zum ersten Mal auf der anderen Seite eines überfüllten Saales erblickten, an einen wunderschönen, wenn auch etwas gefährlichen schwarzen Schwan. Männer waren von ihr bezaubert, vor allem wenn ihnen bewusst wurde, dass sich diese junge Dame schlicht weigerte, sie ernst zu nehmen.

Noch eine ganze Weile nach der Ankunft der Potters in London herrschte im Haus ein einziges Chaos und Durcheinander. Immer weiteres Gefolge, weitere Pferde und weitere Kutschen trafen ein. Nachdem sich die Bediensteten schließlich zurückgezogen hatten und Beatrices Vater etwas zu Abend gegessen hatte, ging sie hinauf zum Schlafzimmer im rückwärtigen Teil des Herrenhauses, das sie zu dem ihren bestimmt hatte. Endlich konnte sie an etwas anderes als an Tischordnungen und Menüs denken, nämlich an die Bücher, die sie mitgebracht hatte, an all die Dinge, die zu lernen sie beschlossen hatte. Beatrice sah nichts grundsätzlich Widersprüchliches in ihren so verschiedenartigen Wünschen und Pflichten. Immerhin saß eine glücklich verheiratete Frau auf dem englischen Thron, und George Eliot regierte als die erfolgreichste Schriftstellerin ihrer Tage. Mit achtzehn hatte Beatrice mehr Zeit damit verbracht, die Religionen des Ostens zu studieren, als damit, sich auf ihr Debüt vorzubereiten.

Der Blick aus ihrem Schlafzimmerfenster fiel auf das Victoria and Albert Museum. Plötzlich kam ihr in den Sinn, dass es diesem großen Monument menschlicher Schöpfungskraft gelang, so wunderbar »unberührt von dem hastigen Leben der Großstadt« zu wirken, obwohl es inmitten von London lag.[7] Beatrice fragte sich, ob ihr etwas Vergleichbares gelingen könnte, ob auch sie eine Art von buddhistischer Losgelöstheit in den überfüllten Salons und Theatern wahren würde. Könnte es ihr denn nicht gelingen, den Erwartungen der Gesellschaft zu entsprechen und dennoch den »nachdenklichen« Teil ihres Lebens zu pflegen, den Part, der sie ständig zu der Frage drängte: »Wie soll ich leben und mit welchem Ziel?«[8]

Die Frage, welches Schicksal ihr beschieden war, hatte Beatrice schon seit ihrem fünfzehnten Geburtstag umgetrieben. Die Mutter und Schwestern hatten solche Gedanken immer als eine höchst ungesunde Obsession empfunden. Genügte es denn nicht, »eine der eleganten Miss Potters« zu sein, »die in Herrenhäusern mit wunderschönen Gärten leben und enorm reiche Männer heiraten«?[9] Wäre Beatrice die Heldin eines viktorianischen Romans gewesen, hätte sich dessen Autor gewiss verpflichtet gefühlt, eine derart in den »Mittelpunkt des Interesses« gerückte Frage nach ihrem Schicksal irgendwie zu rechtfertigen, so, wie es auch Henry James in seinem 1881 veröffentlichten Roman *The Portrait of a Lady* getan hatte: »Millionen vermessener Mädchen, intelligente und weniger intelligente, befassen sich tagtäglich mit ihrem Los, aber was könnte das Schicksal selbst im äußersten Falle schon für sie bereithalten, dass wir so viel Lärm darum machen?«, schrieb er 1908 im Vorwort zur New Yorker Ausgabe des Romans.[10] Bevor es für Frauen aus dem gehobenen Mittelstand realistische Alternativen zu einer frühen Ehe und Mutterschaft gab, weil ihnen durch den »Married Women's Property Act« 1882 das Recht auf ein eigenes Einkommen zugesprochen worden war, hätte die immer wiederkehrende Frage aus *Portrait of a Lady*, »Was wird sie nun tun?«, kaum das Interesse des Lesers wecken können.

»Du bist jung, hübsch, reich, klug: Was willst du mehr?«, hatte Beatrice Cousine, die Schriftstellerin Margaret Harkness, Tochter eines armen Landpastors, sie mit einer Spur von Verbitterung in gemeinsamen Schultagen gefragt. »Warum kannst du nie zufrieden sein?«[11] Wie James' Heldin Isabel Archer war auch Beatrice mit ungewöhnlich vielen Freiheiten aufgewachsen, hatte reisen, lesen, Freundschaften schließen und ihren »ausgeprägten Wissensdurst« ebenso befriedigen dürfen wie ihre »immense Neugier auf das Leben«. Beatrice hatte von jeher die Gesellschaft von Männern vorgezogen und es ganz selbstverständlich gefunden, dass die meisten ihrem Zauber erlagen. Doch wie Isabel verspürte auch sie nie den Wunsch, »das Leben mit der Ehe zu beginnen«[12]. Sie war mehr an der Anerkennung ihrer geistigen Leistungen als der ihres weiblichen Charmes interessiert. Mit jedem Jahr wurde ihre Sehnsucht nach »einem wirklichen Ziel und Beschäftigung« größer.[13] Sie glaubte aus ganzem Herzen, eine »besondere Mission« zu haben und dazu auserkoren zu sein, »ein Leben mit gewissen Folgen« zu führen.[14] Und wie die Dorothea aus *Middlemarch* sehnte auch Beatrice sich nach Prinzipien, nach etwas, »das ihr Leben mit ebenso vernünftiger wie leidenschaftlicher Bewegung füllen konnte«.[15]

Beatric Selbstbild war von dem Bewusstsein geprägt, in die »neue herrschende Klasse«[16] Großbritanniens hineingeboren worden zu sein, aufgewachsen »inmitten von kapitalistischen Spekulationen« und dem »rastlosen Geist des Großunternehmertums«[17]. Wie die Historikerin Barbara Caine feststellte, definierte Beatrice ihre Klasse nicht über deren Wohlstand, sondern über die Tatsache, dass es sich um »eine Klasse von Personen [handelte], die es gewohnt waren, Befehle zu erteilen, selber jedoch selten, wenn überhaupt je, die Befehle anderer Leute ausführten«[18]. Ihre beiden Großväter waren Selfmademen gewesen. Ihr Vater hatte den Löwenanteil seines Erbes beim Börsencrash 1848 verloren, die Verluste aber bald wieder wettgemacht, indem er der französischen Armee während des Krimkriegs Zelte verkaufte. Bis 1858, als Beatrice geboren wurde, hatte Richard Potter bereits ein drittes Vermögen im Holzhandel und Eisenbahnbau angehäuft und war zum Direktor (später zum Vorstandsvorsitzenden) der Great Western Railway avanciert. Mehr Unternehmer und Spekulant als zupackender Manager, hatte er eine Zeit lang sogar mit der Idee gespielt, eine neue Wasserstraße bauen zu lassen, die es mit dem Suezkanal aufnehmen könnte. Seine Geschäftsinteressen erstreckten sich auf diverse Länder, von der Türkei bis Kanada, ein Grund, weshalb er sich ständig samt Frau und Töchtern auf Reisen begab. Das Potter'sche Anwesen Standish in Gloucester war so riesig und unpersönlich wie ein Hotel und ebenso stetig von einem wechselnden Kontingent an Gästen, Verwandten und Angestellten samt Anhängseln belegt.[19]

Obwohl Richard Potter im mittleren Alter konservativ zu wählen begonnen hatte, war er doch keineswegs der Prototyp des Tory-Plutokraten. Sein Vater, ein Baumwollgroßhändler, war für kurze Zeit radikalliberales Parlamentsmitglied gewesen und hatte zur Gründung des *Manchester Guardian* beigetragen (»unser Organ«, wie Beatrice zu sagen pflegte).[20] Und da er ein intellektuell engagierter, aufgeschlossener und geselliger Mann war, zählte Richard Potter Naturforscher, Philosophen und Journalisten zu seinen engsten Freunden. Der Sozialphilosoph Herbert Spencer, einer der umschwärmtesten Intellektuellen im England der Sechziger- und Siebzigerjahre des 19. Jahrhunderts, ehemaliger Eisenbahningenieur und Redakteur beim *Economist*, nannte Richard Potter »das liebenswerteste Geschöpf, das mir bisher begegnete«[21]. Nicht einmal Potters fröhliche Indifferenz gegenüber Spencers philosophischen Interessen konnte dessen lebenslange Bewunderung für ihn trüben.

Es ist fast schon ein unumstößliches Gesetz, dass hinter jeder außergewöhnlichen Frau ein bemerkenswerter Vater steht. Potter ermunterte Beatrice und ihre Schwestern zum Lesen und gewährte ihnen freien Zugang zu seiner großen Bibliothek. Er versuchte nie, ihre Gespräche mit ihm auf bestimmte Themen zu beschränken oder Einfluss auf ihre Freundschaften zu nehmen. Tatsächlich genoss er ihre Gesellschaft selbst so sehr, dass er kaum je auf Geschäftsreisen ging, ohne die eine oder andere Tochter als Begleiterin mitzunehmen. Beatrice behauptete, dass er der einzige Mann in ihrem Leben gewesen sei, »welcher nicht nur aufrichtig glaubte, dass Frauen den Männern überlegen sind, sondern auch immer entsprechend handelte«[22]. Ihm verdanke sie »meine Kühnheit und meinen Schneid und meine Vertrautheit mit den Risiken und Chancen großer Unternehmungen«[23].

In mancher Hinsicht war Laurencina Potter sogar noch ungewöhnlicher als ihr Ehemann. Sie erinnerte noch weniger an die plumpen, sanftmütigen Mütter aus Trollopes Romanen als ihr Mann an den prototypischen Unternehmer. Als Spencer den Potters kurz nach deren Hochzeit zum ersten Mal begegnet war, hatte er sie für »das bewundernswerteste Paar gehalten, das ich je sah«[24]. Und nachdem er sie besser kennengelernt hatte, stellte er überrascht fest, dass sich hinter dem perfekt femininen, graziösen und kultivierten Äußeren Laurencinas »ein sehr unabhängiger Charakter« verbarg.[25] Im Gegensatz zu ihrem entspannten Ehemann war die kopflastige Laurencina jedoch puritanisch und unzufrieden. Sie war eine geborene Heyworth, das heißt, sie stammte aus einer Familie liberaler Liverpooler Händler, von der sie nicht anders erzogen worden war als ihre Brüder, also ebenfalls in Mathematik, Sprachen und Politischer Ökonomie unterrichtet wurde. Als junge Frau war sie zu einer lokalen Größe und dem Objekt des Presseinteresses geworden, weil sie mit solchem Eifer um Stimmen gegen die Korngesetze geworben hatte. Noch Jahrzehnte später fand Beatrice Pamphlete über ökonomische Fragen auf dem Frisiertisch der Mutter vor.

Laurencina war eine sehr unglückliche Frau. Der Grund für ihre Frustration war für die Tochter nicht schwer zu erraten: Sie hatte sich ein Eheleben »in enger geistiger Kameradschaft mit meinem Vater« vorgestellt, womöglich erfüllt von eigenen »geistigen Errungenschaften und umgeben von angesehenen Freunden«[26]. Stattdessen war sie die ersten beiden Jahrzehnte nach ihrer Eheschließung praktisch unentwegt schwanger oder immer gerade in der Pflicht gewesen, sich um einen Säugling zu kümmern, und damit in die Gesellschaft von Frauen und Kindern verbannt, während ihr Mann auf Geschäftsreisen ging und mit Schriftstellern und Intellektuellen dinierte. Bevor sie endgültig von den Pflichten des Familienlebens überwältigt wurde, hatte sie immer die Ambition gehabt, Romane zu schreiben, und einmal sogar ein Buch veröffentlicht *(Laura Gay)*.

Als Laurencinas neuntes Kind und einziger Sohn Dickey geboren wurde, begann sie sich ganz ihm zu widmen; doch nachdem der Junge mit zwei Jahren an Scharlach gestorben war, wurde sie schwer depressiv und zog sich von ihren anderen Kindern zurück. Beatrice, die zu diesem Zeitpunkt sieben gewesen war, schilderte ihre Mutter als eine »entrückte Person [...], die Geschäftliches mit meinem Vater besprach oder in ihrem Boudoir in Bücher vertieft war«. Wegen ihrer Kühle hatte Beatrice zu glauben begonnen, dass »ich nicht gemacht bin, um geliebt zu werden; es muss etwas Abstoßendes an meinem Charakter sein«. Romantisch, zu Selbstinszenierungen, Schwindeleien und Übertreibungen neigend, glaubte Beatrice, den Heyworth'schen Hang zu Weltschmerz und Selbstmord geerbt zu haben. Zwei von Laurencinas Verwandten waren durch eigene Hand gestorben. »Meine Kindheit war im großen Ganzen keine glückliche«, erinnerte sich Beatrice als Erwachsene. »Die schlechte Gesundheit, der Mangel an Zuneigung und die seelischen Störungen, welche diesen entspringen, sowie Übellaunigkeit und Unmut haben sie mir verdorben. [...] Die *Einsamkeit* war absolut.«[27] Sogar als Kind hatte Beatrice schon mit Chloroformfläschchen gespielt.

Von der Mutter zurückgewiesen, suchte sich Beatrice, wie ihre Biografin Barbara Caine schreibt, Zuneigung »unter den Treppen«: bei den Dienstboten, die den Potter'schen Haushalt am Laufen hielten. Sie und ihre älteren Schwestern fühlten sich besonders Martha Jackson (»Dada«) verbunden, die sich um die Kinder kümmerte und, wie Beatrice erst später erfuhr, eigentlich eine Verwandte aus einem verarmten, aber angesehenen Zweig der mütterlichen Familie war, einer Verwandtschaft, die in Lancaster am Handwebstuhl ihr Brot verdiente. Caine hält es für Dadas Verdienst, dass Beatrice die Vorstellung eingeimpft wurde, sie sei durch die Erbsünde dazu bestimmt, Gutes zu tun, was dann für Beatrices lebenslange Identifikation mit den »anständigen« Erwerbsarmen gesorgt habe. Aber es war Laurencinas Beispiel, das Beatrice dazu bewog, sich dem Schreiben zuzuwenden. An ihrem fünfzehnten Geburtstag begann sie ein Tagebuch, das sie bis zu ihrem Tod führen sollte. »Manchmal fühle ich mich, als müsse ich schreiben, als müsse ich meine armseligen krummen Gedanken in jemandes Herz schütten, und sei es das meine.«[28]

Zu den Intellektuellen, die im Potter-Haus ein und aus gingen, zählten auch der Biologe Thomas Huxley sowie Charles Darwins Vetter, der

Naturforscher Francis Galton, und andere führende Proponenten der neuen »naturwissenschaftlichen« Weltsicht, die gerade alle traditionellen Vorstellungen untergrub. In Beatrices Backfischjahren war Herbert Spencer, der sich den protestantisch-nonkonformistischen Hintergrund mit den Potters teilte, Laurencinas engster Vertrauter und der beherrschende geistige Einfluss im Haus gewesen.

Spencer, der den Begriff *survival of the fittest* (Überleben der Tauglichsten) geprägt hatte, genoss in den Sechzigerjahren des 19. Jahrhunderts weit größeren Ruhm als Charles Darwin. Seine Vorstellung, dass auch gesellschaftliche Institutionen einer Evolution unterlägen, nicht anders als die Tier- und Pflanzenwelt, und sich deshalb wie die Tiere und Pflanzen ebenfalls beobachten, klassifizieren und erklären ließen, hatte die Phantasie der Öffentlichkeit angeregt. Er war somit einer der ersten Exponenten der Evolutionstheorie gewesen, außerdem ein radikaler Individualist, der sich gegen die Sklaverei und für das Frauenwahlrecht einsetzte. Seine Abneigung gegen staatliche Regulierungen und hohe Steuern gefiel dem aufstrebenden Bildungs- und Kleinbürgertum, abgesehen davon profitierte seine Popularität auch von seiner Weigerung, die Existenz Gottes gänzlich auszuschließen.

Dieser Ruhm sagte Spencer jedoch gar nicht zu. Er hatte eine labile Gesundheit, neigte zur Hypochondrie und wurde mit zunehmendem Alter immer exzentrischer und zum Einsiedler. Wenn er nicht in seinem Club oder alleine zu Hause war, suchte er die Gesellschaft der Potters und die von deren Töchtern. Als häufiger Gast im Potter'schen Anwesen in Gloucester ergötzte er sich daran, die Schwestern aus den Klauen ihrer Gouvernanten zu befreien und dabei fröhlich zu skandieren: »Unterwerfung *nicht* erwünscht!«[29] Häufig marschierte er mit ihnen los, um irgendwelche Musterexemplare zu sammeln, an denen er ihnen diese oder jene Idee über die Evolution illustrieren konnte. In den Sommern, wenn sich die Potters auf ihrem Landsitz in den Cotswolds aufhielten, pflegte er die ganze Schar durch die Buchenwäldchen und alten Birnenhaine zu führen. Spencer, immer von Kopf bis Fuß in weißes Leinen gekleidet und von einem Sonnenschirm beschattet, genoss diesen »sehr hübschen und originellen Pulk« aus hochgewachsenen, schlanken Mädchen, der, die schwarzen Haare allesamt knabenhaft kurz geschnitten und in blassfarbene Musselingewänder gehüllt, ihm mit Eimer und Netzen bewaffnet auf dem Fuß folgte.[30] Von Zeit zu Zeit machte das

Grüppchen halt, um nach Fossilien zu graben. Gloucester war einst unter einem seichten, warmen Gewässer gelegen und hatte Abertausende
Jahre später in alten Bahntrassen und Kalksteinbrüchen Ansammlungen
von Ammoniten (Kopffüßer), Krinoiden (Seelilien), Trilobiten (Glieder-
füßer) und Echinoiden (Strahltiere) freigelegt. Die Mädchen nahmen
ihren hyperrationalen Freund allerdings nicht besonders ernst. »Stammen wir vom Affen ab, Mr. Spencer?«, pflegten sie kichernd im Chor zu
fragen, um dann seiner immer gleichen Antwort zu harren – »Ungefähr
99 Prozent der Menschheit stammt von ihm ab, und ein Prozent stieg zu
ihm auf!« –, welche dann noch mehr Heiterkeit auslöste und gelegentlich zu einer Attacke mit modrigen Buchenblättern gegen die »bemerkenswerte Kopfbedeckung« des Philosophen führte.[31]

Beatrice, die belesenste und launischste der Schwestern, war nach-
haltig von den Funktionsweisen des ungewöhnlichen Spencer'schen
Geistes fasziniert, derweil Spencer sie mit der Erklärung aufzumuntern
wusste, dass sie eine »geborene Metaphysikerin« sei. Er verglich Beatrice mit seinem Idol George Eliot, stellte ihr Literaturlisten zusammen
und drängte sie, unbeirrt ihren geistigen Ambitionen zu folgen. Ohne
seine Unterstützung hätte sich Beatrice vielleicht dem Leben unterworfen, das die Konvention – und manchmal auch ihr eigenes Herz – von
ihr forderte.

Beatrices Allgemeinbildung war schockierend dürftig gewesen. Wie
bei so vielen jungen Frauen der Oberschicht war die Schulzeit auch bei
ihr auf ein paar Monate in einem noblen Mädchenpensionat begrenzt
geblieben, was allerdings nicht nur eine Folge ihrer ständigen psycho-
somatischen wie realen Erkrankungen war, sondern auch der Tatsache,
dass selbst ein Mann wie Richard Potter, so liberal er nach den Standards seiner Zeit auch war, niemals auch nur einen Gedanken daran
verschwendete, seine Töchter einmal auf eine Universität zu schicken.
Somit fand Beatrices Ausbildung größtenteils zu Hause statt – womit
gemeint ist: durch das, was sie sich selbst beibrachte, und dank der ungewöhnlichen Lesefreiheit, die sie genoss und die ihr sogar Bücher zugänglich machte, welche aus den öffentlichen Bibliotheken verbannt
worden waren. »Ich bin, wie Mutter sagt, zu jung, zu ungebildet und,
was am schlimmsten ist, zu frivol, um ihr eine Gefährtin sein zu können«, vertraute sie ihrem Tagebuch an. »Wie dem auch sei, ich muss
allen Mut zusammennehmen und mich zu ändern versuchen.«[32] Lau-

rencina, die ansonsten meist ausgesprochen knauserig war, pflegte sehr freigebig zu sein, wenn es um den Kauf von Zeitungen und Fachzeitschriften ging, und Beatrice stürzte sich auf die Themen Religion, Philosophie und Psychologie, denen das vorrangige Interesse der Mutter galt. Zu ihren Lehrbüchern zählten die Werke von George Eliot und die des französischen Modephilosophen und wegweisenden Soziologen Auguste Comte.

Da Beatrice unbegrenzten Zugang zur Bibliothek des Vaters und zu den Journalen der Mutter hatte, wusste sie wie kaum ein anderes Mädchen über die religiösen und wissenschaftlichen Kontroversen der spätviktorianischen Zeit Bescheid. »Wir lebten freilich in einem Zustand immerwährender Gärung, nahmen alle zeitgenössischen Thesen hinsichtlich der Pflicht und des Schicksals des Menschen in dieser und der nächsten Welt in uns auf, nur um sie dann in Frage zu stellen«, erinnerte sie sich. Als Beatrice achtzehn wurde und es an der Zeit war, sie in die Gesellschaft einzuführen, hatte sie den alten anglikanischen Glauben bereits durch Spencers neue Lehre von »der Harmonie und dem Fortschritt« ersetzt und obendrein nicht nur das libertäre politische Credo ihres Mentors, sondern auch dessen Idealbild vom »Naturforscher« übernommen. Und gerade dieses Bild war es, das ihre »alles beherrschende Neugier an der Natur der Dinge« erwachen ließ, ihre Hoffnung weckte, »aus der Vogelschau einen Blick auf die Menschheit« zu erhaschen, und ihren geheimen Ehrgeiz begründete, ein Buch zu schreiben, »das man lesen wird«.[33]

Nach drei Wochen in der Princes Gate begann Beatrice das »rivalisierende Gezerre an meiner Zeit und Energie« zu enervieren.[34] Nach einer besonders ermüdenden Dinnerparty schäumte sie, dass die »Ladies so ausdruckslos« seien.[35] Sie verstand längst nicht mehr, warum »intelligente Frauen in Kreise einheiraten wollen, in denen [Ausdruckslosigkeit] das vorherrschende gesellschaftliche Regiment ist«[36]. Sie ergoss ihr Unbehagen über ihr Tagebuch: »Ich fühle mich wie ein eingesperrtes Tier, gefesselt an den Luxus, Komfort und die Respektabilität meiner Position.«[37]

Beatrice sehnte sich ebenso nach Arbeit wie nach Liebe, begann sich jedoch zu fragen, ob ihre Chancen, beides zu bekommen, auch nur im Geringsten besser waren als die der armen Laurencina. Henry James'

Isabel Archer erklärt, es gebe noch »andere Dinge, die eine Frau tun kann«, und denkt dabei vermutlich an die kleine, aber wachsende Zahl von berufstätigen Frauen, die sich den eigenen Lebensunterhalt verdienen, ihre Freunde selbst aussuchen, ihre Gesprächsthemen selbst wählen, in eigenen Wohnungen leben und unbegleitet auf Reisen gehen.

Doch nach einigem Sinnieren kam Beatrice zu dem Schluss, dass diese Frauen durchaus auch eine Menge aufgaben. Als sie im Erfrischungsraum des Britischen Museums Eleanor begegnete, der Tochter des berüchtigten Karl Marx, sah sie, »auf welch pittoresk nachlässige Weise« diese gekleidet war, während »das lockige schwarze Haar in alle Richtungen stob!«. Beatrice war zwar angetan von Eleanors intellektuellem Selbstbewusstsein und ihrer romantischen Erscheinung, aber doch ziemlich abgestoßen von ihrem unkonventionellen Lebensstil. »Unglücklicherweise kann man mit Menschen nicht verkehren, ohne gleich mehr oder minder mit ihnen *in einen Topf geworfen* zu werden«, notierte sie.[38] Die von ihr bewunderte Cousine Margaret (Maggie) Harkness, die spätere Autorin solcher sozialkritischer Romane wie *In Darkest London* oder *A City Girl*, bewohnte allein ein schäbiges Einzimmerapartment in Bloomsbury und hatte sich bereits als Lehrerin, Pflegerin und Schauspielerin versucht, bevor sie schließlich ihr schriftstellerisches Talent entdeckte. Die Familie war so entsetzt darüber gewesen, dass Maggie sich gezwungen gesehen hatte, jeden Kontakt zu ihr abzubrechen – und das hätte sich Beatrice ebenso wenig vorstellen können, wie nach Amerika auszuwandern. Aber sie wünschte, sie könnte zufriedener sein. »Weshalb sollte ich erbärmlicher kleiner Frosch mich zu einer Werktätigen aufplustern? Könnte ich mich doch nur von diesem ererbten Wunsch befreien, etwas leisten zu wollen ...«[39]

Wieder einmal war es Spencer, der zur Rettung herbeieilte, indem er Beatrice vorschlug, den Platz ihrer älteren Schwester als freiwilliger »Rent Collector« im armen East End zu übernehmen, um dort von Haus zu Haus zu gehen. Auf diese Weise könne sie sich auf eine Karriere als Sozialforscherin vorbereiten und ihre privaten Studien betreiben. Wie Alfred Marshall eine Generation zuvor fühlte sich auch Beatrice zu London hingezogen. Also ging sie zu einem Treffen der privaten »Charity Organization Society«, die sich der »wissenschaftlichen«, »evidenzbasierten« Wohlfahrt und dem Evangelium der Selbsthilfe verschrieben hatte. »Der Mensch sollte in der Lage sein, sich selbst aus eigenem Verdienst und Bemühen zu ernähren und [...] so wenig als möglich vom Staat abhängig sein.«[40] Schon immer waren es Frauen gewesen, die sich um die Armen kümmerten, doch erst in den Achtzigerjahren des 19. Jahrhunderts wurde die Armenfürsorge zu einem respektablen Beruf für Jungfern und kinderlose Ehefrauen. Die Reize dieser Tätigkeit waren vielfältig: »Es ist eindeutig von Vorteil für uns, wenn wir uns unter die Armen begeben«, vertraute Beatrice ihrem Tagebuch an. »Wir können von ihnen eine Lebenserfahrung erwerben, die neu und interessant für uns ist; das Studium ihres Lebens und Umfelds vermittelt uns die Fakten, anhand derer wir den Versuch unternehmen können, soziale Probleme zu lösen.«[41] Kurz darauf seufzte sie: »Wenn ich dem doch nur mein ganzes Leben widmen könnte.«[42] Doch bislang hatte Beatrice nur zwei-, höchstens dreimal die Wohlfahrtseinrichtung der Katherine Houses in Whitechapel besucht. »Ich kann die gewünschte Ausbildung nicht erwerben, ohne meine Pflichten zu vernachlässigen«, jammerte sie.[43]

Eines Nachts im März 1883 lag Beatrice bis zum Morgengrauen wach, zu aufgeregt, um schlafen zu können. Ihr Tischherr bei einer Dinnerparty in der Nachbarschaft war Joseph Chamberlain gewesen, der bedeutendste Politiker Englands und der eindrucksvollste, charismatischste Mann, dem sie je begegnet war. Beatrice war noch nie zuvor verliebt gewesen.

Chamberlain war zweiundzwanzig Jahre älter als sie und bereits zweifacher Witwer, strahlte jedoch jugendlichen Elan und Enthusiasmus aus. Der kräftig gebaute Mann mit dem dichten Haar, dem bohrenden Blick und einer seltsam verführerischen Stimme war der geborene Führer. Bevor er als reformfreudiger Bürgermeister von Birmingham in die Politik gewechselt war, hatte er als Schrauben- und Bolzenfabrikant ein großes Vermögen angehäuft. Vier Jahre lang hatte er der schmutzigen Industriestadt »Parks und Pflaster, Gas und Wasser und Fortschritt« beschert und sie in eine vorbildliche Metropole verwandelt.[44] Und nachdem er anschließend mehrere Jahre damit zugebracht hatte, die lahmende politische Maschinerie der Liberalen Partei wieder flottzumachen, wurde er schließlich mit einem Kabinettsposten belohnt.

Als Beatrice ihm begegnete, war Chamberlain bereits zum Bad Boy
der englischen Politik geworden. Seine wohlüberlegte Eleganz – durchgeplant bis hin zum Monokel, dem Maßanzug und der immer frischen
Orchidee im Knopfloch – passte kaum zu seinem aufwieglerischen
Image. Während der stürmischen Debatten im vorangegangenen Jahr
hatte Chamberlain die Aufmerksamkeit der Wähler auf die Doppel-
frage von Armut und Wahlrecht gelenkt und seinen Kabinettsposten
genutzt, um sich für das allgemeine Wahlrecht von Männern, für niedrigere Mieten und einen mietzinsfreien Grund und Boden für Landwirtschaftsarbeiter starkzumachen. Er hatte die Konservativen erzürnt,
indem er ihren Parteivorsitzenden Lord Salisbury erst als Hauptred-
ner zu einer Kundgebung nach Birmingham eingeladen und dann zugelassen hatte, dass es zu lautstarken Protesten gegen seine Anwesenheit kam. Seine Gegner nannten ihn den »englischen Robespierre« und
beschuldigten ihn, den Klassenhass zu schüren. Selbst Queen Victoria hatte eine Entschuldigung von ihm gefordert, weil er einmal die
königliche Familie bei einer Arbeiterkundgebung beleidigt hatte. Herbert Spencer erklärte Beatrice, dass Chamberlain ein Mann sei, »der es
gut meint, aber unermesslichen Schaden anrichtet und weiter anrichten wird«[45].

Als Spencers Schülerin missfiel Beatrice nahezu alles, wofür Chamberlain stand, darunter vor allem seine populistischen Appelle an die
Gefühle der Wähler. Aber er reizte sie. »Ich mag ihn und mag ihn
nicht«, vertraute sie ihrem Tagebuch an. Und weil sie Gefahr im Verzug
sah, warnte sie sich eindringlich: »Das Gespräch mit ›klugen Männern‹
in der Gesellschaft ist ein Fallstrick und trügerisch. […] Lies lieber ihre
Bücher.«[46] Doch sie sollte dem eigenen Rat nicht folgen.

Angesichts der Tatsache, dass die Potters und Chamberlain Nachbarn in der Princes Gate waren, war es unvermeidlich, dass der um-
strittene liberale Politiker und die modische, wenngleich etwas unkonventionelle Miss Potter ständig zusammengewürfelt wurden. Das
zweite Mal begegneten sie sich im Juli bei Herbert Spencers jährli-
chem Picknick. Nachdem Beatrice den ganzen Abend im Gespräch
mit Chamberlain verbracht hatte, gestand sie sich ein: »Seine Persönlichkeit interessiert mich.«[47] Ein paar Wochen darauf fand sie sich bei
Tisch zwischen Chamberlain und einem Aristokraten wieder, der große
Ländereien besaß. »Der Whig-Peer sprach von seinen Besitztümern,

Chamberlain *leidenschaftlich* davon, die von anderen Leuten zu ergattern – für die Massen«, scherzte sie. Obgleich sie seine politischen Ansichten geschmacklos fand, war sie doch fasziniert von seinen »intellektuellen Leidenschaften« und »dieser gewaltigen *Zielstrebigkeit*«. Und so dachte sie bei sich: »Wie würde es mir gefallen, diesen Mann zu studieren!«[48]

Da machte sich Beatrice allerdings etwas vor. Die Gesellschaftsforscherin und unbeteiligte Beobachterin in ihr hatte längst den festen Boden unter den Füßen verloren und war in einen »Strudel« von Gefühlen gestürzt, der sie unwiderstehlich mit sich riss, den sie jedoch weder verstehen noch kontrollieren konnte. Sie zermarterte sich den Kopf, ob sie als Chamberlains Frau glücklich werden würde. So gewohnt, wie sie es war, die Männer um sich herum zu bezaubern, gab sie sich nicht mit schnellen Eroberungen zufrieden. Und sie, die als Kind so sehr nach Zuneigung gehungert hatte, sehnte sich danach, die Aufmerksamkeit eines Mannes zu erregen, der sie nicht nur vergöttern, sondern mit ihr auch ein wichtiges Projekt verfolgen würde. Chamberlain, der Premierminister werden wollte, verlangte von Anhängern wie Familienmitgliedern blinde Loyalität und konnte die Massen verführen wie andere Männer die Frauen. Er war die kraftvollste Persönlichkeit, der Beatrice je begegnet war. Würde er eine starke Partnerin nicht reizvoll finden?

Sogleich versuchte sie die seltsame Faszination, die er auf sie ausübte, zu analysieren. »Die Gewöhnlichkeiten der Liebe haben mich immer gelangweilt«, notierte sie:

Doch Joseph Chamberlain, mit seiner düsteren Stimmung und Ernsthaftigkeit, mit seinem Mangel an Galanterie oder an der Fähigkeit, nichtige Nettigkeiten von sich zu geben, mit seiner einfachen Art, davon auszugehen, ja, sich dessen fast schon sicher zu sein, dass du auf einer Stufe weit unter ihm stehst und dass alles, was dich beschäftigt, trivial ist, dass du selbst ohne jede Bedeutung für die Welt bist, ausgenommen insofern als du in einer Beziehung zu ihm stehen könntest – diese Art des Hofmachens (wenn es denn als Hofmachen bezeichnet werden kann) zieht zumindest meine Phantasie in ihren Bann.[49]

Beatrice rechnete schon fast sicher damit, dass Chamberlain sich ihr bis zum Ende der Saison erklären würde. Doch der Heiratsantrag ließ

auf sich warten. Enttäuscht kehrte sie nach Standish zurück, wo sie
von künftiger »Errungenschaft träumte – vielleicht gar Liebe«.[50] Im
September lud Chamberlains Schwester Clara sie zu einem Besuch in
dessen Londoner Haus ein. Wieder ging Beatrice davon aus, dass er ihr
einen Antrag machen würde. »Aus so aufrechter Umgebung herrüh-
rend, *können* seine Absichten doch gewiss nur ehrlich sein«, beruhigte
sie sich.[51] Doch wieder tat er es nicht, obwohl seine Absichten bereits
zum Gesprächsthema in der Potter-Familie geworden waren. Beatrice
versuchte derweil, ihre und ihrer Schwester Erwartungen herunterzu-
schrauben. »Wenn, wie Miss Chamberlain sagt, der ehrenwerte Gentleman ›eine sehr konventionelle Vorstellung von Frauen‹ hat, dann
könnte mich meine Ungezwungenheit vor allen Versuchungen bewahren. Ich werde mich jedenfalls gewiss nicht verbiegen.«[52]

Im Oktober, während Beatrices Gedanken in Standish wie besessen
um Chamberlain kreisten, begann die liberale *Pall Mall Gazette* ein
in Ichform verfasstes Pamphlet über das East End aus der Feder eines
Gemeindepastors zu veröffentlichen.[53] Die Serie stellte in allen schau-
erlichen Einzelheiten die erbärmlichen Wohnverhältnisse der Armen
dar. Das Bürgertum reagierte empört und war aufgerüttelt. Wie Henry
Mayhews Augenzeugenberichte in den Vierziger- und Fünfzigerjahren,
so stellte auch »The Bitter Cry of Outcast London« die drängende
Enge und die Obdachlosigkeit, die niedrigen Löhne, die Krankheiten,
den Schmutz und den Hunger an den Pranger. Doch diesmal ging die
Schockwirkung eher von eindeutigen Anspielungen auf die Promiskui-
tät, Prostitution und den Inzest unter den Armen aus:

> *Unmoral ist nur die natürliche Folge von solchen Zuständen wie hier. [...]*
> *Man frage bloß einmal, ob die Männer und Frauen, die in diesen Krähen-*
> *kolonien zusammenhausen, verheiratet sind, schon wird deine Naivität*
> *Lächeln auslösen. Niemand weiß das. Niemanden schert es. [...] Inzest*
> *ist gang und gäbe, keine Art von Laster und keine Art der Sinnlichkeit*
> *ruft hier Überraschung hervor oder zieht hier Aufmerksamkeit auf sich.*[54]

Die unmittelbare Folge dieses Sensationsberichts war, dass sich Premierminister Lord Salisbury und Joseph Chamberlain zu einer Debatte
über die Ursachen dieser Not und zu der Frage angespornt fühlten, wie

die Regierung darauf reagieren sollte. Salisbury, der Tory-Führer und selber Großgrundbesitzer im East End, machte den infrastrukturellen Boom in London für die Überbevölkerung verantwortlich, wohingegen Chamberlain mit dem Finger auf die städtischen Grundstücksbesitzer zeigte und forderte, sie mit einer Steuer für ihre Arbeiterbehausungen blechen zu lassen. Entscheidend war jedoch, dass sowohl der Tory als auch der Radikalliberale davon ausgingen, dass die Verantwortung, eine Lösung für diese Wohnungsnot zu finden, bei der Regierung lag.

Beatrice tat die Zeitungsserie zwar als »seicht und sensationsheischend« ab und bedauerte wie Spencer auch deren politische Auswirkungen[55], erkannte aber, dass die ungewöhnliche Aufmerksamkeit, die diese Artikel erregt hatten, vor allem der Tatsache zu verdanken war, dass es sich dabei um Zeugnisse aus erster Hand handelte, um die persönlichen Beobachtungen des Berichterstatters. Sie selbst sei nicht, wie sie sich später erinnerte, vom Geist der Fürsorge beseelt gewesen, als sie solche Behausungen besucht hatte, es habe sie allein im Geiste der Forschung dorthin gedrängt. Aber die enormen Reaktionen auf »The Bitter Cry« – und Spencers Hoffnung, dass es jemanden gebe, der seine eigenen Ansichten teile und nun eine wirkungsvolle Gegenschrift verfassen werde – weckten ihren Eifer. Sie wollte austesten, ob auch sie zu einer »Sozialdiagnose« fähig war.

Beatrice entschied, auf relativ vertrautem Boden zu beginnen und die arme Verwandtschaft ihrer Mutter in Bacup im Herzen des Baumwolllands zu besuchen. Dort lebte mittlerweile auch ihre geliebte Dada, die den Butler der Potters geheiratet hatte. Dass Beatrice ein solches Projekt überhaupt in Angriff nehmen konnte, beweist, welches Maß an Unabhängigkeit sie tatsächlich genoss. Um die arme Verwandtschaft nicht in eine peinliche Lage zu bringen und die Befragten nicht sprachlos zu machen, beschloss sie, nicht als eine der »großen Potters« nach Lancashire zu fahren, sondern schlicht als »Miss Jones«. Eine Woche später schrieb sie ihrem Vater: »Es ist gewiss der richtige Weg, um das industrielle Leben zu erfahren, wenn man sich unter die Arbeiter mischt.«[56]

Sie fand, was zu finden sie sich vorgenommen hatte: »Reine Philanthropen neigen dazu, die Existenz einer unabhängigen Arbeiterklasse zu übersehen, und wenn sie sentimental von ›dem Volke‹ sprechen, meinen sie in Wirklichkeit doch ›die Nichtsnutze‹.«[57] Sie beschloss, eine Abhandlung über selbstständig Werktätige zu schreiben. Auch Spencer,

den sie in den Weihnachtstagen sah, drängte sie, ihre Erfahrungen in
Bacup zu veröffentlichen. Die direkte Beobachtung des »Arbeiters in
seinem gewohnten Umfeld« sei das beste Gegenmittel gegen »die ver-
derbliche Tendenz des politischen Aktivismus«, den Tories wie Liberale an den Tag legten, sobald es um höhere Steuern und andere staatliche Vorkehrungen ging.[58] Spencer versprach, mit dem Herausgeber der
Zeitschrift *Nineteenth Century* zu reden. Beatrice war natürlich über-
aus dankbar für dieses Angebot, aber insgeheim auch amüsiert, weil
»ebendie Verkörperung dieser ›verderblichen Tendenz‹«, welche Chamberlain hieß, nicht nur das Herz von Spencers Protegé erobert hatte,
sondern auch noch im Begriff war, über den Potter'schen Familiensitz
hereinzubrechen.[59]

Beatrice hatte Chamberlain und seine beiden Kinder über Neujahr
nach Standish eingeladen. Sie sah keine andere Möglichkeit, ihrer gespaltenen Gefühle Herr zu werden, als ein Treffen von Angesicht zu
Angesicht zu arrangieren. Und sie war sich gewiss, dass er ebenso empfand. »Mein gequälter Zustand kann nicht mehr lange währen«, vertraute sie dem Tagebuch an. »Das ›Sein oder nicht Sein‹ wird bald entschieden sein.«[60] Doch der Besuch geriet zu einem ungemein peinlichen
Fiasko. Je mehr Beatrice Chamberlains Ansichten entgegentrat, umso
eindringlicher beharrte der auf seinen Meinungen. Nach einem dieser
verbalen Schlagabtausche klagte er, dass er sich erschöpft fühle wie
nach einer endlosen Rede. »Ich spürte, wie sein neugierig prüfender
Blick jede Bewegung notierte, so, als sei er ängstlich sich zu versichern
bemüht, dass ich seinem absoluten Supremat erlag.« Als Chamberlain
ihr schließlich erklärte, dass er sich von Frauen nichts weiter als »intel-
ligentes Mitgefühl« wünschte, dachte sie verächtlich, dass er damit in
Wahrheit »intelligente Servilität« meinte. Wieder einmal verließ Chamberlain sie, ohne ihr einen Antrag gemacht zu haben.[61]

»Wenn Sie an Herbert Spencer glauben, werden Sie nicht an mich glauben«, hatte Chamberlain Beatrice bei der letzten Auseinandersetzung
an den Kopf geschleudert.[62] Falls er gehofft hatte, sie damit eines Besseren zu belehren, hatte er sich geirrt.

Als Beatrice noch ein Backfisch gewesen war, pflegte ihr Vater seinen
Freund Spencer wegen seiner Gewohnheit zu necken, »gegen die Flut
an Kirchgängern« im Dorf nahe des Potter-Besitzes »anrennen zu wol-

len«: »Wird nicht funktionieren, mein lieber Spencer, wird nicht funktionieren«, murmelte Richard Potter dann immer.[63] Doch mindestens zwei Jahrzehnte lang war eine ganze Generation an denkenden Männern und Frauen bereit gewesen, an Spencers Seite zu marschieren. Sein Werk *Social Statics*, das drei Jahre nach den Revolutionen von 1848 veröffentlicht worden war, hatte den Sieg der neuen Nationalökonomie und der politischen Freiheiten über das aristokratische Privileg gefeiert und ein Minimum an Staat sowie ein Maximum an Freiheit zum Credo des progressiven Bürgertums erklärt. Alfred Marshall hatte mehr von Spencers als von Darwins Evolutionstheorie in sich aufgesogen, Karl Marx hatte Spencer ein signiertes Exemplar aus der zweiten Auflage des *Kapitals* geschickt, in der Hoffnung, dass eine öffentliche Billigung durch den berühmten Philosophen den Verkauf in die Höhe schnellen lassen würde.[64]

In den frühen Achtzigerjahren des 19. Jahrhunderts schwamm Spencer dann jedoch wieder gegen den Strom. Sein jüngstes Buch *The Man Versus the State* war eine heißblütige Attacke gegen die stetig anwachsenden regulativen Eingriffe des Staates und gegen die immer höheren Steuern:

Rapide vervielfachte diktatorische Maßnahmen haben die Tendenz bewiesen, die Freiheiten des Individuums kontinuierlich zu beschneiden, und das gleich auf zweifache Weise. Jahr für Jahr gab es eine wachsende Zahl von Regulierungen, die den Bürger in Dingen beschränkten, welche er bis dato unbehindert hatte tun können, und ihn zu Handlungen zwangen, welche er zuvor nach Belieben hatte ausführen oder nicht ausführen können; parallel dazu haben hohe öffentliche Lasten, im Wesentlichen lokaler Art, seine Freiheit beschränkt, indem sie jenen Teil seines Einkommens verringerten, welchen er nach Belieben hatte ausgeben können, und jenen Teil vergrößerten, welcher ihm genommen wird, um nach dem Belieben der öffentlichen Träger verwendet zu werden.[65]

Sein Breve für das Laissez-faire wirkte auf die lesende Öffentlichkeit wie ein letzter verzweifelter Versuch, eine Theorie zu verteidigen, die mittlerweile als altmodisch, reaktionär und irrelevant empfunden wurde. Nicht nur, schreibt Gertrude Himmelfarb, dass sich die meisten denkenden Viktorianer vom Laissez-faire abgewandt oder dieses Denken doch zumindest in Frage zu stellen begonnen hatten – es gab auch viele, die bedauerten, es überhaupt jemals unterstützt zu haben. Himmelfarb zitierte den Oxforder Kulturtheoretiker und Wirtschaftshistoriker Arnold Toynbee, der sich einmal vor einem Arbeiterauditorium mit den Worten entschuldigte: »Wir, das Bürgertum, und damit meine ich nicht nur die sehr Reichen, haben Sie vernachlässigt; anstatt Gerechtigkeit haben wir Ihnen Wohlfahrt angeboten.«[66]

Zur Zeit, als Spencers Buch 1884 erschien, standen er und Beatrice sich näher denn je und pflegten mehrere Stunden täglich miteinander zu verbringen. »Ich kann die Funktionsweisen von Herbert Spencers Logik sehen, verstehe aber die Funktionsweisen von Chamberlains Leidenschaft nicht«, gestand sie.[67] Sie schickte ihr signiertes Exemplar von Spencers *Man Versus the State* an die Leiterin des Girten College in Cambridge, mit einer beigefügten Notiz, die beweist, dass sie nach wie vor eine glühende Anhängerin von Spencers Ideen war: »Ich erhebe Einwände gegen diese gigantischen Experimente«, schrieb sie bezugnehmend auf die Arbeitslosenhilfe, auf die Einrichtung von öffentlichen Schulen, auf die Sicherheitsvorschriften und andere Beispiele von »staatlichen Interventionen« im großen Stil, weil ihr diese allesamt »nach schlecht durchdachten Theorien riechen – dem gefährlichsten aller gesellschaftlichen Gifte […], den primitiven Rezepten sozialer Quacksalber«[68].

Doch sie war zwiegespalten. Chamberlain hatte sie anzuerkennen gezwungen, dass »soziale Fragen die wichtigen Fragen von heute sind. Sie nehmen den Platz der Religion ein.«[69] Das heißt, sie war nicht bereit, über Nacht den neuen »Zeitgeist« anzunehmen, wollte andererseits aber weder ihn noch dessen virilen und kraftvollen Verfechter pauschal abtun.[70]

Als Chamberlains Schwester sie einlud, sie auf Highbury, dem riesigen neuen Herrenhaus des Bruders in Birmingham, zu besuchen, war Beatrice sogleich überzeugt, dass das in Wirklichkeit der Wunsch ihres Traummanns war. Doch kaum eingetroffen, musste sie erschrocken feststellen, wie unvereinbar ihre Geschmäcker waren. Nichts an diesem »aufwendig erbauten Backsteinhaus mit den zahllosen Erkerfenstern« fand ihre Zustimmung. Sie konnte kaum einen Schauder unterdrücken, als sie die vulgäre Inneneinrichtung sah, all diese »aufwendig gemeißelten Marmorbögen, Satintapeten, üppigen Vorhänge und erlesenen

Aquarelle [...], so hoffnungslos prächtig. Keine Bücher, keine Schriften, keine Musik, nicht einmal eine harmlose Husse, um die erdrückende Üppigkeit der satinbezogenen Möbel zu mildern«.

An ihrem ersten Abend ergötzte sie ein altgedienter liberaler Politiker mit Geschichten über die Brillanz ihrer Mutter. Sie sei den Abstinenzlern und Gegnern der Getreidezollgesetze, die sich vierzig Jahre zuvor im Haus der Heyworths versammelt hatten, immer eine »mädchenhafte Gastgeberin« gewesen und habe sich mit viel politischer Courage der Kampagne gegen diese Gesetze angeschlossen. Die Bewunderung des alten Mannes für den politischen Spürsinn und den Aktivismus von Laurencina ließ Chamberlains Insistenz, dass Frauen in seinem Haus keine unabhängige Meinung zu vertreten hätten, nur noch despotischer erscheinen. Doch sogar von Chamberlains Selbstgefälligkeit fühlte Beatrice sich angezogen. Am Abend beobachtete sie ihn in der Town Hall von Birmingham dabei, wie er eine tausendköpfige Menge zuerst verführte und schließlich vollständig beherrschte. Zwar mokierte sie sich über seinen Wahlkreis und fand Menschen, die sich so blind gefügig von Chamberlains leidenschaftlicher Sprechweise hypnotisieren ließen und dabei gar nicht auf seine Ideen achteten, schlicht und einfach dumm. Doch nachdem sie »die Unterwerfung einer ganzen Stadt unter seine autokratische Herrschaft« erlebt hatte, gestand sie sich ein, dass ihre eigene Kapitulation unausweichlich bevorstand. Sie wusste, dass Chamberlain sie unglücklich machen würde – er würde auf dieselbe Art und Weise auch im Haus herrschen, und sie würde sich sogar von den eigenen Gefühlen betrogen sehen (»wenn das Gefühl stark wird, wie es mir in der Ehe geschehen würde, bedeutete das die vollständige Unterordnung der Vernunft«), aber sie hatte sich vollends in seinem Netz verfangen. »Seine Persönlichkeit fesselt mein ganzes Denken«, notierte sie in ihr Tagebuch.

Am nächsten Morgen führte Chamberlain Beatrice mit großem Trara durch sein riesiges neues »Orchideenhaus«. Aber Beatrice erklärte bloß, dass die einzigen Blumen, die *sie* liebte, Wildblumen seien – und tat dann ganz überrascht, als er sich deshalb verärgert zeigte. Am Abend glaubte sie in seinen Blicken und seinem Verhalten ein »intensives Verlangen danach« zu erkennen, »dass ich *denke und fühle wie er*«, auch eine gewisse »Eifersucht auf andere Einflüsse«. Sie interpretierte es als zunehmende »Empfänglichkeit«[71].

Im Januar 1885 startete Chamberlain den radikalsten und extravagan-
testen Wahlkampf seiner Karriere. Er empörte seine liberalen Kollegen,
indem er die Arbeiter in seinem Wahlkreis warnte, dass das Wahlrecht
allein noch zu keiner wahren Demokratie führen werde, sofern sie sich
nicht selbst politisch organisierten. Er schockierte die Konservativen,
indem er die Rhetorik des Klassenkampfs mit dem berühmten Satz verschärfte: »Ich frage, welches Lösegeld der Besitzstand für die Sicherheit
zahlen wird, die er genießt?«[72] Und nachdem er schon Birmingham
nach dem gewagten Grundsatz »hohe Grundsteuern für eine gesunde
Stadt« verwaltet hatte, nutzte Chamberlain nun auch die Vorteile seines Kabinettspostens, um das allgemeine Wahlrecht für Männer, eine
freie säkulare Schulbildung sowie »drei Morgen und eine Kuh« für
all diejenigen zu fordern, die lieber selbstständig ein Stück Land be-
ackern wollten, als in einem Bergwerk oder einer Fabrik Lohnarbeit
zu verrichten. Bezahlen wollte er das alles mit höheren Grundsteuern,
Ertragssteuern und Erbschaftssteuern. Beatrice reiste erneut nach Birmingham, diesmal, um zuerst von der Galerie aus Chamberlains end-
loser hitziger Rede zu lauschen und sich dann, am nächsten Tag, eine
demütigende Abfuhr zu holen. Chamberlain machte ihr keinen Antrag.

Ihre geradezu zwanghafte Leidenschaft quälte Beatrice jedoch weiter. Sie verachtete sich, weil sie sich von einem derart dominanten
Mann betören ließ, es ihr aber nicht gelang, ihn zu erobern. Sie hatte
auf ein Leben zu hoffen gewagt, in dem Liebe und Geist sich paaren
würden. Sie war hin- und hergerissen zwischen der Bereitschaft, das
eine für das andere oder das andere für das eine hinzugeben. Nun aber
dämmerte es ihr, dass sie sich von Anfang an etwas vorgemacht hatte,
was ihre Chancen betraf. »Ich erkenne deutlich, dass mein geistiges
Vermögen nur ein Trugbild ist, dass ich keine besondere Mission habe.
[...] Ich habe geliebt und verloren, vermutlich meines eigenen vorsätzli-
chen Fehlverhaltens wegen, vermutlich auch zu meinem eigenen Glück,
aber dennoch verloren.«[73]

In ihrer Niedergeschlagenheit wunderte sie sich, dass sie überhaupt
jemals versucht hatte, einen so außergewöhnlichen Mann wie Chamberlain für sich zu gewinnen. Und sie quälte sich mit der Frage, was
gewesen wäre, wenn: »Wenn ich von Anbeginn an mein Vertrauen in
dieses Ziel gesetzt hätte, wenn die Einflüsse, die mich formten, und der
natürliche Hang meines Charakters andere gewesen wären, dann hätte

ich vielleicht seine Gefährtin werden können. Es wäre kein glückliches Leben geworden, aber vielleicht ein nobles.«[74] Am 1. August schrieb sie ihr Testament: »Im Falle meines Todes wünsche ich, dass all diese Tagebücher, nachdem sie von Vater gelesen wurden (sofern er dies wünscht), an Carrie Darling [eine Freundin] geschickt werden. Beatrice Potter.«[75]

Doch irgendwie überlebte sie diesen Schlag. Am Tag der allgemeinen Wahlen, Anfang November 1885, war der Gedanke an Selbstmord schon nicht mehr alles beherrschend. Sie fühlte ihre Kräfte zurückkehren. Und während sie beobachtete, wie ihr Vater das Haus verließ, um im Wahllokal seine Stimme abzugeben, begann sie bereits wieder Pläne für eine Karriere als Sozialforscherin zu schmieden. Doch dann schlug erneut das Schicksal zu und drohte jedes unabhängige Handeln »zu einem plötzlichen und katastrophalen Ende« zu bringen.[76] Richard Potter wurde vom Wahllokal nach Standish zurückgetragen, gelähmt von einem vernichtenden Hirnschlag, aber am Leben.

Beatrices Gefühle ergossen sich wie immer in ihr Tagebuch. »Einem versagenden Geist Gefährtin zu sein – ein Leben ohne körperliche oder geistige Aktivität – keine Arbeit. Großer Gott, wie entsetzlich.«[77] Am Neujahrstag setzte sie ein neues Testament auf, in dem sie die Person, die es öffnen würde, anflehte, ihre Tagebücher nach ihrem Tod zu vernichten. »Wenn der Tod kommt, wird er willkommen sein«, schrieb sie verbittert. »Die Lage einer unverheirateten Tochter im Elternhaus ist selbst für eine starke Frau eine unglückselige: Für eine schwache ist es eine unmögliche.«[78]

Die obsessiven Überlegungen, wie sie leben und welchem Zweck sie dienen sollte, wirkten nun wie eine Anmaßung. »Ich lebe niemals mehr in Frieden mit mir selbst«, schrieb sie Anfang Februar 1886. »Meine ganze Vergangenheit erscheint wie ein heilloser Pfusch, die letzten beiden Jahre wie ein Albtraum. [...] Wann wird der Schmerz enden?«[79]

* * *

Die Antwort folgte einige Tage später in Form eines gewaltigen Aufstöhnens aus den verborgenen Tiefen der Gesellschaft. Bis zum Mittag des 8. Februar, einem Montag, hatten zehntausend Menschen dem Nebel getrotzt und sich am Trafalgar Square versammelt. Man schätzte,

dass zwei Drittel dieser Massen arbeitslose Arbeiter und die übrigen
Radikale aller Couleurs waren. Ein sozialistischer Redner, der am Morgen noch vom Sockel der Nelson-Säule verscheucht worden war, klet-
terte nun ungehindert von der Obrigkeit wieder hinauf, schwenkte
trotzig eine rote Fahne und heizte der Menge mit Flüchen gegen »die
Verursacher der gegenwärtigen Not in England« ein.[80] Im Namen seiner Zuhörer forderte er das Parlament auf, »Zehntausende von verdienten Männern, die ohne eigenes Verschulden arbeitslos wurden«,
mit Jobs im öffentlichen Bauwesen zu versorgen.[81] Die Menge jubelte.
Im Laufe des Nachmittags schwoll sie auf das Fünffache an.

Die Kundgebung endete friedlich, doch dann begannen sich die Demonstranten in die Hauptstraßen des West End zu ergießen – Oxford
Street, St. James's Street, die Pall Mall – und »die Obrigkeiten zu ver-
fluchen, die Kneipen zu stürmen, sich zu besaufen und Fenster einzuschlagen«. Die Polizei wurde völlig überrascht und war zahlenmäßig
hoffnungslos unterlegen. Mindestens drei Stunden lang beherrschte ein
»johlender und jaulender Mob« das West End. Hunderte von Geschäf-
ten wurden geplündert; jeder, der wie ein Ausländer aussah, wurde ver-
prügelt; ein Lord Limerick wurde an das Eisengitter vor seinem Club
gefesselt, Kutschen im Hyde Park wurden umgestürzt und ausgeraubt.
Der gesamte Straßenverkehr in der Londoner Innenstadt kam zum Er-
liegen. Die Bahnstation von Charing Cross wurde vollständig lahmgelegt. Und bis Einbruch der Dunkelheit ergossen sich ganze Ströme
von Glas durch die St. James's Street und auf den Piccadilly, hie und da
gespickt mit einem Juwel, einem Kleidungsstück oder einer Flasche.[82]

Der Aufstand jagte einen Schauer der Angst durch das wohlhabende
West End. Obwohl kein einziges Leben zu beklagen gewesen war und
nur ein Dutzend Aufständischer verhaftet worden waren, folgten die
meisten Ladenbesitzer der Aufforderung der Polizei und hielten ihre
Geschäfte am Dienstag geschlossen. Ein Reporter der *New York Times*
verhöhnte die mangelnde Verteidigungsbereitschaft der englischen Polizei: Am Mittwoch sei sie endlich darauf eingerichtet gewesen, mögliche weitere Unruhen zu verhindern, »wie es die Polizei in Boston oder
New York schon gleich am Montagnachmittag getan hätte«. Er merkte
jedoch mitfühlend an, dass es der schlimmste Aufstand gewesen sei,
den London seit den berüchtigten antikatholischen Unruhen von 1790
erlebt habe.[83] Die Londoner selbst waren sich einig, dass es keine Plün-

derungen solchen Ausmaßes gegeben hatte, seit Victoria vor fast fünfzig Jahren, gleich nach der Verabschiedung des Reformgesetzes, den
Thron bestiegen hatte.[84] Die Queen fand den Aufstand »monströs«[85].

An der Erklärung der Königin, der Aufstand stelle »einen momentanen Triumph des Sozialismus« dar[86], war zwar nahezu sicher nichts
dran, doch er sollte zu einer Menge Aktivismus und Aktionsaufrufen
anregen. Besorgt schütteten die schuldbewussten Londoner 79 000
Pfund in den Säckel des vom Bürgermeister eingerichteten Hilfsfonds
und forderten, das Geld unter den Arbeitslosen zu verteilen. Beatrices
Cousine Maggie Harkness begann einen Roman auszuarbeiten, dem
sie den Titel *Out of Work* geben wollte.[87] Joseph Chamberlain, mittlerweile Mitglied des neuen Kabinetts von Premierminister William Gladstone, löste mit der Lancierung eines Plans für öffentliche Arbeiten im
East End eine hitzige Debatte aus. Und die auf den Potter'schen Landsitz verbannte Beatrice, die sich inzwischen nicht nur um die Pflege des
Vaters, sondern auch um eine in Bedrängnis geratene jüngere Schwester und um die ebenso in Bedrängnis geratenen Geschäftsangelegen-
heiten des Vaters kümmern musste, wurde lange genug aus ihrer Depression gerissen, um einen Brief an den Herausgeber der liberalen *Pall
Mall Gazette* abzufeuern und die vorherrschende Meinung über die
Ursachen und bestmöglichen Lösungen dieser Krise zu attackieren.

Sie machte sich auf eine höfliche Abfuhr gefasst. Die Antwort des
Chefredakteurs traf zu schnell ein, um irgendeine andere Botschaft enthalten zu können, dessen war sie sich sicher. Doch als sie den Um-
schlag aufriss, fand sie die Bitte vor, ihren Brief unter der Überschrift
»A Lady's View of the Unemployed« unter ihrem Namen in Form eines
Artikels veröffentlichen zu dürfen. Beatrice schrie auf vor Freude. Ihr
erstes richtiges »Werben um öffentliche Aufmerksamkeit« war erfolgreich gewesen, ihre Gedanken und Worte waren es für wert erachtet
worden, dass man ihnen Gehör schenkte.[88] Da konnte sie nur glauben,
dass das »ein Wendepunkt in meinem Leben« war.[89]

Zehn Tage nach dem Aufstand hatte Beatrice das Vergnügen, zum
ersten Mal die eigenen Worte gedruckt lesen zu können. »Ich bin eine
Mietkassiererin für einen großen Block von Arbeitersiedlungen nahe
den Londoner Docks, welche zur Behausung der niedrigsten Klasse
von werktätigen Armen konzipiert und errichtet wurden«, begann der
Artikel. Sie hatte nur zwei Punkte herauszuarbeiten versucht. Zuerst,

dass die Arbeitslosigkeit im East End, »diesem großen Zentrum für Gelegenheitsarbeiten und willkürliche Wohlfahrt«, entgegen der Annahme der meisten Philanthropen und Politiker nicht das Ergebnis »einer nationalen Flaute« war, sondern vielmehr das eines funktionsgestörten und einseitigen Arbeitsmarkts. Während traditionelle Londoner Gewerbe wie der Schiffsbau und die Manufakturen abgezogen waren, seien ungelernte Landarbeiter und Einwanderer aus dem Ausland in rekordverdächtiger Zahl von falschen oder übertriebenen Berichten über schwindelerregend hohe Löhne und freie Arbeitsplätze angezogen worden. Ihr zweiter Punkt ergab sich aus dem ersten: Die Ankündigung von Jobs im öffentlichen Bauwesen würde unvermeidlich weitere ungelernte Neuankömmlinge auf den bereits überfüllten Arbeitsmarkt locken, die Reihen der Arbeitslosen anschwellen lassen und die Löhne all jener drücken, welche in Lohn und Brot standen.[90]

Eine Woche nach dem Erscheinen ihres Textes erhielt sie einen weiteren Brief, der ihr Herz zum Klopfen brachte und ihre Hände zittern ließ: Chamberlain beglückwünschte sie zu dem Artikel und bat sie um ihren Rat. Als Vorsitzender des Kommunalverwaltungsausschusses war er für die Armenhilfe verantwortlich. Ob sie wohl so freundlich wäre, sich mit ihm zu treffen und ihn zu beraten, wie sein Plan modifiziert werden könnte, um die alten Fallgruben zu umgehen.[91] Eingedenk ihres verletzten Stolzes und ihrer Angst vor einer neuerlichen Demütigung verweigerte Beatrice ihm ein Treffen und sandte ihm stattdessen eine kritische Beurteilung seines Plans. Chamberlain reagierte darauf mit der Neuauflage seines »Freikauf«-Arguments: »Der Reiche muss zahlen, um den Armen am Leben zu erhalten.«[92] Als einstiger Arbeitgeber von Tausenden hatte er aus eigener Erfahrung den Schluss gezogen, dass die Untätigkeit des Staates angesichts der verbreiteten Not keine Option mehr war. Die Regeln des Regierens hätten sich geändert, unabhängig davon, welche Partei an der Macht war. Während Hand in Hand mit der politischen Macht einer verarmten Mehrheit auch der Wohlstand wuchs, entstehe der moralische und politische Imperativ, dort zu handeln, wo man bisher untätig geblieben sei. Und wenn die Mittel zur Linderung der Not erst einmal vorhanden seien – wichtiger noch: sobald die Wählerschaft erst einmal wusste, dass solche Mittel existierten –, sei Nichtstun schlicht keine Option mehr. Das Laissezfaire möge ja im ärmeren ländlichen England zur Zeit von Ricardo und

Malthus eine gewisse moralische Überlegenheit definiert haben, doch jeder Versuch, heute den Maximen aus *Man versus the State* zu folgen, sei unmoralisch, um nicht zu sagen: politischer Selbstmord. »Mein Ministerium weiß alles über die Armen [...], jedoch bin ich überzeugt, dass auch das Leid der Fleißigen, die nicht der Klasse der Armen angehören, sehr groß ist. [...] Was muss für sie getan werden?«[93]

Beatrice blieb unbeeindruckt. »Es will mir nicht gelingen, die Prämisse zu begreifen, dass etwas getan werden müsse«, erklärte sie beharrlich. Anstatt irgendwelche Verbesserungsvorschläge zu machen, riet sie ihm, nichts zu unternehmen. »Ich habe keinen anderen Vorschlag, als für die Strenge des Staates und für die Liebe und Selbstaufopferung von Individuen zu plädieren«, antwortete sie, konnte aber nicht umhin, halb spöttisch, halb kokett anzumerken:

Es ist eine groteske Idee, eine gewöhnliche Frau aufzufordern, die Vorschläge des fähigsten Ministers Ihrer Majestät zu begutachten [...], insbesondere da ich weiß, dass er sogar von der überlegenen Intelligenz einer Frau nur eine geringe Meinung hat [...] und dass ihm jedes unabhängige Denken missfällt.[94]

Prompt verteidigte sich Chamberlain gegen ihren Vorwurf der Frauenfeindlichkeit. Er bestritt nicht, dass einige ihrer Einwände nicht der Grundlage entbehrten, gab sich aber keine Mühe zu verhehlen, wie abstoßend er ihre Gesinnung fand:

Was die eigentliche Frage betrifft, so ist Ihr Brief entmutigend; doch ich fürchte, es ist wahr. Ich werde allerdings weiterhin so tun, als sei es nicht wahr, denn wenn wir erst einmal zugestehen, dass den Übeln der Gesellschaft unmöglich Abhilfe geschaffen werden könne, dann werden wir unter das Niveau von wilden Tieren sinken. Solches Credo ist die Rechtfertigung der absoluten, ungetrübten Selbstsucht.[95]

Chamberlain tat wie versprochen: Er ignorierte Beatrices Rat und ließ sich auf eines dieser »gigantischen Experimente« ein, die Spencer so zuwider waren. Der von ihm durchgesetzte Plan für Arbeitsstellen im öffentlichen Bauwesen hatte zwar einen relativ bescheidenen Umfang und wurde auch nur wenige Monate beibehalten, sollte aber von so

manchem Historiker als eine »bedeutende Innovation« beurteilt werden.[96] Zum ersten Mal behandelte eine Regierung die Arbeitslosigkeit
als ein gesellschaftliches Übel, nicht mehr als ein individuelles Versagen, und übernahm die Verantwortung für die Unterstützung ihrer
Opfer.

Als Chamberlain schließlich durchblicken ließ, dass er Beatrices zän-
kischer Episteln müde geworden war, feuerte Beatrice zornig und impulsiv das Geständnis ab, dass sie ihn liebe. Sie sollte es augenblicklich
bitter bereuen. »Ich wurde gedemütigt, wie eine Frau nur gedemütigt
werden kann«, notierte sie.[97] Der Vorschlag eines Arztes, ihren Vater
während der Saison nach London zu bringen, rettete ihr das Leben. Anstatt wieder in die alte Depression zu verfallen und nach dem Fläsch-
chen Laudanum zu greifen, übersiedelte sie mit ihrem Haushalt ins
York House nach Kensington. Gegen Ende April 1886 schloss sie sich
ihrem Cousin Charlie Booth an, einem reichen Philanthropen. Das gemeinsame Projekt sollte zur ambitioniertesten Sozialstudie werden, die
jemals in Großbritannien durchgeführt wurde.

Cousin Charlie war in den Vierzigern, hatte eine hochgewachsene,
schlaksige Statur, »den Teint eines schwindsüchtigen Mädchens« und
täuschend sanfte Umgangsformen.[98] Wer Charles Booth nicht kannte,
der mochte ihn vielleicht für einen Musiker, Professor oder Geistlichen
halten – für nahezu alles, bloß nicht für das, was er war: der Vorstandsvorsitzende einer großen transatlantischen Schifffahrtsgesellschaft. Bei
Tage befasste er sich mit Aktienkursen, neuen Seehäfen in Südamerika
und Frachtplänen; nachts wandte er sich seiner wahren Leidenschaft
zu: der Philanthropie und der Sozialforschung. Er und seine Frau Mary,
die Nichte des Historikers Thomas Babington Macaulay, waren ein un-
prätentiöses, aktives Paar von großer intellektueller Neugier. Wie andere politische Liberale, darunter die Potters und Heyworths, zählten
auch sie zu der »British Museum«-Gruppe aus Journalisten, Gewerkschaftsführern, Nationalökonomen und allerlei Aktivisten. Und auch
wenn Beatrice manchmal ihre fein gebogene Nase rümpfte angesichts
der lässigen Haushaltsführung und der seltsamen Gäste der Booths,
verbrachte sie doch so viel Zeit wie nur möglich in deren chaotischem
Herrenhaus in Bloomsbury.

Wie andere Geschäftsmänner mit ausgeprägtem Bürgersinn, so war auch Booth schon lange in seiner lokalen statistischen Gesellschaft aktiv gewesen und teilte die viktorianische Überzeugung, dass gute Daten die Vorbedingung für eine effektive soziale Aktion waren. Als Chamberlain Bürgermeister von Birmingham gewesen war, hatte Booth auf dessen Veranlassung hin eine Studie erstellt und sich mit ihm angefreundet. Nachdem Booth dabei herausgefunden hatte, dass ein Viertel aller schulfähigen Kinder in Birmingham weder zu Hause noch in einer Schule anzutreffen war, folgte prompt eine Flut von neuen Gesetzen. Und Anfang der Achtzigerjahre des 19. Jahrhunderts, als Armut inmitten des Überflusses wieder einmal zur Parole von Kritikern der herrschenden Gesellschaft wurde, hatte er betroffen festgestellt, dass selbst wohlmeinende Menschen vom »Gefühl der Hilflosigkeit« befallen wurden angesichts eines offenbar unlösbaren Problems und einer verwirrenden Anzahl von einander widersprechenden Diagnosen und Lösungen. Das Problem bestand seiner Meinung nach darin, dass die Nationalökonomen über Theorien und die Aktivisten über Anekdoten verfügten, aber keine von beiden Gruppen mit einer unvoreingenommenen oder vollständigen Beschreibung des Problems aufwarten konnte. Für ihn war das, als hätte man ihn gebeten, die südamerikanischen Schifffahrtswege neu zu regeln, ohne über Land- und Seekarten zu verfügen.

Im vorangegangenen Frühjahr hatte sich Booth über die Behauptung einiger Sozialisten empört, dass mehr als ein Viertel der Londoner Einwohnerschaft mittellos sei. Er hielt diese Zahl für ungemein übertrieben, konnte das aber nicht beweisen. Also beschloss er, selbst aktiv zu werden, und nahm sich vor, jedes Haus und jede Werkstatt in Augenschein zu nehmen, jede einzelne Straße und jede Art der Beschäftigung, um das Einkommen, die Berufe und die Lebensumstände jedes Einzelnen der vier Millionen Londoner Bürger in Erfahrung zu bringen. Mit dem Einsatz eigenen Geldes wollte er eine Landkarte der Armut in London erstellen.

Im Gegensatz zum von Beatrice so bewunderten Henry Mayhew hatte Charles Booth nicht nur eine Vision, sondern verfügte auch über die nötige Erfahrung als Manager und über genügend fachliche Erfahrenheit, um diesen ungewöhnlichen Plan in die Tat umsetzen zu können. Sein erster Schritt war, Freunde wie Alfred Marshall, der gerade in Oxford lehrte, und Samuel Barnett in Toynbee Hall (dem Nach-

barschafts- und Bildungszentrum der Settlement-Bewegung) zu konsultieren, dann stellte er ein Forschungsteam zusammen. Auch Beatrice
nahm seine Einladung zur ersten Sitzung des »Board of Statistical Research« in der Londoner Filiale von Booths Unternehmen an. Natürlich war sie die einzige Frau. Booth erklärte, dass es ihm darum gehe,
ein »gerechtes Bild der gesamten Londoner Gesellschaft« zu erhalten,
und präsentierte einen »ausgeklügelten und detaillierten Plan«, der
unter anderem vorsah, »Truant Officers« (Beamte der Schulbehörde)
als Interviewer einzusetzen und sowohl Zensusergebnisse als auch die
Unterlagen der Wohlfahrt als Gegenproben zu verwenden.[99] Beginnen
wollte er im East End, wo eine Million Londoner Bürger wohnten.

*Meine einzige Rechtfertigung, mich dem Thema auf die Weise genä-
hert zu haben, in der ich es tat, ist, dass dieser Teil Londons angeblich
die notleidendste Bevölkerung Englands beherbergt und gleichsam das
Problem der Armut inmitten des Wohlstands in den Fokus stellt, welches die Gedanken und Herzen so vieler Menschen beschwert.*[100]

Beatrice war zutiefst beeindruckt, weil Booth dieses ambitionierte Unterfangen im Alleingang auf die Beine gestellt hatte. Aber sie konnte
sich vorstellen, dass auch sie einmal eine solche Pionierrolle übernehmen würde. Es war, so erkannte sie, »genau die Art von Arbeit, der ich
mich gerne widmen würde … wenn ich ungebunden wäre«[101]. Also entschied sie, bei ihrem Cousin in die Lehre zu gehen und diesem Projekt
so viel Zeit zu widmen und so viel Wissen aus ihm zu beziehen, wie
es die Sorge um die Familie nur zulassen würde. Ihr Auftrag war nun
aber nicht das Sammeln von statistischen Daten, sie sollte vielmehr in
die Betriebe und Wohnungen gehen, um ihre eigenen Beobachtungen
zu machen und Gespräche mit den Arbeitern zu führen, angefangen bei
den legendären Londoner Dockarbeitern.

Als die Potters auf ihren Landsitz zurückkehrten, ergriff Beatrice
die Chance ihrer erzwungenen Isolation, um ihre Bildungslücken zu
füllen. Es erschien ihr zwar unerlässlich, Statistiken durch persönliche
Beobachtungen und Gespräche zu ergänzen, doch sie begriff, dass eine
gute Beobachtung unmöglich war, wenn man nicht wenigstens über
ein wenig theoretischen Unterbau verfügte, um die Spreu vom Weizen
trennen zu können – Mayhew hatte keine nachhaltigen Erkenntnisse

produziert, weil er seine Fakten so wahllos gesammelt hatte. Und diese Notwendigkeit eines Bezugssystems weckte nun auch ihren Eifer, etwas über die Ökonomie zu lernen. Vor allem wollte sie in Erfahrung bringen, wie sich ökonomische Ideen entwickelt hatten, da »jede neue Entwicklung mit einigen unbewussten Beobachtungen von herausragenden Merkmalen des zeitgenössischen Industrielebens korrespondierte«[102].

Nach ein, zwei Tagen unregelmäßigen Lesens klagte sie, dass die Nationalökonomie eine »ungemein abscheuliche Plackerei« sei.[103] Zwei Wochen später stellte sie jedoch zufrieden mit sich selbst fest: »Ich habe der Nationalökonomie das Rückgrat gebrochen.«[104] Sie hatte John Stuart Mills *System of Logic* und Henry Fawcetts *Manual of Political Economy* gelesen – oder zumindest den Rahm davon abgeschöpft – und war nun überzeugt, dass sie das Wesentliche dessen »begriffen« habe, was Adam Smith, David Ricardo und Alfred Marshall zu sagen gehabt hatten. In der ersten Augustwoche gab sie ihrer Kritik der englischen Politischen Ökonomie den letzten Schliff. Von Marx abgesehen – denn dessen Schriften sollte sie erst im Herbst lesen –, befand sie die führenden politischen Ökonomen allesamt für schuldig, Annahmen wie Fakten behandelt und dem Sammeln von Fakten über tatsächliche Verhaltensweisen viel zu wenig Aufmerksamkeit geschenkt zu haben, wie sie verdrossen bemerkte. Sie sandte ihre Anklageschrift an Cousin Charlie und hoffte, er würde ihr helfen, sie zu publizieren. Doch zu ihrem Leidwesen reagierte Booth mit dem Vorschlag, den Essay in einer Schublade verschwinden zu lassen und ihn sich in ein, zwei Jahren nochmals vorzuknöpfen.

Ein Jahr später – sie hatte gerade ihre Studie über die Dockarbeiter abgeschlossen – nahm Booth sie zu einer Ausstellung von präraffaelitischen Malern nach Manchester mit. Beatrice war so ergriffen von den Gemälden, dass sie beschloss, ihre nächste Studie – über Ausbeutungsbetriebe im Schneiderhandwerk – ebenfalls in ein »Gemälde« zu verwandeln. Dann kam ihr in den Sinn, dass sie, wenn sie ihren Bericht denn wirklich »dramatisieren« wolle, sozusagen in den Untergrund gehen müsse. »Ich könnte nicht an das Bild herankommen, ohne unter echten Arbeitern zu leben. Ich denke, das könnte ich tun.«[105]

Die Vorbereitung auf ihr Debüt als Arbeiterin dauerte Monate. Sie verbrachte den Sommer in Standish, versunken in »so viele Bände, Parlamentsberichte [»Blue Books«], Pamphlete und Journale, die sich auf das Thema der Lohndrückerei bezogen, wie ich nur kaufen oder ausleihen konnte«[106]. Im Herbst bezog sie für die Dauer von sechs Wochen ein kleines Hotelzimmer im East End und verbrachte acht bis zwölf Stunden täglich in einer genossenschaftlichen Schneiderwerkstatt, um nähen zu lernen. Abends, wenn sie nicht zu erschöpft war und nicht sofort ins Bett fiel, besuchte sie elegante Dinnerpartys im West End.

Im April 1888 war sie bereit, ihre Studien im »Untergrund« zu beginnen. Sie zog in ein schäbiges Wohnheim im East End. Am nächsten Morgen warf sie sich ein paar abgerissene alte Kleidungsstücke über und machte sich zu Fuß auf den Weg, um ihr »Leben als Arbeiterin zu beginnen«. Binnen weniger Stunden bekam sie einen ersten Geschmack davon, was es heißt, auf Arbeitssuche zu sein.

Dabei beschlich sie »ein seltsames Gefühl«. Ihrem Tagebuch vertraute sie an: »Keine Angebote, außer für eine ›gute Schneiderin‹, und für solche Stellungen wage ich mich nicht vorzustellen, da würde ich mich doch reichlich als Blenderin fühlen. Ich wanderte weiter, bis mein Herz samt Körper sank, die Beine und der Rücken zu schmerzen begannen und ich wahrhaftig das Gefühl hatte, ›arbeitslos‹ zu sein. Schließlich nahm ich allen Mut zusammen.«[107]

»Sieht nicht so aus, als wärst du an viel Arbeit gewöhnt«, bekam sie wieder und wieder zu hören. Doch dann, vierundzwanzig Stunden später, fand sie sich trotz ihrer Furcht, dass ein jeder hinter ihre Verkleidung blicken könne, und trotz ihrer ungeschickten Versuche, sich sprachlich anzupassen und dies im Anlaut nicht auszusprechen, an einem großen Tisch bei dem unbeholfenen Versuch wieder, eine Hose zu nähen. Ihre Finger fühlten sich wie Würste an. Sie musste auf die Hilfsbereitschaft der anderen Arbeiterinnen bauen, die sich, obwohl sie nach Stückzahlen entlohnt wurden, die Zeit nahmen, ihr alle nötigen Kniffe beizubringen. Der Leuteschinder schickte sogar ein Mädchen los, um für sie das ganze Drum und Dran zu kaufen, mit dem sich die Arbeiterinnen üblicherweise selbst ausstatten mussten.

Die Frau, deren Motto lautete: »Eine Frau sollte in allen Lebenslagen umworben werden«, notierte sich vergnügt den Text eines Liedes, das eine Arbeiterin gesungen hatte:

If a girl likes a man, why should she not propose?
*Why should the girls always be led by the nose?** [108]

Sobald die Gaslampen angezündet wurden, war die Hitze unerträglich. Beatrices Finger waren wund, und ihr Rücken schmerzte. Endlich rief eine schrille Stimme: »Acht auf der Brewery-Uhr!«

Für diesen Tag Arbeit bekam sie einen Shilling Lohn, das erste jemals selbst verdiente Geld. »Ein Shilling pro Tag ist in etwa der Lohn für eine ungelernte Arbeiterin«, notierte sie in ihr Tagebuch, nachdem sie ins Wohnheim zurückgekehrt war.

Am nächsten Morgen um acht Uhr dreißig war sie wieder in der Mile End Road Nr. 198. Sie nähte ein paar Tage lang Knopflöcher in Hosen, dann überließ sie »diesen Betrieb und seine Insassen dem alltäglichen Tagwerk, um für mich zu einer Erinnerung zu werden«[109].

Die Nachricht über Beatrices Erfahrung mit der Ausbeutung verbreitete sich schnell. Im Mai wurde sie von einem Komitee des Oberhauses, das gerade eine Untersuchung über Ausbeuterbetriebe durchführte, gebeten, Zeugnis abzulegen. Die *Pall Mall Gazette*, die über diese Anhörung berichtete, schilderte sie auf das Glanzvollste: »Hochgewachsen, geschmeidig, dunkel, mit hellen Augen«, das Verhalten im Zeugenstand »ziemlich kühl«.[110] Allerdings war Beatrice bei der Anhörung in das gewohnheitsmäßige Flunkern ihrer Kindheitstage abgeglitten und hatte behauptet, dass sie drei Wochen in diesem Sweatshop verbracht habe, während sie in Wahrheit nur drei Tage durchgehalten hatte. Noch wochenlang litt sie Höllenqualen, aus Furcht aufzufliegen. Als Mitte September ihre »Pages of a Work-Girl's Diary« in *The Nineteenth Century* veröffentlicht wurden, war der Erfolg umso süßer. »Es war die Originalität der Tat, welche die Öffentlichkeit gefangen nahm, weniger deren Darstellung.«[111] Gleichwohl gestand Beatrice, dass sie die Einladung, ihren Aufsatz in Oxford vorzutragen, geradezu lächerlich glücklich machte. (»Wenn ich etwas zu sagen habe, so weiß ich nun, dass ich es sagen kann, und gut sagen kann.«[112]) Kurz vor Silvester schwelgte sie trotz einer schweren Erkältung, die sie ans Bett fesselte, in Erwähnun-

---

* Anm. d. Übers.: Mag ein Mädel einen Mann, warum fragt sie nicht nach seiner Hand? / Warum sollten nur Mädels ans Gängelband?

gen von sich in den Tageszeitungen; es gab »sogar ein fingiertes Inter-view«, das »nach Amerika und Australien telegrafiert« worden war.[113]

Nun fühlte sich Beatrice zu einem Projekt ermutigt, das ganz allein das ihre sein sollte. Seit sie als »Miss Jones« eine Woche unter den We-berinnen in Bacup verbracht hatte, hatte sie mit der Idee gespielt, eine Geschichte der Genossenschaftsbewegung zu schreiben. Nicht einmal der Schock, den sie erlebte, als sie in der *Pall Mall Gazette* las, dass sich Joseph Chamberlain heimlich mit einer fünfundzwanzigjährigen ame-rikanischen »Aristokratin« verlobt hatte (»...ein kurzes Ringen nach Luft, als würde man erdolcht, dann war es vorbei«[114]), konnte sie da-von abhalten, sich erneut in die »Blue Books« zu vertiefen. Cousin Charlie versuchte sie zu überzeugen, lieber ein Buch über Frauenarbeit zu schreiben. Das tat auch Alfred Marshall, dem sie zum ersten Mal in Oxford begegnet war, wo er sie zu sich und Mary zum Lunch eingela-den hatte. Er bewundere ihr »Diary« sehr, hatte er erklärt, doch als sie diese Chance dann ergriff, um ihn zu fragen, was er von ihrem neuen Projekt hielt, antwortete er in dramatischem Ton: »Wenn Sie sich dem Studium Ihres eigenen Geschlechts als einem industriellen Faktor wid-men, wird Ihr Name noch in zweihundert Jahren in aller Munde sein; wenn Sie eine Geschichte der Genossenschaft schreiben, wird sie in ein paar Jahren überholt sein oder ignoriert werden.«[115]

Doch Beatrice, die ihre Zeit nach wie vor lieber unter Männern als mit anderen Frauen verbrachte und außerdem vermutete, dass Mar-shall sie für nicht qualifiziert genug hielt, um über eines seiner eigenen Lieblingsthemen zu schreiben, hatte nicht die Absicht, diesen Rat an-zunehmen. Für sie war die Sache klar, seit sie sich impulsiv mit anderen gesellschaftlich hochstehenden Frauen zusammengetan hatte, um eine Petition *gegen* das Stimmrecht für Frauen zu unterzeichnen. »Ich war damals als Antifeministin bekannt«, erklärte sie später.[116]

Tatsächlich sollte Beatrice ihre Meinung zu sehr vielen Dingen än-dern. Ungeachtet der geistreichen Verteidigung ihrer Laissez-faire-Phi-losophie gegenüber Chamberlain begann sie schließlich am libertären Credo von ihren Eltern und von Spencer zu zweifeln. Sie und der alte Philosoph sahen sich noch immer häufig, doch ihre Meinungsverschie-denheiten waren mittlerweile so heftig geworden, dass sie immer we-niger über Politik sprachen. Ohnedies verbrachte Beatrice nun immer mehr Zeit mit ihrem Cousin Charlie.

Nachdem Booth im Mai 1889 den ersten Band von *Labour and Life of the People* herausgebracht hatte, schrieb die *Times*, er habe den »Vorhang weggezogen vor allem, was in East London den Blicken verborgen geblieben war«, und fand besonderes Lob für Beatrices Kapitel über die Londoner Dockarbeiter.[117] Im Juni des Jahres nahm Beatrice an einem Genossenschaftskongress teil, auf dem sie zu der Überzeugung gelangte, dass »die Demokratie der Verbraucher durch Demokratien der Arbeiter komplementiert werden« müsse, wenn die Arbeiter denn jemals in der Lage sein wollten, hart erkämpfte Vereinbarungen über ihren Lohn und ihre Arbeitszeit auch durchzusetzen.[118] Der dramatische und völlig unerwartete Sieg der streikenden Londoner Dockarbeiter, die jedermann für viel zu einzelgängerisch und verbittert gehalten hatte, um sich zusammenzuschließen, machte großen Eindruck auf sie. »In London gärt es: Streiks sind an der Tagesordnung, das neue Gewerkschaftswesen macht große Schritte angesichts seiner grandiosen Eroberung der Docks«, notierte sie in ihr Tagebuch.

Die Sozialisten, angeführt von einer kleinen Gruppe fähiger junger Männer (Fabian Society), manipulieren die Londoner Radikalen, bereit, beim ersten Schachmatt der Gewerkschaftsbewegung ihrem Begehr nach staatlicher Aktion Ausdruck zu verleihen. Und ich finde mich aus dem eigentümlichen Blickwinkel meiner gesellschaftlichen Stellung heraus inmitten aller Parteien, mit allen sympathisierend, verbündet mit keiner.[119]

Doch statt diese aufwühlenden Ereignisse mit eigenen Augen zu bezeugen, hielt sich Beatrice weitab vom Geschehen auf dem Land auf, gefesselt an ihren halb komatösen Vater, »verbannt aus der Welt des Denkens und Handelns anderer Männer und Frauen«. Sie arbeitete an ihrem Buch, ohne jedoch überzeugt zu sein, es jemals vollenden zu können. Sie war es »gründlich leid, mit meinem Thema zu ringen. Bin ich für geistige Arbeit geschaffen? Ist irgendeine Frau für ein rein geistiges Leben geschaffen? [...] Der Hintergrund meines Lebens ist unbeschreiblich deprimierend – Vater liegt wie ein Holzklotz in seinem Bett, ein Kind, ein Tier, weniger des Denkens und Fühlens fähig als mein altes Haustier Don.«[120]

Je frustrierter sie angesichts der Unmöglichkeit wurde, eine eigene

Karriere zu verfolgen, solange sie ihren Vater pflegen musste, umso mehr neigte Beatrice dazu, die Misere der Frauen mit der Unterdrückung der Arbeiter gleichzusetzen. Sie dachte an die Häuser »all der respektablen und höchst erfolgreichen« Ehemänner ihrer Schwestern, denen sie weiterhin nahestand:

> *Dann [...] kämpfe ich mich im East End durch eine Menge von menschlichen Wracks, Obdachlosen und Straßenkindern oder betrete einen Arbeiterclub und höre den immer lauteren Aufschrei von aktiven Geistern, die zur Tretmühle körperlicher Arbeit verdammt sind – zu einer Karriere, in der das Können seine Spuren hinterlässt –, den erbitterten Aufschrei des Arbeiters und der Arbeiterin im neunzehnten Jahrhundert.*[121]

Im vorangegangenen Herbst hatte der Vater zu ihr gesagt: »Ich würde meine kleine Bee gerne mit einem guten, starken Kerl verehelicht sehen.« Beatrice schrieb derweil in ihr Tagebuch: »Ich kann nicht, werde niemals das enorme Opfer einer Verehelichung bringen.«[122]

Der Existenz von Sidney Webb war sich Beatrice gewahr geworden, Monate bevor sie ihm zum ersten Mal begegnen sollte. Sie las einen Essayband, herausgegeben von der Fabian Society, einer eigentümlichen sozialistischen Gruppe, die sich geschworen hatte, mit jener Taktik des »hinhaltenden Widerstands« mächtig zu werden, dank welcher der römische Diktator und Feldherr Fabius Maximus den Zweiten Punischen Krieg gewonnen hatte, das heißt: nicht im Kampf auf dem Schlachtfeld. Einem Freund erklärte sie: »Der bei Weitem bedeutendste und interessanteste Essay stammt von Sidney Webb.«[123] Aber auch Sidney hatte sich in einer Rezension des ersten Bandes von Booths Studie schmeichelhaft über Beatrice geäußert: »Der einzige Beitrag, welcher überhaupt von literarischem Talent zeugt, ist der von Miss Beatrice Potter.«[124]

Die erste Begegnung fand bei Maggie Harkness in Bloomsbury statt. Beatrice hatte ihre Cousine gefragt, ob sie einen Experten in genossenschaftlichen Fragen kennen würde, und Maggie hatte sofort an einen Fabianer gedacht, der schlicht alles zu wissen schien. Für Sidney war es Liebe auf den ersten Blick, wenngleich er ihr erstes Treffen eher mutlos als euphorisch verließ. »Sie ist zu reich, zu schön, zu klug«, erklärte er einem Freund.[125] Später tröstete er sich mit dem Gedanken, dass sie sich wenigstens in denselben Kreisen bewegten. Doch Beatrice sollte ihn schnell eines Besseren belehren. Wirklich heiter fühlte sie sich nur unter echten Arbeitern. Sie genoss es, sich rauchend mit Gewerkschaftsaktivisten in engen Wohnungen zu unterhalten, während die Aufgeblasenheit der Erwerbstätigen, die sich »innerhalb [...] der eigenen Klasse hochgearbeitet haben«, um dann plötzlich bei den Londoner Dinners aufzutauchen und »sich dort einzuführen, ohne das geringste Unbehagen angesichts der Art ihres Empfangs«, bloß den Snob in ihr weckte.[126] Beatrice fand, dass Sidney wie die Kreuzung aus einem Londoner Kartentrickbetrüger und einem deutschen Professor aussah, spottete über seinen »fadenscheinigen schwarzen Überzieher« und seine verschluckten Hs. Doch obwohl es ihr selbst ganz unerklärlich war, musste sie feststellen, dass ihr irgendetwas an diesem »bemerkenswert kleinen Mann mit dem riesigen Kopf auf dem winzigen Körper« gefiel.[127]

Wie der »riesige Kopf« andeutete, besaß Sidney in der Tat ein gewaltiges Hirn. Wie Alfred Marshall stammte auch er unverkennbar aus dem Londoner Kleinbürgertum und war mit der neuen Flut von Angestellten und Freiberuflern nach oben geschwemmt worden. Er war drei Jahre nach Beatrice geboren worden und über dem Friseurladen seiner Eltern nahe dem Leicester Square aufgewachsen. Sein Vater, der neben dem Haareschneiden freiberuflich als Buchhalter arbeitete, hatte als Radikaldemokrat John Stuart Mills Parlamentskampagne unterstützt. Seine Mutter, die alle wichtigen Familienentscheidungen traf, war entschlossen gewesen, Sidney und seinem Bruder eine qualifizierte Ausbildung angedeihen zu lassen. Und da Sidney mit einem außerordentlichen Gedächtnis, einem Sinn für Zahlen und der Begabung gesegnet war, keine Prüfungsängste zu haben, erwies er sich als ein hervorragender Schüler. Mit sechzehn wurde er von einem Börsenmakler eingestellt, mit einundzwanzig wurde ihm die Partnerschaft angeboten. Doch anstatt das Angebot anzunehmen, machte er das Examen für den Staatsdienst und bekam eine Anstellung im Kolonialministerium. Da hatte ihn längst schon das Politikvirus gepackt und er begriffen, dass er mehr an der Macht als am Geld interessiert war. Er sammelte weitere Stipendien und Diplome ein, darunter, laut seinem offiziellen Biografen Royden Harrison, auch eines in Rechtswissenschaften von der

University of London. Aber bis es zum Aufstand am Trafalgar Square und dem anschließenden Wahlsieg der Tories kam, hatte Sidney längst seine wahre Berufung als der Vordenker der Fabian Society gefunden.

Die Fabianer waren komische Vögel. Sidney begrüßte »Kollektivbesitz, wo immer machbar; Kollektivregelungen überall sonst; Kollektivvorkehrungen, je nach Notwendigkeit, für alle Ohnmächtigen und Notleidenden; und eine Kollektivbesteuerung im Verhältnis zum Wohlstand, insbesondere zum Mehrertrag«. Doch der Sozialismus der Fabianer war im Wesentlichen auf die Kommunalverwaltung und auf Projekte kleineren Umfangs ausgerichtet, wie etwa auf Molkereigenossenschaften oder staatliche Leihhäuser. Auch die Strategien der Fabianer unterschieden sich von denen der meisten anderen sozialistischen Gruppen. Sie scheuten sowohl die Wahlpolitik als auch die Revolution, wollten den Sozialismus vielmehr Schritt für Schritt einführen, indem sie »alle existierenden Kräfte der Gesellschaft mit kollektivistischen Idealen und kollektivistischen Grundsätzen durchtränken«[128].

Als Sidney 1887 ins Präsidium der Fabian Society gewählt wurde, bestand die Gesellschaft aus siebenundsechzig Mitgliedern, verfügte über ein Jahreseinkommen von zweiunddreißig Pfund und genoss den Ruf, ein guter Ort für hübsche Frauen zu sein, wo sie geistreichen Männern begegnen konnten, oder umgekehrt. Der englische Historiker George Macaulay Trevelyan bezeichnete die Fabianer als »Nachrichtenoffiziere ohne Armee«. Sie strebten nicht den politischen Status einer Parlamentspartei an, hofften jedoch, die Politik beeinflussen zu können – »die Richtung der großen Heerscharen, die unter anderen Flaggen marschieren«[129]. Sidney, der zu dem Schluss gekommen war, dass »in England nichts getan wird ohne das Einverständnis einer kleinen intellektuellen, wenngleich pragmatischen Schicht in London, deren Zahl die Zweitausend nicht übersteigt«, und dass Wahlpolitik das Spiel des reichen Mannes sei, nannte die fabianische Strategie der Infiltration des Establishments das »Durchdringen«[130].

Sidney Webbs bester Freund und Komplize war George Bernard Shaw, ein geistreicher irischer Kobold, der Theaterkritiken schrieb und der Fabian Society als Hauptagitator diente. Mitte der Neunzigerjahre war er, der einstige Angestellte eines Dubliner Grundstücksmaklers, zu der Überzeugung gelangt, dass sozialen Problemen immer ökonomische Ursachen zugrunde lagen. Also begann er sich der Ökonomie zu widmen, wollte lernen, sie zu »beherrschen«. Gemeinsam mit Sidney versuchte er herauszufinden, welchen Aspekten man Glauben schenken und in welcher Richtung man seine Energie einsetzen sollte. Zuerst nahmen sie regelmäßig an den Treffen einer Gruppe teil, die von diversen Ökonomen am City of London College organisiert wurden; dieses Studium sorgte dann dafür, dass sie nicht nur den utopischen Sozialismus, sondern auch den Marxismus ablehnten. Ihrem Ziel gaben sie zwar den Namen »Sozialismus«, doch es war ein Sozialismus, in dem es Privateigentum, ein Parlament und Kapitalisten, aber keinen Marx und keinen Klassenkampf gab. Sie wollten den »Frankenstein« des freien Unternehmertums zähmen und kontrollieren, nicht aber meucheln, und die Reichen wollten sie besteuern, nicht aber vernichten.[131]

Binnen weniger Wochen nach ihrer ersten Begegnung mit Sidney begann Beatrice zu glauben, dass »eine sozialistische Gemeinschaft, in der es individuelle Freiheit und Volkseigentum gibt«, lebensfähig – und attraktiv – sein könnte. »Endlich bin ich Sozialistin!«[132] Sie war vom selben Zeitgeist ergriffen, der den liberalen Abgeordneten William Harcourt bei der Haushaltsdebatte im Jahr 1888 zu dem Ausruf bewogen hatte: »Wir sind heute alle Sozialisten!«[133] Und was Sidney betraf, so begann sie ihn allmählich als »einen aus der kleinen Gruppe von Männern« zu betrachten, »mit denen ich früher oder später ein für alle Mal mein Schicksal zusammenwürfeln könnte«[134].

Zuerst hatte Beatrice Sidneys offensichtliche Verliebtheit schlicht als gegeben genommen und ihre wachsende geistige Abhängigkeit von ihm glücklich hingenommen. Als er dann aber damit herausplatzte, dass er sie anbetete und heiraten wolle, reagierte sie mit einem Vortrag gegen das Vermischen von Liebe und Arbeit. Sie wolle nur seine Mitstreiterin, nicht aber seine Frau sein, und verbot sich alle weiteren Anspielungen auf »niedrige Gefühle«[135].

1891 war sie für die Saison wieder nach London übersiedelt, wartete nervös auf die Drucklegung ihres Buchs über die britische Genossenschaftsbewegung und sorgte sich wegen einer Reihe von Vorträgen, die zu halten sie eingewilligt hatte. Sidney verkündete, dass er den Staatsdienst verlassen wolle. Sein Leben war Arbeit: Er fühlte sich »wie der Londoner Droschkengaul, den man nicht aus seinem Geschirr nehmen kann, weil er sonst umfallen würde«[136]. Noch einmal brachte

er das verbotene Thema aufs Tapet und versprach Beatrice, dass er
ihr, der Frischluftfanatikerin, die so gerne ein enthaltsames, jedoch gesellschaftlich intensives Leben voller harter Arbeit führen wollte, all
das ermöglichen würde, wenn sie endlich nachgab. Dann schlug er ihr
vor, gemeinsam ein Buch über die Gewerkschaften zu schreiben. Nach
einem Jahr, in dem sie Sidney immer wieder erklärt hatte, »ich liebe
dich nicht«, sagte Beatrice schließlich doch Ja.[137]

Als Sidney seiner Beatrice eine Fotografie sandte, die ihn in voller
Körpergröße zeigte, flehte sie ihn an: »Laß mich nur den Kopf haben –
es ist nur der Kopf, den ich heirate!« Der Rest sei »zu abscheulich für
irgendwas«[138]. Es graute ihr davor, ihrer Familie und den Freunden davon zu berichten. »Die Welt wird sich wundern«, schrieb sie ins Tagebuch.

Wie es aussieht, scheint das ein außergewöhnliches Ende der einst so
brillanten Beatrice Potter zu sein [...], einen hässlichen kleinen Mann
ohne gesellschaftlichen Rang und mit noch geringeren Mitteln zu hei-
raten, der sich einzig, so wird mancher sagen, durch seine Fähigkeit zu
einer gewissen Penetranz empfiehlt. Obendrein bin ich nicht »verliebt«,
nicht, wie ich es einstmals war. Aber ich erkenne etwas anderes in ihm
[...], einen feinen Intellekt und eine Warmherzigkeit, das Vermögen, sich
selbst in den Hintergrund zu stellen und sich ganz dem Wohl der Allge-
meinheit zu widmen.[139]

Beatrice verlangte, dass die Verlobung bis nach dem Tod ihres Vaters
geheim gehalten würde. Nur ihren Schwestern und ein paar engen
Freunden teilte sie die Neuigkeit mit. Die Booths reagierten kühl zu-
rückhaltend; Herbert Spencer enthob sie prompt ihres Amtes als Ver-
walterin seines schriftlichen Nachlasses, auf das Beatrice so stolz gewesen war.

Richard Potter starb am Neujahrstag 1892, wenige Tage vor Beatrices vierunddreißigstem Geburtstag. Er hinterließ seiner Lieblingstochter eine jährliche Apanage von 1506 Pfund und »den unvergleich-
lichen Luxus eines sorgenfreien Lebens«[140]. Nach der Beerdigung
verbrachte Beatrice eine Woche in dem »hässlichen und engen Umfeld«
ihrer künftigen Schwiegermutter in Park Village nahe dem Regents
Park. Am 23. Juli 1892 wurden Beatrice und Sidney in einem Londo-

ner Standesamt getraut. Beatrice vermerkte das Ereignis in ihrem Tagebuch: »Abgang Beatrice Potter. Auftritt Beatrice Webb, vielmehr Mrs. Sidney Webb, denn ach!, ich verliere beide Namen.«[141]

Als George Bernard Shaw den frisch Vermählten im Spätsommer des Jahres 1893, mehr als ein Jahr darauf, den ersten längeren Besuch abstattete, musterte Beatrice ihn von Kopf bis Fuß und entschied, dass er ein eitler, flatterhafter Mann und geborener Schürzenjäger, aber ein »brillanter Redner« sei, der »gerne flirtet und deshalb eine ergötzliche Gesellschaft ist«. Während sie Sidney als den »Organisator« der fabianischen Junta sah, stellte sie Shaw als deren »Funken und Würze« hin.[142]

Shaws erstes Stück *The Widowers' Houses* (*Die Häuser des Herrn Sartorius*, auch unter dem Titel *Die Häuser meines Vaters* erschienen) war im vorangegangenen Dezember im Royalty Theatre uraufgeführt worden. Gerade arbeitete er an einem neuen Stück nach demselben Muster, das heißt, er nahm sich wieder eines dieser »unaussprechlichen Themen« der viktorianischen Gesellschaft vor, in diesem Fall einen geschmähten Berufsstand, und verwandelte das Ganze in eine Metapher für die wahren Funktionsweisen der Gesellschaft.[143]

Im Jahr davor waren in der Presse laufend Geschichten über die legalen Bordelle auf dem Kontinent – Edelclubs, in denen die Herren auch Geschäfte zu machen pflegten – und über englische Mädchen erschienen, die in die sexuelle Sklaverei gelockt wurden. Wie üblich formte Shaw ein gesellschaftliches Problem zu einem ökonomischen um. Einem Freund schrieb er, dass »ökonomische Studien in all meinen Stücken eine ebenso wichtige Rolle gespielt haben wie das anatomische Wissen in den Werken von Michael Angelo [sic]«[144]. Seine Mrs. Warren, die ein Edelbordell in Wien führt, ist eine pragmatische Geschäftsfrau, die versteht, dass es bei der Prostitution nicht um Sex, sondern um Geld geht. Shaw hatte dem Publikum in *The Widowers' Houses* vor Augen führen wollen, dass der Mann, der mit Wucherzinsen in Slums sein Geld macht, kein Bösewicht ist, sondern das Symptom eines Gesellschaftssystems, zu dem ein jeder seinen Teil beiträgt; nun wollte er den Zuschauern aufzeigen, dass es in einer Gesellschaft, die Frauen in die Prostitution treibt, keine Unschuldigen geben kann. »Nichts würde unsere scheinheilige britische Öffentlichkeit mehr erfreuen, als die ganze Schuld an Mrs. Warrens Gewerbe Mrs. Warren selbst aufzuhalsen«, schrieb Shaw in einem Vorwort. »Nun ist es das eigentliche Ziel meines Stücks, diese Schuld der britischen Öffentlichkeit selbst aufzuladen.«[145]

Es war Beatrice, die vorgeschlagen hatte, dass Shaw lieber »eine moderne Lady aus der herrschenden Klasse« als eine stereotype, sentimentale Kurtisane »auf die Bühne bringen solle«[146]. Das Ergebnis war Vivie Warren, die Heldin des Stücks und Mrs. Warrens in Cambridge ausgebildete Tochter. Wie Beatrice ist auch Vivie »attraktiv ... selbstbeherrscht ... sensibel« und entflieht dem Schicksal ihres Geschlechts und einer Frau ihres gesellschaftlichen Standes. In Guy de Maupassants Erzählung *Yvette*, die Shaw als Vorbild gedient hatte, bestimmt die Geburt das Schicksal. »Es gibt keine Alternative«, sagt die Prostituierte Madame Obardi, Mutter seiner Heldin Yvette. Doch in der spätviktorianischen Welt, in der Vivie Warren lebt, gibt es eine Alternative. Die Entdeckung, welches Gewerbe Mrs. Warren wirklich betreibt und was die wahre Quelle des Einkommens war, das die Ausbildung der Tochter in Cambridge ermöglichte, macht Vivies Unschuld zunichte. Doch anstatt Selbstmord zu begehen oder sich in das Schicksal zu fügen und in die Fußstapfen der Mutter zu treten, wendet sich Vivie der Buchführung zu. »Meine Arbeit ist nicht deine Arbeit, und mein Weg ist nicht dein Weg«, erklärt sie der Mutter. Wie im Fall von Beatrice war auch Vivies Entscheidung, die Geschichte nicht zu wiederholen, allein die ihre gewesen. In der letzten Szene von *Frau Warrens Gewerbe* sitzt Vivie allein auf der Bühne an ihrem Sekretär, »wohlig« vergraben in ihren Berechnungen.

Die Vivie aus dem realen Leben bewohnte währenddessen mit ihrem Mann ein Haus mit zehn Zimmern, nur einen Steinwurf vom Parlament entfernt. Beinahe jeden Morgen stießen Sidney und Shaw in der Bibliothek zu ihr. Die drei tranken Kaffee, rauchten Zigaretten und plauderten, während sie gemeinsam die ersten drei Kapitel von Beatrices und Sidneys Buch über die Gewerkschaften redigierten.

Der ungemein populäre Science-Fiction-Autor Herbert George Wells vervollständigte das fabianische Trio schließlich zum Quartett, jedenfalls so lange, bis er sich eines Tages mit den Webbs überwarf. 1910 veröffentlichte er seine Novelle *The New Machiavelli*, in der er Beatrice und Sidney als Altiora und Oscar Bailey parodierte, ein Londoner Powerpaar, das sich immer neue Kenntnisse über die Funktionsweisen des Staats aneignet und diese publiziert, um schließlich zu einem einflussreichen »Referenzzentrum für alle Arten von Gesetzgebungsvorschlägen und politische Mittel zum Zweck« zu werden. Altiora, die wie Beatrice als Angehörige der herrschenden Klasse aufgewachsen war, »entdeckte schon sehr früh, dass Arbeiten das Letzte ist, was einflussreiche Leute tun«. Faul, aber brillant, heiratet sie Oscar seiner hohen Stirn und fleißigen Arbeitsweise wegen; und von ihr gesteuert, werden die beiden zum »respekteinflößendsten und angesehensten Paar, das man sich nur vorstellen kann.« – »Zwei Menschen [...], die planten, eine Macht zu sein – auf originelle Weise. Und beim Jupiter! Es gelang ihnen!«, berichtet der Begleiter des Erzählers.[147]

Der Begriff *Think Tank*, in dem die wachsende Bedeutung der Experten des politischen Gewerbes mitschwingt, wurde erst im Zweiten Weltkrieg geprägt. Doch da bezog er sich dem Historiker James A. Smith zufolge noch ausschließlich auf einen »abhörsicheren Raum, in dem Pläne und Strategien besprochen werden konnten«[148]. Erst in den Fünfziger- und Sechzigerjahren des 20. Jahrhunderts, nachdem solche Institutionen wie die RAND Corporation oder die Brookings Institution zu vertrauten Begriffen geworden waren, begann man unter *Think Tank* private Organisationen zu verstehen, die – mutmaßlich unabhängige und objektive – Wissenschaftler einstellen, welche Staatsdiener und Politiker unparteiisch beraten. Doch ein Think Tank ist genau das, was Beatrice und Sidney vom Moment ihrer Eheschließung an waren: vielleicht tatsächlich der erste, gewiss aber einer der effektivsten. Und darauf waren sie auch ganz unbefangen stolz. Die Gravur in den Eheringen der Baileys aus Wells' Novelle lautet »P. B. P.«: Pro Bono Publico.

Die Webbs erkannten scharfsinnig, dass Experten umso unverzichtbarer würden, je ambitionierter demokratisch gewählte Regierungen werden. Beide hatten die Vision von einer Klasse neuer Mandarine. »Aus reiner Zweckdienlichkeit *müssen* sich gewählte Körperschaften mehr und mehr der Dienste von Sachverständigen bedienen. [...] Wir schließen daraus, dass sich diese Sachverständigen notgedrungen zu einer neuen und sehr mächtigen Klasse entwickeln müssen. [...] Wir betrachten uns als die laienhaften, unbezahlten Wegbereiter dieser Klasse.«[149] Genau diese Erkenntnis führte sie dann nicht nur zur

Gründung der London School of Economics, mit dem Ziel, eine Ausbildungsstätte für die neue Klasse der »Social Engineers« zu schaffen,
sondern auch zu der des politischen Wochenblatts *New Statesman*.

Ihr von Beatrice ausgewähltes, »fast schon anmaßend nüchtern und
bescheidenes« Haus in der Grosvenor Road Nr. 41 zeugte von ihren
Prioritäten. Um fit zu bleiben, hatten sie sich einer spartanischen Lebensweise verschrieben. Jeglicher bürgerlicher Komfort wurde zum
Wohle des Raumes geopfert, der für all die Bücher, Artikel, Unterlagen, Interviews und Zeugenaussagen benötigt wurde. Selbst in diesem
Zeitalter der Kohleneimer und des fließend kalten Wassers gönnten
sich die Webbs im Allgemeinen nur zwei Bedienstete, dafür aber drei
Forschungsassistenten. »Alle erfolgreichen öffentlichen Karrieren«,
sagt Altiora in Wells' Novelle, »beruhen auf einer angemessenen Führung der Sekretäre.«[150] Beatrice machte es sich zur Aufgabe, England
aus dem Zustand des Laissez-faire in eine Gesellschaft zu verwandeln,
die von oben bis unten durchgeplant sein sollte. Zu diesem Zweck ersannen die Webbs ambitionierte Forschungsprojekte und organisierten ihr Leben fast ausschließlich um ihre Termine herum. Ihre Freunde
debattierten, »welcher von beiden vor und welcher hinter dem anderen steht«, doch Wells meinte, Beatrice habe Sidney »am Laufen« gehalten.[151] Sie war die Vorstandsvorsitzende des Webb'schen Unternehmens, teils Visionärin, teils Managerin und teils Strategin. Wells war
sich sicher, dass ihre gemeinsame Karriere als Ideenvermittler »fast ausschließlich ihre Erfindung« war, denn Beatrice sei die »Aggressive, Erfinderische« gewesen und habe »großen Ideenreichtum besessen«, wohingegen Sidney praktisch »bar jeder Initiative war und nichts anderes
mit Ideen anzufangen wusste, als sie zu erinnern und zu debattieren«[152].

Beatrice stand mit dem Rücken zum Kaminfeuer und glühte mit
»dem ihr eigenen zigeunerhaften Glanz aus Schwarz und Rot und Silber«. Auch wenn Wells sie in seiner Novelle karikierte, sah er sich doch
zuzugeben gezwungen, dass Beatrice nicht nur schön und elegant, sondern auch »gänzlich außergewöhnlich« sei. Die anderen Frauen, denen
er in der Grosvenor Road begegnete, waren entweder »streng rational
oder strahlend prächtig«[153]. Beatrice war die Einzige, die beides war.
Selbst wenn sie über Budgets, Gesetze oder politische Machenschaften
sprach, betonte sie stets ihre Weiblichkeit und trug zum Beispiel sündhaft teure, kokette Schuhe.

Beatrice war Papas kleines Mädchen gewesen und hatte schon immer mächtige Männer, den Flirt und politischen Tratsch geliebt. Die fabianische Strategie der »Durchdringung« diente ihr nun als Entschuldigung, allen drei Vorlieben zu frönen. »Ich hub an, ihn zu amüsieren und zu interessieren, ergriff jedoch jede Gelegenheit, tadellose Doktrin und solide Information zu insinuieren« – diese Bemerkung über ein Dinner mit dem Premierminister ist ein typisches Beispiel dafür. Einstige, gegenwärtige und künftige Premierminister zählten zu den regelmäßigen Zelebritäten unter ihren Gästen. Und sie, die ganz und gar unparteiisch war, pflegte ebenso glücklich einen Tory wie einen Liberalen zu unterhalten. »Sie haben alle einen gewissen Nutzen«, sagte sie pragmatisch.[154]

Abends verwandelte sich der Think Tank in einen politischen Salon. Einmal pro Woche gaben die Webbs ein Dinner für ein rundes Dutzend Gäste, einmal pro Monat eine Party für sechzig bis achtzig Geladene. Sie kamen gewiss nicht der Speisen wegen, denn die Webbs führten ein sehr karges Regiment, um sich mehr Forschungsassistenten leisten zu können. Außerdem bezog Beatrice mehr Befriedigung aus der Selbstdisziplinierung als daraus, ihren Gelüsten nachzugeben.[155] Wie Altiora fütterte auch sie ihre Gäste »mit schamloser Entsagung, damit die Konversation geistreich blieb«[156]. Der Preis für eine solche Einladung, berichtete R. H. Tawney, ein Wirtschaftshistoriker und häufiger Gast, war »die Teilnahme an einer dieser berühmten Übungen in Askese, welche Mrs. Webb als Dinners bezeichnete«[157]. Und doch riss sich jeder darum, eingeladen zu werden. Die Grosvenor Street Nr. 41 war das Zentrum von politischen und gesellschaftlichen Aktivitäten recht erstaunlichen Umfangs. Zu den Gästen eines dieser »geistreichen kleinen Lunches«, die Beatrice »typisch für den Webb-Set [...], mit seiner Mischung aus Meinungen, Klassen und Interessen« fand, zählten zum Beispiel der norwegische Botschafter in London, ein Tory-Abgeordneter, ein liberaler Abgeordneter, George Bernard Shaw, der Philosoph und spätere Nobelpreisträger Bertrand Russell sowie eine Baroness, die jeden wichtigen Politiker und Schriftsteller ihrer Zeit zu unterhalten pflegte.[158] Wells' Novelle schildert Beatrices einzigartige Begabung als Gastgeberin und die Bedeutung, welche diese für die Karriere des Ehepaars Webb hatte: »Sie brachte alle Arten von interessanten Menschen aus dem Staatsdienst und dessen Umfeld zusammen. Sie mischte diejenigen, die effizient im Hintergrund wirkten, mit schlecht beratenen Berühmtheiten und dahintreibenden Reichen und versammelte in einem Raum mehr Größen aus dem seltsamen Mischmasch unseres öffentlichen Lebens, als man je zuvor so mühelos beieinander sah.«[159]

Ein Mann, der das erste Mal bei den Baileys zu Gast ist, sagt zu dem Freund, der ihn mitgebracht hatte: »Das ist wohl die sonderbarste Versammlung.«

»Jeder kommt her«, antwortet der regelmäßige Gast. »Meist hassen wir sie wie die Pest – Missgunst, kleine Irritationen, Altiora kann manchmal ein Graus sein – aber wir *müssen* kommen.«

»Man kriegt Dinge erledigt?«, fragt der erste Mann.

»Oh! Kein Zweifel, ja. Das ist eines dieser Bausteine der britischen Maschine, die man nie sieht.«[160]

Winston Churchill zählte zu den Männern, die während der Londoner »Saison« von 1903 einfach kommen *mussten*. Er war im Vorjahr Tischnachbar von Beatrice bei einem Dinner der Liberalen gewesen. Damals hieß es von diesem Spross aus einer Linie der alten aristokratischen Spencer-Familie und Sohn eines berühmten einstigen Tory-Politikers, der mittlerweile selbst als Tory-Abgeordneter im Parlament saß, dass er sich mit der konservativen Regierung zerstritten habe. Doch er irritierte Beatrice, als er sich nicht nur gegen Gewerkschaften, sondern auch gegen eine öffentliche Grundschulerziehung aussprach und, schlimmer noch, von den Drinks bis zum Dessert pausenlos nur über sich selbst redete und sich an Beatrice lediglich wandte, um sie zu fragen, ob sie jemanden kenne, der ihm Statistiken besorgen könne. »Ich setze nie meinen eigenen Verstand ein, wenn es ein anderer für mich tun kann«, erklärte er leichthin. »Selbstgefällig, aufgeblasen, seicht und reaktionär«, kritzelte Beatrice nach diesem Abend in ihr Tagebuch. Über Churchills Reaktion auf sie ist nichts bekannt.[161]

Als Churchill das nächste Mal bei den Webbs aufkreuzte, war er bereits zur liberalen Opposition übergelaufen. Die Stimmung der Wähler hatte sich zu ändern begonnen. Seit dem kostspieligen und sinnlosen Krieg gegen die Buren in Südafrika waren die englischen Wähler vom Imperialismus im Ausland desillusioniert und besorgt über die Armut im eigenen Land. Die Tories, die nun schon fast ein Jahrzehnt an der Macht gewesen waren, zuerst unter dem Marquess of Salisbury und dann unter Arthur Balfour, schlugen ein protektionistisches Programm vor. Doch damit gelang es ihnen nur, die Wähler aus der Arbeiterklasse zu verprellen, die höhere Lebensmittelpreise und den Verlust ihrer Arbeitsplätze in den Exportindustrien fürchteten. Joseph Chamberlain, der die Zoll-»Reform«-Pläne der Tories ausgearbeitet hatte, hielt die letzten Reden seiner politischen Karriere vor buchstäblich leeren Sälen. Alfred Marshall, der aus dem Ruhestand zurückgekehrt war, um Chamberlain und die Protektionisten herunterzuputzen, fragte sich im Rückblick, ob diese Qual, sich in eine öffentliche Kontroverse einzumischen, überhaupt nötig gewesen sei. Churchill hatte die wachsende Irrelevanz der Tories schnell gespürt und war überzeugt, dass die Liberalen bereit seien, mit dem Rest des Landes einen Linksruck zu vollziehen. Und das bedeutete für ihn, dass man – irgendwie – die sozialen Fragen ansprechen musste. Denn ohne die Stimmen der Gewerkschaften, schlussfolgerte er, hätten die Liberalen keine Chance, an der Macht zu bleiben, vorausgesetzt, sie würden es überhaupt schaffen, gewählt zu werden,

Beatrice platzierte Churchill bei diesem Dinner zu ihrer Rechten. Es gelang ihm, einen fast ebenso schlechten Eindruck wie bei ihrer ersten Begegnung zu hinterlassen. Die Frau, die gerade beschlossen hatte, nicht nur dem Alkohol, sondern auch dem Kaffee und Tabak zu entsagen (Tee blieb »meine einzige Konzession an die Zügellosigkeit«), gelangte schließlich zu der Überzeugung, dass er »zu viel trinkt, zu viel redet und keinen Gedanken hat, welcher der Rede wert ist«. So versuchte sie zum Beispiel die Idee eines garantierten »nationalen Minimums« bezüglich des Lebensstandards mit ihm zu diskutieren, doch er gab nur ökonomisches »Kleinkindgebrabbel« von sich. Ihr Urteil: »Er ist ein kompletter Ignorant hinsichtlich sämtlicher sozialer Fragen [...] und weiß es nicht. [...] Er ist sich offenkundig nicht einmal der elementarsten Einwände gegen den uneingeschränkten Wettbewerb bewusst.«[162]

Gegen Ende seiner bahnbrechenden Geschichte über das englische 19. Jahrhundert erwähnt der französische Historiker Élie Halévy mehrere Gesetze von »fast revolutionärer Bedeutung«, die auf Initiative von Winston Churchill verabschiedet wurden.[163] Zu diesen Maßnahmen zählte auch der »erste Versuch, einen Mindestlohn in das britische Arbeitsrecht einzuführen, und der war Teil der Webb'schen Formel für das ›nationale Minimum‹«.

Churchill mochte Beatrice zwar überheblich finden – »Ich lasse mich nicht mit Mrs. Sidney Webb in einer Suppenküche einsperren«, sagte er später einmal –, war sich seiner eigenen Ignoranz aber doch bewusst und begann bald, »mit Blue Books zu schlafen und mit Enzyklopädien zu leben«.[164] Er und Beatrice sahen sich selten, doch schließlich hatte er sich durch einen Großteil des fabianischen Lehrstoffs geackert, von Booths *Life and Labors* über Seebohm Rowntrees *Study of Town Life* bis hin zu Beatrices und Sidneys *History of Trade Unions* und *Industrial Democracy*. H. G. Wells, der seinen Themenschwerpunkt gerade von der Science-Fiction auf das Social Engineering verlagerte, wurde sein Lieblingsautor. »Ich könnte eine Prüfung über [seine Werke] bestehen«, prahlte Churchill.[165] Als großer Fan von Shaw besuchte er auch die Uraufführung von *Major Barbara*. Einmal wanderte er stundenlang mit seinem Sekretär Edward (»Eddie«) Marsh durch einige der schrecklichsten Slums von Manchester, geradeso, wie es Alfred Marshall eine Generation früher getan hatte. »Man stelle sich vor, in einer dieser Straßen zu wohnen – nie etwas Schönes zu sehen, nie etwas Schmackhaftes zu essen, *nie etwas Kluges zu sagen*!«, erklärte Churchill anschließend seinem Begleiter.[166]

Churchills Schock war derart groß, berichtet sein Biograf William Manchester, dass es nicht lange dauerte, bis der einstige Erzkonservative zum »Donnerschlag der Linken« wurde. Inspirieren ließ er sich dazu von verschiedensten Seiten, auch politische Berechnung spielte natürlich eine Rolle, aber seine spezifischen Argumente und Lösungsvorschläge hatte er fast alle von Beatrice übernommen. Anfang 1906, als die Liberalen einen erdrutschartigen Wahlsieg errangen, predigte Churchill, was er die »Sache der Millionen Vernachlässigten« nannte, und drängte darauf, »eine Grenze zu ziehen«, unterhalb derer »wir keinem Menschen zu arbeiten und leben gestatten werden« – genau die Politik, die zu verfolgen ihn Beatrice angehalten hatte.[167]

Im Oktober jenes Jahres hielt Churchill in Glasgow eine bemerkenswerte Rede, die nicht nur weit über alles hinausging, was die liberale Parteiführung im Sinn gehabt hatte, sondern laut Churchills Biografen Peter de Mendelssohn auch »den Kern vieler wesentlicher Elemente des Programms enthielt, mit dem die Labour Partei ihr überwältigendes Mandat für die ›stille Revolution‹ von 1945–50 erhielt«[168]. Bei einem seiner brillantesten rhetorischen Auftritte erklärte Churchill:

»Die ganze Zivilisation tendiert zur Multiplikation der kollektiven gesellschaftlichen Funktionen«, die er zu Recht aufseiten des Staates und
nicht als privatwirtschaftliche Unterfangen sah:

> *Ich würde gerne sehen, dass sich der Staat auf diverse neue und aben-*
> *teuerliche Experimente einlässt. [...] Ich bin der Meinung, dass der*
> *Staat zunehmend die Position des Reservearbeitgebers einnehmen sollte.*
> *Ich bedaure sehr, dass wir die Eisenbahn dieses Landes nicht in unsere*
> *Hand bekommen haben [...], und wir stimmen alle überein [...], dass*
> *sich der Staat zusehends und ernsthaft mit der Fürsorge für die Kranken*
> *und Alten, insbesondere für die Kinder befassen muss. Ich sehe freudig*
> *der allgemeinen Einrichtung von Mindeststandards im Leben wie bei*
> *der Arbeit entgegen, sowie deren progressiver Anhebung, soweit es die*
> *wachsenden Produktionskräfte erlauben werden. [...] Ich möchte die*
> *Vitalität des Wettbewerbs nicht behindert sehen, aber wir können eine*
> *Menge tun, um die Folgen von Fehlschlägen zu mildern. [...] Wir wollen*
> *aufwärts gerichtet einen freien Wettbewerb haben, weigern uns jedoch,*
> *einen freien Wettbewerb abwärts gerichtet zu erlauben. Wir wollen das*
> *Gebäude der Wissenschaften und der Zivilisationen nicht einreißen,*
> *sondern ein Netz über den Abgrund spannen.*[169]

Niemand kann die Erfindung der *Idee* von einem staatlichen Sicherheitsnetz, ja, für den Wohlfahrtsstaat als solchen, mehr für sich beanspruchen als Beatrice Webb. Im Rückblick, kurz vor ihrem Tod im Jahr
1943, schrieb sie zufrieden: »Wir erkannten, dass allein dem Staat die
Vorsorge für künftige Generationen anvertraut werden konnte. [...]
Kurzum, wir wurden zu der Anerkennung einer neuen Staatsform geführt, welche man im Unterschied zum ›Polizeistaat‹ als den *Housekeeping State* bezeichnen könnte.«[170]
    Der Keim für diese neue Idee war aus Beatrices und Sidneys Stu-
die über die Gewerkschaften gewachsen. In ihrem 1897 veröffentlichten Band *Industrial Democracy* hatten sie weitreichende nationale
Gesundheits- und Sicherheitsstandards vorgeschlagen. Ein »nationales Minimum« würde die gesamte Arbeitnehmerschaft schützen, ausgenommen Landarbeiter und Hausangestellte. Die radikalste Kompo-
nente aber war der nationale Mindestlohn. Sie argumentierten, dass
»der Wettbewerb zwischen Gewerben, in Ermangelung einer Regulie-

rung, bei bestimmten Beschäftigungen beharrlich dazu tendiert, Arbeitsbedingungen zu erschaffen, die der Nation als solcher abträglich sind«. Und demzufolge insistierten sie, dass ein vom Staat gespanntes Sicherheitsnetz unter den Lohn- und Arbeitsbedingungen nicht, wie Marx und Mill angenommen hatten, grundsätzlich unvereinbar sei mit dem unbehinderten Produktivitätswachstum, von dem der Anstieg der Reallöhne und des allgemeinen Lebensstandards abhing.[171] Der Preis, den das Unternehmertum für solche Regulierungen zu zahlen hätte, würde, so behaupteten sie, mehr als wettgemacht werden durch die Tatsache, dass es zu weniger Unfällen in den Fabriken kommen und es eine besser genährte und deshalb auch aufmerksamere Arbeiterschaft geben würde. Allerdings gaben sie zu, dass die gewaltige Ausweitung staatlicher Macht über private Unternehmen weit über alles hinausging, was die Gewerkschaftsführer, denen es hauptsächlich um eine freie Hand für den Kampf um höhere Löhne und bessere Arbeitsbedingungen ging, im Sinn hatten.

Die ambitioniertere Idee von »einer neuen Staatsform« kam Beatrice jedoch erst ein rundes Jahrzehnt später. Ende 1905, in den letzten Tagen der Tory-Regierung von Balfour, war sie in eine königliche Kommission berufen worden, die sich mit einer Reform des Armengesetzes befassen sollte und unter der neuen, liberalen Regierung noch drei Jahre weiterarbeitete.

Von Anfang an geriet sie mit den anderen Kommissionsmitgliedern in Konflikt. Sie griff auf Marshalls Vorstellung zurück, »die Ursache von Armut ist Armut«, definierte diese aber in einem absoluten und keinem relativen Sinn. Ungleichheit, und somit Armut (im Sinne von weniger haben als andere) war ihrer Ansicht nach unvermeidlich. Aber Not, »der Zustand eines solchen Mangels an den Unentbehrlichkeiten des Lebens, dass Gesundheit und Kraft, selbst die Lebenskraft so beeinträchtigt werden, um schließlich das Leben selbst zu gefährden«, war es nicht.[172] Nur die Abschaffung der Not könne verhindern, dass Armut automatisch von einer Generation zur nächsten weitergegeben werde.

Dank ihrer früheren Arbeit im East End konnte Beatrice überzeugend von Familien berichten, in denen »mal das eine, mal das andere Mitglied nahezu pausenlos alternierend an Geschwüren, Verdauungsstörungen, Kopfschmerzen, Rheumatismus, Bronchitis und anderen körperlichen

Schmerzen litt, periodisch unterbrochen von schweren Erkrankungen und beendet nur durch den vorzeitigen Tod«. Oder von Familien mit arbeitslosen Vätern, eine Situation, die einen »Mangel an Nahrung, Bekleidung, Feuerholz und annehmbaren Unterkunftsbedingungen« nach sich zog. Die Vorstellung, dass sich Not immer auf einen moralischen Defekt zurückführen lasse, lehnte sie ab und führte stattdessen fünf Gründe an, die ihrer Meinung nach dafür sorgten, dass Menschen nicht arbeiten konnten. Diese Gründe korrespondierten mit fünf Gruppen von notleidenden Familien und Individuen: mit den Kranken, den Witwen mit kleinen Kindern, den Alten, den Menschen, die unter diversen geistigen Störungen litten, von geringer Intelligenz bis hin zum Wahnsinn, und schließlich mit der problematischsten Gruppe der körperlich leistungsfähigen Notleidenden, deren Elend das Ergebnis von Arbeitslosigkeit und chronischer Unterbeschäftigung sei.[173]

Sie verdeutlichte, dass das dringende Erfordernis, die Not abzuschaffen, nicht daher rühre, dass »die Dinge sich in irgendeinem Sinne verschlechtern, sondern weil unsere Normen in allen Fragen der gesellschaftlichen Organisation stetig höher werden«, womit sie meinte, dass die Arbeiterschaft mittlerweile eine Stimme besaß und Großbritanniens wichtigster internationaler Konkurrent Deutschland bereits Maßnahmen für die Beseitigung der Not ergriffen hatte.[174]

Das Problem bei den bestehenden politischen Richtlinien Großbritanniens war, dass sie Hilfen nur den Menschen anboten, die verzweifelt genug waren, sie zu erbitten, aber Not und Abhängigkeit nicht von vornherein zu vermeiden suchten. Oder wie Beatrice schrieb: »All die Aktivitäten der Armenrechtsbehörde zur Linderung der Not von ausgebeuteten Arbeitern trugen nichts zur Verhinderung der Ausbeutung bei«, oder dazu, »Männer und Frauen davor zu bewahren, entlassen zu werden, oder künftigen Krankheiten […], einem vorzeitigen Tod, der Verstümmelung von Arbeitern durch Fabrikunfälle […], der mutwilligen Zerstörung ihrer Gesundheit durch unhygienische Unterkünfte und vermeidbare gewerbstypische Krankheiten vorzubeugen.«[175]

Sie wollte, dass der Staat weitestmöglich die Finger von der Wohlfahrt ließ und sich stattdessen darum kümmerte, die Gründe für deren Notwendigkeit zu beseitigen. »Das Wesen der Präventionspolitik ist eben, dass das, was in jedem Fall bereitgestellt werden muss, keine Unterstützung ist, sondern immer eine Therapie, und zwar eine dem

Bedarf angemessene Therapie.«[176] Aber sie stellte nie die Frage, ob der Staat oder seine Experten wussten, wie die »Krankheit des modernen Lebens« zu behandeln war, und fragte auch nie nach den Kosten dieser Therapie. Daher konnte ihre ambitionierte Vision vom »Housekeeping State«, welcher Armut verhindern und nicht einfach nur lindern sollte, mit den begrenzteren Zielen der anderen Kommissionsmitglieder nur kollidieren. Wie von vornherein geplant, weigerte sie sich, den Kommissionsbericht zu unterzeichnen. Stattdessen verbrachten sie und Sidney die ersten neun Monate des Jahres 1908 damit, ihre Vision in einem Dokument zusammenzufassen, dem sie den Titel *The Minority Report* gaben. Er wurde schließlich von drei Kommissionsmitgliedern unterzeichnet, die von ihren Ideen überzeugt waren. Das »große kollektivistische Dokument«, wie sie es nannten[177], sah ein System vor, das von der Wiege bis zur Bahre »ein nationales Minimum an zivilisiertem Leben garantiert [...], welches jedermann offen steht, beiderlei Geschlechts und jeder Klasse, womit wir meinen: ausreichende Ernährung und Ausbildung in jungen Jahren, einen Lohn, der die Lebenshaltungskosten deckt, sofern körperlich leistungsfähig, eine Behandlung, sofern krank, und einen bescheidenen, aber gesicherten Lebensunterhalt, sofern arbeitsunfähig oder betagt«[178].

Beatrice wusste, dass diese Idee von anderen Reformern als utopisch angesehen würde und auf eine Ablehnung des traditionell begrenzten Staates hinauslief. Im Gegensatz zum sozialistischen Staat fand sie den »Household State« jedoch voll und ganz mit dem freien Markt und der Demokratie kompatibel. Tatsächlich stellte sie den Wohlfahrtsstaat sogar nur als die nächste Stufe bei der natürlichen Evolution des freiheitlichen Staates dar. Doch die Vorstellung, dass das grundlegende Wohlergehen der Bürger in der Verantwortung des Staates liege und dass die jeweilige Regierung verpflichtet sei, jedem Bürger, der nicht selbst dazu in der Lage war, ein Minimum an Lebensstandard zu garantieren, war nicht nur der Abschied von Spencers Ideal des Minimalstaats. Sie brach auch mit der gesamten Tradition des Gladstone'schen Liberalismus, welcher Chancengleichheit versprochen hatte, es jedoch dem Individuum und dem Markt überließ, sich um die daraus resultierenden Folgen zu kümmern. Und damit ging Beatrice Webb weit über alles hinaus, was zu ihrer Zeit von irgendjemandem diskutiert wurde, es sei denn am äußersten sozialistischen Rand.

»Er könnte sich ebenso entscheidend auf die Soziologie und die politische Wissenschaft auswirken wie Darwins *Entstehung der Arten* auf die Philosophie und die Naturgeschichte«, prophezeite George Bernard Shaw in seiner Rezension des *Minority Report*. »Er ist groß und revolutionär und sensibel und pragmatisch zugleich, was genau die nötige Kombination ist, um eine neue Generation zu inspirieren und zu fesseln.« Das Recht des Werktätigen »auf Leben und das Recht der Gemeinschaft auf den Erhalt seiner Gesundheit und Leistungsfähigkeit werden [hier] als etwas ganz anderes betrachtet als der kommerzielle Profit irgendeines privaten Arbeitgebers«. Das heißt, die Ziele der Webbs gingen weit über Marshalls Vorstellung von einer Steigerung der Produktivität und der Löhne hinaus. Der Werktätige, so Shaw, »ist eine Zelle des gesellschaftlichen Organismus und muss bei Gesundheit gehalten werden, wenn der Organismus gesund bleiben soll«[179].

Ideen wie die vom Mindestlohn und von Minimalstandards hinsichtlich einer garantierten Freizeit, von Schutz- und Gesundheitsvorkehrungen an allen Arbeitsplätzen, von einem sozialen Sicherheitsnetz, der Einrichtung von Arbeitsämtern und der Bekämpfung von zyklischer Arbeitslosigkeit durch entsprechende rechtzeitige Planungen staatlicher Großbauvorhaben hatten viele Autoren. Aber niemand brachte diese ganze Palette an Ideen – dass die Bedingungen, die Armut hervorrufen, ebenso vermeidbar seien wie der allumfassende Zustand, den Beatrice als Not bezeichnete, und dass es die Aufgabe des Staates sei, diese Zustände zu verhindern, der Staat jedoch, um sie verhindern zu können, sich erst einmal selbst neue Fähigkeiten aneignen müsse – so deutlich, so systematisch und oft so direkt zum Ausdruck (vor allem gegenüber »diesen Bettlern um praktikable Vorschläge«) wie Beatrice. Und niemand sonst fand eine Formulierung, die den revolutionären Wandel als evolutionär und sogar unvermeidlich darstellte.

Dass radikale Veränderungen nunmehr als etwas Evolutionäres erschienen, war dem Genius von Beatrice zu verdanken. Aber sogar sie war überrascht, wie schnell die Ideen, die sie und Sidney in den Neunzigerjahren des 19. Jahrhunderts noch selbst für utopisch gehalten hatten, nun umsetzbar schienen oder doch zumindest als politisch relevant galten – tatsächlich nur ein Jahrzehnt später. Im Rückblick auf *Industrial Democracy* schrieb Beatrice Jahre später mit einiger Zufriedenheit: »Was die Sozialgeschichte des gegenwärtigen Jahrhunderts

letztendlich charakterisiert hat, war die unangestrebte und oft mecha-
nische administrative und legislative Adaption der Politik des Nationalen Minimums, wie in diesem Buch formuliert.«[180]

Das Jahr 1908 war ein Dreh- und Angelpunkt für die neue, liberale
Regierung. Während die Arbeitslosigkeit ebenso stetig zunahm wie die
Militanz der Gewerkschaften, das Parlament mit einer überwältigenden
liberalen Mehrheit besetzt war und das »Sozialproblem« ganz oben
auf der politischen Agenda stand, herrschte eine ständige »Jagd nach
neuen, konstruktiven Ideen«, wie Beatrice in ihr Tagebuch notierte. Die
Popularität der Webbs schnellte prompt in die Höhe. »Zufälligerweise
haben wir gerade jetzt eine ganze Menge [Ideen] zu vergeben, daher
auch das starke Verlangen nach unserer Gesellschaft«, schrieb Beatrice
glücklich. »Jeder Politiker, den man trifft, will ›gecoacht‹ werden. Es
ist wirklich ziemlich komisch. Dabei scheint es recht gleichgültig zu
sein, ob es sich um Konservative, Liberale oder Männer der Arbeiterpartei handelt – allesamt wurden sie zu Bettlern um praktikable Vorschläge.«[181] Das, fand sie, rechtfertigte doch wirklich ein wenig Geld-
verschwendung, und orderte ein neues Abendkleid.

»Winston hat das Webb-Projekt gemeistert«, brüstete sich Beatrice
im Oktober 1908 und merkte an, dass »unsere Bekanntschaft erneu-
ert« worden sei. Nachdem sich Churchill ihrer Herausforderung endlich gestellt hatte, durfte er in Beatrices Tagebuch zu einem »brillant
fähigen« Mann aufsteigen, »mehr als nur ein Phrasendrescher«[182].

Während der ersten beiden Jahre der von Herbert Henry Asquith geführten liberalen Regierung waren Churchills Reformen kaum mehr als
Rhetorik gewesen. Trotz ihres erdrutschartigen Wahlsiegs setzten die
Liberalen nur sehr wenig aus ihrem Wahlprogramm durch, was über
die Wiederherstellung bestimmter gewerkschaftlicher Schutzmaßnah-
men hinausging. Diese Blockade wurde jedoch im April 1908 durch-
brochen, als der dreiunddreißigjährige Winston Churchill als Nachfolger von Lloyd George zum Präsidenten des Board of Trade bestellt
wurde, was dem Amt des Handelsministers entsprach. Beatrice fand
diese Kabinettsumbildung »aufregend«[183]. Die Position beinhaltete
eine ganze Wundertüte an Verantwortlichkeiten: Patentanmeldungen,
die Regulierung von Firmen, die Handelsschifffahrt, die Eisenbahn, Ar-
beitsschiedsverfahren und die Beratung des Außenamts in Fragen des

Außenhandels. Letztendlich, schreibt Lloyd Georges Biograf, liefen die Verantwortlichkeiten dieses Ministeramts auf die Sicherstellung eines »reibungslosen und geordneten Funktionierens des Kapitalismus« hinaus.[184] Doch Churchill nutzte auch diesen Posten zur Einführung von radikalen Sozialreformen. Einer seiner Freunde bemerkte damals: »Er ist vollständig mit den Armen befasst, die er gerade erst entdeckt hat. Er glaubt von der Vorsehung auserkoren worden zu sein, etwas für sie tun zu müssen. ›Wieso bin ich dem Tod immer um Haaresbreite entgangen‹, fragte er, ›wenn nicht, um etwas für sie zu tun?‹«[185]

Im Laufe der beiden nächsten Jahre begründeten Churchill und Lloyd George, der mittlerweile Schatzkanzler war, eine Partnerschaft, die ein für alle Mal »der alten Gladstone'schen Tradition, sich auf libertäre politische Fragen zu konzentrieren und die ›Conditio des Volkes‹ sich selbst zu überlassen«, ein Ende setzte.[186] Der neue Handelsminister wartete nicht bis zu seiner Vereidigung, sondern blieb eine ganze Nacht wach, um einen langen Brief an den Premierminister zu schreiben, in dem er seine persönliche politische Wunschliste darlegte. Nach einer kürzestmöglichen rhetorischen Floskel – »Unscharf jenseits der Klüfte der Ignoranz erkenne ich die Kontur einer Politik, die ich als den Minimumstandard bezeichne«[187] – definierte Churchill seine Vorstellung von diesem Minimum mit fünf Punkten, die er als seine legislativen Prioritäten anführte: Arbeitslosenversicherung, Arbeitsunfähigkeitsversicherung, eine allgemeine Schulpflicht bis zum Alter von siebzehn, Arbeitsplätze im öffentlichen Straßenbau und bei staatlichen Aufforstungsprojekten anstelle von Armenfürsorge und die Verstaatlichung der Eisenbahn.

Die Rezession im Anschluss an die Börsenpanik von 1907 verlieh Churchills Vorschlägen eine gewisse Dringlichkeit. Die Arbeitslosenrate unter Gewerkschaftsmitgliedern, die Ende des Jahres 1907 bei fünf Prozent gelegen hatte, verdoppelte sich binnen Jahresfrist. Alfred Marshall hatte darauf hingewiesen, dass eine steigende Arbeitslosigkeit für gewöhnlich durch eine rückläufige Wirtschaftstätigkeit verursacht werde. Und Beatrice hatte nun bewiesen, dass Arbeitslosigkeit ihrerseits eine Hauptursache für Armut war. Es herrschte jedoch kein Konsens bei der Frage, ob der Staat intervenieren solle oder überhaupt könne. Churchill stellte die herkömmliche Meinung in Frage. Er war sich bewusst, dass seine Vorschläge weit über alles hinausgingen, was

Premierminister Asquith im Sinn gehabt hatte, drängte aber die liberale
Regierung, dem Beispiel Deutschlands zu folgen und ebenfalls eine Ar-
beitslosen- und Krankenversicherung einzuführen: »Ich würde sagen –
man schiebe ein großes Stück Bismarckismus über den Unterbau unseres Industriesystems & warte mit gutem Gewissen auf die Folgen,
welche diese auch sein mögen.«[188] Churchill »schlägt sich eindeutig auf
die Seite der konstruktiven staatlichen Aktion«[189], frohlockte Beatrice,
die nun zu dem Schluss kam, dass »Lloyd George und Winston Churchill die Besten der Partei« seien.[190] Sie schätzte Churchills »Fähigkeit zum schnellen Verständnis und zur raschen Umsetzung von neuen
Ideen, obwohl er die zugrunde liegende Philosophie kaum begreift«[191].

Am Ende ging das ganze Bemühen um Reformen in dem Versuch der
Liberalen unter, dem Oberhaus ein Veto abzuringen. Doch bemerkenswert ist, wie viele letztlich verabschiedet wurden, wie William Manchester bemerkt: »Vor dem Aufstieg von Churchill und Lloyd George
waren alle Versuche der Legislative, den Unglückseligen Hilfe anzubieten, gescheitert.«[192]

Letztendlich verlor Beatrice die Schlacht um eine Sozialversicherung,
die weit billiger gewesen wäre als die Vorkehrungen für direkte Dienstleistungen. Aber sie gewann den Kampf um den Wohlfahrtsstaat. Gemeinsam mit Sidney hatte sie eine logische Begründung für die Prämisse geliefert, dass »der Staat die Verantwortung für eine steigende
Zahl von Dienstleistungen« übernehmen kann, »verwaltet von einer
wachsenden Klasse von Fachleuten und unterstützt von einem expan-
dierten Staatsapparat«.[193] *The Minority Report* war eine der ersten
Darstellungen des modernen Wohlfahrtsstaats. Lord William Beveridge, der spätere Autor des gleichnamigen Plans aus dem Jahr 1942,
welcher als Forschungsassistent an diesem Werk der Webbs mitgear-
beitet hatte, sollte nach dem Zweiten Weltkrieg eingestehen, dass aus
seiner eigenen Planung für den britischen Sozialstaat das sprach, »was
wir uns alle von den Webbs einverleibt hatten«.[194]

KAPITEL IV

Das Kreuz aus Gold:
Irving Fisher und die Geldillusion

Diese guten Leute, immer beginnen sie ihre neuen Experimente so todernst, nehmen sich selbst so wichtig,
glauben wirklich, dass sie besser und besser würden,
klüger und klüger – in der Gewissheit, reicher und reicher zu werden – Jahr um Jahr, Monat um Monat, Tag
um Tag. [...] Oh! Das ist gut, Mrs. Webb, das ist gut.

H. Morse Stephens, 1898[1]

»Nach Amerika [...], wenn sie doch nach Russland, Indien oder China
gehen könnten. Welcher Geschmack!«, spottete ein Tory-Bekannter
von Beatrice und Sidney Webb, als sie im Frühjahr 1898 ankündig-
ten, dass sie sich auf die Reise nach New York begeben wollten.[2] Wie
dieser Affront deutlich macht, reisten die Webbs nicht als Touristen,
sondern in ihrer Lieblingsrolle als Sozialforscher. Das hinderte Beatrice allerdings nicht an einer Shoppingorgie, bei der sie »Seiden- und
Satinsachen, Handschuhe, Dessous, Pelze und alles nur Erdenkliche«
scheffelte, »was eine besonnene Frau von vierzig sich nur wünschen
könnte, um bei den Amerikanern und Kolonisten wahren Respekt für
die Finessen des Kollektivismus zu wecken«[3]. Wenn sie dem Sozial-
labor der Welt schon einen Besuch abstattete, dann beabsichtigte sie
wenigstens, die Eingeborenen mit ihrer Erscheinung zu blenden.

William T. Steads Buch *The Americanization of the World* sollte erst
einige Jahre später zum Bestseller werden, doch die Webbs waren mit
Sicherheit schon vertraut gewesen mit den Ansichten des Autors, dem
Herausgeber der *Pall Mall Gazette*. Stead war überzeugt, dass die öko-
nomische Zukunft Großbritanniens untrennbar verbunden war mit der
Zukunft seiner einstigen Kolonie auf dem amerikanischen Kontinent.
Die beiden Volkswirtschaften waren mittlerweile noch wesentlich en-
ger verflochten als im 18. Jahrhundert, zu der Zeit, in der Amerika ein

britisches Dominion gewesen war, oder im 19. Jahrhundert, zur Zeit des Amerikanischen Bürgerkriegs, in der die Unionsblockade der Häfen im amerikanischen Süden zur Hungersnot (»Cotton Famine«) im englischen Lancashire geführt hatte. Im letzten Viertel des 19. Jahrhunderts importierte Großbritannien ungeachtet seiner imperialen Präferenzen mehr Rohstoffe aus den Vereinigten Staaten als aus den eigenen Kolonien.[4] Der Begriff *amerikanische Invasion* war von britischen Journalisten geprägt worden, fast ein Jahrhundert vor seiner Wiederbelebung durch die Franzosen in den Sechzigerjahren des 20. Jahrhunderts.[5] 1902 klagte eine Londoner Zeitung:

> *Der Durchschnittsbürger erwacht des Morgens zum Klang eines amerikanischen Weckers, erhebt sich von seinen Bettlaken aus Neuengland und rasiert sich mit seiner New Yorker Seife und dem Yankee-Sicherheitsrasierblatt. Dann zieht er ein Paar Bostoner Stiefel über seine Socken aus West Carolina, befestigt seine Hosenträger aus Connecticut, steckt seine Waterbury-Uhr in die Tasche und setzt sich zum Frühstück. [...] Nachdem er sich vom Frühstückstisch erhoben hat, eilt der Bürger hinaus, gerade rechtzeitig, um seine elektrische Straßenbahn made in New York zu erreichen, fährt nach Shepherd's Bush, wo er einen Yankee-Aufzug besteigt, der ihn zur amerikanisch ausstaffierten Eisenbahn bringt, welche ihn in die City fährt. In seinem Büro ist natürlich alles amerikanisch. Er sitzt auf einem Drehstuhl aus Nebraska vor einem Rollpult aus Michigan, schreibt seine Briefe auf einer Syracuse-Schreibmaschine, signiert sie mit einem Füllfederhalter aus New York und trocknet sie mit einem Löschblatt aus Neuengland, bevor er die Briefkopien in Aktenordnern ablegt, die in Grand Rapids hergestellt wurden.*[6]

Der liberale Premierminister William Gladstone hatte längst schon vorausgesagt, dass die Vereinigten Staaten Großbritannien unweigerlich die Vorherrschaft im Handel abringen würden. »Obwohl wir mit ahnungsvoller Geschwindigkeit voranschritten«, stellte er 1878 fest, »überholte uns Amerika scheinbar völlig mühelos.«[7] 1870 war der entscheidende Maßstab für den durchschnittlichen Lebensstandard, nämlich das Bruttoinlandsprodukt pro Kopf der Bevölkerung, in Großbritannien noch um 25 Prozent höher gelegen als in den Vereinigten Staaten. In den anschließenden dreißig Jahren stieg das BIP pro Werktätigem – der grundlegendste Maßstab für die Produktivkraft einer Volkswirtschaft und der Schlüsselfaktor für das allgemeine Lohnniveau – in den Vereinigten Staaten fast doppelt so schnell wie in Großbritannien.[8] Eine Ursache dafür war, dass britische Bürger und Firmen mehr als die Hälfte ihrer jährlichen Ersparnisse in Amerika investierten, mehr als im eigenen Land und um ein Vielfaches mehr als in den benachbarten europäischen Ländern.[9] Während sich die Gewinne aus diesen Investitionen alljährlich zum britischen Volkseinkommen addierten, wurde es amerikanischen Betrieben dank dieser Investitionen möglich, sich zu modernisieren. Eine andere Ursache war, dass die Vereinigten Staaten das auserwählte Ziel von mehr als der Hälfte aller britischen und einem sogar noch höheren Anteil aller irischen Emigranten waren – insgesamt von fast acht Millionen Männern, Frauen und Kindern im Verlauf von drei Jahrzehnten. Kanada zog weniger als ein Drittel aller britischen Auswanderer an, obwohl sich seine Kultur »englischer« anfühlte.[10] Die Durchschnittseinkommen und Lebensstandards beider Staaten glichen sich in den Neunzigerjahren des 19. Jahrhunderts an, was den britischen Premierminister dazu bewog, Großbritannien und die Vereinigten Staaten als ein »für die Menschheit folgenschweres Beispiel [...], einmalig in der Geschichte, für freie Institutionen im gigantischen Maßstab« anzuführen.[11]

Das Tempo, in dem sich die Vereinigten Staaten aus einer überwiegend ländlichen Agrargesellschaft in eine überwiegend urbane Industriegesellschaft verwandelt hatten und zum globalen Symbol des wirtschaftlichen Erfolgs geworden waren, konnte einen wahrlich staunen machen. Als Alfred Marshall 1875 durch das Land gereist war, waren die Landwirtschaft und in geringerem Maße auch der Bergbau die Hauptquellen des amerikanischen Volkseinkommens gewesen. Als die Webbs das Land besuchten, überstiegen die Löhne und Profite aus der Fabrikation die aus der Landwirtschaft bereits um das Dreifache. Zwischen 1880 und 1900 vervierfachte sich das Jahreseinkommen, das von den größten amerikanischen Industrien erwirtschaftet wurde. Das Einkommen aus dem amerikanischen Druck- und Verlagswesen schnellte auf das Fünffache hoch, das aus der Produktion von Maschinenanlagen und von Malt Whiskey auf das Vierfache, das aus der Eisen- und Stahlindustrie sowie aus der Männerbekleidungsindustrie jeweils auf

das Dreifache. Die allgemeine Elektrifizierung des Landes, die Kälte-
technik, die mechanisierte Herstellungsweise von Zigaretten, die Mül-
lereien und Brennereien und all die mechanisierten Betriebe und Industrien, deren Produkte aus Öl und Kohle gewonnen wurden, und nicht
zuletzt die Erweiterung der Eisenbahnstrecken und Telegrafenverbin-
dungen bis zu buchstäblich jeder Gemeinde – all das führte zu einer
Revolution bezüglich des Umfangs, der Strukturen und der Wirkungs-
bereiche von amerikanischen Industrien. Unternehmen wie Remington
(1816), Singer (1851), Standard Oil (1870), Diamond Match (1881)
und American Tobacco (1890) wurden geboren. Die Ära der Massenproduktion, der Massenverteilung und des betriebswissenschaftlichen
Managements – kurzum: des Big Business – hatte begonnen.[12]

Beatrice und Sidney Webb waren jedoch mehr an der Maschinerie
des amerikanischen Staates als an den Operationsweisen des amerikanischen Unternehmertums interessiert. Ihr erster Halt war Washington, D.C. – eine unglückliche Wahl angesichts der Tatsache, dass die
Hauptstadt gerade vom Kriegsfieber ergriffen worden war. Ein Aufstand in Kuba, die Repression durch die Spanier und das Versenken
des Schlachtschiffs USS Maine im Hafen von Havanna, das den Spa-
niern angelastet wurde, hatten eine mächtige Bürgerbewegung zugunsten einer militärischen Intervention durch die USA ausgelöst. Aber
diese Kriegstreiberei erzürnte die Gegner des republikanischen Präsidenten William McKinley aus dem Unternehmertum und den kirch-
lichen Organisationen derart, dass er den mehr als tausend Zuschauern auf der Besuchergalerie des Repräsentantenhauses, unter ihnen
auch die Webbs, schließlich seinen Sinneswandel kundtat. Beatrice war
entsetzt über das amerikanische Abgeordnetenhaus und völlig unbeeindruckt vom Senat. Einen besseren Eindruck gewann sie von Theodore »Teddy« Roosevelt, damals stellvertretender Marineminister und
einer der führenden Kriegstreiber. Seine Geschichten über das Leben
auf einer Ranch im Westen fand sie »köstlich schmissig«, aber es ent-
täuschte sie, dass er den Großteil ihres gemeinsamen Lunchs damit verbracht hatte, »Blut und Donner zu speien«, wohingegen er völlig indif-
ferent blieb gegenüber dem Thema der Kommunalverwaltung, dem ihr
nächstes gemeinsames Buch mit Sidney gewidmet sein sollte.[13]

New York gefiel Beatrice kein bisschen besser:

Lärm, Lärm, nichts als Lärm. [...] In der City werden deine Sinne belästigt, deine Ohren betäubt, deine Augen ermüdet von diesem konstanten Gehetze; in den Straßenbahnen werden deine Nerven und Muskeln durchgerüttelt und durchgeschüttelt; unterwegs wirst du niemals auch nur eine Minute in Ruhe gelassen, ob du nun in einem gewöhnlichen Wagen oder einem Pullman reist; Türen werden aufgerissen und zugeschlagen, Passagiere hüpfen auf und ab; Boys mit Zeitungen, Süßigkeiten, Früchten, Getränken strömen ein und aus und bestehen darauf, dass du dir ihre Waren ansiehst, oder zwingen dich, sie rüde zurückzuweisen; ständig öffnen oder schließen die Schaffner Fenster, entzünden oder löschen Gaslampen; permanent ertönt die Zugglocke, gelegentlich stößt die Dampfpfeife (eher ein Nebelhorn als eine Pfeife) Warnungen über das Nahen des Zuges aus.[14]

Die Technikverliebtheit von Marshall, beziehungsweise der Amerikaner allgemein, teilte sie nicht im Geringsten, ebenso wenig wie die Vorliebe für jene Mobilität, welche die moderne Technik ermöglichte. Nicht nur die Züge und die Wolkenkratzer, auch »die perfekt konstruierten Telefone, geschickten Stenografen, Expresslifte, elektrischen Signale jeder Machart« ließen sie kalt. Zwar sah sie sich gezwungen, »das alles durchdringende und alles verschlingende ›Führungsvermögen‹ des amerikanischen Volkes« anzuerkennen, führte es jedoch auf die Bereitwilligkeit der Amerikaner zurück, »das pekuniäre Eigeninteresse als einzig wahre Antriebskraft« zu akzeptieren. Schnell entschied sie, dass eine kurze Aufmerksamkeitsspanne (»Ungeduld«) die größte Schwachstelle im amerikanischen Volkscharakter sei. Und die Geschwindigkeit, mit der Amerikaner zu reisen, zu kommunizieren und das Leben im Allgemeinen zu führen pflegten – all der »Lärm, die Konfusion, das Gerüttele und Gehetze« –, betrachtete sie schlichtweg als Energieverschwendung. »Die Aufwertung mechanischer Erfindungen scheint uns ein Symptom der Abneigung von Amerikanern zu sein, zuerst einmal nachzudenken«, schrieb sie.[15] Im Gegensatz zu Marshall brachte sie diese »nervöse Energie« nicht mit der Leidenschaft in Verbindung, etwas zu bewerkstelligen, zu organisieren und Dinge erledigen zu wollen, oder mit jener Vorliebe für das Risiko, welches Hand in Hand mit Innovationen und sozialer Mobilität geht.

Als Beatrice und Sidney einige Wochen später gen Westen aufbrachen, legten sie ihren ersten Halt in Pittsburgh ein. Bei der Besichtigung der »riesigen wohlstandsproduzierenden Maschine« Carnegie Steel, aus der später U. S. Steel werden sollte, stellten sie fasziniert fest, in welchem Ausmaß Technik die menschliche Arbeitskraft bereits ersetzt hatte. Henry Clay Frick führte Beatrice durch das Stahlwerk von Homestead und berichtete ihr, dass Carnegie Steel die Produktionsmenge verdreifacht habe, nachdem das Werk die Zahl der Arbeiter auf seiner Lohnliste im Laufe weniger Jahre von 3400 auf 3000 herabgesetzt hatte. Beatrice schildert

ganze Morgen an Werkshallen, angefüllt mit den stärksten und neuesten Maschinen. Der Ort wirkte wie ausgestorben. Die großen Motoren, Kräne und Hochöfen rackerten und schnaubten anscheinend ganz ohne menschliche Hilfe. Nur hie und da erspähte man einen Mann in einer geschlossenen kleinen Kabine, welche auf halber Höhe zwischen dem Boden und den Lagerpaletten schwang, irgendeine Art von elektrischer Maschine bedienen, wodurch Millionen von Pferdestärken in Bewegung gesetzt und gelenkt wurden. [...] Wir erfuhren, dass die großen technischen Fortschritte bei der Arbeitsersparnis in den vergangenen zehn Jahren gemacht wurden, und zwar im Wesentlichen durch die Anwendung von elektrischer Energie für den Betrieb von neuen automatischen Maschinerien. Die beweglichen Wagen, welche die Arbeitskraft bei der Verschiebung von großen Mengen Stahl aus den und in die Walzwerke ersetzten, die automatischen Maschinen, mit denen ein einziger Mann durch das Schwingen eines beweglichen Armes die Tür des Ofens öffnen, die erhitzte Stahlmasse herausheben und auf den Wagen schwingen konnte, und die automatische Beschickung der Öfen selbst mit Hippen voller Stahlschrott durch ebenfalls einen einzigen Mann, wurden allesamt während der letzten sechs Jahre eingeführt.

Den phänomenalen Erfolg des Carnegie-Unternehmens schrieb sie jedoch scharfsinnig weniger den »maschinellen Erfindungen« zu – die immerhin Stahlproduzenten in aller Welt zur Verfügung standen – als dem überlegenen Management und einer besseren Organisation. Sie notierte sich, dass alle Eigner des Privatunternehmens selbst dort arbeiteten und sich dieses geradezu »verschwenderisch großzügig gegenüber seinen Kopfarbeitern« zeigte. Es versorgte sie »mit eleganten

Häusern«, ermöglichte ihnen »Ausflüge nach Europa« und ließ ihnen auch daheim die »großzügigste Behandlung« angedeihen.[16]

Die Stadt Pittsburgh fand Beatrice

eine veritable Hölle [...], in welcher sich der Rauch & Ruß aus dem schlimmsten Teil der Kohlenregion mit dem ekelhaften Abwassersystem einer archaischen italienischen Stadt verbanden. Die Menschen sind ein gottverlassener Haufen [...], die Wohnhäuser sind Rücken an Rücken errichtet – verrückte Holzbauten, eingezwängt zwischen 20-stöckigen Bürohäusern, die Straßen eng & überfüllt mit elektrischen Zügen, die mit 20 Meilen in der Stunde hindurchrauschen – alles in allem der teuflischste Ort mit der korruptesten aller korrupten amerikanischen Verwaltungen.[17]

Sie sah mit eigenen Augen, wovor Charles Philip Trevelyan sie vor ihrer Abreise gewarnt hatte: Andrew Carnegie, den sie »das Reptil« nannte, und die anderen Pittsburgher Industriemogule mochten zwar für »ein oder zwei Parks, eine freie Bücherei oder so was« gesorgt haben, hätten die Stadt ansonsten aber »in schlimmster Weise sich selbst überlassen«[18]. Von Pittsburgh eilten Beatrice und Sidney weiter nach Chicago, Denver, Salt Lake City und San Francisco. Auf dem Seeweg nach Hawaii, wo sie sich weiter nach Neuseeland und Australien einschiffen wollten, stellte Beatrice, mit tiefster Überzeugung fest, dass die übrige Welt nur sehr wenig vom amerikanischen Gesellschaftsexperiment lernen könne.

Vor ihrer Abreise aus New York hatte Beatrice noch eine Reihe von Pädagogen und Ökonomen aufgesucht. Mit der einzigen Ausnahme von Woodrow Wilson, dem späteren Rektor der Princeton University und Präsidenten der Vereinigten Staaten, schnitten die amerikanischen Akademiker nicht gut bei ihr ab. Nach einem Lunch in der New Yorker Columbia University verglich sie einen Ökonomieprofessor mit »einem besseren Grundschullehrer« und bezeichnete den Campus als »irgendwas zwischen einem Hospital und dem Londoner Polytechnikum«. Yale sei nichts weiter als »eine hübsche, kleine, konventionelle Universität«. Und über den Ökonomen John Sherman, dem später der »Sherman Antitrust Act« zu verdanken sein sollte, nörgelte sie: »Von seinem Auftreten, den Manieren und der Redeweise her hätte ich ihn für den aufdringlichen und geschäftstüchtigen Filialleiter eines Ladens in einer Westernstadt gehalten«[19].

* * *

Irving Fisher, damals der jüngste Zugang zur ökonomischen Fakultät der Yale University, war hingegen alles andere als Mittelmaß oder konventionell. Aus seinen Augen blitzte der Geist, sein Handschlag war fest, sein jungenhaftes Gesicht attraktiv, Haltung und Körperbau waren die eines Athleten. Mit seinen gerade einmal dreißig Jahren war er der einzige Wirtschaftstheoretiker, den man in Cambridge und dem Rest von England oder auf dem europäischen Kontinent ernst nahm. Alfred Marshall und der französische mathematische Theoretiker und Ökonom Léon Walras hielten ihn für ein Genie.[20]

Fisher, der nach Washington Irving, dem Autor der *Legend of Sleepy Hollow* benannt worden war, wurde zwei Jahre nach Ende des Bürgerkriegs in Saugerties, einer Landwirtschaftsgemeinde im Hudson Valley im Staate New York geboren. Sein Großvater war Farmer gewesen, sein Vater George ein hochgesinnter protestantischer Pastor und Religionslehrer. Seine Mutter Ella, eine einstige Schülerin des Vaters, war eine willensstarke, fromme Frau. Als Irving ein Jahr alt war, wurde dem Vater, der kurz zuvor an der Divinity School von Yale graduiert hatte, eine Kanzel in Peace Dale, Rhode Island, angeboten.

Peace Dale war eine kleinere, pittoreskere Version der neuenglischen Textilstadt, die Henry James für seinen Roman *The Ambassadors (Die Gesandten)* erfunden hatte. Und wie James' Ort Woollet in Massachusetts war auch die Kleinstadt, in der Irving Fisher seine Kindheit verbrachte, ein prosperierender, paternalistischer und tief vom neuenglischen Evangelikalismus durchdrungener Ort. Sein führender Bürger und Wohltäter war Rowland Hazard III., ein Quäker, der die vom Vater gegründeten Wollspinnereien geerbt und selbst ein Chemieunternehmen ins Leben gerufen hatte. Hazard galt als progressiver Arbeitgeber, da er eine Gewinnbeteiligung für seine Angestellten eingeführt hatte. Nachdem er die Geschäftsleitung an den Sohn übergeben hatte, stürzte er sich auf eine zweite Karriere als politischer Reformer. Eine seiner Töchter, Caroline, wurde später Präsidentin des Wellesley College. Hazard ließ auch die Gemeindekirche erbauen und bot George

Fisher an, deren erster Pastor zu werden. Dank Hazards Gunst wuchs Irving also in einem weitläufigen Pfarrhaus mit Blick auf den Atlantik heran, auch er, wie bei James, inmitten von »klaren Worten« und »aufrechten Geistern«[21].

Als Irving dreizehn war, verließ sein Vater urplötzlich Kanzel und Familie, um sich zu einem Wanderjahr durch die großen Universitäts- und Domstädte Europas aufzumachen. Nach seiner Rückkehr fühlte er sich von seinem rastlosen Geist und Eifer in die Enthaltsamkeit gedrängt, was seine Gemeinde bald schon in eine erbitterte Kontroverse stürzen sollte. Nachdem seine Herde ihm schließlich die Unterstützung verweigerte, trat er zurück, zog mit seiner Familie in eine enge Mietswohnung in New Haven, Connecticut, und schrieb Irving in einer öffentlichen Schule ein. Zwei Jahre lang lebten die Fishers von der Unterstützung, die ihnen Verwandte gewährten.

Als George Fisher schließlich eine neue Pastorenstelle fand, stand die Kanzel zweitausend Meilen entfernt an der Grenze zwischen Missouri und Kansas. Missouri, so hatte Alfred Marshall 1875 geschrieben, war »voller Sümpfe, Neger, Iren, Fieberschübe, üppiger Wildblumen & den gewaltigen Feldfrüchten des Indianermais«; St. Louis hatte er von einem einzigartig »ungesunden Klima« geplagt vorgefunden.[22] Doch weder Hitze noch Luftfeuchtigkeit hatten die Wellen von Migranten aus dem Osten zurückhalten können, die gutes Farmland zu schätzen wussten und von den steigenden Weizenpreisen dorthin getrieben wurden. Cameron in Missouri war ein geschäftiger Bienenstock aus Rangierbahnhöfen, Lagerhallen, Futterplätzen, ein paar breiten, von großen Häusern gesäumten Straßen und mindestens einem Dutzend Kirchen. Im Herbst 1883, als George Fisher New Haven verließ, hatte er noch geplant, seine Frau und den jüngeren Sohn im nächsten Frühjahr nachkommen zu lassen. Irving, der mittlerweile sechzehn war, reiste bereits mit ihm zusammen bis nach St. Louis, wo er dann bei der Schwester des Vaters und deren Mann, einem Professor an der Washington University, untergebracht wurde, um an einer elitären Kongregationsschule seinen Highschool-Abschluss zu machen. Der Vater wünschte inbrünstig, dass sein begabter ältester Sohn anschließend nach Yale gehen und sich dort für das geistliche Amt ausbilden lassen würde.

Nachdem George Fisher seine Reise also allein fortgesetzt hatte, waren Vater und Sohn zum zweiten Mal in ihrem Leben voneinander

getrennt. Sie hatten vereinbart, einander zu besuchen, aber die Entfernung zwischen Cameron und St. Louis betrug rund dreihundert
Meilen, was sich als viel zu weit erwies, um sie bei Eisregen, Schnee
und bitterer Kälte zurücklegen zu können. Am Ende des ersten Winters in Cameron klagte George Fisher über eine seltsame Mattigkeit,
beständiges Fieber und nachlassende Lebensfreude. Es waren, wie sich
schnell herausstellte, die klassischen Symptome der Tuberkulose. Im
Mai trat der mittlerweile schwer kranke Vater die lange Rückreise in
den Osten zu seiner Frau und seinem jüngeren Sohn an. Diese waren
mittlerweile von einem anderen Schwager in New Jersey aufgenommen
worden, einem Arzt, der sich nun auch um den Todkranken kümmerte.
Irving blieb allein zurück. George hatte darauf bestanden, dass er bis
zum Ende der Highschool in St. Louis bleiben sollte, um anschließend
die Aufnahmeprüfung fürs College abzulegen. Aber nachdem Irving
schließlich mit Auszeichnung seinen Abschluss gemacht und ein Stipendium für Yale ergattert hatte und im Juli 1884 wieder mit den Eltern
und dem jüngeren Bruder vereint war, lag sein Vater bereits im Sterben.
Er hinterließ eine völlig mittellose Witwe, einen Zehnjährigen und den
siebzehnjährigen Irving.

Irvings Kummer mischte sich mit der Enttäuschung, dass er das College nun nahezu sicher verschieben, wenn nicht sogar ganz abschreiben
musste. Das Einzige, was er sich nun noch vorstellen konnte, war die
Rückkehr nach Missouri, um auf der Farm, die der Familie eines Schul-
kameraden gehörte und auf der er im vergangenen Sommer gearbeitet
hatte, um Arbeit nachzusuchen.

In dieser Situation tauchte ein Nachlass über fünfhundert Dollar auf,
den der Vater bei einem Freund in Peace Dale investiert und für Irvings Ausbildung bestimmt hatte. Wenn Irving mit seiner Mutter und
dem Bruder eine Dreizimmerwohnung nahe Yale beziehen würde, dann
könnte die Mutter das zweite Schlafzimmer an einen Studenten vermie-
ten, und Irving konnte Nachhilfeunterricht geben. Neben seinem Stipendium reichte diese Erbschaft gerade aus, damit er sich wie geplant
im Herbst 1884 in Yale einschreiben konnte.

Willard Gibbs, der erste große amerikanische Naturwissenschaftler,
hatte erklärt, wenn die Massen denn die Welt regieren wollten, dann
bedürften sie einer Menge Unterweisung. Zu dieser Zeit erforderten

nur wenige Berufe eine Universitätsbildung, abgesehen davon überstieg die Opferung von durchschnittlich vier Jahreseinkommen für eine solche Ausbildung die Mittel fast aller jungen Männer, ausgenommen der ein bis zwei Prozent aus der Sonnenseite des Lebens. Andererseits begannen sich in den Achtzigerjahren des 19. Jahrhunderts immer mehr amerikanische Kleinstadtjugendliche danach zu sehnen, »den Minderwertigkeiten der Kindheit zu entfliehen«, und das College als einen vielversprechenden Ausweg zu betrachten. In der neuen industriellen und urbanen Wirtschaft Amerikas hatten sich die Chancen für Ingenieure, Wirtschaftsprüfer, Anwälte und Lehrer, ganz zu schweigen von den Möglichkeiten für potenzielle Manager der neuen Konzerne, schnell genug vervielfacht, um auch andere Pfade als den langen, ungewissen und beschwerlichen Weg der üblichen »Plackerei des Geldverdienens« einschlagen zu können, wenn man sich Rang und Namen erwerben wollte.[23]

Ein armer, aber ehrgeiziger Junge wie Irving konnte froh sein, dass ein Familienvermögen unter den Studenten von Yale so normal war, dass es als gesellschaftlicher Wert gar nicht wahrgenommen wurde. Popularität und Ruhm erwarb man sich durch Meisterleistungen als Sportler, Redner, Debattierer oder weil man besonders geistreich war, sich vielleicht sogar als gelehrt hervortat. Irving ruderte für die Universität, überwältigte die Fakultät mit seinem Können beim Debattierwettbewerb der Junioren, gewann begehrte Preise in Mathematik und anderen Fächern und graduierte schließlich als Bester seines 124-köpfigen Jahrgangs.[24] Doch den Gipfel seiner Universitätslaufbahn erreichte er an dem Tag, an dem er mit dem *tapping*, einem »Klaps« auf die Schulter, zum Mitglied der elitären Studentenverbindung »Skull and Bones« ernannt wurde.

Die amerikanische Dichterin Muriel Rukeyser schrieb in ihrer Biografie über Willard Gibbs, es sei dies »die Saison der jungen Naturwissenschaften« in Amerika gewesen.[25] In den Achtzigerjahren des 19. Jahrhunderts erlebten die Vereinigten Staaten eine regelrechte Explosion an wissenschaftlichen Aktivitäten, die dann ihrerseits ein wachsendes Interesse der Öffentlichkeit an naturwissenschaftlichen Themen nach sich zogen. Die Namen von Charles Darwin und Herbert Spencer oder der des britischen Naturforschers Alfred Russel Wallace, der seine eigenen Ideen über die Evolution durch »natürliche Zuchtwahl«

entwickelt hatte, waren in aller Munde; Zoos und Naturkundemuseen schossen wie Pilze aus dem Boden. Auch der Science-Fiction-Roman wurde in dieser Zeit geboren. Edward Bellamys 1887 veröffentlichter Roman *Looking Backward 2000–1887 (Ein Rückblick aus dem Jahre 2000 auf das Jahr 1887)*, der seine Leser in das Boston des Jahres 2000 katapultierte, schilderte ein Goldenes Zeitalter der Kreditkarten, Telefone und Radios.[26] Neue akademische Gesellschaften, wissenschaftliche Publikationen und Labore blühten auf wie Wüstenblumen nach dem Regen, während die Universitäten ihren Schwerpunkt von der altphilologischen Ausbildung junger Männer auf die Heranbildung von Naturwissenschaftlern und Technikern verlagerten. Die Brooklyn Bridge, die während Irving Fishers Abschlussjahr an der Highschool eröffnet worden war, symbolisierte, mit welcher Macht die Wissenschaften die Gesellschaft transformierten. Der Aufstieg riesiger Konzerne, die Akkumulation gewaltiger Unternehmervermögen und die Rolle, die die Eisenbahn beim Wirtschaftswachstum spielte, förderten das öffentliche Interesse an der Entdeckung von neuen »Kontrollinstrumenten«.[27] Allenthalben galten die Naturwissenschaften inzwischen nicht mehr bloß als ein Mittel, um reich werden zu können, sondern auch als das Vehikel zur Heilung unzähliger gesellschaftlicher Übel, die durch Armut, Krankheit und Unwissen hervorgerufen wurden.

Willard Gibbs war einer der »großen Männer« von Yale. Der Physiker, Chemiker und Mathematiker, welcher erstmals die Gesetze der Thermodynamik auf physikochemische Erscheinungen angewandt hatte, war zu Fishers Studienzeit das einzige Mitglied der Fakultät gewesen, dessen Name sowohl in Oxford als auch in Berlin ein Begriff war. Die Rolle des Wissenschaftlers, sagte Gibbs einmal, sei es, »den Blickwinkel zu finden, aus dem das Thema in seiner größten Einfachheit erscheint«[28]. Er setzte sich vehement für die Mathematisierung der Naturwissenschaften ein. Mathematik, sagte er, sei nicht nur die Lingua franca, sondern auch ein Werkzeug für die Analyse und könne daher den globalen Ideenaustausch unter Wissenschaftlern ebenso fördern wie einst die lateinische Sprache jahrhundertelang die Kommunikation zwischen Botanikern und Anatomen gefördert hatte. Gibbs ergriff bei den Fakultätskonferenzen fast nie das Wort, doch einmal, am Ende einer zänkischen Debatte über die Frage, ob die Mathematik das Griechische oder das Latein ersetzen könne (ausgelöst durch Yales

Priorität auf dem Altsprachlichen), erhob er sich, hüstelte höflich und murmelte, während er den Raum verließ: »Mathematik *ist* Sprache.«[29]

Als Fisher sein letztes Studienjahr antrat, betrachtete er sich bereits als Mathematiker, sehnte sich aber nach mehr: »Ich möchte die Wahrheit über Philosophie und Religion wissen.«[30] Die Idee, Geistlicher zu werden, wie Will Eliot, sein bester Freund aus St. Louis, hatte er da schon ad acta gelegt. Manchmal hatte er an die Jurisprudenz gedacht, dann wieder an die Eisenbahn, den Staatsdienst oder an die Naturwissenschaften. »Es gibt so vieles, was ich tun möchte! Ich habe immer das Gefühl, nicht genug Zeit zu haben, um zu erreichen, was ich mir wünsche. Ich will eine Menge lesen«, schrieb er an Eliot, »ich will eine Menge schreiben, ich will Geld machen.«[31] Am Ende entschied sich Fisher für die »Wissenschaft vom Wohlstand«.

Die während der progressiven Ära in Amerika betriebene Ökonomie wird üblicherweise als eine ganz andere Art von Wissenschaft dargestellt als jene, welche zur Entwicklung des britischen Kollektivismus und Wohlfahrtsstaats führte. Abgesehen von einigen wenigen sogenannten Institutionalisten wie Thorstein Veblen, die der Kommerzgesellschaft kritisch gegenüberstanden, sei die akademische Ökonomie dort, so heißt es, von Sozialdarwinisten beherrscht worden, die das Laissez-faire und die Reichen verteidigten und auf den Armen herumtrampelten.

Das ist schlicht und einfach falsch. Buchstäblich jedes Gründungsmitglied der »American Economic Association« war in Berlin, Göttingen oder München ausgebildet worden und teilte die Werte der deutschen »historischen Schule«, die den zügellosen Wettbewerb explizit verurteilte und für den Wohlfahrtsstaat eintrat. Arthur Hadley, der in Yale den Lehrstuhl für Nationalökonomie innehatte, bezeichnete den Berufsstand der amerikanischen Ökonomen einmal abfällig als »eine große und einflussreiche Gruppe von Männern, die sich damit befassen, die Funktionen des Staates zu erweitern«[32]. Der ökonomische Fachbereich von Yale bildete da keine Ausnahme, es sei denn hinsichtlich seines berüchtigsten Mitglieds William Graham Sumner. Der amerikanische Historiker Richard Hofstadter warnte einmal davor, die Intellektuellen des 19. Jahrhunderts mit unseren heutigen politischen Etiketten – konservativ versus liberal, links versus rechts – zu belegen, da diese damals kaum, wenn überhaupt, zutrafen, und stellte

im Hinblick auf Sumner die rhetorische Frage, ob vielleicht irgendjemand »in der gesamten Ideengeschichte jemals einen derart progressiven Konservatismus« gesehen habe.[33] Sumner, der Sohn eines einge-
wanderten Arbeiters aus England und ein ausgebildeter Geistlicher der
evangelischen episkopalen Kirche, war nicht nur Nationalökonom,
sondern auch der erste Soziologe Amerikas. Der genügsame, immer
etwas spöttische Mann mit dem kurz geschnittenen angegrauten Haar
hatte noch mit Ende vierzig autodidaktisch »zwei skandinavische
Sprachen, Holländisch, Dänisch, Portugiesisch, Italienisch, Russisch
und Polnisch« gelernt und »New Haven in eine Art von sozialdarwi-
nistischer Kanzel« verwandelt, von der aus er dann seine libertären
Ansichten verbreitete. Zeitgenossen bezeichneten seine Vorlesungen
als »dogmatisch«, sein Auftreten als »kalt« und seine Stimme als »ei-
sern«.[34] Dennoch, sein leidenschaftliches und furchtloses Eintreten
für nonkonformistische Ideen machten ihn zum populärsten Dozenten von Yale.

Sumner war ein großer Bewunderer von Charles Darwin und Herbert Spencer. Er war nicht nur gegen »mehr Staat«, er war auch gegen
die Aktivitäten der meisten privaten Wohlfahrtsorganisationen. Seine
ökonomischen Vorstellungen waren durch und durch malthusisch,
also zutiefst pessimistisch; und wie Malthus, Ricardo und Mill lehnte
auch er Pläne für eine Beschleunigung der gesellschaftlichen Evolution
als Quacksalberei, Blödsinn, Scheinargumentation oder »Schiebung«
ab. Doch den Status quo verteidigte er deshalb ganz gewiss nicht. Da
er ausgebildeter Pastor war, lag es auf der Hand, dass er den Krieg
ebenso verurteilte wie die Wohlfahrt, das Streikrecht der Gewerkschaften ebenso verteidigte wie das Recht des Bankiers Andrew Mellon auf
dessen Millionen, und im selben Atemzug werktätige Frauen und den
Freihandel pries. Als der Präsident von Yale ihm aus theologischen
Gründen verbieten wollte, Spencers *Principles of Sociology* zur Pflicht-
lektüre zu erklären, drohte Sumner mit Kündigung. Um die Zeit des
Besuchs der Webbs in den USA hatte er mit seiner öffentlichen Verurteilung der Monroedoktrin und des Spanisch-Amerikanischen Krieges
die republikanischen Alumni von Yale gerade derart empört, dass sie
seine Entlassung forderten.

Fisher trug sich für jeden Kurs von Sumner ein. Er näherte sich der
Ökonomie als Mathematiker oder Experimentalwissenschaftler an.

Einmal bezeichnete er sich Will Eliot gegenüber als »dein kalt analytischer mathematischer Freund«[35]. Nicht lange nachdem ihn Sumner in das Thema eingeführt hatte, kam er zu dem Schluss, dass jemand, der es gewohnt war, wie ein Naturwissenschaftler zu denken – kalt, analytisch, mathematisch –, auf diesem Gebiet eine Menge erreichen konnte.

Als Fisher im Frühjahr 1890 Sumner wegen eines Dissertationsthemas konsultierte, begannen sich dessen Interessen gerade von der klassischen Nationalökonomie auf »die Wissenschaft von der Gesellschaft« zu verlagern. Sumner befand sich bereits in jenem Lebensabschnitt, in dem er seinen ungewöhnlichen Spurt zum Erwerb von Fremdsprachen angetreten hatte, war obendrein mit der Sammlung von ethnografischen Daten beschäftigt und hatte beschlossen, die Soziologie auf ein festeres Fundament zu stellen. In diesem Geiste schlug er Fisher also vor, seine Doktorarbeit über die mathematische Volkswirtschaftslehre zu schreiben, ein Thema, das nicht nur neu war, sondern auch die technischen Fähigkeiten der meisten älteren Ökonomen überstieg, Sumners eigene einbezogen. Er borgte Fisher einen Band von William Stanley Jevons, einem Pionier der neuen Methode zur Analyse von Verbraucherentscheidungen mit Hilfe der Fokussierung auf marginale Veränderungen.

Der Impuls, ihr jeweiliges Fachgebiet wissenschaftlicher zu gestalten, spornte viele ambitionierte junge Humanisten dazu an, sich des naturwissenschaftlichen Wissens wie eines Spezialwerkzeugs zu bedienen. Der amerikanische Philosoph und Psychologe William James schrieb im Jahr seiner Rückkehr aus Europa an einen Freund: »Es scheint mir die Zeit gekommen, da die Psychologie zu einer Wissenschaft zu werden beginnt.«[36] Fisher betrachtete die Mathematik zu dieser Zeit bereits als eine ideale, da zum Ideenaustausch anregende Weltwährung und war fasziniert von der Aussicht, den theoretischen Unterbau der Nationalökonomie durch sie ebenso verstärken zu können wie Gibbs einst den Unterbau der Chemie:

Bevor ein Ingenieur in der Lage ist, die Brooklyn Bridge zu bauen oder nach ihrer Erbauung zu ihr Stellung zu beziehen, bedarf es des Studiums der Mathematik, Mechanik, Spannungstheorie, der Theorie von der natürlichen Seilkrümmung usw., usw. So ist es auch am besten, dass man zuerst, bevor man die Nationalökonomie auf Eisenbahntarife, Kartell-

fragen oder die Erklärungen von einigen gegenwärtigen Krisen anwendet, eine allgemeine Theorie der Nationalökonomie entwickelt. [37]

Nicht nur brachiale Sozialdarwinisten, sondern auch deren sozialistische Gegner bezeichneten den Wettbewerb als das prägende Merkmal moderner Volkswirtschaften und verglichen die Funktionsweisen des Marktes mit den Gesetzen des Dschungels. Doch wie Alfred Marshall war auch Fisher wesentlich stärker beeindruckt von dem hohen Maß an wechselseitigen Abhängigkeiten unter den Wirtschaftsakteuren – Haushalten, Firmen, Regierungen – oder von den unzähligen Kanälen, durch die irgendeine Ursache ihre ultimative Wirkung ausübt.

Gelegentlich fuhr Fisher von New Haven nach New York City, wo er mehrmals die Börse besuchte. Die Transaktionen auf dem Wertpapiermarkt hatte er denn auch sehr deutlich vor Augen, als er die Bücher las, die Sumner ihm gegeben hatte. Es fiel ihm auf, dass die Ökonomen eine Menge ihres Vokabulars von der älteren Wissenschaft der Mechanik entlehnt hatten: Sie sprachen von »Kräften«, »Strömen«, »Inflationen«, »Expansionen« und »Kontraktionen«. Doch soweit er wusste, hatte noch niemand den Versuch unternommen, ein reales Modell des Prozesses zu konstruieren, der jenes »schöne und komplizierte Gleichgewicht« zur Folge hatte, »welches sich in den Börsengeschäften einer Großstadt manifestiert, dessen Ursachen und Wirkungen jedoch weit jenseits davon liegen«. [38]

Marshall hatte sich die moderne Nationalökonomie als einen »analytischen Motor« vorgestellt und Diagramme genutzt, um die Wirkungen von externen Einflüssen auf die einzelnen Märkte nachzuvollziehen. Der dreiundzwanzigjährige Fisher entschied hingegen mit dem Elan und der Naivität des jungen Genies, ein mathematisches Modell für die gesamte Volkswirtschaft zu konstruieren. Er wollte nachvollziehen können, wie ein Markt die dem Angebot und der Nachfrage entsprechenden Preise »kalkuliert«. Als pragmatischer Yankee wollte er ein Modell finden, das numerische Lösungen, nicht nur mathematische Symbole ausspucken konnte. Aber fast sofort nachdem er an diesem mathematischen Modell zu arbeiten begonnen hatte, beschloss er, noch einen Schritt weiter zu gehen und in Form eines hydraulischen Geräts eine physikalische Analogie zu dieser Kombination aus Gleichungen und Variablen zu bauen. So etwas konnte wohl nur einem Tüftler einfallen, der Hunderte von Stunden mit mühsamen und sich ständig wiederholenden physikalischen Experimenten in einem Labor zu verbringen pflegte. Fisher bat Gibbs, das Manuskript seiner Doktorarbeit zu lesen, weil er glaubte, dass dieser besser in der Lage war als Sumner zu begreifen, was er zu erreichen versuchte.

Bei Fishers Modell hängt alles von jedem ab. Die Antwort auf die Frage, wie oft ein Konsument nach einem bestimmten Verbrauchsartikel greift, hängt von der Antwort auf die Frage ab, wie oft er nach beliebigen anderen Verbrauchsartikeln greift. Fisher erkannte zwar, dass sich sein klotziges Gerät mit all seinen Tanks, Ventilen, Hebeln, Gegengewichten und Nocken »bestenfalls unvollkommen« auf die Börsen von »New York oder Chicago« übertragen ließ, fand das aber keineswegs problematisch. »Annahmen des Ideals sind in jeder Wissenschaft unumgänglich«, schrieb der Doktorand in seiner Dissertation. »Der Physiker hat noch keinen einzigen Fakt im Universum vollständig erklärt. Er approximiert nur. Da kann der Ökonom nicht hoffen, besser abzuschneiden.«[39]

Sein wundersames Gerät ermöglichte nicht nur eine Visualisierung der Elemente, deren Zusammenspiel die Preise generiert, es ermöglichte auch »den Einsatz des Mechanismus als Instrument der Untersuchung« von komplizierten und scheinbar abwegigen Wechselwirkungen. So konnte man zum Beispiel erkennen, wie sich eine äußere Erschütterung von Angebot und Nachfrage in einem Markt auf die Preise und Produktionsmengen in zehn anderen Märkten auswirkte, die mit diesem in Wechselwirkung standen; man konnte verfolgen, wie sich daraufhin in allen Märkten die Preise und Mengen veränderten und wie sich das wiederum auf die Einnahmen und auf die Produktentscheidungen auswirkte, die von den Konsumenten getroffen wurden. Fishers hydraulische Maschine war der Vorgänger aller Simulations- und Vorhersagemodelle mit den Tausenden von Gleichungen, die in den Sechzigerjahren des 20. Jahrhunderts für Großrechner entwickelt wurden und die von heutigen Studenten genutzt werden, um das BIP eines Landes auf einem Notebook zu berechnen. Leider gingen der Nachwelt sowohl Fishers Originalmaschine als auch ein Ersatz verloren, der 1925 gebaut wurde, nachdem das Original auf dem Transport zu einer Ausstellung zerstört worden war.

Im Sommer 1890 schrieb Fisher seine Dissertation. Wie groß seine

Begeisterung für mathematische Methoden war, bewies er auch mit einer detaillierten Erhebung und Bibliografie der Anwendungen im Anhang. Der Ökonom Paul Samuelson erklärte die *Mathematical Investigations in the Theory of Value and Prices* zur »großartigsten Dissertation, die in der Nationalökonomie jemals geschrieben wurde«[40]. Das von Alfred Marshall und anderen Mitgliedern der neu gegründeten »British Economic Association« herausgegebene *Economic Journal* begrüßte sie nach ihrer Veröffentlichung als das Werk eines Genies. Ein Rezensent, Francis Ysidro Edgewort, Professor in Oxford und einer der Gründerväter der Mathematischen Volkswirtschaftslehre, schrieb: »Wir können Dr. Fisher mindestens das Maß an Unsterblichkeit voraussagen, das demjenigen gebührt, der die Fundamente der reinen volkswirtschaftlichen Theorie verstärkt hat.«[41] Der dritten Auflage seiner *Principles* fügte Marshall, der sehr knauserig sein konnte, wenn es um die Anerkennung der Leistungen anderer Wissenschaftler ging, nicht nur einen, sondern gleich drei Verweise auf Fishers *Investigations* an: Er nannte sie »brillant« und stellte Fisher auf eine Stufe mit »einigen der tiefgründigsten Denker in Deutschland und England«[42].

Fishers Bild von der ökonomischen Realität – vor allem seine Erkenntnis von den wechselseitigen Abhängigkeiten und der gemeinsamen Kausalität – beeinflusste auch sein Denken über viele andere Themen. Kurz bevor er seinen Doktortitel erhielt, trug er dem »Political Science Club« von Yale eine Abhandlung vor, in der er ein internationales Gremium aus Repräsentanten aller Völker der Welt vorschlug, das sich der friedlichen Beilegung von internationalen Konflikten widmen sollte. Laut der Historikerin Barbara Tuchman war es diese Abhandlung, die später zur Gründung der »Liga zur Durchsetzung des Friedens« anregte, welche dann ihrerseits das Interesse des amerikanischen Präsidenten Woodrow Wilson an der Gründung eines Völkerbunds geweckt haben soll.[43]

Als der Boom, der nach dem amerikanischen Bürgerkrieg beim Bau der Eisenbahn, im Bergbau und beim Erwerb von Grund und Boden ausgebrochen war, Anfang der Neunzigerjahre des 19. Jahrhunderts zu Ende war, wurde erstmals sichtbar, auf welch tönernen Füßen ein Großteil des Finanzwesens wirklich stand. 1893 kam es prompt zum Börsencrash und zur bis heute schlimmsten Wirtschaftskrise der amerikanischen Geschichte. Doch in Fishers damaligen Briefen an seinen Freund Will Eliot finden sich ebenso wenig Bezugnahmen auf diese Katastrophe wie in Jane Austens Romanen auf die Napoleonischen Kriege. Vermutlich gab es bei ihm dafür auch den gleichen Grund wie bei der Schriftstellerin: Seine Gedanken waren gerade voll und ganz auf die Liebe, Brautwerbung und Hochzeit konzentriert.

Typischerweise verzögerte Irving die Rückkehr nach Peace Dale, der Szenerie seiner glücklichen Kindheit wie der Kränkungen, die er als Teenager erfahren hatte, bis zu dem Moment, in dem er als lorbeergekrönter Held in die Stadt einreiten konnte. Als er sie verlassen hatte, war er dreizehn und zutiefst unglücklich gewesen. Als er zurückkehrte, war er in den Mantel einer »brillanten Laufbahn als Preisträger, Abschiedsredner [weil Jahrgangsbester], Dozent und nunmehr Mathematikprofessor in Yale« gehüllt.[44] Und wie der Held eines »Three-Deckers«, dieses für die viktorianische Zeit so typischen Fortsetzungsromans in drei Bänden, wollte auch er nun Anspruch auf die Alleinerbin erheben – beziehungsweise, da dies Amerika war: auf die Tochter vom Boss. Doch wie das geschah, war eine reine Fügung des Schicksals: Irving brauchte kaum mehr als einen Blick, um sich in Margaret (»Margie«) Hazard, seine Spielgefährtin aus Kindertagen, zu verlieben.

Margie war mit einer behüteten Erziehung, einer heiteren Wesensart und ungewöhnlicher Lieblichkeit gesegnet. Die Intellektuelle der Familie war ihre Schwester, Margie war die Kreative, Mütterliche. Ihr Vertrauen in Irving war grenzenlos und unerschütterlich. Sie war eine reiche Erbin, er stand ohne einen Penny da, und doch war sie überzeugt, die glücklichste aller Frauen zu sein. Irving und Margie heirateten im Juni 1893. Ganz Peace Dale war auf den Beinen, um der Zeremonie beizuwohnen und an den Festlichkeiten teilzunehmen. Das Ehegelübde wurde von nicht weniger als drei Geistlichen verlesen, die Hochzeitstorte wog fünfzig Pfund. Doch zu einer Zeit, in der Tag für Tag neue Nachrichten über einen Bankrott nach dem anderen oder den nächsten Ansturm auf eine Bank eintrafen, waren doch nicht wenige empört über die Zurschaustellung eines solchen Geltungskonsums. So kam es denn auch nicht von ungefähr, dass Braut und Bräutigam in aller Stille nach New York fuhren, dort an Bord eines Ozeandampfers gingen und sich auf eine einjährige Hochzeitsreise nach Europa begaben.[45]

»Alle gebildeten Amerikaner gehen letztendlich nach Europa«, bemerkte Ralph Waldo Emerson einmal säuerlich. Die Reichen brachen
zur obligatorischen »Grand Tour« durch die Hauptstädte auf, die intellektuell Ambitionierten zu einer »Grand Tour« durch die Universitäten.[46] Die Fishers reisten 1893/94 mit der Eisenbahn kreuz und quer
durch England und den Kontinent. Irving hatte keinerlei Schwierigkeiten, buchstäblich jedes prominente Mitglied der kleinen, aber stetig
wachsenden ökonomischen Bruderschaft zu einem Gedankenaustausch
zu treffen. Sein »Büchlein« hatte ihm in Europa »einen schmalen Weg
geebnet« und ihm Tür und Tor zum kosmopolitischen Club der ökonomischen Denker geöffnet. In Wien aß er mit Carl Menger, dem Grün-
dervater der österreichischen Volkswirtschaftslehre, zu Mittag, in Lau-
sanne dinierte er mit Léon Walras, dessen geistreicher Schüler Vilfred
Pareto sich hinzugesellte. Paretos Frau schockierte Irving, als sie sich
zum Tee eine Zigarette anzündete. In Oxford machte er halt, um mit
dem wortkargen und zerstreuten Ysidro Edgeworth zu konferieren,
und nach Cambridge pilgerte er, um Alfred Marshall seinen Respekt zu
erweisen, der sich mit seinen jüngst publizierten *Principles* als weltweit
führender Ökonom etabliert hatte.

Trotz des hektischen Tempos seiner Reisen fand Irving noch reichlich Zeit, um sich Vorlesungen von Henri Poincaré in Paris anzuhören und an einem Seminar teilzunehmen, das der deutsche Physiker
Hermann Ludwig von Helmholtz in der Stadt abhielt. Als es im Norden Frankreichs für seine mittlerweile schwangere Frau zu kalt wurde,
stellte er einen Studenten ein, der für ihn im Seminar Notizen machen
sollte, und zog sich an die französische Riviera zurück. Einmal wanderte er allein in den Alpen und beobachtete dabei, wie Wasser über
die Felsen herabstürzte, um sich in einem Becken wieder zu sammeln.
Das war der Moment, in dem es ihm wie Schuppen von den Augen
fiel: »Plötzlich, während ich in das Becken mit dem stetig zu- und ab-
fließenden Wasser blickte, kam mir der Gedanke, dass der grundlegende Unterschied, den man darlegen muss, um zwischen Kapital und
Einkommen zu unterscheiden, im Wesentlichen identisch ist mit dem
Unterschied zwischen dem Wasser innerhalb des Beckens und dem ab-
fließenden Wasser.«[47] Nach einer Rede Fishers in Oxford sagte Professor Edgeworth zu Margie, die ihn begleitete: »Professor Fisher steigt
noch himmelhoch.«[48]

Bis Irving und seine Frau nach New Haven in ein brandneues und bereits voll ausgestattetes Herrenhaus zurückkehrten, das die Hazards fürsorglich für sie errichtet hatten, hatte sich die Stimmung im Land verdüstert. Bereits fünfhundert Banken hatten bis 1895 Schiffbruch erlitten, fünfzehntausend Firmen hatten ihren Bankrott erklärt, und jeder siebte Werktätige war arbeitslos geworden.[49] Die einst glühend heißen Hochöfen spuckten keinen Rauch mehr aus, und die riesigen Textilfabriken standen still. Noch waren die Eisenbahnen in der Lage, Fracht zu transportieren, und noch waren die Prärien golden vom Weizen und Mais, doch inmitten dieses potenziellen Festmahls herrschte bereits eine Hungersnot. »Nicht seit ich denken kann, haben sich so viele Menschen wie in den letzten paar Monaten buchstäblich zu Tode gehungert«, berichtete ein gewisser Reverend T. De Witt Talmadge seiner Gemeinde. »Habt ihr den Zeitungen entnommen, wie viele Männer und Frauen überall tot aufgefunden wurden und dass die Obduktionen immer Hunger als Todesursache ergaben?«[50]

Allenthalben begann sich der Volkszorn gegen die »Geldmacher« zu richten. James J. Hill, Gründer der Great Northwestern Railway, schrieb einem Freund, dass »die Menschen im Land neuerdings ganz auf soziale Fragen fixiert sind. [...] Zehn Jahre lang war es um die ›Eisenbahnen, Monopole und Trusts‹ gegangen, doch nun stellt sich heraus, dass das Ganze eine Sache von denjenigen ist, die nichts haben, gegen diejenigen, die etwas haben.«[51] Im selben Jahr wurde am Broadway das Melodram *The War of Wealth* von Charles T. Dazey uraufgeführt.

Die Wirtschaftskrise verschärfte seit Langem schwelende soziale und politische Konflikte. Dabei ging es primär gar nicht um Klassenkonflikte – ungeachtet des landesweiten Pullman-Streiks von 1894 hatte sich die Zahl der Streiks Jahr für Jahr verringert. Es ging vielmehr um Konflikte zwischen Regionen, zwischen den Repräsentanten unterschiedlicher Industrien und zwischen kleinen und großen Unternehmen. Die Bergwerkler von Western Silver machten Washington für den Zusammenbruch der Metallpreise verantwortlich; die Farmer machten für ihre Schulden die unersättlichen Bankiers im Osten des Landes und die erbarmungslosen Eisenbahnmonopole verantwortlich. Unter allen Wählern waren sie die zornigsten. Der Boom war an ihnen vorbeigerauscht, und das Konjunkturtief hatte sie in eine verzweifelte Lage gestürzt. Inmitten des allgemeinen Abrutschens der Preise waren die Preise für Weizen, Mais und Zucker durchschnittlich um das Zwei- bis Dreifache mehr gefallen. Jeder, der mit Landwirtschaft zu tun hatte, erstickte in Schulden, wurde von hohen Zinsen erdrückt und hatte entsetzliche Angst vor einer Zwangsvollstreckung.

Der Präsidentschaftswahlkampf von 1896 wurde zu einem Referendum über die wirtschaftliche Richtung, die das Land einschlagen sollte. Den demokratischen Amtsinhaber Grover Cleveland lehnte selbst seine eigene Partei ab. William Jennings Bryan, der von der Demokratischen Partei nominierte sechsunddreißigjährige Kandidat, versprach seinen Wählern im Westen, »die Eisenbahn zu verstaatlichen, die Zollgesetze zu kippen und vor allem [die Wähler] von der finanziellen Tyrannei zu befreien«. Die Bankiers im Osten, das »Geldmonopol«, bezeichnete er als »die erbarmungsloseste und skrupelloseste Spekulantengang auf Erden«[52]. Seine Kritiker revanchierten sich, indem sie ihn einen Anarchisten hießen, einen Benedict Arnold, einen Antichrist, »einen großmäuligen und geifernden Demagogen«[53]. Sein republikanischer Gegenkandidat, der von James J. Hill und anderen Industriemagnaten handverlesen worden war, hieß William McKinley.

Sechs Wochen vor der Wahl – Bryan hatte die Wall Street bereits an sein »Kreuz aus Gold« genagelt[54] – trug er seinen Wahlkampf schließlich bis vor die Tore eines Jerichos der Geldmacht: Am ersten Tag des Herbstsemesters stellte sich der »Great Commoner«, wie man ihn nannte, Tausenden von Studenten und einem Gutteil der Professorenschaft von Yale. Als dieser stattliche Bär von einem Mann mit dem welligen schwarzen Haar, angetan mit Filzhut und Krawattenband, auf das Podium stieg, empfingen ihn ebenso laute Buh- wie Jubelrufe.

»Das alles überragende Thema« des amerikanischen Präsidentschaftswahlkampfs von 1896 war die scheinbar völlig obskure Frage des nationalen Währungsstandards. Mit seiner tiefen, leicht heiseren Stimme polemisierte Bryan gegen »einen Goldstandard, der jeden aushungert, von den Geldwechslern und Geldbesitzern einmal abgesehen«. Die Übernahme des internationalen Goldstandards durch das Gesetz von 1873, das die freie Prägung von Silbermünzen verbot, hatte zu einer Geldknappheit geführt, die sich seiner Meinung nach wesentlich zerstörerischer auf die Landwirtschaft, die größte Industrie des Landes, auswirkte, als es die Natur selber fertiggebracht hätte.

»Wenn du Geld knapp machst, machst du Geld teuer«, erzählte Bryan
der Menge. »Wenn du Geld teuer machst, treibst du den Wert von
allem nach unten, und wenn du sinkende Preise hast, hast du schlechte
Zeiten.«[55]
Bryans Meinung nach bestand die einzige Möglichkeit zur Wiederbelebung der Wirtschaft darin, Geld wieder billig zu machen, das
heißt, den Dollar an einen umfassenderen Standard zu binden als an
das Gold, »welcher es der Nation erlaubt zu wachsen«. McKinley
und die ihn unterstützenden »Golddemokraten« beschuldigte er, den
Wohlstand durch die Fortsetzung der katastrophalen »stabilen Geldpolitik« des demokratischen Amtsinhabers retten zu wollen. Im vier-
ten Jahr der Wirtschaftskrise seien McKinley und die von seinen Anhängern ins Leben gerufenen »Sound Money Clubs« besorgter um
eine Inflation und den Londoner Finanzmarkt als um die Not im eigenen Land. Was schlecht für die Farmer sei, sei schlecht für Amerika,
für alle Amerikaner, inklusive der kleinen Geschäftsleute, Freiberufler,
Fabrikarbeiter – und der Studenten in New Haven, erklärte Bryan seinen Zuhörern, und merkte noch an: Die politische »Partei, die sich für
den Goldstandard ausspricht, spricht sich für die Fortsetzung schlechter Zeiten aus«[56].
Bei dieser Anspielung auf die Republikanische Partei begannen die
Studenten zu johlen und McKinleys Namen zu skandieren. Da verlor
Bryan, ganz untypisch für ihn, die Beherrschung: »Ich bin es so sehr
gewohnt, mit jungen Männern zu reden, die sich ihren Lebensunterhalt
selbst verdienen«, tobte er, »dass ich kaum weiß, in welcher Sprache
ich mich vor Männern äußern soll, die sich nicht als die Schöpfer von
Wohlstand bekannt zu machen wünschen, sondern bloß als die Vertei-
ler eines Wohlstands, der von jemand anderem geschaffen wurde.«[57]
Ein Student im zweiten Studienjahr sollte sich später erinnern, er habe
gehört, wie Bryan sagte (der Kandidat selbst behauptete allerdings,
es nie so gesagt zu haben): »Neunundneunzig von hundert Studenten
an dieser Universität sind die Söhne von reichen Müßiggängern.« Die
Zahl »Neunundneunzig« hatte denselben Effekt wie die Startschuss-
pistole vor einem Wettlauf: »Neunundneunzig, neunundneunzig, neunundneunzig«, skandierte der ganze 1899er Jahrgang, bis Bryan schließlich angewidert vom Podium stieg und die Geldwechsler unbeschadet
im Tempel zurückließ.[58] Die *New York Times* frohlockte am nächsten

Tag: »YALE WOLLTE NICHT HÖREN. Höhnischer Applaus und eine Blaskapelle waren zu viel für den Boy Orator – er sprach nur rund zwanzig Minuten und zog sich dann entrüstet zurück.«[59]

»Ich glaube, ich war *moralisch* noch niemals derart aufgebracht wie angesichts dieses ›Silberwahns‹«, vertraute Irving Fisher seinem Freund Will Eliot in einem Brief an.[60] »Die Sozialwissenschaft ist sehr unausgegoren, und [...] es wird noch lange dauern, bis sie das ›therapeutische Stadium‹ erreicht.«[61]

Erst jüngst war Fisher in Yale vom Fachbereich Mathematik zur Nationalökonomie übergewechselt, im Wesentlichen seines Wunsches wegen, »in Kontakt zu treten mit dem lebendigen Zeitalter«, und obwohl er privat der Meinung war, dass die Menschen seines Zeitalters »vom Dünkel zerfressen« waren und nur allzu zuversichtlich glaubten, alle Übel dieser Welt beseitigen zu können. Er war so adrett gekleidet und hatte einen so aufrechten Gang wie eh und je, hielt sich durch eine gesunde Lebensweise fit, darunter mit regelmäßigem Joggen, Rudern und Schwimmen, und war noch immer so unermüdlich und energiegeladen wie früher. Das einzige Anzeichen, dass der Zahn der Zeit an ihm zu nagen begonnen hatte, war die Erblindung des linken Auges seit einem Squashunfall.[62]

Er vertrat nur wenige wirklich starke politische Überzeugungen, glaubte jedoch, wie er einmal sagte, dass man von ihm als Professor »erwartet, eine Meinung zu haben«[63]. So warnte er etwa davor, dass eine Reform, wenn sie unsinnig war, die Dinge eher noch schlechter als besser machen würde. Sumner hatte in einem 1893 veröffentlichten Pamphlet mit dem provokanten Titel »The Absurd Efford to Make the World Over«[64] sein Misstrauen gegenüber populistischen Maßnahmen zum Ausdruck gebracht; und Fisher hatte seinem Freund Will zur Zeit der Depression nach dem Börsencrash im Jahr 1893 geschrieben:

Was Sozialreformen betrifft, so habe ich das Gefühl, dass sich der Versuch der Philanthropen, allzu früh schon Therapeutika anzuwenden, eher schlecht als gut auswirken wird. Das Beste, was der Mahner tun kann, ist, gegen den »Es muss etwas getan werden«-Geist anzukämpfen und zu flehen, geduldig zu warten, bis wir wissen, worauf wir unser Handeln stützen können, während wir philanthropische Unterfangen

auf die engen Grenzen beschränken, innerhalb welcher sie sich als er-
folgreich bewiesen haben – hauptsächlich also auf die Ausbildung. [...]
Es stehen so viele konkrete Reformen an – die Kommunalverwaltung,
die Behebung des Mangels, die Ausbildung –, dass sich die fleißigen Ar-
beiter der Menschheit hinsichtlich der großen Projekte für »die Gesell-
schaft« nicht zu Wort melden bräuchten und sollten, bis die »kleinen«
Dinge erledigt wurden.[65]

Wie sich herausstellte, folgte Fisher dann jedoch dem eigenen Rat
nicht. Bei einem Treffen der »American Economic Association« im November 1895 war er sehr aufgebracht über die »allzu unbeschwerte
Art«, mit der einige seiner Kollegen bereit waren, »an der Währung he-
rumzupfuschen«, und äußerte scharfe Kritik an den Fürsprechern des
Silbers. »Der Effekt des Bimetallismus kann, da Silber das preiswer-
tere Metall ist, nur eine Abwertung der Währung sein. [...] Ein System,
das Anspruch auf Anerkennung aufgrund von Gerechtigkeitsdenken
erhebt, verfügt über keine Ausreden, wenn es bei einer derart schreien-
den Ungerechtigkeit ansetzt. Jeder aufrechte Mann muss die Wiedereinführung eines Verhältnisses von 15½:1 mit Entsetzen betrachten.«
Wie zu erwarten, zog diese Rede die dankbare Aufmerksamkeit aller
Bryan-Gegner auf sich. Fisher ließ sich für das »Sound Money Committee« des New Yorker Reformclubs rekrutieren und in die Kampagne gegen Bryan einspannen.[66]

Wieso Geld zum entscheidenden Thema des amerikanischen Präsidentschaftswahlkampfs von 1896 werden konnte, bedarf vielleicht einer etwas ausführlicheren Erklärung. Geld galt in der Geschichte von jeher
als ein erstrebenswertes Machtmittel, das aller Wahrscheinlichkeit nach
aber ebenso schlecht und geheimnisvoll war wie eine Naturkatastrophe
oder eine Epidemie. Dem Zins standen Christentum wie Islam traditionell feindselig gegenüber. Alle finanzielle Krisen, vom Börsencrash über
den Sturm auf die Banken bis hin zu den Hyperinflationen, lösten einen
Volkszorn auf die Bankiers aus. Das Thema war immer schon von My-
then, Aberglaube und Emotionen umwoben gewesen.

Auch in den Achtziger- und Neunzigerjahren des 19. Jahrhunderts
haben beide Seiten bei dieser populistischen Debatte ihr jeweils bevorzugtes Metall mythologisiert und ihre Gegner dämonisiert. In

den Achtzigerjahren wurde der böse Spekulant zur allgegenwärtigen Romanfigur – ein Weg, der von Richard Wagners *Ring des Nibelungen* und August Melmotte, dem Schurken aus Anthony Trollopes Roman *The Way We Live Now*, geebnet worden war. Der Historiker Harold James schreibt dazu:

> *Die Geschichten, die man sich im 19. Jahrhundert über die Welt erzählte, bauten allesamt auf einem säkularen Verständnis der Erbsünde auf. Das Heilmittel, welches damals viele Denker als ein Gegengift gegen die Unrechtmäßigkeit des Systems verschrieben, war eine ziemlich genaue Kopie des lutherischen Mittels (wenn auch in einem säkularen Sinne): Es bedürfe einer starken staatlichen Autorität, um das Vermächtnis dieser Sünde zu bewältigen. Einst habe es eine natürliche Gemeinschaft gegeben; sie sei jedoch durch die Gier nach Selbstgestaltung entzweit worden; der Staat könne seine eigene Ordnung und Gemeinschaft erschaffen, um die zerstörerischen Kräfte des dynamischen Kapitalismus zu kanalisieren. Diese Strategie biete die einzige Möglichkeit, jene apokalyptische Krise zu vermeiden, welche von einem Marx oder Wagner oder Lord Salisbury prophezeit wurde.*[67]

Amerikanische Ökonomen waren von jeher mehr von der »Geldfrage« besessen als ihre englischen Kollegen. Doch im Wesentlichen war das wohl einem historischen Zufall zu verdanken, teils geboren aus dem alten amerikanischen Misstrauen gegenüber föderaler Macht, teils aus der im Amerikanischen Bürgerkrieg getroffenen Entscheidung, nicht konvertierbare »Greenbacks« zu drucken, um zwanzig Jahre später dann zuzulassen, dass diese gegen Gold eingelöst werden konnten. Ein noch überzeugenderer Grund dafür ist allerdings, dass sich der Ansturm auf Banken, die Finanzpaniken, Krisen und Depressionen mit gefährlicher Regelmäßigkeit wiederholten. Der britische Finanzkolumnist Walter Bagehot kam 1873 zu dem Schluss:

> *Es ist von großer Wichtigkeit, hervorzuheben, dass unsere industrielle Ordnung nicht nur zu irregulären externen Störungen neigt, sondern auch zu regulären internen Veränderungen; dass diese Veränderungen unser Kreditsystem zu bestimmten Zeiten wesentlich anfälliger machen als zu anderen; und dass das wiederholte Auftreten solcher periodischer*

Saisonen der Anfälligkeit Anlass zu der Vorstellung gab, dass Paniken nach einer festen Regel entstünden – dass wir rund alle zehn Jahre eine solche erleben müssten.[68]

Angesichts dieses traditionellen Fatalismus scheint erklärlich, dass sich ein idealistischer junger Wissenschaftler wie Fisher gegen das auflehnte, was er für das wahre Problem hielt: nämlich, dass man Geld noch nicht ausreichend oder exakt genug erforscht habe und dass ein besseres Verständnis von der Rolle, die das Geld in Wirtschaftsangelegenheiten spielt, irrationale Entscheidungen und unnötige Konflikte verringern würde.

In seiner 1892 veröffentlichten Dissertation hatte Fisher erklärt: »Geld, das zur Bemessung des Wertes benutzt wird und somit jede Auffassung von wirtschaftlichen Werten beeinflusst, wurde noch kaum erforscht, und das Geheimnis, welches das Geld umgibt, ist die Wurzel vieler Missverständnisse und Fehlberechnungen.« Auch wenn der Fokus dieser Studie auf der Frage lag, wie Preise durch die Interaktion von Angebot und Nachfrage kalkuliert werden, behandelte Fisher das Geld doch in erster Linie als eine Maßeinheit und hielt den Goldstandard für einen zu primitiven Mechanismus, um den Wert des Geldes festzusetzen. Schon für seine Doktorarbeit hatte er eine potenziell bessere Möglichkeit entwickelt: Er hatte erkannt, dass sich Preise stabilisieren ließen, indem man den Wert des Dollars, bezogen auf Gold, an einen Verbraucherpreisindex band. Das Gleichgewicht betrachtete Fisher nur als einen Bezugspunkt und monetäre Störungen als die Quelle von Instabilität. In seinen *Mathematical Investigations* betonte er: »Die ideale statische Bedingung, welche in unserer Analyse angenommen wird, ist in Wirklichkeit *nie* gegeben.« Und das überzeugte ihn davon, dass »Paniken für einen Mangel an Gleichgewicht stehen«[69].

Der Zins sei der Preis, den diejenigen, welche über Ersparnisse verfügen, denjenigen berechnen, welchen sie gestatten, ihr Kapital einzusetzen – ein reale und wertvolle Dienstleistung. Der Wert des Kapitals werde hingegen bestimmt von den Erwartungen, die Sparer wie Investoren in den künftigen Strom von Zinszahlungen setzten. Inflation und Deflation produzierten große und willkürliche Einkommensbewegungen und seien die Folge des fluktuierenden Werts des Währungsstandards – also eher eine Gummimesslatte als ein Maßstab von konstantem Wert –, nicht aber die Folge der Verschwörungen irgendwelcher Demagogen mit dem Mob auf der einen und sämtlicher Wall-Street-Bankiers auf der anderen Seite.

Nachdem Fisher anlässlich der Währungsdebatten, von denen die amerikanische Politik in den Achtziger- und Neunzigerjahren des 19. Jahrhunderts dominiert worden war, zur Ökonomie gewechselt war, ging es ihm nun auch in erster Linie um Gerechtigkeit für Schuldner wie Kreditgeber und um die Vermeidung von sozialen Konflikten, die durch unerwartete Veränderungen des Geldwerts typischerweise verschärft werden. In der Praxis war es schwierig für den einzelnen Unternehmer, zwischen einer Veränderung des Preises für sein Produkt und einem allgemeinen Anstieg oder Rückgang der Preise zu unterscheiden und seine Verträge entsprechend anzupassen; und amerikanische Bürger, die nicht verstanden, weshalb der Wert ihrer Währung schwankte, pflegten eine Vielzahl an Sündenböcken für Inflationen und Deflationen verantwortlich zu machen: Oststaatler, Juden, Ausländer.

Die Vereinigten Staaten hatten sich Großbritannien, Deutschland und Frankreich bei der Übernahme des Goldstandards angeschlossen – einem System, bei dem die Währung jedes Landes an eine festgesetzte Menge Gold gekoppelt und somit zu festgesetzten Kursen gegenüber anderen Währungen gehandelt wird. Man kann sich das auch wie eine einheitliche Weltwährung vorstellen, deren Existenz von großem Vorteil für alle Importeure und Exporteure ist. Farmer aus Kansas, die an englische Händler Weizen verkauften, wollten Dollars, um ihre Arbeiter, die Eisenbahnfrachtkosten und die Saatgutlieferanten bezahlen zu können. Also waren die englischen Händler gezwungen, für ihre Pfunde Dollars zu kaufen. Da war es aus Sicht des Importeurs doch eindeutig die zweitbeste Möglichkeit nach der des Handels in der eigenen Währung, zu wissen, dass er ein Pfund grundsätzlich gegen fünf Dollar tauschen konnte.

Unglücklicherweise bedeuteten feste Wechselkurse aber nicht, wie viele angenommen hatten, dass der Wert einer Währung auch in Bezug auf Inlandsgüter konstant blieb. Nachdem die Vereinigten Staaten den Dollar an eine bestimmte Menge Gold gekoppelt hatten, fluktuierte die Binnenkaufkraft des Dollars bis zu 50 oder sogar 100 Prozent. In den Achtzigerjahren des 19. Jahrhunderts stieg der Wert des Dollars infolge einer weltweiten Goldknappheit steil an, was eine Deflation der

Preise und eine wütende Debatte zwischen denjenigen zur Folge hatte, die beim Goldstandard bleiben wollten, und denjenigen, die zu einem Silberstandard zurückkehren wollten.

Amerikanische Farmer, die vorrangig mit Land spekulierten und Hypotheken aufzunehmen pflegten, um Land kaufen zu können, waren Nettoschuldner. Sie behaupteten, dass die Beibehaltung der Goldparität das Geldangebot beschränkte, Zinssätze in die Höhe trieb und die Kornpreise ebenso sinken ließ wie die Farmeinkünfte. Das bedeutete, dass mehr Tonnen Mais oder Weizen oder mehr Baumwollballen nötig waren, um auf einen grünen Zweig zu kommen oder um seine Schulden bedienen zu können, als der Farmer oder die Bank bei der Hypothekenausgabe erwartet hatte. Dank seinen Freundschaften zu den Söhnen der Farmer in Missouri, bei denen er in den Sommern der beiden Jahre in St. Louis gearbeitet hatte, verfügte Fisher bei diesen Dingen über einiges Wissen aus erster Hand.

Die Bewegung für »freies Silber« erreichte mit William Bryans Präsidentschaftswahlkampf im Jahr 1896 ihren Höhepunkt, folglich tat das auch Fishers Eintreten für den Goldstandard. Seine Monografie *Appreciation and Interest* war gerade erst veröffentlicht worden, sein Thema war die Verteilungsgerechtigkeit. Er konzedierte, dass die Verfechter des Silbers recht hatten mit ihrer Behauptung, dass sich die Kreditgeber durch die Deflation bereichert hätten – zulasten der Schuldner. Doch das Argument für einen Umstieg zum Silberstandard fand er trotz alledem falsch. Er behauptete sogar, dass sinkende Zinssätze den Anstieg des Realwerts von Schulden automatisch ausgleichen würden. William Jennings Bryan verlor die Wahl. Doch ironischerweise hatten die Entdeckungen von Goldvorkommen und andere Entwicklungen just zu der Zeit, als Bryan seine »Kreuz aus Gold«-Rede hielt, eine massive Erweiterung des Goldangebots und schließlich auch jene Geldmengenexpansion in Gang gesetzt, welche die Deflation der Achtziger- und Neunzigerjahre beendete, ohne dass die Vereinigten Staaten den Goldstandard abgeschafft hätten.

Mit dreißig hatte sich Irving Fisher bereits als Autor vieler Bücher und Monografien hervorgetan, war ein aufsteigender Stern in der akademischen Welt und das Oberhaupt einer wachsenden Familie. Er war stärker, attraktiver und dynamischer als mit zwanzig. Er fuhr Fahrrad, ging spazieren und hob Gewichte. Doch sein Lieblingssport war Schwimmen, und er ließ sich im Sommer von nichts, nicht einmal vom eiskalten Wasser vor der Küste von Maine – oder den Ängsten seiner Margaret – daran hindern, ins Wasser zu gehen.

Im August 1899 ertrank er fast beim Schwimmen im Meer vor dem Sommerhaus der Familie. In den anschließenden Wochen fühlte er sich matt. Er hatte leichtes Fieber und eine immer heftigere Depression – Symptome, die unheilvoll an die ersten Anzeichen der tödlichen Krankheit seines Vaters erinnerten. Kurz nach seinem einunddreißigsten Geburtstag und seiner Berufung zum ordentlichen Professor erhielt er das Todesurteil: die Diagnose Tuberkulose.

Tuberkulose war das AIDS des 19. Jahrhunderts, schreibt die Historikerin Katherine Ott. Um die Wende zum 20. Jahrhundert starb jeder dritte Einwohner amerikanischer Großstädte an Schwindsucht, und die meisten Opfer holte sich die »Weiße Pest« unter den jungen Erwachsenen. Der Verlauf der Krankheit war grausam und die Gesundungsrate erbärmlich niedrig. Hinzu kam, dass sich die Opfer schrecklich vor dem Verlust ihrer Arbeit und vor der Ausgrenzung fürchteten, die unausweichlich einer positiven Diagnose folgten. Ein Patient schrieb, als der Arzt ihm eröffnet habe, dass es sich um Tuberkulose handelte, hätte diesen Worten »auch gleich der Satz ›Möge der Herr deiner Seele gnädig sein‹ folgen können«: Er habe sich im selben Moment als toter Mann gefühlt.[70] Fisher musste an seinen sterbenden Vater denken: abgemagert bis aufs Skelett, vollständig taub, unfähig, irgendetwas außer tröpfchenweise Milch zu schlucken, und kaum in der Lage zu sprechen. George Fisher hatte mehrere qualvolle Wochen in diesem Zustand durchlebt, bevor er mit nur dreiundfünfzig starb.

Die Behandlung beinhaltete zumeist die Verordnung von Ruhe, frischer Luft und kalorienreicher Nahrung. Die amerikanische »Mind Cure«-(»Geistkur«-)Bewegung machte den Stress des modernen Alltags für diese Krankheit verantwortlich und traf zeitlich zufällig mit einer plötzlichen Vorliebe für alles zusammen, was aus Japan oder China kam. Die Anhänger dieser Bewegung drängten die Menschen, selber die Verantwortung für ihre Gesundheit zu übernehmen, und plädierten dafür, »verdrießliche Gedanken zu besänftigen, damit man mit dem mächtigen und unsichtbaren Geist Gottes, der Menschheit oder einer anderen Kraft in Verbindung treten kann«[71]. Es war die Ära des

positiven Denkens. Bei einer Rede in einer örtlichen Knabenschule erklärte Fisher seine persönliche Philosophie:

*Jegliche Größe in dieser Welt erwächst im Wesentlichen mentaler Selbst-
kontrolle. Napoleon verglich seinen Geist mit einer Kommode: Er zog
eine Schublade auf, betrachtete ihren Inhalt, schloss sie wieder und zog
eine andere auf. Mr. Pierpont Morgan soll über ähnliche Kontrolle verfügt haben. [...] Was wir als das Leben des Menschen bezeichnen, besteht schlicht aus einem Bewusstseinsstrom, aus einer Abfolge von Bil-
dern, der er vor seinem geistigen Auge zu erscheinen erlaubt [...] Es
steht in unserer Macht, unseren Bewusstseinsstrom so zu lenken und zu
wählen, dass er unseren Charakter zu allem formen kann, was wir uns
wünschen.*[72]

In den nächsten sechs Jahren kämpfte Fisher um seine Gesundung,
seine natürliche Energie und seine üblicherweise so große Lebensfreude. Fast ein halbes Jahr verbrachte er im Sanatorium Adirondack
Cottage in Saranac, New York, das von Dr. Edward L. Trudeau betrieben wurde und den alpinen Sanatorien glich (wie jenes, das Thomas
Mann später im *Zauberberg* schildern sollte). Die Kinder wurden in
die Obhut der Großeltern gegeben, damit Margie ihren Mann nach Saranac begleiten konnte. Sie kaufte Fisher einen Mantel aus Waschbä-
renfell und eine Ausgabe von John Greenleaf Whittiers Gedicht *Snow-
bound: A Winter Idyl*, das er laut lesen sollte. »Die Ärzte erwarten
meine vollständige Genesung, doch es wird seine Zeit dauern«, schrieb
Fisher im Dezember 1898 an Will Eliot. »Ich sitze draußen auf der
Veranda, das Thermometer zeigt zwanzig Grad, und der Schnee liegt
zwei Fuß hoch. Ich stelle fest, dass die Tinte gefriert, deshalb benutze
ich den Bleistift.«[73] Im Januar 1901 teilten ihm die Ärzte mit, dass er
vollständig genesen sei, doch es sollte noch drei Jahre dauern, bis er
auch zu seiner alten Energie zurückgefunden hatte.

Dass er die Tuberkulose überlebt hatte, weckte den schlummernden
Prediger in Fisher. Er begann sich auf einen Kreuzzug für die Volksge-
sundheit zu begeben, trat für eine gesunde Lebensweise und die Kontrolle der eigenen Gedanken ein, welcher er seine eigene Gesundung zu
verdanken glaubte. Der Sieg über die Krankheit überzeugte ihn, dass
selbst das Außergewöhnliche – etwa eine Verdoppelung der Lebens-

erwartung bis zum Jahr 2000 – möglich war. Als er Dr. John Harvey
Kellogg begegnete, diesem Kreuzritter für eine »biologische« Lebens-
führung, erklärte Fisher ihm, dass er »nicht wie Ponce de Leon auf
der Suche nach der Quelle ewiger Jugend« sei, sondern vielmehr auf
der Suche »nach Ideen, die uns helfen könnten, die Jugend zu verlängern und zu genießen«[74]. Unter dem Einfluss von Kellogg führte
Fisher Experimente mit vegetarischen Diäten an Sportlern aus Yale
durch, bewarb sich für den Posten des Sekretärs der Smithsonian Institution und lobbyierte für die Gründung eines Gesundheitsamts auf
Kabinettsebene. 1908, nach der Ermordung von Präsident McKinley,
wurde Fisher von dessen Nachfolger Theodore Roosevelt, dem bis dahin jüngsten Präsidenten der Vereinigten Staaten, in eine Nationale Na-
turschutzkommission berufen. Die Idee des Naturschutzes »hat ihren
Schwerpunkt in unserem Pflichtgefühl gegenüber unseren Nachkommen«. Es sei schwer für Amerikaner, die den gegenwärtigen Überfluss
genossen, zu erkennen, »dass wir die Substanz vergeuden, die künftigen Generationen gehört«[75].

1906, im Jahr des Erdbebens von San Francisco, erklärte Irving Fisher
den *Homo oeconomicus* für ausgestorben und das Laissez-faire zu
einer veralteten Ideologie. In einer Rede vor der Vollversammlung der
»American Association for the Advancement of Science« bezeichnete
er die Akzeptanz von staatlichen Regulierungen und Wohlfahrtsmaß-
nahmen als »den bemerkenswertesten Umschwung der ökonomischen
Meinung in den letzten fünfzig Jahren«[76]. Die Erfahrung habe gelehrt,
dass die Grundsätze der liberalen Theorie – denen zufolge der Mensch
selbst am besten beurteilen könne, was in seinem eigenen Interesse
liege, und dass das Streben nach der Verwirklichung des Eigeninteresses demnach ein Höchstmaß an gesellschaftlichem Wohl erzeuge –
falsch seien. Staatliche Regulierungsmaßnahmen und nichtstaatliche
Reformbewegungen – die Äquivalente des 19. Jahrhunderts zu den
heutigen Nichtregierungsorganisationen (NGOs) – seien nicht bloß un-
schädlich, sondern auch notwendig. Sie hätten bereits eine Menge zum
Erhalt der natürlichen Umwelt und zur Verbesserung des öffentlichen
Gesundheitswesens beigetragen. Wenn er zwischen Sumners extremem
Libertarismus oder dem Sozialismus zu wählen hätte, dann würde er
sich für Letzteren entscheiden, erklärte Fisher und zählte eine Reihe

von Beispielen auf, welche bewiesen, dass das, was gut für den Einzelnen sei, nicht immer auch gut für die Gesellschaft und das Laissez-faire deshalb auch nicht die richtige Politik sei.

In Fishers 1906 veröffentlichter Studie *The Nature of Capital and Income* spiegelte sich seine immer deutlichere Ansicht, dass das Kapital ein Strom an künftig zinstragenden Leistungen für den Naturschutz sei. Fisher war überzeugt, dass die wachsende ökonomische Interdependenz, wie sie von der Urbanisierung, der wirtschaftlichen Spezialisierung und der Globalisierung versinnbildlicht werde, einen höheren Bedarf an Daten, Bildung, Koordination und staatlichen Interventionen nach sich ziehen würde, und erklärte, dass die Sorge um die Zukunft auch der Prävention und Konservierung bedürfe. Seine Erfahrungen als Todkranker ließen ihm wirtschaftliche Effizienz und die Prävention von Verschwendung nur noch dringlicher erscheinen. Der amerikanische Wirtschaftshistoriker Perry Mehrling meint, dass Fisher von John Rae, einem Zeitgenossen von Adam Smith, beeinflusst worden sei, als er den Zins – inklusive Profite, Mieten und Löhne – als den Wert jenes Stroms aus zinstragenden Leistungen der Maschinen, des Grundbesitzes und des Humankapitals definierte, die in der Vergangenheit akkumuliert wurden. Sämtliche Reformvorschläge Fishers, behauptet Mehrling – von solchen, welche die Lebenserwartung steigern sollten, bis hin zu solchen, welche Wirtschaftskrisen und Kriege verhindern sollten –, waren auf die Mehrung des herrschenden nationalen Wohlstands ausgerichtet.[77]

Heutige Ökonomen sprechen von eingeschränkter Rationalität, äußeren Einflüssen und vom Versagen des Marktes. Fisher sprach von Ignoranz und dem Mangel an Selbstkontrolle. Radikaler noch war seine Behauptung, dass die Summenwirkung individueller Handlungen selbst dann, wenn sich Individuen vollkommen rational verhalten, dem kollektiven Wohlergehen schaden könne. »Es ist nicht nur falsch, dass der Mensch, sobald sich selbst überlassen, immer nach seinen besten Interessen handelt, es ist auch falsch, dass er, wenn er danach handelt, immer dem höchsten Gemeinwohl dient.«[78]

Eine besondere Art von Ignoranz sei es, wenn man die Gegenwart so behandle, als sei sie die Norm. Die Lebenserwartung sei nur halb so hoch, wie sie sein könnte, ergo sei auch die Produktivität nur halb so hoch. Fishers faszinierendste Erkenntnis aber war, dass der eigene Ver-

stand dem Menschen Streiche spielen kann. Er nannte das die »Geld-
illusion«. Inflation und Deflation – alle Veränderungen im allgemei-
nen Preisniveau – seien von Übel, weil sie den Menschen zu schlechten
Entscheidungen verleiteten. Auf ökonomischer Ebene bedeutete diese
Geldillusion, dass Anpassungen an Veränderungen bei Preisen und
Zinssätzen zu lange Zeit in Anspruch nähmen.

Aus der Erkenntnis, dass der Homo sapiens kein Homo oeconomicus sei, zog Fisher zwei Schlussfolgerungen. Zum einen, dass es
starke Argumente für eine allgemeine Bildungspflicht gebe, zum anderen, dass es sogar noch stärkere Argumente für eine Reglementierung
des individuellen Verhaltens gebe, ob nun durch Brandschutzbestim-
mungen für Gebäude oder durch das Verbot von Glücksspielen, Alkohol und anderen Drogen: »Es ist nicht wahr, dass ungebildete Eltern
das Recht haben, ihren Kindern ihre Vorstellungen von Bildung aufzu-
zwingen; mithin betrifft das Problem der Kinderarbeit nicht nur das Individuum, wie man einst glaubte, sondern steht in einem wichtigen und
weitreichenden Bezug zur Gesellschaft als solcher.«[79]

Mit seiner Kritik am Wettbewerbsmodell und dem Hinweis auf dessen Grenzen ging er noch wesentlich weiter als Marshall. In diesem
Zusammenhang sah er den gesamten wirtschaftstheoretischen Über-
bau voraus, der nach dem Zweiten Weltkrieg errichtet werden sollte.
»Selbst wenn eine staatliche Intervention undurchführbar oder nicht
ratsam ist, wird es noch gute Gründe für den Versuch einer Verbesserung der Zustände durch den Einfluss der einen Klasse auf die andere
Klasse geben und dementsprechender sozialer Aufruhr entstehen.«[80]

Sogar wenn jeder Mensch vollkommen rational handle, würde sich
das Streben nach der Verwirklichung des Eigeninteresses nicht unbedingt zu etwas addieren, das gesellschaftlich wünschenswert sei. »Individuelles Handeln wird niemals zur Anlage von Stadtparks führen,
nicht einmal zu einem sinnvollen Straßensystem«, sagte er. Infolgedessen lehnte er es auch ab, die Geldversorgung zu privatisieren, wie Spencer es vorgeschlagen hatte, ebenso wie er gegen die »noch erstaunliche-
ren Vorschläge« war, »sogar die polizeiliche Überwachungsfunktion
des Staates privater Hand zu überlassen«. Dieser Idee zufolge sollte
»das Polizeikorps schlicht und einfach aus freiwilligen Wachkomitees
bestehen, irgendetwas nach Art der altmodischen Brandwachen, und

die Rivalität unter diesen Wachgesellschaften würde bessere Dienstleistungen garantieren, als sie heute durch die staatliche Polizei zu bekommen seien«.[81]

Fishers Krankheit folgte ein ungewöhnlicher Ausbruch an Kreativität. Im Verlauf von nur fünf bis sechs Jahren flossen all die Ideen aus
ihm heraus, die er während seiner erzwungenen Isolation, in der er sich
mit indischer Philosophie und Meditationspraktiken befasst hatte, aus-
gebrütet hatte.

*Vergangenen Abend saß ich beim Sonnenuntergang dort draußen wie
ein Inder, dachte an nichts, aber fühlte die Gelassenheit und Kraft des
Universums. […] Jene unbewussten Eindrücke aus drei oder mehr Jahren der Depression, Angst und Sorge befinden sich noch immer in meinem geistigen Speicher, doch begraben, ich hoffe, auf Dauer. Nur durch
harte Arbeit und die Anwendung von Autosuggestion gelang es überhaupt, die blauen Teufel zu verscheuchen. Ich muss zugeben, dass es im
Wesentlichen Angst war, die nach dem ersten Jahr in mir herrschte. […]
Optimismus ist keine Frage des Übels, das es gibt, noch dessen, was wir
von der Zukunft erwarten können. Ein Mensch kann überzeugt sein,
dass die Welt unglücklich ist und die Erde kalt und tot sein wird, dass
er selber Schmerzen erleben wird, oder den Verlust von Freunden, Ehre
und Wohlstand – und doch ein Optimist sein.[82]*

Das Panikjahr 1907 war ein unruhiges auf den Finanzmärkten gewesen. Fisher beeilte sich, sein nächstes Buch zu vollenden: *The Rate
of Interest*, das er mit dem Untertitel »Its Nature, Determination and
Relation to Economic Phenomenon« versah.

Zum ersten Mal hüllte er seine Theorie in Begriffe, mit denen er
mangelnde Weitsicht kritisierte: Perioden der Spekulation und der
Depression seien das Ergebnis von der Weitsicht der einen und der
Kurzsichtigkeit der anderen. »Eine Panik ist immer das Ergebnis von
unvorhergesehenen Umständen, und zu diesen unvorhergesehenen Umständen zählt, teils als das Resultat von anderen unvorhergesehenen
Umständen, die Knappheit von Gelddarlehen.«[83]

Könnte man eine Inflation oder Deflation korrekt voraussehen,
dann würden sich die Zinssätze auf den Geldmärkten sofort perfekt
anpassen. Würden Kreditgeber einen Anstieg des allgemeinen Preis-

niveaus erwarten, dann würden sie von den Kreditnehmern einen entsprechend höheren Zinssatz fordern. Würden sie ein Absinken des allgemeinen Preisniveaus erwarten, wären sie bereit, einen entsprechend
niedrigeren Zinssatz zu akzeptieren. Nach demselben Prinzip würden Schuldner, wenn sie eine höhere Inflation erwarteten, zu der Erkenntnis gelangen, dass die Zahlung von nominell höheren Zinssätzen
keine Auswirkung auf ihre realen Nettorenditen hätte. Wenn Kredit-
nehmer eine Deflation erwarteten, kämen sie zu der Erkenntnis, dass
sie sich nur die Zahlung eines entsprechend niedrigeren Nominalzins-
satzes leisten könnten. Kurzum, wären die Erwartungen korrekt, würden Veränderungen im Preisniveau keine Auswirkung auf die reale
Wertschöpfung oder Beschäftigung haben. Das Problem sei natürlich,
dass eine derart perfekte Vorhersage unmöglich sei. »Das Versäumnis
[einer korrekt vorausgesagten Deflation] führt zu einem unerwarteten Verlust für den Debitor und einem unerwarteten Gewinn für den
Kreditor.«[84]

Fisher revidierte damit seine frühere Position, dass Veränderungen
bei der Kaufkraft des Geldes nur unerhebliche Auswirkungen auf die
realwirtschaftliche Aktivität hätten. Nun glaubte er, dass sich die Zinssätze doch nicht so reibungslos oder vollständig anpassen würden, um
die Auswirkungen einer veränderten Kaufkraft des Dollars wettzumachen, ergo seien stabile Preise für ein gerechtes und transparentes
monetäres System unerlässlich:

> Die Bimetallisten hatten zum Teil recht mit ihrer Behauptung, dass die
> Klasse der Kreditgeber während der Periode fallender Preise in den bei-
> den Jahrzehnten von 1875 bis 1895 die Gewinnerin gewesen sei. Im
> Jahrzehnt zwischen 1896 und 1906 herrschte die genau gegenteilige
> Lage. Wir dürfen jedoch nicht den Fehler machen und davon ausgehen,
> dass die Bereicherung der Schuldnerklasse im letzten Jahrzehnt deren
> Verarmung in den vorangegangenen zwei Jahrzehnten wieder wettma-
> che; denn die Zusammensetzung der sozialen Schichten verändert sich
> rapide. Ebenso wenig dürfen wir den Fehler begehen, davon auszuge-
> hen, dass die Schuldnerklasse aus Armen bestünde. Der typische Schuld-
> ner ist heute der Aktionär, und der typische Kreditgeber der Obliga-
> tionär.[85]

Nach dem vorherrschenden Währungsstandard war der US-Dollar an das Gold gebunden, bezogen auf dessen *Gewicht*, nicht bezogen auf dessen *Wert* oder Kaufkraft. Damit war sichergestellt, dass die Kaufkraft des Dollars je nach Geldangebot und -nachfrage steigen oder sinken würde. Die meisten Menschen, sogar die erfahrensten Investoren und Geschäftsleute, betrachteten den Dollar jedoch als einen Wertmaßstab und fanden es schwierig, wenn nicht unmöglich, Wertveränderungen nachzuvollziehen oder vorauszusehen. Inflation und Deflation waren schädlich, weil Investoren, Konsumenten und Unternehmer sie weder exakt voraussagen konnten noch in der Lage waren, ihr Ausmaß am gegenwärtigen oder jüngsten Geschehen zu ermessen. Auf der Grundlage von falschen Erwartungen gefällte Urteile führten unweigerlich zu falschen Investitionsentscheidungen und zudem, aus dem Blickwinkel der Ökonomie betrachtet, zu viel zu hohen Investitionen in einigen Bereichen und viel zu geringen in anderen – »rücksichtslose Verschwendung, für die der Tag der Abrechnung in Gestalt einer Wirtschaftskrise kommen muss«, wie Fisher orakelte.[86]

Rufen wir uns in Erinnerung, was im Laufe von sechzig Jahren geschehen war. Zuerst hatten Charles Dickens, Henry Mayhew und Karl Marx eine Welt beschrieben, in der die materiellen Bedingungen, die die Menschheit seit undenklichen Zeiten zur Armut verdammt hatten, begannen, weniger festgelegt und damit formbarer zu werden. 1848 hatte Karl Marx aufgezeigt, wie der Wettbewerb Unternehmer dazu trieb, mit den gleichen Ressourcen mehr zu produzieren, aber er hatte noch behauptet, dass es keine Mittel gebe, um diese Produktionssteigerungen in höhere Löhne und bessere Lebensstandards zu übersetzen.

Dann, in den Achtzigerjahren des 19. Jahrhunderts, hatte Alfred Marshall entdeckt, dass es einen genialen Mechanismus gab, der die Unternehmer ermunterte, Schritt für Schritt, aber konstant, Produktivitätsverbesserungen einzuführen, die sich *im Laufe der Zeit* akkumulierten, während sie sich gleichzeitig dazu veranlasst sahen, die Gewinne in Form von höheren Löhnen und niedrigeren Preisen umzuverteilen, auch das *im Laufe der Zeit*. Solange die Produktivität die Löhne und den Lebensstandard bestimmte, konnten die Menschen ihre materiellen Lebensumstände individuell wie kollektiv verändern, indem sie produktiver wurden.

Beatrice Webb erfand nicht nur den *Wohlfahrtsstaat,* sondern ihr eigenes Dasein als eine zur Sozialforschung berufene Frau. Der Soziologe Mill hatte behauptet, dass ein Wohlfahrtsstaat letztendlich sein gesamtes Steueraufkommen verschlucken würde, und Marx hatte erklärt, dass ein solcher Staat ein Fehlschluss sei. Beatrice Webb hingegen zeigte auf, dass Armut und Not vermeidbar sind und dass sich durch den Zugang zu Bildung, sanitären Anlagen, Nahrung, medizinischen und anderen Sachleistungen die Produktivität des privaten Sektors wie auch die Löhne mehr steigern ließen, als sie durch Besteuerungen sinken würden. Mit anderen Worten: Wenn man den Armen half, sich zu bilden, besser zu ernähren und somit weniger anfällig zu machen für Krankheiten, dann war es wahrscheinlicher, dass es zu einem Anstieg des Wirtschaftswachstums kommen würde, als dass diese Maßnahmen zu einer Belastung für die Wirtschaft würden.

Irving Fisher war der Erste, der erkannte, mit welcher Macht das Geld die Realwirtschaft beeinflusst, und der als Erster feststellte, dass der Staat die Wirtschaftsstabilität steigern konnte, wenn er besser mit Geld umging. Indem er einen einzigen gemeinsamen Faktor als den Verantwortlichen für die scheinbar gegensätzlichen Übel von Inflation und Deflation bestimmte, identifizierte er ein potenzielles Instrument – die Kontrolle der Geldmenge –, das von der Regierung eingesetzt werden kann, um inflationäre Konjunkturaufschwünge oder deflationäre Konjunkturrückgänge zu dämpfen oder sogar zu vermeiden.

KAPITEL V

Schöpferische Zerstörung:
Joseph Schumpeter und die ökonomische
Evolutionstheorie

>»Es ist klar, daß diese Transaktion, die den norma-
len Verlauf einer jahrhundertelangen geschichtlichen
Entwicklung auf zwei bis drei Jahrzehnte zusammen-
preßte, nur durch die Nilpferdpeitsche ermöglicht worden war...«

>Rosa Luxemburg, 1913[1]

Am 4. November 1907 löste die Nachricht vom Ansturm auf die New
Yorker Knickerbocker Trust Company eine Massenpanik an der Londoner Börse aus. Verängstigte Investoren, die auf Nummer sicher gehen wollten, überrannten die Bank of England mit Anfragen nach Bar-
rengold. Angesichts des drohenden massiven Abflusses ihrer Reserven
reagierte diese prompt mit der Anhebung des Diskontsatzes, den sie
anderen Banken für Tagesgeld berechnete. Inmitten dieser Panik gingen der ehrenwerte Joseph Alois Schumpeter und Miss Gladys Ricarde-
Seaver in aller Stille in einem Standesamt nahe der Paddington Station den Bund der Ehe ein. Als der Diskontsatz zum ersten Mal in fast
einem Vierteljahrhundert sieben Prozent erreichte[2], befanden sich die
Frischvermählten auf der Reise nach Kairo.

Mit vierundzwanzig war Joseph Schumpeter bereits ein Mann von
Welt. Er war im mährischen Třešť (Triesch) als einziger Sohn eines
Tuchfabrikanten in dritter Generation geboren worden. Nachdem der
Vater bereits im Alter von einunddreißig Jahren bei einem Jagdunfall
ums Leben gekommen war, hatte Josephs Mutter Johanna, damals
wie später die wichtigste Person in seinem Leben, alles nur Erdenk-
liche zu tun beschlossen, um ihrem vierjährigen Sohn eine glänzende
Zukunft zu ermöglichen. Hauptsächlich seinetwegen übersiedelte sie

in die freundliche Universitätsstadt Graz. Als ihr Liebling elf wurde, heiratete sie einen dreißig Jahre älteren pensionierten Feldmarschallleutnant, den sie schließlich überzeugen konnte, mit der Familie nach Wien in eine luxuriöse Wohnung nahe der Ringstraße zu übersiedeln. Nur dank der Verbindungen des Stiefvaters zu aristokratischen Kreisen wurde Joseph am Theresianum aufgenommen, einer Eliteschule, die eigentlich den Söhnen des Adels vorbehalten war. Dort lernte er neben Reiten und Fechten nicht weniger als fünf klassische und moderne Sprachen zu beherrschen, knüpfte unschätzbare gesellschaftliche Kontakte und gewöhnte sich die gespreizte Art, die promisken Manieren und die extravaganten Vorlieben adliger Kreise an. Doch die aristokratische Erziehung hatte ihren emotionalen Preis. Das Alter Ego des jungen gesellschaftlichen Aufsteigers war der einsame, getriebene Studiosus, der Philosophie belegte und soziologische Texte las. Aber in einer Schule, in der es hieß, dass »ein bisschen Blödheit« bloß die adlige Herkunft verriet, konnten sein Verstand und sein bürgerlich-zwanghaftes Arbeitsethos den Status als Parvenü nur unterstreichen.[3] Der klein gewachsene, schwächliche Joseph mit der ungewöhnlich hohen Stirn und den stechenden, leicht hervortretenden Augen war dort eine exotische Erscheinung, die zu hinterhältigem Spott über seine »östliche« (heißt: jüdische) Herkunft provozierte. Er kompensierte das mit überragenden Leistungen als Reiter und Fechter und mit besonderem Wortwitz, derweil er seine heimlichen Ängste hinter einem blasierten, ironisch-weltüberdrüssigen Gehabe zu verbergen suchte.

1901 hatte der achtzehnjährige Schumpeter den Abschluss am Theresianum mit höchster Auszeichnung geschafft und die Zulassung zur Wiener Universität erhalten – der erste Schritt zu einem, wie er und seine Mutter hofften, rapiden Aufstieg in die dünne Luft der obersten Wiener Gesellschaft. Zwar stimmte es, dass die »erste« Wiener Gesellschaft im Wesentlichen nur dem Kaiser und seinem Hofstaat offenstand, doch der Inhaber eines Lehrstuhls an der Universität oder eines Postens im Kabinett konnte durchaus in die »zweite« Gesellschaft aufsteigen, wo sich die Klugen und Kompetenten mit den Aristokraten und Plutokraten ein Stelldichein gaben. Als Schumpeter Rechtswissenschaften zu studieren begann, sah er sich bereits als der jüngste Universitätsprofessor der k.u.k. Monarchie und vertrautester Wirtschaftsberater des Kaisers.

Die Wiener Gesellschaft der Belle Epoque wird von Historikern gerne als dekadent, selbstgefällig und verknöchert dargestellt, so wie das Österreichisch-Ungarische Reich als hoffnungslos rückständig im Vergleich zu England, Frankreich und Deutschland galt. Der ungarische Sozialwissenschaftler, Historiker und Politiker Oszkár Jászi bezeichnete Österreich-Ungarn als »ein aus ökonomischer Sicht geschlagenes Reich«[4]; der amerikanische Kulturgeschichtler Carl Schorske nannte das k.-u.-k. Bürgertum politisch passiv[5]; der österreichische Nationalökonom und Wirtschaftshistoriker Erich Streissler beklagte den Mangel an Unternehmergeist und den Hang der Söhne des damaligen Bildungsbürgertums – wie zum Beispiel Ludwig Wittgenstein oder Franz Kafka – , die Kunst der Industrie vorzuziehen.[6] In Joseph Roths 1932 erschienenem Roman *Radetzkymarsch* über den Aufstieg und Fall der Habsburger Monarchie sagt Graf Chojnicki: »…›dies ist die Zeit der Elektrizität, nicht der Alchimie [...]. Im Schloss Franz Josephs brennt man oft noch Kerzen!‹«[7]

Das reale Wien war ganz vernarrt in alles Moderne. Schon 1883 wurden Tausende von Besuchern in einer eigens eingerichteten elektrischen Bahn vom Gelände der Internationalen Elektrischen Ausstellung in den Prater, die riesige öffentliche Parkanlage entlang der Donau, gefahren. Die Ausstellung war die strahlendste Zurschaustellung von Licht und Kraft, die die Welt je gesehen hatte. 575 Aussteller, darunter die Weston Company aus Amerika, die AEG aus Deutschland und Ericsson aus Schweden, stellten 15 Akkumulatoren, 52 Boiler, 55 Motoren und 150 elektrische Generatoren aus. Ein Glanzpunkt war das »Theatrophon«: In eigens eingerichteten »Telephonkammern« konnten Besucher »die Musik und den Gesang hören, die gerade in der Staatsoper abliefen«, ohne auch nur einen Fuß in die Oper gesetzt zu haben.[8]

Ein Unternehmer aus Budapest warb für einen Subskriptionsdienst, der Nachrichtenbulletins übers Telefon verlas. Die Mutigsten wagten sich mit einem gläsernen hydraulischen Aufzug auf die erste Besuchergalerie in 25 Metern Höhe, und in der Kuppel der Rotunde, mit einem Durchmesser von 108 Metern und einer Höhe von 85 Metern, erstrahlten 250 000 Glühlampen. Kronprinz Erzherzog Rudolf sprach in seiner Eröffnungsrede stolz von einem »Lichtermeer«, das sich von Österreich-Ungarn aus über den Rest der Welt ergießen werde.[9]

Im Wettlauf um die Elektrifizierung schnitt Wien besser ab als London. Die Wiener Telegraphengesellschaft nahm 1881 den Netzbetrieb auf; 1897 ersetzten elektrische Straßenbahnen die Pferdebahnen. Bis 1906 verfügte der gesamte Wiener Bezirk Innere Stadt über Strom. Die neue elektrische »Kultur« wurde zur Parole jedes Wiener Unternehmers. Jede Hausfrau träumte von einem Elektroherd, der ihre Küche vom Ruß befreien würde. Fabrikbesitzer wünschten sich ihre Betriebe auf dem neuesten Stand der Technik, mit elektrischem Licht und elektrisch angetriebenen Maschinen. Ärzte wie Sigmund Freud begannen eifrig Elektroschocktherapien an ihren Patienten auszuprobieren. Ludwig Wittgensteins Großmutter nahm seinen sechsjährigen Cousin Friedrich von Hayek zu einer Spritztour in ihrem brandneuen Elektromobil mit.

Kaiser Franz Joseph verschmähte moderne Lifte und elektrisches Licht, aber Kronprinz Rudolf war ein unbeirrter Förderer der modernen Industrie. In Österreich hatte sich die viertgrößte Konzentration von Handel und Industrie in Europa herangebildet, es wurden dort unter anderem Stahl, Tuche, Papier, Chemikalien und Automobile produziert. Wien war das Verwaltungs-, Handels- und Finanzzentrum eines riesigen Hinterlands, das die neuen Megastädte Europas mit Nahrungsmitteln, Brennstoffen und Rohstoffen versorgte. Der wirtschaftliche Aufschwung zwischen den späten Siebzigerjahren und der Mitte der Achtzigerjahre des 19. Jahrhunderts hatte einen Boom im Export von Zucker, Textilien und im Eisenbahnbau nach sich gezogen. Ende der Achtzigerjahre übernahm die Elektrifizierung die Rolle der Eisenbahn als Magnet für Investoren.

In der Wiener Architektur spiegelten sich nicht nur die imperialen, sondern auch die bürgerlichen Ambitionen. Die Ringstraße, jener breite Boulevard, welcher ringförmig um die Altstadt führt, vorbei unter anderem am hellenistischen Bau des Reichsrats (Parlament) und der im Neorenaissancestil erbauten Staatsoper, dazwischen die Stadtpalais des Adels, symbolisierte den verblüffenden Fortschritt dieser Zeit. Die »Miet-« oder »Wohnpaläste« am Ring zogen die Neureichen, die Parvenüs und die sozialen Aufsteiger an. Das bürgerliche Wien, eine multiethnische, aber resolut monokulturell deutsche Stadt, war der bevorzugte Zufluchtsort für Flüchtlinge aus dem ganzen übrigen Österreich-Ungarn – vor allem, seit die Liberalen 1867 im Kabinett nicht nur die wirtschaftliche Modernisierung, sondern auch die vollständige Emanzipation der Juden durchgesetzt hatten. Viele der neu Zugezogenen hausierten oder eröffneten kleine Läden, wohingegen ihre Söhne dann meist Berufe wie Anwalt oder Arzt ergriffen, für deren Ausübung der Besuch eines Elitegymnasiums nicht notwendig war, oder im Bankenwesen, dem Journalismus und den Künsten Fuß fassten – Gewerben also, die keines Universitätsabschlusses bedurften. Das Übergewicht von Juden im Rechtswesen, in der Medizin, dem Journalismus und dem Bankenwesen schürte vor allem in schlechten Zeiten Missgunst. Einem zeitgenössischen Historiker zufolge »stieg der Antisemitismus, sowie die Aktienkurse fielen«[10].

Die ökonomischen Daten widersprechen allerdings der stereotypen Behauptung, es sei zu einem wirtschaftlichen Abstieg gekommen. Nicht nur, dass die Wirtschaft zwischen 1870 und 1913 dreimal so schnell gewachsen war wie in den vorangegangenen vierzig Jahren – das Realeinkommen pro Kopf der Bevölkerung hatte sich unter den Bedingungen eines rasanten Bevölkerungswachstums sogar verdoppeln können. Es stimmt, dass Wien unter der gleichen Unterversorgung mit Wohnraum, einer Kanalisation, sauberem Trinkwasser und gepflasterten Straßen litt wie das viktorianische London, doch der Wirtschaftshistoriker David Good führt »überwältigende« Nachweise dafür an, dass »die Probleme des Kaiserreichs keine des wirtschaftlichen Misserfolgs, sondern solche des wirtschaftlichen Erfolges waren«.[11]

Als Joseph Schumpeter 1901 an der Wiener Universität Recht zu studieren begann, war die Stadt bereits zu einem der großen europäischen Forschungszentren auf den Gebieten der Mathematik, Medizin, Psychologie, Physik, Philosophie und Ökonomie geworden. Zu einer Zeit, als die deutsche Ökonomie von einer »historischen Schule« beherrscht wurde – angeführt von Gustav Schmoller an der Friedrich-Wilhelms-Universität zu Berlin –, welche die Abstraktion verachtete und den Kaiserstaat vergötterte, machte Carl Menger Wien zum ideologischen und intellektuellen Antipoden von Berlin und führend auf dem Gebiet der Volkswirtschaftslehre.

Die Jurisprudenz hatte an deutschsprachigen Hochschulen einen vornehmeren Stand und den Ruf, eine liberalere Ausbildung als an den britischen oder amerikanischen Universitäten anzubieten. Schumpeter

belegte neben dem bürgerlichen und römischen Recht auch Volkswirtschaftslehre, Philosophie und Geschichte, stellte aber bald fest, dass
ihn die Ökonomie, insbesondere die theoretische oder »englische«,
mehr interessierte als das Recht. Menger war mittlerweile zu alt und
gebrechlich, um noch Vorlesungen zu halten, aber die intellektuelle
Schlacht, die er so lange gegen Berlin gefochten hatte, wurde von zwei
seiner brillantesten Anhänger weitergeführt: Eugen Böhm von Bawerk und Friedrich von Wieser. Schumpeter nahm an ihren Seminaren
teil und hob sich mit seiner »kühlen, wissenschaftlichen Distanziert-
heit« und seinen »neckischen« Manieren bald ab von älteren Kommilitonen wie dem später prominenten Liberalismustheoretiker Ludwig
von Mises oder den beiden führenden Austromarxisten Otto Bauer
und Rudolf Hilferding.[12] In seinem letzten Studienjahr war es dem
zweiundzwanzigjährigen Schumpeter gelungen, nicht weniger als drei
Artikel in der von Böhm-Bawerk mit herausgegebenen *Zeitschrift für
Volkswirtschaft, Sozialpolitik und Verwaltung* zu veröffentlichen. Bis er
sich 1906 schließlich seinen Doktorhut in der Jurisprudenz verdiente,
hatte er sich bereits als entschiedener Verfechter der modernen – oder
»englischen«, wie man in Berlin sagte, ungeachtet ihrer bekannten
österreichischen, französischen und amerikanischen Beiträger – Volkswirtschaftslehre dargestellt. Seine erste Publikation nach dem Univer-
sitätsabschluss war ein langer und provokanter Aufsatz »Über die mathematische Methode der theoretischen Ökonomie«.

Nachdem Schumpeter also sozusagen seine Duftmarken gesetzt
hatte, begab er sich auf intellektuelle »Wanderschaft«, wie es unter
Universitätsabsolventen in der deutschsprachigen Welt so beliebt war.
Und da er insgeheim den ehrgeizigen Wunsch hegte, die verfeindeten
Schulen zu versöhnen und am Ende vielleicht sogar bis zur bedeutendsten Universität auf dem Kontinent vorstoßen zu können, verbrachte er
das Frühjahrssemester an der Friedrich-Wilhelms-Universität zu Berlin,
um die wichtigsten Vertreter der deutschen historischen Schule kennenzulernen. Im Sommer reiste er für mehrere Wochen nach Paris und
hörte dort die Physikvorlesungen des Mathematikers Henri Poincaré.
Sein angepeiltes Ziel war jedoch England, das Land, welches er als »die
Apotheose der kapitalistischen Zivilisation« bewunderte und dessen
Ökonomie er so erschöpfend studiert hatte.[13]

Im Frühherbst, nach seiner Ankunft in London, setzte Schumpeter das eigenartige Doppelleben fort, auf das ihn bereits seine Ausbildung vorbereitet hatte. Sein Image in der Öffentlichkeit war das des geselligen, etwas extravaganten und vergnügungssüchtigen Aristokraten vom Kontinent. Die Verhaltensweisen, Sitten und Institutionen der Engländer fand er »absolut kongenial«, ergo begann er nun auch die Routinen der mondänen Londoner Kreise zu imitieren. Er mietete eine Wohnung am Princes Square nahe dem Hyde Park, ließ sich Maßanzüge in der Savile Row anfertigen und hielt sich ein Jagdpferd für seine täglichen Ausritte entlang Rotten Row. Die Abende verbrachte er im Theater und bei Dinners, an den Wochenenden folgte er gesellschaftlichen Einladungen auf diverse Landsitze.

Seine andere, ebenso elegante Persona teilte die wachen Stunden zwischen der nüchternen und bewusst schmucklosen London School of Economics (LSE) und der gedämpften Stimmung im hohen Lesesaal des Britischen Museums auf, wo der übergewichtige und immer so nachlässig gekleidete Karl Marx *Das Kapital* geschrieben hatte. Überzeugt, dass wahrhaft originäre Denker ihre besten Ideen vor dem dreißigsten Geburtstag haben, und mit der festen Absicht, so schnell wie möglich die oberste Sprosse auf der Leiter seiner angestrebten Karriere zu erklimmen, rannte der vierundzwanzigjährige Schumpeter ständig gegen seine selbst auferlegte Deadline an.

Bevor er Wien verlassen hatte, hatte er zwei Bücher konturiert, die er zu schreiben beabsichtigte. Eines sollte die »englische« oder theoretische Volkswirtschaft der ihr feindlich gesinnten, schlecht informierten deutschen Leserschaft nahebringen; das andere war einem bahnbrechenden Beitrag vorbehalten, der, wie Schumpeter insgeheim erwartete, die Volkswirtschaftslehre revolutionieren würde. Wie die meisten Intellektuellen seiner Generation war auch er von den Auswirkungen der darwinischen Theorie von der »natürlichen Zuchtwahl« auf die Gesellschaft fasziniert. War es denn nicht ironisch, dachte er, dass permanenter Wandel das Kennzeichen der Moderne war, während die Wirtschaftstheorie den Prozess, der die Wirtschaft produktiver, spezialisierter und komplexer machte, schlicht ignorierte? Wie die »gewissen Naturerscheinungen«, auf die Marcel Proust in *Swanns Welt* anspielte und die »so langsam« waren, »daß wir zwar nacheinander jede der verschiedenen Phasen feststellen können, aber das Bewußtsein des Wandels selbst […] uns dennoch erspart« bleibt[14], war auch das

Wirtschaftswachstum ein Mysterium geblieben. Die Theorie nahm an, dass sich die Volkswirtschaft Jahr um Jahr praktisch immer nur klonte und sich im Laufe der Zeit zwar vielleicht marginal vergrößerte, in allen anderen Details jedoch im Wesentlichen unverändert blieb. Es ist richtig, dass die »statische« Theorie der Realität so angegossen passte wie ein Maßanzug, wenn Ökonomen herausfinden wollten, wie ein kleiner Wandel bei einer ökonomischen Variablen sich auf alle anderen auswirkte. Doch die vorhandene Theorie passte nur schlecht oder überhaupt nicht, wenn es sich bei dem fraglichen Wandel um einen großen handelte oder wenn der Zeitraum zu groß war, um strukturelle Veränderungen bei der Technik, der Erwerbsbevölkerung oder den Institutionen gefahrlos ignorieren zu können. Und im Gegensatz zu den Behauptungen der deutschen Ökonomen hatte auch die Wirtschaftsgeschichte nichts Besseres anzubieten, denn im Gegensatz zur Geschichtsforschung war wahre Wissenschaft allgemeingültig. Die Geschichte befasste sich mit dem, was bereits geschehen war, die Wissenschaft mit dem, was unter bestimmten Umständen geschehen oder nicht geschehen konnte. Das war es, was die Wissenschaft zu einem Kontrollinstrument machte. Wenn die Ökonomie denn eine Wissenschaft sein sollte, dann musste auch sie allgemeingültig sein.

Vonnöten war also eine ökonomische Entwicklungstheorie. Und der frischgebackene Universitätsabsolvent Schumpeter beabsichtigte nun, diese zu produzieren. Sein Traum war, die statische durch eine dynamische Wirtschaftstheorie zu ersetzen, gerade so, wie Darwin mit seiner Evolutionsbiologie die traditionelle Theorie hinweggefegt hatte. Jahre später sollte Schumpeter feststellen, dass seine Idee »die exakt gleiche wie die Idee [...] von Karl Marx« gewesen sei, welcher ebenfalls die »Vision einer ökonomischen Evolution in der Gestalt eines eigenständigen Prozesses« gehabt habe, der »vom Wirtschaftssystem selbst generiert« werde.[15]

Mindestens einmal hatte Schumpeter den Zug nach Cambridge bestiegen, um bei Alfred Marshall um Rat nachzusuchen. Der mittlerweile Fünfundsechzigjährige war in schlechter gesundheitlicher Verfassung, erholte sich noch immer von einer Auseinandersetzung mit Joseph Chamberlain, der inzwischen Kolonialminister geworden war, über die Frage des Freihandels, und stand gerade kurz davor, seinen Lehrstuhl in Cambridge aufzugeben. Trotzdem bewirtete er Schumpeter mit einem Frühstück bei Balliol Croft und hörte geduldig zu, als ihm der ungestüme junge Mann seine Pläne für den Bau einer ökonomischen Evolutionstheorie darlegte.

Wie Schumpeter ganz genau wusste, zählte diese Theorie zu den unerfüllten Träumen des alten Mannes. Auch wenn sich Marshall Werkzeuge aus der Physik entliehen hatte, um das Zusammenspiel von Angebot und Nachfrage auf einzelnen Märkten zu analysieren, hatte er doch immer darauf beharrt, dass ökonomische Phänomene eher biologischen als mechanischen Prozessen ähnelten, und hatte seine Kritik an früheren Ökonomen mit deren Annahme begründet, dass Institutionen, Technologien und die Natur des Menschen unveränderlich seien. Die letzte Auflage seiner *Principles of Economics* hatte er sogar mit der Feststellung eingeleitet, dass »das Mekka der Ökonomie in der ökonomischen Biologie liegt«[16]. Nichtsdestotrotz war er vor der Formulierung einer ökonomischen Entwicklungstheorie zurückgeschreckt. Und offenbar brachte das englische Orakel auch im Verlauf des stundenlangen Gesprächs mit Schumpeter einige Vorbehalte zum Ausdruck, denn nachdem sich Schumpeter mit den Worten von ihm verabschiedet hatte, dass er sich nach diesem Gedankenaustausch »wie ein unbesonnener Liebhaber« fühle, »der auf eine abenteuerliche Vermählung aus ist«, und ihn wie »einen gütigen alten Onkel« empfinde, »der mich zu überzeugen versucht, davon abzulassen«, soll Marshall gut gelaunt geantwortet haben: »Und so sollte es auch sein. Denn wenn da irgendwas dran ist, dann wird der Onkel umsonst gepredigt haben.«[17]

Möglicherweise hatte Schumpeter erwähnt, dass er sich gerade auf ein Abenteuer der persönlicheren Art eingelassen hatte, nämlich auf eine Affäre mit einer zwölf Jahre älteren Frau, die er gerade zu heiraten erwog. Gladys Ricarde-Seaver war englische Upperclass, »atemberaubend schön«, die Tochter eines »hohen Vertreters der Anglikanischen Kirche« und in einer weiträumigen Villa nahe Harrow im Schatten der St Peter's Cathedral aufgewachsen. Obwohl sich die Biografen sie betreffend über kaum etwas einigen können, nicht einmal über ihr Alter, sprechen die verfügbaren öffentlichen Unterlagen doch stark dafür, dass sie eine von Webbs »prächtigen Junggesellinnen« war, die »das British-Museum-Life« führten. Die sechsunddreißigjährige Gladys, die bislang nie hatte heiraten wollen, war Schumpeter wahrscheinlich an der London School of Economics begegnet, welche auch auf Frauen eingerichtet war, die sich wie Gladys für den Feminismus, für Sozialreformen und für die populäre Eugenik der Fabianer interessierten. Der Entschluss, zu heiraten, war sehr plötzlich gefallen, weder Braut noch Bräutigam scheinen ihre Familien vorab darüber informiert zu haben. Gladys' Bruder war der einzige Zeuge bei der Trauungszeremonie in Piccadilly. Natürlich könnten auch Schumpeters Anglophilie und die Aussicht auf eine aristokratische britische Verwandtschaft ausschlaggebend für seinen impulsiven Entschluss gewesen sein, aber eine drohende Schwangerschaft scheint doch das plausiblere Motiv. Später sollte Schumpeter Freunden gegenüber klagen, dass Gladys seine jugendliche Naivität ausgenutzt habe. Als sie 1933 starb, hinterließ sie ihr mittlerweile beträchtliches Vermögen einer Gesellschaft für Geburtenkontrolle.[18]

Nachdem Schumpeter sein persönliches Anti-Ehe-Gesetz also noch vor Ende des »geheiligten Jahrzehnts«, dem Lebensabschnitt zwischen zwanzig und dreißig, gebrochen hatte, drängte sich die Frage auf, womit er sein Brot verdienen sollte. Ein Romanfragment, das nach seinem Tod unter seinen Papieren gefunden wurde, handelt von einem österreichischen Aristokraten, der »ein englisches Mädchen mit einem großen Stammbaum, aber absolut keinem Geld« heiratet – ein Hinweis, dass Gladys' Einkünfte zumindest damals zu bescheiden gewesen waren, um sie beide ernähren zu können.[19] Eine Professur in Österreich anzustreben, wäre unweigerlich eine langwierige und unsichere Sache gewesen. Er spielte kurz mit der Idee, seine Zulassung zur Londoner Anwaltskammer zu beantragen, doch auch das hätte Jahre gedauert.

Es war das Zeitalter, in dem sich unternehmungslustige junge Männer mit teurem Geschmack, begrenztem Einkommen und Ehefrauen, die es zu ernähren galt, gerne gen Osten aufmachten, um dort ihr Glück zu suchen. Möglicherweise war es Gladys, die ihm bedeutet hatte, dass Kairo für jemanden mit juristischen Fachkenntnissen, aber ohne praktische Erfahrungen bessere Verdienstmöglichkeiten bot als London oder Wien. Die Engländerin in Schumpeters unvollendetem Roman »verfügte über Beziehungen, die sie resolut für ihren Liebling ausnutzte«; und Tatsache war, dass mehrere Mitglieder der Familie Ricarde-Seavers von Nordamerika bis Nordafrika Geschäfte im großen Stil betrieben. Ein Onkel zum Beispiel stand in enger Verbindung zu Cecil Rhodes und war der erste prominente Eisenbahningenieur, der den Rhodes-Plan für eine transkontinentale Eisenbahn »vom Kap bis nach Kairo« unterstützte.

Doch aus welchen Gründen die Entscheidung auch gefallen sein mag, jedenfalls vergeudeten die Frischvermählten keine Zeit, nachdem sie sich das Jawort gegeben hatten. Als die Schwalben gen Süden zogen, machten auch sie sich auf den Weg nach Ägypten.

Dank ihrer vielen Reisen konnten die Zeitgenossen von Edward VII. mit eigenen Augen sehen, wie sehr die Welt vom Wandel der Zeit aufgewühlt wurde. Sogar so uralte Kulturen wie die ägyptische waren nicht vor Einflüssen aus entferntesten Ecken der Welt gefeit. Wer die Wirtschaftsentwicklung für ein europäisches Phänomen gehalten hatte, der konnte diese überholte Vorstellung in Ägypten nur über den Haufen werfen – weniger seine Vorstellungen von den Grenzen des Wachstums als seine Antworten auf die Frage, *wessen* Wachstum beschränkt war und wessen nicht. Wäre Schumpeter nicht nach Kairo gezogen, wäre er vermutlich doch irgendwann der letztendlich unfairen Charakterisierung als ein »ziemlich beschränkter Ökonom der fortgeschrittenen Industriegesellschaft« gerecht geworden, mit der ihn der Wirtschaftshistoriker Walt Whitman Rostow später bedachte.[20]

Heute mag das nur noch schwer vorstellbar sein, aber Ägypten war tatsächlich das China der Jahrhundertwende. Anthony Trollope, der Kairo im Jahr 1865 als Beamter des britischen Royal Mail Service besucht hatte, bemerkte in seinem auf der Rückreise verfassten Roman *The Bertrams* trocken:

> *Männer und Frauen, ich sollte wohl besser sagen: Ladies und Gentlemen pflegte man vor langer Zeit in den Süden von Devonshire zu schicken, wenn sie Anzeichen von Schwäche im Brustkorb zeigten; anschließend kam Madeira in Mode; doch heute werden sie alle nach Großkairo entsandt. Kairo ist der Heimat so nahe gerückt, dass es bald nicht mehr förderlich sein wird.[21]*

Mit dem Gemetzel, das Napoleon I. 1798 an den Mamelucken verübte, setzte die Eroberung Ägyptens durch das Abendland ein. Doch die Verwandlung des Landes von einem osmanischen Lehen in ein britisches

Schutzgebiet war im Wesentlichen das Werk von Unternehmern, Bankiers und Anwälten aus der zweiten Hälfte des 19. Jahrhunderts.

Der Amerikanische Bürgerkrieg und die durch ihn entstandene »Baumwollhungersnot« in England verwandelten Kairo in ein Klondike am Nil. Der osmanische Vizekönig von Ägypten, der Khedive Ismail Pascha, ergriff die Gelegenheit beim Schopf und verwandelte das ganze Land in eine gigantische staatliche Baumwollfarm. Als dann der britische Handel mit Indien wuchs, fand er schnell eine Möglichkeit, auch diesen Umstand auszunutzen, und befahl, den Suezkanal fertigzustellen. Gewaltige Mengen ausländischen Kapitals flossen nach Ägypten. Für Rosa Luxemburg waren die »Kapitaloperationen« in Ägypten nicht nur ein faszinierender Mikrokosmos, sondern auch der »Gipfel des Wahnwitzes« des modernen Imperialismus:

Eine Anleihe jagte die andere, die Zinsen alter Anleihen wurden mit neuen Anleihen gedeckt, und riesige Industriebestellungen bei dem englischen und französischen Industriekapital wurden mit englischem und französischem geborgtem Kapital bezahlt. In Wirklichkeit machte das europäische Kapital, unter allgemeinem Kopfschütteln und Stöhnen Europas über die tolle Wirtschaft Ismails, beispiellose, märchenhafte Geschäfte in Ägypten, Geschäfte, die dem Kapital in seiner weltgeschichtlichen Laufbahn nur einmal als eine phantastische, modernisierte Auflage der biblischen fetten ägyptischen Kühe gelingen sollten.[22]

Um den Suezkanal fertigstellen zu können, häuften sich zwangsläufig die Schulden, viele andere Großprojekte erwiesen sich von vornherein als undurchführbar. Binnen sechs Jahren war der Khedive bankrott und sah sich gezwungen, seinen 44-prozentigen Anteil am Kanal zu verkaufen und seine eigene Regierung in die Konkursmasse eingehen zu lassen. Hätte er umsichtiger investiert und Schulden vermieden, dann hätte Ägypten nach Meinung so mancher Historiker als ein weiteres, wenn auch kleineres Japan ins 20. Jahrhundert übergehen können.

1883 begann die Periode der britischen De-facto-Herrschaft. Evelyn Baring, 1st Earl of Cromer, Erbe einer Bankiersfamilie und einer der großen Imperialisten seiner Zeit, wurde zum ersten britischen Generalkonsul in Ägypten ernannt und damit zur eigentlichen Macht hinter dem Khediventhron. Die Wiederherstellung von Ägyptens Solvenz war seine oberste Priorität. Er stellte britische Beamte ans Ruder der ägyptischen Verwaltung, bediente die Schulden, glich den Haushalt aus und verwendete das noch übrige Geld für Bewässerungsanlagen und Infrastrukturprojekte. 1904 überließen die Franzosen im Rahmen der »Entente cordiale« Ägypten auf unbegrenzte Zeit den Engländern, woraufhin ein weiterer, noch spektakulärerer Investitionsboom folgte. Ägypten zog ebenso viel britisches Kapital an wie Indien. Innerhalb von drei Jahren nach der Entente hatte sich der Nominalwert ägyptischer Aktien verfünffacht. Mehr als hundertfünfzig Gesellschaften mit einem Gesamtkapitalwert von dreiundvierzig Millionen Pfund waren gegründet worden. Lord Rathmore, ein Direktor der Bank of Egypt, schilderte die Spekulationsmanie, von der die Investoren erfasst wurden: »Die Leute waren offensichtlich verrückt; ich weiß nicht, welches andere Wort ich verwenden sollte; sie schienen zu glauben, dass jede neu gegründete Firma ihren Wert verdoppelte, noch bevor sie überhaupt ihre Geschäfte aufgenommen hatte.«[23]

Wie auch immer, jedenfalls sollte diese Flut an ausländischem Kapital Ägyptens Feudalwirtschaft vollständig verändern. Der Historiker Niall Ferguson stellte fest, dass die alten Reiche Tribute extrahierten, wohingegen das neue Ägypten Kapital injizierte und das Wirtschaftswachstum förderte. Im Jahr 1900 hatte die ägyptische Produktion aus zwei Salzfabriken, zwei Textilfabriken, zwei Brauereien und einer Zigarettenfabrik bestanden und wurde die bei Weitem wichtigste Industrie von den Zuckerraffinerien mit ihren rund zwanzigtausend Beschäftigten gebildet. 1907 waren in den brandneuen Industrien – der Entkörnung und Pressung von Baumwolle, der Gewinnung von Baumwollkernöl und der Seifenherstellung – 380 000 Arbeiter beschäftigt. Die Löhne stiegen mit dem Baumwollpreis. Sultan Hussein Kamil, der seinem Vater als Khedive nachgefolgt war, staunte über das Tempo, in dem Ägypter nun die abendländische Kultur übernahmen: »Ich sah Ägypter in unseren Fabriken die kompliziertesten Maschinen bedienen.«[24]

Die Ausländerkolonien – englische Auswanderer sowie Juden, Kopten und Griechen, die sich schon Hunderte Jahre zuvor dort angesiedelt hatten – machten Ägypten »zum beinahe kosmopolitischsten Land der Welt«. In Kairo wimmelte es nur so von Glücksrittern, Bankiers, Maklern und Unternehmern, die in den Tourismus, die Eisenbahn, das Bankenwesen, den Zucker und natürlich die Baumwolle investierten. Thomas Cook & Son zähmten den Nil und boten englischen Touristen »ein kleines Stück Abendland, das auf dem afrikanischen Fluss dahintreibt«. John Aird & Company, ein führendes britisches Hoch- und Tiefbauunternehmen, stellte 1902 den Bau des Assuanstaudamms fertig. Cecil Rhodes trieb derweil seinen Traum von einer transkontinentalen afrikanischen Eisenbahnlinie voran. Doch nicht jedes Unternehmen war gewinnorientiert. Der amerikanische Unternehmer und Bankier J.P. Morgan, ein anerkannter »Ägyptomane«, war nur einer von mehreren amerikanischen Millionären – darunter John D. Rockefeller, der Gründer von Standard Oil –, die archäologische Grabungen am Nil finanzierten.

Ägypten wurde zum Aushängeschild des neuen Imperialismus. Vor dem Club der Liberalen Partei in London erklärte Evelyn Baring zwei Jahre nach seiner Pensionierung stolz: »Die Geschichte vermerkt, soweit mir bekannt, keinen anderen Fall eines derart plötzlichen Sprungs aus der Armut und dem Elend in den Überfluss und das materielle Wohlergehen wie jenen, welcher in Ägypten stattgefunden hat.«[25] »Over-Baring«, wie er genannt wurde (*overbearing*: überheblich), machte solche Werbung natürlich nicht ohne Eigeninteresse. Doch nicht einmal eine derart vehemente Kritikerin des britischen Imperialismus wie Rosa Luxemburg widersprach ihm da.

Als der dreimalige demokratische US-Präsidentschaftskandidat William Jennings Bryan 1906 auf seinem Rückweg von Indien in Kairo haltmachte, fand er die Stadt auf den ersten Blick beunruhigend, ja, geradezu enttäuschend modern. Anstelle von bröckelnden Steinen und »pittoresken orientalischen Wundern« fand er grelle Lichter, elektrische Straßenbahnen, Automobile, von Gustave Eiffel konstruierte hydraulische Brücken, in Flaschen abgefülltes Wasser und ebenso viele Hochhäuser wie Minarette vor. Es war dort nicht schwieriger als in New York oder London, ein kaltes englisches Bass Ale oder eine Ausgabe der *Daily Mail* zu bekommen. Das Geschäftsviertel mit seinen hoch aufragenden Kaufhäusern aus Glas und Eisen, den pharaonischen Luxushotels, unzähligen Banken und den vielen Telefon- und Telegrafenämtern gab Kairo den Anstrich einer europäischen Stadt. Und die pastellfarbenen Belle-Époque-Wohnhäuser, die breiten Boulevards und die vielen Straßencafés erinnerten Bryan an Paris.[26]

Eine Nilkreuzfahrt war unter begüterten Paaren auf Hochzeitsreise besonders beliebt, doch Schumpeter hatte Dringlicheres zu tun, als auf Deck eines Dampfschiffs von Cook mit Gladys Händchen zu halten. Während sie mit dem Zug nach Marseille fuhren, dort den Dampfer nach Alexandria bestiegen und wiederum per Zug nach Kairo weiterreisten, trafen ständig neue Nachrichten über die Finanzkrise ein. Jede Kapitale, die einen heftigen Zusammenbruch des Aktienmarkts erlebt hatte, nannte den anschließenden Ansturm auf die Banken und die Konkurse, die er nach sich zog, bei einem anderen Namen. Viele Geschäftsleute nahmen an, dass die Probleme nirgendwo schlimmer waren als in der eigenen Kommune, dass deren Ursachen also primär lokale seien. In Wirklichkeit waren sowohl vor als auch nach der New Yorker Börsenpanik in einem halben Dutzend Staaten identische Symptome festzustellen. Die Bindeglieder der Kette, die sich um den ganzen Globus zog, waren zum Zerreißen gespannt.

In Kairo begannen die Probleme, nachdem das britische Stahlbauunternehmen Sir Douglas Fox & Partners, das die erste Strecke von Cecil Rhodes' transkontinentaler Eisenbahn gebaut hatte, eine Konzession für eine »Standseilbahn vom Fundament bis zum Gipfel der Cheopspyramide« zu erwerben versucht hatte. Vielleicht hatten die Götter der Unterwelt es übel genommen, schrieb der Wirtschaftshistoriker Alexander Noyes, oder vielleicht hatten die Investoren in diesem Vorschlag ein erstes Anzeichen für den Wahnwitz all der kommenden Spekulationen erkannt.[27] Jedenfalls stürzte der ägyptische Aktienmarkt ab. Aber die Börsenmakler und Unternehmer taten das Ganze erst einmal als etwas Temporäres ab. Im Monat darauf versammelte sich »eine ausgelassene, vergnügungssüchtige und pittoreske Menge« zu einem Maskenball. Das Tanzparkett war so überfüllt, dass man kaum das Bein schwingen konnte. Im April kam es jedoch zu einem neuerlichen Börsencrash, und diesmal stürzte der Aktienmarkt immer tiefer. Der *Economist* berichtete aus London:

Stapel von Wertpapieren warteten auf ihren Verkauf, doch der Markt war von Papieren so gesättigt, dass das Angebot von sechzig Anteilen an irgendeinem Wertpapier die Kursnotierungen um ganze Punkte abstürzen ließ. Gleichermaßen problematisch war der Ankauf. Es war wohlbekannt, dass eine Reihe von kleinen Handelshäusern ins Wanken gera-

ten waren, und als sich die Krise zuspitzte, stellte schließlich eine dieser
Firmen ihre Zahlungen ein.[28]

Sobald sich diese Nachricht verbreitet hatte, kam es zu einer ausgewachsenen Panik. Binnen weniger Wochen hatte sich fast ein Viertel
des Wertes der an der Kairoer Börse notierten Unternehmen aufgelöst wie eine Fata Morgana. Der boomende Immobilienmarkt reagierte
prompt. Die mit geliehenem Geld errichtete »große Treppe der unsiche-
ren Werte« stürzte in sich zusammen. Im Mai zogen die Gerüchte, dass
mehrere Kairoer Geldhäuser in Schwierigkeiten geraten seien, einen
Run auf die Banken nach sich. »Die vollständige Schrumpfung aller
ägyptischen Zinsen, mit Ausnahme der Staatszinsen, scheint sich auf
rund eine Milliarde Dollar seit der Fertigstellung des Assuanstaudamms
zu belaufen«, berichtete der Korrespondent der *New York Times* fins-
ter.[29] Wenig hilfreich war da, dass auch die politische Lage mit einem
Mal »schlicht und einfach verwerflich« und die nationalistische Agita-
tion »ungemein bösartig« geworden waren, wie ein hochrangiger englischer Diplomat berichtete.[30]

Baring und andere britische Staatsbeamte versuchten, gute Miene
zum bösen Spiel zu machen, wiederholten unbeirrt das konventionelle Mantra, dass Wirtschaftskrisen nur das ökonomische Äquivalent des Fastens nach einem Gelage seien, und insistierten: »Am Ende
wird die Krise außerordentlich vorteilhaft für Ägypten und die ägyptischen Finanzen sein, da sie die finanziellen Arterien von einer Menge
ungesunder Schlacken gereinigt haben wird.«[31] Doch als die Kredite
schließlich völlig versiegten, sah sich die Bank of England zu einer »sofortigen Lieferung von Gold im Wert von drei Millionen Dollar« gezwungen. Ein hochrangiger Ägypter brachte ein altvertrautes Lamento
zum Ausdruck, als er zugab: »Wir haben über unsere Verhältnisse ge-
wirtschaftet, weil wir Kapital nutzten, das nicht das unsere war.«[32]

Der Börsencrash in Ägypten war jedoch nur Teil eines weltweiten
Phänomens, so wie Kairo nur ein Glied in der Kette war, die sich von
San Francisco bis Santiago, von London bis Bombay, New York, Ham-
burg und Tokio erstreckte. Diese Kette war nicht nur von Schiffen,
Eisenbahnen und Telegrafenkabeln zusammengehalten worden, son-
dern auch von Geldscheinen, Banknoten und Banküberweisungen. Das
Gold und der Boom mögen den Kairoern zwar einzigartig erschienen

sein, hatten in Wahrheit aber praktisch universell das Gleiche ausgelöst. Ein Londoner Bankier hatte es so formuliert: »Ungefähr Mitte des Jahres 1905 begannen die Kapitalströme und die Kreditfazilitäten in der ganzen Welt unter einen Druck zu geraten, der sich *im Laufe* der nächsten zwei Jahre in einem derart unheilvollen Tempo verstärkte, dass bedächtige Männer in vielen weit auseinanderliegenden Märkten schon lange vor dem Oktober 1907 mit ernsthafter Besorgnis diskutierten, was die Folge davon sein würde.«[33] Das Ereignis, das die Kettenreaktion auslöste, hatte am anderen Ende der Welt stattgefunden: Das große Erdbeben und die anschließende Feuersbrunst in San Francisco hatten 1906 nicht nur die Stadt dem Erdboden gleichgemacht, sondern auch zu gewaltigen Forderungen an die Londoner Versicherungsgesellschaften geführt. Und während diese nun gezwungen waren, Pfund zu verkaufen, um Dollars zu kaufen, damit sie ihre Leistungsverpflichtung erfüllen konnten, begann das Pfund im Verhältnis zu seinem Goldwert zu fallen. Und um den Abfluss des Goldes zu begrenzen, erhöhte die Bank of England ihren Diskontsatz im Oktober 1906 auf sechs Prozent. Das Resultat war eine Kreditverknappung für Darlehensnehmer.

Unter dem Goldstandard brauchte England nur zu niesen, damit die Vereinigten Staaten Schnupfen bekamen. Der New Yorker Aktienmarkt stürzte im März 1907 ab, im Mai begann man einen Rücklauf der Wirtschaftsaktivität zu verzeichnen. Und diese Rezession schuf die Voraussetzungen für die letzte und schlimmste Bankenpanik – die Krise von 1907, die sich vor allem auf die New Yorker Trusts konzentrierte. Die folgende Kreditsperre zwang Tausende von Banken und Unternehmen in den Vereinigten Staaten in den Bankrott. Der heftige Abschwung hielt über ein Jahr lang an, die Geschäftsbedingungen sollten sich erst 1910 wieder vollständig erholen. In England und auf dem europäischen Kontinent war die Rezession sogar noch gravierender und von noch längerer Dauer. In Kairo hingegen erwies sich die Krise von 1907 nur als eine Atempause.

Eine Woche nach ihrer Abfahrt vom Bahnhof Paddington saßen Schumpeter und seine frisch Angetraute auf der eleganten Terrasse des legendären Shepheard Hotel mit Blick über die geschäftige Al-Kamel-Straße, wedelten mit Fächern die Fliegen weg, lauschten »hundert verschiedenen Angeboten von Führern und Händlern«[34] und sogen mit ihren Drinks »die kuriose koloniale Atmosphäre von Kairo« ein.[35] Jung und schön, verschmolzen sie perfekt mit der kosmopolitischen Szenerie, in der sich, wie der Londoner *Traveler* erläuterte, »Amerikaner, Briten, Deutsche, Russen mit japanischen, indischen, australischen, südafrikanischen, reichen, eleganten und gut aussehenden Musterbeispielen der von uns so genannten Zivilisation vermischen«[36].

Der Zusammenbruch der Aktienkurse und der Immobilienpreise im Frühjahr hatte einen ganzen Berg an Zivilklagen nach sich gezogen. Schumpeter trat in eine italienische Anwaltskanzlei ein und begann bald, europäische Geschäftsleute vor dem »Gemischten Gerichtshof« zu vertreten, der ein eigentümliches Relikt aus der Zeit der osmanischen Verwaltung war. Aus dem Gerichtsgebäude blickte man auf Ataba-el-Khadra, den Knotenpunkt der elektrischen Straßenbahnen und den lautesten Platz der Stadt, erfüllt von »den lärmenden Rufen der Straßenhändler, dem Klirren der winzigen Messingtabletts der Wasserträger, den röhrenden Trompetenhupen der Automobile, dem Geklingel der Straßenbahnschellen [...], tumultartig verstärkt von den leidenschaftlich keifenden Stimmen all der Männer und Frauen«[37].

Schumpeter stellte bald fest, dass seine anwaltliche Tätigkeit zwar lukrativ war, aber doch bei Weitem nicht seine gesamte Zeit beanspruchte. Anstatt nach Verlassen des Gerichtsgebäudes also direkt in den Country Club zu gehen, tauchte er oft in einem der beliebten Cafés unter – wie Wien war auch Kairo eine Stadt der Kaffeehäuser. Diese nur den Männern offen stehenden Rückzugsorte dienten als Schachzimmer, Büros, literarische Salons und zunehmend auch als die Hauptquartiere von islamischen Fundamentalisten und antiimperialistischen Verschwörern. Schumpeter nippte seinen Mokka, zog an der Wasserpfeife, die dort auf gleiche Weise die Runde machte wie in Wien, und ließ schnell und säuberlich den Füllfederhalter über Papierbogen fliegen.

»Der deutsche Nationalökonom weiß oft nur sehr ungefähr, womit sich eigentlich der ›reine‹ Theoretiker beschäftigt«, verkündete der vierundzwanzigjährige Autor, der seine Schrift als einen Aufruf an Kritiker und insbesondere die deutsche Ökonomen verstand: »Verstehen wollen wir und nicht bekämpfen, lernen, nicht kritisieren, analysieren und das Richtige an jedem Satze herausarbeiten, nicht einfach billigen oder verwerfen.«[38] Er wollte die an den deutschen Universitäten so populäre Sicht entkräften, dass die »englische« oder theoretische Nationalökonomie eine sterbende Disziplin sei. Richtig sei vielmehr: »… die Ökonomie, die wir heute allein wirklich besitzen, gibt uns ein System, wie die Mechanik, erzählt nicht von Entwicklung, wie die Biologie.«[39] Sie könne keinen Aufschluss geben über den dynamischen Prozess, der zuerst Großbritannien, dann Frankreich, Deutschland und Österreich-Ungarn und nun Ägypten transformiert habe.

Diese Lücke in der ökonomischen Theorie spreche jedoch nur für die Konstruktion einer neuen, dynamischen Theorie und keineswegs für die Abschaffung der theoretischen Ökonomie.

Schumpeter beendete das Schlusskapitel »Über die Zukunft der theoretischen Ökonomie« mit zwei Fragen: Lässt sich die Existenz einer *ökonomischen* Entwicklung beweisen, in dem Sinne, in dem sich Wachstum auf *ökonomische* anstelle von demografischen und politischen Ursachen und anderen äußeren Einflüssen zurückverfolgen lasse? Ist es möglich, einen plausiblen Bericht von der ökonomischen Evolution abzugeben, unter der Annahme, dass solche bestehenden gesellschaftlichen Vorkehrungen wie der Kapitalismus und die Demokratie fortbestehen können? Seine Antwort auf beide Fragen war ein eindeutiges Ja.

Anfang Mai 1908, Schumpeter hatte sein fast siebenhundert Seiten umfassendes Manuskript gerade an einen deutschen Verlag geschickt, setzte der Schirokko von Süden ein, und er wurde vom Maltafieber niedergestreckt, einer kräftezehrenden bakteriellen Infektion mit oft tödlichem Ausgang. Der allgegenwärtige Sandstaub, die brütende Hitze und drohende Komplikationen überzeugten ihn, dass es an der Zeit für die Rückkehr nach London war. Er hatte seine beiden Ziele in Kairo erreicht: Abgesehen davon, dass er sein erstes Buch vollendet hatte, war er nun zwar nicht reich, aber doch ausreichend liquide. Seine Anwaltspraxis hatte floriert, und er hatte das Glück gehabt, die Gunst einer Tochter des Khediven zu gewinnen und zu ihrem Anlageberater bestellt zu werden. Nachdem es ihm gelungen war, die Mieteinnahmen aus ihren Anwesen zu verdoppeln und erfolgreich eine Zuckerraffinerie umzustrukturieren, hatte er eine beträchtliche Summe einstreichen können.[40] Im Oktober 1908 war er zurück in London, erholte sich im Haus seines Schwagers und plante seine Rückkehr nach Wien.

Bis Februar 1909 war er schließlich ausreichend wiederhergestellt, um an der Universität Wien seinen Habilitationsvortrag zum Thema *Das Wesen und der Hauptinhalt der Theoretischen Nationalökonomie* halten zu können. Der Auftritt brachte ihm glänzende Kritiken und den Titel eines Privatdozenten ein. Die Rezensionen des Buches waren gemischt, wenngleich sogar seine Kritiker sich beeindruckt zeigten. Zu seinem Verdruss machte ihm seine Alma Mater jedoch kein Angebot. Anstelle einer prestigeträchtigen Berufung an die Universität einer großen europäischen Kapitale musste er in Czernowitz in der Bukowina, einem abgelegenen k.u.k. Außenposten, nicht unähnlich seinem Geburtsort, das Amt eines Extraordinarius annehmen.

Czernowitz war eine polyglotte Stadt voller Durchreisender und verfügte über eine mittelmäßige neue Universität. Die Bewohner unterteilten sich in deutsche Protestanten, Juden (die jiddisch sprachen), römisch-katholische sowie armenische und griechisch-orthodoxe Christen, darunter viele, die erst jüngst dort eingetroffen waren und sich danach sehnten, nach Wien, Paris oder New York weiterziehen zu können. Eben weil so relativ wenige mit dieser Stadt verwurzelt waren, dominierte hier keine Ethnie oder Religion die anderen, niemand versuchte, den anderen zu bekehren, niemand verspürte den Impuls, mehr zu tun, als sich um den eigenen Laden oder das eigene Geschäft zu kümmern und sonntags einen Spaziergang durch den Stadtpark zu machen. Bloß Schumpeter war verstimmt und brachte das zum Ausdruck, indem er Gladys betrog, seine Kollegen brüskierte und allen Anstandsregeln eine lange Nase drehte. Die Fakultät schockierte er zum Beispiel, indem er bei Konferenzen in Jodhpurhosen auftauchte und einmal sogar den Universitätsbibliothekar zum Duell forderte.

Albert Einstein verglich die Jahre 1902 bis 1909, die er am Patentamt in Bern verbrachte, mit dem »Dienst auf Leuchttürmen und Leuchtschiffen« und empfahl solche Perioden der erzwungenen Isolation auch anderen Wissenschaftlern, die es nach genialer Arbeit dürstete, weil sie einem Zeit zum Nachdenken und zum Sortieren der eigenen Gedanken verschafften, da solche Zurückgezogenheit ja auch das ablenkende Brummen fremder Ideen verminderte.

Und Czernowitz erwies sich nun als Schumpeters »Dienst auf Leuchttürmen und Leuchtschiffen«. In den beiden Jahren, die er dort verbrachte, destillierte er, was er im Alter von vierundzwanzig bis sechsundzwanzig im Ausland in sich aufgesogen, beobachtet, imaginiert und gedacht hatte. Und diese Mischung ergoss sich dann in seine *Theorie der wirtschaftlichen Entwicklung.*

Für Schumpeter bedeutete ein Entwicklungsprozess nicht nur, dass sich eine Volkswirtschaft vergrößerte, sondern auch, dass ihre Beschäftigten produktiver, ihre Bürger wohlhabender, ihre Industrien spezialisierter und ihr Finanzsystem ausgeklügelter würden. Er fand es selbstverständlich, dass das Ziel jeder Produktion »die Bedürfnisbefriedigung«[41] und ein steigender Lebensstandard immer das Ergebnis von Entwicklung war. Entwicklung bedeutete für ihn also nicht einfach nur ein Bevölkerungs- oder Wohlstandswachstum. Eine Nation mit einer rapide anwachsenden Bevölkerung könne mehr produzieren, ohne höhere Durchschnittslöhne anzubieten oder den Verbrauch zu steigern. Räuberische Imperien wie das alte Ägypten hätten sich auf Kosten schwächerer Mächte bereichern können und dabei nicht einmal das Produktionsniveau steigern müssen. Neue, dünn besiedelte Gebiete könnten reich sein, ohne die Fähigkeit zur Spezialisierung oder ein hohes Maß an Interdependenz entwickelt zu haben.

Die Fähigkeit einer Nation, ihren Bürgern einen hohen Lebensstandard zu ermöglichen, hänge in allererster Linie von ihrer Produktivkraft ab, die es der Wirtschaft ermögliche, immer mehr mit den gleichen Mitteln zu produzieren, so wie der Zaubertopf im Grimm'schen Märchen *Der süße Brei*. Im selben Sinne hatte Mark Twain 1897 geschrieben: »Die britische Geschichte ist zweitausend Jahre alt, und doch hat sich die Welt seit der Geburt der Queen weiter vorwärtsbewegt als in den gesamten vorangegangenen zweitausend Jahren.«[42] Schumpeter behandelte die volkswirtschaftliche Entwicklung als eine Tatsache und nicht als eine theoretische Möglichkeit, da sich die Produktionsleistung pro Werktätigem ja bereits während seiner eigenen Lebenszeit verdoppelt bis verdreifacht hatte, wohingegen sie in den beinahe zweitausend Jahren zwischen der Geburt Christi und der Geburt von Queen Victoria mehr oder weniger stagniert hatte. Malthus und Mill hingegen

lebten an der Schwelle der großartigsten wirtschaftlichen Entwicklung aller Zeiten. Unter ihren Augen reiften große Möglichkeiten zur Wirk-

lichkeit heran. Sie aber sahen nichts als eine verkrampfte Wirtschaft, die
mit stetig rückläufigem Erfolg um ihr tägliches Brot kämpft. Sie waren
überzeugt, daß der technologische Fortschritt und die Kapitalvermeh-
rung das schicksalhafte Gesetz der abnehmenden Erträge letzten Endes
nicht überwinden könnten [...], sie alle erwarteten für die Zukunft den
Übergang in einen stationären Zustand.[43]

Es ließ sich nicht mehr bestreiten, wie es 1848 und sogar 1867 noch
möglich gewesen war, dass der Lebensstandard des Durchschnittsbür-
gers um ein Vielfaches gestiegen war. In den reichen Ländern war ein
steiler Anstieg beim Verbrauch von Lebensmitteln, Kleidung, Tabak,
Fleisch und Zucker zu verzeichnen; die bessere Ernährung spiegelte
sich in den demografischen Trends wider. Die Kindersterblichkeit war
seit 1845 stark zurückgegangen, die Lebenserwartung von Neugebo-
renen seit 1860 gestiegen; die durchschnittliche Körpergröße, die zwischen 1820 und 1870 gefallen war, hatte seit 1870 wieder zu steigen
begonnen; das Doppelelend von Obdachlosigkeit und Bettelzwang begann zu verschwinden. Dass »der kapitalistische Prozess progressiv
den Lebensstandard der Massen erhöht«, schrieb Schumpeter, geschehe
»nicht durch bloßen Zufall, sondern kraft seines Mechanismus«. Sogar
der sonst so vorsichtige Alfred Marshall hatte 1907 behauptet: »Das
Gesetz des abnehmenden Ertrages wurde [soeben] fast außer Kraft gesetzt.«[44]

Wenn die Entwicklung tatsächlich im Wesentlichen vom »Weltmarkt« angekurbelt worden wäre, wie Marx' Hypothese gelautet
hatte, und wenn lokale Bedingungen tatsächlich kaum eine Rolle spielten, dann hätten sich die durchschnittlichen Lebensstandards einander
stärker angleichen und nicht immer ungleicher werden müssen. Aber
jeder, der wie Schumpeter in Wien, London, Kairo und Czernowitz gelebt hatte, wäre verblüfft gewesen über die erstaunlichen Unterschiede
in Niveau und Tempo der ökonomischen Entwicklungen in den verschiedenen Ländern. 1820 war der durchschnittliche Lebensstandard
im reichsten Land der Welt – nach wie vor Holland – ungefähr um das
Dreieinhalbfache höher gewesen als in den ärmsten Ländern Afrikas
und Asiens. Bis 1910 war die Differenz zwischen den Reichsten und
den Ärmsten auf das Achtfache gestiegen.[45] In diesen unterschiedlichen Lebensstandards spiegelten sich primär die Unterschiede der Pro-

duktivkraft, weniger die der Territorien, Bodenschätze oder Bevölkerungen. Die leistungsfähigsten Volkswirtschaften der Welt konnten mit jedem gegebenen Kapital- und Arbeitsaufkommen ein Vielfaches der weniger effizienten Ökonomien produzieren.[46] Aber Tatsache war auch, dass die Produktivität einiger Volkswirtschaften um ein Vielfaches schneller wuchs als die von anderen. Die Frage war also nicht nur, welcher Prozess die Produktivkraft derart steigern konnte, sondern auch, warum dieser Prozess in einigen Ländern so viel schneller vonstatten ging als in anderen.

Die traditionelle Antwort darauf hätte gelautet, dass die Entwicklung einer Nation von ihren Ressourcen abhänge. Schumpeter vertrat die gegenteilige Auffassung. Es spiele keine Rolle, was eine Nation besitze, sondern nur, was sie mit dem tue, das sie besitze. Er identifizierte drei *lokale* Elemente des industriellen und kommerziellen Lebens als die Motoren dieses Prozesses: Innovation, Unternehmertum und Kredit. Das charakteristischste Merkmal des Kapitalismus sei die unablässige Innovation: sein berühmter »ewige[r] Sturm der schöpferischen Zerstörung«[47]. Auch Marx hatte festgestellt: »Die Bourgeoisie kann nicht existieren, ohne die Produktionsinstrumente, also die Produktionsverhältnisse, also sämtliche gesellschaftlichen Verhältnisse fortwährend zu revolutionieren.«[48] Doch er hatte dabei primär die Automatisierung der Fabrik vor Augen gehabt. Schumpeters Blick war umfassender: Die Innovation, womit er die profitable Anwendung von neuen Ideen und weniger Erfindungen per se meinte, könne viele Arten des Wandels herbeiführen – ein neues Produkt, einen neuen Produktionsprozess, neue Versorgungsquellen, Märkte oder Organisationsformen.

Marshall hatte in seinen *Principles* – von der Überzeugung geleitet, dass die Natur keine Sprünge mache – die kontinuierlichen, inkrementellen Verbesserungen hervorgehoben, die durch Management und Facharbeiter vorgenommen wurden und sich *im Laufe* der Zeit akkumulierten. Schumpeter legte die Betonung auf dramatische, zerstörerische und diskontinuierliche innovative Sprünge. »Schicke so viele Postkutschen hintereinander los, wie du willst, du wirst damit nie eine Eisenbahn bekommen.« »Der Grundgedanke«, erklärte er, sei, »daß die wirtschaftliche Entwicklung wesentlich andre Verwendung der vorhandenen Arbeits- und Bodenleistungen« vorsehe.[49] Aber neue Techniken allein konnten nicht erklären, weshalb einige Volkswirtschaften sich entwickelten und andere nicht, da neue Maschinen und Methoden ja in aller Welt übernommen werden konnten und wurden. Marx hatte expressis verbis jede Rolle für das Individuum in diesem Drama ausgeschlossen. Beatrice Webb monierte, dass Marx' »Automatenbesitzer« von Kräften getrieben werde, über die er keine Kontrolle und in die er keine Einsicht habe, weshalb er blind nach Profit strebe, »ohne sich der Existenz irgendeines Begehrs, das es zu befriedigen gilt, überhaupt bewusst zu sein«[50]. Schumpeter konzentrierte sich auf den Faktor Mensch. Aus seiner Sicht hing die Entwicklung primär vom Unternehmer ab, und er teilte auch die Besessenheit der deutschen Kultur des späten 19. Jahrhunderts von der »Führerschaft«. Doch seit er wusste, dass Sidney Webb der fabianischen Theorie entsprechend den erblichen Genius zum Verursacher von ungleichem Einkommen erklärt hatte, hatte er begonnen, sich auch für die Aussagen von Darwins Cousin Francis Galton und Karl Pearson, einem Professor der London School of Economics, über den erblichen Genius und die Rolle von Eliten zu interessieren.

Die zentrale Figur in Schumpeters Geschichte war der visionäre »Leiter«. Die Funktion des Unternehmers bestehe darin, »die Produktionsstruktur zu reformieren oder zu revolutionieren entweder durch die Ausnützung einer Erfindung oder, allgemeiner, einer noch unerprobten technischen Möglichkeit ...«[51] Damit könnten neue Produkte wie Automobile und Telefone gemeint sein, neue Prozesse wie das Cyanid-Laugverfahren, das bei der Goldgewinnung in Südafrika angewandt wurde, neue Organisationsformen wie der Trust, neue Märkte wie der ägyptische Markt für Schienenfahrzeuge oder neue Bezugsquellen, wie zum Beispiel Indien als Lieferant für Baumwolle. Im Gegensatz zu Marx' Eigner des »Automaten« oder zu Marshalls Chefingenieur zeichnete sich der Unternehmer bei Schumpeter durch die Bereitschaft aus, alte Denk- und Handlungsmuster hinter sich zu lassen und vorhandene Ressourcen auf neue Art und Weise einzusetzen. Innovation bedeutete für ihn, Hürden, Trägheit und Widerstand zu überwinden. Außergewöhnliche Fähigkeiten und außergewöhnliche Männer seien gefragt. »Nach [neuem Plan] handeln und nach dem gewohnten handeln sind so verschiedene Dinge wie einen Weg bauen und einen Weg gehen ...«, schrieb Schumpeter.[52]

Seine Unternehmer werden weniger von der Liebe zum Geld motiviert als von dem Drang zur Dynastienbildung – von dem »Traum und de[m] Wille[n], ein privates Reich zu gründen [...], sodann der Siegerwille. Kämpfenwollen einerseits, Erfolghabenwollen des Erfolgs als solchen wegen andrerseits [...] Freude am Gestalten endlich ist eine dritte solche Motivfamilie [...]. Das kann sowohl bloße Freude am Tun sein [...] als auch speziell Freude am Werk, an der Neuschöpfung als solcher.«[53] Während Marx den Bourgeois als einen Parasiten abtat, dessen Handlungen sich letztendlich zerstörerisch auf die Gesellschaft auswirkten, erweiterte Schumpeter Friedrich von Wiesers Vorstellung, dass Wachstum das Ergebnis des heldenhaften Einschreitens einzelner Männer sei, die an neuen wirtschaftlichen Ufern als Führer auftauchten.[54] Schumpeter wurde nie müde, darauf zu verweisen, dass »die schöpferische Rolle der Unternehmerklasse von den meisten ›bourgeoisen‹ Ökonomen beharrlich übersehen« werde. Wissenschaft und Technik seien keine unabhängigen Kräfte, sondern ebenso »Produkte der bourgeoisen Kultur« wie »die Leistung des Unternehmers selbst«[55]. Auch wenn viele Unternehmer große Vermögen anhäuften, indem sie das Wirtschaftswachstum ankurbelten und die Produktivität steigerten, trügen sie, nicht die Sozialreformer, mehr als irgendeine Regierung oder Wohlfahrtseinrichtung zur Beseitigung von Armut bei.

Ungeachtet seiner Energie, seiner Vision und seiner Rolle als Herr und Gebieter, könne der Unternehmer jedoch immer nur in einem bestimmten Umfeld Erfolg haben. Besitzrechte, Freihandel und stabile Währungen seien unerlässlich, doch der eigentliche Schlüssel für sein Überleben sei der billige und reichlich zur Verfügung stehende Kredit. Um seine Pläne umsetzen zu können, müsse der Unternehmer Land, Arbeit und Maschinen von ihrer gegenwärtigen Verwendung auf seine Projekte umlenken. Ermöglicht werde ihm sein Handeln von »Bankiers und anderen Finanzmaklern, die Sparvermögen bereitstellen, Projekte evaluieren, Risikovorsorge betreiben, Manager überwachen, Kredite einräumen und Ressourcen von alten in neue Kanäle umleiten«[56]. Ja, die besondere Abhängigkeit des Finanzsektors von Zuversicht und Vertrauen mache ihn anfällig für Paniken und Crashs, doch ohne einen gut funktionierenden Kreditmarkt und ohne ein robustes Bankensystem wäre die Wirtschaft der für Innovationen so dringend benötigten Niedrigzinsen und Kreditmöglichkeiten beraubt. Was erfolgreiche

Volkswirtschaften von anderen unterscheide, sei nicht das Ausbleiben von Krisen und Rezessionen, sondern die Tatsache, dass sie in den Phasen von Investitionsbooms imstande seien, verlorenen Boden mehr als nur gutzumachen.

Die höchsten Zinssätze der Welt wurden in den ärmsten Ländern gefordert. Der Wirtschaftshistoriker David Landes schrieb: »In diesen ›unterentwickelten‹ Staaten, in denen das geheimnisvolle Aufklärungspotenzial der zivilisatorischen Strahlen des Kapitalismus noch nicht zur Geltung kam, gab es wenige Banken, aber viele Geldverleiher; wenige Investitionen, aber viel Horten; keinen Kredit, aber viel Wucher.«[57] In Ägypten standen die Unternehmer wegen der Rückständigkeit des lokalen Bankensystems und der primitiven Kredit- und Wechselfazilitäten vor gewaltigen Hürden. Die Zinssätze waren zwei- bis dreimal so hoch wie im Westen. Die besten verzinslichen Wertpapiere brachten 12 bis 20 Prozent, während der arme Bauer 5 bis 6 Prozent pro Monat zahlte.

Nachdem Schumpeter aufgezeigt hatte, dass die vorhandene Theorie für ein System konzipiert worden war, in dem es zu »keiner wesentlichen Entwicklung« kam, gelang es ihm, eine neue Theorie für ein System in Bewegung zu entwickeln. Auf der vorhandenen Theorie aufbauend, zeigte er, wie eine Wirtschaft mehr mit den gleichen Ressourcen produzieren und zugleich eine neue, spezialisiertere Struktur annehmen konnte. Seine Theorie implizierte, dass jedes Volk dazu in der Lage sei. Er betonte das jeweilige lokale Geschäftsumfeld, und damit legte er nahe, dass alle Völker die Herren ihres eigenen Schicksals sein könnten. Staaten, die ihre Bürger im Wohlstand leben sehen wollten, müssten ihre territorialen Ambitionen hingeben und sich darauf konzentrieren, ein günstiges Geschäftsklima für das eigene Unternehmertum zu schaffen – solide Besitzrechte, stabile Preise, freier Handel, moderate Steuern und eine konsistente Regulierung. Es gebe keine systemimmanenten Grenzen des Wachstums. Und da die Bedürfnisse der Menschen grenzenlos seien, böten steigende Einkommen und neue Konsumbegehren ebenso viele Möglichkeiten zu profitablen Unternehmungen wie die Erschließung neuer Gebiete. Solange Handel möglich sei, ließen sich mit Innovationen sämtliche Restriktionen ausgleichen, die sich aus der Population, dem Staatsgebiet und den Ressourcen ergaben. Das war eine betörend romantische Geschichte, geradezu ein Heldenepos. Schumpeter hatte nicht zufällig ein unkriegerisches Rezept aus Chancengleichheit und Optimismus für den wirtschaftlichen Erfolg gefunden.

Im Mai 1911 vollendete Schumpeter in Wien das Manuskript seiner *Theorie der wirtschaftlichen Entwicklung*. Er war in der Wohnung seiner Mutter untergekommen und wartete auf Nachricht, ob er für einen freien Lehrstuhl an der Universität von Graz ausgewählt worden war. Die Stadt, in der er einen Teil seiner Kindheit verbracht hatte, war zwar provinziell, das aber auf sehr angenehme Weise. Ihre Universität hatte sich noch keinen besonderen Ruf erworben, aber den Vorteil, nur zweieinhalb Stunden Eisenbahnfahrt von der Hauptstadt entfernt zu liegen. Doch die Fakultät fand sein Werk »trocken, abstrakt und formalistisch« und stimmte für einen anderen Kandidaten. Nur der Intervention seines Mentors Böhm von Bawerk im Bildungsministerium war es zu verdanken, dass diese Entscheidung revidiert werden musste. Schumpeters ehrgeiziger Plan, der jüngste ordentliche Professor des Reiches zu werden, hatte sich im Alter von achtundzwanzig Jahren erfüllt.

Als Schumpeter im Herbst 1911 seinen Lehrauftrag in Graz antrat, erwartete ihn ein eiskalter Empfang sowohl der Studenten (die seine Vorlesungen boykottierten) als auch seiner neuen Kollegen. Aber der war bei Weitem nicht so eisig, wie es die Reaktionen auf sein Opus Magnum waren, das im selben Herbst erschien und, wie Schumpeter später selbst bestätigen sollte, allenthalben auf Feindseligkeit stieß.[58] Selbst Böhm von Bawerk war ausgesprochen ablehnend, so sehr sogar, dass er im Jahr darauf eine sechzigseitige Kritik an dem Werk verfasste. Noch entmutigender aber war, dass sein Mentor einer der wenigen Nationalökonomen war, die überhaupt Notiz davon genommen hatten.

Als Schumpeter die Einladung erreichte, das akademische Jahr 1913/14 als erster österreichischer Gastprofessor an der Columbia University in New York zu verbringen, nahm er eilfertigst an. Seine Frau machte ihm klar, dass sie nicht die Absicht habe, ihn zu begleiten. Die Ehe war bereits kurz nach der Hochzeit problematisch geworden, vielleicht weil eine feministische englische Fabianerin und ein Wiener mit fürstlichem Gehabe kaum auf gleicher Wellenlänge lagen, vielleicht aber auch, weil beide Schumpeters eigenem Zeugnis nach promisk waren. Da ihm also klar war, dass die Ehe ein Fehler gewesen war, unternahm er keinerlei Versuche, Gladys von ihrer Entscheidung abzubringen. Im August 1913 ging er in Liverpool allein an Bord der *RMS Lusitania*, derweil Gladys wieder ihr altes Leben in London aufnahm.

Schumpeters Sabbatjahr war ein großer Erfolg. Er liebte New York und wurde seinerseits geliebt von den Amerikanern, die ebenso hingerissen waren von seiner geistsprühenden Konversation wie erstaunt über seine persönlichen Gewohnheiten, etwa, dass seine Morgentoilette jeden Tag eine volle Stunde in Anspruch nahm. Ein Kollege an der Columbia University bezeichnete seine Antrittsvorlesung als »einen bemerkenswerten Auftritt [...], sehr ungewöhnlich – so brillant wie profund«[59].

Der Triumph wurde von einer Nachricht des Universitätspräsidenten gekrönt, in der er Schumpeter mitteilte, dass die Kuratoren für die Verleihung der Ehrendoktorwürde an ihn gestimmt hatten. Einladungen aus Princeton, Harvard und anderen Universitäten strömten nur so herein. Irving Fisher lud ihn über Thanksgiving nach New Haven ein. Beim Dinner diskutierten sie die Wahrscheinlichkeit eines Krieges in Europa. Wie der englische Politiker Norman Angell war auch Fisher davon überzeugt, dass die wirtschaftliche Integration diese Möglichkeit sehr unwahrscheinlich machte. Viele Nationen seien mittlerweile derart abhängig vom Kapital aus dem Ausland, erklärte er, dass sie sich schlechtes Benehmen nicht mehr leisten könnten. Schumpeter hörte skeptisch zu.

Bevor er die Vereinigten Staaten verließ, konnte er dem Wunsch nicht widerstehen, wie einst Alfred Marshall einen Zug zu besteigen und durch das Land zu reisen. Erst im August 1914 kehrte er nach Wien zurück.

ZWEITER AKT

ANGST

Prolog:
Krieg der Welten

Die Welt wird sich bemühen, so viel wie möglich aus
dem Wrack zu bergen.

Irving Fisher, 1918[1]

»Sidney weigert sich, an die Möglichkeit eines Krieges zwischen den
europäischen Großmächten zu glauben«, notierte Beatrice Webb am
Rand ihres Tagebucheintrags vom 31. Juli 1914.[2] Auch die Investoren
sahen den Weltkrieg offenbar nicht kommen, bedenkt man, dass sich
die Geld- und Anleihenmärkte gerade auf einem Allzeithoch bewegten.
Ein Krieg, so glaubte man, wäre mit Sicherheit Selbstmord und deshalb
undenkbar. Eine Woche nachdem die deutschen Truppen Brüssel besetzt hatten, prophezeite George Bernard Shaw im *New Statesman* (der
mit seiner Unterstützung von den Webbs gegründet worden war), dass
der Krieg in wenigen Wochen vorbei sein würde. Anfang August hatte
Beatrice festgestellt, dass der Krieg »wie ein schrecklicher Albtraum
über alle Klassen kam, niemand ist in der Lage, zu erkennen, wie diese
Katastrophe zustande kam«.[3]

Für sie persönlich war die Kriegszeit »leer, trostlos«. Ihre politischen Aktien hatten schon vor 1914 zu sinken begonnen und stürzten
immer weiter ab. Sie hatte gehofft, dass man ihr und Sidney irgendeine wichtige Rolle in der liberal geführten Kriegskoalition von Premierminister David Lloyd George zuweisen würde. Aber das Angebot
blieb aus.

Und so begaben sich die Webbs auf eine etwas planlose Weltreise.
1918 wurde Beatrice dann tatsächlich in eine Kommission berufen, die
sich der Kluft zwischen den Löhnen und Gehältern von Frauen und
Männern annehmen sollte, aber sie bedauerte ihre Zusage fast augenblicklich. »Ich bin nicht im Geringsten an diesem Thema interessiert«,

klagte sie, während sie von Ängsten getrieben war über »die Art von Welt, in der wir leben werden, wenn der Friede gekommen ist«.[4]

* * *

Der Cambridger Universitätsprofessor, Staatsbeamte, Spekulant und Kunstmäzen John Maynard Keynes war ein ziemlich unscheinbarer und grobschlächtiger Mann, verstand es aber, diese Schwächen mit Cleverness, charmanter Redekunst und einer zupackenden Art bei praktischen Dingen wettzumachen. Seine besten Freunde, die ihn allesamt Maynard nannten, waren die Maler, Schriftsteller und Kritiker, die man kollektiv als »Bloomsbury Group« bezeichnet. Sie rechneten damit, dass er ihre Gemälde kaufte, sie in Immobilienfragen beriet und treuhänderisch ihre Vermögen anlegte – während sie unentwegt darüber debattierten, ob er nun ein hoffnungsloser Spießer sei oder nicht.

Als England im August 1914 den Kriegszustand ausrief, war sich die Bloomsbury Group sofort mit George Bernard Shaw einig, dass Krieg Wahnsinn war und »nur den dummen Kapitalisten zugutekommt«.[5] Keynes schwor, sich zum Kriegsdienstverweigerer zu erklären, und bestürzte seine Freunde dann, als er es sich doch anders überlegte. Vollends verstimmte er sie schließlich, als er der Einladung des damaligen Schatzkanzlers Lloyd George folgte, im Stab des Schatzamts zu dienen. Keynes verteidigte sich mit der Erklärung, dass der Krieg zweifellos eine schlimme Sache sei, seine Mitwirkung an der Regierung ihn aber wenigstens etwas weniger schlimm machen könnte.

Dem Schatzamt fiel nicht nur die Aufgabe zu, »maximales Gemetzel zu minimalen Kosten« zu erreichen, es sollte auch für die Finanzierung des Krieges sorgen, ohne die stabilste Währung der Welt oder Großbritanniens Supremat als Weltbankier zu gefährden.[6] Doch während sich die Kämpfe hinzogen, lieh Großbritannien seinen europäischen Bündnispartnern so gewaltige Summen, dass es sich selbst gezwungen sah, noch höhere Summen von den Vereinigten Staaten zu leihen. Und weil diese Kredite ebenso kolossal waren wie das Kopfzerbrechen, das sie auslösten, wurde das Thema der interalliierten Schulden zum Quell ständiger Irritationen, Missverständnisse und des andauernden Gezänks innerhalb der Allianz. Binnen weniger Monate wurde Keynes der Ansprechpartner für die interalliierten (sprich: amerikanischen) Kredite. Die Kommunikation mit Whitehall fand über Memoranden statt – und Keynes war ein wahrer Hexenmeister des Füllfederhalters. Seine Energie, Kreativität und Unverfrorenheit schienen ihn nie im Stich zu lassen.

Eine Episode gegen Ende des Krieges fängt Keynes' geradezu unheimliche Fähigkeit ein, sich auf das große Ganze konzentrieren zu können. Zu Beginn des Frühjahrs 1918 überrumpelte die deutsche Armee die Alliierten und brach durch die Westfront. Nun lagerten zehntausende deutsche Soldaten wenige Kilometer vor dem Arc de Triomphe und beschossen Paris Tag und Nacht. Die extrem weitreichenden »Paris-Geschütze« (oder »Wilhelm-Geschütze«) versetzten selbst London in Angst und Schrecken: Wenn Paris fiel, so fürchteten die verängstigten Briten, dann könnten die Deutschen diese Geschütze an den Ärmelkanal transportieren und Südengland beschießen.

Keynes aber war viel zu gefesselt von dem Vorschlag eines Bloomsbury-Freunds, um sich in derart verängstigten Spekulationen zu ergehen. Der Maler und Kritiker Robert Fry hatte ihn vorgewarnt, dass eine außergewöhnliche Sammlung von Gemälden der Moderne verkauft werden sollte. Edgar Degas, der selbst Kunsthändler gewesen war, bevor er sich ganz der Malerei zuwandte, hatte im Laufe der Zeit hunderte Werke von Manet, Corot, Ingres, Delacroix und anderen zeitgenössischen Künstlern zusammengetragen und sich kaum je wieder von einem getrennt. Und diese Fundgrube sollte nun am 26. und 27. März in der Pariser Galerie Roland versteigert werden.

Keynes sah seine Chance gekommen, ein Stück der Kultur zu retten, die er so liebte und für deren Erhalt sein Land gerade kämpfte. Er zögerte nicht. Sofort kontaktierte er Charles Holmes, den Direktor der National Gallery, und beschwor ihn, im Kabinett für zwanzigtausend Pfund aus der Kriegskasse zu lobbyieren. Da er sich aber ziemlich sicher war, dass seine Vorgesetzten im Schatzamt eine derartige Extravaganz in solch aufopferungsvoller Zeit ablehnen würden, formulierte er seinen Plan um. Man möge das Ganze als eine Versicherung gegen die Zahlungsunfähigkeit der Franzosen betrachten: »Gemäß unseren Vereinbarungen mit dem französischen Schatzamt sind wir berechtigt, britische Staatsausgaben in Frankreich gegen unsere Kredite an [das Land] zu verrechnen«, begann er sein Memorandum an den Schatzkanzler. An diesem Punkt des Krieges schuldete Frankreich Großbritannien bereits derart gigantische Summen, dass die Möglichkeit, Zinsen eintreiben, geschweige denn das Gesamtkapital zurückfordern zu können, in immer weitere Ferne zu rücken schien. Um wie vieles besser war es da, erklärte Keynes, sich »Gemälde von unschätzbarem Wert« anzueignen, »als fragwürdige französische Schuldscheine« zu horten.[7]

Ein paar Tage später schickte Keynes ein triumphierendes Telegramm an seinen einstigen – und Vanessa Bells derzeitigen – Liebhaber, den Maler Duncan Grant: »Geld für Bilder ist gesichert.«[8] Derweil hatte er für sich und Holmes eine Einladung zu einer Konferenz der Alliierten nach Paris eingefädelt. Sie überquerten den Kanal, eskortiert von »Zerstörern und einem silbernen Luftschiff, das am Himmel Wache hielt«, und setzten die Reise dann per Zug nach Paris fort.[9] Um den französischen Kunsthändlern und neugierigen britischen Reportern nichts zu verraten, tarnte sich Holmes mit einem falschen Bart, und beide Männer traten unter falschen Namen auf. Die List funktionierte so erfolgreich, dass Keynes seiner Mutter nach Abschluss der Auktion zwei Tage später vergnügt schrieb: »Ich erwarb für mich vier und für die Nation mehr als zwanzig Gemälde.«[10]

Tatsächlich kam er mit einem Stillleben mit Äpfeln von Cézanne und zwei Delacroix nach Hause, während Sir Charles Holmes mit siebenundzwanzig Gemälden und Zeichnungen zur National Gallery zurückkehrte, darunter ein Stillleben von Gauguin und Manets *Frau mit Katze*. Angesichts der drohenden deutschen Besetzung waren die Preise stark gefallen, und Keynes war hocherfreut gewesen, dass Holmes gerade mal die Hälfte seines Budgets hatte ausgeben müssen. Vanessa Bell schrieb an Roger Frey: »Unerwartet kam letzte Nacht auf einmal Maynard zurück, nachdem man ihn unten am Weg abgesetzt hatte [...] und sagte, dass er einen Cézanne am Straßenrand zurückgelassen habe! Duncan raste los, um ihn zu holen.«[11]

Joseph Schumpeter, dieser anglophile Verfechter der konstitutionellen Monarchie, war entsetzt, als Österreich und Deutschland als Bündnispartner in den Krieg zogen. Als er im Dezember 1914 den Stellungsbefehl bekam, beantragte er sofort eine dauerhafte Freistellung, mit der Begründung, dass er der einzige Professor für Nationalökonomie an der Universität Graz sei. Seinem Biografen Robert Lorie Allen zufolge hoffte er auf eine Rolle als Regierungsberater und verbrachte so viel Zeit wie nur möglich in Wien, um Kontakte mit Politikern aller Parteien zu pflegen. (Ähnlich wahllos war er bei seinen privaten Kontakten, nachdem Gladys ihre Absicht verkündet hatte, auf Dauer in England bleiben zu wollen, wenngleich sie nicht bereit war, in eine Scheidung einzuwilligen.) Aber seiner eigenen konservativen Christlichsozialen Partei war er zu radikal, den Sozialisten zu konservativ. Je länger sich der Krieg hinzog, umso frustrierter wurde er, weil er sich völlig abgeschnitten von der Möglichkeit sah, von irgendeinem Nutzen sein zu können.

Als Kriegsgegner lobbyierte Schumpeter bei den Beratern des Kaisers für einen Separatfrieden mit den Alliierten – den Franz Joseph I. denn auch fast geschlossen hätte – und für ein Nachkriegsbündnis mit England. Am Vorabend der Kapitulation führte er einen persönlichen Feldzug an gleich zwei Fronten: gegen die immer populärere Vorstellung eines wirtschaftlichen und politischen »Anschlusses« an Deutschland und gegen die immer fatalistischere Haltung des österreichischen Bildungsbürgertums, was die Zukunft der Demokratie und des privaten Unternehmertums in Europa betraf. Das letzte Jahr des Krieges verbrachte er ganz in Erwartung der Probleme, mit denen der österreichische Staat nach dem Krieg konfrontiert sein würde.

Sechs Monate vor dem Waffenstillstand schlug Schumpeter bei einer öffentlichen Vorlesung an der Universität von Wien eine Blaupause für einen Wirtschaftsaufschwung nach dem Krieg vor. Wie Keynes war auch er ein Optimist. In seiner auf diesem Vortrag beruhenden Schrift *Die Krise des Steuerstaates* argumentierte er gegen die Unvermeidlichkeit des Sozialismus und prophezeite, dass der »Steuerstaat« diesen Krieg überleben werde. Die Krise, die er kommen sah, resultierte nicht aus einem etwaigen Sieg des Sozialismus, sondern aus der Kluft zwischen den Erwartungen der Wähler und deren Bereitschaft, Steuern zu zahlen. Die wesentliche Herausforderung, vor der demokratische Regierungen nun stünden, sei die Vermeidung von chronischen Haushaltsdefiziten und Inflationen.

Selbst die jungen Männer, die ein »Unmaß von Brutalität, Grausamkeit und Verlogenheit«[12] über die Zivilisation hatten siegen sehen, gingen davon aus, dass sich die Kultur wieder durchsetzen würde. Am 31. August 1918 warteten Hunderte Soldaten am Bahnsteig von Bad

Ischl, wo der Kaiser vier Jahre zuvor die Kriegserklärung an die Serben unterzeichnet hatte. Ein ungewöhnlich aussehender Mann in k.u.k. Uniform – klein, straff, voller nervöser Energie, mit hageren Zügen, angegrautem Haar und kalten blauen Augen – schlenderte durch die Menge auf einen dürren jungen Unteroffizier zu. »Bist du nicht ein Hayek?«, fragte er ihn. »Bist du nicht ein Wittgenstein?«, schoss der andere zurück.[13]

Die Hayeks und die Wittgensteins zählten zu den führenden Familien Wiens. Erstere waren hochrangige Staatsbeamte, Letztere reiche Industrielle und Kunstsammler. Friedrich von Hayek und Ludwig Wittgenstein waren Cousins, wenngleich Ludwig alt genug gewesen wäre, um Friedrichs Onkel zu sein. Bei den Familientreffen hatten sie bislang höchstens ein paar Worte miteinander gewechselt. Doch beide hatten sich binnen weniger Wochen als Freiwillige gemeldet und den Krieg begrüßt, nicht zuletzt in der Hoffnung, dass es bessere Menschen aus ihnen machen würde, wenn sie dem Tod ins Auge sehen müssten. Beide hatten erlebt, was es heißt, hungern und unglaublich unzureichende Kleidung tragen zu müssen, keine Schutzräume vorzufinden, von Grippe und Malaria geplagt zu werden und immer deutlicheren ethnischen Spannungen ausgesetzt zu sein. Sie hatten an der katastrophalen Piave-Offensive teilgenommen, dem letzten verzweifelten Aufbäumen des österreichisch-ungarischen Heeres; und sie hatten ihre Waffenbrüder durch die moskitoverseuchten Salzlagunen waten sehen, die Gewehre über den Kopf erhoben, bis sie fielen. Aber im Gegensatz zu hunderttausend anderen k.u.k. Soldaten hatten sie überlebt.

Hayek wollte schnellstmöglich nach Hause und herausfinden, ob seine Bewerbung bei der Luftwaffe erfolgreich gewesen war. Wittgenstein hatte sich von seiner Einheit beurlauben lassen, um einen Verleger zu treffen, der Interesse an dem Manuskript in seinem Tornister zeigte: *Tractatus Logico-Philosophicus* – sein ambitionierter Versuch, die Grenzen der Wissenschaft aufzuzeigen und die Beziehung zwischen Realität und Sprache zu definieren. Es sollte schon bald als eines der bedeutendsten philosophischen Werke des 20. Jahrhunderts erkannt werden. Als der Zug schließlich einfuhr und den Bahnhof Richtung Wien wieder verließ, saßen die beiden Männer im selben Abteil, und während sie durch die Nacht gen Osten fuhren, redeten sie.

Wittgenstein sprach wie ein Wasserfall über Karl Kraus, dessen Antikriegszeitschrift *Die Fackel* die Verlogenheit der österreichischen Presse aufs Korn nahm. Kraus beherrschte das »Handwerk des Genies«, die Wahrheit zu suchen und zu berichten. Hayek war bekümmert über Wittgensteins Pessimismus und »Menschenverachtung«, zugleich aber zutiefst beeindruckt von seiner »radikalen Leidenschaft für Wahrhaftigkeit«[14]. In Wien angekommen, gingen Hayek und Wittgenstein wieder ihrer eigenen Wege. Im nächsten Weltkrieg sollte Hayek selbst das Handwerk des Genies beherrschen: In seinem Werk *The Road to Serfdom (Der Weg zur Knechtschaft)* suchte und berichtete er die Wahrheit.

Der Beste und Strahlendste aus der Generation von Engländern, die noch zu jung zum Kämpfen gewesen war, war Frank Ramsey, ein Protegé von Maynard Keynes. Auch er stammte aus einer alten Cambridger Familie. Sein Vater war Collegeleiter und sein jüngerer Bruder der spätere Erzbischof von Canterbury. Bereits als Sechzehnjähriger hatte dieser linkische Bär von einem jungem Mann Wittgensteins *Tractatus* übersetzt. Mit neunzehn schrieb er eine derart vernichtende Kritik über Keynes' Wahrscheinlichkeitstheorie, dass dieser prompt jeden Gedanken an eine Mathematikerkarriere ad acta legte. Dann wurde er von Bertrand Russell als Redakteur seiner *Principia Mathematica* rekrutiert, Russells und Albert North Whiteheads Vorkriegsversuch, die gesamte Mathematik auf einige wenige logische Prinzipien zu reduzieren.

Ramsey war elf gewesen, als der Krieg ausbrach, der ihn wie so viele Knaben an seiner Schule radikalisieren sollte. Seinen Rektor hatte er mit der Drohung außer Fassung gebracht, von der Mathematik zur Ökonomie wechseln zu wollen, weil er es wahrscheinlicher fand, dass sie es war, die die Welt zu einem besseren Ort machen würde. Doch anstatt sich nun entweder auf die Mathematik oder die Ökonomie zu spezialisieren, wurde er zum Philosophen, der zu beiden Disziplinen originäre Ideen beitrug. Er veröffentlichte nur zwei Aufsätze im *Economic Journal*, bevor er mit sechsundzwanzig an einem tragischen Operationsfehler starb. Aber wie von Keynes vorausgesagt, wurden beide zu Klassikern.

Ramsey war ein Freigeist mit ebenso großer Leidenschaft für Literatur und Psychoanalyse wie für die vielen Frauen, die ihn bewunderten. Und er personifizierte Keynes' Ansicht, dass ungeachtet aller Grenzen

der formalen Logik phantasievolle Lösungen für soziale Probleme gefunden werden könnten. Schon als Student hatte er sich nicht der vom
Krieg so offensichtlich bewiesenen Vorstellung angeschlossen, dass
gewaltige unpersönliche Kräfte jenseits aller menschlichen Kontrolle
die Zukunft der Gesellschaft bestimmen würden. In einer Rede, die er
auf einer Sitzung der »Apostles« hielt – jenem Geheimbund der zwölf
begabtesten Cambridger Studenten, dem auch Keynes und Russell in
ihren Studienzeiten angehört hatten –, verkündete er, dass ihn nicht
einmal »die unermessliche Weite des Himmels« einschüchtern könne.
»Die Sterne mögen riesig sein, aber sie können weder denken noch lieben; und das sind Fähigkeiten, die mich weit mehr beeindrucken als
Größe«, sagte er und betonte: »Mein Weltbild ist perspektivisch und
kein maßstabsgetreues Modell. Der Vordergrund wird von Menschen
besetzt, und die Sterne sind allesamt so klein wie Drei-Penny-Stücke.«[15]

Entsetzt von der kolossalen Vergeudung von Menschenleben und Kapital während des Krieges, verdoppelte Irving Fisher seine Anstrengun-
gen für ein öffentliches Gesundheitswesen und die Einrichtung einer
»Liga für den Frieden« nach dem Krieg. Zwischen 1914 und 1918 trug
er zur Gründung des »Life Extension Institute« bei, dessen Ziel es sein
sollte, »die Verschwendung von Leben zu verringern und die Vitalität
und den Elan unseres Geschlechts zu schützen und zu stärken«[16]. Er
war Mitverfasser des Bestsellers *How to Live*, in dem das Thema behandelt wurde, das wir heute als »Wellness« bezeichnen würden; und
er begann einen sehr ernst gemeinten Feldzug für das Verbot von Alkohol. Obwohl er für den Eintritt Amerikas in den Krieg gegen Deutschland war, missbilligte er die negativen »eugenischen« Auswirkungen,
die es haben würde, wenn man die Besten und Klügsten losschickte,
um sie auf den Schlachtfeldern niedermetzeln und verstümmeln zu lassen. Er wurde Präsident einer Gruppe, die für ein Arbeitsschutzrecht,
für automatische Gehaltszulagen entsprechend der Teuerungsrate und
für eine allgemeine Krankenversicherung lobbyierte. Seltsamerweise
schien der Krieg seinen Glauben an die moderne Wissenschaft und die
Besserungsfähigkeit des Menschen nicht zu schwächen, sondern sogar
noch zu verstärken.

Doch bevor der Krieg vorbei war, traf Fisher ein schwerer Schick-
salsschlag, der einen weniger selbstsicheren Mann wie ihn vermutlich

gezwungen hätte, darüber nachzudenken, ob er nicht doch vielleicht allzu zuversichtlich war. Im späten Frühjahr 1918, nach Monaten nagender Ängste, musste er sich der qualvollen Möglichkeit stellen, dass seine vierundzwanzigjährige Tochter Margaret, der er ungemein nahestand und die sich erst jüngst verlobt hatte, unheilbar geisteskrank war. Kurz nachdem ihr Verlobter sein Offizierspatent erhalten hatte, begann sie unaufhörlich von seltsamen Omen, von Gott, der Unsterblichkeit oder von ihrer Überzeugung zu reden, dass ihr Verlobter ums Leben kommen würde.[17] Als offensichtlich wurde, dass sie Stimmen zu hören begann, und als ihr Verhalten immer seltsamer wurde, brachte Fisher sie in die Bloomingdale-Anstalt in Upper Manhattan. Die Diagnose Dementia praecox war vernichtend. Fisher wollte nicht akzeptieren, dass sich Margaret nie wieder erholen würde, und sprach mit seinen Kontakten in der Medizinergemeinde, ständig auf der Suche nach einer hoffnungsvollen Prognose.

Dabei stieß er bald auf Henry Cotton, den medizinischen Leiter des New Jersey State Hospital in Trenton, von dem berichtet wurde, dass er außergewöhnliche Erfolge bei der Behandlung von Schizophrenie habe. Cotton, nicht nur ein prominenter Psychiater, sondern auch ein Medizinreformer, war überzeugt, dass Geisteskrankheiten durch bakterielle Herdinfektionen entstünden. Was ihn aber von den Forschern unterschied, die ähnliche Ansichten vertraten wie er, war seine Bereitschaft, diese Theorie auch auf seine Patienten zu übertragen, etwa, indem er ihnen gnadenlos entzündete Zähne ziehen und die Mandeln, den Dickdarm sowie alle Fortpflanzungsorgane entfernen ließ. Er behauptete, Hunderte von hoffnungslosen Fällen seit Kriegsausbruch auf diese Weise geheilt zu haben.

Genau das war es, was Fisher, der verzweifelte Vater, der sein Kind retten wollte, und ein Mensch, der voll und ganz an die Wunder der modernen Medizin glaubte, hören wollte. In Hochstimmung, weil er endlich jemanden gefunden zu haben glaubte, der eine Heilmethode kannte, gab er seine Tochter im März 1919 in die Obhut von Cotton. Und als der Doktor dann vom Fund eines »reinen Darmbazillus« berichtete, stimmte Fisher dem vorgeschlagenen Behandlungsplan zu. Zuerst ließ Cotton Margarets Weisheitszähne ziehen. Als sie dennoch argwöhnisch, wahnhaft, apathisch und verwirrt blieb, ließ er ihr den Gebärmutterhals entfernen. Vor wie nach der Operation wurde sie wiederholt mit körpereigenen Streptokokken geimpft, zum letzten Mal im September. Später sah sich Cotton vor einem Auditorium in Princeton zuzugeben gezwungen, dass Patientin Nummer vierundzwanzig ein »Behandlungsmisserfolg« war. Margaret war am 19. November 1919 im Alter von fünfundzwanzig Jahren an einer Sepsis gestorben.[18]

Fisher war am Boden zerstört. Doch er stellte nie in Frage, ob Cottons »Behandlung« angebracht gewesen war, ebenso wenig wie dessen Schlussfolgerung, dass der Ursprung von Margarets Psychose, und somit der indirekte Auslöser ihres Todes, das Versagen der Eltern gewesen sei, sich rechtzeitig um ihre impaktierten Weisheitszähne und um ihre Anlage zur Obstipation gekümmert zu haben. Nicht einmal Fishers grenzenloses Vertrauen in die medizinische Wissenschaft war erschüttert worden. Sein Gesundheitsfeldzug wurde nur noch frenetischer, so das überhaupt möglich war. Wieder und wieder sagte er sich, dass aus den parallelen Katastrophen des Todes seiner Tochter und des Krieges irgendetwas Gutes hervorgehen würde. In seiner Vorstellungswelt begannen beide Ereignisse untrennbar miteinander zu verschmelzen. Er prophezeite, dass die Gesellschaft in »eine Periode des Lebensschutzes« eintreten und sich wissenschaftlicher Methoden bedienen werde, um das Leben zu verlängern und die Gesundheit zu verbessern: »Der Krieg hat einen Großteil der Welt für eine Weile in Beschlag genommen und einen Großteil dessen, was er in Beschlag nahm, zerstört und verstümmelt«, schrieb er. »Die Welt wird sich bemühen, so viel wie möglich aus dem Wrack zu bergen.«[19]

Das Wrack war ohnegleichen: 8,5 Millionen Tote, 8 Millionen dauerhaft Schwerbeschädigte, fast alles junge Männer. 90 Prozent der österreichisch-ungarischen Soldaten und fast drei Viertel aller französischen waren getötet, verwundet oder gefangen genommen worden, viele wurden vermisst. »Der Tribut, den unsere Familie dem Krieg gezollt hat, sind drei Gefallene, vier Verwundete und zwei Schwerversehrte unter insgesamt siebzehn Neffen und angeheirateten Neffen in Khaki«, notierte Beatrice Webb. »Jeden Tag begegnet man trauernden Frauen mit verhärmten Gesichtern und lethargischen Bewegungen und wagt es nicht, nach dem Ehemann oder Sohn zu fragen.«[20]

Der Erste Weltkrieg hatte dem Globalisierungsprozess Einhalt geboten, das Wirtschaftswachstum unterbrochen, physische und finanzielle Kontakte und Handelsbande gekappt, Staaten und Unternehmen in den Bankrott getrieben und schwache oder populistische Regime dazu verleitet, auf verzweifelte Maßnahmen zu bauen, um Revolutionen abzuwenden, die sie damit jedoch oft nur beschleunigten. Als der Krieg vorbei war, waren Sieger wie Besiegte von enormen Schulden gelähmt und bösartigen Attacken von Inflation und Deflation ausgesetzt. Die malthusischen Geißeln der Armut, des Hungers und der Seuchen schienen wieder einmal die Oberhand zu gewinnen. Die Bürger der großen Metropolen Europas, von London und Paris wie von Berlin und Wien, waren zu realisieren gezwungen, dass sie und die Völker ihrer Länder nun um ein Vielfaches ärmer geworden waren. Virginia Woolf konnte gar nicht aufhören, über den Krieg und seine verheerenden Auswirkungen nachzusinnen. In ihrem 1915 veröffentlichten Roman *The Voyage Out* (*Die Fahrt hinaus*, 1985) entdeckt eine behütet lebende Matrone aus dem Londoner West End, dass es »immerhin eine alltägliche Sache ist, arm zu sein« oder dass »London eine Stadt unzähliger armer Leute ist«. In *Mrs. Dalloway* schrieb Woolf ein Jahrzehnt später, »der Krieg war vorbei«, außer für solche Opfer wie Septimus Smith, den lebensmüden Veteranen des Klassenkampfs, und die ebenso verarmte wie verwirrte Sozialistin Doris Kilman, die beide noch fünf Jahre nach Kriegsende unter seinen Folgen leiden. In *To the Lighthouse (Zum Leuchtturm)* werden Mrs. Ramsay und ihre Familie von drohender Tuberkulose geplagt, auch sie ein Erbe des Krieges.

Der Krieg hatte der Legitimität von Privatbesitz, freien Märkten und Demokratie einen Schlag versetzt und von Moskau bis München gewalttätigen revolutionären Bewegungen Auftrieb gegeben. »Überall frohlocken die Menschen«, bemerkte Beatrice Webb am Tag des Waffenstillstands beklommen. »Überall brechen Throne zusammen und zittern vermögende Männer insgeheim.«[21] Joseph Schumpeter und John Maynard Keynes versuchten, ihre Landsleute in Österreich und England aus ihren jeweiligen Blickwinkeln heraus davon zu überzeugen, dass nicht nur die politische Gesundung, sondern auch die Eindämmung des gefährlichen revolutionären Überschwangs ganz und gar von der wirtschaftlichen Genesung abhingen. Eine Wiederbelebung der Weltwirtschaft erfordere, dass die Alliierten politische Grenzen zögen, welche wirtschaftlichen Sinn machten, und, wichtiger noch, von der

Phantasie abließen, dass sie mit Reparationsforderungen von den Verlierern ihre eigenen Verluste wettmachen könnten. Beide plädierten für eine Stabilisierung ihrer Landeswährungen, für die Restauration des Kreditflusses und den Abbau der Handelsbarrieren.

Der Philosoph Bertrand Russell zählte zu den vielen westlichen Intellektuellen, die überzeugt waren, der »Great War« habe bewiesen, »dass etwas im Argen liegt mit unserer Zivilisation«[22]. Seine erste Reaktion auf die Nachricht von der bolschewistischen Revolution war vorsichtig optimistisch gewesen. Noch war er zu glauben bereit, dass die Sowjetunion zwar vielleicht nicht gerade das Gelobte Land, aber doch zumindest ein grandioses futuristisches Experiment sei; aber im Gegensatz zu so vielen anderen, die sich von ihren eigenen Hoffnungen und Ängsten mitreißen ließen, beschloss er, sich ein endgültiges Urteil vorzubehalten, bis er die Möglichkeit haben würde, die neue Gesellschaft, welche die Revolutionäre aufzubauen behaupteten, mit eigenen Augen zu sehen.

KAPITEL VI

Die letzten Tage der Menschheit: Schumpeter in Wien

Die Zeit ist noch nicht reif für den Sozialismus.

Joseph Schumpeter, 1918[1]

Wenn Österreich auch ein jämmerlicher Trümmerhaufen war [...], fand ich doch noch reichlich Substanz vor, um die Ruinen wieder aufzubauen.

Francis Oppenheimer, 1919[2]

Als am 11. November 1918 der Waffenstillstand ausgerufen wurde, brach in London ein »Pandämonium an Lärm« aus, wie Beatrice Webb berichtete. In Paris wurde bis zum Einbruch der Nacht »wild gefeiert«. Sogar in Berlin feierten »freudig erregte« Bürger, dass der Krieg vorbei war und sie die Dynastie, die sie in ihn hineingezogen hatte, losgeworden waren.[3] Nur Wien schwieg als einzige der vier großen europäischen Kapitalen. Vor dem Parlamentsgebäude in der Ringstraße versammelte sich eine riesige graue Masse. Einige Soldaten rissen sich den Kaiseradler von der Uniform und forderten die anderen neben sich auf, es ihnen gleichzutun. Nicht weit entfernt, in der Berggasse, saß Sigmund Freud in seinem Studierzimmer und kritzelte in seinen Kalender: »Kriegsende.« Bezeichnenderweise hatte er das Wort *Frieden* vermieden.[4]

Die Auflösung des österreichisch-ungarischen Vielvölkerstaates war schon seit Wochen ein Fait accompli. Wien, das ebenso viele Einwohner hatte wie Berlin, war plötzlich zur Hauptstadt einer »verstümmelten und verarmten Republik« von insgesamt sechs Millionen Bürgern geworden und nur noch ein Zwölftel so groß wie das alte Reich. Nach der letzten Sitzung des Reichsrats, bei der Abgeordnete die Redner mit Tintenfässchen und Ledermappen bewarfen, hatten sich die Tschechoslowakei, Ungarn, Slowenien, Kroatien und Serbien abgespalten und

dabei viele deutschsprachige Landesteile mitgenommen. Österreichs
Grenzen im Osten und Norden verliefen nun wenige Kilometer vom
Wiener Stadtbezirk entfernt.[5] Doch selbst diese Grenzziehungen foch-
ten die Nachbarn noch an; ständig drohten sie einem Österreich, das
nicht in der Lage gewesen wäre, sich zu verteidigen oder Gegendro-
hungen auszusprechen, mit einer Invasion. Nachdem sich Kaiser Karl
samt Familie am 12. November nach Schloss Eckartsau zurückgezogen und die Provisorische Nationalversammlung Deutschösterreich
formell zur Republik erklärt hatte, wurden die ihr verbliebenen Teile
der einstigen österreichisch-ungarischen Armee zur Gänze demobili-
siert. In der Zeit zwischen dem Waffenstillstandsangebot im November und dessen Unterzeichnung ein paar Tage darauf waren hunderttausende Soldaten in italienischen Kriegsgefangenenlagern interniert
worden. Die meisten von ihnen sollten erst Jahre später nach Hause
zurückkehren.

Der revolutionäre Feuersturm, der im Februar 1917 durch die Niederlage und den Hunger in Sankt Petersburg ausgelöst worden war,
begann sich gen Westen nach Budapest, Berlin und Wien auszubrei-
ten. Die provisorische Regierung Deutschösterreichs wurde von zwei
Marxisten dominiert. Seit Januar 1918 hatten die meisten Beobachter einen kommunistischen Putsch für unvermeidlich gehalten. In der
ersten Januarwoche 1919 streikten militante Arbeiter der Oesterrei-
chischen Daimler-Motoren-AG (»Austro-Daimler«) wegen der Halbie-
rung ihrer Mehlrationen. Eine halbe Million Männer und Frauen, die
von den kaiserlichen Behörden zur Arbeit in den Munitionsfabriken
zwangsverpflichtet worden waren, hatten keine Arbeitsplätze mehr.
Gerüchte über einen unmittelbar bevorstehenden Aufstand in Ungarn
und eine Revolution in Deutschland machten die Runde.

Wien wappnete sich gegen die Rückkehr der geschlagenen Truppen.
Der Satiriker und Kriegsgegner Karl Kraus schrieb in *Nachts*: »…der
Krieg wird ein Kinderspiel gewesen sein gegen den Frieden, der da aus-
brechen wird«[6]. Hunderttausende Männer, darunter auch der neun-
zehnjährige Friedrich von Hayek, hatten ihre Einheiten in der Poebene
verlassen und sich dem »hungrigen, chaotischen und undisziplinier-
ten« Massenexodus gen Norden angeschlossen. Während des Trecks
tauschten sie Militärpferde, Fahrzeuge und Artillerie gegen Lebensmittel, plünderten Geschäfte und setzten Häuser in Brand. Anfang No-

vember wälzte sich diese Masse schließlich über den schmalen Brenner-
pass hinunter nach Innsbruck. Dort requirierten die Soldaten dann, mit
ihren Waffen fuchtelnd, ganze Züge. »Auf den Dächern, Plattformen,
Puffern, sogar in den Lokomotiven selbst wimmelte es nur so von Soldaten. [...] Aus der Ferne betrachtet, sah jeder Zug wie ein wild gewor-
dener Bienenschwarm aus.«[7] Hunderte stürzten in den Tod, wenn die
Züge in die Tunnels ein- oder unter Überführungen hindurchfuhren.
Leichen säumten die Gleise zu beiden Seiten.

Entschlossen, die komplette Zerstörung Österreichs durch »blutige
Anarchie« zu verhindern, versuchten die Beamten des erloschenen
Reiches, die Züge irgendwie am Laufen zu halten. Ein britischer Geschäftsmann berichtete, dass auf der Strecke Triest–Wien etwa alle
zwanzig Minuten zwischen siebzig- und hunderttausend Männer weg-
gekarrt wurden. Vor den Toren Wiens hatte man aus Sorge vor der
Anarchie und einer Machtergreifung der Kommunisten Depots eingerichtet, wo die Soldaten ihre Waffen abgeben mussten, bevor sie in die
Stadt gelassen wurden. In Wien selbst waren alle Polizisten angehalten,
sich zum Dienst zu melden. Und nach einem Zwischenfall, bei dem ein
paar Rotgardisten einige Lebensmittel- und Waffenlager »befreit« hatten, rekrutierte die sozialdemokratische Regierung eilends arbeitslose
Fabrikarbeiter für eine Volksmiliz. Dank solcher Maßnahmen und dem
dringenden Wunsch der Soldaten aus den früheren Reichsgebieten, so
schnell wie möglich in ihre Heimat zurückzukehren, blieb es in Wien
relativ ruhig.

Die Heimkehrer fanden eine Stadt wie im Belagerungszustand vor. In
dieser bürgerlichsten aller europäischen Städte waren so gut wie keine
Lebensmittel oder Petroleum zu bekommen. Kaum war die neue Republik ausgerufen, verließen keine Fabrikwaren mehr die Stadt, und
es trafen dort keine Lieferungen von Fleisch, Milch, Kartoffeln oder
Kohle mehr ein. Seit der zweiten Türkenbelagerung im Jahr 1683 war
Wien nicht mehr derart von der Außenwelt abgeschnitten gewesen.
Reisen nach München, Zürich oder in das nahe gelegene Budapest
wurden schwierig, wenn nicht unmöglich. Die Post wurde nur spora-
disch ausgetragen; Telegramme brauchten zwei bis drei Wochen, um
ihre Empfänger zu erreichen, falls sie überhaupt jemals ankamen; Pakete trafen ohne Inhalt oder gar nicht ein. Freud warnte Familienmit-

glieder in England, Pakete nur über die englische Militärmission zu schicken, weil sie, auf üblichem Weg versandt, nur »die Zollbeamten oder die Eisenbahner« füttern würden.[8]

Es braucht wohl nicht betont zu werden, dass eine Stadt von zwei Millionen Einwohnern Nahrungsmittel anderenorts kaufen muss, um ihre Bevölkerung ernähren zu können. Vor dem Krieg hatten sich Wien und die alpinen Landesgebiete auf Importe aus den nicht deutschsprachigen Teilen des Reiches verlassen können und damit fast den gesamten Bedarf an Kartoffeln, Milch und Butter sowie ein Drittel des Mehlbedarfs und zwei Drittel des Fleischbedarfs gedeckt.[9] Ungarn hatte bereits mitten im Krieg die Ausfuhren nach Österreich ausgesetzt, und die anderen nun unabhängigen Nachbarn, insbesondere die Tschechoslowakei und Jugoslawien, hatten mittlerweile Blockaden verhängt. Der britische Hochkommissar erklärte: »Seit Jahrhunderten war der Handel durch bestimmte Kanäle gelaufen, und es waren entsprechende Kommunikationswege entstanden. Mit einem Mal wurden diese Kanäle und Wege blockiert. […] Die Folge sind Distrikte, die am Verhungern sind, neben Distrikten, die über Nahrungsmittel im Überfluss verfügen.«[10]

Österreich hätte eine Menge Waffen, Salz, Nutzholz und Fabrikationsgüter zu verkaufen gehabt; die Tschechoslowakei verfügte über Zucker, Kartoffeln, Gemüse und Kohle; und Ungarn wie Jugoslawien hätten Milch liefern können. Aber trotz allen Bemühens der provisorischen Regierung, Tauschgeschäfte mit den neuen Staaten auszuhandeln, verhinderten nationalistische Strategien und die Angst dieser Länder, womöglich selber Engpässe zu erleben, jede Art von Tauschhandel.

Und das war noch nicht alles. Die Alliierten verkündeten, dass die im Krieg über Deutschland verhängte Blockade so lange aufrechterhalten würde, bis die Mittelmächte die Friedensbedingungen unterzeichnet hätten, welche ihnen von der siegreichen Entente diktiert worden waren. Das bedeutete, dass Deutschland, das einzige Land, welches noch bereit war, Österreich Nahrungsmittel zu verkaufen, selbst nichts mehr herzugeben hatte. Herbert Hoover, der im Auftrag der amerikanischen Regierung zu einer Erkundungsmission nach Europa gereist war, kommentierte das später verbittert: »Die Friedensmacher hatten ihr Bestes getan, um [Österreich] zu einer Nation ohne Nahrung zu machen.«[11]

Was die Lage noch zuspitzte, war, dass sogar Deutschösterreichs eigene Bundesländer eine inoffizielle Blockade gegen die Hauptstadt verhängten. Einige von ihnen gingen so weit, eine Union mit Deutschland oder der Schweiz anzudrohen. In den Landwirtschaftsregionen hatte der Krieg die heimische Agrikultur ruiniert. Es waren keine Männer da gewesen, um die Felder zu bestellen; das Vieh, der wichtigste Düngerproduzent, war zur Versorgung des Militärs geschlachtet worden; und die staatliche Zwangsverordnung, Nahrungsmittel zu festgesetzten Preisen zu verkaufen, hatte zu weniger Aussaaten und mehr Vorratslagerung geführt. Als sich die Lebensmittelknappheit verschlimmerte, wie vor allem im letzten Kriegsjahr, begannen die Landesregierungen schließlich auf eigene Faust, ihre Nahrungsmittelproduktionen mit regionalen Ausfuhrverboten zu belegen, Gesetze zu erlassen, die die Aufnahme von Gästen verboten, und Straßenkontrollen einzurichten, um zu verhindern, dass Lebensmittel aus den Gemeinden herausgeschafft wurden.

Die neue Regierung hatte erdrückende Kriegsschulden geerbt und besaß keine Goldreserven, um Nahrungsmittel für die Bürger zu kaufen. Die ungarische wie die tschechoslowakische Regierung hatten das letzte Gold beschlagnahmt, das noch in der Zentralbank deponiert gewesen war. Hoover traf Mitte Dezember in Paris ein, um ein Programm zur Wiederbelebung des Lebensmittelhandels und, wo nötig, zur Lieferung von Hilfsmitteln einzurichten. Vom Zustand der österreichischen Finanzen war er schockiert: »Die Bürgerschaft, welche die Steuern gezahlt hatte, um die Armee und die Verwaltung zu erhalten, war abtrünnig geworden. Der Staat, welcher den Sold für die Soldaten und die Eisenbahner zahlte, war bankrott.«[12]

Die erste ernsthafte Nahrungsmittelknappheit war fast augenblicklich nach Kriegsbeginn aufgetreten. Bereits 1915 waren die luftigen Wiener Weißbrotsemmeln von einem bleischweren »Kriegsbrot« ersetzt und »fleischlose« Wochen eingeführt worden. Alles wurde zum »Ersatz«. »Das Brot«, schrieb Stefan Zweig, »krümelte sich schwarz und schmeckte nach Pech und Leim, Kaffee war ein Absud von gebrannter Gerste, Bier ein gelbes Wasser, Schokolade gefärbter Sand ...«[13] Die Requirierungs- und Verteilungsmaßnahmen der Regierung sorgten dafür, dass ein immer größerer Teil der vorhandenen Lebensmittel auf dem Schwarzmarkt verschwand. Und damit schrumpften die Vorräte der

Stadt, wiewohl die Kämpfe zu Ende waren, immer weiter. Ludwig von
Mises, damals der führende Betriebswirt Österreichs, erinnerte sich
später, dass »Wien zu keinem Zeitpunkt während der ersten neun Monate nach dem Waffenstillstand einen Lebensmittelvorrat für mehr als
acht oder neun Tage besaß«.[14] Die staatlichen Vorratslager, die einzigen legalen Nahrungsmittelquellen, verfügten über absurd geringe Be-
stände an Sauerkraut und »Kriegsbrot« zur Verteilung an Hausfrauen,
die stundenlang dafür angestanden hatten. Brot war auf hundertsiebzig
Gramm pro Person und Woche rationiert, knapp ein Viertel weniger als
der Durchschnittsverbrauch vor dem Krieg. Fleisch war auf 10 Prozent
des Vorkriegsverbrauchs rationiert. Für Kinder, die älter als ein Jahr
waren, war eine Milchration nicht vorgesehen. Ein Fachmann schätzte,
dass die tägliche Energiezufuhr pro Kopf auf knapp tausend Kalorien
gesunken war – zum Leben zu wenig, zum Sterben zu viel.

Die Menschen auf den Straßen waren fahl und apathisch, Kinder
sahen drei Jahre jünger aus, als sie waren. »Jetzt zehrt man sich wirklich auf. Alle 4 Kriegsjahre waren ein Scherz gegen den bitteren Ernst
dieser Monate und gewiß auch der nächsten«, schrieb Freud an einen
Freund.[15] Franz Kafka schrieb kurze Zeit später die Kurzgeschichte
Ein Hungerkünstler. Tuberkulose wurde selbst in den gutbürgerlichen
Wohnvierteln, aus denen sie vor dem Krieg völlig verschwunden gewesen war, wieder gang und gäbe. Anfang der Zwanzigerjahre stieg die
Bestattungsrate von den zuvor vierzig bis fünfzig Toten pro Tag auf
zweitausend. Der Theaterkritiker und Schriftsteller Felix Salten, dessen international erfolgreichstes Buch *Bambi. Eine Lebensgeschichte
aus dem Walde* (1923) war, schrieb 1934 zurückblickend: »Hörte man
von Löwen, Tigern und Panthern, von Elefanten und Giraffen, die in
den Käfigen der zoologischen Gärten elend an Hunger starben, hatte
man nur ein Achselzucken. Unzählige Menschen lagen in Todesqualen
zu Bett oder schleppten sich, ausgemergelt, durch Entbehrungen erschöpft, zu bitterstem Ende.«[16]

Wien siechte dahin. Die Bewohner zeigten alle klassischen Symptome des Verhungerns – Mattigkeit, Desinteresse und Passivität wechselten sich mit manischen Schüben ab. Trotz des Zustroms an demobilisierten Soldaten, deutschösterreichischen Beamten aus den einstigen
Reichsgebieten und mehreren tausend jüdischen Flüchtlingen, die den
Pogromen im Osten entkommen waren, sank die Einwohnerschaft, die

sich zu Beginn des Booms am Anfang des 20. Jahrhunderts so rapide vergrößert hatte, um mehrere Hunderttausend. Wie ein Körper, der im Hungerzustand beginnt, seine eigene Muskulatur aufzuzehren, begann das ganze Land von seinen akkumulierten Besitztümern zu leben. An einem Punkt verkündete die Regierung, dass Österreich bereit sei, »alles und jedes« zu verpfänden – Burgen, Schlösser, Jagdhütten, Jagdreviere, Güter, was immer die Habsburger ihr Eigen genannt hatten.[17]

Das Elend der Lebensmittelblockade wurde noch verstärkt durch die sogenannte »kalte Blockade«: Eine Woche nach dem Waffenstillstand gab es keine Kohle mehr, um die Wohnungen heizen zu können, nur noch eine Wochenration, die knapp für das Befeuern der Kochherde ausreichte. Die wöchentliche Brennstoffration bestand pro Wohnung aus einer Kerze und rund zweihundert Millilitern Petroleum. Selbst für großbürgerliche Haushalte wurde ein Wannenbad oder die große Wäsche zu einem unerschwinglichen Luxus. Die Schulen, die wegen der Grippeepidemie ohnedies schon zu hatten, verlängerten ihre Schließung durch »Holz- und Kälteferien«. Alle Geschäfte mussten um vier Uhr nachmittags dichtmachen, alle Kaffeehäuser ihre Stammkunden vor neun Uhr abends rausgeschmissen haben. Die Menschen zerhackten ihre Wohnungstüren, entrindeten und fällten Bäume in den Stadtparks. Im Wienerwald wurden ganze Flächen kahl geschlagen. Telefonmasten verschwanden ebenso wie die Bäume, die die eleganten Boulevards in Wien gesäumt hatten. Auf den Friedhöfen fehlten plötzlich die Holzkreuze. Ein Besucher schrieb: »Das ganze Leben in Wien wird von diesem Brennstoffmangel heimgesucht.«[18]

Wie die sozialdemokratische *Arbeiter-Zeitung* schrieb, war das Ganze ein Teufelskreis: Die Menschen brauchten Holz, weil sie keine Kohle hatten, aber es konnte kein Holz transportiert werden, weil es keine Kohle für die Lokomotiven gab.[19] Dem Historiker Charles Gulik zufolge hatte die Republik Österreich 30 Prozent der Fabrikarbeiter, 20 Prozent der Dampferzeugungsleistung, aber nur 1 Prozent der Kohlevorräte des einstigen Reiches geerbt. Kein Brennstoff bedeutete, dass Fabriken, Hochöfen, Bäckereien, Ziegel-, Kalk-, Zement- und Kraftwerke stillgelegt werden mussten. Somit standen die Industrieproduktion, der Wohnungsbau und die Energieerzeugung still. Die Hälfte der sechzehn Wiener Industrieunternehmen mit jeweils mehr als tausend Arbeitern mussten ihre Tore für immer schließen. In der Stadt, die ein

Pionier der Elektrifizierung gewesen war, waren Stromausfälle an der
Tagesordnung, sogar an Weihnachten. Der vom Strom abhängige Stra-
ßenbahnverkehr musste eingestellt werden, der Überlandverkehr blieb
auf Güterzüge mit Nahrungsmitteln beschränkt. Währenddessen ließen
die Energieunterversorgung, der Ausfall der Rüstungsproduktion und
die Demobilisierung der Soldaten die Reihen der Arbeitslosen immer
weiter anschwellen.

Thomas Cuninghame, der britische Gesandte am einstigen Habsburger Hof, fuhr am Weihnachtsabend 1918 über die imposante Maria-
hilferstraße: »Da bewegte sich keine Menschenseele und war kaum
ein Licht in der Straße«, notierte er in sein Tagebuch. »Die schöne alte
Stadt wurde ›Die tote Stadt‹.«[20] Am zweiten Weihnachtsfeiertag fielen
verzweifelte Hausfrauen auf einem Markt über William Beveridge her,
»sie tschilpten um uns herum wie Geister im Hades, wollten essen«[21].
Eine der großen europäischen Metropolen schien dem Tode nah.

Joseph Schumpeters jüngste Ambition, nämlich die, Handelsminister im Kabinett der Monarchie zu werden, das dann ihr letztes sein
sollte, war wenige Wochen vor dem Waffenstillstand zunichtegemacht
worden. Seither schlug er in Graz die Zeit tot und bereitete halbher-
zig seine Vorlesungen für das Frühjahrssemester vor. Kurz vor den
Wahlen zur Konstituierenden Nationalversammlung, als man erwartete, dass die Sozialdemokratische Arbeiterpartei eine Koalitionsregierung mit der rechten Christlichsozialen Bürger- und Arbeiterpartei bilden würde, streckte er seine Fühler in Richtung der Linken aus
und sondierte die Möglichkeit, Finanzminister zu werden. Obwohl
er ein Liberaler im Sinne von Edmund Burke war, der für ein Maximum an individueller Freiheit und ein Minimum an staatlicher Intervention eintrat, stand er generell auf gutem Fuß mit den Sozialisten.
Außerdem waren die beiden führenden Sozialdemokraten der Provisorischen Regierung alte Freunde von ihm aus Universitätstagen.
Otto Bauer, der aus dem jüdischen Bildungsbürgertum stammte und
Sympathien für die pandeutschen Einheitsideen hegte, war der stellvertretende Vorsitzende seiner Partei und Interimsaußenminister; der
schroffe, korpulente Karl Renner, das achtzehnte Kind eines mährischen Weinbauern, war Staatskanzler. Zwar waren beide Marxisten,
aber ihre Politik hatte doch mehr mit den Vorstellungen der Fabianer

als mit dem Bolschewismus gemein. Wie auch immer, den Posten bekam jedenfalls ein anderer.

Doch schon früh im folgenden Jahr eröffnete sich Schumpeter eine neue politische Möglichkeit. Ein weiterer Freund aus Studientagen, ein deutscher Linksliberaler, der bald darauf erster Finanzminister der Weimarer Republik werden sollte, schickte ihm einen interessanten Vorschlag: Ob er erwägen würde, einer im November eingesetzten Kommission von namhaften Nationalökonomen beizutreten, die für den Rat der Volksbeauftragten in Deutschland die Möglichkeiten einer Sozialisierung der deutschen Industrie prüfen sollte, insbesondere die der Kohlenindustrie.

So seltsam das auch erscheinen mag, aber tatsächlich hatten sich die sozialistischen Politiker, die nun für das Wohlergehen von sechzig Millionen Bürger verantwortlich waren, nie ernsthaft Gedanken darüber gemacht, wie eine sozialistische Wirtschaft gehandhabt werden müsste. Marx hatte seinen Anhängern expressis verbis verboten, sich in dem zu ergehen, was für ihn utopische »Phantasterei« war. Und selbst einer der einflussreichsten marxistischen Theoretiker der deutschen Sozialdemokraten war nur so weit gegangen zu sagen: »Aber ich halte es für eine gute Denkübung...«[22] Doch die wachsende Radikalisierung der deutschen Arbeiter hatte die Auseinandersetzung mit diesem Thema erzwungen. Seit dem Waffenstillstand war es zu Meutereien und Streiks, erpresserischen Lohnforderungen, tätlichen Angriffen und »spontanen Enteignungen« von Unternehmen durch ihre Belegschaften gekommen. Die deutsche Arbeiterklasse hatte mehr als vier Jahre geopfert, jetzt wollte sie dafür entschädigt werden. Schon seit Jahren hatten die Führer der linken Parteien versprochen, den Arbeitgebern die Kontrolle zu entreißen und sie den Arbeitern zu übertragen. Doch nun, da sie selbst an der Macht waren, wurde ihnen klar, dass keine Regierung überleben konnte, wenn sie nicht die Produktion wiederbelebte. Und die Aufgabe dieser Kommission war es nun, einen Weg aus dem Dilemma zu finden.

Schumpeter nahm die Einladung eilfertig an. Der kürzeste Weg nach Wien könnte, wie er meinte, über Berlin führen. Da nun in Österreich wie Deutschland Sozialisten an der Macht waren, wuchs auch die Wahrscheinlichkeit eines Zusammenschlusses der beiden deutschsprachigen Staaten; außerdem gehörte der österreichische Außenminister Bauer ebenfalls dieser Kommission an. Schumpeter ging davon aus, dass sich die Kommissionsmitglieder für eine Politik der kleinen Schritte aussprechen würden. Später sollte er seine Bereitschaft zur Mitwirkung an einem sozialistischen Projekt mit den Worten rechtfertigen: »Wenn jemand Selbstmord begehen will, ist es gut, wenn ein Arzt anwesend ist.«[23] Doch damals hatten die meisten Investoren, Bankiers und Industriellen nicht erwartet, dass die Kommission etwas in dieser Art vorschlagen würde. Eduard Bernstein, ein prominenter deutscher Sozialdemokrat und ebenfalls Mitglied der »Sozialisierungskommission«, hatte erst kurz zuvor gewarnt, dass man sich nicht einfach des Wohlstands der Reichen bemächtigen könne, weil dann das ganze Produktionssystem gelähmt werde. Und Bauer, der die Aufsichtsräte mit Repräsentanten der Betriebsführungen, der Arbeiterschaft und der Verbraucher besetzen wollte, hatte prophezeit, dass sozialisierte Unternehmen über Generationen hinweg Seite an Seite mit kapitalistischen Unternehmen existieren würden.[24]

Schumpeter verlor keine Zeit. Er bat um seine Freistellung von der Universität Graz, was der Verwaltungsdirektor sofort bewilligte. Die Reise nach Berlin dauerte vier Tage statt der üblichen zwei. Als er schließlich in der deutschen Hauptstadt eintraf, erlebte er eine Metropole, die gewiss niemand als »tot« bezeichnet hätte, nicht einmal in dieser desperaten Zeit.

Berlin im Januar 1919: Die Stadt, der eine Besatzung durch die Alliierten erspart geblieben war, hatte den Krieg baulich unversehrt überlebt, wenngleich sie sehr heruntergekommen wirkte, unter Nachschubmangel litt und teuer war. Doch jede neue Welle an verbitterten, reizbaren und gewaltbereiten demobilisierten Soldaten drohte sie mehr zu vereinnahmen, jeder verirrte Funke konnte einen Flächenbrand auslösen.

Die Explosion ereignete sich zwischen Weihnachten und Neujahr. Nachdem die deutschen Arbeiter- und Soldatenräte zum Generalstreik aufgerufen hatten, kam es zu einem ausgewachsenen Bürgerkrieg. Die Massendemonstrationen zogen sich vom Alexanderplatz bis zum Reichstag hin. Züge wurden blockiert, Banken verbarrikadiert, die Universität geschlossen, Geschäfte verrammelt und verriegelt. Die Spartakisten eroberten buchstäblich jede Fabrik, jedes Kraftwerk, jedes Regierungsgebäude, jede Zeitungsredaktion und jedes Telegrafenamt. Panzer rollten durch die Straßen. Nachdem die Aufständi-

schen die Regierungstruppen unter Granatenbeschuss und Maschinen-
gewehrfeuer genommen hatten, autorisierte der Kanzler schließlich
den Einsatz von Flammenwerfern und der Feldartillerie. Verängstigte
Bürger verstopften beim vergeblichen Fluchtversuch die Bahnhöfe.
Albert Einstein, Berlins berühmtester Bürger, der 1919 wiederholt zu
Vorlesungen nach Zürich fuhr, schrieb den Borns eine Postkarte aus
Arosa: »Strahlende Landschaft und satte Bürger, die nichts zu fürchten haben [...]. Wie wird alles werden? Man kann die Gedanken kaum
von dem verwandelten und sich noch immer wandelnden Berlin los-
kriegen...«[25] Schumpeter genoss es derweil, mitten im Kampfgetüm-
mel zu sein.

Die Sozialisierungskommission hatte sich seit mehreren Wochen
im Souterrain der Reichsbank getroffen, der dank einiger alerter Beamter, die das Gebäude verbarrikadiert hatten, das Schicksal einer gewaltsamen Übernahme erspart geblieben war. Ungeachtet des Chaos
und Blutvergießens vor der Tür hatte die Kommission ihre Beratungen fortgesetzt, als handelte es sich um ein Seminar an der Universität.
Mit Ruhe und Bedacht erwog sie die Alternativen, von der Verstaatlichung bis hin zum Laissez-faire, erörterte aber auch praktische Fragen,
etwa, wie man Unternehmen sozialisieren könne, ohne Produktivitätsgewinne oder Innovationsmöglichkeiten aufs Spiel zu setzen.

Schumpeter nahm dieselbe herablassende, zynische Haltung ein wie
einst in Böhm von Bawerks Seminar an der Universität Wien. Er habe
keine Ahnung, soll er flapsig erklärt haben, ob Sozialismus möglich sei,
doch wenn dem so sei, dann müsse man wenigstens konsistent bleiben.
Dem fügte er noch hinzu, dass es jedenfalls interessant wäre, so ein
Experiment einmal auszuprobieren.[26] Das Thema Verstaatlichung behandelte er als ein rein technisches Problem. Wie sich ein Bankier erinnerte, meinte Schumpeter: »...wenn man am Ende eines Krieges sozialisieren wolle, müsse es in bestimmter Weise geschehen.«[27]

Am Ende verwarf die Kommission wie erwartet sowohl das Laissez-
faire als auch eine Sozialisierung sowjetischen Stils und optierte für
eine Kombination aus Staatsbesitz und privatem Management. Nachdem der Bericht zu Papier gebracht worden war, weigerten sich zwei
liberale Kommissionsmitglieder jedoch, ihn zu unterzeichnen, und legten einen Minderheitsbericht vor. Schumpeter setzte seinen Namen
unter den Mehrheitsbericht. Und sein Anteil an dessen Zustandekom-

men sollte sich nun wie erhofft für ihn auszahlen. Rudolf Hilferding, der von Schumpeters Kooperationsbereitschaft und seinen technischen Fachkenntnissen beeindruckt war, drängte Otto Bauer, ihn für das Amt des künftigen österreichischen Finanzministers in Betracht zu ziehen. Und bis der Bericht am 15. Februar schließlich veröffentlicht wurde – einen Tag vor der Wahl zur Konstituierenden Nationalversammlung in Österreich –, war in der Wiener Presse bereits zu lesen, dass Schumpeter gefragt werden könnte, ob er der Regierung zur Verfügung stehen würde. Zwei Wochen später war Bauer für vier Tage nach Deutschland zurückgereist, um mit Ulrich von Brockdorff-Rantzau, dem ersten Außenminister der Weimarer Republik, Geheimgespräche über einen Anschluss zu führen. (Eine Union mit Deutschland war Bauers Toppriorität. Er hatte sich dazu sogar der Mitarbeit des Schriftstellers Robert Musil versichert, indem er ihn offiziell damit betraute, Zeitungsausschnitte zu indexieren, inoffiziell aber gebeten hatte, in diversen Zeitungen die Union mit Deutschland zu bewerben.[28] Plötzlich hatte es Schumpeter sehr eilig, Berlin zu verlassen, wie sich ein anderes Kommissionsmitglied erinnerte.[29] Am Vorabend eines neuerlichen Generalstreiks und blutigen Aufstands reiste Schumpeter in Begleitung von Otto Bauer ab.

Der Posten des Finanzministers war einer von zwei bis drei Ämtern in der neuen Koalitionsregierung, die als so undankbar galten, dass sie kein Karrierepolitiker übernehmen wollte.

Wie sollte man den Verfall der Währung eines bankrotten Staates verhindern, wie sollte man ohne Gold oder Dollars Nahrungsmittel im Ausland kaufen oder wie ein Budget zusammenschustern, wenn jede einzelne Variable, vom Grenzverlauf bis zu den Reparationen, von den Alliierten in Paris entschieden wurde? Kaum hatte Renner Schumpeters Namen in den Raum gestellt, stimmte seine christlichsoziale Partei eilends zu. Nicht, dass sie ihm notwendigerweise auch getraut hätte. Die Partei der Großgrundbesitzer und des Adels, die stark von einer antisemitischen Kultur geprägt war, pflegte Schumpeter einen »Judenfreund« zu heißen, weil er mit den Rothschilds und anderen jüdischen Bankiers und Geschäftsleuten verkehrte. Außerdem hatte er es ihrer Meinung nach an einer beklagenswerten Parteitreue mangeln lassen, als er eine Beförderung des christlichsozialen Geschäftsführers von

Graz, der der Fakultät der Universität angehörte, blockiert hatte. Aber die Sozialdemokraten fanden, dass Schumpeter, den man für »eine Art von Genie in den Wirtschaftswissenschaften« hielt, genau der richtige Mann sei, um das Kommando über die prekären Finanzen der Republik zu übernehmen.[30] Und da die Geschicke Österreichs außerdem von den Alliierten abhingen, glaubten Renner und Bauer, dass sich Schumpeters prowestliche Haltung und frühe Ablehnung des Krieges, seine im Ausland gesammelten Erfahrungen, sein amerikanischer Ehrendoktor und seine fließenden Kenntnisse der englischen und der französischen Sprache als höchst willkommene Vorzüge erweisen könnten.

Doch linke wie rechte Pamphletisten belegten Schumpeter sofort mit dem Etikett des Opportunisten. Der *Wiener Morgen* erklärte ihn beispielsweise zum »Inhaber dreier Seelen«: einer liberalen, einer konservativen und einer linken; Karl Kraus verspottete ihn als den »Austauschprofessor seiner Überzeugungen«[31]. Aber Schumpeters Wunsch, Regierungsmitglied zu werden, war kaum als etwas Anrüchiges zu bezeichnen. Wenn es der frischgebackenen österreichischen Republik nicht gelingen würde, parallel zum Frieden auch Brot zu liefern, dann war die Demokratie dem Untergang geweiht. Und Schumpeter hatte nicht nur einen wirtschaftlichen Wiederaufbauplan parat, sondern betrachtete das Amt des Finanzministers zu Zeiten einer Revolution auch als *die* Chance, sein Land vor dem Ruin bewahren zu können.

Gewissermaßen standen der neue Finanzminister und die Wiener Hausfrau vor ein und derselben Herausforderung. Um die nötigen Lebensmittel und Brennstoffe für ihre Familie bezahlen zu können, hatte Anna Eisenmenger – deren außergewöhnliches Tagebuch uns ein Fenster in das Alltagsleben dieser katastrophalen Zeiten öffnet[32] – drei Optionen: entweder sie musste etwas verdienen oder sich etwas leihen oder etwas aus ihrem Besitz verkaufen. Um die Züge am Laufen zu halten und die Miliz am Patrouillieren oder um die Suppenküchen vor der Schließung zu bewahren, hatte Schumpeter die gleichen Möglichkeiten. Um überleben zu können, sahen sich die Eisenmengers genötigt, Renten zu beantragen, Zimmer in ihrer Wohnung unterzuvermieten, für eine amerikanische Hilfsorganisation zu arbeiten und, als letzten Ausweg, Dr. Eisenmengers kostbaren Vorrat an Vorkriegszigarren zu verkaufen. Schumpeter konnte Steuern eintreiben, Bankiers beschwatzen, Staatsanleihen zu kaufen, auf die Geld- und Goldreserven des Landes zurückgreifen, sofern noch vorhanden, und als letzten Ausweg staatliche Vermögenswerte veräußern.

Wollte jemand Dinge aus dem Ausland kaufen oder eine Reise in die benachbarte Schweiz antreten, dann musste er natürlich irgendwie an ausländische Währungen kommen. Verfügte er über ein Schweizer Bankkonto, konnte er dafür dieses anzapfen, so wie es Max von Neumann tat, ein Bankier aus Budapest, der nach Béla Kuns kommunistischem Putsch samt Familie ins Exil ging. Standen ihm solche Reserven nicht zur Verfügung, musste er sich die ausländische Währung verdienen oder leihen. Wie andere Psychoanalytiker nahm deshalb auch Sigmund Freud englische Patienten an, zum Beispiel James Strachey und seine Frau Alix, die ihn in Pfund bezahlten. Anna Eisenmenger lieh sich Dollars von einem Vetter in Amerika. Doch ansonsten brauchte man Kronen, um Pfund oder Dollars kaufen zu können.

Weil so viele Dinge, die Österreich zum Überleben benötigte, importiert werden mussten, war es Aufgabe des österreichischen Finanzministers, Fremdwährungen oder Gold aufzutreiben, um sie kaufen zu können. War er dazu nicht in der Lage, musste er eine Auslandsanleihe zeichnen oder auf ein Geschenk hoffen. Doch seine Hauptaufgabe bestand darin, den Wert der Krone gegenüber dem anderer Währungen zu verteidigen. Jeder Aufwärtstrend beim Tauschwert der Krone bedeutete, dass Österreich weniger für Kohle oder Schweinefleisch bezahlen konnte, jeder Abwärtstrend, dass es mehr bezahlen musste. Deshalb standen die Hausfrauen vor den Fenstern der Wechselstuben und warteten mit »eingeschnürter Brust« auf den neuesten Stand der Krone. Für den Finanzminister war der Wert der Währung von noch gravierenderer Bedeutung, da er ja für den öffentlichen Haushalt verantwortlich war. Jede Wertminderung der Krone verursachte einen Anstieg des Staatsdefizits. Die alles entscheidende Aufgabe des Finanzministers war also, dem Einbruch der Währung vorzubeugen. Und letztendlich war das Ganze reine Hochstapelei. Die Leute nahmen jedes Geld, wenn sie glaubten, ihre Schulden damit begleichen zu können. Und zuversichtlich taten sie das natürlich nur, wenn sie wussten, *dass* sie ihre Schulden damit begleichen konnten. Also hätte wohl jeder Finanzminister auf die steigende Tendenz seiner Währung spekuliert und sie, wenn er nicht über Gold oder Devisenreserven verfügte, eben mit Luft in Umlauf gehalten.

Schumpeter, der jüngste Finanzminister in der Geschichte Österreichs, hielt anlässlich des »Empfangs der Beamtenschaft« eine programmatische Rede inmitten all des Marmors und Golds im Staatsamt der Finanzen, das im Stadtpalais von Prinz Eugen in der Himmelpfortgasse untergebracht war. Vor und zurück wippend, mit ausholenden Bewegungen und im besten Theresianum-Deutsch erklärte er in einem ständig zwischen Aufmunterung und Begeisterung alternierenden Ton, wie entscheidend es sei, »daß wir unserem Volke vor allem die *Wahrheit* sagen« und die öffentliche Meinung auf den Weg führten, »den ich für den einzig möglichen halte«. Dazu sei »eine Fülle von Erfahrung, von Talent, von aufopferungsvoller Arbeitsenergie in unseren Staatsämtern« vonnöten, aber »wenn mir irgend etwas eine Hoffnug auf Lösung der Probleme dieses Ressorts eröffnet, so ist es das Bewußtsein, in Ihnen, meine Herren, so ausgezeichnete Mitarbeiter zu finden«[33]. In dem karg beleuchteten, eiskalten Saal voller Staatsbeamter in schwarzen Überziehern war er es, der Energie, Optimismus und Hoffnung ausstrahlte.

Der Krieg hatte alle kämpfenden Parteien, auch England und Frankreich, mit noch nie da gewesenen Schulden zurückgelassen. Doch im Falle von Österreich waren sie exorbitant. Die k.u.k. Regierung hatte es während des Krieges nicht gewagt, die Steuern zu erhöhen. Infolgedessen deckten die Steuereinnahmen im Jahr 1919 nur zwei Drittel der Staatsausgaben. Und die gewaltigen Zinslasten, die der Staat auf seine Kriegsschulden angehäuft hatte, waren nun in einem überproportionalen Anteil zum Erbe der neuen österreichischen Republik geworden. Abgesehen davon hatte der Staat den Arbeitslosen Unterstützung versprochen, aber die bestand nun in erster Linie aus der Bereitstellung der Gelder, die für die Beibehaltung einer Volkswehr nötig waren. Auch seine Beamten musste er entlohnen, darunter die Tausende, die von den Außenposten des alten Reiches nach Wien strömten, und er musste Lebensmittel subventionieren, um die Differenz zwischen den Kosten, die dem Staat zufielen, und den Preisen auszugleichen, die die Verbraucher zahlten. Die alte Reichsregierung war davon ausgegangen, dass der Löwenanteil der von ihr akkumulierten Schulden von den Verlierern übernommen werden müssten, und damit hatte sie den Tag der Abrechnung nur aufgeschoben.

Inzwischen konnten sich die meisten Österreicher nur noch zwei

Alternativen vorstellen: von Deutschland adoptiert oder auf Dauer
zum Pflegling der Entente zu werden. Otto Bauer, wie gesagt ein begeisterter Anhänger des Anschlusses an Deutschland, fand auch nichts
auszusetzen an ein bisschen Inflation: »Die Geldentwertung war das
Mittel gewesen, durch die Belebung der Industrie die Arbeitermassen [...] wieder an regelmäßige Arbeit zu gewöhnen [...]. So wurde die
Lebenshaltung der Arbeitermassen allmählich verbessert.«[34] Die Bankiers und Industriellen tendierten zu einer Allianz mit der Entente und
teilten den sehnlichen Wunsch der Beamten im britischen Schatzamt,
insbesondere von John Maynard Keynes, dass es »Österreich niemals
gestattet werde unterzugehen. Die Entente wird seine Finanzen wieder
ins Lot bringen. Ein großes Darlehen in Sterling ist alles, was dazu erforderlich ist.«[35]

Schumpeter vertrat eine andere Sicht. Er glaubte, dass das geschrumpfte Österreich durchaus über die Mittel verfügte, um sich wirtschaftlich erholen zu können, und war fest davon überzeugt, dass die
Ressourcen einer Nation grundsätzlich eine geringere Rolle spielten als
die Frage, was sie mit den Mitteln anfing, über die sie verfügte. Solange
es den Entrepreneuren gestattet sei, neue Unternehmen aufzubauen,
solange das Finanzsystem effizient funktionieren könne und auch dem
Handel nicht zu viele Schranken auferlegt würden, stehe einer Rege-
neration der Gesellschaft nichts im Wege. Die gängige Annahme, dass
wirtschaftliche Lebensfähigkeit von einem ausgedehnten Territorialbe-
sitz, einem großen Volk und dem Vorhandensein von Bodenschätzen
abhänge, wies er zurück. In einem außergewöhnlichen Aufsatz mit dem
Titel »Zur Soziologie der Imperialismen«, den er 1919 mit Deutschland im Blick verfasste, schilderte er, wie der militärische Industriekom-
plex das Pharaonenreich durch chronische Kriegführung in die Armut
getrieben habe: »Vom Krieg geschaffen, der sie brauchte, schuf die Maschine die Kriege, die sie brauchte.«[36] England sei zur reichsten Nation
geworden, bevor es sich ein Imperium aufbaute. Die Schweiz, deren
Pro-Kopf-Einkommen es mit dem Großbritanniens aufnehmen könne,
sei nicht größer als Schottland. Und Wien sei vor dem Krieg das bedeutendste Finanz-, Transport- und Handelszentrum Mitteleuropas gewesen. Solange die Alliierten oder Österreichs Nachbarn nichts unternahmen, um das Land am freien Handel oder die Regierung des Landes
an der Restauration seiner Kreditwürdigkeit zu hindern, sah er keinen

Grund, weshalb Wien nicht wieder zu der wirtschaftlichen Rolle zurückfinden sollte, die es vor dem Krieg gespielt hatte, und – vorausgesetzt, es würden ihm keine Hürden in den Weg gestellt – nicht wieder für ein gutes Einkommen sorgen könnte. »Man hört oft, Deutschösterreich ist rein geographisch lebensfähig«, erklärte er einer Zeitung. »Es ist klar, daß Deutschösterreich administrativ und auch sonst nicht gerade ein sehr zweckmäßiges Ganzes darstellt, aber verzweifeln darf man deshalb nicht. […] Man darf durchaus nicht glauben […], daß ein Staat, um wirtschaftlich leben zu können, alle notwendigen Rohstoffe in seinem Gebiete enthalten muß […]. Auch die anderen Länder können nicht ohne uns oder ohne unsere finanzielle Vermittlung leben.« Und er schloss mit den kraftvollen Worten: »Für die Zukunft haben wir hoffnungsvolle Symptome.«[37]

Natürlich musste sich das Land mit seinen gewaltigen Kriegsschulden befassen. Der Historiker Niall Ferguson erklärt, dass es fünf und nur diese fünf Möglichkeiten gab, um diese Last zu schultern: eine Nichtanerkennung de jure, wie von Lenin im Jahr 1918 und von Hitler 1938 praktiziert; eine Nichtanerkennung de facto, das heißt, unter veränderten Rückzahlungsbedingungen; die Entwertung des zur Rückzahlung verwendeten Geldes (Inflation); die Bewerkstelligung eines derart schnellen Wirtschaftswachstums, dass das Einkommen schneller stieg als die Zinszahlungen; und schließlich die seriöseste aller Möglichkeiten, nämlich schlicht und einfach die Bedienung der Schulden.

Auch in Schumpeters Erklärung, dass er eindeutig letztere Option bevorzuge, spiegelte sich seine Überzeugung, dass Österreich durchaus in der Lage war, sich selbst zu helfen. Es sei der schnellste Weg, um das Vertrauen der Investoren in die Kreditwürdigkeit des Landes wiederherzustellen und um die Produktion neu zu beleben. Aber keine Nachkriegsregierung käme ungestraft davon, wenn sie die Steuern für Bauern und die Mittelschicht erhöhen würde, um damit wohlhabende Obligationäre zu kompensieren. Eine Erhöhung der Einkommensteuern würde auch Investoren abschrecken, und zwar genau dann, wenn die Wirtschaft eine Infusion mit frischem Kapital am dringendsten bräuchte. Schumpeters bevorzugte Lösung war, die Reichen mit einer einmaligen hohen *Vermögenssteuer* zu zwingen, Österreichs Schulden zu schultern. Letztendlich wollte er also wohlhabende Obligationäre mit deren eigenem Geld entschädigen, indem er sich eines großen Brockens ihres flüssigen Kapitals, ob Bargeld, Obligationen oder Aktien, bemächtigte.

Das Geniale an Schumpeters Plan – in dem sich die Prioritäten spiegelten, die er in seiner theoretischen Abhandlung *Die Krise des Steuerstaates* dargelegt hatte – war, dass die Eigentümerschaft von Wirtschaftsunternehmen, Bauernhöfen und anderen Besitztümern zwar umgebildet, aber in privater Hand bleiben würde. Die Besteuerung von existentem Besitz anstelle von künftigem Einkommen hatte außerdem den Vorteil, dass Investoren nicht davon abgehalten wurden, frisches Kapital für Investitionen zur Verfügung zu stellen, oder Unternehmer davon, ihre Produktion auszuweiten. Und um auch das Risiko zu minimieren, dass der Staat versuchen würde, sich aus seinen Schulden »hinaus zu inflationieren«, schlug Schumpeter obendrein die Einrichtung einer vom Finanzministerium unabhängigen Zentralbank nach dem Muster der Bank of England vor. Außerdem favorisierte er eine Stabilisierung der Krone auf dem Stand ihres gegenwärtigen Werts und nicht auf dem ihrer Vorkriegsparität. Diese Maßnahmen sollten das Vertrauen ausländischer Investoren stärken, in die Schumpeter seine Hoffnungen setzte, und sicherstellen, dass sie Investitionen in Österreich als Schnäppchen empfinden würden.

Zwei Voraussetzungen waren notwendig, damit Schumpeters Wiederaufbauplan funktionieren konnte: erstens Friedensbedingungen, die der Wiederherstellung des Handels keine unüberwindlichen Hürden auferlegten; und zweitens das anhaltende Bemühen des Staates, genügend Steuern zu erheben, um seine Ausgaben decken zu können. Im Augenblick, erklärte er den Mitarbeitern seines Hauses, könne man nicht einmal außerhalb des Landes einen Kredit bekommen, weil das Ausland kein Vertrauen in die Zukunft Deutschösterreichs habe. Deshalb würde ein Ausgleich, selbst eine dramatische Verminderung des Staatsdefizits, geradezu heldenhafte Maßnahmen erfordern. Er favorisierte zu diesem Zweck Genussmittelsteuern auf »Geltungskonsum« und auf solche proletarischen Schwelgereien wie Bier und Tabak, zudem eine Mehrwertsteuer auf jeden Luxus, sei es bei Lebensmitteln, der Unterhaltung, Bekleidung oder beim Hauspersonal. Das war kein Plan, mit dem man sich Freunde machen konnte, weder auf der rechten noch auf der linken Seite. Sogar seine eigene Partei war wild entschlossen, gegen eine Vermögenssteuer einzutreten, vor allem, wenn auch Bauernhöfe einbezogen würden. Und die Vorstellung, eine Biersteuer zu erheben, empfanden die Sozialisten bloß als einen urkomischen Beweis für Schumpeters politische Ahnungslosigkeit.

Am dritten Tag nach Schumpeters Amtsantritt als Finanzminister befand sich die österreichische Krone im freien Fall. Kommunistische Partisanen, angeführt von einem einstigen k.u.k. Unteroffizier, der von Moskau ausgebildet und bewaffnet worden war, umrundeten Budapest, rote Fahnen schwenkend, auf Pritschenwagen. Eine Rote Garde demobilisierter österreichischer Soldaten machte sich augenblicklich auf den Weg in die ungarische Hauptstadt, um ihre Solidarität zu bekunden. Der bolschewistische Sieg wurde weithin als Beweis gesehen, dass sich Ungarn lieber Moskau in die Arme geworfen habe, als sich der Entente zu unterwerfen. Prompt gab der britische Premierminister Lloyd George, ein ziemlicher Falke in Sachen Reparationen, eine Warnung an die Friedenskonferenz heraus: Während sich die Entente, die nicht weniger »müde, blutend und ruiniert« sei als die Verlierer, fest entschlossen zeigte, die Deutschen und ihre Verbündeten für den Wiederaufbau zahlen zu lassen, seien Lenins Jünger damit beschäftigt, die Deutschen mit Versprechungen für »einen Neubeginn« zu verführen, was mit Lloyd Georges Worten bedeutete, »das deutsche Volk von seinen Verbindlichkeiten gegenüber den Alliierten wie von seinen Verbindlichkeiten gegenüber den eigenen wohlhabenderen Klassen zu befreien« – gegenüber jenen also, die dem Reich die Mittel für die Kriegführung zur Verfügung gestellt hatten. Wenn die Alliierten denn auf allzu harte Bedingungen für Deutschland bestünden, wäre das unvermeidliche Ergebnis »Spartakisten vom Ural bis zum Rhein«.[38]

Wie aufs Stichwort begann sich Lloyd Georges düstere Prophezeiung zu bewahrheiten. Am 7. April 1919 erklärte ein anarchistischer Zentralrat die erste Phase der Münchner Räterepublik. Binnen einer Woche setzten professionelle Revolutionäre – russische Emigranten mit Verbindung zur Internationalen – den Zentralrat ab und übertrugen die Regierung einem »Vollzugsrat«, der prompt eine Schreckensherrschaft entfesselte. Ein russisches Dokument, das bei einer Polizeirazzia beschlagnahmt wurde, ließ darauf schließen, dass sich Lenins Armee bereithielt, via Polen nach Deutschland einzumarschieren und die Aufständischen zu unterstützen. In Paris glaubte man, dass Wien,

inzwischen von zwei roten Metropolen flankiert, der nächste Domi-
nostein sei, der fallen würde. Winston Churchill warnte das britische
Parlament während einer Debatte über die Frage, ob britische Truppen in Russland dazu beitragen sollten, die Bolschewisten zu schlagen,
vor dem »großen Übel« der Bolschewiki, das sich »aus großen sozialen Übeln heraus entwickelt hat«. Sechs Wochen später schrieb General Biggs, Befehlshaber der britischen Kavallerie in Russland, Churchill
einen Brief mit der Bitte um britische Hilfslieferungen: »Hungern bedeutet Bolschewismus.«[39]

Tatsächlich tauchten Béla Kuns Emissäre in den Wiener Arbeiterbe-
zirken auf und forderten dramatisch die Nahrungsversorgung der Proletarier – nicht jedoch der Bourgeoisie – in der künftigen Räterepublik
Österreich. Das Leben in Budapest schilderten sie in den prächtigsten
Farben, berichteten, dass die Preise in den Luxushotels nun dieselben
seien wie in den Herbergen fürs Volk, dass Arbeiterfamilien wie Könige
in den beschlagnahmten Palästen lebten und völlige soziale Gleichheit
zwischen Bourgeoisie und Proletariern herrsche. Otto Bauer erinnerte
sich in seinen Memoiren:

*Sobald [Béla Kun] gewahr wurde, daß wir [die Rätediktatur in Deutsch-
österreich] ablehnten, begann er den Kampf gegen uns. Die Wiener ungarische Gesandtschaft wurde zur Agitationszentrale. Der kommunistischen Partei Deutschösterreichs flossen aus Ungarn große Geldmittel
zu, die nicht nur der Verstärkung ihrer Propaganda dienten, sondern
auch dazu verwendet wurden, einzelne Vertrauensmänner der Arbeiter und Soldaten durch Bestechung zu gewinnen. Die kommunistische Propaganda suchte den Arbeitern einzureden, daß Ungarn über
große Lebensmittelvorräte verfüge, die hinreichend seien, den Bedarf
Deutschösterreichs reichlich zu befriedigen...[40]*

Um solcher Propaganda entgegenzuwirken, schickte Herbert Hoover
aus seinem Pariser Hauptquartier in der Avenue Montaigne Nr. 51 Kabel an seine Deputierten und drängte sie, die Mauern in Wien mit Flug-
blättern zu pflastern, die davor warnen sollten, dass »jede Störung der
öffentlichen Ordnung Lebensmittellieferungen unmöglich machen und
Wien mit der absoluten Hungersnot konfrontieren werde«.[41] Gleichzeitig beschleunigte er im Wettlauf gegen den Kommunismus und den

Hungertod die Hilfsoperationen. In Wien befahl die Regierung einer halben Kompanie der Volkswehr, im Staatskanzleramt Aufstellung zu nehmen, dem Palais Modena, wo das Kabinett seine Beratungen abhielt: ein klassizistischer Barockbau in der Herrengasse Nr. 7 und eine der feinsten Adressen Wiens.

Die Angst vor einem Putsch könnte auch eine seltsame Begebenheit erklären, die von Hans Loewenfeld-Russ, dem damaligen Minister für Volksernährung, berichtet wurde. Offenbar hatte Schumpeter ihn am letzten Tag im März angerufen, um ihn zum Abendessen einzuladen, und ihn gebeten, auch Verkehrsminister Ludwig Paul mitzubringen. Kaum waren die drei unter sich, fragte Schumpeter seine beiden Gäste unvermittelt, ob sie im Falle eines Putsches bereit wären, sich mit ihm gemeinsam der neuen bolschewistischen Regierung anzuschließen. »Nicht einmal im Traum«, erwiderte Paul scharf.[42] Loewenfeld-Russ stimmte Paul unter verärgertem Kopfnicken zu. Schumpeter machte sofort einen Rückzieher und flötete, dass auch er nicht im Traum daran dächte, einer solchen Regierung anzugehören. Als Loewenfeld-Russ von Schumpeter dann eine Erklärung forderte, warum er dann überhaupt um dieses private Treffen gebeten und eine so eigenartige Frage gestellt habe, erwiderte Schumpeter, dass er den einzigen beiden Kabinettsmitgliedern neben ihm, die nicht vom Kanzler, sondern von einer Partei ernannt worden waren, einfach nur einmal auf den Zahn hatte fühlen wollen.

Vermutlich hatte er damit sogar die Wahrheit gesagt. Um etwa dieselbe Zeit berichtete Sir Thomas Montgomery-Cuninghame, nunmehr der britische Militärattaché in Wien, dass eine seiner Quellen einen »langen, umständlichen Bericht« über einen »detaillierten Plan« geliefert habe, »welcher zum Zweck der Bildung einer Regierung der sozialistischen Art von der sozialistischen Partei ausgearbeitet wurde«. Dem Informanten zufolge sollte diese Regierung jedoch bloß ein Täuschungsmanöver und »sowjetisch eher dem Erscheinungsbild als der Realität nach« sein.[43] Angeblich waren Staatskanzler Renner und andere moderate Kabinettsmitglieder bereit, bei dieser List mitzuspielen. Linkere Mitglieder wie Otto Bauer wollten damit allerdings nichts zu tun haben. Cuninghame wurde vom britischen Foreign Office jedenfalls instruiert, den österreichischen Verteidigungsminister zu informieren, dass eine bolschewistische Regierung, ob vorgetäuscht oder echt,

die sofortige Aussetzung aller Lieferungen von Lebensmittelhilfsgütern
und eine Wiederaufnahme der Waffenlieferungen an Polen zur Folge
hätte, das Österreich gerade mit seinen Territorialansprüchen beunruhigte.

Während die österreichische Republik also zwischen Leben und Tod
schwebte, hielt das Kabinett Dauersitzungen ab. Üblicherweise begannen sie erst Stunden nach Ende des normalen Arbeitstags. Um die Zeit,
in der die Besucher aus der Oper strömten, pflegten die Minister und
ihre Staatssekretäre zu Fuß oder mit einem Wagen ins Palais Modena
zu eilen. Sorgenumwölkte und übernächtigte Männer trotteten an den
derangierten Wachtrupps der Volkswehr vorbei und kletterten die imposante »Ministerstiege« zu den einst strahlend beleuchteten Sälen hinauf, in denen sich die Kaiser mit ihren Stäben beraten hatten und nun
Karl Renner mit seiner Staatskanzlei residierte. Sie mussten achtgeben,
um nicht über die Maschinengewehre zu stolpern, die aufs Geratewohl
vor den Fenstern abgestellt waren, und behielten wegen der feuchten
Kälte allesamt ihre schweren Überzieher an. Die Sitzungen dauerten
für gewöhnlich bis lange nach Mitternacht. Manchmal ließ der Staatskanzler aus einem nahe gelegenen Restaurant ein karges Mahl und ein
Glas Bier für jeden bringen, damit die Herren durchhielten.

Am 18. April 1919, die Minister hatten kaum begonnen, sich der
»unvorstellbar langen« Agenda anzunehmen, marschierten Tausende
von ausgemergelten und zerlumpten Gestalten mit »verhärmten und
vergilbten« Gesichtern auf der von Abfällen übersäten Ringstraße an
prächtigen Gebäuden mit vernagelten Fenstern vorbei bis vor das nahe
gelegene Parlament. Es waren fast ausschließlich arbeitslose Fabrikarbeiter und demobilisierte Soldaten, viele mit amputierten Gliedmaßen
oder anderen sichtbaren Kriegsverletzungen. Unter ihnen befand sich
ein Kader von bewaffneten Mitgliedern der Kommunistischen Partei
und ausländischen Agitatoren, dem es nach ein paar Stunden gelang,
die Masse so in Rage zu peitschen, dass sie das Parlamentsgebäude
stürmte und in Brand setzte. Als die Schießerei begann, eilte die Volkswehr herbei, eroberte das Haus zurück, erschoss rund fünfzig Demonstranten und verwundete mehrere hundert. So jedenfalls hieß es im ersten Bericht.

Eine Episode schockierte die Öffentlichkeit aber noch mehr als die-

ser Putschversuch. Auf dem Höhepunkt der Kämpfe war ein Polizei-
pferd vor dem Parlament unter seinem Reiter erschossen worden. Der
hungrige Mob war auf das tote Tier losgestürmt, um es in Stücke zu
reißen und blutige Fleischbrocken davonzuschleppen. Für den gewöhnlichen Wiener, der Pferde, insbesondere die Lipizzaner aus der Hofreit-
schule, liebte wie Amerikaner ihre Boxchampions, war dieser Vorfall
ein Beweis für den erbarmungslosen Rückfall der Zivilisation in die
Barbarei. Aber niemand hätte sich abgestoßener fühlen können als der
neu berufene Finanzminister der Republik, der sich selbst in dieser verzweifelten Zeit noch mehrere Vollblüter hielt.

Auf den Straßen in Budapest glaubte man, dass die Revolution in
Wien nun unmittelbar bevorstehe, doch bis zum späteren Nachmittag war der Aufstand dann abgeflaut. Friedrich Adler, ein prominenter
sozialistischer Politiker, der 1916 den k.u.k. Ministerpräsidenten Karl
Stürgkh erschossen hatte, war rechtzeitig eingetroffen, um die Massen
zu beruhigen, während sich die kommunistischen Agitatoren nicht einigen konnten, ob sie nun eine Räterepublik ausrufen sollten oder nicht.
Am nächsten Tag weigerten sich die Vorsitzenden der Arbeiterräte,
einen Generalstreik auszurufen. Ellis Ashmead-Bartlett, der Kriegsberichterstatter des *Daily Telegraph*, der als Erster über das Gemetzel der
Schlacht um Gallipoli berichtet hatte und nun aus Budapest in die österreichische Hauptstadt geeilt war, meldete: »Anstatt Wien in Flammen vorzufinden, erlebte ich eine vollkommen ruhige Stadt.«[44]

Das Hotel Sacher gegenüber der Oper, weltberühmt für seine üppige
Schokoladentorte, war der bevorzugte Treffpunkt von Diplomaten,
Spionen und Konterrevolutionären. Madame Sacher war, so hieß es,
eine leidenschaftliche Monarchistin. Schumpeter aß dort oft zu Mittag.
Am 2. Mai entdeckte ihn Sir Thomas Cuninghame in einem der Sepa-
rees. Er steckte gerade den Kopf mit vier weiteren Männern zusammen,
darunter auch Ashmead-Bartlett, und Cunninghame beschloss, sich zu
ihnen zu gesellen.

Ashmead-Bartlett versuchte gerade, Geld für die rund hundertfünfzig ungarischen Offiziere locker zu machen, die in Wien herumhingen
und befürchteten, deportiert zu werden, während sie begierig darauf
warteten, eine Konterrevolution gegen Béla Kun und Konsorten auf
die Beine stellen zu können. Ihr Problem war nur, dass sie – abgese-

hen von dem, was ihnen die wohlwollende Madame Sacher zusteckte –
weder einen Heller besaßen noch kreditwürdig waren und nicht einmal einen einzigen Zug hätten anmieten können. Auch der Budapester
Bankier von Neumann befand sich in Wien und half, Mittel für dieses
Projekt aufzubringen. Aber viele reiche Sympathisanten hatten Angst,
ihnen Geld zu leihen, weil sie fürchteten, dass das der österreichischen
Regierung zu Ohren kommen könnte. Und Louis Rothschild, in den
die Verschwörer all ihre Hoffnungen gesetzt hatten, änderte tagtäglich seine Meinung. Schließlich hatte Cunninghame Ashmead-Bartlett
vorgeschlagen, Schumpeter zu treffen. Der Finanzminister war bei den
Briten als erbitterter Gegner des Anschlusses an Deutschland bekannt,
und den wollten die Engländer ja ebenfalls verhindern

Der Journalist war von Schumpeters Intelligenz, Lebhaftigkeit und
makellosem Englisch beeindruckt. Anerkennend bemerkte er, dass der
noch nicht vierzigjährige Mann nichts von der typischen Zurückhaltung eines Schatzkanzlers an sich habe. »Wir debattierten die Zukunft
Österreichs«, erinnerte er sich. Schumpeter habe sich augenblicklich
zugunsten einer konstitutionellen Monarchie nach britischem Muster
ausgesprochen und zugestimmt, dass »der einzige Weg, die Rote Gefahr aus Wien zu verbannen, die Vertreibung der Räteregierung aus
Ungarn war«. Und nachdem er erklärt hatte, dass er gerne bereit wäre,
den Konterrevolutionären Gelder aus dem Staatssäckel vorzuschießen,
müsste er nicht für jede Krone Rechenschaft vor dem Parlament ablegen, bot er an, Rothschild zu garantieren, dass das Finanzministerium
wegsehen werde, sofern er ihnen das Geld leihen wolle. »Das war eine
gute Nachricht«, sagte Ashmead-Bartlett, »da es Louis Rothschilds
Haupteinwand beseitigte […], nämlich seine Sorge, dass ihm die österreichische Regierung unangenehme Fragen stellen würde«.

Als die Monarchisten am 4. Mai die ungarische Gesandtschaft in
Wien einnahmen, fanden sie große Geldbündel in einem Versteck – angeblich 135 Millionen Kronen und 300 000 Schweizer Franken –, das
der Revolution in Wien zugedacht war. Also schickte Schumpeter noch
während der Verhandlungen mit Rothschild seinen Sekretär los, um
den Bankier zu informieren, dass er nun »kein Geld mehr zu leihen
brauche, da es anderswo beschafft worden sei«.[45] Als Béla Kun dann
versuchte, seine Kriegskasse zurück- und die konterrevolutionären
Aristokraten ausgeliefert zu bekommen, intervenierte Schumpeter zu

deren Gunsten. Doch bevor die Angelegenheit weiterverfolgt werden konnte, wurde Kuns Regierung über Nacht von dem rechtsgerichteten Admiral Miklós Horthy und seinen Anhängern gestürzt.

In den darauffolgenden Wochen geriet die österreichische Regierung in einen regelrechten Kaufrausch. Die Sozialisten dominierten die im März 1919 gebildete Koalitionsregierung, weil sie die Einzigen waren, welche die Arbeitslosen, die demobilisierten Soldaten, die Arbeiterräte und die Radikalen kontrollieren konnten. Otto Bauer, der klargemacht hatte, dass die große konservative Mehrheit der Bauernschaft eine sozialistische Revolution nicht zulassen und dass jeder Putsch mit einer Intervention der Alliierten enden würde, drängte nach einer Vielzahl von Sozialmaßnahmen. Und da sich die Sozialisten bewusst waren, dass ihnen vielleicht nur ein kurzes Zeitfenster zum Handeln blieb, gelang es ihnen tatsächlich binnen weniger Wochen, die Grundlagen für den österreichischen Wohlfahrtsstaat zu schaffen. Allein in Wien waren sechzigtausend Kriegsinvaliden, Angehörige von österreichischen Kriegsgefangenen und Beamte des einstigen Reiches samt ihren Familien fürsorgeberechtigt. Binnen eines Jahres lebte ein Sechstel der Bevölkerung von der Wohlfahrt und trug nichts zur Produktion von absatzfähigen Waren bei.

Schumpeters Bemühen um Unterstützung für seine Steuervorschläge waren derweil zum Stillstand gekommen. Von den Alliierten gab es keine Kredite. Die Gold- und Devisenreserven waren verschwindend gering. Und so hatte die Regierung gar keine andere Wahl, als das Staatsdefizit mit dem Druck weiterer Banknoten zu finanzieren.

Gleichzeitig sah sich die Regierung nach Möglichkeiten um, die Last auf die Unternehmen zu verlagern, indem sie, wie Otto Bauer erläuterte, weitreichende und ursprünglich nur als Notstandsverordnung für die Dauer von wenigen Monaten gedachte Eingriffe in die freie Wirtschaft vornahm. Im Mai erließ das Kabinett ein Dekret, das Großunternehmen zu einer Erweiterung ihrer Belegschaften um 20 Prozent zwang. Weitere Erlasse folgten, unter anderem die Verpflichtung der Arbeitgeber, Gewerkschaften anzuerkennen, den Beschäftigten bezahlten Urlaub zu gewähren und keine Entlassungen ohne Zustimmung der Regierung vorzunehmen. Da war es kaum überraschend, dass sofort nach der Verabschiedung dieser Gesetze ein scharfer Rückgang bei der

Produktivität zu verzeichnen war, jede Menge Beschwerden wegen der herrschenden »Arbeitsunlust« oder unentschuldigten Fehlens eingingen und die Steuereinnahmen weiter schrumpften.

Aber das Kabinett Renner trieb die Sozialisierung voran. Mitte Mai verkündete Otto Bauer den Plan für eine Teilverstaatlichung des Bergbaus, der Eisengießereien, der Elektrizitätswerke sowie der Wälder samt Nutzholzgewinnung. Schumpeter hielt dagegen: Sofern die Staatsverwaltung ihre Finanzen in Ordnung brächte und die Krone stabilisierte, würden Unternehmer wieder investieren und expandieren. Nachdem er bereits die Konservativen mit seinem Vorschlag vor den Kopf gestoßen hatte, die Kriegsschuld den Reichen aufzubürden, brüskierte er nun also auch die Sozialdemokraten mit der Behauptung, dass eine Verstaatlichung von privaten Unternehmen es unmöglich machen würde, ausländische Investoren anzulocken, und jeden Wirtschaftsaufschwung im Keim ersticken müsse.

Schumpeters sozialdemokratische Kollegen trauten ihm ebenso wenig wie seine eigene Partei. Hinter seinem Rücken nannten sie ihn »eitel«, »aufgeblasen« und »affektiert«. Die anderen Minister trugen abgewetzte Kleidung und Schuhe mit Löchern in den Sohlen, Schumpeter kleidete sich wie ein englischer Bankier oder Diplomat. Die Schnitte seiner Anzüge aus der Savile Row waren makellos, das seidene Einstecktuch war blütenweiß, die Uhrenkette war aus schwerem Gold. Von den Zeitungen wurde er ausnahmslos in Jodhpurs, hohen Stiefeln und einem Homburg karikiert, und tatsächlich pflegte er eine Reitgerte unter dem Arm zu tragen, als wollte er beweisen, dass er bereit war, sein Ministerium, das Kabinett oder gleich das ganze Land mit der Peitsche auf Vordermann zu bringen. Die anderen Minister wohnten mit altbackenen Ehefrauen in bescheidenen Wohnungen; Schumpeter, offenbar endgültig von Gladys getrennt, stellte einen verschwenderischen Junggesellen-Lebensstil zur Schau. Er hatte eine Suite im noblen Hotel Astoria gemietet, gleich um die Ecke des Ministeriums, dazu eine Wohnung in der Strudlhofgasse und die Hälfte eines gräflichen Palais, wo er Leute wie die Rothschilds und Wittgensteins oder andere Plutokraten und ausländische Diplomaten, Journalisten und Politiker zum Tee oder Dinner bat. Oft ließ er sich in einer pompösen Kutsche vor dem Ministerium vorfahren. Er speiste in den besten Restaurants, trank den feinsten französischen Champagner und hatte oft ein oder zwei leichte Mädchen am Arm oder neben sich in der Kutsche sitzen. Sein Lebensstil überstieg die Besoldungsgruppe eines Staatsbeamten auf Kabinettsebene bei Weitem, und es war offensichtlich, dass Schumpeter Schulden bei seinen reichen Freunden anhäufte. Sogar sein älterer Mentor Friedrich von Wieser hatte den Eindruck gewonnen, dass es »ihm nicht eigentlich um die Besiegung der Schwierigkeiten zu tun [ist], sondern um den Ruhm, sie besiegt zu haben. Die allgemeine Not liegt ihm nicht am Herzen. [...] Sobald seine Eitelkeit dabei keine Befriedigung findet [...], wird er sich zurückziehen.«[46] Dass Schumpeter vorgab, Kritik würde ihn nicht interessieren, machte die Dinge auch nicht besser. Reporter pflegte er zu fragen, ob sie etwa glaubten, er wolle Minister eines Staates bleiben, der gerade Bankrott mache.[47]

Der Anschluss, den Otto Bauer für Österreichs einzige Chance auf eine wirtschaftliche Erholung hielt und den Schumpeter als einziges Kabinettsmitglied ablehnte, war ein weiterer ständiger Streitpunkt. Ende Mai war der Wiener Korrespondent von *Le Temps* mit Le Docteur Schumpeter im Konferenzsaal, dem Gelben Salon im Prinz-Eugen-Palais, zum Gespräch verabredet. Die barocke Pracht im Herzen der hungernden Stadt, der verschwenderisch mit Blattgold verzierte Stuck über den leeren Tresoren des Finanzministeriums und die deckenhohen Fresken, die inmitten von Anarchie und Niederlage die vergangenen militärischen Siege des k.u.k. Reiches feierten, wirkten höchst ironisch auf den Reporter. Als ihn der »bürgerliche Prügelknabe« dann aber auch noch »zu Füßen Ferdinands I.« empfing, war das einfach zu viel für den Franzosen.[48] Die Leser von *Le Temps* haben die Ironie gewiss verstanden: Der berühmt entscheidungsschwache und impotente österreichische Kaiser war 1848, einem anderen Revolutionsjahr, zur Regierungsübergabe gezwungen worden. Dieses Schicksal schien nun auch der ähnlich schwachen und hilflosen Republik Österreich und ihren Ministern bevorzustehen, inklusive dem willensstarken, brillanten Mann und notorischen Libertin Doktor Schumpeter.

Die österreichische Regierung versuchte die Bedingungen des Friedensvertrags zu beeinflussen, der ihr von der Entente diktiert werden würde, indem sie einen Propagandakrieg für eine Union mit Deutschland zu führen begann: »Wir überhäuften die Staatsmänner der Siegermächte mit Denkschriften, die den Nachweis zu erbringen suchten, daß Deutschösterreichs wirtschaftlicher Zusammenbruch unvermeidlich sei, wenn uns der Anschluß nicht erlaubt wird.«[49] Als *Le Temps* ein Zitat druckte, das offenschtlich von Schumpeter stammte, beschuldigte ihn Bauer bei der nächsten Kabinettssitzung prompt, insgeheim bei den Franzosen und Briten für ein Anschlussverbot zu lobbyieren. In seinen Erinnerungen schrieb Bauer: »Die französischen Staatsmänner konnten uns antworten, daß gerade die führenden Männer der österreichischen Volkswirtschaft, die Bankherren und die Großindustriellen den Wiener Ententediplomaten täglich versicherten, daß Deutschösterreich den Anschluß nicht brauche, bei einigermaßen günstigen Friedensbedingungen auch allein sehr wohl leben könne.«[50]

Bauers Vorwurf entsprach im großen Ganzen der Wahrheit. Schumpeter hatte schon seit Wochen Reden gegen einen Anschluss an Deutschland gehalten und dem Chef der französischen Militärmission in Wien, Henry Allizé, sogar eine Währungsunion mit Frankreich vorgeschlagen. Seine Behauptung, dass der neue österreichische Staat den Bankrott vermeiden könne, beruhte eindeutig auf seiner Erwartung, dass Frankreich der Einrichtung eines gemeinsamen Marktes in Mitteleuropa, der nicht von Deutschland dominiert wäre, höhere Priorität einräumen würde. Noch Ende Juni erklärte Schumpeter der Öffentlichkeit mit hoffnungsvollem Blick auf die Entente, dass die bislang ungerechten »Kriegslasten unter die Successionsstaaten der österreichisch-ungarischen Monarchie in einer annehmbaren Weise verteilt werden« müssten[51] und nicht auf die Konfiszierung österreichischen Vermögens in der Tschechoslowakei, Ungarn und Jugoslawien insistiert werden dürfe. »Diese Friedensbedingungen«, erklärte er, »sind ein Rätsel, es sei denn, daß sie ein beabsichtigtes ökonomisches Todesurteil sind [...]. Wenn dieser Vertrag in Kraft treten sollte, der so viel schwerer ist als das, was dem Deutschen Reiche auferlegt wird«, dann lasse er »keine Hoffnung übrig«.[52]

Anfang Mai attackierte Schumpeter wieder einmal die Anschlusspolitik, diesmal in einem »Sensationsgespräch« mit dem *Neuen 8 Uhr Blatt,* in dem er warnte: »Unser Heil liegt in einem friedlichen Verkehr mit allen und namentlich mit den umliegenden Staaten.«[53] Bauer schickte ihm einen wütenden Brief, doch anstatt seine Warnung zu beherzigen, versuchte Schumpeter, hinter den Kulissen einen Deal mit den Briten zu machen. Er übergab Francis Oppenheimer, Keynes' Emissär in Wien, den Entwurf eines »geheimen« Planes, der die Kontrolle der Alliierten über die Finanzen und die Zentralbank Österreichs im Gegenzug für langfristige Kredite vorsah. Wie Oppenheimer seinem Chef in einem Kabel berichtete, in dem er Schumpeters Plan wärmstens empfahl, war der österreichische Finanzminister

> *nicht der allgemein herrschenden Meinung, dass ein Anschluss an Deutschland Österreichs einzige Rettung sei. Er wollte, wenn möglich, dass eine starke alliierte Finanzkommission Österreich in ihre Obhut nimmt, nach dem Vorbild der britischen Finanzverwaltung in Ägypten, doch welche Form diese Kontrolle auch annehmen würde, so dürfe sie Österreichs Selbstachtung nicht verletzen. Er betonte, dass eine Einheitswährung in allen Nachfolgestaaten, wobei Wien der Bankier aller bleiben sollte, der vielleicht wichtigste Punkt in dem Plan zur Genesung Österreichs sei. [54]*

Dem fügte Oppenheimer noch hinzu: »Der Hinweis möge genügen, dass es ein ungewöhnliches und glückliches Privileg war, es mit einem derart genialen, aufgeschlossenen Fachmann zu tun zu haben.« Die beiden Männer trafen sich noch oft. Schumpeter engagierte sich unter anderem aktiv dafür, den Briten den Erwerb der österreichischen Gesellschaften zu ermöglichen, die die Schifffahrt auf der Donau kontrollierten. Oppenheimer informierte Keynes: »Dr. Schumpeter willigte ein, den Transfer dieser Gesellschaft, möglicherweise auch den der anderen drei, in den britischen Besitz gegen Cash zu außergewöhnlichen Bedingungen zu begünstigen, und versprach, uns ein Vorkaufsrecht einzuräumen, bis wir das Angebot angenommen oder abgelehnt haben.« [55] Aber natürlich blieb in Wien nichts lange geheim. Bauer schrieb an Renner, dass Schumpeter ständig intrigiere. Für den Moment werde er nichts unternehmen, doch nach Unterzeichnung des Friedensvertrags werde es unumgänglich sein, seinen Rücktritt zu erzwingen.

Fast sofort nachdem den Deutschen am 7. Mai 1919 in Versailles der Entwurf des Friedensvertrags überreicht worden war, verließ die von Staatskanzler Karl Renner geleitete österreichische Delegation Wien, um ebenfalls zu den Friedensverhandlungen nach Frankreich zu reisen. Am 2. Juni 1919, nachdem die Delegierten zwei Wochen müßig im

Schloss Saint-Germain-en-Laye hatten warten müssen und sich derweil
das französische Essen und den Wein munden ließen, erfuhren auch sie
die Bedingungen der Entente. »Es war ein furchtbares Dokument«, erinnerte sich Bauer. »Die Entente sprach Deutschböhmen, das Sudeten-
land, den Böhmerwaldgau, den Znaimer Kreis und niederösterreichi-
sche Grenzgebiete den Tschechen, Deutschsüdtirol den Italienern, den
größten Teil Kärntens mit der Hauptstadt Klagenfurt und die deutschen
Städte der Untersteiermark den Jugoslawen zu. Ebenso furchtbar waren die wirtschaftlichen Bestimmungen des Entwurfes. Da war einfach
der deutsche Friedensvertrag abgeschrieben worden ... «[56] Der Vertrags-
entwurf von Saint-Germain erkannte die Auflösung des österreichisch-
ungarischen Reiches an, bestrafte aber nur Deutschösterreich für dessen
Kriegsverbrechen. Drei Millionen Deutschösterreicher sollten von nun
an unter tschechoslowakischer Herrschaft leben. Das Eigentum aller
Österreicher in den Nachfolgestaaten sollte beschlagnahmt werden, und
die Republik Österreich sollte dreißig Jahre lang Reparationen zahlen.
Doch der Coup de grâce war, zumindest aus Bauers Sicht, das ausdrück-
liche Verbot eines Anschlusses an Deutschland.

Die Reaktion in Wien war eine Mischung aus Schock und Unglauben. Schumpeter erklärte einem Reporter, dass der Beweggrund der
Alliierten nur die Vernichtung Deutschösterreichs sein könne.[57] Am
28. Juni sagte er: »Es ist nicht leicht, ein Volk zu vernichten. Im Allgemeinen ist es sogar unmöglich. Hier haben wir aber einen der selte-
nen Fälle für uns, wo es möglich ist«, da ein finanzwirtschaftlicher Zusammenbruch immer den gesellschaftlichen Zusammenbruch nach sich
ziehe.[58] Als der Devisenmarkt sein Urteil über den Vertrag fällte, brach
die Krone erneut zusammen. Einige Monate später erklärte Friedrich
Wieser auf einer Konferenz, die in London über die Fragen der Hilfsmaßnahmen und des Wiederaufbaus stattfand und an der auch Keynes
teilnahm, die Devisenmärkte hätten

*somit erklärt, dass sie die Republik Österreich angesichts der durch den
Friedensvertrag festgelegten Grenzen und der ihr auferlegten Lasten für
nicht lebensfähig halten. Der Österreicher, der sein Land liebt, wird
alles tun, um es am Leben zu erhalten. Aber es überrascht nicht, dass
die Außenwelt, welcher [das Land] gleichgültig ist, erklärt hat, dass es
lebensunfähig sei.*[59]

Indem die Alliierten Österreich ebenso hart behandelten wie Deutschland, zerstörten sie nicht nur die Funktionsfähigkeit des neuen Staates, sondern vernichteten auch das bisschen Glaubwürdigkeit, das Schumpeter noch hatte. Schließlich sah er sich zuzugeben gezwungen, dass sein politisches Urteil naiv gewesen war. Er sei, wie er seinem Tagebuch anvertraute, »ein Mann ohne Aura« und »ohne Antenne« für politische Realitäten.[60]

Schumpeters politischer Niedergang zog sich quälend lange hin. Bei einer Kabinettssitzung am 15. Juli schleuderte ihm Bauer erneut Vorwürfe entgegen, diesmal, dass er die Sozialisierung der Grundproduktionsmittelindustrien sabotiere, indem er über den Wiener Bankier Richard Kola Aktien der Alpinen Montangesellschaft für die italienische Fiat-Finanzgruppe aufzukaufen beginne und somit an deren Verstaatlichung nicht mehr zu denken sei. Schumpeter versuchte sich vergeblich mit der Erklärung herauszureden, dass er mit solchen Transaktionen nur Gold und Devisen zur Stützung der deutschösterreichischen Krone erwerben wollte.[61] Am 29. September stand Schumpeter vor der demütigenden Aufgabe, dem Kabinettsrat einen umstrittenen Finanzplan vorzulegen, der unter anderem die Verpfändung und Veräußerung von Kunstwerken aus staatlichem Besitz vorsah, darunter kostbarste Gobelins aus dem Kaiserhaus, wiewohl Schumpeter betonte, dass es sich dabei »nicht um die Veräußerung *unsterblicher Kunstwerke*« handeln würde, »sondern um Kunstwerke, die, obgleich wertvoll, doch nicht unentbehrlich sind«. Er sah keine andere Möglichkeit, um die nötigen Devisen für den Ankauf von Nahrungsmitteln im Ausland zu beschaffen, wusste aber, dass so ein Prozess nicht oft wiederholt werden konnte. Noch ein letztes Mal warb er im Nationalrat um die Annahme seines Finanzplans: »Das größte Problem für den Staat werde es sein, über die nächsten 3 Jahre hinwegzukommen, ohne Staatsbankrott und ohne Ausgabe neuer Noten«, erklärte er, wohl wissend, dass seine Argumente auf taube Ohren stoßen würden.[62] Es war Schumpeters letzter Auftritt im Nationalrat.

Am 17. Oktober, mittlerweile vollständig isoliert und von der Presse lächerlich gemacht, wurde Schumpeter schließlich entlassen. Die Art und die Umstände, wie das geschah, waren so brutal, dass eine liberale Zeitung Staatskanzler Renner sogar des Rufmords beschuldigte. Der

Bankier Felix Somary bemerkte, dass Schumpeter, der immer alles zu verharmlosen pflege, eine Kaltschnäuzigkeit bewiesen habe, die typisch sei für eine Ausbildung am Theresianum; denn dort werde den Schülern Selbstbeherrschung anerzogen und lernten sie, unter gar keinen Umständen Gefühle zu zeigen, die Spielregeln aller Parteien zu beherrschen und deren Ideologien zu verstehen, jedoch jede Verbindlichkeit zu vermeiden.[63] Im tiefsten Inneren war Schumpeter allerdings schwer erschüttert und überzeugt, dass es ihm an Führungsstärke mangle. Und was diese öffentliche Demütigung noch schlimmer für ihn machte, war die Enttäuschung seiner Mutter. Dass die anschließenden Stabilisierungsprogramme der Alliierten für Österreich allesamt auf seinen Plänen aufbauten oder dass die Regierung, die ihn gefeuert hatte, schließlich für unfähig gehalten wurde, das Land zu regieren, konnte ihm den Stachel des Versagens nicht ziehen. Über seine Erfahrungen befragt, pflegte er kaum je mehr zu antworten, als dass er zur Zeit einer Revolution Minister war und versichern könne, dass das kein Vergnügen gewesen sei.

Im November, als Friedrich von Wieser aus London zurückkehrte, sprach man in seinen Kreisen noch immer über Schumpeters Sturz. »Es scheint«, stellte der ältere Kollege fest, »dass Schumpeter in der Meinung aller Parteien und aller gebildeten Menschen völlig abgewirtschaftet hat [...], auch unsere jüngeren Nationalökonomen, die ihn als ihren Führer betrachteten, [sind] von ihm abgekommen und geben ihn wissenschaftlich auf, es sei nichts mehr von ihm zu erwarten.«[64] Schumpeters einstige Bewunderer hatten ihn verraten und verkauft. Nach zwei Semestern an der Grazer Universität, wo er seine Wunden leckte, tat er, was so viele einstige Staatsdiener zu tun pflegen: Er wechselte in den Privatsektor.

Sein Timing hätte nicht besser sein können. Die Zerstörung der Hoffnungen, was Österreichs Zukunft betraf, fiel mit einem Börsenboom und rauschhaftem Geschacher zusammen. Ein Beobachter erinnerte sich:

Die Aktiennotierungen begannen sich Tag für Tag dem sinkenden Geldwert anzupassen. Die Kapitalisten versuchten, ihr Kapital vor der Abwertung zu bewahren, indem sie in Wertpapiere und Wechsel investier-

ten. [...] Die Börse spekulierte auf eine kontinuierlichen Entwertung der Krone. Der Tauschwert der Krone gegenüber anderen Währungen sank schneller als ihre Binnenkaufkraft. Die Folge war, dass die Preise in Österreich weit unter dem Niveau der Weltmarktpreise lagen und mit dem Export von österreichischen Produkten große Profite erwirtschaftet werden konnten.[65]

Als Anerkennung in letzter Minute hatte das Parlament Schumpeter mit einem goldenen Fallschirm in Form einer Bankenlizenz belohnt. 1921 hatte er es schließlich geschafft, Kapital daraus zu schlagen: Er wurde Präsident der kleinen, aber alteingesessenen und höchst angesehenen M. L. Biedermann & Co Bankaktiengesellschaft. Er hatte seine gesamten Ersparnisse aufgebraucht und hohe Schulden angehäuft, um ein Leben führen zu können, das die Mittel eines Professors und Politikers bei Weitem überstieg. Nun musste er Geld machen.

KAPITEL VII

Europa stirbt:
John Maynard Keynes in Versailles

Expertenmeinungen werden ignoriert. Keynes war viel
zu gut gewesen, was den österreichischen Vertrag betrifft. Er sagt, er werde zurücktreten.

Francis Oppenheimer, 1919[1]

Wien war nicht allein. Im Januar 1919 wüteten Hungersnöte und Seuchen von Sankt Petersburg bis Istanbul. Für Briten und Amerikaner,
die den Kontinent bereisten, um den Schaden zu begutachten, sah es so
aus, als läge ganz Europa im Sterben. Nach einer zehnstündigen Fahrt
von der Küste bis nach Lille in Ostfrankreich notierte ein Beobachter
in sein Tagebuch, dass er sich nicht entsinnen könne, auch nur einen
Menschen gesehen zu haben, »der nichts mit der Armee zu tun hatte
[…], oder irgendein Tier […], oder überhaupt etwas Lebendiges außer
wucherndem Gras, oder auch nur ein einziges bewohntes Haus«. Im
belgischen Ypern, wo einige der schwersten Kämpfe stattgefunden hatten, »sind die Farben der Ziegel und Steine verblasst; Gras und Moos
beginnt die Ruinen zu überwuchern«[2].

Acht Wochen nach der Unterzeichnung des Waffenstillstandsver-
trags hatte sich die Wiederherstellung friedlicher Lebensumstände
als unmöglich erwiesen. Die Blockade war noch immer in Kraft – die
Alliierten wagten es nicht, zu früh auf ihre wirksamste Waffe gegen
Deutschland zu verzichten. Nach wie vor kämpften Hunderttausende
Soldaten in Dutzenden von Kleinkriegen. Es gab Pogrome, Vertreibungen und Massenmord. Achteinhalb Millionen Menschen hatten ihr Leben verloren. Fast ebenso viele waren körperlich oder seelisch versehrt
zurückgeblieben. In Mitteleuropa wuchs eine ganze Generation von
unterernährten und zu klein geratenen Kriegskindern auf.

Die Nachwehen des Krieges ließen das »universale Zeitalter« samt
seiner ökonomischen Errungenschaften so irreal erscheinen wie einen

Traum. Abgesehen von dem niederschmetternden Verlust an Menschenleben und Besitz waren auch die Handels- und Kreditkanäle zerstört. Überall wurden neue Barrieren gegen den Ex- und Import errichtet. Wer etwas zu verkaufen hatte, der zögerte meist, sich gegen das von bankrotten Staaten ausgegebene Papiergeld davon zu trennen. Ein Großteil des Handels griff auf das Tauschsystem zurück. Sieger wie Verlierer hatten sich bis an die Grenzen des Möglichen belastet, um den teuersten Krieg der Geschichte führen zu können, und dabei hatten sie nicht nur ihre Reserven erschöpft, sondern auch ihre Steuermacht ausgereizt. Noch 1916 hatte es weder in Frankreich noch in Deutschland oder Russland eine Einkommensteuer gegeben. Nun gab es keine Kredite, um die Bevölkerungen ernähren, Brennstoffe für die Öfen kaufen, zerstörte Fabriken aufbauen oder einen wiederbelebten Handel finanzieren zu können. Der drohende Bankrott und der Durst nach Rache sorgten für wankende Regierungen, die entschlossen waren, jemand anderen die Zeche bezahlen zu lassen.

»Der Wirtschaftsmechanismus Europas ist blockiert«, schrieb Großbritanniens Kriegspremier David Lloyd George im April 1919 an den amerikanischen Präsidenten Woodrow Wilson. Alles hing von einer Wiederbelebung der Wirtschaft ab, doch die in Paris versammelten Führer der Siegerstaaten schienen unfähig, diesem Punkt ihre Aufmerksamkeit zu schenken. Das jedenfalls war die düstere Sicht, die man im dritten Stock des prachtvollen Hotel Majestic nahe der Place d'Étoile vertrat, wo die britische Delegation untergebracht war und John Maynard Keynes, der aufsteigende Stern im britischen Schatzamt, einen Brief an die Malerin Vanessa Bell schrieb: Sie wäre »wirklich belustigt von den erstaunlichen Verwicklungen der Psychologie, Persönlichkeit und Intriganz [der Männer], die sich hier so prächtig auf Kosten der bevorstehenden Katastrophe in Europa amüsieren«[3].

Keynes war am 10. Januar, dem nassesten und deprimierendsten Monat des Jahres, im Hotel Majestic eingetroffen. Präsident Woodrow Wilson war bereits seit einem Monat in Paris, Premierminister Lloyd George wurde erst am nächsten Tag erwartet. Die Stadt, der es trotz des schweren Beschusses gelungen war, den Truppen des deutschen Kaisers nicht in die Hände zu fallen, war nun eine besetzte Zone. American-Express-Filialen schossen wie Pilze aus dem Boden. Rund um das

Champ de Mars dröhnten gigantische britische Druckmaschinen. Die schwarzen Limousinen der Diplomaten und die glanzlosen Militärfahrzeuge der Alliierten verstopften die Straßen, junge Männer und Frauen in den Uniformen von siebenundzwanzig Staaten bevölkerten die Boulevards. Es schien, als sei die ganze Welt in Paris.

Derweil hatten sich an der Seine Miniaturausgaben von Whitehall und dem Weißen Haus etabliert. Der englische Munitionsminister Winston Churchill, wie immer begleitet von seinem getreuen Sekretär Eddie Marsh, pendelte ständig zwischen beiden hin und her. Am anderen Ende der Champs-Élysées saßen US-Präsident Wilson und sein Team von Beratern, darunter der Finanzier Bernard Baruch, John Foster Dulles als Rechtsbeistand und der einstige Kriegsminister Felix Frankfurter. Die Delegationen hatten jeweils ihre eigenen Wagenflotten und Flugzeuge mitgebracht, ihre eigenen Telefon- und Telegrafennetzwerke eingerichtet und unterhielten jeweils eigene Zugverbindungen.

Keynes war kein Mitglied von Lloyd Georges innerem Kreis. Dementsprechend war er mit dem Rest der britischen Delegation im Majestic einquartiert, wohingegen der Premierminister und seine Geliebte Frances Stevenson in einem luxuriösen Apartment untergebracht waren. Das Hotel, das schon kurz nach dem Waffenstillstand auf diesen Ansturm vorbereitet worden war, verfügte über einen eigenen Arzt, eine Anstandsdame für die weiblichen Stabsangehörigen und über Sicherheitsbeamte von Scotland Yard, die verhindern sollten, das irgendetwas nach draußen durchsickern würde. So war es denn zwar einfach, herauszukommen, doch »extrem schwierig, eingelassen zu werden«, erinnerte sich Harold Nicolson, ein britischer Diplomat und Delegationsmitglied, der mit der Schriftstellerin Vita Sackville-West verheiratet und ein alter Freund von Keynes war. Das Hotel war »vom Speicher bis zum Keller mit fröhlichen britischen Bediensteten aus unseren Provinzhotels bestückt. Folglich schmeckte das Essen entsprechend«, bemerkte Nicolson.[4] Seltsamerweise hatte im benachbarten Hotel Astoria, in dem sich die Büroräume der britischen Delegation samt aller geheimen Karten und Papiere befanden, niemand an einen Austausch des französischen Personals gedacht.

Im Majestic gingen die ungewöhnlichsten Leute ein und aus. Ho Chi Minh, der künftige Führer des Vietkong, stand in der Küche und spülte Teller; T. E. Lawrence, alias Lawrence von Arabien, wurde ebenso oft in der Lobby gesichtet wie der Schriftsteller Jean Cocteau oder wie Marcel Proust, »fahl, unrasiert, schmuddelig, mit entgleisten Gesichtszügen, angetan mit einem Pelzmantel und weißen Glacéhandschuhen«. Nicolson schilderte ihre Begegnung:

> *Er stellt mir Fragen. Ob ich ihm bitte erklären würde, wie die Komitees arbeiten? Ich sage, »nun, im Allgemeinen treffen wir uns um 10:00, es gibt Sekretärinnen…« »Nein, nein, Sie machen das viel zu schnell. Fangen Sie noch mal an. Sie nehmen also den Dienstwagen. Sie steigen am Quai d'Orsay aus. Sie gehen die Treppen rauf. Sie betreten den Raum. Und dann? Was geschieht dann? Seien Sie genau, mein Lieber, genau!« Also erzähle ich ihm alles. Von der allenthalben fingierten Herzlichkeit, vom Händeschütteln, den Karten, dem Rascheln der Papiere, dem Tee im Nebenzimmer, den Makronen. Er lauscht verzückt, unterbricht mich von Zeit zu Zeit – »Genauer, mein guter Mann, nicht so schnell!«[5]*

Die Zahl der Journalisten übertraf die der Diplomaten. Frederick Maurice, ein einstiger Generalmajor, war zum Beispiel für die Londoner *Daily News* in Paris. Kurz zuvor hätte er fast die britische Regierung zu Fall gebracht, weil er den Premierminister bezichtigt hatte, das Parlament gegen Ende des Krieges über die tatsächliche britische Truppenstärke belogen zu haben. Auch seine Lieblingstochter Nancy war in Paris, frisch eingetroffen als Sekretärin des verheirateten, konservativen Mittvierzigers Generalmajor Edward Louis Spears, der später ihr Ehemann werden sollte – eine der zahllosen jungen Assistentinnen in Khakiuniform, die in Paris zu so manch schlüpfrigem Chanson anregen sollten. Ihre jüngere Schwester Joan, eine frühreife fünfzehnjährige Schülerin der Londoner St Paul's Girls School, die noch keinerlei Anzeichen erkennen ließ, dass sie einmal (unter dem Namen Joan Robinson) einer der berühmtesten ökonomischen Köpfe des Jahrhunderts werden sollte, hätte alles gegeben, um ebenfalls dort sein zu dürfen. Aber sie musste sich mit Nancys unregelmäßigen und reichlich aufgeblasenen Bulletins an die Mutter zufriedengeben.

John Maynard Keynes galt in Paris als »einer der einflussreichsten Männer hinter den Kulissen«. Selbst seine Kritiker gaben zu, dass er »klarsichtig und selbstsicher« war und über ein »unfehlbares Gedächtnis« verfügte.[6] Zwar klagte er mit einiger Berechtigung, dass er ständig überarbeitet sei, doch seine Dinnerbegleiter nahmen eher seine »unübertreffliche Verdauung« und das gewaltige »Fassungsvermögen« seines Magens für Champagner wahr. Seine Himmelfahrtsnase und die wulstigen Lippen hatten ihm zu Schulzeiten den Spitznamen »Snout« (Rüssel) eingebracht; außerdem hatte er diesen gierigen Blick eines Mannes, den es, wie Lady Ottoline Morell – eine von Bertrand Russells Geliebten – einmal abfällig bemerkte, »nach Arbeit, Ruhm, Einfluss, Dominanz, Bewunderung« dürstete.[7] Keynes' Arroganz mochte vielleicht atemberaubend, seine Manieren abstoßend und seine Kleidung schlampig sein, aber seine strahlenden Augen, seine Lebhaftigkeit und diese Aura des Selbstvertrauens machten ihn attraktiv. Männer wie Frauen fanden seine seidenweiche, melodiöse Stimme unwiderstehlich.

Geboren wurde Keynes 1883, im selben Jahr wie Joseph Schumpeter. Er war der Lieblingssohn einer ungemein erfolgreichen Gelehrtenfamilie aus Cambridge, die zusammenhielt wie Pech und Schwefel und mit diversen anderen intellektuellen Dynastien, darunter den Darwins, Ramseys, Maurices, Stephens und Stracheys, auf vertrautem Fuße stand oder in einigen Fällen durch Eheschließungen verbunden war. Sein Vater Neville Keynes war Ethikprofessor und eng mit Alfred Marshall befreundet; seine Mutter Florence, die 1932 Bürgermeisterin von Cambridge werden sollte, war in der Lokalpolitik aktiv und eine engagierte Philanthropin. Beide waren Maynard und seinen drei jüngeren Geschwistern kluge, aufmerksame und liebevolle Eltern.

Keynes' Genie wurde schon in jungen Jahren erkannt, deshalb hatte man ihn auch praktisch schon von der Wiege an zu einem Cambridge Fellow herangezüchtet. Neville Keynes ermunterte seinen begabten Sohn, sich der Mathematik zu widmen, und nachdem er 1902 mit Auszeichnung seinen Schulabschluss in Eton gemacht und bei der Aufnahmeprüfung in Cambridge die höchstmögliche Punktzahl erreicht hatte, trat er mit einem Stipendium das Studium am King's College an, dem ältesten College von Cambridge. Das größte Ereignis in seiner Studentenzeit fand gegen Ende seines ersten Studienjahres statt: die Veröffentlichung der *Principia Ethica* des Philosophen George Edward Moore, und ein Ereignis war es umso mehr, als Moore zu den früheren Mitgliedern der »Apostles« zählte, die als Bindeglieder zwischen den Intellektuellengenerationen in Cambridge fungierten. Die *Principia Ethica* befasste sich mit der Definition des guten Lebens und nahm dabei die vorherrschende Tendenz der Viktorianer aufs Korn, nach Macht und Geld zu streben und sich den gesellschaftlichen Regeln zu unterwerfen. Moore, der nicht nur die utilitaristischen Werte und den Gutmenschmoralismus der Generation von Alfred Marshall ablehnte, sondern auch deren Sexualmoral, verfocht eine Art von radikalem Individualismus und Ästhetizismus, welche nur von der Goldenen Regel in Schach gehalten wurden. »Nichts außer der Geistesverfassung spielte eine Rolle, der eigenen wie der von anderen, natürlich, aber im Wesentlichen der unsrigen«, erinnerte sich Keynes 1938. »Und diese Geistesverfassung ging nicht einher mit Taten oder Leistungen oder deren Konsequenzen, sie setzte sich zusammen aus zeitlosen, leidenschaftlichen Zuständen der Kontemplation und Kommunion.«[8]

Solche Reflexionen lassen nichts von Keynes' hingebungsvoller Vorliebe fürs Rudern, Reiten, Tennis und vor allem Golf erahnen, nichts von seiner Leidenschaft für öffentliche Debatten, von seinem Engagement für die liberale Partei oder für die renommierten und sehr intellektuellen studentischen »Societys«, denen beizutreten oder vorzustehen er eingeladen wurde. Seine College-Laufbahn bewies, dass er ein geborener Führer und brillanter Geist war. Obwohl er kaum je vor drei Uhr morgens ins Bett gekommen war, graduierte er am Vorabend seines einundzwanzigsten Geburtstags summa cum laude. Und obwohl jedermann annahm, dass er nun in Nevilles Fußstapfen treten würde, schloss er ein weiteres Jahr zur Vorbereitung auf die mathematische Tripos-Prüfung an. Doch im Jahr 1905 war die Königin der Wissenschaften bereits bedeutend schwieriger zu erobern gewesen als zu der Zeit, in der Marshall den zweiten Platz bei dieser Prüfung belegt hatte. Keynes' zwölfter Platz war zwar gewiss nichts, dessen er sich schämen musste, aber eben nicht gut genug, um ein Fellowship am King's College zu bekommen. Nur um eine Vorstellung davon zu geben, wie stark die Konkurrenz war: Der große Zahlentheoretiker Godfrey Harold Hardy, am bekanntesten durch sein Werk *A Mathematician's Apology*, wartete zu dieser Zeit noch immer auf ein akademisches Amt, weil er im Jahr 1900 nur als Vierter im Tripos abgeschnitten hatte.

Keynes floh zum Wandern in die Alpen, in der Tasche eine Ausgabe von Marshalls *Principles of Economics*. Im Herbst war er in Cambridge zurück und ausreichend fasziniert von dieser Schrift, um Marshalls Vorlesungen zu besuchen, während er sich auf das Examen für den Staatsdienst vorbereitete. »Marshall drangsaliert mich ständig, professioneller Ökonom zu werden, und schreibt schmeichelhafte Bemerkungen auf meine Arbeiten«, teilte er seinem engen Freund Lytton Strachey mit. »Glaubst Du, damit hat es irgendwas auf sich? Ich bezweifle es.«[9]

Doch allmählich wuchs ihm das Thema ans Herz. Er glaubte, dass es ihm gefallen könnte, »eine Eisenbahn zu verwalten, oder einen Trust, oder wenigstens die investierende Öffentlichkeit zu prellen«[10]. Nachdem ein akademischer Ruf also vom Tisch war, peilte Keynes das Schatzamt an. Doch nachdem er auch beim Staatsdienstexamen nur als Zweitbester abgeschnitten hatte, wurde er erst einmal ins Exil geschickt: in das Kolonialministerium, wo er mit der Aufgabe betraut wurde, sich die indische Rupie einmal genauer anzusehen. Im Gegensatz zu Cecily aus Oscar Wildes *Bunbury* fand Keynes die Rupie jedoch ziemlich faszinierend, denn er war überzeugt, dass die Währung – jede Währung – einen Hinweis auf den Zustand der Volkswirtschaft gab und, da Staaten durch Handel und Investitionen miteinander verflochten waren, auch Rückschlüsse auf die Weltwirtschaft zuließ.

Jeder war bereit, britische Pfund im Gegenzug für Waren und Dienstleistungen anzunehmen, aber nicht jeder war bereit, Rupien zu akzeptieren. Der Wert von Geld, ob es sich dabei um die gigantischen Mühlsteine der alten Mikronesier, um Goldmünzen oder um Einträge in Bankbilanzen handelte, hing ganz und gar von der Bereitschaft der Menschen ab, es als Währung zu akzeptieren. Also muss sich in der Währung eines Landes das Vertrauen der Welt in dessen ökonomische Aussichten, seine Solvenz und in seine Bereitschaft spiegeln, seine Versprechen auch einzulösen. So gesehen war eine Währung wie ein Puls, ein Lebenszeichen, das alles signalisieren konnte, von einer Krankheit oder Verletzung bis hin zu einem momentanen Adrenalinrausch oder Angstzustand. Die Herausforderung für den Arzt bestand darin, die Ursache des rasenden Pulses seines Patienten herauszufinden, bevor dieser ins Koma fiel oder bevor dieser den Arzt wie einen Idioten dastehen ließ, weil er plötzlich putzmunter von der Trage hüpfte. Wenn der Patient Tausende Kilometer entfernt und es unmöglich war, nähere Einzelheiten über seinen Zustand in Erfahrung zu bringen, stand der

Arzt natürlich vor einer wesentlich größeren Herausforderung. Keynes, mit seinem wendigen Geist, seiner Gabe, Zusammenhänge zu erkennen, und seinem Talent zur Synthese, genoss solche Vexierfragen nicht nur, er erwies sich auch als der geborene Diagnostiker.

Seine Aufgabe bezüglich der Rupie erledigte er mit solcher Leichtigkeit, dass ihm reichlich Zeit blieb, um während der Dienstzeit eine Abhandlung über die Wahrscheinlichkeit zu verfassen, mit der er sich das so schwer zu erreichende College Fellowship zu ergattern hoffte. Damit blieben die Abende und Wochenenden frei, um sein gesellschaftliches Leben zu kultivieren. Er lebte in London, wo er sich eine Wohnung am Gordon Square Nr. 46, einer so berüchtigten wie modischen Gegend, gemietet hatte. Über ihm wohnten die schönen, einschüchternden und wahnsinnig begabten Stephen-Schwestern: die künftige Vanessa Bell und die künftige Virginia Woolf. Keynes kam besonders gut mit Vanessa aus, die so leidenschaftlich gerne klatschte und zotige Reden schwang. Keynes' Sextagebuch, das er ebenso akribisch führte wie die Notizbücher, in denen er seine Ausgaben und seine Golf-Handicaps festhielt, legt nahe, dass auch sein Liebesleben blühte und gedieh. Im Gegensatz zu den Jahren 1903 bis 1905, als die Zahl seiner Sexpartner »null« gewesen war, waren für 1911 acht und für 1913 die Spitzenzahl von neun eingetragen, darunter seine Liebhaber und lebenslangen Freunde Duncan Grant, Lytton Strachey und J. T. Sheppard, der offen schwule Provost des King's College.[11] Dennoch verpasste er kaum je den Sonntagslunch mit dem großen Keynes-Clan in Cambridge.

In seinem dritten Lebensjahrzehnt war Keynes überwiegend der Fachmann für obskure Währungen im britischen Kolonialministerium. Und während er über solche Währungen nachdachte, gewöhnte er sich an, Volkswirtschaften holistisch zu betrachten, anstatt sich jeweils nur isoliert auf den »Handel« oder die »Arbeit« oder die »Industrie« zu konzentrieren. Und das wiederum lehrte ihn, aus einer Handvoll von Indikatoren die springenden Punkte herauszuarbeiten. Es ließ ihn ein Gespür dafür entwickeln, welche Handlungen des Staates systematische Effekte nach sich zogen, vergleichbar der Wirkung des Mondes auf die Gezeiten, das heißt also für Effekte, die sich nicht nur auf eine bestimmte Industrie oder Gruppe auswirkten. 1908 verließ er das India Office. Arthur Pigou, der Nachfolger auf Alfred Marshalls Lehrstuhl in Cambridge, und Keynes' Vater hatten ihm angeboten, ihn maximal ein Jahr lang zu unterstützen, damit er seine Abhandlung beenden konnte. Als ihm das fertige Werk 1909 wieder nicht das begehrte Fellowship am King's College einbrachte – das im Wesentlichen die Berechtigung mit sich brachte, zahlende Studenten annehmen zu können und am High Table dinieren zu dürfen –, finanzierte Marshall aus eigener Tasche eine Dozentur in Ökonomie für Keynes in Cambridge. Und da wählten ihn die Fellows des King's College nun selber zu einem der Ihren.

In seinem ersten Brief an die Eltern nach seiner Immatrikulation als Erstsemester am King's College hatte der achtzehnjährige Keynes verkündet: »Ich habe mich gründlich umgesehen und bin zu dem Schluss gekommen, dass das alles hier ziemlich ineffizient ist.«[12] Sein Biograf Robert Skidelsky bemerkt, dass sich im Laufe von Keynes' Leben zwar die Institutionen, nicht aber seine Ansichten geändert hatten, weder die über diese Institutionen noch die über seine Umwelt. Er fand rundum alles schlecht geführt, alles bedurfte seiner Meinung nach eines kompetenteren Managements. Aber auch wenn er zu Anfällen von »unbeherrschbarem Zorn«[13] neigte, vor allem wenn er sich mit Dummheit konfrontiert sah, war Keynes insgesamt doch eher verzweifelt als empört darüber, eher ungeduldig als selbstgefällig. So trennte er sich zum Beispiel vorübergehend von seinen Freunden aus der Bloomsbury Group, weil er sich nicht mit der Geringschätzung anfreunden konnte, die diese Künstler gesellschaftlichem Erfolg oder Menschen an der Macht entgegenbrachten. Wie Winston Churchill, der seiner Frau einmal gestand, dass er selbst dann »interessiert, gerüstet und glücklich« sei, wenn »alles zur Katastrophe und zum Zusammenbruch neigt«[14], fühlte sich auch Keynes von den Problemen dieser Welt eher belebt als bedrückt; und nie konnte er seinen Impuls unterdrücken, das Schlechte ein kleines bisschen weniger schlecht und das Gute ein kleines bisschen besser machen zu wollen.

Keynes' Reaktion auf den Ersten Weltkrieg war eine typische Mischung aus Patriotismus, Opportunismus und Pragmatismus. Als England im August 1914 Deutschland den Krieg erklärte, hatte er zuerst nicht recht gewusst, was er davon halten solle. Als unverbesserlicher Optimist teilte er jedenfalls noch die allgemeine Überzeugung, dass die Kämpfe binnen weniger Monate, wenn nicht sogar Wochen, vorbei sein würden. Zum ersten Mal hatte ihn David Lloyd George, der damalige Schatzkanzler, vor Ausbruch der Kämpfe um Rat gebeten, und Keynes hatte einen ganzen Tag damit zugebracht, Lloyd George davon zu überzeugen, dem Druck der City Banker nicht nachzugeben und die Gold-Konvertierbarkeit des Pfundes nur dann außer Kraft zu setzen, wenn es unumgänglich schien. Sichtlich hatte Keynes' Optimismus den der Londoner Bankiers weit übertroffen.

Im Januar 1915 wurde er formell vom Schatzamt angefordert und dort der Kriegsfinanzierung zugeordnet. Die Tatsache, dass 1916 der Wehrdienst für Männer zwischen sechzehn und einundvierzig eingeführt wurde, erhöhte seinen persönlichen Einsatz beträchtlich, denn nun war auch er Teil der britischen Kriegsmaschinerie geworden. Mindestens ein halbes Dutzend seiner engsten Freunde und einstigen Liebhaber waren Pazifisten und wild entschlossen, nicht zu kämpfen, und drängten ihn permanent, seine Mittäterschaft an einem Krieg zu beenden, den zu verachten er einst erklärt hatte. Einmal fand er eine Nachricht von Strachey auf seinem Dinnerteller: »Dear Keynes, warum bist du noch immer im Treasury? Dein Lytton.«[15] Solange Keynes dem Stab des Schatzamts angehörte, war er nicht in Gefahr, eingezogen zu werden, denn vom Kriegsdienst waren alle Männer ausgenommen, die »Arbeit von nationaler Wichtigkeit« leisteten. Doch unter dem starken Druck seiner Freunde, Stellung gegen den Krieg zu beziehen, begann er mit Kündigung zu drohen. Im Februar 1916 beunruhigte er seine Eltern damit, dass er sogar so weit gehen werde, formell um seine Einstufung als Kriegsdienstverweigerer aus Gewissensgründen anzusuchen. In seinem Antrag erklärte er allerdings, mehr wegen des Zwangs zum Wehrdienst als wegen des Krieges als solchem zu verweigern, das heißt also eher aus libertären denn aus pazifistischen Gründen. Doch nachdem er die Wehrkommission informiert hatte, dass er zu beschäftigt im Schatzamt sei, um an seiner eigenen Anhörung teilzunehmen, wurde der Antrag abgelehnt, und er verfolgte die Sache nicht weiter. Seine Freunde sollten ihm schließlich vergeben, vor allem nachdem er begonnen hatte, seine Whitehall-Verbindungen zu nutzen, um sie zu schützen, wo er nur konnte. Dennoch – die meisten seiner Biografen vor Skidelsky hatten diese Episode für potenziell derart rufschädigend gehalten, dass sie sie ebenso vertuschten wie Keynes' Homosexualität.

Keynes' Job war es, dem Schatzamt zu helfen, von den Amerikanern
Dollars zu bestmöglichsten Bedingungen leihen und Pfund an die Franzosen und die anderen Bündnispartner auf dem europäischen Kontinent zu den lukrativsten Bedingungen verleihen zu können, während
es galt, den Devisenwert des Pfund Sterling zu schützen. Und da es
ebenfalls zu seinen Aufgaben zählte, in Notzeiten knappe Währungen
wie zum Beispiel die spanische Peseta zusammenzutragen, konnte er
auch praktische Erfahrungen als Devisenhändler sammeln. Das machte
ihn schließlich geradezu süchtig nach dem riskanten, aber aufregenden
Spiel, auf den steigenden Kurs der einen und den fallenden Kurs der
anderen Währung zu setzen. Letztendlich, schreibt Skidelsky, liefen alle
Fragen der Kriegsfinanzen – viele davon verbunden mit der Frage der
Nachkriegsfinanzen – über Keynes' Schreibtisch.

Gegen Ende des Krieges, als allgemein die Hoffnung um sich griff,
dass man sich für die gigantischen Kosten an den Deutschen schadlos
halten könne, wurde Keynes immer tiefer in die verzwickte Reparatio-
nendebatte hineingezogen. Lloyd George, der Ende 1916 Premierminister der Kriegskoalitionsregierung geworden war, bat das Schatzamt um
eine Einschätzung, wie viel die Deutschen zahlen könnten. Er war allerdings fest davon ausgegangen, dass »die Experten im Schatzamt ihre
Gedanken primär auf die Sicherung irgendwelcher Einkommensquel-
len konzentrierten, um die niederschmetternde Steuerlast zu mindern,
da die nächsten beiden Generationen den Zins unserer gigantischen
Kriegsschuld mittragen werden«[16]. Aber auf Keynes, der schließlich mit
dem Entwurf des Positionspapiers des Schatzamts beauftragt wurde,
lasteten andere Überlegungen. Gleich nach den allgemeinen Wahlen am
14. Dezember 1918 übergab er dem antretenden Schatzkanzler Austen
Chamberlain, Sohn von Joseph Chamberlain, seinen Bericht über die
Reparationen. Er schlug ein wie eine Bombe.

Eine alliierte Kommission, die sich unter der Leitung des einstigen
New Yorker Gouverneurs Charles Evans Hughes mit der Repara-
tionsfrage befasste, hatte bereits die Empfehlung ausgesprochen, von
Deutschland die Zahlung von vierzig Milliarden Dollar zu verlangen,
rund ein Drittel der alliierten Kriegskosten. Keynes war jedoch zu dem
Schluss gekommen, dass man den Deutschen allerhöchstens drei Milliarden Pfund oder fünfzehn Milliarden Dollar abverlangen könne, was
weniger war als der Betrag, den Großbritannien und Frankreich den

Vereinigten Staaten schuldeten. Er versuchte deutlich zu machen, dass sich die Zahl der alliierten Kommission auf das Doppelte des geschätzten Vorkriegswerts der Goldreserven, Wertpapiere, Schiffe, Rohstoffbestände, Fabriken und Maschinenanlagen Deutschlands belief, und warnte, dass eine zu hohe Reparationsforderung den britischen Wirtschaftsinteressen letztendlich schaden würde, da sie das Risiko erhöhe, dass Deutschland am Ende nicht in der Lage sein würde, seinen Verbindlichkeiten nachzukommen.

Der Bericht verursachte einen gewaltigen Aufruhr. Die meisten Briten waren der Meinung, Deutschland habe den Krieg angefangen, also solle es auch die Kosten tragen. Jedenfalls, das hatte ja auch Lloyd George gesagt, würde die Last von irgendjemandem getragen werden müssen. Die Steuereinnahmen aus der Vorkriegszeit hätten nicht einmal ausgereicht, um die *Zinsen* der Kriegsschuld zu zahlen. Die Staatsschulden Frankreichs hatten sich seit 1914 verzehnfacht, die britischen vervierfacht. Wenn die Deutschen nicht zahlten, dann würden unschuldige Briten und Franzosen höhere Steuern schultern müssen, um ihre Schulden abbauen zu können. Ein Grund, weshalb die britischen Wähler so heftig auf dieses Thema reagierten, war, dass fast 40 Prozent der Briten Staatsanleihen besaßen. Auch die britische Geschäftswelt gehörte dem Lager der Reparationenforderer an: Die Unternehmer verlangten, dass deutsche Firmen, nicht etwa die britische Industrie, besteuert würden, um die Schulden abzubezahlen.

Aber Keynes weigerte sich, einen Rückzieher zu machen, und insistierte, dass vermutlich schon seine Zahl von drei Milliarden Pfund zu hoch war. Auch angesichts des wütenden Streits, der deshalb nun im Schatzamt ausbrach, blieb er standhaft und konsequent bei seiner Schätzung. Lloyd George begann, ihn den »Puck der Ökonomie« zu nennen, nach Shakespeares unruhestiftendem Geist, der den unsterblichen Satz äußert: »Lord, what fools these mortals be!«[17]

Während die Journalisten, Politiker und die Öffentlichkeit auf die Höhe der von Deutschland zu zahlenden Summe fixiert waren, lenkte Keynes die Aufmerksamkeit auf die Frage, *wie* man die Entschädigung einfordern solle. Die einfachste Methode war die älteste und außerdem die gleiche, die Deutschland selbst anzuwenden gedacht hatte, um Großbritannien, Frankreich und Belgien Reparationen abzuknöpfen, hätte die Wehrmacht denn an der Westfront gesiegt. Es war auch die gleiche Methode, die von der alliierten Kommission vorgeschlagen wurde: Man entziehe Deutschland allen öffentlichen und privaten beweglichen Besitz, von Aktienzertifikaten und Goldreserven bis hin zu den Schiffen und Maschinenanlagen. Keynes bevorzugte die zweite Alternative: Man lasse Deutschlands Vermögen mehr oder weniger unangetastet, versorge das Land mit Rohstoffen und ziehe dann einen jährlichen Tribut aus seinen künftigen Exporteinnahmen ein. Habe man Deutschland »somit wieder in einen Zustand hoher Produktivität gepflegt«, erklärte Keynes, könnten die Alliierten das Land zwingen, »viele Jahre lang unter Bedingungen der Knechtschaft« zu liefern.[18]

Skidelsky zufolge fuhr Keynes mit zwei parallelen Zielen nach Paris, die nicht einfach unter einen Hut zu bringen waren: Zum einen sollte die europäische Wirtschaft wiederbelebt werden, zum anderen durfte das nicht die Aussichten für den britischen Export schmälern. Zwei Grundvoraussetzungen waren entscheidend, damit diese Strategie funktionieren konnte: eine relativ niedrige Schadenersatzforderung an Deutschland und die Bereitschaft der Amerikaner, den Briten die Kriegsschuld zu erlassen. Es war die einzige Möglichkeit zu verhindern, dass Deutschland gewaltige Handelsüberschüsse anhäufen konnte – das heißt, mehr exportieren als importieren würde, um Pfund oder Francs zu verdienen –, und zu vermeiden, dass Großbritannien ein Kopf-an-Kopf-Rennen gegen den deutschen Exportmoloch antreten müsste. Von der Tatsache, dass kein Teil seines Plans auch nur im Entferntesten akzeptabel war für die amerikanische, französische und britische Öffentlichkeit – was deren gewählte Vertreter schlicht nicht ignorieren konnten –, ließ sich Keynes nicht einschüchtern.

Zehn Tage nach der deutschen Kapitulation prahlte Keynes gegenüber seiner Mutter: »Mir wurde die Hauptverantwortung für die Finanzdinge bei der Friedenskonferenz übertragen.«[19] Das war nun doch übertrieben. Seine formale Rolle bei der Konferenz betraf die Hilfslieferungen, nicht aber die politisch so verzwickte Frage der Reparationen. Seine Anweisung lautete, Herbert Hoover bei der Ausarbeitung all der finanziellen Arrangements zu helfen, die für Europas Transition vom Krieg zum Frieden nötig waren. Darunter fiel insbesondere die Bereitstellung von Nahrungsmitteln.

Der Waffenstillstand hatte die Aufrechterhaltung der Blockade von

Deutschland und Österreich vorgesehen, jedoch Ausnahmen hinsichtlich dringend benötigter Lebensmittel und Medikamente zugelassen. Daraufhin hatten die Franzosen ein Pfandrecht auf das Gold, die Devisen und andere flüssige Mittel geltend gemacht, die Deutschland noch verblieben waren, mit der Begründung, dass diese für Reparationsleistungen reserviert bleiben müssten. Und da Deutschlands Konten somit eingefroren worden waren, konnte das Land keine Nahrungsmittel kaufen und war mit einem langsamen Hungertod konfrontiert. Keynes war entschlossen, die von den Franzosen gesetzten Hürden zu überwinden.

Binnen weniger Tage nach seiner Ankunft in Frankreich befand sich Keynes auf dem Weg zu einem »außergewöhnlichen Abenteuer« im besetzten Deutschland. Er war gebeten worden, sich einem Team aus amerikanischen und französischen Finanzexperten in Trier anzuschließen, wo Karl Marx seine Kindheit verbracht hatte. Die Stadt, in deren unmittelbarer luxemburgischer Nachbarschaft Frankreichs Marschall Foch sein Hauptquartier aufgeschlagen hatte und die derzeit unter amerikanischer Besatzung stand, war für die Neuverhandlungen des Waffenstillstands vom November des Vorjahres ausgewählt worden. Wiewohl die Finanzexperten so gespannt darauf waren, mit eigenen Augen zu sehen, »ob den Kindern die Rippen hervorstehen«, sollten sie ihren Zug dann drei Tage lang kaum verlassen, abgesehen von einer kleinen Shoppingtour, um Kriegspapiergeld, Kleidungsstücke aus »Ersatzstoffen« wie Papiergarn und andere Souvenirs zu erstehen.[20] In der ersten Nacht hatte sich ein Vierer zum Bridge zusammengefunden. Keynes spielte mehr oder weniger rund um die Uhr.

Keynes' Mission umfasste also Finanz- und Nahrungsfragen. Wie Hoover war auch er von der Aufrechterhaltung der Blockade entsetzt gewesen, und wie Präsident Wilson war er überzeugt: »Solange der Hunger an den Grundfesten nagt, werden die Grundfesten der Staaten weiter zerfallen.« Offiziell war er in Trier, um einen Weg zu finden, Züge mit Lebensmitteln nach Deutschland rollen zu lassen. Doch wie bei allen Verhandlungen während dieser Friedenskonferenz waren die Dinge nicht ganz so simpel. Denn mit ihnen verflochten war ein völlig anderes Thema, nämlich, dass die Alliierten entschlossen waren, Deutschlands Handelsflotte, die in Hamburg vor Anker lag, in die Finger zu bekommen, aber irgendwie nicht wussten, wie sie diese Über-

nahme bewerkstelligen sollten. Im Waffenstillstandsvertrag hatten sie
die Übergabe der Schiffe nicht stipuliert, und dass sie nun die Kriegsmarine losschicken würden, um sich ihrer zu bemächtigen, schien politisch unklug. Also kam den alliierten Führern die Idee, dass die Nah-
rungsmittelkrise doch eine passende Gelegenheit wäre, die Deutschen
zu einem Deal zu bewegen. Und Keynes' Aufgabe war es, sie zu überzeugen, dass »Schiffe gegen Nahrung [...] ein vernünftiges Geschäft
war«. Später gab er zu, dass das ein ziemliches Täuschungsmanöver
war, ganz zu schweigen von den Schwierigkeiten, die es bereitete, den
»verblüfften, eingeschüchterten, angeschlagenen und hungrigen« deutschen Bankiers »verständlich zu machen, wie die Dinge wirklich standen«[21].

Keynes beobachtete neugierig, wie die deutschen Bankiers, gekleidet »wie Leichenbestatter«, »steif und beklommen« einen Fuß vor den
anderen setzend, »wie Männer auf einer Fotografie oder im Film«, auf
ihren Zug in Trier zukamen. Nachdem sie in den Waggon geklettert
waren, reichten sie niemandem die Hand, verbeugten sich bloß förmlich. Es war ein trauriger Haufen, Männer »mit verhärmtem, niederge-
schlagenem Ausdruck und müde dreinblickenden Augen«, so, als wären sie gerade »an der Börse vernichtet worden«[22].

Der Chef der Reichsbank sah aus wie »ein alter zerbrochener Re-
genschirm«. Der »durchtriebene Corps-Typ« aus dem Auswärtigen
Amt hatte »ein von Duellen zerstückeltes Gesicht«. Die dritte Gestalt
war der Sprecher der deutschen Delegation, »ein sehr zierlicher Mann,
aufs Erlesenste reinlich, sehr gut und ordentlich gekleidet, mit einem
hohen steifen Kragen, der sauberer und weißer als ein üblicher Kragen wirkte« und dessen »Augen uns direkt anblickten, mit ungemeiner
Trauer, wie ein braves, aber verteidigungsbereites Tier«. Es war Carl
Melchior, der jüdische Bankier aus Hamburg, ein Liberaler, ein Kritiker des U-Boot-Krieges und Teilhaber an M.M. Warburg & Co., der
von Max Warburg gegründeten Bank, die weitreichende Verbindungen
in die Vereinigten Staaten hatte.

Keynes ergriff das Wort und fragte, ob jeder Anwesende Englisch
spreche. Max Warburg schilderte in seinen Erinnerungen Keynes'
Gesicht als eine ausdruckslose Maske, merkte jedoch an, dass seine
Stimme und seine Art, Fragen zu stellen, von Mitgefühl zeugten. Als
es am Bankier Melchior war, das Wort zu ergreifen, habe dieser in be-

wegendem, überzeugendem, nahezu perfektem Englisch mit scharfsinnigen Argumenten für einen Kredit plädiert, während Keynes bestrebt gewesen sei, kühl und eindeutig klarzumachen, dass ein Kredit politisch nicht in Frage komme.[23] Sie einigten sich darauf, dass Deutschland als Gegenleistung für Milch und Butter sofort Gold und Devisen im Wert von fünf Millionen Pfund aushändigen würde. Und damit hatte es sich.

Bis Keynes die Deutschen einen Monat später erneut traf, wiederum in Trier, war die Frage von Schiffen gegen Lebensmittel in eine Sackgasse geraten. Die Deutschen waren entschlossen, so lange wie möglich an ihren Schiffen festzuhalten, weil sie sie für ihr wichtigstes Druckmittel bei den bevorstehenden Friedensverhandlungen hielten. Und das waren sie nicht bereit ohne ein Quidproquo aufzugeben. Außerdem hatten die Deutschen den Eindruck gewonnen, dass die Vereinigten Staaten bereit wären, ihnen die nötigen Mittel für den Kauf der ersten Lebensmittellieferungen vorzuschießen – da ein beträchtlicher Brocken davon aus überschüssigem amerikanischem Schweinefleisch bestehen sollte.

Am Ende dieses zweiten Treffens hatten die Deutschen klargemacht, dass sie umfangreichere Lebensmittelimporte ohne einen Kredit nicht finanzieren könnten. Wenn sich also ein Kredit der Alliierten als politisch nicht machbar erweisen sollte, wie Keynes es als sehr wahrscheinlich annonciert hatte, dann würden sie auch keine Schiffe liefern. Und wenn die Verhandlungen scheitern würden und Deutschland keine Lebensmittel bekäme, sei »eine bolschewistische Überflutung von ganz Europa« nicht mehr aufzuhalten.[24] Die Gespräche waren festgefahren. Nun konnte niemand mehr etwas tun, es sei denn die Big Four selbst: die Führer der Vereinigten Staaten, Englands, Frankreichs und Italiens. Aber die waren gerade damit beschäftigt, sich über die Zahl der Mitglieder der brasilianischen Delegation zu streiten und sich Vorschläge von »Kopten, Armeniern, Slowaken und Zionisten« anzuhören. T. E. Lawrence, der als angeblicher Dolmetscher des saudischen Emirs Faisal anwesend war, nutzte die Gunst des Augenblicks, während der Emir gerade mehrere Suren aus dem Koran zu zitieren geruhte, um seinen Plan für eine arabische Selbstverwaltung in den alten osmanischen Gebieten vorzubringen.[25]

Die nächste Begegnung von Keynes und Melchior fand Anfang

März im belgischen Spa statt, im einstigen Hauptquartier des deutschen Oberkommandos inmitten des von Schwarzkiefern bewachse-
nen Hügellands, »weitab von den hungernden Städten und dem knur-
renden Mob«[26]. Aber wieder führten die Gespräche ins Leere. Keynes
war verzweifelt, weil zwei Monate seit dem ersten Treffen in Trier ins
Land gegangen waren, ohne dass irgendein Fortschritt bei der Frage
Schiffe gegen Lebensmittel erreicht worden war. Er spürte, dass es Melchior ähnlich ging, und bat seine Vorgesetzten um Erlaubnis, ihm auf
den Zahn fühlen zu dürfen. Daraufhin schnappte er sich Melchior allein, ohne Wissen von dessen mürrischen Protokollanten, und fragte
ihn, vor Aufregung bebend, ob er ihn unter vier Augen sprechen könne.

> *Melchior war gespannt, was ich wollte. [...] Ich versuchte ihm zu ver-*
> *mitteln, was ich empfand, wie sehr wir seinen pessimistischen Voraus-*
> *sagen Glauben schenkten, wie klar uns war, nicht weniger klar als ihm,*
> *dass der Beginn einer Nahrungsmittelversorgung sehr dringlich war, wie*
> *sehr ich persönlich davon überzeugt war, dass meine Regierung und die*
> *amerikanische Regierung wirklich fest entschlossen waren, die Lebens-*
> *mittel zu schicken, aber dass, [...] falls sie, die Deutschen, bei ihrer Hal-*
> *tung vom Morgen blieben, eine fatale Verzögerung unvermeidlich sei;*
> *und dass sie hinsichtlich der Übergabe der Schiffe nun zu einer Ent-*
> *scheidung kommen mussten.*[27]

Melchior versprach, sein Bestes zu tun, machte Keynes aber keine großen Hoffnungen. »Die deutsche Ehre und Ordnung und Moral zerfie-
len; er sah nirgendwo Licht; er erwartete, dass Deutschland zusammenbrechen und die Zivilisation in der Dämmerung verschwinden
würde; wir müssten tun, was wir nur konnten, doch über uns schweb-
ten dunkle Mächte.«[28] Die Treffen mit Melchior bestätigten Keynes'
eigenen Pessimismus hinsichtlich der verheerenden Folgen des Krieges,
außerdem teilte er, was angesichts der Aufstände in Berlin und anderen
deutschen Städten nicht überraschend war, Melchiors Ängste vor einer
Unterwerfung Deutschlands unter den Bolschewismus, sofern der Vertrag zu harte Bedingungen stellen würde.
    Am nächsten Abend war offensichtlich, dass Melchiors Bemühun-
gen zu nichts geführt hatten und die neue Weimarer Regierung auf
stur geschaltet hatte. Manchmal schien es, als machten Keynes die dro-

hende Revolution und das Schneckentempo der Verhandlungen mehr Sorgen als den Deutschen. Außerdem war er sich nicht sicher, ob die Nahrungsmittelversorgung in Deutschland wirklich so am Boden war, wie die Briten glaubten. Also kam er zu der Überzeugung, dass nur noch eine dramatische Geste den Stillstand durchbrechen konnte, und schlug seinen alliierten Kollegen vor, einen öffentlich sichtbaren Bruch zu inszenieren. Er überzeugte das Verhandlungsteam, den Zug mitten in der Nacht nach Paris zurückzubeordern, damit die Deutschen am Morgen aufwachen und feststellen würden, dass niemand mehr da war. Wieder in Paris, stellte Keynes dann fest, dass er mit dieser List endlich die Aufmerksamkeit der Big Four gewonnen hatte. Lord Riddell, der Zeitungsbaron, der im Krieg als Vermittler zwischen Regierung und Presse fungiert hatte, notierte am 8. März 1919 in sein Tagebuch:

Der Rat beschloss, die Deutschen zu verpflegen, vorausgesetzt, sie händigten ihre Schiffe aus und zahlten für die Lebensmittel mit Wechseln auf andere Länder, Waren oder Gold. Die Franzosen lehnen das entschieden ab. LG sagte mir anschließend, dass die Franzosen ausgesprochen töricht handelten und die Deutschen, wenn sie nicht aufpassten, in die Arme des Bolschewismus treiben würden. Er berichtete, dass er den französischen Finanzminister Klotz heftig angegriffen und ihm erklärt habe, falls ein bolschewistischer Staat in Deutschland gebildet werde, würde man dort drei Statuen errichten – eine für Lenin, eine für Trotzki und eine dritte für Klotz. Klotz reagierte nicht. [...] Die Amerikaner sind erfreut. [...] Alle Geschäftsleute, britische wie amerikanische, favorisieren eine Beendigung der Blockade und drängen nach einer baldigen Übereinkunft mit Deutschland, damit die Welt wieder an die Arbeit gehen kann.[29]

Vier Tage später saß Keynes wieder im Zug Richtung Trier, diesmal in der Gesellschaft des britischen Admirals Rosslyn Wemyss, den die Big Four abgeordnet hatten, um den Deutschen das Ultimatum zu stellen. Die Franzosen hatten sich in einem Punkt durchgesetzt: Die Deutschen mussten erst bedingungslos ihre Schiffe aushändigen, bevor man ihnen irgendetwas über die Lebensmittel sagen würde. »Könnten Sie wohl zusehen, dass sie keine unnötigen Probleme machen?«, sagte der Admiral zu Keynes. Also suchte Keynes erneut Melchior alleine auf und erklärte ihm, dass es ein Quidproquo geben würde, wenn die Deutschen ihre bedingungslose Bereitschaft erklärten. »Können Sie mir versichern, dass von Braun das tun wird?«, fragte Keynes mit Blick auf den deutschen Delegationsleiter. Melchior zögerte einen Moment, bevor »er mich wieder mit seinen ernsten Augen ansah. ›Ja‹, erwiderte er, ›damit wird es keine Schwierigkeiten geben.‹« Am nächsten Tag hielt sich jedermann an sein Skript: »Alles war bereinigt, und die Lebensmittelzüge begannen nach Deutschland zu rollen.«[30]

Beträchtlich weniger Schwierigkeiten hatte Keynes, die Alliierten auch von der Bewilligung eines Kredits an Österreich zu überzeugen, damit das Land im Frühjahr 1919 die britischen Lebensmittellieferungen bezahlen konnte. Nach diesem kleinen Sieg ließ Keynes die Deutschen im Château de Villette vor den Toren von Paris einquartieren. Gerade wurde der Plan ausgearbeitet, Bankiers aus diversen Staaten zusammenzubringen, um den Wiederaufbau zu diskutieren. Am Ende sollte Keynes das Château jedoch nur ein-, zweimal aufsuchen. Denn nicht lange nachdem die Deutschen dort eingezogen waren, wandte sich die Friedenskonferenz vom Thema des Wiederaufbaus ab und begann, sich rettungslos in die Frage der Reparationen zu verstricken.

»Das Thema der Reparationen verursachte mehr Probleme, Zwistigkeiten, Verbitterungen und Verzögerungen bei der Pariser Friedenskonferenz als jeder andere Punkt des Vertrags«, schrieb Thomas Lamont, der Repräsentant des amerikanischen Finanzministeriums, im Rückblick.[31] Der englische Diplomat Harold Nicolson stellte fest, dass die Konferenz zwar oft als ein Duell zwischen den Kräften der Finsternis und des Lichts dargestellt worden sei – Woodrow Wilson versus Georges Clemenceau, ein karthagischer versus einem wilsonischen Frieden, Keynes versus Klotz –, tatsächlich aber »weniger ein Duell als ein Nahkampf jeder gegen jeden« gewesen sei.[32]

Die Alliierten lagen sich in den Haaren. Präsident Wilson war dagegen, den Deutschen die gesamten Kriegskosten aufzuhalsen. Es sei angemessen, erklärte er, von Deutschland die Wiedergutmachung des Schadens zu fordern, den deutsche Truppen angerichtet hatten, aber damit habe es sich. Dann gab es aber auch noch die verzwickte Frage, auf welchen Anteil an der von Deutschland geforderten Summe jeder Sieger Anspruch haben würde und wie lange er diesen Anspruch erheben könnte. Als Lloyd George vorschlug, die Zahlungsforderungen nach dreißig Jahren einzustellen, erwiderte Clemenceau, dass man sie, wenn nötig, auf tausend Jahre ausdehnen müsse. Noch im März 1919 konnten sich die Alliierten bei dieser Frage nicht einig werden. Die Franzosen verlangten fünfundzwanzig Milliarden Pfund, wohingegen die Vereinigten Staaten keine Zahl über fünf oder sechs Milliarden Pfund billigten. Die von Großbritannien offiziell geforderte Summe belief sich auf elf Milliarden. Anfang März schlug Keynes schließlich vor, den Betrag aller zu zahlenden Reparationen aus dem Friedensvertrag auszuklammern, und diese Lösung wurde schließlich akzeptiert.

Lloyd George, der frustriert war, weil ständig Details an die Presse durchsickerten, schlug schließlich ein privates Treffen der Big Four vor. Also fand die zweite Hälfte der Friedenskonferenz von Mitte März bis Mitte Mai in Woodrow Wilsons »winzigem Arbeitszimmer« statt. Mit Ausnahme eines Übersetzers waren die Staatschefs der Vereinigten Staaten, Großbritanniens, Frankreichs und Italiens – Woodrow Wilson, David Lloyd George, George Clemenceau und Vittorio Orlando – erstmals unter sich und saßen in schweren Fauteuils um den Kamin. »Landkarten lagen auf dem Boden ausgebreitet«, weshalb sie »manchmal gezwungen waren, auf Händen und Knien herumzukriechen, um sie zu studieren.« Doch auf diese Weise »gelang es den Big Four tatsächlich, die vorletzte Version des Abkommens festzuklopfen«[33].

Wie sich herausstellte, sollte der April der schwierigste Monat werden. Während das Wetter immer schöner wurde, begann die einst so festliche Atmosphäre in Paris immer hektischer zu werden. Die Vorbehalte, die so viele Teilnehmer gegenüber Paris als Tagungsort geäußert hatten, bestätigten sich: Bettwanzen, mittelalterliche Wasserrohre und Wucherpreise waren da die geringsten Probleme. Die Presse wurde immer scharfzüngiger. »Das permanente Gezeter der Zeitungen«, stellte Harold Nicolson fest, »wird immer lauter, die gegenseitigen Attacken immer schärfer. [...] Der kumulative Effekt all dieses Geschreis, das bis in den Konferenzraum drang, sorgte für Nervosität und somit für ein ungesundes Klima.«[34] Lloyd George sah sich gezwungen, einen Aufstand im Parlament einzudämmen, weil die Konservativen befürchteten, dass er nicht hart genug mit Deutschland verfuhr. Clemenceau war derweil zum bête noire der französischen Presse geworden, die überzeugt war, dass er sich von den Engländern und Amerikanern ausma-

növrieren ließ. Orlando verließ die Konferenz. Und Woodrow Wilson
erkrankte schwer an einer Lebensmittelvergiftung oder Grippe. Bis Mai
waren die Auseinandersetzungen unter den vier Staatschefs so erbittert
geworden, dass Wilson einmal sogar physisch einschreiten musste, um
Lloyd George und Clemenceau zu trennen.

Diese Separatkonferenz der Big Four innerhalb der Konferenz ließ
nicht nur die Vertreter kleinerer Staaten im Regen stehen, auch Fachleute wie Keynes blieben außen vor. Die vier Staatschefs trafen völlig
unvorbereitet und fachlich kaum beraten weitreichende wirtschaftliche
Entscheidungen. Präsident Wilson zum Beispiel überdachte die britische Bitte um Schuldenerlass ein paar Minuten, bevor er sie kurzer-
hand ablehnte. Der britische Premierminister pflegte Keynes zwar zu
konsultieren, wenn er sich »aus seinen Verpflichtungen herauswinden«
wollte, wie Lloyd Georges Biograf schrieb, »dachte aber nie daran, seinen Rat auch anzunehmen«[35]. Während dieser Zwölfstundentage, in
denen Keynes in zugigen Fahrzeugen hin und her fuhr und von einem
überheizten Raum in den anderen hetzte, traf er sich oft zum Dinner
mit Jan Smuts, einem südafrikanischen Mitglied des britischen Kriegskabinetts, der ein starker Befürworter des Völkerbunds und einer Aus-
söhnung mit Deutschland war.

*Der arme Keynes sitzt nach einem guten Dinner oft die Nächte mit
mir zusammen, dann schimpfen wir gemeinsam auf die Welt und die
kommende Flut. [...] Dann lachen wir, aber hinter dem Gelächter steht
Hoovers schreckliches Bild von dreißig Millionen Menschen, die sterben
müssen, sofern es keine große Intervention geben wird. Und dann denken wir wieder, dass sich die Dinge am Ende doch nie als so schlecht erweisen und irgendetwas auftauchen wird, sodass das Schlimmste nicht
eintreten wird.*[36]

Kurz vor Tagesanbruch am 7. Mai 1919 spazierte Herbert Hoover,
robust gebaut und breitschultrig und von den meisten Europäern bei
den täglichen Verhandlungen als unnötig streitsüchtig empfunden, die
Champs-Élysées herunter. Die Straßenlaternen glommen noch, der
Boulevard lag still und verlassen da. Hoover lief langsam, den Kopf gesenkt, wie ein Boxer nach einem verlorenen Kampf. Er erwartete nicht,
jemandem zu begegnen, den er kannte. Mit Ausnahme der asketischen

französischen Generäle pflegten sich die Delegierten der Friedenskonferenz mit dem Frühstück bei der Londoner *Times* und englischer Marmelade Zeit zu lassen. Deshalb war er überrascht, als er zwei vertraute Gestalten mit Bowlern die Straße in seine Richtung überqueren sah. Keynes und Smuts hatten die Köpfe zusammengesteckt, waren lebhaft ins Gespräch vertieft und schienen seine Gegenwart gar nicht zu bemerken. Was taten die beiden zu dieser Stunde hier draußen?

Als sie nahe genug gekommen waren, um ihn zu erkennen, war auch ihnen die Überraschung anzusehen. Dann dämmerte es allen dreien: Jeder von ihnen war seit mindestens vier Uhr auf gewesen, geweckt von einem Boten, der allen den frisch gedruckten Verhandlungsentwurf aufs Zimmer gebracht hatte. Keiner der Männer hatte den Vertrag bis dahin in aller Vollständigkeit gesehen, wenngleich Keynes bereits am 4. Mai mit wachsender Bestürzung Auszüge daraus gelesen hatte. Ungeachtet ihres Insiderwissens, ungeachtet auch des Zynismus, mit dem Keynes und Smuts die Verhandlungen betrachteten, waren sie schockiert. Und alle drei hatte es dann, getrieben von Zorn, Unglauben und schrecklichen Vorahnungen, zu so früher Stunde ins Freie gedrängt. Nach diesem kurzen telepathischen Moment der Erkenntnis begannen Hoover, Keynes und Smuts alle zugleich zu reden und, wie Hoover sich erinnerte, schließlich »übereinzukommen, dass es schrecklich war«[37].

Binnen zweier Wochen zog der unverbesserliche Optimist Keynes aus seinem Zimmer im Majestic aus, mietete ein Apartment samt Koch und Diener am Rande des Bois de Boulogne und verkroch sich im Bett, zu deprimiert, um aufzustehen, es sei denn, der Premierminister ließ ihn rufen. Am 14. Mai, er fühlte sich wie »ein Komplize all dieser Schlechtigkeit und Torheit«, traf er den Entschluss zu kündigen. »Der Friede ist empörend und unmöglich und kann nichts als Unglück bringen«, schrieb er seiner Mutter, Duncan Grant und anderen Freunden.[38]

Keynes' letzte Intervention war ein Protest gegen »die Ermordung Wiens«[39]. Die Verhandlungen über Österreich waren bis nach einer Einigung über die Vertragsbedingungen mit Deutschland vertagt worden. Er hatte regelmäßige Berichte von Francis Oppenheimer erhalten, dem Emissär des britischen Schatzamts vor Ort, der auch mit Joseph Schumpeter in ständigem Kontakt stand, welcher ihn seinerseits mit Daten über die österreichischen Vermögenswerte, Steuereinnahmen und so fort versorgte. Am 29. Mai sandte Keynes ein Memorandum

ANGST

an Lloyd George und plädierte dafür, Österreich keine Reparationen abzuverlangen. Am 30. Mai nahm er an einer Sitzung der Reparations-kommission für Österreich teil und errang eine wichtige Konzession: Die Forderung nach zehn Milliarden Goldkronen wurde fallen gelassen. Nachdem er gespenstische Statistiken über Kinder zitiert hatte, die an Tuberkulose oder Mangelernährung starben, konnte er sogar einen Teilerfolg bei den Franzosen verbuchen, die nun ihre Forderung modifizierten, dass Österreich sämtliche Milchkühe abzugeben habe.

Keynes stimmte der harschen Kritik zu, die eine Wiener Zeitung am Vertrag äußerte:

> ...niemals hat der Inhalt eines Friedensvertrages die Absichten, die bei dessen Gestaltung gewaltet haben sollten, so gröblich verleugnet wie [dieser Vertrag...], dessen jede Bestimmung durchtränkt ist von Rücksichtslosigkeit und Erbarmungslosigkeit, in dem kein Hauch menschlichen Mitgefühls zu spüren ist, der alles verleugnet, Menschen an Menschen bindet, der ein Verbrechen an der Menschlichkeit selbst ist, eine Untat gegen ein leidendes und gequältes Volk.[40]

Obwohl er gewusst haben muss, dass die Sache aussichtslos war, warb Keynes weiterhin bei Bernard Baruch dafür, das US-Finanzministerium zur Unterstützung »meines großen Plans« zu bewegen, »jeden auf die Beine zu bringen«[41]. Lloyd George berief die britische Delegation zu einer Sondersitzung ein und versprach, dass er nicht die Dienste der britischen Armee in Anspruch nehmen werde, um nach Deutschland einzurücken, oder die Dienste der britischen Navy, um die Blockade zu vollstrecken, damit in letzter Minute Änderungen am Vertrag erreicht werden könnten. Doch wie Keynes in einem Brief an seine Mutter vorausgesagt hatte, war es längst zu spät für große Gesten. Die Franzosen waren wütend, und Präsident Wilson, der eigentlich verständnisvoll hätte sein müssen, stand den Absichten der Briten zunehmend misstrauisch gegenüber. Er legte ein Veto gegen Lloyd Georges Vorschlag ein, den er als eine ebensolche Nötigung empfand wie einen Monat zuvor Keynes' Vorschlag für den Schuldenerlass. Lloyd George verfolgte die Sache schließlich nicht weiter, vermutlich, weil er aus einem Geheimdienstbericht erfahren hatte, dass das deutsche Kabinett bereits still und heimlich beschlossen hatte, den Vertrag zu unterzeichnen. Allerdings sah er sich zu der düsteren Vorhersage veranlasst: »Wir werden die ganze Sache in fünfundzwanzig Jahren noch einmal zu den dreifachen Kosten tun müssen.«[42]

Als die Deutschen am 28. Juni 1919 den Vertrag von Versailles schließlich unterzeichneten, war Keynes schon seit fast einem Monat wieder in England zurück. Er hatte sich nach Charleston in das Landhaus von Virginia und Vanessa Stephens zurückgezogen, wo er jeden Tag stundenlang wütend Unkraut jätete, um sich abzulenken. Am 5. Juni 1919 hatte er dem Schatzkanzler Austen Chamberlain seine Kündigung geschickt. Am selben Tag hatte er auch einen Brief an Lloyd George geschrieben: »Die Schlacht ist verloren. Ich überlasse es den Zwillingen [Richter Lord Sumner und Finanzier Lord Cunliffe, Vorsitzender der britischen Reparationskommission], sich an der Zerstörung Europas zu weiden und eine Kostprobe von dem zu nehmen, was dem britischen Steuerzahler bleibt.«

Austin Robinson, der Sohn eines anglikanischen Geistlichen, im Krieg Pilot und nun Student in Cambridge, datierte seinen »Übertritt zum Glauben der Ökonomen« auf den Oktober 1919, nachdem er eine der letzten Vorlesungen von Keynes in diesem Semester gehört hatte.[43] Keynes hatte einem großen Auditorium aus seinem halbfertigen Manuskript über den Friedensvertrag vorgelesen. Robinson war unglaublich bewegt »von der offensichtlich großen Hingabe an die Probleme der Welt und von seiner Abscheu vor dem Versagen, die vorhersehbare Katastrophe zu verhindern«[44]. Für Robinsons Generation, die den Krieg hinter sich lassen wollte, indem sie etwas zur Heilung seiner Wunden beitrug, war Keynes' Argument, dass ein grundlegend berichtigtes ökonomisches Wissen unerlässlich sei, um künftige Kriege zu verhindern, eine echte Offenbarung gewesen. Er war fasziniert von dessen Überzeugung, dass Ideen eine ebenso große, wenn nicht noch größere Rolle spielten als konkurrierende wirtschaftliche und politische Interessen.

Keynes hatte fast augenblicklich nach seiner Rückkehr aus Paris in Cambridge mit dem Schreiben begonnen. Die thematische Ausrichtung seiner Arbeit über *The Economic Consequences of the Peace (Die wirtschaftlichen Folgen des Friedensvertrages)* ging auf eine Bemerkung von Jan Smuts' Geliebter zurück: »Mrs. Gillett hatte Smuts daran erinnert, indem sie sich auf die Gegner der Getreidezollgesetze bezog, dass

Wirtschaftsreformen der Reform des Wahlrechts im 19. Jahrhundert vorangegangen waren und es ›nun so scheine, als würden auch die politischen und territorialen Fragen nicht geklärt werden, bevor die Wirtschaftswelt wieder aufgerichtet wurde‹.« Smuts hatte Keynes von dieser Bemerkung berichtet und Keynes daraufhin erklärt, »wie wahr sie sei und dass er noch nie aus diesem Blickwinkel darüber nachgedacht habe«[45]. Margot Asquith, die amüsante Frau des einstigen Premierministers, hatte Keynes noch vorgeschlagen, Porträts der wichtigsten Persönlichkeiten in den Text einzubauen. Im August erklärte sich der Londoner Verlag Macmillan bereit, das Buch zu publizieren, vorausgesetzt, Keynes würde die Druckkosten übernehmen. Felix Frankfurter, mit dem er sich in Paris angefreundet hatte, sorgte für die amerikanische Ausgabe.

Keynes verriss den Vertrag als einen widerlichen Verrat der älteren politischen Führungsgeneration. Nicht nur, dass die Big Four nichts getan hätten, um die europäische Vorkriegswirtschaft zu restaurieren, sie hätten diese Notwendigkeit nicht einmal ernsthaft bedacht. Sie seien schlicht und einfach davon ausgegangen, dass sich die gekappten Verbindungen von alleine wiederherstellen würden und dass der Wiederaufbau spontan stattfinden werde.

Der Friedensvertrag enthält keine Bestimmungen zur wirtschaftlichen Wiederherstellung Europas, nichts, um die geschlagenen Mittelmächte wieder zu guten Nachbarn zu machen, nichts, um die neuen Staaten Europas zu festigen, nichts, um Rußland zu retten. Auch fördert er in keiner Weise die wirtschaftliche Interessengemeinschaft unter den Verbündeten selbst. Über die Ordnung der zerrütteten Finanzen Frankreichs und Italiens oder den Ausgleich zwischen den Systemen der alten und der neuen Welt konnte man sich in Paris nicht verständigen.
[...] Es ist eine bemerkenswerte Tatsache, daß das wirtschaftliche Grundproblem eines vor ihren Augen verhungernden und verfallenden Europa die einzige Frage war, für die es nicht möglich war, die Teilnahme der Vier zu erwecken. Wiedergutmachung war ihr Hauptinteresse auf wirtschaftlichem Gebiet, und sie behandelten sie als eine Frage der Theologie, der Politik, der Wahltaktik, kurz, von jedem anderen Gesichtspunkt als dem der wirtschaftlichen Zukunft der Staaten, deren Schicksal in ihrer Hand lag.[46]

Ein karthagischer Friedensvertrag, »dessen Verwirklichung das emp-
findliche, verwickelte, durch den Krieg bereits erschütterte und zerris-
sene System, auf Grund dessen allein die europäischen Völker arbeiten
und leben können«, könne es »nur noch weiter zerstören [...], statt es
wiederherzustellen«[47].

Das Buch ist außergewöhnlich pessimistisch und veranlasste den britischen Verleger und Publizisten Leonard Woolf, dem Autor den Spitznamen »Keynessandra« zu geben. »Im festländischen Europa bebt die
Erde. Niemand kann ihr Grollen überhören«, schrieb Keynes. »Dort
handelt es sich nicht um Luxus oder ›Arbeiterunruhen‹, sondern um
Leben und Tod, um Hunger und Dasein und um die furchtbaren Zuckungen einer sterbenden Kultur.«[48] Im Rückblick erkannte Keynes
auch, dass der Wohlstand vor dem Krieg ein Wolkenkuckucksheim gewesen war:

*Wir betrachten die außerordentliche und vorübergehende Gunst unse-
rer früheren Lage als natürlich, dauernd und verläßlich und richten unsere Pläne danach ein. Auf dieser schwankenden und verkehrten Grundlage planen wir soziale Reformen, bauen unsere politischen Programme
auf, gehen unseren Abneigungen und unserem besonderen Ehrgeiz nach
und glauben, wir hätten Bewegungsfreiheit genug, um den Bürgerkrieg
in der europäischen Völkerfamilie zu schüren, statt ihn zu beschwichtigen.*[49]

Der Lebensstandard vor dem Krieg hätte nicht mehr lange weiter ansteigen können, da war er sich sicher. Der Wohlstand Europas habe
nicht auf dem »genialen Mechanismus« des Wettbewerbs, nicht auf
einer unternehmerfreundlichen Umwelt und nicht auf reichlich vor-
handenem Kapital beruht, sondern vielmehr auf einem glücklichen
historischen Zufall, der temporär bestimmte Grenzen des Wachstums
beseitigt habe. Nur dank des großen exportierbaren Überschusses an
Nahrungsmitteln in Amerika sei Europa in der Lage gewesen, sich billig zu ernähren.

Das Problem, schrieb Keynes weiter, war jedoch, dass amerikanisches Getreide nicht billig bleiben *konnte*, nachdem die Nachfrage in
den Vereinigten Staaten zum Angebot aufgeschlossen hatte. Dann wiederholte er das Argument von Arthur Jevons – einem begabten Zeit-

genossen von Alfred Marshall, der 1870 vorausgesagt hatte, dass das schwindende Kohlenangebot Englands Wirtschaftswachstum im Keim ersticken würde –, nur mit dem Unterschied, dass Keynes nicht den Brennstoff, sondern den Weizen als das maßgebliche Hindernis betrachtete. Es würde vermutlich keinen Mangel an Weizen in der Welt geben, erkannte er, doch um künftig für ein größeres Angebot sorgen zu können, müsse England einen höheren Realpreis festsetzen. Kurzum, das Gesetz des abnehmenden Ertrags würde sich schlussendlich geltend machen und von Europa fordern, mehr und mehr von anderen Waren und Dienstleistungen anzubieten, um dieselbe Menge an Brot erhalten zu können.

Keynes' düstere Wirtschaftsprognose sollte sich als zu pessimistisch erweisen. Auf kurze Sicht erholte sich Europas Wirtschaft, ungeachtet der Zerstörungen des Krieges und der Mängel des Friedensvertrags. Langfristig – beginnend mit der Weltwirtschaftskrise bis Ende des 20. Jahrhunderts – wurden Nahrungsmittel im absoluten wie relativen Vergleich zu den Löhnen billiger, nicht teurer. Keynes' *politische* Prophezeiung war da viel weitblickender gewesen: »... das wage ich zu behaupten, die Vergeltung [wird] nicht ausbleiben. Nichts kann dann auf längere Zeit einen langen Bürgerkrieg zwischen den Kräften der Reaktion und den verzweifelten Zuckungen der Revolution aufschieben ...«[50]

Der Erste Weltkrieg und seine Nachwehen, schreibt Skidelsky, setzten Keynes' intellektuelle Prioritäten und formten sein wirtschaftliches Denken. Henry Wickham Steed, Herausgeber der Londoner *Times*, bezeichnete Keynes' Ideen als einen »Aufstand der Ökonomie gegen die Politik«[51]. Keynes hatte die Bedeutung von zwei Dingen bestätigt, deren sich die Generäle und Staatschefs nur oberflächlich bewusst gewesen waren, nämlich zum einen die der Frage, auf welche Weise sich die moderne Welt am Leben erhält, und zum zweiten die der Erkenntnis, dass die Fähigkeit, sich am Leben erhalten zu können, eine Grundvoraussetzung für den Frieden, wenn nicht sogar der Garant dafür ist.

Es war Keynes bewusst geworden, wie spezialisiert die globale, insbesondere die europäische Wirtschaft geworden war, wie abhängig jeder Teil vom anderen war, wie stark ein jeder von Stimmungswandeln abhing und wie schnell infolgedessen der Zusammenbruch eines Teils die übrigen Teile beeinflussen konnte. Er hatte zwar noch nicht den politischen Hebel identifiziert – das Kontrollinstrument –, mit dem Staaten den Gang ihrer Volkswirtschaften stärker beeinflussen konnten, aber er hatte doch begonnen, im Sinne einer »ganzheitlichen Ökonomie« zu denken und die Folgen von staatlicher Aktion oder Inaktivität zu berücksichtigen.

Der Krieg hatte Keynes' Misstrauen gegenüber gängigen Meinungen vertieft und ihn von der Vorstellung befreit, dass Fortschritt etwas Automatisches sei. Es war alles in allem eine brutale Lektion über die zerstörerischen Kräfte von Staaten gewesen, welche die wirtschaftlichen Realitäten vorsätzlich ignorierten. Das viktorianische Wirtschaftswunder hatte ein rapides Produktionswachstum hervorgebracht und damit eine dramatische Verbesserung des Lebensstandards erreicht. Doch dieses Wunder war nicht nur von bestimmten staatlichen Aktionen abhängig gewesen – der Ausdehnung des Freihandels, der Freigabe des Goldstandards, der Wahrung von Rechtsstaatlichkeit –, sondern auch vom ungehinderten Wettbewerb. Und nachdem er diese Lektion gelernt hatte, verstand Keynes einfach nicht mehr, wie Regierungen ihre Verantwortung für die Restauration des Wohlstands ignorieren konnten.

Mitte Oktober 1919 nahm Keynes an einer internationalen Bankenkonferenz auf dem europäischen Festland teil. »Noch nie hat es eine derart große Geschäftstransaktion gegeben wie den Friedensvertrag«, hatte Melchiors Partner Max Warburg bemerkt.[52] Nun hoffte sein Bruder Paul, ein amerikanischer Bankier, kommerzielle und zumeist von amerikanischen Banken finanzierte Kredite auf den Weg bringen zu können, damit Deutschland Rohstoffe importieren konnte. Aus einer Laune heraus hatte Keynes ein Telegramm an Melchior geschickt und ihn eingeladen, ihn zu treffen. Drei Tage später spazierten die beiden im Regen an den Amsterdamer Grachten entlang und sprachen zum ersten Mal völlig ungezwungen miteinander, staunend, wie »außergewöhnlich« es war, sich »ohne Barrieren begegnen« zu können.[53]

Nach seinem Rücktritt von der deutschen Delegation, aus Protest und noch vor Unterzeichnung des Friedensvertrags und nachdem er zweimal das Angebot ausgeschlagen hatte, Finanzminister der Weimarer Republik zu werden, war Melchior in seine Hamburger Bank zurückgekehrt. Er erzählte Keynes, dass der Reichspräsident die Absicht der Deutschen, den Vertrag zu unterzeichnen, vorzeitig einem britischen Agenten verraten habe. Und er war sich sicher, dass dieses Wissen Lloyd George veranlasst hatte, sein Bemühen um eine Modifizierung des Vertrags einzustellen. Nach dem Mittagessen lud Keynes Melchior und Warburg auf sein Hotelzimmer ein, um ihnen aus seinem Buch das Kapitel über Präsident Wilson vorzulesen. Er porträtierte den amerikanischen Staatchef darin als den Mann, der die Hoffnungen der Welt zuerst geschürt und dann enttäuscht hatte:

> *... mit welcher Neugier, Angst und Hoffnung suchten wir nur einen Blick auf die Züge und die Erscheinung dieses Schicksalmannes zu tun, der, vom Westen kommend, Heilung für die Wunden der alten Mutter seiner Zivilisation bringen und uns den Grund der Zukunft legen sollte. Die Enttäuschung war so vollständig, daß einige von denen, die ihm am meisten vertraut hatten, kaum davon zu sprechen wagten. Konnte es wahr sein, fragten sich die aus Paris Zurückkehrenden, war der Friede wirklich so schlecht, wie es schien? Was war dem Präsidenten zugestoßen, welche Schwäche, welches Mißgeschick hatte zu einem so außerordentlichen, so unerwarteten Verrat geführt?*[54]

Wilson habe zwar volltönende Sermone über seinen Vierzehn-Punkte-Plan gehalten, sei aber eben ein Mann gewesen,

> *der die überragende Geisteskraft nicht besaß, um von Mensch zu Mensch am Beratungstisch mit den abgefeimten gefährlichen Zauberern fertig zu werden, die aus dem gewaltigen Anprall von Kraft und Persönlichkeit als Herren der Stunde in die Höhe gekommen waren und nun das große Spiel von Nehmen und Geben spielten.*[55]

Warburg, der den amerikanischen Präsidenten nicht ausstehen konnte, musste kichern, als Keynes diese Passagen vorlas, aber Melchior lauschte mit ernster Miene und sah aus, als ob ihm gleich die Tränen kämen.

Auf der Konferenz drängte Keynes dann die versammelten Bankiers, sich für eine Minderung der geforderten Reparationsleistungen, für die Stornierung der alliierten Kriegsschulden und für einen internationalen Kredit an Deutschland einzusetzen. Gemeinsam mit Warburg verfasste er einen Appell an den Völkerbund, den schließlich ein Dutzend Konferenzteilnehmer unterzeichnen sollten. Der erste von so vielen Versuchen, Versailles zu revidieren, war also schon unternommen worden, noch bevor die Tinte auf dem Vertrag getrocknet war.

Angesichts seiner Tagesquote von tausend »druckreifen« Wörtern, sieben Tage die Woche, hatte Keynes bis Oktober sechzigtausend Wörter angesammelt. Sobald er ein Kapitel abgeschlossen hatte, schickte er es an mehrere Personen, oder er las es diesen vor, darunter seiner Mutter Frances und Lytton Strachey. Die gesamte Verlagsbranche schien plötzlich entschlossen, Bücher über den Friedensvertrag herauszubringen, aber Keynes' Werk kam als Erstes auf den Markt, genau zwei Wochen vor Weihnachten. Bis Ostern waren hunderttausend Exemplare in England und den Vereinigten Staaten verkauft. Es war Keynes' »Wiedergutmachung« gegenüber der Bloomsbury-Gruppe, dafür, dass er den Krieg unterstützt hatte, und sie wurde großherzig angenommen. Lytton Strachey, dessen Werk *Eminent Victorians* (im Deutschen nur in Auszügen unter dem Titel *Geist und Abenteuer* veröffentlicht) *die* literarische Sensation des Jahres 1918 gewesen war, bezeichnete Keynes' Argumentation als »vernichtend« und sagte voraus, dass sich ihr »niemand entziehen« können werde.[56] Austen Chamberlain, der Keynes seiner »Indiskretionen« wegen zwar grollte, gestand seiner Frau Ida jedoch, dass er das Buch »brillant geschrieben« fände und es ihm »boshaftes Vergnügen« bereitet habe, es zu lesen. Sämtliche Rezensenten waren voll des Lobes über Keynes' Stil, und viele waren nun auch überzeugt, dass es Deutschland unmöglich war, den Vertrag zu erfüllen.

Keynes' Buch brachte eine simmernde Kontroverse an den Siedepunkt. Einige Kritiker meinten, dass Deutschland wesentlich mehr zahlen könne, als Keynes behauptete, andere bezeichneten ihn als politisch ahnungslos. Zu den weniger schmeichelhaften Aussagen zählte auch der Vorwurf, Keynes sei seiner mangelnden Parteilichkeit wegen ein »entmenschlichter Intellektueller«. Vorhersehbar war, dass die Tories seine Loyalität in Frage stellten und den Deutschen vorschlugen, sie sollten ihm doch das Eiserne Kreuz verleihen. Der Historiker Alan J. P. Taylor brachte die Botschaft der *Wirtschaftlichen Folgen des Friedensvertrages* auf den prägnanten und vielleicht nicht wirklich weit hergeholten Punkt: »Vorsichtsmaßnahmen sollten vielmehr gegen den

deutschen Unmut, nicht gegen die deutsche Aggression« getroffen werden.[57] Der französische Historiker Paul Mantoux, der Georges Clemenceau als Dolmetscher während der Konferenz gedient hatte, attackierte das Buch mit der Begründung, dass Keynes »niemals bei einem
Treffen [des Viererrats] zugegen gewesen war«[58]. Doch die häufigste
Kritik war schlicht und einfach, dass Keynes das Thema verfehlt habe.
Henry Wickham Steed stellte fest:

Wenn uns der Krieg denn eine Lektion erteilt hat, dann vor allem die,
dass sich die Berechnungen der Ökonomen, Bankiers und Finanzbeam-
ten, die die Unmöglichkeit eines Krieges gepredigt hatten, weil er sich
nicht auszahlen würde, als gefährlicher Nonsens erwiesen. Deutschland
zog in den Krieg, weil er sich 1870/71 für das Land ausgezahlt hatte
und weil es glaubte, dass er sich wieder auszahlen würde.[59]

Amerikanische Rezensenten argwöhnten, dass Keynes unter dem Deckmantel des Altruismus nur die britischen Interessen in Europa verfolge.
Der Soziologe Thorstein Veblen schalt ihn, Woodrow Wilson »völlig
missverstanden« zu haben.[60] Am ersten Jahrestag der Vertragsunter-
zeichnung nannte die *New York Times* Keynes' Werk »ein sehr zor-
niges Buch« und behauptete: »Falls sich die amerikanische Meinung
gewandelt hat, dann höchstens insoweit, als sie nun ganz Europa miss-
traut und den Wunsch hegt, sich von Verstrickungen mit dem Ausland zu lösen.«[61] Und Bernard Baruch brachte die Position der US-
Regierung auf den Punkt: Keynes wolle, dass »Amerika anstelle von
Deutschland zahle«[62].

Heute hält so mancher Historiker Keynes' Kritik an Präsident Wilson für unfair und seine Verurteilung der Franzosen für allzu partei-
lich. Wenn schon, sagen sie, dann seien die britischen Reparationsforderungen weit weniger zu rechtfertigen gewesen als die der Franzosen.
Andererseits zeigen jüngste Forschungen über die Friedenskonferenz,
etwa Margaret MacMillans *Paris 1919: Six Months That Changed*
the World, dass Keynes' Ansicht, die Alliierten hätten ihren Vertrag
mit Deutschland ungeniert verletzt, und es hätte den Verlierern ermöglicht werden müssen, einige Elemente des Friedens selbst auszuhandeln, heute weithin für richtig gehalten wird. Und nur noch wenige
stimmen heutzutage nicht mit Keynes' grundlegender Aussage überein,

dass kein Frieden halten könne, der wirtschaftlich auf derart tönernen Füßen stehe.

Dass Keynes durch sein Buch in Wien und Berlin zu einem Helden aufstieg, war natürlich nicht überraschend. Auszüge, Übersetzungen und Neuauflagen quollen nur so aus den Druckpressen. Und angesichts der Tatsache, dass im Vertrag selbst keine Obergrenze für die Reparationssumme festgesetzt worden war, leuchtet auch die Sichtweise ein, dass Keynes nicht nur die deutsche Stimme aufs Tapet gebracht habe, sondern auch in der Lage gewesen sei, die Meinungen zu beeinflussen. Joseph Schumpeter, der einstige österreichische Finanzminister, bezeichnete das Buch als ein Meisterwerk.

KAPITEL VIII

Die freudlose Gasse:
Joseph Schumpeter und Friedrich von Hayek in Wien

Die »Wechsellagen« [... sind] die Form der wirtschaftlichen Entwicklung des Kapitalismus...

Joseph Schumpeter, 1911[1]

Die Zwanzigerjahre werden im Rückblick fast immer nur als die Prä-
ambel, wenn nicht sogar Ursache für die Weltwirtschaftskrise, den Aufstieg des Faschismus und den Triumph des Bolschewismus betrachtet,
als eine Ära, die sich im Westen durch Dekadenz und Illusionen, vor-
getäuschten Wohlstand und Trugschlüsse auszeichnete. Doch betrachtet man sie durch die Augen von vier Individuen – Joseph Schumpeter,
Friedrich von Hayek, John Maynard Keynes und Irving Fisher –, dann
waren sie eine ebenso schöpferische, aufregende und wahrhaft progressive Zeit wie die zweite Hälfte des 20. Jahrhunderts.

Keynes und Fisher wurden ökonomische Orakel und dabei nicht nur
selber wohlhabend, sondern auch die Schöpfer neuen geistigen Reichtums. Weil die gewaltigen Inflationen und Deflationen nach dem Ersten Weltkrieg sie davon überzeugt hatten, dass der freie Markt und die
Demokratie solche Krankheitsbilder nicht lange überleben konnten,
begannen sie ihre Gedanken auf die systemischen Ursachen zu konzentrieren. Wie der Arzt in Molières Stück *Der eingebildete Kranke*
verlagerten auch sie ihre Aufmerksamkeit von den einzelnen Teilen des
ökonomischen Körpers auf dessen Kreislaufsystem. Und dabei kamen
beide zu dem Schluss, dass die scheinbar so polaren Gegensätze von Inflation und Deflation Symptome ein und derselben Krankheit waren,
und beide identifizierten als deren Ursache und Übertragungsmecha-
nismus das System der Geld- und Kreditschöpfung.

Eine Antwort auf die drängende Frage, wie sich die einzelnen ineinandergreifenden Teile der Weltwirtschaft, von denen einige gerade in höchster Not waren, wieder heilen ließen, erforderte jedoch ein ganz neues Rahmensystem. Fisher wie Keynes hegten die Hoffnung, dass sich gewaltige konjunkturelle Auf- und Abschwünge vermeiden ließen. Sie glaubten nicht mehr wie einst Alfred Marshall, dass Booms und Depressionen durch zufällige äußere Schocks entstünden oder dass sie, wie Karl Marx gemeint hatte, der Marktwirtschaft wesenseigen seien. Extreme Verwindungen waren ihrer Meinung nach keine Naturgesetze, sondern menschengemachte Katastrophen und von daher vermeidbar. Fisher, Keynes und Hayek suchten nun also gleichermaßen nach Kontrollinstrumenten und waren zuversichtlich, dass es solche Instrumente gebe und sie funktionstüchtig gemacht werden könnten. Der Engländer und der Amerikaner waren bereit, dabei auch auf das Urteil der Fachleute in ihren Verwaltungen zu vertrauen, wohingegen der Österreicher, der das Produkt einer wesentlich tragischeren Nationalgeschichte war, darauf beharrte, dass der Staat mit Regeln in Schach gehalten werden müsse. Nur Schumpeter lässt sich von diesen dreien also als pessimistisch bezeichnen, vom eigenen Temperament und der persönlichen Tragik her ebenso wie aufgrund seiner geistigen Überzeugung.

Seit Schumpeter im Herbst 1919 aus dem Amt getrieben worden war, war die Finanzkrise Österreichs in ein noch problematischeres Stadium eingetreten. Die klamme Regierung von Karl Renner hatte angesichts des steil ansteigenden Defizits begonnen, immer mehr Papiergeld zu drucken, damit sie ihre Rechnungen bezahlen konnte, und außerdem viel zu viel Angst vor öffentlichen Unruhen, um Sparmaßnahmen zu verordnen. Ludwig von Mises, damals Leiter der Finanzabteilung der Wiener Handels- und Gewerbekammer, schilderte später das heftige Dröhnen der Gelddruckmaschinen der Zentralbank, die unermüdlich auf Hochtouren liefen, Tag und Nacht, während die meisten Industrieunternehmen stillstanden oder nur mit halber Kraft arbeiteten.[2] Je mehr Kronen die Regierung auflegte, umso weniger war für eine Krone zu bekommen. Der Wiener Polizeipräsident klagte, dass »jede neue Ausgabe den Wert der Krone reduziert«[3]. Die Auswirkungen auf den Tauschwert der Krone zeigten sich sofort, und da Österreich einen so großen Teil seines täglichen Bedarfs importieren musste, manövrierte der abstürzende Wechselkurs die Binnenpreise prompt in eine

Aufwärtsspirale. Ironischerweise hatten die Sozialdemokraten die Inflation zuerst sogar als einen wirtschaftlichen Stimulus begrüßt, nicht
ahnend, dass sie – wie jeder Anfall von Wahnsinn – so bald schon in
Niedergeschlagenheit enden und in den politischen Ruin führen würde.

Ursprünglich hatte es so ausgesehen, als ob Krediterleichterungen
und steigende Preise der gelähmten Wirtschaft einen Ruck geben und
sie zumindest ansatzweise wiederbeleben könnten. Investitionen, Exporte und die Beschäftigung kamen in Gang, kaum dass die Inflation
die realen Kreditnahmekosten reduziert hatte. Dank der fallende Krone
ließen sich die ausländischen Konkurrenten unterbieten. Doch schließlich begannen Österreichs Handelspartner, Zölle über die Exporte des
Landes zu verhängen. Die Geschäfte hatten Schwierigkeiten, ihre Be-
stände aufzufüllen, und die Arbeitslosigkeit begann wieder anzusteigen.

Derweil wechselte die Inflation vom Trab in einen wilden Galopp.
Trotz ständiger Neuverhandlungen der Flächentarifverträge verdiente
ein Arbeiter, der vor dem Krieg fünfzig Kronen Wochenlohn erhalten
hatte, bis Ende des Jahres 1919 rund vierhundert Kronen pro Woche,
konnte für diesen Lohn aber nur noch ein Viertel der Nahrungsmittel, Kohle und Bekleidung kaufen, die er für seinen alten Lohn bekommen hatte. Anstatt einer achtfachen Lohnerhöhung hatte er in Wahrheit also eine 75-prozentige Lohnkürzung erlitten. Binnen eines Jahres
musste er den Lohn für acht Wochen Arbeit aufbieten, um sich einen
billigen Anzug oder ein paar Stiefel kaufen zu können.[4] Beamte und
Rentner stellten fest, dass sie sich mit ihren Wocheneinkommen nicht
mehr als ein paar Eier oder Laibe Brot leisten konnten. Und das war
erst der Anfang. Um diese Zeit überlegte Freud gerade, nach Berlin zu
übersiedeln, »weil man [in Wien] nicht mehr leben kann und analyse-
bedürftige Fremde nicht mehr kommen wollen ...«[5]. Bis Oktober 1921
waren die Preise im Schnitt um mehr als 50 Prozent pro Monat angestiegen: der Beginn einer Hyperinflation. Im Oktober 1922 lag das
Preisniveau um das Zweihundertfache über dem des Vorjahres.

Die Inflation, schreibt der Historiker Niall Ferguson, vernichtete
sämtliche Ersparnisse der Mittelschicht und untergrub deren Vertrauen
in den demokratischen Staat. »Du mußt Dir vor Augen halten«, schrieb
Freud an seinen Neffen, »daß wir alle 19/20 von dem verloren, was wir
in bar besaßen.«[6] Die wertlosen Geldscheine gaben wie all die »Ersatz«-
Lebensmittel oder die Kleidungsstücke aus »Papiergarn« jedem das Ge-

1

Zu Jane Austens Lebzeiten waren »neun Teile der Menschheit« zu einem Leben in quälender Armut bei lebenslanger Plackerei verurteilt. Eine Generation später stellte Charles Dickens überzeugt fest, dass »wir uns in die richtige Richtung hin zu einem besseren Zustand der Gesellschaft bewegen«.

2

3

Henry Mayhew, der erste investigative Journalist Englands, wollte in Erfahrung bringen, ob sich die Löhne und der Lebensstandard der Londoner Armen verbessern ließen. Auf der Suche nach Fakten durchstreifte er Londons Gassen, während dort die Cholera wütete, und veröffentlichte schließlich ein ungewöhnliches Porträt des Lebens und der Arbeitsbedingungen in der Welthauptstadt. Doch eine Antwort auf seine Frage sollte er nicht finden.

4

Friedrich Engels (*links*) hielt das viktorianische London für ein modernes Rom, dem unvermeidlich bald schon der Tag des Jüngsten Gerichts bevorstünde.

Sein Freund, der finanziell von ihm abhängige Karl Marx (*rechts*), versprach, das ökonomische Bewegungsgesetz der modernen Gesellschaft zu offenbaren, litt aber an einer Schreibblockade. Er lernte nie Englisch und hat nie auch nur eine einzige Fabrik besucht, während er *Das Kapital* schrieb.

Ein Mathematiker und verhinderter Missionar aus der unteren Londoner Mittelschicht namens Alfred Marshall verfolgte in erster Linie das Ziel, »die Menschheit in den Sattel zu heben«, zutiefst davon überzeugt, dass das Proletariat keine von der Natur gegebene Unabänderlichkeit war. Er und seine in Cambridge ausgebildete Frau Mary Paley versuchten gemeinsam, die Volkswirtschaftslehre in einen Kompass zu verwandeln, der die Menschheit aus der Armut führen sollte.

Beatrice Potter war ein Kind der herrschenden britischen Upper Class, aber zwischen widersprüchlichen Sehnsüchten hin- und hergerissen. Einerseits wollte sie Karriere als Sozialforscherin machen, andererseits die Ehefrau eines mächtigen Mannes, des charismatischen und herrschsüchtigen Joseph Chamberlain, werden.

(*Links*): Aber den perfekten Partner fand sie dann in Sydney Webb, dem klugen Sohn eines Londoner Friseurs. Gemeinsam mit ihm entwickelte sie die Idee vom Wohlfahrtsstaat und das System des »Think Tank«. (*Rechts*): Winston Spencer Churchill, ein einstiger Tory und später der »Donnerschlag der Linken«, zapfte den Geist von Beatrice Webb an.

13

14

Der größte ökonomische Denker des amerikanischen 20. Jahrhunderts war der amerikanische Tüftler, Abstinenzler und Tuberkulose-Überlebende Irving Fisher. Der studierte Mathematiker, der den Wunsch verspürte, »in Kontakt mit dem lebendigen Zeitalter« zu treten, erfand das Rollarchiv, den Verbraucherpreisindex und die Wirtschaftsprognose. In den Zwanzigerjahren wurde Fisher (*unten links*) Amerikas Wirtschaftsorakel, Wellness-Guru und Stock-Picker. Seine Berühmtheit konnte es mit der von Alexander Graham Bell (*unten rechts*) aufnehmen.

15

Während seines Jahres in London, im Anschluss an seine Dissertation, bewies Joseph Alois Schumpeter den Engländern seine Vorliebe fürs Reiten und Fechten, trug erlesene Kleidung und trat wie der Wiener Aristokrat auf, der er so gerne sein wollte. Die meiste Zeit verbrachte er im Britischen Museum, um ein Buch zu schreiben, das die herrschende Volkswirtschaftslehre aufs Korn nahm, weil sie ignorierte, wie sich die Wirtschaft im Laufe der Geschichte entwickelt hatte.

Nach einer impulsiven Eheschließung reiste er mit seiner englischen Frau nach Ägypten, das Wirtschaftswunderland der Belle Époque, um ein Vermögen als Anwalt und Finanzberater zu machen. Kairo inspirierte ihn zu seinem wichtigsten Werk, der *Theorie der wirtschaftlichen Entwicklung*.

16

Friedrich von Hayek begann sich als Artillerieoffizier der k.u.k.-Armee in den Schützengräben des Ersten Weltkriegs für die Funktionsweisen der Märkte und modernen Volkswirtschaften zu interessieren. Im Zweiten Weltkrieg folgte er Ludwig Wittgensteins Aufforderung und schrieb den *Weg zur Knechtschaft*, einen vernichtenden Angriff auf Kommando- und Planwirtschaften.

17

18

Sein Cousin Ludwig Wittgenstein, ein vom Flugzeugingenieur zum Philosophen gewandelter Denker, schärfte Hayek ein, dass es zum »Handwerk des Genies« gehöre, unbequeme Wahrheiten oder das »Unaussprechliche« auszusprechen.

Der Erste Weltkrieg zerstörte die Fundamente des Wirtschaftswunders im 19. Jahrhundert, ruinierte die Staaten von Siegern wie Besiegten und zog Hungersnote, Hyperinflationen und einen revolutionären Feuersturm nach sich, der sich vom Ural bis zum Rhein ausbreitete.

Als Finanzminister des verstümmelten, mittellosen und hungernden Deutschösterreichs versuchte Schumpeter (*stehend, Dritter von links*) die Österreicher zu überzeugen, dass sie wirtschaftlich wieder auf die Beine kommen könnten, ohne sich in die Arme eines roten Russlands oder nachtragenden Deutschlands werfen zu müssen.

John Maynard Keynes (*Mitte*), der clevere, ambitionierte und selbstsichere Erbe einer
großen englischen Dynastie, definierte am Vorabend des Ersten Weltkriegs das gute Leben als das des Londoner Gentlemans. Hier sieht man ihn mit zwei seiner Freunde aus
der Bloomsbury-Group, dem Philosophen Bertrand Russell (*links*) und dem Biografen
Lytton Strachey (*rechts*).

Mit seinem Spekulationsta-
lent gelang es Keynes, nicht
nur Kunstwerke, sondern
auch Maler und Schriftsteller in persona zu sammeln.
Seine große Jungendliebe war
der Maler Duncan Grant
(*links*), der wie die meisten
der Bohemiens, mit denen
Keynes befreundet war, im
Ersten Weltkrieg den Kriegsdienst verweigerte und ihn
drängte, ebenfalls aus Gewissensgründen zu verwei-
gern.

Doch Keynes ging ins britische Schatzamt und wurde zum Weichensteller für die Kredite der Vereinigten Staaten an Frankreich und andere Alliierte und zum Nebendarsteller auf der Friedenskonferenz von 1919. Er setzte sich für einen Schuldenerlass unter den Siegermächten und für geringere Reparationsforderungen an die Verlierer ein. Als die »Big Four« sich jedoch weigerten, die Erholung der Nachkriegswirtschaften in Europa zu einer Priorität des Vertrags von Versailles zu machen, trat er aus Protest von seinem Posten zurück.

23

24

1923 verbrachte Hayek ein Jahr in New York, wo er Irving Fisher begegnete und eine vernichtende Kritik an den Finanzreformern schrieb, die behauptet hatten, dass sich der Konjunkturzyklus mit Hilfe des Geldumlaufs zähmen lasse. Er bezweifelte, dass Prognostiker das Auf und Ab der Wirtschaft rechtzeitig genug voraussehen könnten, um den politischen Entscheidungsträgern wirklich eine verlässliche Hilfe zu sein.

Die Rezession nach dem Ersten Weltkrieg trieb Joan Maurice, die verträumte, aber ehrgeizige Tochter eines britischen Generals, in die Arme der Ökonomie und eines Ehemanns, Austin Robinson, der ihr den Zugang zur Welt des gefeierten englischen Ökonomen John Maynard Keynes öffnete. Die selbstsichere, redegewandte und ungehemmte junge Frau brach in den ausschließlich von Männern beherrschten Zirkel der Keynes-Jünger ein und entwickelte eine Theorie, wie der Aufstieg des Big Business zu der unerwünschten Kombination aus höheren Preisen und geringerer Beschäftigung führen konnte. Als Mittelsmann zwischen ihr und dem großen Keynes fungierte ihr begabter, aber neurotischer Liebhaber Richard Kahn.

Zur Überraschung und Missbilligung seiner Bloomsbury-Freunde heiratete Keynes die russische Ballerina Lydia Lopokova, Mitglied von Sergei Djagilews Ensemble Ballets Russes. Ihr derber Humor, ihr mangelhaftes Englisch und ihre unprätentiöse Art machten sie zur Liebe seines Lebens.

Irving Fisher (*links*) und Joseph Schumpeter (*rechts*) 1932 in New Haven. Sie verschrieben unterschiedliche Rezepte zur Bekämpfung der Weltwirtschaftskrise, beförderten aber gemeinsam die Anwendung von Mathematik in der Volkswirtschaftslehre.

Monate vor dem D-Day forderte Roosevelt die Alliierten auf, die Fehler des Ersten Weltkriegs nicht zu wiederholen und sich darauf zu konzentrieren, die Wirtschaft wieder anzukurbeln.

Der junge Milton Friedman (*links mit Ehefrau Rose*) zählte zu den Legionen von jungen Keynes-Anhängern aus der amerikanischen New-Deal-Truppe und spielte im Zweiten Weltkrieg eine Schlüsselrolle im amerikanischen Finanzministerium unter Henry Morgenthau, das faktisch vom brillanten, aber doppelzüngigen Harry Dexter White geleitet wurde. Keynes (*rechtes Bild rechts*) und White (*links*) waren die Hauptarchitekten des Bretton-Woods-Währungssystems, das den Weg für die wirtschaftliche Erholung des Westens nach dem Krieg ebnete. Obwohl White nach Kriegsende als einflussreicher sowjetischer Spion enttarnt wurde, war auch er völlig überrascht worden von Stalins Absicht, die Sowjetunion dem Bretton-Woods-System nicht anzuschließen.

Paul Anthony Samuelson war der einflussreichste amerikanische Keynesianer in der unmittelbaren Nachkriegszeit. Sein Weltbild war stark vom Zusammenbruch des »Farm Belts« im mittleren amerikanischen Westen, von der geplatzten Grundstücksblase in Florida und von der Weltwirtschaftskrise geprägt worden. Er modernisierte die Volkswirtschaftslehre mit Hilfe der Mathematik, der keynesianischen Theorie und unzähligen eigenen Ideen. Ganze Generationen von Amerikanern, darunter auch John F. Kennedy, lernten nach dem Zweiten Weltkrieg die neue Ökonomie mit Hilfe seines Lehrbuchs und seiner Kolumnen in *Newsweek* zu begreifen. Er gilt als der führende Kopf hinter Kennedys Steuerkürzungen von 1963.

32

33

In den Fünfzigerjahren verabschiedete sich Joan Robinson, die berühmteste unter den englischen Keynes-Anhängern, von ihrer einstigen Brillanz. Sie lehnte die vorherrschende westliche Volkswirtschaftslehre ab, weil von Amerika geprägt, und ließ sich zur intellektuellen westlichen Trophäe von Stalin und Mao machen. Hier sieht man sie (halb verdeckt) im Juli 1952 in Beijing mit dem Propagandisten und Geheimdienstler Chi Chaoting, dem Strategen Roland Berger und Harold Spencer, dem Sprecher dieser »Icebreaker Mission«, nach der Unterzeichnung des ersten Handelsvertrags.

1953 drängte Joan Robinson ihren Schützling Amartya Sen, aus Kalkutta ans Trinity College nach Cambridge zu kommen und endlich Schluss zu machen mit »diesem ethischen Quatsch«: Demokratie und Volkswohlstand seien ein Luxus, den sich arme Länder nicht leisten könnten. Sen ignorierte ihren Rat und widmete sich den Fragen von Hungersnöten, ökonomischer Gerechtigkeit und der Übersetzung von individuellen in gesellschaftliche Entscheidungen.

fühl, mächtig betrogen zu werden. In Stefan Zweigs Novelle *Die unsichtbare Sammlung* weiß ein blinder Kunstsammler nicht, dass seine Familie in der Not die wertvollen Blätter verkauft und durch normale Papierbogen ersetzt hat, damit er sie weiterhin hingebungsvoll befühlen kann. Die Wienerin Anna Eisenmenger vertraute ihrem Tagebuch an, wie verraten und verkauft sie sich fühlte, als sie die verbliebenen Tausend-Kronen-Scheine betrachtete, die »neben meinen Lebensmittelkarten in der Schublade des Sekretärs liegen. […] Werden sie nicht das Schicksal der uneingelösten Lebensmittelmarken teilen, wenn der Staat das Versprechen nicht hält, mit dem jeder Schein bedruckt wurde?«[7] Während das Vertrauen in die Krone also perdu war, griff man im Alltag auf das alte Tauschsystem zurück. Viele Bauern und Ladenbesitzer weigerten sich, Bargeld anzunehmen. Für das Bürgertum bedeutete das, ein Piano gegen einen Sack Mehl tauschen zu müssen, oder fünfzig Vorkriegszigarren gegen vier Pfund Schweinefleisch und zehn Pfund Schmalz, oder eine goldene Uhrkette, unter Umständen, wie in Freuds Fall, auch einen Zeitschriftenartikel, gegen ein paar Sack Kartoffeln.

Bis die Regale schließlich vollends leer waren, hatte man in einem Wiener Geschäft alles, inklusive des gesamten Inventars, für ein paar Pfund oder Dollar kaufen können. *La Peine des Hommes: Les Chercheurs d'Or*, ein 1920 publizierter Roman des französischen Journalisten Pierre Hamp, schildert den Wiener Bezirk Innere Stadt zu dieser Zeit: Er wird von Beutelschneidern beherrscht, die sich wie Aasgeier über die Stadt hermachen und sich, wie der Held Salzbach sie beschuldigt, mit dem Elend anderer eine goldene Nase verdienen. Noch bessere Schnäppchen ließen sich auf dem Land machen oder mit Bergwerken, der Eisenbahn, Schiffen, Elektrizitätswerken, Fabriken und Banken. Denn während die Krone an Wert verlor, wurden auch sie alle verramscht, sofern der Käufer in Pfund, Dollar oder einer anderen »harten« Währung zahlen konnte. Solche ausländischen Übernahmen schürten den Volkszorn nur noch mehr. Nicht zuletzt das war der Grund, weshalb Schumpeter noch so lange von der »Kola-Affäre« (der Übernahme der »Alpine Montan« durch die Fiat-Gruppe) verfolgt werden sollte.

Während Kriegsheimkehrer in der Hoffnung, ein paar Essensabfälle zu ergattern, vor Dutzenden von Restaurants in der Wiener Inneren Stadt herumlungerten, labte sich in diesen Etablissements eine neue

Millionärskaste an Champagner und Delikatessen, »die es in Qualität und Menge mit allem aufnehmen konnten, was in London zu haben war«[8]. Der krasse Gegensatz zwischen den Nouveaux riches und den Nouveaux pauvres, von dem sich der junge Adolf Hitler vor dem Krieg so abgestoßen gefühlt hatte, wurde immer extremer. Die Schnorrer, Bettler und Flüchtlinge schienen überall. Aber der eigentliche öffentliche Unmut fokussierte sich auf die Schwarzmarkthändler, Kriegsgewinnler, Ausländer und vor allem die Juden. Jeder neuen Verteuerung der Lebensmittel folgten Demonstrationen gegen die steigenden Lebenshaltungskosten und neue Ausbrüche von Gewalt. Im Dezember 1921 versammelte sich eine riesige Menschenmasse auf den Straßen und schlug die Scheiben der Auslagen ein, stürmte Hotels und plünderte Lebensmittelläden. Ein Besucher schrieb seiner Frau aus Wien: »Mit der Verbitterung wegen der ständigen Preisanstiege gehen heftige Ressentiments und Hass gegen alle einher, die Kapital aus Österreichs Unglück schlagen, gegen die Schieber, Börsenspekulanten und dergleichen, ›die meist Juden sind‹.«[9]

Die Inflation verwandelte das alte Wien in ein Tollhaus völlig auf den Kopf gestellter Werte. In Hugo Bettauers Roman *Die freudlose Gasse*, der 1925 von Georg Wilhelm Pabst mit Greta Garbo verfilmt wurde, kauern hohe Beamte in dunklen, ungeheizten Wohnungen zusammen, spionieren Nachbarn einander aus, brechen Hausfrauen das Gesetz, werden höhere Töchter zu Prostituierten und vernünftige Bürger zu fiebrigen Börsenspekulanten. Mündelsichere Staatsanleihen wurden zur ersten Wahl der Inflationsabsicherung. Menschen, die noch nie in etwas anderes als in Staatsobligationen investiert hatten, kippten mit einem Mal ihr ganzes noch übriges Bares auf den Wertpapiermarkt, auf dem sich immense Profite machen ließen.

Anna Eisenmenger hielt in ihrem Tagebuch ein Gespräch mit ihrem Bankdirektor fest. Es gibt wieder, wie hilflos das Bürgertum dem Spekulationsfieber ausgesetzt war, von dem praktisch das ganze Volk befallen wurde:

> *»Wenn Sie Schweizer Franken gekauft hätten, als ich es Ihnen vorschlug, hätten Sie jetzt nicht drei Viertel Ihres Vermögens verloren.«*
>
> *»Verloren?«, rief ich entsetzt. »Wieso, glauben Sie nicht, dass sich die Krone wieder erholen wird?«*

»Erholen?«, fragte er lachend ... »Unsere Krone wird zum Teufel gehen, so viel ist sicher.«

»Kommen Sie einen Augenblick in mein Zimmer ...« Dort begann er mir dann zu erklären, dass die Monarchie gezwungen gewesen sei, Kriegsanleihen auszugeben, und die Zeichnung dieser Anleihen oft obligatorisch war. Man habe es getan, weil der Staat seine Goldreserven bereits verbraucht und kein Geld mehr hatte, um den Krieg weiterzuführen. Mit dem Geld der Kriegsanleihen wurde der Krieg fortgesetzt, aber es gab praktisch keine Deckung für die Banknoten, die in Umlauf waren.

»Stellen Sie doch einfach mal das Versprechen auf diesem 20-Kronen-Schein auf die Probe, versuchen Sie doch mal, sagen wir, zwanzig Silberkronen dafür zu bekommen«, sagte er und streckte mir einen 20-Kronen-Schein hin ... »Jetzt werden Sie mich verstehen, wenn ich Ihnen sage, dass es gegenwärtig gut ist, ein Haus zu besitzen, oder Grund, oder Anteile an einer Industrie oder an einem Bergwerk oder irgendetwas dieser Art, aber nicht, Geld zu haben, jedenfalls kein österreichisches oder deutsches Geld. Verstehen Sie, was ich meine?«

»Ja, aber ich besitze Staatspapiere, und es kann doch wohl nichts Sichereres geben als die.«

»Aber, gnädige Frau, wo ist denn der Staat, der Ihnen diese Sicherheit garantiert hat? Tot ist er!«[10]

Das Gespräch endete damit, dass der Bankdirektor Frau Eisenmenger riet, ihr Geld in Aktien anzulegen. Und wie so viele andere Wiener tat sie dann genau das.

Obwohl Schumpeters politische Karriere ganz offensichtlich beendet war und er sich gezwungen gesehen hatte, an seinen Posten an der Grazer Universität zurückzukehren, hatte er doch immer noch Freunde in hohen Ämtern. Um ihn für seine schmachvolle Entlassung zu entschädigen, hatten ihm konservative Parlamentarier im Jahr nach seinem Rücktritt wie gesagt eine Bankenlizenz gewährt. Es war seine Entscheidung, ob er sie verkaufen, verwenden oder in den Strumpf stecken wollte. Da es jedoch nur knapp zwei Dutzend Anlagebanken in Wien gab und da viele Banksozietäten verzweifelt ihr Kapital mit dem Verkauf von öffentlichen Anteilen aufzustocken versuchten, gab es für eine

Lizenz zum Aufbau einer neuen Investmentbank gerade eine Menge
potenzieller Interessenten.

Am 23. Juli 1921, dem Tag ihres Börsengangs, wurde Joseph Schumpeter zum Präsidenten der M. L. Biedermann & Co Bankaktiengesellschaft gewählt. Er war erst achtunddreißig. Im Gegenzug für die
Verwendung der Banklizenz und seine Signatur auf den Kassenobliga-
tionen und Derartigem mehr erhielt Schumpeter ein pompöses Büro,
ein Jahreseinkommen von hunderttausend Kronen (nach heutigem
Wert rund 355 000 Euro) und genügend Aktien, um ihn zum zweit-
größten Anteilseigner der Bank zu machen. Der größte Vorteil aber war
ein praktisch unlimitierter Kreditrahmen, den er nun zu Investitions-
zwecken nutzen konnte.

Sein Timing war perfekt. Der Völkerbund schnürte endlich ein Ret-
tungspaket für Österreich, das verblüffende Ähnlichkeit mit Schumpeters totgeborenem Plan aus dem Jahr 1919 hatte. Im Gegenzug für
einen Notkredit versprach die Regierung fiskalische und monetäre Disziplin: durch die Einrichtung einer neuen Zentralbank, der es untersagt
sein sollte, mit dem Ankauf von Schatzwechseln die Staatsdefizite zu
finanzieren; durch eine Sanierung des Haushalts, indem sie hunderttausend Beamte entlassen und Steuerschlupflöcher schließen wollte; und
indem sie zum Goldstandard zurückkehren wollte, sobald Österreichs
Auslandsschulden auf ein bestimmtes Niveau gesunken wären. Die
Gerüchte über diesen bevorstehenden Deal und die parallele Ankündigung, dass die Alliierte Reparationskommission von den Schadens-
ersatzansprüchen gegenüber Österreich Abstand nehmen wolle, reichten aus, um den Verfall der Krone aufzuhalten und die Inflation noch
vor Unterzeichnung der Protokolle im August des Jahres von 1000 auf
20 Prozent zu senken.

Aber nur zu mündelsicheren Wertpapieren. Als die Unternehmen
Aktien auszugeben begannen, anstatt Kredite zu höheren Realzinsen
aufzunehmen, begannen Banken, die neuen Aktienzertifikate zu schlucken. Es dauerte nicht lange, da zählten die Banken zu den Großak-
tionären der österreichischen Geschäftswelt. Dem Historiker Carlile
Aylmer Macartney zufolge haben

*die österreichischen Banken – immer mit Ausnahme einiger sehr we-
niger konservativer Konzerne von etabliertem Ruf – ihre Investitionen*

durch keine Sicherheitsbedenken limitiert. Hinsichtlich dieser Anteile liefen die Dinge ebenso fröhlich weiter wie zuvor hinsichtlich der Börse. Die Industrie, darunter die renommierteste, war nun selbst zum Spekulationsobjekt geworden. Sie ging größtenteils in die Hände von Banken über, ihre Anteile wurden ständig hin und her geschoben und zu den unwahrscheinlichsten Zwecken verwendet.[11]

Wie zu erwarten gewesen war, überließ Schumpeter das tagtägliche Bankgeschäft Biedermanns altgedientem und fähigem Chef und wurde faktisch zum Anlagespezialisten und Risikokapitalanleger. Prompt erwarb er Anteile von diversen Unternehmen, in einigen Fällen gemeinsam mit einem Partner, den er aus der Schulzeit am Theresianum kannte, und wurde über diesen Umweg bereits nach wenigen Monaten Vorstandsmitglied der Kaufmann-Bank und der Wiener Porzellanfabrik Augarten AG.[12] Dieses ganze Geschacher, all das ständige Kaufen und Verkaufen war berauschend. Schumpeter mag sich zwar wie der Präsident einer Bank gekleidet haben, doch sein Lebensstil war, wie die Wiener Presse höhnisch verzeichnete, so extravagant wie der eines Lords. Er hatte nach wie vor hohe persönliche Schulden und noch höhere Steuerrückstände. Seine Hotelsuite und das halbe gemietete Palais hatte er zwar aufgegeben, doch auch in seiner Wohnung veranstaltete er verschwenderische Abendeinladungen, und nach wie vor gab er Unmengen von Geld aus, sei es für seine Geliebten, seine Pferde oder seine Kleidung. Doch mit seinem Ruf ging er ebenso unbekümmert um wie mit dem Geld. Auf den freundschaftlichen Rat eines Geschäftspartners, »in der Wiener Öffentlichkeit nicht mit Prostituierten in Erscheinung zu treten«, reagierte er, indem »er einen offenen Fiaker« mietete und »mit einer attraktiven blonden Prostituierten auf dem einen und einer brünetten auf dem anderen Knie« die Kärntnerstraße auf und ab fuhr.[13]

Am Jahresbeginn 1924 glaubte Schumpeter seine finanziellen Angelegenheiten »völlig in Ordnung«, da seine Kreditlinie bei Biedermann durch mündelsichere Wertpapiere gedeckt war.[14] Dann kam der spektakuläre Börsencrash vom 9. Mai 1924. Zwischen Frühstück und Mittagessen lösten sich drei Viertel des Wertes der »höchsten börsenfähigen Wertpapiere«, die Schumpeters persönliche Kreditsicherheit garantierten, in Luft auf.[15] In den anschließenden hektischen Tagen sah er sich gezwungen, die besten seiner verbliebenen Aktien auf einen fallenden Markt zu werfen. Die Biedermann-Bank hatte dank einer Fehlwette gegen den Franc gewaltige Devisenverluste erlitten, weshalb ihre Direktoren, Schumpeter eingeschlossen, ein großes Paket der Biedermann-Aktien an einen Ableger der Bank of England verkaufen mussten, um an Bargeld zu kommen. Im Verlauf des Sommers machten mehrere Unternehmen Konkurs, in deren Vorständen Schumpeter saß, was ihn zwang, deren Aktionäre zu entschädigen. Sein Partner, der Freund aus Theresianum-Tagen, entpuppte sich als zwielichtiger Geschäftsmann, wenn nicht gar Gauner, und Schumpeter sah sich mehreren Klagen und schließlich einer Strafermittlung ausgesetzt, die sich jahrelang hinziehen sollte.

Diese Kombination aus persönlicher Insolvenz und einem fragwürdigen Geschäftspartner war für die britischen Investoren der Biedermann-Bank zu viel, also bestanden sie auf Schumpeters Rücktritt. Als er dieser Aufforderung im September 1924 schließlich nachkam, inmitten von Anfeindungen der Presse, wonach er seine Biedermann-Verbindungen genutzt habe, um einen Minister zu begünstigen, war von seinen Millionen nichts mehr übrig. Die Bankdirektoren gewährten Schumpeter eine Abfindung in Höhe eines Jahresgehalts, doch seine Schulden waren wesentlich höher, und es gab keine Aussicht darauf, dass er diese Verluste ausgleichen könnte. Die Finanzkrise löste eine langwierige Rezession aus. Mehrere Großbanken und Hunderte von Gewerbe- und Industriebetrieben gingen bankrott. Biedermann wurde liquidiert, obgleich erstaunlicherweise alle Investoren ihr Geld zurückbekamen. Am Tiefpunkt der Krise winkte Ludwig von Mises einen Kollegen an sein Bürofenster, deutete auf die Ringstraße unter ihm, dieses Symbol des toleranten Wiener Zeitalters, und sagte unheilvoll: »Vielleicht wird hier Gras wachsen, denn unsere Kultur wird enden.«[16]

Schumpeters Feinde mögen ein hartes Urteil über ihn gefällt haben, aber sie verdammten ihn gewiss nicht einmal annähernd so sehr wie er sich selbst. Für die Schilderung des Jahrzehnts seit dem Ausbruch des Ersten Weltkriegs entlieh er sich eine Phrase aus dem Dritten Gesang von Dantes Hölle – *il gran refuto* –, was nicht nur eine verpasste Gelegenheit, sondern auch seine Versagensängste andeutete. Er war nun einundvierzig und stellte fest, dass es mehr gab, was er zu bedauern hatte, als Dinge, auf die er sich hätte freuen können.

Aber Schumpeters trübe Stimmung hielt nicht lange an. Die Notwendigkeit, sich zu verteidigen und eine Möglichkeit zu finden, Geld zu machen, belebten ihn bald. Am Ende seines Annus horribilis hatte er wieder Grund zu lächeln. Wie die meisten Don Juans, so war auch Schumpeter unzählige Male in Frauen vernarrt, um nicht zu sagen, von ihnen besessen gewesen. Doch wirklich verliebt hatte er sich noch nie. Annie Reisinger entwaffnete ihn, weil sie jung und verletzlich war und aus der Arbeiterklasse stammte. Sie war die einundzwanzigjährige Tochter der Hausbesorgerin des Wohnhauses seiner Mutter, somit kannte er sie praktisch seit ihrer Geburt. Als sie achtzehn war, hatte er ein wenig mit ihr zu flirten begonnen, sich jedoch eine Abfuhr geholt. Sein Ruf als »Weiberheld« hatte ihr mehr Sorgen bereitet als die Tatsache, dass er eine öffentliche Person und doppelt so alt war wie sie. Nun begegnete er ihr am Weihnachtstag wieder, als sie seiner Mutter einen Besuch abstattete. Sie war hübscher, fraulicher und selbstsicherer geworden. Und er, der verlebte Mann, fand ihre fröhliche, gutmütige und intellektuell völlig unprätentiöse Art höchst erfrischend.

Er war einsam und verwundet; sie erholte sich gerade von einer unglücklichen Affäre mit einem verheirateten Mann. Beide mussten sich über eine Enttäuschung hinwegtrösten. Schumpeter erklärte diese Romanze zu seinem neuen Projekt. Er machte Annie täglich den Hof, eroberte ihr Herz mit Opern- und Restaurantbesuchen, Bällen und Wochenenden auf dem Land, überschüttete sie mit Blumen und teurem Schmuck. Und als er sie schließlich bat, ihn zu heiraten, sank er vor ihr auf die Knie.

So entsetzt seine Mutter auch gewesen sein mag von der Aussicht, ein Mädchen aus der Arbeiterklasse zur Schwiegertochter zu bekommen: Sie biss sich auf die Zunge. Ein Mann, der ebenso berüchtigt wie mittellos war, war kaum in der Lage, die glänzende Partie zu machen, die sie sich für ihn ersehnt hatte. Abgesehen davon war er noch immer mit Gladys verheiratet, die er nicht mehr gesehen hatte, seit sie nach ihrer Trennung 1913 wieder ihren Mädchennamen angenommen hatte. Wir wissen nicht, ob sie sich einer Scheidung verweigert oder er sie ganz einfach nicht darum gebeten hatte. Fest steht jedoch, dass sie nach dem Gesetz noch ein Ehepaar waren und Gladys, hätte sie es gewollt, seine neue Ehe verhindern oder ihn wegen Bigamie hätte verklagen können. Zu Schumpeters Glück hatte die sozialistische Regierung

im roten Wien die Scheidungsgesetze liberalisiert. Ein wohlgesinnter
Beamter stellte ihm eine Verzichterklärung aus, so dass er Annie heiraten konnte, die mittlerweile ihre eigenen Bedenken und die Einwände
ihrer Eltern in den Wind geschlagen und Ja gesagt hatte

Derweil begannen Schumpeters Freunde nach Möglichkeiten zu
suchen, seine Karriere zu retten. Ungeachtet seiner Missgeschicke in
der Politik und im Bankenwesen hatte sein Ruf als brillanter Ökonom doch überlebt. Sicher, er hatte sich in Wien und Berlin so viele
Feinde gemacht, dass ein Ruf an die eine wie die andere Universität gewiss von irgendjemandem verhindert worden wäre. Andererseits gab
es eine Menge ausländischer Universitäten, die begierig waren, ihn für
sich zu gewinnen, darunter sogar die Universität von Tokio. Schließlich berief ihn die Bonner Universität, deren Fakultät einst die Absicht
von Karl Marx vereitelt hatte, sich dort zu habilitieren, zum ordentlichen Professor für wirtschaftliche Staatswissenschaft. »Schumpeter ist
ein Genie« waren die Worte, mit denen der Brief begann, den einer seiner Förderer an das Kultusministerium in Berlin geschickt hatte. Die
deutschen Universitäten seien von den zeitgenössischen Entwicklungen
in der Volkswirtschaftslehre völlig abgeschnitten, betonte der Verfasser, nur Schumpeter sei in der Lage, Bonn aus der Rückständigkeit zu
holen und in ein bedeutendes volkswirtschaftliches Studienzentrum zu
verwandeln.

»Bonn erobert!«, telegrafierte Schumpeter seiner Verlobten trium-
phierend im Oktober 1925, nachdem er erfahren hatte, dass er seinen
Wiener Rivalen Ludwig von Mises ausgestochen hatte. Er war selbst
etwas überrascht, dass es ihm so viel bedeutete, dorthin zu gehen. Auch
wenn der Schwerpunkt seiner Lehre die Finanzwissenschaft sein sollte,
war ihm doch versprochen worden, dass er auch Vorlesungen über die
reine Theorie halten könne. Anfang November heirateten Joseph und
Annie in der Gegenwart von nur zwei Trauzeugen und begaben sich
anschließend auf eine geruhsame Tour durch die luxuriösen Kurorte
Norditaliens. Erst kurz vor Beginn des Frühjahrssemesters trafen sie
in Bonn ein.

Es dauerte nicht lange, da waren Schumpeter und seine Frau das
glamouröseste Paar von Bonn. Mit seinem typischen Hang zur Groß-
spurigkeit hatte er eine imposante Villa mit Blick auf den Rhein gemietet. Und bis Annie erstmals an einem Fakultätstee teilnahm, hatte

ihr Mann für sie eine völlig neue Identität erfunden. Nun war sie nicht mehr die Tochter einer Hausbesorgerin, die mit fünfzehn eine Lehre als Bankkassiererin begonnen, dann auf einem Bauernhof in Portagny und anschließend als Kindermädchen in Paris gearbeitet hatte, sondern die behütete Tochter einer prominenten Wiener Familie, die in einem teuren französischen Pensionat erzogen worden war. Die erdrückende Schuldenlast zwang Schumpeter zwar zu Nebeneinnahmen durch Zeitungsartikel und als öffentlicher Redner, aber jeder, der ihn kannte, war der Meinung, dass er ihn seit Jahren nicht so glücklich gesehen habe. Dazu kam, dass Annie gerade mit ihrem ersten Kind schwanger war.

Die Idylle sollte nicht von Dauer sein. Der unerwartete Tod seiner Mutter Mitte Juni war ein schwerer Schlag für Schumpeter. Sie war »der große menschliche Faktor« in seinem bisherigen Leben gewesen, und er hatte oft von »seiner bedingungslosen Zuneigung zu ihr, seinem grenzenlosen Vertrauen in sie« gesprochen.[17] Zwei Wochen nach seiner Rückkehr von der Beerdigung in Wien erlitt er einen zweiten schrecklichen Verlust: Er erlebte Annies »schrecklichen Tod« während der Geburt des Sohnes, der selbst nur ein paar Stunden leben sollte.[18]

Das Biedermann-Fiasko und der Tod der einzigen beiden Menschen, denen er sich nahe gefühlt hatte, hinterließen bleibende Narben. Schumpeter sollte mehr als ein Jahrzehnt brauchen, um seine Schulden zu begleichen, und nie wieder die Chance haben, ein neues Vermögen aufzubauen. Sechs Jahre später schrieb er in einem Brief aus Singapur:

Es gibt keine wirkliche Befreiung. Ich kann weder schlechte Erinnerungen noch Vorahnungen abschütteln. [...] Fehler, Versäumnisse, Nöte usw. und das Jahr 1924 stehen mir niemals so deutlich vor Augen wie dann, wenn ich auf einem schönen Schiff mich befinde, in scheinbarer Sicherheit und auf einem stillen Ozean. Das Gefühl von geistigem wie körperlichem Verfall kondensiert sich oft zu einer unmittelbaren Ahnung vom Tode.[19]

Doch was die Zukunft des Kapitalismus betraf, so war Schumpeter bemerkenswert zuversichtlich geblieben. Wie der Ökonom Israel Kirzner bemerkte, wurde die Erforschung der Konjunkturzyklen in den Zwanzigerjahren von zwei Fragen angetrieben: Kann der Kapitalismus überleben? Und kann eine Volkswirtschaft unter den Bedingungen von Privateigentum und freiem Markt überleben?[20] Karl Marx hatte geglaubt, dass Krisen und Konjunkturrückgänge vom ökonomischen System selbst hervorgerufen und dieses letztendlich zerstören würden. Alfred Marshall hatte die gegenteilige Sicht vertreten und Rezessionen zufälligen Erschütterungen zugeschrieben, die außerhalb der Ökonomie verursacht wurden. Schumpeter stellte Marx auf den Kopf, indem er den Konjunkturzyklus als etwas Systemimmanentes, jedoch im Wesentlichen Ungefährliches betrachtete: »Gewöhnlich wird Prosperität mit sozialem Wohlstand und Rezession mit einem sinkenden Lebensstandard assoziiert. In unserem Bild trifft das nicht zu, vielmehr wird in ihm sogar eine gegenteilige Folgerung sichtbar.«[21]

Ungeachtet der seit 1848 wiederkehrenden Krisen und Depressionen hätten sich die Produktion und der Lebensstandard um ein Vielfaches erhöht. Wachstum erfolge immer stoßweise, die neuen Produkte [sind nicht] gleichmäßig in der Zeit verteilt«, sondern, wenn überhaupt, als »spontane und diskontinuierliche Veränderungen« aufgetreten.[22] Neuerungen erzeugten Nachahmer und zögen eine Vielzahl von Neuinvestitionen und weiteren Innovationen nach sich. Dann klängen die Investitionen wieder ab, Konsumwaren überschwemmten den Markt, drückten die Preise und trieben die Kosten in die Höhe. Aus dem Druck auf die Profite resultiere dann eine Rezession.

Die Kehrseite von Innovationen, gesteigerter Produktivität und höheren Lebensstandards seien permanente Verschiebungen. Wie Schumpeter in seiner *Theorie der wirtschaftlichen Entwicklung* schrieb, folgten den Aufschwüngen zwar Abschwünge – der »ewige Sturm der schöpferischen Zerstörung« –, doch die Ökonomie bleibe von Natur aus stabil. Wenn das System in Gefahr gebracht werde, dann gehe die Bedrohung von der Politik aus. Marx und Engels hatten Rezessionen als Anzeichen von Störungen und Quellen der Instabilität betrachtet. Schumpeter nahm die gegenteilige Position ein: Da der Konjunkturzyklus die Entwicklung begünstige, seien Konjunkturrückgänge etwas Gesundes, nämlich eine Möglichkeit, leistungsschwache Unternehmen zu vergraulen und andere zu zwingen, ihre Kosten zurückzufahren und ihren operativen Betrieb zu rationalisieren. Der Tod von Firmen und Unternehmen sei so unvermeidlich wie der Tod von Menschen. Nichts sei von Dauer: »Aber keine Therapie kann den großen wirtschaftlichen und sozialen Prozeß der Deklassierung von Betrieben, Existenzen, Lebensformen, Kulturwerten, Idealen hindern, der in der Wirtschaft des Privateigentums und der Konkurrenz das notwendige Komplement immer neuen wirtschaftlichen und sozialen Auftriebs und immer steigender Realeinkommen aller Kategorien von Wirtschaftssubjekten ist.«[23] Der Tod schaffe außerdem immer neuem Leben Raum. Wachstum erfordere unternehmerische Führungsqualitäten und die Verlagerung von Ressourcen von den alten auf die neuen Industrien. Wenn Völker also Fortschritt wünschten, dann müssten sie Konjunkturflauten akzeptieren. Ob einem das gefiel oder nicht, pflegte Schumpeter zu sagen, das Muster aus Auf- und Abschwung sei die Form, die die Wirtschaftsentwicklung im Kapitalismus annehme.

Innovationen, ob so gewaltige wie »die Erzeugung von Elektrizität« oder so kleine wie »Zahnbürsten«, seien »in erster Linie verantwortlich für die immer wiederkehrenden ›Aufschwünge‹, die den wirtschaftlichen Organismus revolutionieren, und für die immer wiederkehrenden ›Rückschläge‹, die durch das gleichgewichtstörende Eindringen der neuen Produkte oder Methoden verursacht werden«[24]. Die Rückschläge verursachten zwar enormes Elend – steigende Arbeitslosigkeit, sinkende Löhne, Verluste, Bankrotte –, dauerten aber nie lange. »Der Depressionsprozess [...] erfüllt, was der Aufschwung versprach. Und diese Wirkung ist dauernd, während die als unangenehm empfundenen Erscheinungen temporär sind: der Güterstrom ist bereichert, die Produktion teilweise reorganisiert, die Produktionskosten sind verringert und was zunächst als Unternehmergewinn auftrat, vermehrt schließlich die dauernden Realeinkommen.«[25] Schumpeter beharrte darauf, dass permanenter Wandel für die wirtschaftliche Stabilität eine ebensolche Voraussetzung sei wie permanente Bewegung für das Fahrrad, wenn man nicht will, dass es umkippt.

In Bonn hatte er sich in die Arbeit zu zwei Büchern gestürzt, hatte eine Gruppe von aufgeweckten Studenten herangezüchtet, Dutzende von Zeitungskolumnen geschrieben und Hunderte Stunden auf dem Vortragsparcours vor deutschen Unternehmern verbracht. Diesen geradezu zwanghaften Aktivismus rechtfertigte er zwar mit der Notwendigkeit, seine erdrückende Schuldenlast abbauen zu müssen, nutzte ihn aber wie ein Anästhetikum. Das Tagebuch, dem er Abend für Abend sein gebrochenes Herz ausschüttete, war ein einziger Katalog des Bedauerns und der Selbstanklagen. Seit dem Tod der Mutter war er nicht ein einziges Mal nach Wien zurückgekehrt.

Im Herbst 1927, zwei Jahre nach dem Tod der Mutter und von Annie, nahm er eine Einladung an, in Harvard zu lehren, und trat damit zum zweiten Mal in seinem Leben die Reise in die Vereinigten Staaten an. Er war vielleicht nicht ganz so entzückt wie 1912, aber doch nach wie vor fasziniert vom Überfluss, der Energie und dem Optimismus in Amerika. Einige Finanzexperten warnten gerade vor einer Spekulationsblase am Aktienmarkt, und auch Schumpeter selbst bestätigte im Frühjahr 1928 bereitwillig in einem Essay, dass dem Boom durchaus ein Sturz der Börsenkurse samt einer Periode der rückläufigen Produktion und hohen Arbeitslosigkeit folgen könnten. Doch er kam zu dem Schluss: »Die Instabilitäten, die sich aus dem Innovationsprozess ergeben, neigen dazu, sich selbst zu korrigieren und sich nicht weiter zu akkumulieren.« Somit, erklärte er, beweise sich der Kapitalismus nicht nur als »wirtschaftlich stabil«, sondern »gewinnt sogar an Stabilität«[26].

Ein hochgewachsener, dunkelhaariger, etwas schäbig gekleideter junger Mann, der entfernt an Leo Trotzki erinnerte, saß im großen Lesesaal der New York Public Library und blätterte durch vergilbte Ausgaben der *New York Times*. Er suchte nach Berichten über die österreichischungarische Armee aus den letzten Monaten des Krieges. Immer wieder weiteten sich die blauen Augen hinter der Drahtgestellbrille vor Überraschung. Wie surreal war es doch, dass man erst um die halbe Welt reisen musste, um herauszufinden, dass alles, was man über eine Episode im eigenen Leben zu wissen geglaubt hatte, eine Fiktion gewesen war.

Friedrich von Hayek, Ludwig Wittgensteins Vetter und im Ersten Weltkrieg Artillerieoffizier der k.u.k. Armee, war geschockt, wiewohl er nicht weniger Zynismus für die österreichische Presse übrighatte als andere Wiener. Bis dahin hatte er geglaubt, was die österreichische Presse berichtet hatte, nämlich, dass die italienische Offensive an der Piave ein strategisches Wagnis gewesen sei, das diverser Fehlentscheidungen wegen schiefgelaufen war. Aus den Berichten der *New York Times* ging nun aber eindeutig hervor, dass die amerikanischen und britischen Kriegsberichterstatter die Niederlage der österreichisch-ungarischen Truppen bereits *Wochen* vor der Schlacht einhellig für absolut sicher gehalten hatten. Mit anderen Worten, hunderttausend Leben, zu denen leicht auch Hayeks eigenes hätte gehören können, waren einer Lüge wegen vergeudet worden.

Im August 1918 hatte Hayek mit dem Treck der sich auflösenden Armee den chaotischen Rückzug aus Italien über die Alpen angetreten. Als er schließlich in Wien angekommen war, hatte er sich von seinem einstigen Traum verabschiedet, Diplomat zu werden, und sich stattdessen als Student der Rechte an der Wiener Universität eingeschrieben. Später sollte er sein wachsendes Interesse an den Sozialwissenschaften dem Krieg und vor allem seinen Erfahrungen als Soldat in einer multinationalen Armee zuschreiben. Wie konnte eine Gesellschaft all die konkurrierenden Wünsche und Interessen in ihrer Mitte in Einklang bringen, ohne auf militärischen Zwang zurückzugreifen? Wie konnten Individuen aus verschiedenen Kulturen, mit unterschiedlichen Sprachen und verschiedenartigen Traditionen miteinander kommunizieren und sich auf gemeinsame Aktionen verständigen? Die dysfunktionale Führung der österreichisch-ungarischen Armee hatte ganz offensichtlich keine Antwort darauf gefunden, doch der Grabenkrieg hatte Hayek Zeit zum Lesen gelassen, und unter den Bänden, die er sich wieder und wieder zu Gemüte geführt hatte, waren zwei dicke Wälzer über die Nationalökonomie gewesen.

An der Wiener Universität, die wegen des herrschenden Mangels an Kohle, Licht und Lebensmitteln kaum ihren Betrieb aufrechterhalten konnte, freundete sich Hayek eng mit einem anderen Exsoldaten an, einem Rechtsstudenten namens Herbert von Fürth (in den USA nannte er sich dann Herbert Furth), der an der Piave schwer verwundet worden war. Fürth war der Sohn von einem Wiener Stadtrat und Ernestine Kisch, einer bekannten Wiener Frauenrechtlerin. Er war es, der Hayek nun in einen Kreis von kultivierten linken Studenten aus assimilierten und relativ wohlhabenden jüdischen Familien einführte. Sie trafen sich im Café Landtmann schräg gegenüber der Universität und debattierten über Marxismus und Psychoanalyse. Die Söhne von Anwälten, Professoren und Unternehmern wirkten auf Hayek wesentlich selbstsicherer und kosmopolitischer als andere junge Männer seines Alters. Später erzählte er, dass ihnen »das, was in der Geisteswelt Frankreichs und Englands vorging, fast ebenso vertraut war wie das, was in der deutsch-

sprachigen Welt geschah«. Durch sie entdeckte er Bertrand Russell und
H. G. Wells, Marcel Proust und Benedetto Croce und sog das Credo in
sich ein, dass »wahre Hingabe an die Dinge des Geistes nicht bedeuten musste, dass man untauglich war für die Kunst, mit dem Leben zurechtzukommen«[27].

Nach dem Krieg wurde die Studentenpolitik an der Wiener Universi-
tät von einem virulenten katholischen Nationalismus und ungestümen
Kommunismus beherrscht. Hayek und Fürth, die sich als fabianische
Sozialisten betrachteten, fanden beides so abstoßend, dass sie dringend
eine Alternative anbieten wollten und gleich im ersten Semester eine
Art von sozialdemokratischer Studentenorganisation ins Leben riefen.

Hayek hörte die Vorlesungen des Volkswirts Friedrich von Wieser
und las die Werke solcher österreichischer Denker wie Carl Menger
und Eugen Böhm von Bawerk, doch wie es in einer Stadt zu erwarten
gewesen war, in der es zehntausend Kaffeehäuser, einen gravierenden
Wohnungsmangel und ein Überangebot an unterbeschäftigten Intellektuellen gab, fand seine wichtigste Ausbildung unter Gleichgesinnten
in Cafés statt. In ihrem dritten Studienjahr riefen Hayek und Fürth
ein Seminar ins Leben, das alle vierzehn Tage stattfand und dem sie
scherzhaft den Namen »Geist-Kreis« gaben, weil diese Zusammen-
künfte an die gerade so beliebten Séancen erinnerten. Der im Schnitt
fünfundzwanzig Mitglieder zählende Kreis debattierte über eine ganze
Bandbreite an kulturellen Themen, von Bühnenstücken bis hin zum
logischen Positivismus; zu seinen Mitgliedern zählten die Ökonomen
Oskar Morgenstern, Gottfried Haberler und Fritz Machlup, der Philosoph Erich Voegelin, der Mathematiker Karl Menger (Sohn des Ökonomen Carl Menger) sowie diverse Historiker, Kunsthistoriker, Musik-
wissenschaftler und Literaturkritiker.

1921, auf dem Höhepunkt der Hyperinflation, schloss Hayek sein
Studium der Rechte ab und fand sofort eine Anstellung am Österreichischen Abrechnungsamt, das für die Reparationszahlungen zustän-
dig war. Wie Einstein auf seinem Posten am Berner Patentamt fühlte
auch Hayek sich so wenig gefordert, dass ihm noch genügend Zeit
blieb, Staatswissenschaften zu belegen, eine Dissertation zu schreiben
und 1923 schließlich zum Dr. rer. pol. promoviert zu werden. Einer seiner Freunde meinte einmal, die Tatsache, dass Hayeks Gehalt im Laufe
von nur neun Monaten von fünftausend auf eine Million Kronen ge-

stiegen sei, habe genügt, um seinen Geist zu prägen. Nun ja, vermutlich hat es dafür mehr bedurft, aber man darf wohl getrost behaupten, dass Hayeks explodierendes Monatssalär und dessen stetig sinkende Kaufkraft seine Aufmerksamkeit auf das Thema Geld gelenkt hat – so wie Einsteins einschläfernde Tätigkeit im Berner Patentamt seine Ideen zur Speziellen Relativitätstheorie hatte aufkeimen lassen. Hayek zog das Sammeln wertvoller antiquarischer Bücher der Investition in Aktienzertifikate zwar vor, begann sich aber doch in Tagträume zu ergehen und sich schon als Präsident der Österreichischen Zentralbank zu sehen.

Es gab aber noch eine andere Entwicklung, die Hayeks Aufmerksamkeit auf sich zog. Die »blitzartigen Verstaatlichungen«[28], die die Bolschewisten 1919 durchgeführt hatten, sowie die Androhung der Renner-Regierung, nun selber Schlüsselindustrien zu verstaatlichen, hatten die linken Wiener Intellektuellen vor drängende Fragen gestellt: Konnte der Sozialismus funktionieren? Konnte er seine Versprechen einlösen? War Planwirtschaft machbar? Der deutsche Soziologe Max Weber hatte bereits mit einem schmetternden »Nein« seine Meinung dazu kundgetan.[29] Außenminister Otto Bauer und Joseph Schumpeter sagten beide Ja. Bauer machte seine Zustimmung allerdings davon abhängig, dass die »Voraussetzungen der Sozialisierung« erfüllt wären.[30]

An diesem Punkt hob Hayeks Mentor, der Ökonom und Liberalismustheoretiker Ludwig von Mises, die Debatte auf eine neue geistige Ebene. In einem provokanten Artikel mit dem Titel »Die Wirtschaftsrechnung im sozialistischen Gemeinwesen«, dem sich sein Buch *Die Gemeinwirtschaft* anschloss, gab er dem Argument eine ganz neue Richtung, und zwar im Wesentlichen, indem er sich auf die Informationsbeschaffung konzentrierte. Mises' Prämisse lautete, dass eine Volkswirtschaft wie eine Rechenmaschine funktioniere, die mathematische Probleme lösen kann; einer zentralen Planwirtschaft mangle es jedoch an den nötigen Daten, um die Zahl der Unbekannten auf die Zahl der Gleichungen herunterkürzen zu können, weshalb es ihr auch an den Mitteln fehle, die Preise so zu kalkulieren, dass sie Angebot und Nachfrage ins Gleichgewicht brachten.

Mises räumte zwar ein, dass auch Planwirtschaftler eine Liste mit Waren und Dienstleistungen aufstellen könnten. Die Frage war aber: Was dann? Wie konnten sich die Behörden sicher sein, dass der Wert, den die Verbraucher beispielsweise einem Automobil zuschrieben, dem Wert gleichkam oder den Wert dessen überstieg, was an Arbeit, Stahl, Gummi und anderen Ressourcen für seine Herstellung geopfert worden war? Wie konnten sie wissen, dass das Auto dem Verbraucher mehr wert sein würde als der Bus, der mit den gleichen Ressourcen hätte produziert werden können?

Um solche »Wirtschaftsrechnungen« im »freien Marktverkehr« anstellen zu können, benutzen Unternehmer und Verbraucher Preisbildungsdaten. Nehmen wir zum Beispiel die Frage, ob die »Generalunkosten« für die Produktion des Autos niedriger oder höher sind als der Betrag, den die Verbraucher dafür auszugeben bereit sind. Um die Kosten zu beziffern, müssen wir die Zahl der Arbeitsstunden, die benötigten Mengen an Stahl und Gummi, die Kosten der Vermarktung, des Vertriebs und anderer Investitionen erst mit ihren Preisen multiplizieren und dann alles aufaddieren. Um den Wert zu beziffern, den der Verbraucher ihm beimisst, müssen wir den Abgabepreis für jedes Auto mit 1 multiplizieren. Ergibt es dann überhaupt einen Sinn, Autos zu produzieren? Wenn die Kosten geringer sind als die Einnahmen, kann man sie weiterbauen. Wenn die Herstellung mehr kostet, als die Verbraucher bereit sind zu zahlen, dann sollte man sich das Ganze noch einmal überlegen.

Das Problem, wenn man den Markt durch die Planwirtschaft ersetzt, war laut Mises das folgende: Wo der freie Marktverkehr fehlt, gibt es keine Preisbildung, ohne Preisbildung gibt es keine Wirtschaftsrechnung. Kann man sich Preise denn nicht einfach ausdenken? Natürlich, aber wenn niemand für einen Markt produziert oder auf einem Markt einkauft, dann sind es keine *Markt*preise mehr. Dann spiegeln sich in ihnen weder die subjektiven Präferenzen der Verbraucher, die eine Ware nachfragen, noch die Berechnungen der Unternehmen, die sich entscheiden müssen, ob sie diese Ware anbieten wollen – und das alles in Echtzeit. Dann erhalte man, sagt Mises, nicht die für eine rationale Entscheidung nötigen Informationen und habe auch keine Möglichkeit herauszufinden, ob man das Beste aus seinen Ressourcen herausgeholt oder ob man sie unbedacht verschwendet hat.

Die Debatten über die Vergesellschaftung und die Vorstellungen, die sich Mises von Märkten als den Berechnern und Vermittlern von Informationen machte, hinterließen großen Eindruck bei Hayek und inspirierten ihn schließlich zu einer nationalökonomischen Betrachtung des Mieterschutzproblems. Der gravierende Wohnungsmangel nach dem Krieg war für viele Familien ein ebenso drängendes Problem wie der Mangel an Nahrungsmitteln oder Arbeitsplätzen. 1922 beschlossen die Sozialdemokraten, unter ihnen Fürths Vater, die Mieten auf das Vierfache ihres Vorkriegsniveaus festzusetzen. Da der Verbraucherpreisindex seit Januar 1921 jedoch um das Hundertzehnfache gestiegen war, verfügte der Stadtrat damit effektiv eine Mietaussetzung, was eine wirklich skurrile Strategie zur Beendigung des Wohnungsmangels war: Kaum trat der Mieterschutz in Kraft, wurden neue Wohnungsbauten eingestellt. Bestehende Gebäude verfielen weiter. Die Überbelegung des vorhandenen Wohnraums und das Obdachlosenproblem wurden immer schlimmer. Anstatt wie beabsichtigt die Armen zu schützen, hielten die neuen Bestimmungen die Menschen also von Umzügen ab, schufen mehr Ungleichheit und reduzierten die für Investitionen bereitliegenden Rücklagen.[31]

Hayek ergriff die sich ihm bietende Gelegenheit, das akademische Jahr 1923/24 als Forschungsassistent von Jeremiah Whipple Jenks an der New York University in Greenwich Village zu verbringen – Jenks war der Währungsexperte des Alliierten Reperationskomitees, dessen Erscheinung und Manieren Beatrice Webb einst ihre Vorurteile über Amerikaner bestätigt hatten. Als er dann nur mit ein paar Dollars in der Tasche in New York eintraf, erfuhr er jedoch zu seinem Entsetzen, dass Jenks an die Cornell University abgereist war, wo er einen zweiten Lehrstuhl innehatte.

Aber Jenks kehrte gerade noch rechtzeitig zurück, um Hayek davor zu bewahren, als Tellerwäscher in einem Diner an der Sixth Avenue sein Brot verdienen zu müssen. Also erhob Hayek Daten für Jenks und belegte nebenbei Kurse an der NYU, begann ein Buch über die Frage zu schreiben, wie Investitionsgüter der Art von Maschinenanlagen und Fabrikgebäuden bewertet wurden, und beendete einen langen Artikel, in dem er die Leistung der mittlerweile zehn Jahre alten Federal Reserve analysierte. Er traf sich mit Irving Fisher, ausgestattet mit einem Empfehlungsschreiben von Schumpeter, und besuchte uneingeladen die Vorlesungen von Wesley C. Mitchell und John Bates Clark an der Columbia University, dem führenden amerikanischen Zentrum zur Erforschung von Konjunkturzyklen.

Hayeks eigentlicher Grund für seinen Aufenthalt in New York aber war, so viel als nur möglich über das amerikanische Denken in Bezug auf Konjunkturschwankungen in Erfahrung zu bringen. Er war weniger daran interessiert, der abstrakten Frage nachzugehen, ob der Kapitalismus überhaupt funktionieren könne, als daran herauszufinden, ob wirtschaftliche Voraussagen möglich waren. War es machbar vorherzusagen, wie sich die Produktion oder die Preise in sechs Monaten oder einem Jahr verhalten würden – das heißt, so exakte Prognosen zu erstellen, dass es den Finanzbehörden möglich wurde, Inflationen oder Deflationen bereits im Keim zu ersticken? Das waren keine rein akademischen Fragen, was Hayeks Laufbahn betraf: Mises, der ihn an Jenks empfohlen hatte, hatte mit ihm bereits über die Einrichtung eines Instituts für Konjunkturforschung an der Wiener Handelskammer gesprochen, das solche Wirtschaftsprognosen abgeben sollte.

Hayek hätte es begrüßt, ein weiteres Jahr in New York bleiben zu können, doch als ihn die Rockefeller Foundation schließlich informierte, dass die Trustees sein Stipendium verlängert hatten, befand er sich bereits auf dem Schiff zurück nach Europa. Ende Mai 1924 saß er wieder an seinem Schreibtisch im langweiligen Abrechnungsamt, unglücklich und deprimiert, denn vor seiner Abreise nach New York hatte er sich in seine Cousine Helene Bitterlich verliebt, die dort als Sekretärin gearbeitet hatte, und sie fast schon gebeten, in eine Verlobung einzuwilligen. Doch dann hatte er es nicht getan, und nun war er wütend auf sich selbst, denn während seiner Abwesenheit hatte sie einen anderen geheiratet.

Seine Lebensgeister erwachten erst wieder, als Mises ihn einlud, an seinem »Privatseminar« teilzunehmen, dem, wie es hieß, bedeutendsten ökonomischen Debattierclub Wiens und vielleicht des ganzen europäischen Kontinents. Neben rund einem Dutzend Mitgliedern des einstigen Geist-Kreises zählten die Ökonomin Martha Stephanie Herrman (Steffi Braun), die Philosophen Felix Kaufmann, Alfred Schütz und Fritz Schreier sowie der Historiker Friedrich Engel-Jánosi dazu. Das erste Papier, das Hayek für das Seminar schrieb, war seine Studie über den Mieterschutz in Wien.

Mises hatte versucht, Hayek eine Anstellung in der Handelskammer zu verschaffen, und, als ihm das misslungen war, genügend Geld aufgetrieben, um nach dem Vorbild der akademischen und privaten Organisationen, die Hayek in den Vereinigten Staaten besucht hatte, das unabhängige Österreichische Konjunkturforschungsinstitut zu gründen. So fand sich Hayek also mit achtundzwanzig in der Position des ersten Direktors eines Forschungsinstituts wieder, das Verbindungen zu ähnlichen Instituten im Ausland pflegte und eine monatliche Prognose für eine internationale Leserschaft herausgab – dessen gesamter Mitarbeiterstab allerdings nur aus zwei Schreibkräften und einem Sachbearbeiter bestand.

1928 reichte er das (1929 veröffentlichte) Buch, das er in New York zu schreiben begonnen hatte, unter dem Titel *Geldtheorie und Konjunkturtheorie* als Habilitationsschrift an der Wiener Universität ein. Lionel Robbins, ein junger Liberaler aus der Arbeiterklasse, der an der London School of Economics gerade auf der Suche nach geistigen Verbündeten war, hatte zufällig Hayeks Habilitationsvortrag »Gibt es einen Widersinn des Sparens?« gehört und war so beeindruckt gewesen, dass er ihn fragte, ob er Interesse hätte, nach London zu kommen. Auch an der jüngsten Prognose des Konjunkturforschungsinstituts zeigte sich Robbins sehr interessiert: Im Februar 1929 hatte Hayek vorausgesagt, dass die Zinssätze weltweit erst fallen würden, wenn der Boom am amerikanischen Börsenmarkt zusammenbreche, und das, hatte er gewarnt, werde innerhalb der nächsten Monate der Fall sein.[32]

Die immateriellen Vorrichtungen des Geistes: John Maynard Keynes und Irving Fisher in den Zwanzigerjahren

Die Welt wird sich allmählich der Tatsache ihrer eigenen Besserungsfähigkeit bewusst. Die Nationalökonomie ist nicht mehr die »trostlose Wissenschaft« ...

Irving Fisher, 1908[1]

Wir sollten uns die Kontrolle und Eindämmung des sogenannten Konjunkturzyklus angewöhnen.

Irving Fisher, 1925[2]

Der Erste Weltkrieg hatte die Notwendigkeit aufgeschoben, dass Keynes sich für eine Karriere entscheiden musste. Einst hatte er mit der Leitung einer Eisenbahngesellschaft geliebäugelt, doch die Eisenbahn war nun nicht mehr so glamourös wie vor dem Krieg. Jetzt besetzte das Finanzwesen dieses Hochplateau. Das Geschäft der Kreditnahme, Kreditvergabe und des Versicherns war durch die Wechselkursschwankungen, die gewaltigen Kriegsschulden, den dringenden Kreditbedarf und das verzwickte Thema der Reparationen völlig verändert worden. Einst ein biederes, wenngleich irgendwie mysteriöses Business, das sozusagen auf einem Abstellgleis betrieben wurde, war das Finanzwesen nun zu der am schnellsten wachsenden Industrie geworden – oder aus Sicht der Skeptiker: zu einem gigantischen Kasino.

Es war Oswald »Foxy« Falk gewesen, ein Börsenmakler und Freund (den Keynes während des Krieges ins Schatzamt geholt hatte), der ihn in die City, Londons Wall Street, eingeführt hatte. Nach kaum einem Jahr war Keynes schon Vorsitzender einer Versicherungsgesellschaft. Er hatte keine Ahnung vom Versicherungswesen oder von Investment-Portfolios oder davon, dass es sinnvoll war, diese zu streuen. Eine Lebensversicherungsgesellschaft »sollte nur eine Kapitalanlage haben, und diese sollte täglich gewechselt werden«, erklärte er auf seiner ersten Vorstandssitzung.[3] Dass ihm Irving Fishers Vorstellung vom nötigen Ausgleich zwischen dem Risiko und der Rendite einer Investition nicht einmal in den Sinn gekommen war, beweist, wie neu dieser Gedanke war: Wie so viele Ideen, die so deutlich auf der Hand liegen, dass man glaubt, sie hätten nie einer Entdeckung bedurft, wurde die Vorstellung, dass es riskant sein könnte, alle Eier in denselben Korb zu legen, generell ebenso wenig verstanden wie Einsteins Relativitätstheorie.

Keynes gab sich jedoch keineswegs mit der Leitung einer Versicherungsgesellschaft zufrieden. Der Zusammenbruch des globalen Goldstandards während des Krieges – man könnte ihn auch als eine einheitliche Weltwährung betrachten – und somit der festgesetzten Wechselkurse, die nun von schwankenden Kursen ersetzt wurden, hatte ein Paradies für Devisenspekulanten erschaffen. Keynes' Franc-, Dollar- und Pfundspekulationen im Herbst 1919 und im Frühjahr 1920 waren so erfolgreich gewesen, dass er sich Gemälde von Seurat, Picasso, Matisse, Renoir und Cézanne kaufen konnte. »Das ist natürlich eine riskante Sache, aber Falk und ich, die wir unsere Reputation davon abhängen sehen, beabsichtigen ein hohes Maß an Vorsicht walten zu lassen«, versicherte Keynes seinem Vater und mehreren Freunden aus dem Bloomsbury Trust Fund, die ihm unbekümmert Tausende Pfund zur Verwaltung übergeben hatten. Vielleicht hätte die anschließende Bemerkung des Sohnes – »es amüsiert mich, dieses Glücksspiel um hohe Einsätze zu gewinnen oder zu verlieren« – die Alarmglocken schrillen lassen müssen.[4]

In diesem fröhlichen Gemütszustand nahm Keynes Vanessa Bell und Duncan Grant im Frühjahr 1920 auf eine Wirbelwindtour durch Italien mit. Sie besuchten Bernard Berenson, den amerikanischen Kunsthistoriker und Liebhaber von Renaissancemalerei, in seiner Florentiner Villa »I Tatti«, wo Keynes und Grant zu ihrem – gewiss aber nicht des Gastgebers – großem Vergnügen vorgaben, der jeweils andere zu sein. Hauptsächlich aber gingen sie shoppen. Selbst Keynes, der ein Geizkragen war, wenn es um kleinere Summen ging, erstand allein siebzehn Paar Lederhandschuhe. Im März, um die Zeit also, in der sich Joseph Schumpeter in Wien gerade zu seinem eigenen riskanten Vabanquespiel bereit machte, entschied Keynes, im Namen seines Syndikats auf steigende Dollarkurse zu wetten. In Großbritannien stiegen die Preise schneller als in den Vereinigten Staaten – und auf dem europäischen Festland sogar noch schneller als in England –, also, sagte sich Keynes, würde sich das Pfund mit Sicherheit gegenüber dem Dollar abschwächen. Das war durchaus logisch gedacht, aber eben schlechtes Timing. Kaum war er nach London zurückgekehrt, begannen der Franc, die Mark und die Lira gegenüber dem Dollar im Wert zu *steigen*. Bis wieder ein grundlegendes Gleichgewicht hergestellt war, war Keynes pleite. Wie durch einen alchemistischen Umkehrprozess hatten sich seine Gewinne von 14 000 Pfund in einen Verlust von mehr als 13 000 Pfund verwandelt. Erstaunlicherweise aber sollte das Vertrauen, das seine Investoren in ihn gesetzt hatten, nicht im Geringsten erschüttert werden. Sein Vater und die Freunde waren überzeugt, dass er seine und ihre Verluste bald wettgemacht haben würde; und sein Börsenmakler war bereit, seinen Account wieder zu öffnen, falls er 7000 Pfund aufbrachte. Am Erstaunlichsten aber war, dass sich diese Vertrauensbeweise als berechtigt herausstellten. Bis zum Ende des Jahres 1924 war Keynes wieder ein reicher Mann.

Nach seinem Erfolg als Bestsellerautor hatte sich Keynes dem Journalismus zugewandt, nicht zuletzt, um den Lebensstil finanzieren zu können, den er sich angewöhnt hatte. Er schrieb für den *Manchester Guardian*, für Lord Beaverbrooks Londoner *Evening Standard* und für das amerikanische Magazin *New Republic*. Seinem Biografen Robert Skidelsky zufolge erwirtschaftete er in den Zwanzigerjahren ein Drittel seines Einkommens als Autor – eine Karriere, die schließlich in seiner Rolle als Herausgeber der von den Webbs und George Bernard Shaw gegründeten linkspolitischen Wochenzeitschrift *New Statesman* gipfelte. Peter Clarke, ein weiterer Keynes-Biograf, stellte fest, dass es seine Artikel, diese »Gedankenangriffe auf die Gedankenlosen«, gewesen seien, die Keynes' bemerkenswerte Bandbreite an Talenten zum Vorschein gebracht hätten.[5]

1922 befasste sich Keynes vorzugsweise mit den Themen Geld und Bankwesen. Vor dem Ersten Weltkrieg war die Geldwirtschaft mehr oder weniger eine Obsession nur der Amerikaner gewesen. Doch Irving Fisher, buchstäblich der einzige amerikanische Wirtschaftstheoretiker, der in Cambridge ernst genommen wurde, hatte Keynes überzeugt, dass Geld eine wesentlich machtvollere Wirkung auf die »Realwirtschaft«

ausübte, als die allgemein anerkannte Theorie es zugestand.[6] Bereits 1913, zwei Jahre nachdem er und Fisher sich anlässlich der Krönung von George V. erstmals persönlich begegnet waren, hatte Keynes bei einer Rede vor Londoner Geschäftsleuten Fishers Ansicht propagiert, dass der entscheidende Punkt bei Konjunkturschwankungen »die Erschaffung und Vernichtung des Kredits« sei.[7] Die ökonomischen Störungen nach dem Krieg schienen Fishers Argument zu bestätigen.

1923 war Keynes so begeistert von den neuen Ideen, dass er seine Gedanken und Schriften darüber zu einem *Tract on Monetary Reform* destillierte:

Die Geldwertschwankungen, die seit 1914 zu verzeichnen waren, hatten ein derartiges Ausmaß, dass sie samt allem, was mit ihnen einherging, eines der bedeutendsten Ereignisse in der Wirtschaftsgeschichte der modernen Welt darstellten. Die Fluktuation des Standards, ob Gold, Silber oder Papier, war nicht nur von beispielloser Heftigkeit, sondern suchte auch eine Gesellschaft heim, deren wirtschaftliche Ordnung mehr als die jeder früheren Epoche von der Annahme abhing, dass der Bewertungsgrundsatz relativ beständig blieb.[8]

Keynes versuchte zweierlei aufzuzeigen, nämlich erstens, dass Inflationen und Deflationen es den Investoren und Unternehmern schwer machten, die Auswirkungen ihrer Entscheidungen einzuschätzen, und dass sie in wesentlich höherem Maße als von der Öffentlichkeit wahrgenommen den Blick dafür trübten, ob man sparen oder investieren sollte. Zweitens war er sehr bemüht, einen allgemeineren Punkt begreiflich zu machen, bei dem Fisher und er völlig einer Meinung waren: »Wir müssen uns von dem tiefen Misstrauen gegenüber der Möglichkeit befreien, dass man die Regulierung des Bewertungsgrundsatzes zum Gegenstand einer bewussten Entscheidung machen kann. Wir können es uns nicht länger erlauben, alles [der Natur] zu überlassen.«[9] Das Übel einer Inflation sei, dass sie den herrschenden Wohlstand willkürlich umverteile, eine Gruppe von Bürgern gegen die andere ausspiele und letztendlich die Demokratie untergrabe. Das Übel einer Deflation sei, dass sie die Erschaffung neuen Wohlstands hemme, indem sie Arbeitsplätze und Einkommen vernichte. Aber

*es ist nicht nötig, dass wir das eine Übel gegen das andere aufwiegen.
Es ist einfacher, uns darauf zu verständigen, dass beide Übel gemieden
werden sollten. Der individualistische Kapitalismus unserer Tage setzt,
eben weil er das Ersparte dem einzelnen Investor und die Produktion
dem einzelnen Arbeitgeber anvertraut, einen verlässlichen Wertemaß-
stab voraus, ohne welchen er nicht leistungsfähig sein kann – vielleicht
nicht einmal überleben kann.*[10]

Wieder und wieder hob Keynes seine zentrale Botschaft hervor: Es
gebe eine Lösung. Man könne Abhilfe schaffen, indem man »den Be-
wertungsstandard kontrolliert, so dass die Kontrollbehörde immer
dann, wenn etwas auftritt, das Erwartungen einer Veränderung beim
allgemeinen Preisniveau schüren könnte, sofern man den Dingen ihren
Lauf ließe, Schritte unternehmen kann, um solchen Erwartungen entgegenzuwirken.« Mache man Geld nicht zum »Gegenstand bewusster
Entscheidungen«, schaffe man ein gefährliches Vakuum, in dem »eine
Menge populärer Abhilfemaßnahmen [...] – Subventionen, Preis- und
Mietbindungen, Jagd auf Profiteure, Übergewinnsteuern – zu den keineswegs geringsten Übeln zählen werden«[11].

Keynes berühmtester Satz – »auf lange Sicht sind wir alle tot« –
findet sich im *Tract* in folgendem Kontext: »Aber diese lange Sicht
ist ein irreführender Leitfaden für das derzeitige Geschehen. Auf lange
Sicht sind wir alle tot. Die Ökonomen stellen sich eine zu einfache, zu
sinnlose Aufgabe, wenn sie uns in stürmischen Zeiten nur sagen können, dass dann, wenn der Sturm längst vorüber ist, das Meer wieder
glatt wäre.«[12] Später meinten Schumpeter und andere Kritiker, Keynes'
flapsige Ausdrucksweise bezeuge nur, dass ihm die inflationären Folgen von kurzfristigen monetären oder fiskalischen Stimuli egal gewesen seien. Doch aus der entsprechenden Passage geht eindeutig hervor,
dass er sich in Wahrheit gegen die Vorstellung gewandt hatte, Inflation und Deflation würden sich ohne aktives Zutun von selbst heilen.
Sein Punkt war vielmehr, dass sich jede Nation bewusst zwischen zwei
wünschenswerten, aber miteinander unvereinbaren Zielen entscheiden müsse. Die Idee hatte er sich von Fisher geborgt, den er »den Pionier der Preisniveaustabilität im Gegensatz zur Wechselkursstabilität«
nannte.[13] In einer Welt, in der es einen freien Kapitalfluss über Grenzen hinweg gab, mussten alle Staaten eine Entscheidung zwischen sta-

bilen Preisen für ihre Im- und Exporte oder stabilen Preisen für die Binnenproduktion ihrer Waren und Dienstleistungen treffen. Sie konnten nicht beides haben. Sie mussten eine Wahl treffen. Und Keynes ließ keinen Zweifel daran, welche Entscheidung er favorisierte. Für ihn hatten stabile Binnenpreise höchste Priorität, um einem gesellschaftlich zerstörerischen Transfer des Wohlstands und einer hohen Arbeitslosigkeit vorzubeugen.

Der Erste Weltkrieg machte dem Goldstandard den Garaus. Seit 1875 hatte der britische Staat garantiert, dass sechs Pfund bei der Bank of England gegen eine Feinunze Gold getauscht werden konnten, und es war die Aufgabe der Bank gewesen, dafür zu sorgen, dass das Pfundangebot weder schneller noch langsamer wuchs als der Kurs, der notwendig war, um diese Parität aufrechtzuerhalten. Als auch andere Staaten ihre Währungen an das Gold banden, mussten die Wechselkurse zwischen den »harten« oder an den Goldstandard gebundenen Währungen natürlich festgelegt werden. Nachdem die US-Regierung beispielsweise bestimmt hatte, dass dreißig Dollar gegen eine Feinunze Gold getauscht werden konnten, stand der Wechselkurs zwischen Pfund und Dollar entsprechend bei 1:5. Oder wie der Ökonom Paul Krugman feststellte: Der Goldstandard im 19. Jahrhundert funktionierte fast wie eine einheitliche, von der Bank of England regulierte Weltwährung.

Nach Ausbruch des Krieges verabschiedete sich eine Kriegspartei nach der anderen vom Gold, um aufrüsten und ihre Armeen ernähren zu können. Nach Kriegsende wurde die frühest mögliche Rückkehr zum Goldstandard zum heiligen Gral der Politiker und Schatzkanzler Großbritanniens. Aber kein Politiker trat vehementer für die Wiedereinführung des Vorkriegs-Goldstandards ein als Winston Churchill, der mittlerweile wieder der konservativen Partei beigetreten und von Stanley Baldwin, dem Chef der neuen Tory-Regierung, zum Schatzkanzler ernannt worden war.

Am 17. März 1925 nahm Keynes an einem schicksalhaften Dinner mit Churchill teil. Er versuchte den Schatzkanzler zu überzeugen, dass das Pfund mit einer Vorkriegsparität extrem überbewertet wäre. Ein starkes Pfund sei zwar ein Segen für die britische Finanzindustrie, würde aber die alten Exportindustrien – insbesondere die Textil- und Kohlenindustrien – beschädigen und zu einer Massenarbeitslosigkeit führen. Dieses Argument hatten er und Irving Fisher schon längst in der Presse vorgebracht. Aber Keynes rannte gegen Mauern. Anschließend sagte Churchill, und bezog sich dabei auf ein Wahlkampfversprechen von 1918: »Das ist keine wirtschaftliche Frage, das ist eine politische Entscheidung.«[14]

»The Economic Consequences of Mr. Churchill« betitelte Keynes ein Pamphlet, das er ein paar Monate später veröffentlichte – und mit »Folgen« waren mehr oder weniger genau die gemeint, die er, Fisher und andere Gegner von Churchills Politik vorausgesagt hatten. In Erwartung der neuen politischen Strategie, den Devisenwert des Pfunds um 10 Prozent zu erhöhen, hatte die Bank of England im Dezember 1924 ihren Diskontsatz von 4 auf 5 Prozent angehoben, einen ganzen Punkt über den New Yorker Satz. Der Zweck dieser Londoner Übung war, die Nachfrage nach dem Pfund durch die Mobilisierung von kurzfristigen Mitteln aus den Vereinigten Staaten anzukurbeln. Doch als die höheren Zinssätze den Fluss neuer Kredite abzuwürgen begannen und das starke Pfund die Exportnachfrage drosselte, stürzte die britische Schwerindustrie ab, und die Arbeitslosigkeit im Norden Englands schnellte in die Höhe. Prompt machte Keynes Churchills Weigerung, seinen Rat anzunehmen, für diese Wirtschaftskrise verantwortlich.

Hier müssen wir noch einmal kurz einen Schritt zurück machen. Nachdem Keynes herausgefunden hatte, wie er seinen Lebensunterhalt bestreiten und wo er seine Energien einsetzen wollte, begann er auch mehr darüber nachzudenken, *wie* er leben wollte. Er näherte sich seinem vierzigsten Geburtstag. Irgendetwas fehlte. Den größten Teil der Jahre 1921 und 1922 hatte er sich Sebastian Sprott »vermählt« gefühlt, einem jener hübschen Studenten, denen er bei seinen Vorlesungen in Cambridge begegnete. Er hatte auch noch andere Affären gehabt, doch keine dieser Verbindungen war der Intensität seiner Partnerschaft mit Duncan Grant ein Jahrzehnt zuvor auch nur nahegekommen, und jede hatte ihn seine Unzufriedenheit noch intensiver spüren lassen. Sie alle erinnerten ihn daran – aus einer Vielzahl von Gründen, nicht zuletzt, weil Homosexualität illegal und gesellschaftlich geächtet war –, dass ihm solche Beziehungen nie den Partner bescheren konnten, mit dem er offiziell sein reiches, buntes und vor allem immer öffentlicheres Leben würde teilen können.

Im Schoß der eigenen Familie war Keynes immer glücklich gewesen. Seine alten Bloomsbury-Freunde waren mittlerweile fast alle verheiratet oder lebten mit jemandem zusammen und hatten eigene Familien gegründet. Und nun erwarteten sie von ihm, dass er es ihnen mehr oder weniger gleichtun würde. Aber mit seiner Wahl einer russischen Ballerina, die zwar einen sinnlichen Körper und deftigen Humor, aber keinerlei wahrnehmbare geistige Interessen hatte, sollte er sie doch sehr erstaunen, schließlich sogar ziemlich entsetzen. Keynes war Lydia Lopokova, die bei den Ballets Russes komische Rollen tanzte, bei einer Ballettpremiere begegnet. Ihre leidenschaftliche Affäre begann im Mai 1921, nachdem er einen Grund gefunden hatte, sie im Bloomsbury-Apartment der noch ahnungslosen Vanessa Bell über seiner Wohnung einzuquartieren. Vier Jahre darauf, am 3. August 1925, heirateten sie mit viel Tamtam und ließen sich von einer großen Menschenmenge vor dem Londoner Standesamt bejubeln. Kurz vor der Hochzeit hatte Keynes Tilton erworben, ein Anwesen auf dem Land in Surrey, wo er nun im Tweed herumzustromern, die Schweine und das Unkraut zu begutachten und sich wie ein Landedelmann zu geben pflegte.

Seine Flitterwochen verbrachte das Paar in Russland, zuerst als Gast der Schwiegereltern in Sankt Petersburg, das inzwischen Leningrad hieß, und anschließend auf Einladung der sowjetischen Regierung in Moskau. Neben mehreren anderen Professoren repräsentierte Keynes die Cambridge University bei der Zweihundertjahrfeier der Russischen Akademie der Wissenschaften. Sein VIP-Terminplan beinhaltete Besuche im Wirtschaftsplanungsministerium und bei der Staatsbank, Aufführungen von *Hamlet* in russischer Sprache, Ballettabende und endlose Bankette. Wie er an Virginia Woolf schrieb, »beschämten« ihn seine Gastgeber sogar »mit einer Medaille, gefasst in Diamanten«. Als er nach der Reise mit Lydia in Virginia Woolfs Haus in Surrey auftauchte, stellte diese fest, dass er die Tweed-Aufmachung des Landjunkers gegen ein besticktes Tolstoi-Hemd und eine Astrachankappe eingetauscht hatte. Keynes' Eindrücke von Russland fasste sie in ihrem Tagebuch zusammen:

Überall Spione, keine Redefreiheit, Geldgier ausgerottet, Menschen, die in Gemeinschaftswohnungen hausen [...], Ballett respektiert, die beste

Dauerausstellung von Cézanne und Matisse. Endlose Prozessionen von Kommunisten in Zylindern, exorbitante Preise, aber Champagner wird produziert & und die beste Küche Europas, Bankette, die um 8 Uhr 30 beginnen und bis 2 Uhr 30 gehen [...] und der unermessliche Luxus der alten kaiserlichen Züge, Verpflegung von Zarentellern.[15]

Wie üblich hatte Keynes mit journalistischer Verve von all den Details, falschen Tönen und köstlichen Widersprüchen berichtet und analytisch meisterhaft den Schein vom Sein geschieden. Die anderen VIPs verließen Moskau ungemein beeindruckt von dem relativ wohlgenährten, anständig gekleideten und gut behausten sowjetischen Arbeiter, der offenbar nicht die Arbeitslosigkeit seiner westlichen Kollegen zu befürchten hatte. Keynes aber erklärte den Lesern der *New Republic*, dass das sowjetische »Wirtschaftswunder« ein Potemkinsches Dorf sei. In der Tat lebe der durchschnittliche urbane Werktätige besser als vor dem Krieg, in der Tat genieße er einen Lebensstandard, der höher sei, als es die Produktion rechtfertige. Doch sechs von sieben Sowjetbürgern seien Kleinbauern, und die würden noch skrupelloser ausgebeutet als unter dem Zaren. Der kommunistische Staat sei nur deshalb in der Lage, den proletarischen Arbeiter, dem natürlich seine besondere Fürsorge gelte, (vergleichsweise) zu verhätscheln, weil er dafür den Bauern ausbeute. Und diese staatliche Ausbeutungsmethode werde weniger mit Hilfe von Steuern – obwohl Grundsteuern durchaus ein wichtiger Haushaltsposten seien – als mit der Hilfe von Preispolitik betrieben.

Die Machthaber in Moskau könnten den Arbeitern in den Städten schlicht und einfach deshalb den zwei- bis dreifachen Lohn eines bäuerlichen Einkommens garantieren, weil sie den Bauern zwangen, seine Ernten zu weit geringeren als den Weltmarktpreisen an den Staat zu verkaufen. Die Folge für den Großteil der russischen Bevölkerung sei ein sinkender Lebensstandard und für das Land der wirtschaftliche Ruin.

Die Agrarproduktion, der eigentliche Wohlstand des Landes, sinke; das Agrareinkommen versiege und ziehe einen unkontrollierten Exodus vom Land in die Städte nach sich. Moskau und Leningrad füllten sich mit illegalen Zuwanderern, die in die Obdachlosigkeit abglitten; beide Städte wiesen Arbeitslosenraten auf, die näher bei 20 bis 25 Prozent als an der offiziellen Nullgrenze lägen. Keynes Fazit lautete: »Der

erfolgreiche Professor [...] hat ein Sacheinkommen, das vielleicht dreimal größer ist als das eines proletarischen Arbeiters und sechsmal größer als das der ärmsten Bauern.«[16] Das bäuerliche Realeinkommen be-
trage nur noch rund die Hälfte seiner einstigen Höhe, während der
russische Industriearbeiter unter nie dagewesenem Wohnraummangel
und Arbeitslosigkeit leide.

Keynes riet seinen sowjetischen Gastgebern zwar, ihre ruinösen politischen Strategien zu reversieren, konzedierte jedoch, dass die Sow-
jetwirtschaft »nicht so ineffizient ist, um nicht überleben zu können«,
wenngleich »auf niedrigem Effizienzniveau«. Auch widersprach er nicht
der Voraussage zweier »kommunistischer Schutzwächter« von Grigori
Sinowjew aus Stalins kommunistischer »Troika«: »In zehn Jahren von
heute wird der Lebensstandard in Rußland höher sein, als er vor dem
Kriege war, und im übrigen Europa wird er niedriger sein, als er vor
dem Kriege war.«[17] Eingedenk der »Probleme Westeuropas« fragte sich
Keynes, ob die Genossen nicht vielleicht recht bekommen könnten. Vermutlich nur deshalb, weil seine Schwiegereltern in Sankt Petersburg verfolgt wurden oder – was wahrscheinlicher ist – weil er sich sehr viel
mehr von Ineffizienz, Hässlichkeit und Dummheit als von Grausamkeit
abgestoßen fühlte, schob er den Gedanken, dass Sowjetrussland den
Schlüssel zur Rettung des Westens besitzen könnte, beiseite:

> *Wie kann ich ein Bekenntnis annehmen, das, indem es den Schlamm*
> *dem Fisch vorzieht, das klobige Proletariat über Bürgertum und Intel-*
> *ligentia emporsteigert, die trotz aller Fehler doch die Werte des Lebens*
> *darstellen und wahrhaftig die Saat aller menschlichen Vervollkomm-*
> *nung enthalten? Und selbst, wenn wir einer Religion bedürften, wie sol-*
> *len wir sie in dem wirren Unsinn der Roten Buchläden finden?*[18]

Keynes bewies die typischen Vorurteile der Bloomsbury-Gruppe,
als er »Schlamm« und »Unsinn« verantwortlich machte für »etwas
Tierische[s] in der russischen Natur – oder in der Natur der Russen
und Juden, wenn sie, wie jetzt, miteinander verbündet sind«[19]. Als ihn
der Herausgeber der *New Republic* aufforderte, diese beleidigende an-
tisemitische Äußerung nicht zuletzt der amerikanischen Leser wegen
aus dem Text zu streichen, weigerte er sich.

Ende 1925 und Anfang 1926 wurde Keynes vorübergehend von

finanzwirtschaftlichen Fragen abgelenkt. Wie das ganze Land war auch er hypnotisiert von dem hässlichen Streit, der zwischen den englischen Kohlenbaronen und den Bergleuten ausgebrochen war und sich zu einem landesweiten Streik auszuwachsen drohte. Das erste Opfer des stärkeren Pfunds war die verfallende britische Kohlenindustrie, die bereits von Überschusskapazitäten, einer veralteten Technik, hohen Kosten und unqualifizierten Betriebsleitungen unter Druck gesetzt worden war. Nachdem Eigner und Gewerkschafter beim Streit um die Lohnkürzungen in eine Sackgasse geraten waren, hatte die konservative Regierung versucht, Zeit zu schinden, indem sie die Löhne der Bergarbeiter zu subventionieren begann. Doch als diese Zuschüsse dann ausliefen, schien die Situation erneut aussichtslos, und wieder drohte Streik. Im Gegensatz zu den Konservativen glaubten Keynes' Freunde aus der liberalen Partei zwar nicht, dass ein Streik der erste Schritt zu einer Revolution sein würde, stellten sich aber dennoch hinter die Regierung, mit der Begründung, dass eine solche Aktion illegal, verfassungswidrig und ein Angriff auf die Demokratie wäre. Keynes, der mit den Bergleuten sympathisierte, die keine Verantwortung für Churchills Entscheidung trugen, schaltete sich schließlich mit Vorschlägen für einen Kompromiss ein: Im Gegenzug dafür, dass die Gewerkschaften eine maßvolle Lohnkürzung akzeptierten und die Eigner ihre leistungsschwächsten Zechen schlossen, sollte die Regierung weiterhin die Löhne subventionieren. Auf diese Weise hätte jeder gewonnen.

Aber das blieb reines Wunschdenken. Der zehntägige Generalstreik im Mai 1926 war ein Flop. Die Bergleute blieben noch sechs Monate im Ausstand, bis sie schließlich kurz vorm Verhungern und deshalb gezwungen waren, zu just den von ihnen abgelehnten Bedingungen wieder in die Gruben einzufahren. Inzwischen hatte sich die liberale Partei gespalten. Am Ende schlug sich Keynes auf die Seite seiner alten Nemesis Lloyd George, der die Regierung ihrer harten Linie wegen verurteilte, und stellte sich damit gegen seine alten Parteifreunde. Zu seinen neuen Freunden zählte auch Beatrice Webb, die er mehrmals zum Lunch traf. Sie führte seine Parteinahme für die Bergleute auf seine jüngste Verehelichung zurück:

Bislang hat er mich nicht angezogen – brillant, hochmütig und von unzureichender Geduld für soziologische Erkenntnisse, hätte ich wohl

selbst dann gesagt, wenn er das Herz am rechten Fleck hätte. Aber [...]
ich glaube, seine Liebesehe mit dieser faszinierenden kleinen russischen
Tänzerin hat seine emotionale Anteilnahme an Armut und Leid ge-
weckt.[20]

Keynes' Widerwille gegen den Herdentrieb – sei es der von reichen
Bankiers oder von Gewerkschaftlern, von der proletarischen Kultur
oder von demonstrativen Patrioten – machte ihn, wie Beatrice Webb
scharfsinnig beobachtete, schlecht geeignet für die Politik, wenngleich
sie es unter Umständen für durchaus nützlich gehalten hätte, ihn auf
einem Kabinettsposten zu sehen.

Im September war Keynes in Berlin, um einen informellen Bericht über
den Stand des Generalstreiks abzugeben und einen offiziellen Vortrag
über »The End of Laissez-Faire« zu halten.[21] An der Berliner Universität empfing ihn das aufgeregte große Auditorium mit einer Herzlich-
keit, die einem Engländer dort üblicherweise nicht zuteil wurde. Doch
seine Kritik am Versailler Fricdensvertrag, seine Verurteilung der französischen Ruhrbesetzung, sein Eintreten für eine Minderung der Reparationszahlungen und für ausländische Kreditpakete hatten ihn zum
Helden der Deutschen gemacht. Die jüngst getroffene und wichtigste
Entscheidung, der Dawes-Plan, hatte schließlich die Reparationsforderungen an Deutschland angepasst und die Schleusen für eine gewaltige
Flut von internationalen Anleihen geöffnet, hauptsächlich in Form von
amerikanischen Krediten. Die Weimarer Republik, die nun im Geld
schwamm und zu einem Magnet für Immigranten und ausländische
Besucher geworden war, erlebte gerade ihr Goldenes Zeitalter. Keynes
fand die Atmosphäre in diesem deutschen Babylon fast schon schwindelerregend.
    Er traf in Deutschland auch seinen alten Freund Carl Melchior wie-
der, der zwischenzeitlich ebenfalls geheiratet hatte[22], und begegnete
zum ersten und einzigen Mal Albert Einstein. Auch seine Reaktionen
auf diese beiden Männer waren stark von der Bloomsbury-typischen
Paranoia gefärbt, dass die deutsche Kultur gerade von einer fremdar-
tigen »Rasse« gefährdet werde. Einstein »war ein Jude [...] und mein
lieber Melchior ist ebenfalls Jude«, erinnerte Keynes sich später.

Dennoch, hätte ich dort gelebt, hätte ich mich wohl zum Antisemiten gewandelt. Denn der arme Preuße ist zu langsam und behäbig auf seinen Beinen für diese andere Art von Juden, jene, welche keine Schelme, sondern dienstbare Teufel mit kleinen Hörnern, Mistgabeln und fettigen Schwänzen sind. [...] Es ist nicht annehmbar, eine Kultur unter der hässlichen Knute ihrer unreinen Juden stehen zu sehen, die alles Geld und die Macht und den Grips haben. Da stimme ich lieber für die plumpen Hausfrauen und dümmlichen Wandervögel.[23]

In dieser eigenartigen momentanen Identifikation mit der langsamen, behäbigen und plumpen Masse – wohl eher aus Gnade denn aus Sympathie – und ihrer Kontrastierung zu den cleveren Teufeln, die er doch ansonsten so bevorzugte, spiegelte sich vielleicht Keynes' Angst vor dem Mob, die auch in seiner Rede über »Das Ende des Laissez-Faire« anklang, wenngleich in weit weniger anstößiger Sprache: Demokratische Staaten riskierten Gewalt, wenn sie dumm genug seien, die wirtschaftlichen Verhältnisse ihrer Bürger dem Zufall zu überlassen.

Auch im weiteren Verlauf der Zwanzigerjahre hielt Keynes Vorlesungen in Cambridge. Einer seiner Studenten erinnerte sich später, dass er auf ihn mehr wie ein Börsenmakler denn ein Professor gewirkt habe, oder wie ein Städter, der lange Wochenenden auf dem Land zu verbringen pflegte. Wie auch immer, Keynes' Glamour und Ruhm garantierten jedenfalls, dass seine Vorlesungen immer überfüllt waren. Zudem trafen sich jeden Montagabend kluge geladene Studenten und ehrgeizige Professoren zum politisch-ökonomischen Club in seinen Räumen im King's College.

»Lassen Sie uns die Ärmel hochkrempeln und mit unseren ungenutzten Ressourcen unseren Wohlstand steigern«, forderte Keynes am 27. März 1928 eine Versammlung von Politikern der liberalen Partei auf. »Erst wenn jeder Mann und jede Fabrik beschäftigt sind, können wir behaupten, dass wir mehr nicht erzeugen können.«[24] Zur Zeit des Generalstreiks war Keynes davon ausgegangen, dass neue Theorien über die Kontrolle von Konjunkturzyklen, sofern sie insgesamt zu einer Lösung des Arbeitslosenproblems in England beitrügen, eine Alternative nicht nur zu den von rechts geforderten hohen Zolltarifen darstellten, sondern auch zu den exorbitanten Steuern, die von der Linken gefordert wurden. Sein neuer Bündnispartner Lloyd George hatte währenddessen begonnen, aktiv sein politisches Comeback zu planen, und sich im Zuge dessen auf die Suche nach einer neuen Wirtschaftsphilosophie begeben. Und Keynes, der kurz erwogen hatte, sich als liberaler Kandidat für die Cambridge University aufstellen zu lassen, von dieser Idee nach einigen Tagen heftigen Grübelns aber wieder abgerückt war, wurde nun der Architekt der politischen Strategien, mit denen Lloyd George im Frühjahr 1929 Wahlkampf betrieb. Mit anderen Worten: Der Keim von Keynes' *Allgemeiner Theorie der Beschäftigung, des Zinses und des Geldes* wuchs in der Petrischale eines politischen Wahlkampfs heran.

Aus Keynes' Blickwinkel war Instabilität, nicht Ungleichheit, die große Bedrohung für den Kapitalismus. Unter »Ungleichheit« verstand er willkürliche Zufallsgewinne und Zufallsverluste – solche also, die in keinem Zusammenhang mit harter Arbeit, Sparsamkeit oder guten Ideen standen –, nicht aber die Kluft zwischen Reich und Arm. »Die brachialsten Eingriffe in die Stabilität und Gerechtigkeit, die das 19. Jahrhundert über sich ergehen ließ [...], waren genau jene, welche durch Veränderungen im Preisniveau herbeigeführt wurden«, schrieb er in Anlehnung an Irving Fisher. Somit sei der »erste und wichtigste Schritt [...] die Errichtung eines neuen Währungssystems«.[25] Im Gegensatz zu Beatrice Webb lehnte Keynes die Politik des Klassenkampfs ab. Dazu war er viel zu elitär. Labour »erweckt den Anschein, gegen jedermann zu sein, der erfolgreicher, gewandter, tüchtiger und sparsamer als der Durchschnitt« ist, nörgelte er; Labour sei »eine Klassenpartei, und diese Klasse ist nicht die meine. [...] Ich kann beeinflusst werden durch das, was mir als gerecht oder vom gesunden Menschenverstand geprägt erscheint, doch der Klassenkampf würde mich aufseiten des Bildungsbürgertums finden«.[26]

Lloyd George, den Keynes 1919 als »die Inkarnation des Bösen« verunglimpft hatte, war 1922 wegen der Begünstigung von Wahlkampfspendern, diverser Frauengeschichten und einer Vielzahl von anderen moralischen Ausrutschern aus dem Amt getrieben worden. Doch der »Welsh wizard« hatte nicht nur seinen Einfluss auf die Liberale Partei, sondern auch auf Keynes gewahrt. Während der Zwanzigerjahre, in denen er meist arbeitslos war, verwandelte er sein Anwesen

Churt in einen ökonomischen Think Tank und steckte seine gesamte
Energie, Zeit plus eine von ihm kontrollierte Parteikasse in die Entwicklung eines liberalen Parteiprogramms. Sein Comeback bereitete er
mit einem Plan zur Bekämpfung der Arbeitslosigkeit vor, und Keynes
war der Chefökonom seines Wahlkampfs.

Seit 1919 war die Arbeitslosigkeit, die in Großbritannien nie unter
die Marke von einer Million gesunken war, Jahr für Jahr gestiegen, bis
sie 1929 schließlich 10 Prozent erreicht hatte. Zu diesem Zeitpunkt hatte
sich England noch immer nicht ganz vom Ersten Weltkrieg erholt. Das
britische Exportvolumen schrumpfte, obwohl der Welthandel expan-
dierte. 1913 war Großbritannien der Topexporteur der Welt gewesen;
1929 war es hinter die Vereinigten Staaten auf den zweiten Platz abge-
rutscht.[27] Der globale Wirtschaftsbetrieb bestand größtenteils noch aus
veralteter Schwerindustrie – Kohle, Eisen und Stahl, Textil, Schiffbau –,
aber dies war die Zeit, in der die Verbraucher weltweit mehr Öl, Chemikalien, Automobile, Filme und andere Produkte der neuen Industrien
wünschten. Hinzu kam die tiefe Kluft zwischen dem blühenden Süden
und dem chronisch notleidenden industriellen Norden, die sich hinter
den britischen Landesdurchschnitten verbarg. Und die führte nun zur
Wiederbelebung der alten, an die »Hungry Forties« im vorangegangenen Jahrhundert gemahnenden Vorstellung, dass in England zwei einander entfremdete Völker lebten: ein reiches und ein armes.

Am 25. September 1927 wurde Keynes von Lloyd George als einer
von vierzehn Professoren nach Churt zu einer vertraulichen Zusammenkunft »einiger weniger« beordert, die »den Grundstein für einen
neuen Radikalismus« legen sollten.[28] Keynes zeichnete als Mitverfasser einer von Lloyd George mit 10 000 Pfund aus eigener Tasche finanzierten Untersuchung über »Britain's Industrial Future« verantwortlich
(seit der Bericht Anfang Februar 1928 erschienen war, wurde er seines
gelben Einbands wegen bald nur noch »The Yellow Book« genannt).
Obwohl Keynes hoffte, wie er an H. G. Wells schrieb, nie wieder »in
eine Ko-Autorenschaft dieses Ausmaßes verwickelt« zu werden, konzedierte er doch, dass dieses Wirtschaftsweißbuch einen »ziemlich
ernsthaften Versuch« darstelle, »eine Liste von Dingen in der politisch-
industriellen Sphäre aufzustellen, die ebenso praktikabel wie zweck-
mäßig sind«[29].

Die Arbeit an diesem Bericht hatte Keynes erstmals die Möglichkeit verschafft, seinen finanzwirtschaftlichen Themenkreis zu erweitern und etwas über Industriebetriebe in Erfahrung zu bringen. Nun erklärte er den liberalen Kandidaten, dass die Tendenz zu »Bigness« im Business nicht nur von der Technik und den Finanzen, sondern auch durch die Gefahr von unverkauften Beständen gesteuert werde. Das Big Business habe sich natürlich entwickelt und müsse als solches akzeptiert werden. Das war zwar noch nicht die herzliche Unterstützung, die Schumpeter den Konzernriesen anbot, aber doch eindeutig alles andere als sozialistisch.

»Wir können die Arbeitslosigkeit bezwingen«, lautete der Slogan der Liberalen im Wahlkampf von 1929. Am 1. März gab Lloyd George das dramatische Versprechen ab, die Arbeitslosigkeit binnen eines Jahres auf »normale« Proportionen zu reduzieren.[30] Der Kern seines Parteiprogramms war ein Plan für gewaltige defizitfinanzierte öffentliche Arbeiten, die die Wirtschaft wieder in Schwung bringen sollten. Ein höheres Wachstum sollte das Steueraufkommen erwirtschaften, mit dem Straßen, Kanalisation, Telefonkabel, Stromleitungen und neue Wohnbauprojekte bezahlt werden konnten, während die Arbeiter dafür aus der Arbeitslosenversicherung entlohnt werden sollten. Knapp drei Wochen später meldete sich Keynes mit einer Streitschrift zu Wort, die er mit der Frage »Can the Liberal Pledge Be Carried Out?« betitelt hatte. Und nachdem das Schatzamt prompt zurückfeuerte, dass öffentliche Arbeitsbeschaffungsmaßnahmen bloß die privaten ersetzen würden, schob Keynes gleich ein zweites Pamphlet mit dem Titel »Can Lloyd George Do It?« hinterher.

Die Tatsache, dass viele der heute beschäftigungslosen Erwerbstätigen Löhne anstelle von Arbeitslosenunterstützung bekämen, würde eine Steigerung der effektiven Kaufkraft bedeuten, welche ihrerseits generell den Handel stimulieren würde. Obendrein würde die verstärkte Handelsaktivität weitere Handelsaktivitäten nach sich ziehen, denn die Kräfte des Wohlstands haben eine ebenso kumulative Wirkung wie die einer Handelsflaute.[31]

Das war, schreibt Skidelsky, der Keim der Idee vom Multiplikator. Diese zwei Jahre später von einem der schönen jungen Männer aus Keynes'

Umfeld entwickelte Theorie besagt, dass eine staatliche Ausgabensteigerung um einen Dollar eine private Ausgabensteigerung um mehr als
einen Dollar nach sich ziehe, da die ursprüngliche Konsumsteigerung
zu mehr Einstellungen, Einkommen und einem weiteren, wenn auch
kleineren, Ausgabenanstieg führen würde, und immer so weiter.

Zuversichtlich wie immer, wettete Keynes vor den allgemeinen Wahlen am 30. Mai, dass die Liberalen hundert Sitze erringen würden.
Tatsächlich sollten sie nur neunundfünfzig bekommen, womit Lloyd
Georges politischer Karriere endgültig der Garaus gemacht wurde.
Keynes musste hundertsechzig Pfund Wettschulden bezahlen, die durch
den Gewinn einer Zehn-Pfund-Wette mit Winston Churchill kaum aus-
geglichen werden konnten. Das Wahlergebnis zwang ihn außerdem,
lange Passagen seiner Abhandlung *Treatise on Money (Vom Gelde)*
umzuschreiben. Der Sommer 1929 war jedenfalls idyllisch. Keynes
widmete sich seinem Manuskript, filmte eine fünfminütige Ballettszene
für einen der ersten englischen Tonfilme mit dem Titel *Dark Red Roses*,
spielte Tennis und traf sich mit Oswald Mosley, dem Regierungsbe-
auftragten für öffentliche Arbeitsbeschaffungsmaßnahmen und einem
aufsteigenden Stern der Labour Party, der sich in den Dreißigerjahren
zum Faschisten wandeln sollte. Der einzige Quell der Irritation war
das traurige Ergebnis von Keynes' Warenspekulation. 1928 hatte er auf
die steigenden Kurse von Gummi, Mais, Baumwolle und Zinn gesetzt,
dann aber hatten sich die Märkte mit einem Mal gegen ihn gewandt
und ihn gezwungen, einen Teil seines Aktienbestands zu liquidieren,
um seine Verluste decken zu können.

Im Jahr 1916 hatte Irving Fisher sein erstes Automobil mit Benzinmo-
tor erworben. Das letzte und luxuriöseste unter seinen elektrisch be-
triebenen Modellen, ein geschlossener Detroit Super Deluxe, hatte er
Abend für Abend zum Aufladen in die Garage fahren müssen, außerdem hatte es der Wagen auf nicht mehr als vierzig Stundenkilometer
gebracht. Mittlerweile fuhr Fisher, der jährlich Tausende Kilometer im
Auto zurücklegte, einen brandneuen Benzinfresser, einen Dodge. Die
Überlandstraßen zwischen New York und Boston waren größtenteils
noch unbefestigt, von Querrillen durchzogen und mit Schlaglöchern
übersät, die ein ganzes Rad fressen oder schlimmere Schäden anrichten
konnten. Doch Fisher fand, dass sich ihm mit dem neuen Automobil

»nahezu unbegrenzte Aussichten« eröffneten.[32] Im Verlauf der Zwanzigerjahre besorgte er sich alle ein, zwei Jahre einen neuen Wagen, wobei er den vorigen immer durch einen noch hochwertigeren ersetzte, denn sein Vermögen wuchs ebenso stetig wie das seines Landes. Am Ende des Jahrzehnts besaß er neben einem Lincoln ein La-Salle-Cabriolet und einen funkelnagelneuen Stearns-Knight, Amerikas Antwort auf den englischen Rolls-Royce. Und wie der große Gatsby beschäftigte auch Fisher einen irischen Chauffeur.

Bis 1929 besaß jede fünfte amerikanische Familie ein Automobil. Wie Fisher 1914 vorausgesagt hatte, hatte der Erste Weltkrieg die Vereinigten Staaten zur größten und stärksten Volkswirtschaft der Welt gemacht. Im Gegensatz zur Entwicklung in Großbritannien und Frankreich

verursachte der Erste Weltkrieg keine reinen ökonomischen Verluste; gelegentlich brachte er sogar wirtschaftliche und gesellschaftliche Vorteile. Mehr noch, er demonstrierte allen kämpfenden Mächten, dass es in den Händen von Regierungen lag, strategische und wirtschaftliche Richtlinien zu formulieren, die in gewissem Maße bestimmen konnten, ob ein Krieg der Verursacher von ökonomischem Gewinn oder Verlust sein würde; sie waren nicht die hilflos ausgelieferten Gefangenen der Umstände.[33]

Dank der Kriegsproduktion und der Exporte in das Vereinigte Königreich und in die Staaten auf dem europäischen Kontinent hatten die Vereinigten Staaten Großbritannien bis 1918 bei der Jahresproduktion überrundet.[34] Anstatt also zusammenzubrechen, wie in Deutschland und Österreich, oder von den Finanzbehörden stranguliert zu werden, wie in Großbritannien, begann sich die amerikanische Wirtschaft 1921 von der Nachkriegsrezession zu erholen. Und sie blieb in Schwung. Mitte der Zwanzigerjahre kam es zu zwei Rezessionen von jeweils etwas über einem Jahr Dauer, doch sie waren so mild, dass die meisten Amerikaner, ausgenommen die Farmer, nicht einmal etwas davon mitbekamen. Wenn man die Gesamtperiode von 1921 bis 1929 betrachtet, wuchs die US-Wirtschaft um durchschnittlich 4 Prozent jährlich, während sich die Arbeitslosigkeit im Schnitt bei weniger als 5 Prozent hielt. 1929 waren die Wirtschaft um 40 Prozent und das Pro-Kopf-Ein-

kommen um 20 Prozent gegenüber 1921 angewachsen, was wahrlich
eine bemerkenswerte Performance für jedes Land zu jeder Zeit gewesen wäre und seither kaum seinesgleichen gefunden hat.[35]

Doch mit Mittelwerten lassen sich schwerlich die konvulsiven Veränderungen vermitteln, die von den neuen Energieformen ausgelöst
wurden und eine völlig neue Lebensweise nach sich zogen. Es begann
die moderne Ära des Autos, der Vorstadthäuser, des Öls, des Telefons,
der Tageszeitungen, der Aktiennotierungen, der Kühlschränke und
Ventilatoren, des elektrischen Lichts bis in die hintersten Winkel des
Landes, des Radios und des Kinos, der arbeitenden Frauen und kleineren Familien, der Abwendung vom Gewerkschaftsprinzip und der Hinwendung zu Shoppingcentern. Auch das bis dahin unbekannte Konzept
eines Rentenalters für Männer ab sechzig etablierte sich. »Wissenschaftliche Betriebsführung« und »Taylorismus« wurden zu den neuen
Parolen von Unternehmern, seit sich Louis Brandeis, der erste jüdische
Richter am Obersten Gerichtshof, erfolgreich mit seiner Argumentation durchgesetzt hatte, dass Eisenbahnunternehmen ihre Preise nicht
erhöhen müssten, um höhere Löhne zahlen zu können, solange sie die
Arbeit nach den von Frederick Winslow Taylor vorgestellten Grundsätzen organisierten. RCA und AT & T wurden zum Microsoft und
Google ihrer Tage, während die alte, auf Farmen, Kohlenbergwerken,
Spinnereien und Schuhfabriken – den großen Quellen des amerikanischen Wohlstands im 19. Jahrhundert – beruhende Wirtschaft zu ver-
greisen begann.

Für Alfred Marshalls Generation waren es das Dampfschiff, die Eisenbahn und der Telegraf gewesen, die die Grenzen der Mobilität und
der Kommunikation gesprengt hatten. In Fishers Generation wurden
diese Rollen vom Automobil und dem Telefon übernommen, diesmal
jedoch zum Wohle der Individualisierung von Reisen und der Interaktionen über große Entfernungen hinweg. Fisher war begeistert, dem
Korsett der Fahrpläne entkommen zu können, so wie Beatrice Webb
einst gejubelt hatte, weil sie meilenweit ohne Chauffeur unterwegs sein
konnte, nachdem sie ihr erstes Fahrrad bekommen hatte. Die Massenproduktion ermöglichte den Massenbesitz von Autos, Radios, Telefo-
nen, Kühlschränken und Fertighäusern, und dieser wiederum machte
das Leben in den Vororten attraktiv und erschwinglich. Die Verbraucher bekamen die Kontrollinstrumente selbst in die Hand, konnten sel-

ber Wählscheiben drehen, Kippschalter betätigen oder sich hinter ein Lenkrad setzen.

Während sich Beatrice Webb entschieden weigerte, ein Automobil zu fahren, und Geoffrey Keynes seinen Bruder Maynard einen »fahrfeindlichen Motorphoben und Spötter jeglicher Art von Motorisierung« hieß[36], verkörperte Fisher Amerikas Liebesbeziehung zum Auto und zu Gadgets jeglicher Art. Nachdem er im März 1922 erstmals eine Rede über das Radio gehalten hatte, bestellte er sich gleich zwei Geräte. Es war, schrieb er seinem Sohn, »das vielleicht größte Publikum, zu dem ich je sprach«. Diesem Auditorium, »das ich weder sehen noch hören und von dem ich kaum glauben konnte, dass es existiert«, hatte er erklärt, dass die neu eingeführten transatlantischen Radioübertragungen »aus Fremden auf der Welt nun Nachbarn« machten.[37] Kurz nachdem ein fünfundzwanzigjähriger Pilot der US Air Mail namens Charles Lindbergh 1927 ein einmotoriges Flugzeug Nonstop von Long Island nach Paris geflogen hatte, nahm Fisher, der sich zu dieser Zeit gerade in Paris aufhielt, den neuen transatlantischen Telefondienst in Anspruch und ließ sich ein neunminütiges Konferenzgespräch mit seiner Frau in Rhode Island, seiner Mutter in New Jersey und seinem Schwiegersohn in Ohio vermitteln. Sein Sohn Irving jr. erinnerte sich, dass der Vater »dabei ständig den Sekundenzeiger der Uhr im Auge behielt«[38]. Inzwischen hielt Fisher mit seinen Geschäftspartnern fast nur noch telefonischen Kontakt, erledigte die meisten schriftlichen Dinge über das Diktafon oder diktierte, wenn er es eilig hatte, was fast immer der Fall war, direkt einer Sekretärin in die Olivetti-Schreibmaschine. Sein häuslicher Arbeitsbereich verschlang längst den gesamten zweiten Stock seines Herrenhauses in New Haven und erstreckte sich samt Aktenschränken und Schreibmaschinentischen bis über die Flure und Treppen. Zu seinem Mitarbeiterstab zählten acht bis zehn »verschiedenartige Frauen«, welche Telefone mit gläsernen Sprechmuscheln bedienten und zum Summen einer Ozonmaschine tippten, die die Luft in den Büros verbessern sollte.

Die meiste Zeit verbrachte Fisher mit seinen Kampagnen für den Völkerbund, für Einwanderungsbeschränkungen, den Umweltschutz und eine Reform des öffentlichen Gesundheitswesens, darunter die Einführung einer allgemeinen Krankenversicherung. Derweil hielt er sich selbst streng an seine eigenen Gesundheitsregeln. Buchstäblich

das gesamte Dachgeschoss seines Hauses war der Fitness gewidmet:
Es war Fishers »Garage, um seinen eigenen Motor in Topform zu halten«. Abgesehen von gesunder Nahrung und Vitaminen hatte er eine
Schwäche für Geräte zur körperlichen Ertüchtigung. Das Stockwerk
war vollgestopft mit indianischen Keulen, Hanteln, Gewichten, einer
Rudermaschine, einem Schaltschrank, einer Höhensonne, einem vi-
brierenden Sessel (von dem seine Kinder meinten, er sehe aus wie ein
elektrischer Stuhl) und »einem absonderlichen Mechanismus zur Ver-
abreichung einer rhythmischen Ganzkörpermassage«[39]. Seit 1929 hatte
Fisher einen Arzt und einen Personal Trainer auf seiner Gehaltsliste, die
rund um die Uhr nur für ihn da waren.

Wieder und wieder erklärte er, dass die Geschichte ein schlechter
Ratgeber sei, wenn es um das menschliche Potenzial gehe. 1926 behauptete er in einer Rede vor Vertretern des öffentlichen Gesundheitswesens, dass der Mensch die Grenzen der Langlebigkeit noch ebenso
wenig erreicht habe wie die Grenzen des Verbrauchs.[40] Das wahre
Alterslimit, sagte er, liege bei hundert Lebensjahren; die Lebenserwartung eines amerikanischen Knaben werde 1931 um fast zwanzig Jahre
über der von 1871 liegen.[41] Von nicht minderer Bedeutung sei, dass
mittlerweile bereits sieben von zehn Menschen gesund genug seien, um
das Leben genießen und fröhlich ihr Tagwerk verrichten zu können,
wohingegen am Ende des Ersten Weltkriegs sechs von neun Personen
in eine Bandbreite einzuordnen gewesen seien, die von »gebrechlich«
über »körperliches Wrack« bis hin zum Invaliden reichte, der »kaum
noch am Leben festhalten« konnte.[42] Er prophezeite – zutreffend, wie
sich herausstellen sollte –, dass sich die durchschnittliche Lebenserwartung bis zum Jahr 2000 von achtundfünfzig auf zweiundachtzig Le-
bensjahre verlängern würde.[43]

Fishers unbeirrbarer Glaube an die Besserungsfähigkeit des Menschen wie an die grenzenlosen Möglichkeiten der Wissenschaft und
des freien Unternehmertums festigte sich während des Booms in den
Zwanzigerjahren:

Die Welt wird sich allmählich der Tatsache ihrer eigenen Besserungs-
fähigkeit bewusst. Die Nationalökonomie ist nicht mehr die »trostlose
Wissenschaft«, welche lehrt, dass Hungerlöhne des malthusischen Be-
völkerungswachstums wegen unvermeidlich seien; heute setzt sie sich

ernsthaft und voller Hoffnung mit den Fragen der Abschaffung von Armut auseinander. In gleicher Manier hat sich auch die Hygiene, die jüngste der biologischen Wissenschaften, von der veralteten Doktrin distanziert, dass Mortalität Fatalität sei und so regelmäßig wie unvermeidlich Jahr für Jahr mit gegenwärtiger Rate ihre Opfer fordern müsse. Anstelle dieses fatalistischen Credos haben wir heute die Versicherung von Pasteur, dass es »in der Macht des Menschen steht, sich von jeder parasitären Krankheit zu befreien«.[44]

Fisher wurde Mitbegründer und erster Präsident der »American Eugenics Society«. Eugenik – die Anwendung humangenetischer Erkenntnisse auf die Bevölkerungs-, Gesundheits- und Einwanderungspolitik – war keineswegs nur eine Sache der britischen Fabianer gewesen. Selektive Fortpflanzung war natürlich schon auf unterschiedliche Weisen von vielen Gesellschaften betrieben worden, vom Kindesmord der Spartaner bis hin zu den obskuren Paarungsritualen der britischen Aristokratie. Aber erst die medizinischen und andere naturwissenschaftliche Fortschritte sowie der Reformgeist der spätviktorianischen Zeit gaben diesen Gepflogenheiten einen Namen und machten sie prompt ungemein populär. Als Urvater dieses Gebiets gilt Charles Darwins Cousin Francis Galton, einer von Richard Potters engsten Freunden. Major Leonard Darwin, Charles Darwins Sohn, gründete 1911 die »International Eugenics Society«; Beatrice und Sidney Webb waren, wie tatsächlich die meisten prominenten Fabianer, darunter auch George Bernard Shaw und H. G. Wells, enthusiastische Eugeniker. Keynes, der nicht nur Vizepräsident und Vorstandsmitglied der British Eugenic Society war, sondern auch der Schatzmeister ihrer Zweigstelle in Cambridge, betrachtete die Eugenik als »den wichtigsten, signifikantesten und, so möchte ich hinzufügen, authentischsten Zweig der Soziologie«.[45] Eugenik war auch eine überparteiliche Angelegenheit: Konservative wie Arthur Balfour, von 1902 bis 1905 britischer Premierminister, oder Winston Churchill, Lord Beveridge – der Architekt des britischen Wohlfahrtsstaats nach dem Zweiten Weltkrieg – und die Schriftsteller Leonard und Virginia Woolf oder die Feministinnen Victoria Woodhull und Margaret Sanger waren allesamt begeisterte Anhänger der Eugenik.

Der Gerechtigkeit halber muss jedoch gesagt sein, dass »Eugenik«

im Jahr 1910 oder 1920 noch nicht wirklich die Bedeutung hatte, die
sie durch den nationalsozialistischen Genozid annahm, oder durch
»Jim Crow« (wie der stereotyp »unterdurchschnittlich intelligente
amerikanische Neger« genannt wurde, bis das Bürgerrechtsgesetz von
1964 schließlich alle noch bestehenden »Jim Crow«-Gesetze aufhob).
Der »Geist«, der 1912 auf dem auch von Fisher besuchten ersten internationalen Eugenikkongress in London herrschte, war »konservativ«.[46] Fisher und Keynes waren Liberalisten, Fisher aber vor allem
auch ein Antirassist und wild entschlossen, »Rassenvorurteile und andere soziale Vorurteile, wie sie dem Ku-Klux-Klan zugrundeliegen«,
auszurotten.[47] Nichtsdestotrotz muss man jedoch auch festhalten, dass
Fisher und die »American Eugenics Society« wesentlich zum amerikanischen Immigrationsgesetz von 1924 beigetragen haben, welches
nicht nur die »Einwanderung jener äußerst Untauglichen« verhindern
sollte, »die bislang von den öffentlichen Institutionen Europas in unserer Gesellschaft abgeladen wurden«, wie Fisher schrieb, sondern auch
die Einwanderung aus Süd- und Osteuropa insgesamt radikal mini-
mierte.[48]

Fisher konzentrierte sich nicht nur auf die nachteiligen Auswirkungen,
die Inflation und Deflation auf Schuldner und Gläubiger hatten, sondern auch auf die von ihnen verursachte willkürliche Umverteilung des
Wohlstands und die »lasterhaften Abhilfemaßnahmen«, zu denen Regierungen auf Drängen der Opfer griffen, obwohl sie »wie Heilmittel
der primitiven Medizin oft nicht nur nutzlos, sondern auch schädlich
sind«[49]. Er hatte noch keinen Zusammenhang erkannt zwischen den
Fluktuationen im Preisniveau und den Schwankungen bei Beschäftigung und Produktion, geschweige denn diesen Vorgängen schon eine
vorrangige Rolle eingeräumt. Tatsächlich gibt es im Index seiner 1911
publizierten *Principles of Economics* keine Einträge für die Begriffe
boom, *depression* oder *unemployment*.
    Die kurze, aber tiefe Rezession von 1920/21 zwang Fisher, sich auf
die Frage zu konzentrieren, was der Staat gegen die Arbeitslosigkeit tun
konnte. 1895 hatte die amerikanische Bundesregierung weder über die
Mittel noch das Recht verfügt, sämtliche wirtschaftliche Aspekte zu ad-
ministrieren, das heißt, dass ihre Eingriffe im Verhältnis zur Volkswirtschaft noch sehr gering waren: Steuern waren das Mittel zum Zweck

der Finanzierung staatlicher (hauptsächlich militärischer) Aktivitäten; und Zölle waren eine Möglichkeit, bestimmte Industrien zu fördern. Die Geldschöpfung wurde den Banken überlassen, und angesichts des Goldstandards im 19. Jahrhundert wurde deren Tempo strikt von der Wachstumsrate des globalen Goldangebots bestimmt.

Mittlerweile besaßen die Vereinigten Staaten eine Notenbank – die 1913 erschaffene Federal Reserve – sowie mehr Macht und Handlungsspielraum, um das Maß der Wirtschaftstätigkeit zu beeinflussen, indem sie zur Geldschöpfung und Kreditvergabe anregten oder solche Bestrebungen bremsten. Die Schwere der Rezession überzeugte Fisher aber, dass die Federal Reserve bei dem Versuch, die Kriegsinflation einzudämmen, zu hart und zu lange auf die Bremse getreten war. Und die verbreitete Notlage der Farmer – die Erinnerungen an die 1890er-Jahre wachrief – und der Fabrikarbeiter überzeugte ihn, dass das größte Übel die Auswirkungen von instabilen Preisen auf Produktion und Beschäftigung waren. Diese Kausalkette, von der Geldschöpfung bis hin zur Schaffung von Arbeitsplätzen, sollte im Fokus von Fishers Forschung in den Zwanzigerjahren stehen.

Dabei begann er sich allmählich immer mehr auf die Boom-Bust-Zyklen und die Rolle zu konzentrieren, die Geld für die Stabilität oder Volatilität einer Volkswirtschaft spielte. Er vermutete, dass Fluktuationen beim Geld- und Kreditangebot nicht nur die Verursacher von Inflationen und Deflationen waren, sondern dass sie auch das Auf und Ab der Wirtschaftstätigkeit und Beschäftigung zu verantworten hatten. Und so wuchs in ihm allmählich die Gewissheit, dass ein besseres monetäres Management zu einer »Abnahme von Konjunkturschwankungen« führen könne.[50]

Neben dem stetigen Strom akademischer Schriften, der aus Fishers Feder floss, wandte er nun immer mehr Zeit für Zeitungsartikel auf. Wie Keynes und die Webbs wusste auch Fisher, dass er den politischen Entscheidungsträgern seine Ideen am besten indirekt und als Außenseiter verkaufen konnte. Artikel für Artikel gab er sein Bestes, um die Öffentlichkeit zu überzeugen, dass Inflation und Arbeitslosigkeit einen gemeinsamen monetären Nenner hatten. Er gab zwar zu, dass die Verbindung zwischen dem Bankensystem und »einer so ungemein menschlichen Angelegenheit wie dem Programm gegen die Arbeitslosigkeit« auf die meisten Bürger weit hergeholt wirken musste. Und er gab auch zu, dass der Zusammenhang zwischen dem Rückgang des Durchschnittspreisniveaus und dem Anstieg der Arbeitslosigkeit während der schweren Nachkriegsrezession in den Vereinigten Staaten und Großbritannien schon von vielen Kommentatoren erkannt worden sei, ebenso wie man auch Inflationen schon mit einem Aufschwung bei Produktion und Beschäftigung in Verbindung gebracht habe. Doch typischerweise hätten diese Theorien vom »Konjunkturzyklus« – von der Wechselfolge eines Aufschwungs und Abschwungs bei Produktion und Beschäftigung – keine Veränderungen beim Preisniveau berücksichtigt, und die Wissenschaftler hätten keine Wechselwirkung zwischen Preisen und Beschäftigung gesehen.

Fisher hatte also entdeckt, dass andere Auguren den empirischen Zusammenhang von Preisen und Beschäftigung übersehen hatten. Sie hatten das Preisniveau per se mit den Schwankungen dieses Niveaus verwechselt – also den Unterschied nicht erkannt, der ihm bei der erwähnten Wanderung in den Alpen bewusst geworden war. Und damit hatten die Theoretiker einen vergleichbaren Fehler begangen wie die Verwechslung der Geschwindigkeit, mit der Wasser in eine Wanne fließt, mit der Tiefe des Wassers in der Wanne. Oder, wie Fisher sagte: Die anderen Analytiker hatten »den deutlichen Unterschied zwischen hohen Preisen und steigenden Preisen ebenso übersehen wie den zwischen niedrigen Preisen und fallenden Preisen«[51]. Ein Grund für diese Verwechslung war, dass es keine guten Messwerte gab, um feststellen zu können, wie schnell sich das Durchschnittspreisniveau in einer Volkswirtschaft veränderte. Also widmete sich Fisher dem Großteil der Zwanzigerjahre der Entwicklung und Veröffentlichung von exakten Preismaßeinheiten, die sich dazu verwenden ließen, die Wirtschaftstätigkeit vorauszusagen, und die der Öffentlichkeit eine Übersicht über die Schwankungen der Kaufkraft des Dollar ermöglichten.

Fisher war überzeugt, dass die Prognostiker, sobald die Ursachen von Konjunkturzyklen korrekt identifiziert waren, in der Lage sein würden, »Geschäftsbedingungen auf eine wahrhaft wissenschaftliche Weise vorauszusagen [...], ähnlich der Art, in der wir das Wetter voraussagen«. 1926 schrieb er: »Die Geldtheorie sollte uns zum Beispiel helfen, das Preisniveau zu analysieren und prognostizieren.« Er ging davon aus, dass die Notenbank in der Lage sein würde, erwartete Preisschwankungen zu verhindern und somit Auf- und Abschwünge zu eliminieren oder wenigstens abzuschwächen, sobald sie akkurat die Preise voraussagen konnte. Aus Fishers Sicht waren es typischerweise die Mittel, die den Zweck diktierten. »Wir sollten uns die Kontrolle und Eindämmung des sogenannten Konjunkturzyklus angewöhnen«, anstatt den Abschwüngen und Aufschwüngen »eine Art von fatalistischem Wesen« zuzuschreiben, erklärte er.[52]

Kurzum, bis Mitte der Zwanzigerjahre hatte Fisher die Konjunkturzyklen auf die Liste der ökonomischen Krankheiten gesetzt, die, weit davon entfernt, unheilbar zu sein, bald schon mit modernen Heilmethoden behandelt werden könnten: »Die Vorstellung, dass sie unvermeidbar und unvorhersehbar seien, ist ganz und gar falsch. Im Gegenteil, die Ursachen sind im großen Ganzen wohl bekannt, und inzwischen können wir auch in hohen Maßen der Heftigkeit dieses alternierenden Fröstelns und Fieberns des Business vorbeugen.«[53] Seine Zuversicht bezog er aus dem offenkundigen Erfolg der Federal Reserve, die bereits eine »ungefähre Stabilisierung des Dollars« erreicht hatte, was er dem Bemühen der Notenbank zuschrieb, Spekulationsperioden zu verhindern. »Es steht in unserer Macht, die Kaufkraft des Dollars, des Pfunds, der Lira, der Mark, der Krone und vieler anderer Währungseinheiten zu stabilisieren und sie damit zu einem Mittel der substanziellen Prävention von Arbeitslosigkeit zu machen.«[54] Und wie Keynes hob auch Fisher hervor, dass eine stabile Währung ein primär gesellschaftliches Thema sei. »Wenn unsere gewaltige Kredit-Suprastruktur nicht immer wieder über uns zusammenfallen soll«, schrieb er, »dann müssen wir das Bankengeschäft als etwas betrachten, das mehr ist als ein privates Geschäft. Es ist ein großer öffentlicher Dienst.«[55]

In einem Artikel, den Fisher 1925 für den Gesundheitsbrief des Battle-Creek-Sanatoriums schrieb, erklärte er, »warum ich lieber ein Sanatoriumsangestellter als ein Millionär wäre«[56]. Doch wenngleich es vieles gab, das ihm persönlich wichtiger war als Geld, hatte er insgeheim doch immer gehofft, seiner Frau in finanziellen Dingen einmal das Wasser reichen zu können. Die erste seiner Erfindungen, die kommerzielles Potenzial in sich barg, war ein reines Produkt seiner eigenen Ungeduld gewesen. Dass er sich ständig durch Ablagekästen voller zerfledderter Karteikarten wühlen musste, machte ihn schier verrückt. Also baute er ein geniales Gerät, das die Karten fest verankerte und für den Nut-

zer auf Anhieb auffindbar machte. Er versuchte ein Dutzend Hersteller
von Büroausstattungen davon zu überzeugen, dass sein raffiniertes Gerät die perfekte Lösung für das Problem war, das sich modernen und zu
immer mehr Ablagen genötigten Betrieben stellte. Er versprach ihnen,
dass die Firmen sich nur so stürzen würden auf ein Produkt, das ihnen
helfen würde, ihre Unterlagen effizienter aufzubewahren.

Diesem Rollarchiv war zunächst das gleiche Schicksal beschieden
wie so vielen anderen Erfindungen: Der Erfinder sah sich gezwungen,
das Geschäft selber und mit eigenem Geld (oder in diesem Fall: dem
Geld der Ehefrau) aufzubauen. Fisher richtete also eine winzige Fabrik
in New Haven ein, nur unter Mitarbeit seines Bruders, eines Zimmer-
manns und einer Hilfskraft. Das Firmenkapital bestand aus einem Kredit von Margaret in Höhe von 35 000 Dollar. Ein Jahr nach dem Krieg
benötigte Fisher für die Herstellung seines »Index Visible« bereits eine
dreistöckige Fabrik und ein Verkaufsbüro, das er im Gebäude der *New
York Times* an der Nassau Street in Downtown Manhattan unter-
brachte. Fishers erster Großkunde war New York Telephone gewesen,
und dieser Abschluss trug dazu bei, dass seine Gesellschaft 1925 erstmals schwarze Zahlen schrieb. Dann nutzte er die Gunst der Stunde
und bewerkstelligte eine Fusion mit seinem Hauptkonkurrenten. Und
diese neue Firma namens Rand Kardex war die Grundlage, auf der sich
das spätere amerikanische Unternehmen Remington Rand entwickelte.
Bis zu diesem Zeitpunkt hatte Fisher insgesamt 148 000 Dollar in sein
Start-up-Unternehmen gesteckt, nun tauschte er Stammaktien von
Index Visible gegen 660 000 Dollar Bargeld, ein Bündel Vorzugsaktien,
Obligationen, Optionsscheine, Berechtigungsaktien und einen Sitz im
Vorstand des neuen Unternehmens. Später gestand er seinem Sohn,
dass es schon seit seiner Eheschließung sein »unterdrückter Wunsch«
gewesen sei, den Lebensunterhalt der Familie allein zu verdienen, und
dass Erfindungen »die einzige Chance waren, die ich sah, Geld zu ma-
chen, ohne viel Zeit dafür zu opfern«[57]. Mit fünfzig erfüllte sich Fishers
Traum: Er wurde zum vielfachen Millionär.

Derweil war dank des Booms ein echter Markt für Wirtschaftsprognosen entstanden. Also begann Fisher eine wirtschaftsprognos-
tische Kolumne zu schreiben, die parallel in mehreren Zeitungen erschien, und einen wöchentlichen Kaufkraftindex zu publizieren – eine
von mehreren Maßnahmen zur Eruierung von Preisen, die die Regie-

rung schließlich übernehmen sollte. Bald darauf gründete er das »Index Number Institute« und schickte aus dessen Hauptquartier, das er sich in seinem Haus an der Prospect Street Nr. 460 in New Haven eingerichtet hatte, Großhandelspreisdaten an Dutzende von Zeitungen. Nach dem Verkauf von Index Visible übersiedelte er mit seinem Prognosen- und Datenbetrieb in das *New York Times*-Gebäude. Seine Indexe und Tabellen wurden mittlerweile im *Philadelphia Inquirer*, dem *Journal of Commerce*, dem *Minneapolis Journal*, dem *Hartford Courant* und diversen anderen Zeitungen veröffentlicht.

Da Fisher von jeher erpicht darauf war, seine Ideen in der realen Welt anzuwenden, hatte er begonnen, auch die Löhne seiner Büroangestellten bis zurück zur Inflation während des Krieges zu indexieren. Er dürfte der erste Arbeitgeber gewesen sein, der seinen Angestellten jemals eine genau definierte, automatische jährliche Lohnanpassung an die »Lebenshaltungskosten« gewährte. Ironischerweise lehrte ihn gerade diese Erfahrung, dass das Indexieren keine praktische Lösung von Problemen bot, die von Inflation und Deflation hervorgerufen wurden:

Solange die Lebenshaltungskosten stiegen, begrüßten die Angestellten von Index Visible den anschwellenden Inhalt ihrer »Hohen Lebenshaltungskosten«-Lohntüten. Sie glaubten, dass ihre Gehälter stiegen, obwohl ihnen umsichtig erklärt wurde, dass ihre Reallöhne damit bloß auf gleichem Niveau gehalten wurden. Doch sobald die Lebenshaltungskosten sanken, nahmen sie die Gehalts-»Kürzung« übel.[58]

Diese Reaktion seiner Angestellten führte Fisher als Beweis für die omnipräsente »Geldillusion« an. Nicht nur Stenotypistinnen, sogar die Händler an der Wall Street hielt er anfällig dafür, sich von der falschen Vorstellung in die Irre führen zu lassen, dass der Wert ihrer eigenen Währung konstant bleibe, während die Preise für Waren und Dienstleistungen oder der Wert anderer Währungen auf und ab schwankten. Ein Gesamtkursgewinn von 10 Prozent auf eine Aktie mochte vielleicht wie eine grandiose Investition aussehen, doch wenn die Inflation zur selben Zeit 11 Prozent betrug, dann hatte der Investor in Wirklichkeit einen Verlust gemacht. Fisher wettete darauf, dass Investoren und Gewerkschaften viel für eine Messlatte zahlen würden, die sie in die Lage versetzte, ihre »realen« Gewinnraten zu berechnen oder festzustellen, ob ein Lohnangebot einen »realen« Lohnzuwachs bedeutete oder nicht.

Das Interesse an der Währungsstabilisierung hatte Fishers Interesse an den Indexzahlen geweckt und auch dazu geführt, dass er sich die Kursgewinne genauer ansah. 1921, als die Federal Reserve die Zinssätze erhöhte, um die Kriegsinflation zu stoppen, war der amerikanische Wertpapiermarkt zusammengebrochen, doch im anschließenden Jahr waren die Aktienkurse sprunghaft angestiegen. Mitte 1929 lagen die Aktienkurse bei der Nominalnotierung um das Dreifache über denen von 1921 und waren damit rund neunzehnmal höher als die Unternehmensgewinne nach Abzug der Steuern.[59] Der Realwert von Fishers Remington-Rand-Aktien hatte sich zwischen 1925 und 1929 verzehnfacht.

Bereits 1911 hatte Fisher festgestellt, dass ein gestreutes Portfolio eine bessere langfristige Investition war als Obligationen. Der Wert von Anleihen spiegelte nur die Fähigkeit des Staates, seine Schulden zu begleichen, und seinen Willen, eine Inflation zu überstehen. Wertpapiere könnten hingegen die Effekte einfangen, die Produktivitätsgewinne im privaten Sektor auf die Profite hatten, und hätten somit ein wesentlich vorteilhafteres Gewinnpotenzial. Als der Boom der Zwanzigerjahre anhielt, agierte Fisher immer haussierender. Bis 1927 hatte er sich zum prominentesten Verfechter der New Economy gewandelt und sich Hunderttausende von Dollars geliehen, um in kreditfinanzierte Wertpapiere zu investieren. Ein paar Schreckensmomente erlebte er allerdings. Als er im Herbst des Jahres von einer Reise nach Paris und Rom zurückkehrte, erwartete ihn seine Sekretärin am New Yorker Dock. Ein Kurseinbruch hatte sie gezwungen, 100 000 Dollar vom Konto seines Agenten zu nehmen, um kurzfristige Bankkredite zurückzuzahlen. Dennoch, binnen eines Monats drängte Fisher seinen Sohn, »die Hälfte deiner gegenwärtigen Anteile als Sicherheit für Kredite zu riskieren und die Kreditvaluta zum Kauf von weiteren zu verwenden. Sechs Monate oder ein Jahr später wirst du vermutlich zu einem beträchtlichen Vorteil verkaufen und dann streuen können«[60].

Im August 1929 lag die Arbeitslosigkeit in den Vereinigten Staaten bei 3 Prozent. Das Innovationstempo hatte nach dem Krieg angezogen. In den vorangegangenen zehn Jahren waren mehr Patente eingereicht worden als im ganzen vorigen Jahrhundert. Da überraschte es nicht, dass eine Wirtschaftskommission – sie wurde von Herbert Hoover ins Leben gerufen, dem neu gewählten Präsidenten und einstigen Vorreiter der Versuche Amerikas, das Verhungern Europas nach dem Ersten Weltkrieg zu verhindern – zu dem Schluss kam: »Unsere Lage ist günstig. Unsere Schwungkraft ist bemerkenswert.«[61] Als Investoren, die auf eine fallende Kurstendenz spekulierten (wie zum Beispiel der Statistiker Roger Babson), vor zu schnell steigenden Börsenkursen warnten, entgegnete Fisher, dass das kein Problem darstelle, da sie den Rahmen der Unternehmensgewinne nicht sprengten. Ein andermal erklärte er, weshalb die Unternehmensgewinne sehr wahrscheinlich weiter steigen würden: Fusionen würden die Vorteile der Massenproduktion maximieren und die Produktionskosten senken; die Unternehmen würden mehr für Forschung und Entwicklung ausgeben; das System des Recycling werde stärker genutzt; das Management werde wissenschaftlicher; bessere Automobile und Straßen würden die Leistungsfähigkeit der Betriebe steigern; und das zunehmende Gewicht von Gewerkschaften in den Betrieben lasse weniger Konflikte in der Industrie erwarten.

Im Jahr 1929 war Fisher Direktor von Remington Rand, Investor in einem halben Dutzend Start-up-Unternehmen und der Chef eines erfolgreichen Prognoseinstituts. Doch die meiste Zeit dieses Jahres hatte er mit der Revision seiner *Theory of Interest* verbracht, seinem Meisterwerk aus dem Jahr 1907. Und nachdem er über einen der spektakulärsten Bullenmärkte in der Geschichte des amerikanischen Börsenmarkts nachgedacht hatte, schrieb er die steigenden Aktienkurse den geradezu explodierenden Innovationen seit dem Krieg und den sich daraus ergebenden neuen und profitablen Investitionsmöglichkeiten zu. Im September gab er das Manuskript ab und machte sich sofort an die Arbeit zu einem Buch über Wertpapiere. Am 29. Oktober 1929 sollte er im Hotel Taft in New Haven eine Rede vor Darlehensberatern halten. Zwei Wochen zuvor hatte die *New York Times* berichtet, dass Professor Irving Fisher von der Yale University Mitgliedern der »Purchasing Agent's Association« im Vertrauen mitgeteilt habe, dass die Börsenkurse »allem Anschein nach ein dauerhaft hohes Plateau« erreicht hätten.[62]

KAPITEL X

Startschwierigkeiten:
John Maynard Keynes und Irving Fisher
in der Weltwirtschaftskrise

> Männer und Frauen auf der ganzen Welt erwogen und
> diskutierten offen und ernsthaft die Möglichkeit, dass
> das westliche Gesellschaftssystem zusammenbrechen
> und funktionsunfähig werden könnte.
>
> Arnold J. Toynbee, 1931[1]

In London pflegte Keynes die erste wache Stunde eines jeden Tages im
Bett zu verbringen, den Finanzteil der Zeitungen zu lesen und mit seinem Broker und anderen Kontaktleuten im Londoner Finanzdistrikt zu
telefonieren. Doch dieses tagtägliche Studium gab ihm keinerlei Vor-
warnungen auf den amerikanischen Börsencrash im Oktober 1929.
Der Wert der King's-College-Stiftung, die er als Schatzmeister verwal-
tete, stürzte um ein Drittel ab; um sein privates Portfolio war es sogar noch schlechter bestellt. Das Problem, schreibt Robert Skidelsky,
war weniger, dass Keynes so viele amerikanische Aktien besaß, sondern
vielmehr, dass er auf steigende Kurse bei Gummi, Baumwolle, Zinn
und Mais gewettet und in der Erwartung, dass der Boom in den Vereinigten Staaten die Rohstoffpreise in die Höhe treiben würde, zu diesem
Zweck Geld im Verhältnis 10:1 aufgenommen hatte. Als die Rohstoffpreise 1928 zu fallen begannen, war Keynes gezwungen, die meisten
seiner Aktien während einer Baisse auf den Markt zu werfen, um seine
Warenpositionen decken zu können. Bis Ende 1929 war sein Reinver-
mögen von 44 000 auf weniger als 8000 Pfund geschrumpft.[2] Diese
Erfahrung verwandelte ihn in einen Value-Investor. Sie hatte ihn überzeugt, dass »es die richtige Investitionsmethode ist, ziemlich hohe Summen in Unternehmen zu stecken, über die man etwas zu wissen glaubt
und von deren Management man durch und durch überzeugt ist«[3].
    Doch trotz aller finanziellen Kalamitäten und falscher Hoffnungen

hatte Keynes seinen gewohnten Optimismus nicht verloren. Er war sich sicher, dass die amerikanischen Finanzbehörden nun »eine Epoche des billigen Geldes« einläuten würden, um eine schwere Rezession abzuwenden.[4] Nach drei Lunches mit dem neuen Labour-Premierminister Ramsay MacDonald, dessen Partei bei den allgemeinen Wahlen im Mai 1929 nicht nur die amtierenden Tories, sondern auch Keynes' liberalen Kandidaten Lloyd George haushoch geschlagen hatte, war Keynes überzeugt, dass die neue Regierung das von Churchill sogenannte »orthodoxe Schatzamtdogma« verwerfen würde.[5]

Das traditionelle Heilmittel des Schatzamts gegen Finanzkrisen war, auf fiskalische Rechtschaffenheit zu pochen. Es glich den Haushalt aus, während die Bank of England die Diskontsätze anhob, um den Goldwert des Pfund Sterling zu verteidigen. Begründet wurde das alles mit der Erklärung, dass die Rückgewinnung des Vertrauens von Business und Investoren der kürzeste Weg zur Genesung sei. Jeder Versuch des Staates, wie ein »letztinstanzlicher Arbeitgeber« zu handeln, würde den privaten Sektor nur dazu verleiten, weniger Leute einzustellen. Winston Churchill, der nunmehr abgelöste Schatzkanzler der Tory-Regierung, wiederholte vor dem Parlament: »Was die politischen und gesellschaftlichen Vorteile auch sein mögen, so können durch staatliche Geldaufnahmen und Staatsausgaben faktisch und der Regel nach nur sehr wenige zusätzliche Arbeitsplätze und keine dauerhafte Beschäftigung geschaffen werden.«[6] Keynes war zuversichtlich, dass die Labour-Vertreter die Vorschläge der Liberalen, Ausgaben zum Wohle von öffentlichen Arbeitsbeschaffungsmaßnahmen zu tätigen und die Zinssätze zu senken, willkommen heißen würden – zum Teufel mit den Auswirkungen auf das Staatsdefizit und den Goldwert des Sterling! Als er im Juli die Einladung erhielt, den Vorsitz über den »Economic Advisory Council« zu führen, der als Premierminister MacDonalds »ökonomischer Generalstab« galt, fühlte er sich in seinen optimistischen Erwartungen bestätigt.[7] Er stehe wieder in Gnaden, frohlockte er 1929 in einer Notiz an seine Frau Lydia.

Keynes war sich gewiss, dass billigeres Geld die Wirtschaft stabilisieren werde. Die Arbeitslosigkeit könne sich zwar über die nächsten Monate verschärfen, schrieb er in einer Kolumne für die Londoner *Times*, doch solange die Zinssätze noch schneller fielen als die Preise, würde das Anlagegeschäft wieder auf die Beine kommen, und die Roh-

stoffpreise und das Agrareinkommen könnten sich wieder erholen.
Außerdem vertraute er dem neuen amerikanischen Präsidenten Herbert Hoover, der sich im Gegensatz zum passiven Calvin Coolidge ganz
dem Aktivismus verschrieben hatte. Obendrein hatte Hoover den energischen Eugene Isaac Meyer – der später Herausgeber der *Washington
Post* wurde – zum Vorstandsvorsitzenden der Federal Reserve berufen und ein Programm zur schnellen Förderung von Bundesbauprojekten angekündigt. Hoover, der einstmals erfolgreiche leitende Ingenieur
einer Bergbaufirma in China und ehemalige Zar der Lebensmittelhilfen an Europa, lud hohe Tiere aus dem Unternehmertum zum Brainstorming ins Weiße Haus ein. Ein paar Wochen nach dem Börsencrash
bat sein Finanzminister Andrew Mellon den Kongress um eine einprozentige Steuerkürzung für Konzerne und Individuen.[8] Wie üblich war
Keynes auch diesmal wieder zuversichtlich genug, um seine Prognosen
mit Cash zu stützen. Skidelsky zufolge kaufte er im September 1930 erneut große Mengen amerikanischer und indischer Baumwolle.

Die Nachfrage nach Keynes' Rat schnellte in die Höhe, außerdem
nutzte er seine Zeitungskolumnen, Radioansprachen und Wochenschau-Interviews, um sich für einen monetären Aktivismus zur Bekämpfung der Rezession starkzumachen. Im Dezember 1930 schrieb
er einen langen Artikel für *The Nation*, der mit den Worten begann:
»Die Welt kam nur mählich zu der Erkenntnis, dass wir dieses Jahr
im Schatten einer der größten wirtschaftlichen Katastrophen der neuzeitlichen Geschichte leben.« Um der Resignation ein Ende zu bereiten, nutzte er jedes öffentliche Forum. Bei jeder Gelegenheit wetterte
er gegen die öffentliche Meinung, welche die Boom-Bust-Zyklen wie
Akte aus einem Moralstück betrachtete, und verwehrte sich entschieden gegen die Vorstellung, dass Rezessionen die unvermeidliche Strafe
und das gewollte Korrektiv für Extravaganz, Leichtsinn und Gier seien.
Vielmehr, erklärte Keynes seinen Lesern, »haben wir uns in ein kolossales Kuddelmuddel verstrickt, weil wir bei der Kontrolle einer störungsanfälligen Maschine versagten, deren Funktionsweisen wir nicht
verstehen«[9].

Das Problem war mit anderen Worten also ein technisches. Aus
Keynes' Sicht waren Depressionen vergleichbar mit Autowracks – das
Ergebnis von Unfällen und schlecht durchdachten Strategien; die Produktionsverluste, die damit einhergingen, waren so endgültig wie ver-

flossene Zeit, weil auch sie niemals zurückgespult werden konnten, und da es also keine Aussicht auf Rückgewinnung gab, waren sie schlechterdings eine Verschwendung. Zwar konnten auch Missernten, Stürme, Kriege und dergleichen Schläge aus heiterem Himmel Abschwünge auslösen, doch die Ursprünge fast aller Rezessionen, so Keynes weiter, waren schlechte oder sprunghafte Beschlüsse wirtschaftspolitischer Entscheidungsträger. Und das bedeutete prinzipiell, dass ein Konjunkturabschwung abgeschwächt oder sogar verhindert werden konnte. Keynes wollte vor allem die Vorstellung entkräften, dass das eigentliche Problem die Aufschwünge und nicht die Krisen seien. Ein paar Jahre später schrieb er, als sei es ein Echo der Ansichten, die Schumpeter in seiner *Theorie der wirtschaftlichen Entwicklung* geäußert hatte: »Das richtige Heilmittel für den Konjunkturzyklus liegt nicht darin, dass wir Aufschwünge abschaffen und uns somit dauerhaft in einer Semi-Rezession halten, sondern darin, dass wir Rezessionen abschaffen und uns somit dauerhaft in einem Quasi-Aufschwung halten.«[10] Und im Gegensatz zu den Schuldzuweisungen der Moralisten beharrte er darauf, dass eine Rezession nur bezeuge, wie trügerisch die ökonomischen Wertzuwächse in der Vergangenheit gewesen seien. Bezugnehmend auf den Investitionsboom in den Zwanzigerjahren erklärte er: Es »war kein Traum, und dies ist ein Albtraum, der sich am Morgen verflüchtigt haben wird. Denn die Ressourcen der Natur und die Vorrichtungen des Menschen sind so ertragreich und produktiv wie eh und je. [...] Man hat uns vorher nicht getäuscht.«[11]

Die Wirtschaft habe bloß eine Motorpanne erlitten, und so etwas sei (relativ) leicht zu beheben. Mit dem Wirtschaftsmotor liege nichts grundlegend im Argen, schrieb er in einer Kolumne, er habe bloß »magneto trouble« – Startschwierigkeiten.[12] Die Preise waren so tief gefallen, dass Landwirte und Unternehmer mit dem Verkauf ihrer Produkte nicht einmal mehr ihre Herstellungskosten decken konnten. Ergo hatten sie gar keine andere Wahl, als ihre Angebote und Investitionen zu kürzen, wodurch eine neue Runde der Arbeitslosigkeit eingeläutet wurde, was wiederum dazu führte, dass die Preise noch weiter fielen. Um diesen Teufelskreis zu durchbrechen, brauchten die Finanzbehörden Keynes' Meinung nach jedoch nichts anderes zu tun, als die Zinssätze zu senken und mehr Geld zu schöpfen, bis das Business die Preise wieder erhöhen könne und Investitionen wieder lohnenswert finde. Er war überzeugt, dass billigeres Geld alles abfangen würde, was schlimmer als eine Feld-, Wald- und Wiesenrezession war.

Skidelsky schreibt, Keynes habe Analogien zum Automobil gesucht, um verdeutlichen zu können, dass gewaltige Katastrophen nicht nur triviale Ursachen haben konnten, sondern auch trivialen Lösungen offenstanden. Doch vielen klang diese Botschaft kontraintuitiv, wenn nicht gar leichtfertig. Während der bedeutende Mathematiker und Marxist Godfrey Harold Hardy über die Idee spottete, dass gravierende wissenschaftliche Probleme schematischen oder mechanischen Lösungen offenstünden – »nur ein Außenseiter sehr schlichten Gemüts ist in der Lage, sich vorzustellen, dass Mathematiker Erkenntnisse gewinnen, indem sie den Hebel irgendeiner wundersamen Maschine umlegen«[13] –, versicherte Keynes seinen Lesern, dass es eine Lösung gebe, sobald das Problem korrekt diagnostiziert worden sei und sofern die Behörden von der Notwendigkeit des Handelns *überzeugt* seien:

> *Ein entschiedenes Handeln der Federal-Reserve-Banken der Vereinigten Staaten, der Banque de France und der Bank of England könnte sehr viel mehr bewirken als die meisten Menschen, welche Symptome oder erschwerende Umstände für die Krankheit selbst halten, zu glauben bereit sind. […] Ich bin überzeugt, dass Großbritannien und die Vereinigten Staaten, sofern gleichgesinnt und gemeinsam handelnd, den Motor in annehmbarer Zeit wieder zum Laufen bringen könnten, das heißt, sofern sie sich der Art des vorliegenden Fehlers gewiss und entsprechend motiviert wären. Denn es ist im Wesentlichen der Mangel an solcher Gewissheit, der den Behörden auf beiden Seiten des Kanals und des Atlantiks bis zum heutigen Tag die Hände bindet.*[14]

Diese fehlende Gewissheit beruhte zum Teil, vielleicht sogar im Wesentlichen, auf einer bestimmten Denkweise. Keynes schrieb das Ausmaß der Katastrophe der Tatsache zu, dass »es in der neuzeitlichen Geschichte kein Beispiel für einen derart starken und rapiden Preisabfall von der Norm gibt, wie er im vergangenen Jahr auftrat«[15]. Aber er wusste genau, dass alte Theorien nicht allein durch Fakten widerlegt werden konnten und dass neue Theorien gefragt waren. Um seinen Artikeln also mehr Gewicht zu verleihen, beeilte er sich, sein zweibändiges Werk *Treatise on Money (Vom Gelde)* druckfertig zu machen. Mitte September 1930 hatte er das Vorwort beendet.

Der Fokus dieser Abhandlung lag auf der Möglichkeit, den Konjunkturzyklus mit Hilfe von Preisstabilisierungen zu kontrollieren. Sobald Investitionen die Ersparnisse überstiegen, war das Ergebnis eine Inflation. Im umgekehrten Fall folgten das Absinken des Preisniveaus, ein Abfall der Produktion und ein Anstieg der Arbeitslosigkeit – mit anderen Worten: eine Rezession. Daher ließen sich Konjunkturabfälle heilen, wenn man zu Ausgaben ermunterte und vom Sparen abriet, was genau das Gegenteil von der Medizin war, die solche Traditionalisten wie Churchill verschrieben hatten. »Denn der Motor, der das Unternehmertum antreibt, ist nicht die Sparsamkeit, sondern der Profit«, argumentierte Keynes und fügte noch die rhetorische Frage hinzu: »Wurden die sieben Weltwunder durch Sparsamkeit erschaffen? Ich bezweifle das.«[16]

Seine optimistische Botschaft lautete: Wenn es die Deflation ist, die Landwirte, Bergwerkbetreiber und Unternehmer zu Produktionskürzungen verleitet, dann sind es auch die Behörden, die im Besitz des Heilmittels sind. Irving Fisher hatte in seinem 1921 publizierten Buch *Stabilizing the Dollar* behauptet, dass die US-Notenbank die Geld- und Kreditmenge mit Hilfe einer Manipulation des Diskontsatzes kontrollieren könne. Wenn sie die Zinssätze erhöhe, sobald eine Inflation drohe, und sie senke, sobald eine Deflation zu erwarten war, könne sie zu Investitionen ermuntern oder von ihnen abhalten, je nachdem, ob sie zur Wirtschaftätigkeit anregen oder diese abbremsen wolle. Und dank ihrer Kontrolle könnten die Finanzbehörden dann Investitionen mit Ersparnissen und Preise mit Kosten in Einklang halten. Das glaubte auch Keynes 1931, als er noch immer fest davon ausging, dass eine konzertierte Aktion zur Senkung der Zinssätze der Rezession ein Ende bereiten könne.

Wie Skidelsky feststellt, war sich Keynes offenbar nicht bewusst gewesen, wie orthodox die Einstellung sozialistischer Politiker war, wenn es um Wirtschaftsfragen ging. Obwohl die hohe Arbeitslosigkeit nun schon seit mindestens neun Jahren die Sorgen der Menschen beherrschte, hatte die britische Labour-Partei noch immer kein eigenes Programm entwickelt, um ihr zu begegnen. Eine Ausnahme bildete Beatrice Webb. Als ausgesprochene Kritikerin der Sichtweisen des

Schatzamts hatte sie schon 1909 in ihrem umstrittenen *Minority Report* die »Buchhaltung« und den jährlichen Haushaltsausgleich des Schatzamts moniert.[17] Zu Zeiten des Booms, so hatte sie argumentiert, sollte der Staat die Steuern für die Reichen erhöhen und einen Überschuss schaffen; in schlechten Zeiten sollte er selbst dann öffentliche Arbeiten finanzieren, wenn das bedeutete, dass er damit ein Haushaltsdefizit schuf. Bis 1930 hatte sie sich jedoch davon überzeugt, dass Arbeitslosigkeit dem Kapitalismus per se innewohne. Sie ignorierte die Tatsache, dass die Arbeitslosigkeit in den Vereinigten Staaten während der Zwanzigerjahre im Durchschnitt fast immer unter 5 Prozent geblieben war, und zog den Schluss, dass man sie nicht abschaffen könne, solange die Privatwirtschaft nicht verstaatlicht worden sei.[18]

Die meisten Mitglieder des Labour-Kabinetts hielten ebenso unbeirrt an der Sichtweise des Schatzamts fest, wie es Winston Churchill getan hatte. Ein Minister schrieb an den Premierminister: »Kapitän und Offiziere ließen ein großes Schiff bei Ebbe auf Grund laufen; kein menschenmögliches Bemühen wird es flott bekommen, bis die Natur wieder die Flut einlaufen lässt.«[19] MacDonald antwortete, dass dieses Bild exakt seine eigene Gemütsverfassung widerspiegle. Beihilfen zu streichen und Steuern zu erhöhen schienen vernünftigere Maßnahmen zu sein als die Adaption der von Keynes und Fisher geforderten radikalen Stimuli.

Am 20. Oktober 1930 wartete der von Keynes geleitete ökonomische Beirat mit einem Sammelsurium aus konventionellen und radikalen politischen Strategien auf: Man solle die Arbeitslosenunterstützung senken, einen 10-prozentigen Zoll auf Importe erheben und ein massives Arbeitsbeschaffungsprogramm implementieren, um Arbeitsplätze für Arbeitslose zu schaffen. Gegen den Einwand, dass jeder Zuwachs auf der staatlichen Gehaltsliste bloß zu einem Abbau der Arbeitsplätze im privaten Sektor führen würde, verwahrte sich der Beirat ausdrücklich. »Wir akzeptieren nicht die Ansicht, dass solche Arbeitsbeschaffungsmaßnahmen notwendigerweise zu einer wesentlichen Verschiebung der Beschäftigung in der gewöhnlichen Industrie führen müssen.«[20] Doch das Labour-Kabinett, dem Sidney Webb als Kolonialminister angehörte, sollte nur die erste Maßnahme adaptieren, Zölle und öffentliche Arbeitsbeschaffungsmaßnahmen aber ablehnen.

Skidelsky zufolge war Keynes' Finanzlage am Jahresbeginn 1931 schließlich derart angespannt, dass er versuchte, seine beiden wertvollsten Gemälde zu verkaufen, darunter einen Matisse.[21] Aber nicht einmal zum geforderten Minimalpreis fand er einen Käufer.

Im Sommer 1929 hatte Fisher nicht nur für sein Luxusautomobil (den Stearns-Knight) Geld verprasst, sondern auch mit großer Befriedigung beobachtet, wie ein Trupp von Handwerkern sein und Maggies Haus in New Haven verschwenderisch renovierte. Das Beste daran sei, erklärte er seinem Sohn, dass er, nicht seine Frau, die Rechnung begleiche.

Mit seinen sechzig Jahren sah Fisher fitter und distinguierter aus denn je: Das mittlerweile weiße Haar war so dicht wie immer, seine Figur rank und schlank, und sein nachdenklicher Blick verriet nicht, dass er auf einem Auge erblindet war. Er hatte hohe Kredite aufgenommen, um seinen Nutzen aus den Remington-Rand-Optionen zu ziehen, die ihm im Rahmen seines Verkaufs von Index Visible angeboten worden waren. Vier Jahre nach dem Verkauf hatte sich der Wert seines Portfolios um das Zehnfache erhöht. Sein Index Number Institute, dessen Büros nach wie vor im Gebäude der *New York Times* untergebracht waren, hatte mittlerweile einen Abonnementdienst für Börsenindizes eingerichtet, außerdem schrieb Fisher eine wöchentliche Kolumne für Investoren, die jeden Montag in Zeitungen im ganzen Land erschien. Im Licht der Öffentlichkeit wurde er nicht nur mit der Prohibition und dem Wellnesswahn in Verbindung gebracht, sondern auch mit dem Börsenboom und dem Wirtschaftsoptimismus der neuen Ära.

Als sich 1929 Fragen über die Dauerhaftigkeit des Bullenmarkts zu häufen begannen, tat er die düsteren Warnungen solch professioneller Baissespekulanten wie Roger Babson ab, indem er auf die bemerkenswerte Kombination aus niedriger Inflation und rapidem Wirtschaftswachstum verwies, von der dieses Jahrzehnt geprägt war. »Wir haben die vermutlich größte Expansion des Realeinkommens eines Volkes erlebt, die es jemals in irgendeinem vergleichbaren historischen Zeitabschnitt gegeben hat«, schrieb er.[22] Mitte Oktober 1929 sagte er der *New York Times* zufolge voraus, dass der Aktienmarkt im Begriff sei, »binnen weniger Monate noch um ein gutes Stück zu steigen«[23].

Selbst nach dem Börsencrash war Fisher keineswegs überzeugt, dass es unvermeidlich zu einer Rezession kommen müsse. Im Januar 1930 schrieb er:

Der Sturz der Papierwerte war größtenteils ein Transfer, aber keine Ver-
nichtung von materiellem Wohlstand. [...] Materielle Projekte blieben
unbeeinträchtigt. [...] Die Umverteilung von Unternehmensbesitz blieb
auf einen sehr kleinen Prozentsatz der Bevölkerung begrenzt und wird
sich infolgedessen nur geringfügig auf die Kaufkraft der großen Masse
der Verbraucher auswirken.[24]

Seine Konkurrenten aus der Harvard Economic Society stimmten zu,
dass eine Neuauflage der schweren Rezession von 1920/21 nicht zu erwarten war. Nur Tage nach dem Crash hatten die Harvard-Auguren
ihre Subskribenten informiert: »Wir glauben, dass die gegenwärtige
Rezession an der Börse wie im Business kein Vorbote einer Depression
ist.«[25]

Fisher vergeudete keine Zeit mit Gejammer über seine Verluste und
konzentrierte sich lieber darauf, diesen Crash zu sezieren. Einen Großteil seiner Studie *The Stock Market Crash – and After* schrieb er im
November und Dezember 1929. Seine optimistische Überzeugung, dass
sich die Börsenkurse wieder erholen würden, verteidigte er mit dem
Hinweis, dass sie mittlerweile nur eine elffache Gewinnrendite brächten, was weniger als ihr langjähriges historisches Mittel war und seiner Meinung nach deshalb »ein zu niedriges Verhältnis« darstelle, »gemessen an den Erwartungen einer schnelleren Gewinnrendite in der
Zukunft«. Und die weitverbreitete Meinung, dass die überhöhten Aktienkurse Schuld an allem trügen, widerlegte er mit der Erklärung, dass
»zwei Drittel bis drei Viertel der Hausse am Börsenmarkt zwischen
1926 und September 1929« durch die Renditen und Produktivitäts-
zugewinne »gerechtfertigt« gewesen seien – eine Schlussfolgerung, die
jüngst mehrere Analysen bestätigt haben. Gleichzeitig erklärte er, dass
Investoren wie er durch diese Kombination aus niedrigen Zinssätzen
und hohen Renditen dazu verleitet worden seien, sich zu viele Schulden aufzuladen: »Wenn neue Erfindungen die Gelegenheit bieten, mehr
als den gegenwärtigen Zinssatz zu erwirtschaften, dann gibt es immer
die Tendenz, Kredite zu niedrigen Sätzen aufzunehmen, um aus der Investition einen höheren Satz zu erwirtschaften.« Das Problem waren
demnach nicht die künstlich hochgetriebenen Börsenkurse, sondern die
übermäßigen Kreditaufnahmen:

Investoren sahen sich einerseits mit wunderbaren Möglichkeiten kon-
frontiert, Geld zu machen, andererseits mit einem niedrigen Zinssatz für
Kredite. Sie konnten zu sehr viel weniger [Geld] Kredite aufnehmen, als
sie zu erwirtschaften erwarteten. Kurzum, sowohl der Bullenmarkt als
auch der Crash erklären sich im Wesentlichen durch die unsolide Finan-
zierung solider Aussichten.[26]

Auch weiterhin prognostizierte Fisher die Erholung des Aktienmarkts
und bestritt, dass der Crash eine Depression unvermeidlich machte. Er
vermerkte, dass die Wirtschaftätigkeit schon vor dem Börsencrash
abzuflauen begonnen habe, und prophezeite deshalb eine typische Rezession. Solange das Business nicht dem Druck der Schwarzmaler nach-
gebe, die Produktion zurückfahre und Entlassungen vornehme, werde
die Realwirtschaft dem Sturm trotzen. Monat für Monat äußerte Fisher im folgenden Jahr die Meinung, dass der Aufschwung schon an
der nächsten Ecke warte. Wie Keynes vertraute auch er Hoovers Kompetenz und Entschlossenheit.

Einige Monate lang wirkte Fishers Optimismus durchaus plausibel.
Bis April 1930 war der Aktienmarkt wieder auf dem Niveau angelangt,
das er Anfang 1929 erreicht hatte. Die Preise fielen nicht so schnell, und
die Arbeitslosigkeit stieg nicht so schnell wie 1921. Sogar im Juni 1930
lag die Arbeitslosigkeit erst bei 8 Prozent. 1921 war sie auf 12 Prozent
gestiegen. Die Zinssätze waren außerordentlich niedrig. Doch wie Milton Friedman und Anna Schwartz in ihrem bahnbrechenden Werk
A Monetary History of the United States, 1867–1960 bemerkten, kam
es dann nicht zu der erwarteten Erholung, sondern zu einer spürbaren
»charakterlichen Veränderung des Abschwungs«.[27]

Ein weiterer Preissturz bei Industrieerzeugnissen hob für die Kredit-
nehmer schließlich sämtliche Vorteile aus den niedrigen Zinssätzen auf.
Im Herbst 1930 und Sommer 1931 löschte eine Welle von Bankenplei-
ten ein Milliardenvermögen aus. Doch selbst als sich Fisher schlussendlich gezwungen sah, die Schwere der Depression zuzugeben, beharrte
er noch darauf, dass der Markt und die Wirtschaft längst ihre Talsohle
erreicht hätten. Sein Optimismus, seine übersteigerte Zuversicht und
seine Sturheit verleiteten ihn – wie so viele andere, die darauf hofften,
dass das Blatt sich wenden würde –, an seinem Aktienbestand festzuhalten. Hätte er sich 1928/29, als die Remington-Rand-Aktie auf acht-

undfünfzig Dollar gestiegen war, an Herbert Hoovers umsichtige Re-
zeptur gehalten und seine Bankkredite abbezahlt, wäre er immer noch
acht- bis zehnfacher Millionär geblieben. Und selbst wenn er seine Aktien ein Jahr nach dem Börsencrash verkauft hätte, wäre es noch ver-
träglich für ihn ausgegangen. Ende 1930 hatte es für eine Remington-
Rand-Aktie noch achtundzwanzig Dollar gegeben, 1933 aber war sie
auf einen Dollar gefallen. Bis April 1931 war Fishers Nettovermögen
auf etwas über eine Million geschrumpft. Im August war er gezwungen, sein Index Number Institute zu schließen und die Ökonomen und
Statistiker aus seinem Stab zu entlassen. Und als ob das nicht genug
gewesen wäre, verklagte ihn auch noch die Bundessteuerbehörde (IRS)
wegen Steuerrückständen in Höhe von 75 000 Dollar aus dem Verkauf
des Remington-Rand-Aktienbestands von 1927/28. Schließlich sah er
sich gezwungen, sich an seine Schwägerin Caroline Hazard zu wenden, und die mittlerweile pensionierte Präsidentin des Wellesley College übergab die Verwaltung seines Kredits letztendlich einem Konsor-
tium aus Anwälten und zwei ihrer Neffen.

Öffentliche Schuldzuweisungen und Hohn verstärkten den Stress
und die Erniedrigung durch Fishers finanziellen Ruin noch. Der einstige Präsident der American Economic Association attackierte ihn in
der *New York Times*, weil er »ständig darauf beharrte, dass alles gut
sei, und vom Wohlstand einer neuen Ära oder der wachsenden Produktivität faselte, um die hohen Börsenkurse zu rechtfertigen«[28]. Die
Zeitung berichtete auch, dass »Finanzminister Mellon, Expräsident
Coolidge und Yale-Professor Irving Fisher gestern als diejenigen Personen benannt wurden, welche die größte Verantwortung tragen für die
›Fortsetzung und Ausweitung der Spekulationshysterie‹ vor dem Crash
der Wall Street«[29]. Als der Vorstandsvorsitzende einer Firma, in die
Fisher viel investiert hatte, wegen Betrugs angeklagt wurde, forderte
Fisher Schadenersatz, aber die Publicity des anschließenden Prozesses
sollte seinen Ruf noch mehr beschädigen. Sein Sohn erinnerte sich, er
habe einmal gehört, wie zwei Fremde über die reißerischen Details dieses Falles, die tagtäglich von der *New York Times* berichtet wurden,
sagten: »Meine Güte! Der hat doch angeblich alle Antworten parat gehabt, und sieh doch bloß, wie ausgebrannt der ist.«[30]

Anstatt also wieder einen geregelten Kurs einzuschlagen, beschleunigte sich der Sturz der amerikanischen Wirtschaft noch, bis sie schließ-

lich die ganze Welt mit sich in den Abgrund riss. In den Vereinigten Staaten fiel die Industrieproduktion auf die Hälfte des Niveaus von 1929, während die Arbeitslosigkeit auf 16 Prozent in die Höhe schoss. Der Ton der Kommentatoren wurde immer panischer. Zur Jahresmitte begannen englischsprachige Zeitungen erstmals von einer »Great Depression« zu sprechen.[31] Fisher gestand derweil, dass »das wichtigste Wirtschaftsereignis zu unser aller Lebzeiten hier« noch auf Jahre hinaus »ein Rätsel« bleiben werde.[32] Ihn hatte es ebenso aus heiterem Himmel getroffen wie Keynes, doch er hatte dabei auch noch seine Glaubwürdigkeit in der Öffentlichkeit eingebüßt.

Die erste Juliwoche 1931 verbrachten sowohl Fisher als auch Keynes im amerikanischen Mittleren Westen, der gerade unter einer schweren Dürre litt: Zwei Dutzend internationale Finanzexperten trafen sich an der University of Chicago, um über die Reaktionen ihrer Regierungen auf die mittlerweile sogenannte Weltwirtschaftskrise zu diskutieren. Keynes pries die Hoover-Administration wegen der vorgenommenen Steuerkürzungen und weil sie eine Vielzahl an öffentlichen Bauprojekten, darunter den Hoover-Damm, abgesegnet hatte. Er beglückwünschte die Federal Reserve zu ihrem Beschluss, die Zinssätze auf ein Rekordtief herabzusetzen, um einer Deflation zuvorzukommen. »Die Depression muss mit einer Erhöhung, nicht mit einer Senkung der Preise bekämpft werden«, erklärte er den Reportern.[33] Er war zwar noch immer überzeugt, dass eine Herabsetzung der Zinssätze ausreichen würde, um die Rezession zu beenden, aber doch besonnen genug, um zu erkennen, dass es in einer Situation, die niemand vorausgesehen hatte, nicht nur ökonomisch, sondern auch politisch sinnvoll war, nicht alle Eier in ein und denselben Korb zu packen, sofern man »das Problem an breiter Front angehen will und dabei jedes nur irgendwie einleuchtende Mittel in Erwägung zieht«[34].

In Chicago leitete Keynes ein Roundtablegespräch über die Frage: »Ist es den Regierungen und Zentralbanken möglich, gezielt etwas zu tun, um die Arbeitslosigkeit zu lindern?«[35] Die Mitglieder der ökonomischen Fakultät von Chicago unterstützten die von der Hoover-Regierung verfolgte Strategie der höheren Staatsausgaben und des billigeren Geldes, obgleich sie typische fiskalische Konservative aus dem Mittleren Westen waren. Keynes war nicht der Einzige unter den Anwesenden, der aus Erfahrung wusste, dass Nachfrageausfälle – bezogen auf die Mittel, die den Haushalten und Unternehmen zur Verwirklichung ihrer Wünsche zur Verfügung standen – zu Rezessionen führen, und dass es dafür nur eine Lösung geben konnte, nämlich die, dass der Staat einen Ausgleich anbot. Die Chicagoer waren allerdings entschieden begeisterter als Keynes von Hoovers öffentlichem Arbeitsbeschaffungsprogramm und seiner Initiative für staatliche Kreditvergaben an Unternehmen. Keynes hatte ganz einfach weniger Zutrauen in die Organisationsfähigkeit der amerikanischen Staatsdiener als in die der britischen.

Nachdem er nach London zurückgekehrt war, trat Keynes dem von der Labour-Regierung eingesetzten »Committee on Finance and Industry« unter der Leitung von Lord Hugh Macmillan bei, dessen Bericht dann anregte, dass sich Großbritannien, die Vereinigten Staaten und Frankreich zu einer konzertierten Aktion zusammenschließen sollten, um mit diversen Maßnahmen wie der Stornierung von Kriegsschulden, der Vergabe von Notkrediten und der Beseitigung von Handelsbarrieren eine Kreditausweitung zu erreichen. Der Labour-Vorschlag, mit Ausgabenkürzungen über siebzig Millionen Pfund plus einer Steuererhöhung über weitere siebzig Millionen wieder Vertrauen in das Pfund zu wecken, fruchtete nicht. Bis August 1931 hatte sich die Labour-Regierung wegen der Strategien, die vom Economic Advisory Board vorgeschlagen worden waren, völlig zerstritten, und Ramsay MacDonald war vom Amt des Premierministers zurückgetreten. Schon im Mai des Jahres hatte der österreichische Kreditanstalt-Bankverein seine Zahlungsunfähigkeit erklärt, was eine Finanzkrise auf dem ganzen europäischen Kontinent auslöste und zu einem Run auf das britische Pfund führte, als europäische Investoren panikartig Gelder von ihren Londoner Konten abzogen. Die Bank of England reagierte prompt mit der Entscheidung, den Diskontsatz auf 6 Prozent anzuheben und ihn somit mehr als zu verdoppeln.

Am 21. September unternahm Großbritannien schließlich den Schritt, den Keynes und Fisher von Anbeginn an gefordert hatten: Das Pfund wurde um 30 Prozent abgewertet, Goldzahlungen wurden ausgesetzt. Und anstatt den Zinssatz bei seinem Höchststand vom September des Vorjahres zu belassen, um den weiteren Abfluss von Gold- und Devisenreserven zu verhindern und den Goldwert des Pfunds zu verteidigen – was eine Maßnahme gewesen wäre, die zu einem neuerlichen Rückgang von Investitionen und Abbau von Arbeitsplätzen geführt hätte –, senkte die Bank of England in der ersten Jahreshälfte 1932 den Diskontsatz von 6 auf 2 Prozent.[36] Im Dezember 1931 beglückwünschte Fisher den wiedergewählten Premierminister MacDonald in einem Telegramm zum Bruch mit dem Goldstandard und versicherte ihm, dass dieser Schritt gewiss nichts sei, dessen man sich schämen müsse.

Keynes beruhigte seine Freunde. Vanessa Bell schrieb ihrer Schwester Virginia Woolf im Oktober von einem Kinobesuch mit Duncan Grant in London. Plötzlich erschien

riesengroß Maynard auf der Leinwand. [...] Die Augen gegen das Licht zusammengekniffen & ziemlich nervös, erzählte er der Welt, dass nun alles wieder gut werde. England sei vom Schicksal vor einer nahezu hoffnungslosen Lage bewahrt worden, das Pfund werde nicht zusammenbrechen, die Preise würden nicht wesentlich steigen, der Handel werde sich erholen, niemand brauche sich vor irgendwas zu fürchten. Bei diesem Wetter mag man das fast glauben.[37]

Aber für die Labour-Regierung war es zu spät. Die allgemeinen Wahlen im Oktober führten zu einem erdrutschartigen Sieg der Tories und der Liberalen. Ramsay MacDonald war erneut Premierminister, doch die Binnenwirtschaftspolitik wurde wieder von den Konservativen bestimmt.

Trotz seiner finanziellen Engpässe, seines beschädigten Rufs und seines fortgeschrittenen Alters schien die Wirtschaftskatastrophe den fünfundsechzigjährigen Fisher kaum deprimiert, vielmehr sogar mit noch mehr Energie versorgt zu haben. 1932 publizierte er eine außergewöhnliche Anzahl von wissenschaftlichen Arbeiten und Zeitungsartikeln. Er bombardierte die Hoover-Regierung wie die Federal Reserve mit Ratschlägen und brachte andere Ökonomen dazu, es ihm gleichzutun. Sein eigentliches Ziel dabei war, Präsident Hoover davon zu überzeugen, die Vereinigten Staaten vom Goldstandard abzukehren, wenn nicht de jure, dann zumindest de facto. Er sollte dafür sorgen, dass die Federal Reserve nichts gegen ein Absinken des Devisenwerts des Dollars unternehmen würde. Fisher traf sich auch mit den Bankiers der

Federal Reserve und drängte sie, den aggressiven Plan in die Tat um-
zusetzen, öffentliche und Bankenanleihen zu kaufen, um Geld in das
Bankensystem zu pumpen. Zu seinem Unmut »hielten es die Federal-
Reserve-Männer jedoch für ›sicherer‹, zu warten!«, klagte er später.
»Diese Warterei kostete das Land meiner Meinung nach den Preis des
entscheidenden Teils der Depression.«[38]

Im Januar 1932 nahm Fisher an einem weiteren Treffen von Finanzexperten an der University of Chicago teil. Diesmal organisierte er ein
Telegramm an den Präsidenten, in dem dieser gedrängt wurde, einen
Anstieg des Bundeshaushaltsdefizits zuzulassen, Reserven in das ange-
schlagene Bankensystem zu pumpen, Zölle zu senken und die interalliierten Kriegsschulden zu erlassen. Zweiunddreißig prominente Ökonomen aus den Universitäten von Chicago und Wisconsin sowie aus
Harvard unterzeichneten den Aufruf, in dem Fisher hervorhob, dass
Schweden, Japan und Großbritannien sich gerade erholten, weil sie im
Vorjahr vom Gold abgegangen waren. Diese Menge an Unterzeichnern
beweist, wie viele inzwischen Fishers und Keynes' Ansichten über die
Krise übernommen hatten – über deren Globalität und monetäre Ursachen, über den zu erwartenden Verlauf und über die Notwendigkeit
von konzertierten monetären Interventionen. Allerdings vertraten sie
damit allesamt noch immer die Ansicht einer Minderheit. Im selben
Monat hatten unter anderem zwei Dozenten aus Harvard, Harry Dexter White und Lauchlin Currie, ein ähnliches Manifest herausgegeben,
in dem sie die Depression als ein »internationales Unheil« bezeichneten
und darauf bestanden, dass die Regierung mehr tun müsse, als nur den
Opfern beizustehen, sich vielmehr darauf konzentrieren müsse, eine
Verschlimmerung der Rezession zu verhindern:

> *Eingedenk der involvierten Frage der Reparationen, der wirtschaftlichen
> Not, die in ganz Europa auf dem Vormarsch ist, eingedenk der fortlau-
> fenden Fehlverteilung der Goldreserven, des wachsenden Vertrauensver-
> lustes in die Banken, der immer höheren Handelsbarrieren, des Chaos
> in Spanien, Indien und China, ist die Aussicht auf eine Erholung in
> naher Zukunft nicht ermutigend. [...] Eingedenk der [...] Unterlassung
> seitens der Regierung, andere Maßnahmen als rein palliative zu ergrei-
> fen, hat der Ökonom die Verantwortung, eine Vorgehensweise zu emp-
> fehlen, die einen Gesundungsprozess beschleunigen kann.[39]*

Die Dissidenten aus Harvard, die zudem eine massive Erhöhung der Staatsausgaben forderten, vergaßen auch nicht, sich verächtlich über all die »Ökonomen zu äußern, die glauben, dass der Verlauf der Wirtschaftskrise nicht in Schach gehalten werden könne und dass sich politische und wirtschaftliche Veränderungen der menschlichen Kontrolle entzögen«. Gemeint war damit offensichtlich nicht zuletzt die ältere Professorengeneration von Harvard. Auch die dritte Unterschrift unter diesem Manifest stammte von einem jungen Dozenten.

Bis 1932 klar geworden war, wie tiefgreifend und global diese Wirtschaftskrise war, befand sich Herbert Hoover bereits auf dem besten Weg, der »verhassteste Mann in Amerika« zu werden. Bombardiert mit widersprüchlichen Ratschlägen, hatte der Präsident in einen ganzen Wühltisch voller inkonsistenter politischer Strategien gegriffen, um die steigende Arbeitslosigkeit zu bekämpfen. Nur weil er sich wegen der Steuersenkungen, der steigenden Staatsausgaben und des stetig wachsenden Haushaltsdefizits so angegriffen sah, änderte er seinen Kurs mit einem Mal um hundertachtzig Grad, erhöhte die Steuern und senkte die Staatsausgaben. Weder die Bankiers noch die Unternehmer, geschweige denn die Gemeinde der Ökonomen, waren bereit, derart unkonventionelle Maßnahmen zu unterstützen. Nach einem Treffen mit einem Staatssekretär aus dem Finanzministerium schrieb Fisher an seine Frau Maggie: »Ich sagte ihm, er und Hoover sollten endlich *irgendeinen* Weg wählen, ihn dann aber auch augenblicklich einschlagen!«[40]

In Wahrheit herrschte in keinem Land Konsens bei der Frage, was der Staat zu tun habe. Die meisten Staaten reagierten auf fallende Preise, Produktionen und Steuereinnahmen mit dem Versuch, ihre Haushalte auszugleichen. Jedenfalls sollten die Auswirkungen von Steuererhöhungen und Kosteneinsparungen die Krise noch verschärfen und weitere Preisrückgänge auslösen, während die Bankenpaniken gewaltige staatliche Verbindlichkeiten erschufen. Somit trugen, wie der Wirtschaftshistoriker Harold James betont, die Handlungen vieler Regierungen, insbesondere aber die von Washington, dazu bei, Deflation wie Depression auszuweiten und die Wirtschaftskrise zu einer wahrhaft globalen Angelegenheit zu machen.

Die Hoffnung, dass sich das Jahr 1932 wie das Jahr 1923 entwi-

ckeln und die amerikanische Wirtschaft wie nach der tiefen Rezession
von 1920/21 wieder nach oben schnellen würde, wurde bald zunichte
gemacht. Anstatt sich zu erholen, begann sich der Fall der Wirtschaft
zu beschleunigen. 1933 wurden Aktien zu einem Fünftel ihrer Werte
im Jahr 1929 gehandelt; die Einzelhandelspreise waren um 30 Prozent
abgestürzt; das amerikanische Nationalprodukt und -einkommen waren um jeweils ein Drittel gesunken; außergewöhnliche 25 Prozent aller
amerikanischen Werktätigen waren arbeitslos. Und wie zu erwarten,
stieg die Selbstmordrate prompt steil an. Eine der wenigen guten Nachrichten war, dass die Amerikaner nun insgesamt gesünder waren und
älter wurden. Offenbar war der Wohlstand in den Zwanzigerjahren
mit seiner Fülle an Arbeits- und Konsummöglichkeiten doch kein »ge-
trübter Segen« gewesen.

Als Keynes und der amerikanische Journalist Walter Lippmann im
Juli 1933 ihre erste transatlantische Liveübertragung durch den Äther
schickten, saß bereits Franklin Delano Roosevelt im Weißen Haus.
Lippmann schloss die Radiosendung mit einer Bemerkung, die seinen
Interviewpartner wohlwollend stimmen sollte:

> *Möglicherweise sind wir beim gegenwärtigen Stand des menschlichen
> Wissens nicht genügend gerüstet, um eine Krise verstehen zu können,
> die so groß und so neu ist. [...] Nirgendwo auf der Welt gab es einen
> Propheten, von dem sich sagen ließe, dass seine Lehren allumfassend,
> zeitnah und zureichend gewesen wären. [...] Es ist auch eine Krise des
> menschlichen Verständnisses, aber unsere schwersten Fehler haben wir
> nicht aus Niedertracht, sondern aus Fehleinschätzungen heraus be-
> gangen.[41]*

Die meisten Ökonomen sind sich nicht nur einig, dass niemand auf
der Grundlage früherer Depressionen diese Weltwirtschaftskrise vorausgesehen hatte, sondern auch, dass sie niemand auf Grundlage
irgendeiner bestehenden Theorie hätte voraussagen können.[42] Im
Rückblick machen Forscher heute primär die Fehler der Federal Reserve, das nachlassende Vertrauen, die rückläufige Ausgabenbereit-
schaft von Konsumenten und Unternehmern sowie die Welle an Verkäufen dafür verantwortlich, die von immer panischeren Investoren in

fallende Märkte hinein getätigt wurden. Doch David Fettig von der Federal Reserve Bank of Minneapolis stellte fest:

Letztendlich besaß die Story der Weltwirtschaftskrise, wenn man sie denn als eine solche bezeichnen kann, all das Drum und Dran einer Kriminalgeschichte, die bis zum Rand voll mit Verdächtigen und deshalb schwer zu lösen war, selbst dann, wenn man das Ende kannte; es war die Art [von Geschichte], die man wieder und wieder liest, um jedes Mal mit einer anderen Lösung aufzuwarten. Zumindest einstweilen.[43]

Wer wissenschaftlich zu denken pflegt, der wird durch eine spektakuläre Fehleinschätzung meist enorm zur Suche nach einem völlig neuen Denkansatz angetrieben. Bis zum Jahresende 1932 war klar geworden, dass die von Keynes und Fisher vertretene Theorie, wonach Preisstabilität eine zureichende Bedingung für wirtschaftliche Stabilität sei – das heißt also: Vollbeschäftigung –, ihre Schwachstellen hatte oder doch zumindest einige entscheidende Variablen vermissen ließ. Keiner von beiden hatte mit einer wirklich zufriedenstellenden Erklärung für das Ausmaß des wirtschaftlichen Zusammenbruchs zwischen 1929 und 1933 aufgewartet. Aber ohne eine schlüssige Theorie zur Erklärung dieser Krise hätte es keine Regierung gewagt, entschieden und konsequent zu handeln. Also sahen sich beide Männer genötigt, ihre Annahmen noch einmal unter die Lupe zu nehmen und nach Kräften Ausschau zu halten, die sie übersehen oder nicht richtig verstanden hatten.

Fisher glaubte schließlich die fehlende Variable entdeckt zu haben: Schulden. Bei einer Tagung von Ökonomen in New Orleans stellte er erstmals eine neue Theorie vor, mit der er glaubte, das Ausmaß dieses wirtschaftlichen Zusammenbruchs erklären zu können. Sie legte das Gewicht auf die schädlichen Interaktionen exzessiver Schulden und rapider Deflation: »Überinvestition und Überspekulation spielen oft eine wichtige Rolle«, erläuterte er, »wären aber weit weniger folgenschwer, würden sie nicht mit geliehenem Geld getätigt.«[44] Das öffentliche und private Schuldenniveau sei seit dem Ersten Weltkrieg nicht nur in den Vereinigten Staaten, sondern in aller Welt explodiert.[45] Doch während amerikanische Haushalte Geld aufnähmen, um Automobile, Haushaltsgeräte und Häuser zu kaufen, schuldeten europäische Staaten Amerika noch immer gigantische Summen aus dem Krieg.

Der anfängliche Sturz der Börsenkurse habe ausgereicht, um das Vertrauen der hoch verschuldeten Unternehmer und Haushalte sowie der überforderten Banken zu erschüttern und sie zu verleiten, ihre Verbindlichkeiten zu bezahlen und ihre Bilanzen zu stützen. Das habe dann zuerst eine Welle von Notverkäufen ausgelöst – »nicht, weil der Preis hoch genug war, um einem gelegen zu kommen, was das übliche Merkmal von Verkäufen ist, sondern weil der Preis so niedrig war, dass er einem Angst einjagte«[46] – und anschließend zu einem weiteren Nachgeben der Börsenkurse geführt, was wiederum eine Schrumpfung der Bankeinlagen nach sich gezogen habe. Und während die Geldmenge immer geringer wurde, begannen auf breiter Front die Preise abzurutschen.

Eine Deflation, im Sinne eines sinkenden Preisniveaus, sollte im Grunde genommen die Realeinkommen anheben, da sie ja die Kaufkraft des gegebenen Nominallohns steigert. Wenn die Preise fallen, von Benzin bis hin zu Schuhen, lässt sich mehr mit dem jeweiligen Einkommen erstehen. In seinem 1911 publizierten Buch *The Purchasing Power of Money* hatte Fisher jedoch aufgezeigt, dass sinkende Preise das Einkommen auch drücken können. Der Realwert einer Tausend-Dollar-Anleihe ist tausend Dollar, geteilt durch das Durchschnittspreisniveau. Wenn die Preise fallen, erhöht sich der Realwert einer Schuld, was den Debitor ärmer und den Kreditor reicher macht. Ein weiterer Effekt ergibt sich aus der Einkommensumverteilung von Debitoren zu Kreditoren. Debitoren pflegen mehr ihres Einkommens auszugeben und weniger davon anzusparen als Kreditoren, was ja ein Grund dafür ist, dass Debitoren überhaupt einen Kredit benötigen. Dementsprechend verringern sich die Ausgaben der Debitoren um einen höheren Betrag, als sich die Ausgaben der Kreditoren steigern.

Wenn jeder davon ausgehen würde, dass die Preise künftig fallen, so Fisher, würde jeder Betrieb zögern, Kredite aufzunehmen, um in neue Fabriken und Gerätschaften zu investieren, da er den Banken später Dollars zurückzahlen müsste, deren Wert inzwischen gestiegen wäre. Sobald Unternehmen ihre Investitionspläne zusammenstrichen, verringerten sich nicht nur ihre Ausgaben für Anlagegüter, sondern auch die Einkommen der Produzenten von diesen Anlagegütern und die von deren Arbeitern. Sobald die Einkommen fielen, würden auch die Geldnachfrage und der Nominalzinssatz sinken. Doch der Nominalzinssatz sinke weniger stark ab als das Preisniveau, folglich würde sich der Realzinssatz in die Höhe schrauben. In beiden Fällen führten sinkende Preise also zu einer niedrigeren Produktion und zu einer höheren Arbeitslosigkeit.

Fisher wollte verdeutlichen, dass das Bemühen von Unternehmen, sich ihrer Schulden zu entledigen, zu einem Anstieg der realen Schuldenlasten führte und somit ein Beispiel für Vorgänge war, die zwar vorteilhaft für das Individuum, aber insgesamt gesehen schädlich waren. Selbst schuldenfreie Unternehmen würden sich vor Probleme gestellt sehen, wenn die Preise, die sie für ihre Produkte verlangen konnten, schneller fielen als die Arbeits- und Rohstoffkosten. Der Druck auf ihre Profite führe unweigerlich zu Entlassungen und Produktionskürzungen. Der rationale Versuch von Banken und Individuen, ihre Schwierigkeiten durch die Reduzierung ihrer Schulden zu lösen, habe, so betonte Fisher, den widernatürlichen Effekt, dass er die Dinge noch schlimmer machte.

Fisher war also bereits zu dem Schluss gekommen, dass die unmittelbare Ursache dieser Krise »der Zusammenbruch des Kreditsystems unter der Last dieser Schulden« war.[47] Zwischen 1929 und 1933 wurden im Zuge von drei Bankenpaniken Milliarden an Geschäfts-, Agrar- und Privatvermögen vernichtet – das Äquivalent eines Drittels des nationalen Geldangebots. Dennoch hatte die Federal Reserve im Herbst 1931 die Diskontsätze erhöht und nichts unternommen, um das Bankensystem zu stützen, mit der Begründung, dass das Aussondern von untauglichen Banken die Grundlage für jede Erholung sei. Fisher machte den Fortbestand der Kriegsschulden, die Smoot-Hawley-Zolltarifgesetze und den Mangel an einer starken Führung in der Federal Reserve dafür verantwortlich. Und er war sich sicher, dass der Tod von Benjamin Strong im Jahr 1928 – der die Fed als Präsident der New Yorker Federal Reserve Bank dominiert und über ein großes Bankenwissen und enge Beziehungen zum Chef der Bank of England verfügt hatte – die noch relativ unerprobte US-Notenbank nicht nur einer starken Führerschaft, sondern auch ihrer Glaubwürdigkeit jenseits des Atlantiks beraubt hatte, gerade als beides am dringendsten benötigt wurde. Einem Reporter erklärte Fisher, dass »der Effekt der Wirtschaftskrise ›um mindestens 90 Prozent‹ hätte abgemildert werden können, wären die Federal-Reserve-Banken auf die Stabilisierungsstrategien von Benjamin Strong, dem einstigen Gouverneur der New Yorker Bank, eingegangen«.[48]

Trotz allem blieb Fishers Optimismus ungetrübt. Noch immer war er überzeugt, dass ein besseres Verständnis letztendlich die Prävention und Linderung von Depressionen möglich machte:

> *Die wesentliche Schlussfolgerung dieses Buches lautet, dass Depressionen fast immer vermeidbar sind und dass ihre Prävention eines klar definierten Regelwerks bedarf, bei dem das Federal-Reserve-System eine wichtige Rolle spielen muss. Es sollte keine Zeit vergeudet werden mit der Auseinandersetzung um die erforderlichen praktischen Maßnahmen, welche die Welt von solch unnötigem Leid, wie sie es seit 1929 ertrug, befreien können.*[49]

Betrachtet man die Schlagzeilen, die Anfang der Dreißigerjahre die Zeitungen beherrschten, dann wird deutlich, wie stark die herkömmliche öffentliche Meinung ökonomische Themen durch eine biblisch gefärbte Linse sah: Rezessionen seien der Sünde Lohn; sobald gute Zeiten zu lange gewährt hätten, schlügen Unternehmer wie Individuen alle Vorsicht in den Wind und begännen sich schlecht zu benehmen; Rezessionen, also Perioden, in denen Produktion, Beschäftigung und Einkommen schrumpften, anstatt zu expandieren, träten immer dann auf, wenn Privatwirtschaft und Privathaushalte vorangegangene Exzesse abwickeln, schlechte Investitionen abschreiben und sich wieder zu Zurückhaltung zwingen müssten. So gesehen, waren Rezessionen zwar bedauerliche, aber notwendige Korrektive, vergleichbar der Entgiftungskur eines Alkoholikers. Sobald sie auftraten, musste der Staat verhindern, dass das Vertrauen des Business und der Verbraucher weiter zurückging, indem er den Haushalt ausglich und sich vor einer Politik des immer billigeren Kredits hütete. Genau das war natürlich das Rezept, mit dem Franklin D. Roosevelt Wahlkampf machte.

Der Brain Trust, mit dem FDR sich umgab, bestand aus einer Gruppe von Wahlberatern aus der Columbia University, der auch Adolph Berle angehörte, ein Rechtsprofessor und ausgewiesener Fachmann für Unternehmensführung, sowie der Landwirtschaftsökonom Rexford Tugwell und Marriner Eccles, ein Bankier und Millionär aus dem amerikanischen Westen. Die Mitglieder dieser Gruppe misstrauten

Wirtschaftsradikalen wie Keynes und Fisher fast ebenso sehr wie Anhängern der britischen Labour-Partei, die sie für »Inflationisten« (wie die Befürworter einer unbeschränkten Ausgabe von Papiergeld genannt wurden) und für kaum besser als William Jennings Bryan und die »Silberisten« der Neunzigerjahre des 19. Jahrhunderts hielten. Das war unfair. Fisher und Keynes wollten, dass die Finanzministerien und Notenbanken ihre Attacken gegen den Golddevisenkurs einstellten und sich lieber auf das allgemeine Preisniveau konzentrierten. Sie wollten mit anderen Worten also bewirken, dass die Finanzbehörden der großen Volkswirtschaften eine Wertminderung ihrer Devisenkurse zuließen und einer Deflation der Binnenpreise vorbeugten. Für Roosevelts Beraterstab war das reine Haarspalterei. Tugwell erinnerte sich: »Wir waren in der Wolle gefärbte Anhänger einer gesunden Währung.«[50] Auf ihre Art waren die Berater des amerikanischen Präsidenten in Gelddingen also ebenso konservativ und der Meinung ihres Finanzministeriums ebenso eng verbunden wie die britische Labour-Partei den Ansichten ihres Schatzamts.

Der amerikanische Historiker David M. Kennedy bezeichnet FDRs Hirn einmal als »einen wuselnden Kuriositätenladen, der ständig mit willkürlich erworbenen geistigen Restbeständen aufgestockt wurde [...], allerlei beliebigen Eindrücken, Fakten, Theorien, Patentlösungen und Persönlichkeiten offenstand [...], insbesondere so inflationspredigenden monetären Häretikern wie dem Yale-Professor Irving Fisher«[51]. Tugwells Erinnerung zufolge waren »all die alten Pläne, um Geld billiger zu machen, neben einer Menge von neuen, offenbar noch immer quicklebendig. Der Gouverneur [FDR] wollte alles über sie wissen. Es schauderte uns, aber wir besorgten ihm die Information«[52].

Der Reiz einer Inflation war politischer Art. Die Mitglieder der Demokratischen Partei waren zu zwei Dritteln Farmer aus dem Süden und Westen der Vereinigten Staaten, die sich zwischen Schulden und sinkenden Kornpreisen gefangen sahen und dem Gold feindselig gegenüberstanden. Andererseits versetzte die Aussicht auf eine Inflation die Bankiers und Unternehmen in größeren Schrecken, als man es in einem Jahr hätte annehmen können, in dem das Durchschnittspreisniveau um mehr als 10 Prozent gefallen und ein Drittel der Banken des Landes zahlungsunfähig geworden war. Die Erinnerungen an die gewaltigen Inflationen während des Ersten Weltkriegs und danach oder

an die Deflationen, die nötig gewesen waren, um diesen Inflationen
Einhalt zu gebieten, waren noch viel zu frisch, um ignoriert werden
zu können. Und Roosevelt stand der Idee einer internationalen Kooperation zur Bekämpfung der Depression nun besonders feindselig
gegenüber.

Da sie nicht daran gewöhnt waren, wie Mathematiker zu denken,
fanden die Mitglieder seines Brain Trust die Vorstellung, dass gewaltige Störungen minimalste Ursachen haben können, völlig abwegig.
FDRs Wirtschaftsberater neigten vielmehr dazu, die Schuld an der
Wirtschaftskrise den traditionellen Erzfeinden der Demokraten zuzuschreiben: der Ungleichheit bei den Einkommen, den Monopolen und,
wie Fisher, den Smoot-Hawley-Zolltarifgesetzen. Roosevelt selbst war
eher von den populären Überproduktions- und Unterkonsumptions-
theorien fasziniert, die das Entstehen von Depressionen entweder dem
allzu großen Wohlstand oder der allzu großen Armut zur Last legten.
Bei einer Rede, die der Präsidentschaftskandidat im Mai 1932 an der
Oglethorpe University in Atlanta hielt, verdammte er die »Willkür«,
die »gigantische Verschwendung« und »die überflüssige Duplizierung
von Produktionsstätten« in der amerikanischen Volkswirtschaft und
forderte, »weniger an den Produzenten als an den Konsumenten« zu
denken. Zudem prophezeite er, dass die amerikanische Volkswirtschaft
bald ihre Grenzen erreicht haben werde und »unsere materielle Wirtschaft künftig nicht mehr im selben Tempo expandieren wird wie in
der Vergangenheit«.[53]

David M. Kennedy stellt in seinem Buch fest, dass sich in Roosevelts
Rede am 23. September 1932 vor dem Commonwealth Club in San
Francisco vor allem »die Eklektik und mangelnde Festigkeit« der An-
sichten des Präsidentschaftskandidaten spiegelten.

*Wer immer noch mehr Industrieanlagen schaffen, noch mehr Eisen-
bahnanlagen bauen, noch mehr Unternehmen ins Leben rufen will, der
kann ebenso zu einer Gefahr werden, wie er hilfreich sein kann. Die
Tage des großen Gründers oder Finanzmagnaten, dem wir alles gestattet haben, damit er ja nur aufbaute, sind gezählt.*

So unglaublich das klingt – bedenkt man, dass zu dieser Zeit ein Drittel
der Amerikaner mittellos waren, ist es doch eine Tatsache, dass Roose-

velt die Schuld an der Krise dem Umstand von zu *viel* und nicht von zu wenig Produktion zuschrieb:

> *Es ist vernünftiger und weniger dramatisch, bereits vorhandene Ressourcen und Anlagen zu verwalten, für unsere Überproduktion wieder Auslandsmärkte zu finden, dem Problem der Unterkonsumption zu begegnen, die Produktion dem Verbrauch anzugleichen und den Wohlstand und die Produkte gerechter zu verteilen.*[54]

Natürlich hatten Roosevelts Berater auch ihre jeweils eigenen politischen Agenden. Berle zum Beispiel förderte die Vorstellung, dass die Wirtschaftskrise ein einzigartiges Fenster zur Umsetzung von großen Sozialreformen geöffnet habe. David M. Kennedy stellt fest, dass das Konjunkturbelebungsprogramm, mit dem Roosevelt Wahlkampf betrieb, nur »schwer von den vielen Maßnahmen zu unterscheiden war, in die Hoover, wenn auch etwas widerwillig, bereits eingewilligt hatte: Agrarsubventionen, die Förderung von industriellen Kooperationen [Preisabsprachen], Darlehen für Unternehmen, Stützung der Banken und ein ausgeglichener Haushalt«[55]. Aber der erste Haushaltsentwurf, den Roosevelt an den Kongress schickte, sah dann eine weit stärkere Etatkürzung vor, als Hoover es jemals vorzuschlagen gewagt hatte.

Keynes und Fisher fanden das Gewicht, das der Präsidentschaftskandidat auf eine Reform der Sozialfürsorge legte, noch bevor es zu einer Stabilisierung der Wirtschaft gekommen war, undurchdacht und riskant. Wenige Wochen vor Roosevelts Inauguration schickte Keynes dem designierten Präsidenten einen Brief, in dem er vor einer Verwechslung langfristiger Reformen mit einem Konjunkturbelebungsprogramm warnte und sich für »offene Markttransaktionen« einsetzte, »um den langfristigen Zinssatz zu senken«[56]. Fisher drängte Roosevelt währenddessen, bei seiner Inaugurationsrede die Abkehr vom Goldstandard zu verkünden, weil das »die gegenwärtige Deflation über Nacht reversieren und uns auf den Weg zu neuen Höhen des Wohlstands führen würde«.[57] Ende 1933 ließ Keynes in der *New York Times* einen offenen Brief an Roosevelt abdrucken, um seinem Argument nochmals Gewicht zu verleihen: »Selbst eine kluge und notwendige Reform könnte [...] die Erholung beeinträchtigen und verkomplizieren. Denn sie wird das Vertrauen der Geschäftswelt erschüttern und deren vorhandene

Motive zum Handeln schwächen.«[58] Fisher teilte Keynes' Vorbehalte gegen den New Deal:

> *Das ist alles eine eigenartige Mischung. Ich bin gegen die Einschrän-kung von Ackerland und Produktion und sehr für eine Reflation. Of-fenbar hält FDR das jedoch für ein und dasselbe – für ihn gibt es also nur zwei Möglichkeiten der Preissteigerung! Doch das eine verändert die Geldeinheit, um sie in einen normalen Zustand zurückzuführen, während das andere die Verknappung von Nahrungsmitteln und Klei-dung in einer Zeit bedeutet, in der bereits viele am Verhungern und halb nackt sind.*[59]

Eine Ausnahme von Roosevelts Regel, an Hoovers Politik festzuhalten, gab es, und das war eine sehr wichtige: nämlich seine Entscheidung, vom Goldstandard abzugehen. Es war der Schritt, zu dem Keynes und Fisher in der einen oder anderen Form seit dem Börsencrash von 1929 gedrängt hatten. Praktisch bedeutete die Verabschiedung vom Gold, dass die Federal Reserve die Diskontsätze nicht heraufsetzen würde, um zu verhindern, dass der Kurs des Dollars gegenüber dem Pfund und anderen ausländischen Währungen fiel. Die ersten Nutznießer da-von waren die Farmer und Bergwerksbetreiber, denn ein billigerer Dol-lar bedeutete, dass ihr Korn oder Erz im Ausland wettbewerbsfähiger wurde; dann folgten die Unternehmer und Haushalte, die nun Kredite aufnehmen konnten, um Modernisierungsinvestitionen zu tätigen oder Häuser zu kaufen.

Nachdem Roosevelt am 19. April 1933 tatsächlich angekündigt hatte, dass die Vereinigten Staaten vom Goldstandard abgehen wür-den, pries Keynes den amerikanischen Präsidenten, das »hervorragend Richtige« getan zu haben. Und Fisher fühlte wieder einmal seine Hoff-nungen wachsen. An Maggie schrieb er: »Jetzt bin ich sicher – sofern wir uns je einer Sache sicher sein können –, dass wir schnell aus dieser Krise rauskommen werden.«[60] Diesmal sollte sich Fishers Prognose als weitblickend erweisen. Binnen eines Monats nach Roosevelts Amts-übernahme erreichte die amerikanische Volkswirtschaft die Talsohle, die immer den Beginn einer Genesung andeutet. Fishers Hoffnung, dass nun auch seine persönliche Finanzlage repariert werden könne, ver-wirklichte sich allerdings nicht. Dass er als Bittsteller vor seine Schwägerin treten musste, war noch die geringste unter den Erniedrigungen, die er nun erleiden sollte. Hätte die Yale University sich nicht bereit erklärt, ihm sein Haus in New Haven abzukaufen und ihn dort weiter mietfrei wohnen zu lassen, wäre er zwangsgeräumt worden. Das Sommerhaus an der Küste wurde Caroline Hazard überschrieben, die Fisher testamentarisch schließlich die Restschuld erließ. Seinem Einkommen aus Dividenden beraubt, musste Fisher sich daran gewöhnen, von seinen Honoraren als Direktor zu leben.

Zum ersten Mal begegnete Keynes Präsident Roosevelt am 28. Mai 1934 um 17.15 Uhr. Nach tagelangen Meetings, die der Präsident von früh bis spät mit Kabinettsmitgliedern, Wirtschaftsberatern, Beamten der National Recovery Administration (NRA) und anderen Bürokraten abgehalten hatte, war er endlich zu einem einstündigen Gespräch mit ihm bereit gewesen. Anschließend berichtete Keynes Felix Frankfurter, der mittlerweile einer von Roosevelts Beratern war, er habe dem Präsidenten erklärt, dass die Vereinigten Staaten eine zufriedenstellende Erholung erleben würden, wenn die US-Regierung ihr Konjunkturpaket von den dreihundert Millionen Dollar monatlicher Ausgaben auf vierhundert Millionen Dollar heraufsetzte.[61] Der Präsident erzählte, dass er ein »großartiges Gespräch mit Keynes« geführt habe und ihn »ungemein mochte«, beschwerte sich aber, dass der Mann »wie ein Mathematiker« dahergeredet habe.[62] Am nächsten Tag druckte die *New York Times* einen weiteren offenen Brief von Keynes an den Präsidenten, in dem er den New Deal pries, aber eine Defizitfinanzierung in Höhe von 8 Prozent des BIP forderte. Damit könne, versprach er,

das Volkseinkommen direkt oder indirekt um die mindestens drei- bis vierfache Höhe dieses Betrags gesteigert werden. [...] Die meisten Leute unterschätzen den Effekt einer festgelegten Notfall-Aufwendung gewaltig, weil sie den Multiplikator übersehen – den kumulativen Effekt von gesteigerten Individualeinkommen, da die Ausgabe dieser Einkommen die Einkommen einer weiteren Reihe von Beziehern verbessert, und so fort.[63]

Am nächsten Abend nahm Keynes neben Fisher und Schumpeter an einem Dinner in der New Yorker New School for Social Research

teil.[64] In einer Rede erklärte er dort seine Theorie der defizitfinanzier-
ten Ausgaben für öffentliche Arbeiten, darunter seine Vorstellung, dass
der kumulative Effekt von einem Dollar für derartige Ausgaben weit
höher als ein Dollar sein könne. Während sich Fisher nie von seiner
Überzeugung verabschiedete, dass die Weltwirtschaftskrise das Ergebnis von monetärer Pfuscherei gewesen sei, dass »monetäre Strategien unter all den angestrebten Dingen am erfolgreichsten« seien und
»die einzige sichere und schnelle Erholung durch monetäre Mittel« erreicht werden könne[65], hatte Keynes erkennbar eine Glaubenskrise hinsichtlich der Wirksamkeit eines monetären Stimulus durchlebt. Fisher
lauschte ihm tief in Gedanken versunken. »Sein Papier war interessant,
erschien mir – und ich glaube auch jedem anderen –, aber ziemlich wirr
und wenig überzeugend«, schrieb er anschließend an Maggie. »Er reagierte sehr geschickt auf Fragen und Einwände, schien aber auf der
Stelle zu treten.«[66]

Die Weltwirtschaftskrise zog sich hin, und Keynes' Glaube an die
Leistungsfähigkeit von finanzpolitischen Strategien ebbte weiter ab.
Um die Zeit seiner Publikation von *A Treatise on Money* herum begann er eine Theorie über die Ursachen von Arbeitslosigkeit auszutes-
ten. Zuerst bekamen sie seine Studenten in Cambridge zu Ohren. Der
springende Punkt dabei war, wie Keynes es dann in einem Artikel formulierte, den er im Dezember 1933 in der *American Economic Review*
veröffentlichte, dass »Umstände entstehen können und jüngst entstanden sind, unter welchen weder die Kontrolle des kurzfristigen Zinses
noch die Kontrolle des langfristigen effektiv ist, mit der Folge, dass ein
direkter Investitionsanreiz durch den Staat zum erforderlichen Mittel
wird«[67].

In einer schweren Wirtschaftskrise fielen die Preise noch schneller
als die Zinssätze, folglich verhinderten Senkungen der Nominalsätze
nicht den Anstieg der Realsätze. Wenn die Nominalsätze erst einmal
auf null zurückgingen, gäbe es nichts mehr, was die Zentralbank tun
könne, um die Kreditaufnahme billiger zu machen oder um die Schuldenlasten zu verringern und folglich der Depression ein Ende zu setzen – mit unabsehbaren politischen Folgen, nämlich der von Keynes
so genannten »Liquiditätsfalle«. »Das Unvermögen des Zinssatzes, zu
fallen, hat schon Imperien zu Fall gebracht«, stellte er fest.[68] Wenn sich
die Geldpolitik erst einmal als ineffektiv erwiesen habe, gebe es nur

noch eine Option, um die Nachfrage neu zu beleben, nämlich denjenigen Geld zur Verfügung zu stellen, die es auszugeben wüssten.

Alle früheren Lehren [...] waren entweder irrelevant oder regelrecht abträglich gewesen. Wir haben die Wirtschaftsordnung, unter der wir leben, nicht nur nicht verstanden, sondern in solchem Maße verkannt, dass wir Methoden adaptierten, die zu unserem allergrößten Nachteil wirken, so dass wir nun versucht sind, die aus unserem Fehlverständnis resultierenden Krankheiten zu heilen, indem wir auf eine neuerliche Zerstörung in Form einer Revolution verfallen.[69]

Den ersten Entwurf für *A General Theory of Employment, Interest and Money* beendete Keynes 1934, nach seiner Rückkehr aus den Vereinigten Staaten. Anfang 1935 begann er das Manuskript herumzureichen. An George Bernard Shaw schrieb er, dass er gerade »ein Buch über die Wirtschaftstheorie« schreibe, von dem er glaube, »dass es im großen Ganzen die Art und Weise revolutionieren wird – nicht sofort, nehme ich an, jedoch im Laufe der nächsten zehn Jahre –, wie die Welt über Wirtschaftsfragen denkt«.[70]

Die wesentliche Innovation bei seiner *General Theory* war, dass sie aufzeigte, weshalb die traditionelle Geldpolitik zur Zeit einer schweren Wirtschaftskrise nicht funktionieren konnte. Die den klassischen Modellen verhafteten Ökonomen glichen

euklidischen Geometern in einer nichteuklidischen Welt, die gerade entdecken, dass aller Erfahrung nach scheinbar gerade, parallele Linien sich oft schneiden, und die nun als einzige Lösung der sich bedauerlicherweise ereignenden Zusammenstöße die Linien dafür schelten, dass sie nicht gerade bleiben. Dabei gibt es in Wahrheit keine andere Lösung, als das Axiom der Parallelen über Bord zu werfen und eine nichteuklidische Geometrie auszuarbeiten. Etwas Ähnliches ist heute in der Ökonomie gefragt.[71]

Aber diese Innovation wurde nicht selten falsch verstanden. Es ging nicht darum, dass Staaten in schlechten Zeiten mehr ausgeben oder in einer Wirtschaftsflaute defizitär agieren sollten. Beatrice Webb, Winston Churchill und Herbert Hoover hatten sich allesamt schon vor

Keynes für eine Defizitfinanzierung ausgesprochen. Es ging auch nicht um den Punkt, dass kluges Verhalten seitens eines Individuums zwecklos sein kann, sobald sich ein jedes gleich verhält. Und es ging auch nicht um die klassische Behauptung, dass sich ein Angebotsüberhang oder eine unzureichende Nachfrage nach Arbeit grundsätzlich durch ein Senken der Löhne oder Zinssätze kurieren lasse. Marriner S. Eccles schrieb:

> *Wie so viele von uns durch die Logik der Ereignisse zu realisieren gezwungen waren, unterscheidet sich die Ökonomie des Systems als solches grundlegend von der Ökonomie des Individuums; das, was ein ökonomisch kluges Verhalten seitens eines einzelnen Individuums ist, kann gelegentlich selbstmörderisch sein, wenn es von allen Individuen kollektiv getätigt wird. Das Volkseinkommen ist alles andere als das Pendant zu den Volksausgaben. Wenn wir allesamt unsere Ausgaben begrenzen, bedeutet das, dass wir unsere Einkommen begrenzen, was seinerseits weitere Ausgabenbegrenzungen zur Folge hat.*[72]

Wie der amerikanische Ökonom Herbert Stein hervorhob, stellte Keynes eine völlig andere Frage als Hayek oder Schumpeter. Die beiden Österreicher versuchten, Wirtschaftskrisen in einen Zusammenhang mit vorangegangenen Booms zu stellen und auf diese Weise herauszufinden, wie die Wirtschaft derart hatte abstürzen können. Keynes hingegen war weniger an der Genesis von Krisen als an dem grundlegenderen Rätsel interessiert, wieso eine hohe Arbeitslosigkeit und nachlassende Leistungsfähigkeit in einer freien Marktwirtschaft mit uneingeschränktem Wettbewerb derart lange anhalten konnten.

Arbeitslosigkeit sollte gemäß den ökonomischen Standardthesen immer etwas Temporäres sein, und war das im großen Ganzen auch immer. Nach dem Modell von Fishers hydraulischer Maschine – wie auch nach den von Marx, Marshall und Schumpeter vertretenen ökonomischen Modellen – konnten eine schlechte Ernte, ein Krieg, ein Streik, eine bestimmte Innovation oder irgendein anderer »Schock« ein temporäres Ungleichgewicht zwischen Angebot und Nachfrage hervorrufen, das dann, sofern es im Verhältnis zur Volkswirtschaft massiv genug war, zu Arbeitslosigkeit führen konnte. Nur hätte in diesem Fall der Wettbewerb unter den Beschäftigten und Kreditgebern die Löhne und

Zinssätze so lange herunterschrauben müssen, bis es wieder profitabel war, Leute einzustellen und zu investieren.

Das Say'sche Theorem, dem zufolge sich jedes Angebot selbst seine Nachfrage schafft, hatte bereits Mitte des 19. Jahrhunderts als überholt gegolten. Basierend auf der Binsenweisheit, dass jeder Kauf ein äquivalentes Einkommen schafft, ging dieses Theorem davon aus, dass Einkommen einzig und allein verdient wurde, um es wieder auszugeben. Doch Sparen war natürlich ebenfalls ein wichtiges Motiv – die Haushaltsersparnisse der Arbeiterklasse waren sogar zu viktorianischen Zeiten beträchtlich gewesen. Sobald die Möglichkeit erkannt worden war, dass man weniger ausgeben konnte, als man verdiente, war das Say'sche Theorem obsolet geworden.

Was Keynes laut Skidelsky im Wesentlichen also getan hat, war, den Blick vom Gleichgewichtsmarkt abzuwenden und ihn stattdessen auf die Frage zu lenken, welchen funktionellen Einfluss bestimmte Geldströme (zum Beispiel das Einkommen) auf andere Geldströme nehmen (zum Beispiel die Konsumption). Diese Negation des Angebot-Nachfrage-Gleichgewichts war genau das, was Schumpeter nicht verdauen konnte. Was Keynes' *General Theory* derart radikal machte, war also sein Nachweis, dass es einer freien Marktwirtschaft *möglich* ist, in einem Zustand zu verharren, in dem Arbeiter wie Maschinen für längere Zeit unbeschäftigt bleiben; dass es Wirtschaftskrisen gibt, die, im Gegensatz zu ihren Feld-, Wald- und Wiesenvarianten, weder auf eine kurze Zeitspanne begrenzt bleiben noch dank sinkender Preise und Zinssätze aus eigenem Antrieb enden können; und dass freie Marktwirtschaften von Natur aus zur Stagnation neigen, selbst dann, wenn unbeschäftigte Arbeiter und Maschinen zur Verfügung stehen. In solchen Depressionen biete der von der Geldpolitik freigegebene Kreditfluss keinen ausreichenden Stimulus mehr, da in Zeiten von fallenden Preisen und fehlenden Gründen für die Annahme, dass sich die Nachfrage erholen würde, selbst Null-Prozent-Zinssätze die Unternehmer nicht zur Kreditaufnahme animieren könnten. Die einzige Möglichkeit, das Geschäftsklima zu beleben und den privaten Sektor wieder zu Ausgaben zu animieren, seien Steuerkürzungen, die es Unternehmern wie Individuen ermöglichten, mehr von ihren Einkommen zu behalten, um ergo mehr davon ausgeben zu können. Oder, besser noch, man sorgte dafür, dass der Staat mehr direkte Ausgaben tätigte, denn das garantierte, dass 100 Prozent ausgegeben und nichts angespart würden. Wenn der private Sektor nichts ausgeben könne oder wolle, dann müsse es eben der Staat tun. Aus Keynes' Sicht musste der Staat also bereit sein, die Rolle eines »letztinstanzlichen »Geldausgebers« zu übernehmen, so wie die Notenbank die Rolle eines letztinstanzlichen Kreditgebers übernehme.

Der amerikanische Wirtschaftswissenschaftler James Tobin stellte fest, dass Fisher in seinem 1930 erschienenen Buch *The Theory of Interest* den Elementen einer allgemeinen Theorie bereits sehr nahe gekommen war. Er hatte eine Theorie der Investitionen und Ersparnisse vorgelegt und erklärt, wie Produktion und Preise kurzfristig bestimmt werden. In *Booms and Depressions* stellte er 1932 dann die Rolle dar, die Schulden in einer sich selbst verstärkenden Rezession spielten. Doch im Gegensatz zu Keynes kombinierte Fisher diese einzelnen Komponenten nie zu einem einheitlichen Modell, welches hätte aufzeigen können, wie die Zinssätze, das Preisniveau, die Produktion und somit auch die Beschäftigung bestimmt werden.

Wie es so oft das Schicksal von neuen Lehren ist, wurden auch die von Fisher und Keynes geforderten Maßnahmen nicht aufgegriffen – weder von Großbritannien noch von den Vereinigten Staaten. Ausgenommen waren die Forderungen der beiden Ökonomen nach der Verabschiedung vom Goldstandard. Dennoch war in England das Schlimmste vorüber, als im August 1932 die Wirtschaft langsam wieder zu expandieren begann. 1937 war Japans Wirtschaft seit einigen Jahren stetig gewachsen. Und in Deutschland, wo die Wirtschaftskrise ebenso schwer gewesen war wie in den Vereinigten Staaten, war die Arbeitslosigkeit bis 1936 praktisch von der Bildfläche verschwunden. Keynes nahm die bittere Ironie zur Kenntnis, dass ausgerechnet das nationalsozialistische Deutschland und das faschistische Italien Vollbeschäftigung hergestellt hatten, indem sie sich auf massive Defizitfinanzierungen eingelassen, die Bedienung ihrer Auslandsschulden abgelehnt und einen Verfall ihrer Währungen zugelassen hatten. Dasselbe traf auf das Kaiserreich Japan zu. Aber natürlich war es das Ziel dieser Regierungen gewesen, Krieg zu führen und ihre Schulden mit Hilfe der Ausbeutung ihrer Opfer zu begleichen.

In den Vereinigten Staaten war die Depression hingegen 1937 mit voller Wucht zurückgekehrt – im Wesentlichen, wie es scheint, weil die Regierung und insbesondere die Federal Reserve gepfuscht hatten. 1936, nach drei Jahren der Erholung, hatte Roosevelt die Steuern erhöht und die Ausgaben für New-Deal-Programme wie die Works Progress Administration (WPA) gekürzt. Eine einmalige Bonuszahlung an Veteranen des Ersten Weltkriegs hatte im Juni 1936 kurzfristig das Defizit des Bundeshaushalts hochgeschraubt, anschließend wurden die Bundesausgaben jedoch stark gesenkt. 1937 führte man mit der Umsetzung des 1935 verabschiedeten Social Security Act eine Lohnsteuer ein. Und die Kombination dieser beiden zeitlich so schlecht geplanten Aktionen sorgte Ende 1937 schließlich für einen ausgeglichenen Bundeshaushalt.

Angesichts des traumatisierten Bankensystems und Kreditmarkts war die Federal Reserve zu Beginn der Depression passiv geblieben. Der Banking Act von 1935 gab der Fed nun das Recht, den Rückstellungsbedarf zu regulieren. Zwischen August 1936 und Mai 1937 verdoppelte die Fed, besorgt wegen der wachsenden Überschussreserven und des inflationären Drucks, abrupt die Mindestreservenanforderung. Als die Überschussreserven dann schrumpften, tat das auch der Geldvorrat. Von Mai 1937 bis Juni 1938 schrumpfte die amerikanische Volkswirtschaft um ein Fünftel, die Industrieproduktion ging um ein Drittel zurück, und die Arbeitslosenrate, die auf 10 Prozent gesunken gewesen war, sprang wieder auf 13 Prozent hoch. Die offizielle Rate, aus der alle temporären öffentlichen Arbeiten ausgeklammert waren, stieg von 15 auf beinahe 20 Prozent. Auch der Aktienmarkt stürzte ab, und diesmal ruinierte er Fisher komplett.

Keynes, der 1936 heftig in den rückläufigen amerikanischen Börsenmarkt investiert hatte, hielt nach dem Crash von 1937 an seinen Aktien fest und sollte seine Verluste mehr als bloß wieder wettmachen. Dafür versagte ihm sein Herz den Dienst. Er brach in seinem Londoner Büro zusammen und erfuhr von einem potenziell tödlichen Herzleiden. Sofort zog er sich aus dem öffentlichen Leben zurück – wie es schien, für immer. Irving Fisher redete und schrieb weiter, konnte mit der Roosevelt-Administration aber nie die enge Beziehung herstellen, die er mit der Hoover-Administration gehabt hatte. Sein öffentlicher Ruf war ebenso ramponiert wie sein Aktienportfolio.

Die Voraussagen von Hayek und Schumpeter, dass Nichtstun zur Genesung führen würde, machten sich allerdings auch nicht bezahlt. Beide sahen sich ins intellektuelle Abseits gestellt und fühlten sich angesichts des Konjunkturabschwungs und des wachsenden politischen Extremismus in Österreich und Deutschland zunehmend entmutigt.

Doch zu Beginn der Dreißigerjahre hatte kein Ökonom dort oder anderswo eine zufriedenstellende Theorie parat, um die kaskadierende globale Krise zu erklären. Und in Ermangelung einer solchen Theorie begannen sich die englischen Ökonomen schnell in zwei rivalisierende Lager zu spalten: in eine von Keynes und dem »Cambridge Circus« geführte interventionistische Gruppe, der auch Keynes' kommunistische Anhänger Piero Sraffa, Joan Robinson und Richard Kahn angehörten, und in eine Gruppe von jungen »Liberalen« aus der London School of Economics, angeführt von Lionel Robbins, welcher damals Mitte dreißig und einer der wenigen prominenten britischen Ökonomen war, der nicht aus der Upperclass stammte. Geistig fühlte er sich stark zur kontinentaleuropäischen Volkswirtschaftslehre hingezogen, weshalb er viel Zeit in Wien mit Ludwig von Mises und dessen Kreis verbracht hatte. Mises' Argumente bei der Debatte über die Lebensfähigkeit des Sozialismus überzeugten ihn, aber wie Mises war auch er bestürzt über den offenbar unaufhaltsamen Trend zu staatlichen Interventionen in den Volkswirtschaften von England und Amerika.

Robbins hasste die Vorherrschaft von Cambridge und von Keynes in der englischen Ökonomie. Keynes, mit dem er während seiner Zeit in Ramsey MacDonalds Economic Advisory Board einen erbitterten Streit über den Protektionismus ausgefochten hatte, hielt er für einen politischen Opportunisten und intellektuellen Tyrannen. Ironischerweise hatte jedoch ausgerechnet Robbins den Ehrgeiz, die von den Fabianern gegründete und bevormundete London School of Economics in das liberale Gegengewicht zum Kollektivismus von Cambridge zu verwandeln. Und auf der Suche nach potenziellen politischen Verbündeten war er auf Hayek gestoßen, den um ein Jahr älteren österreichischen Protegé von Mises, und lud ihn im Januar 1931 ein, für eine Vortragsreihe an die LSE zu kommen. Hayek, der in Wien zu der Zeit das Österreichische Institut für Konjunkturforschung leitete und an einer großen Geschichte der Geldpolitik arbeitete, hatte Robbins beeindruckt, weil er im Frühjahr 1929 korrekt den Zusammenbruch des amerikanischen Booms vorausgesagt hatte (er werde binnen weniger Monate kollabieren, hatte er prophezeit[73]), während andere Auguren das sonnigste Wetter in Aussicht gestellt hatten. Später erinnerte sich Hayek an seine eigene Aussage von damals, es gebe »keine Aussicht auf Erholung in Europa, solange die Zinssätze nicht fallen, und die Zinssätze würden nicht fallen, solange die Hochkonjunktur in Amerika nicht zusammenbricht, was, wie ich sagte, binnen der kommenden Monate geschehen würde«.[74]

Mises und Hayek hatten eine Theorie entwickelt, welche die exzessive Geldschöpfung und die allzu niedrigen Zinssätze während des vorangegangenen Aufschwungs für die Konjunkturabschwünge verantwortlich machte, da sie zu massiven Fehlallokationen des Kapitals geführt hätten – oder, wie Robbins es formulierte, »unangemessene, von falschen Erwartungen geweckte Investitionen« auslösten.[75] Hayek glaubte mit dieser Theorie auch die Weltwirtschaftskrise erklären zu können, von der Robbins behauptete, dass sie »wegen monetären Missmanagements und staatlicher Interventionen« zustande gekommen sei, die »in einem Milieu operierten, in dem die wesentliche Kraft des Kapitalismus bereits von Krieg und Politik ausgelaugt war«[76].

Wenn es denn stimmte, dass Überinvestitionen während des Booms – und nicht Unterinvestitionen während der Rezession, wie Keynes behauptete – für den Konjunktursturz verantwortlich waren, dann wäre nun nichts anderes erforderlich gewesen als schlicht und einfach Zeit, um durch den mählichen Prozess der Anpassung der Produktionsstrukturen eine dauerhafte Heilung zu bewirken – mit anderen Worten: Man sollte warten, bis die Überschusskapazität absorbiert oder abgeschrieben war und wieder neue Investitionen gefordert waren. Die »Schaffung einer künstlichen Nachfrage« konnte Hayek zufolge die Fehlallokation des Kapitals durch nichts rückgängig machen und würde, wie schon 1921, als Österreich unter einer Hyperinflation litt, nur zu einer neuerlichen Inflation und einem weiteren Abschwung führen.

Hayeks Vorlesungen an der London School of Economics waren Robbins zufolge »eine Sensation«. »So schwierig wie anregend […], vermittelten sie den Eindruck großer Gelehrtheit und analytischen Erfindungsreichtums.«[77] William Beveridge, der Direktor der LSE und anerkannter Vater des englischen Wohlfahrtsstaats, war so beeindruckt von dem »hochgewachsenen, kraftvollen, reservierten« Österreicher, dass er ihm prompt einen unbesetzten Lehrstuhl anbot. Hayek hatte eine beißende Rezension über Keynes' *Treatise on Money* geschrieben und sich auf eine stark im Fokus der Öffentlichkeit stehende Debatte mit ihm und seinen Jüngern eingelassen. Aber Hayeks ernste Miene, höfliche Umgangsformen und Reserviertheit, die auf ein paar private Sorgen schließen ließ, gefielen dem englischen Publikum. Außerdem fühlten sich die Briten von seiner rätselhaften Ausdrucksweise, seiner Furchtlosigkeit und seiner asketischen Weigerung, schnelle Heilmittelchen zu verschreiben, an seinen Cousin Ludwig Wittgenstein erinnert. Hayek hatte glaubwürdige neue Argumente für die traditionelle liberale Politik der gesunden Währung, des freien Handels, des Respekts vor Besitzrechten und der Ansicht vorgebracht, dass Rezessionen Selbstheilungskräfte besäßen.

Lionel Robbins' 1934 veröffentlichte Studie *The Great Depression* war eine gekonnte Anwendung der Hayek'schen Theorie über den Boom-Bust-Zyklus in der Zwischenkriegszeit. (Jahrzehnte später, in seiner 1971 publizierten *Autobiography of an Economist*, leistete Robbins Abbitte und gestand, dass er sie »gut und gerne vergessen wissen möchte«.[78]) Hayek unterstützte Robbins' öffentliche Kampagne gegen Keynes' Vorschläge und unterzeichnete neben Robbins und anderen LSE-Professoren 1932 einen Aufruf zu einer Politik des ausgeglichenen Haushalts.[79]

Doch Hayeks Stern sollte nicht lange strahlen. 1935 schrieb Beatrice Webb über »Robbins & Co« (wobei Hayek das »Co« war): »Sie und ihr Credo sind auf der falschen Spur, ohne jeden Einfluss oder gar Relevanz für den gegenwärtigen Stand der Dinge auf der Welt.«[80] Da hatte sie recht. Bis Keynes' *General Theory* im folgenden Jahr erschien, war die Debatte vorüber, und die Ökonomen hatten sich geschlossen Keynes' Ansicht zu eigen gemacht, die laut einem von Hayeks Freunden »besser in die Zeit von Deflation und Massenarbeitslosigkeit passte als Hayeks monetäre Mäßigung«.[81]

Inzwischen war Hayek nicht mehr nur umstritten, sondern vollständig in den Schatten gedrängt worden. Bruce Caldwell, der Herausgeber von Hayeks gesammelten Werken, stellt sich die Frage, wieso Hayek die *General Theory* nicht in schriftlicher Form angegriffen habe, äußert aber gleich die Vermutung, dass er schlicht und einfach nicht gebeten worden sei, eine Rezension zu schreiben. Vorherrschend in der Fachliteratur sind jedenfalls Kritiken am frühen Hayek – und zwar gleichermaßen Kritiken von Gegnern wie von einstigen Verteidigern und politischen Bündnispartnern. Keynes nannte Hayeks 1931 publizierte Arbeit über Preise und Produktion ein »fürchterliches Kuddelmuddel«[82]; Milton Friedman bezeichnete sich als »einen ungemeinen Bewunderer von Hayek, aber *nicht wegen seiner Ökonomie*«.[83] Bald beschränkte sich Hayeks Meinungsaustausch mit Keynes nur noch auf ihre gemeinsame Leidenschaft für antiquarische Bücher.

Nach drei Aufenthalten als Gastprofessor in Harvard übersiedelte Joseph Schumpeter 1932 endgültig dorthin. Der Grund, weshalb er Deutschland verließ, hing weniger mit dem Aufstieg des rechts- wie linkspolitischen Radikalismus zusammen (bei den Wahlen von 1932 hatten die Nazis noch schlecht abgeschnitten) als mit seinem Unvermögen, einen Lehrstuhl in Berlin zu ergattern, und dem Wunsch, seine langjährige Geliebte Mia Stöckel zu heiraten. Deutschland hatte er immer als ein Exil empfunden, das auf alle Zeit mit den größten Enttäuschungen und Tragödien seines Lebens verknüpft bleiben würde, nicht zuletzt mit dem Tod seiner geliebten zweiten Frau Annie und seiner Mutter.

Ein schwerer Schlag für ihn war die Veröffentlichung von Keynes' *Treatise on Money*, denn Schumpeter, der für eine Enzyklopädie den Band »Geld und Währung« übernommen und das Manuskript dafür bereits abgeschlossen hatte, glaubte, dass dieses Projekt damit nun sinnlos geworden sei. »Es bleibe ihm nur noch übrig«, berichtete ein deutscher Ökonom, der Schumpeter an der Universität Bonn kennengelernt hatte, »sein Manuskript zu vernichten.«[84] Diese Reaktion legt nahe, dass Schumpeters Ideen mit Keynes' und Fishers Ansichten übereinstimmten und er sich bewusst geworden war, dass er diesen kaum noch etwas hinzuzufügen hatte. Denn wäre es anders gewesen, hätte Schumpeter gewiss diese Chance ergriffen, um Keynes' Theorie zu kritisieren und sie seiner eigenen gegenüberzustellen.

Angesichts des atemberaubenden Zusammenbruchs der deutschen Wirtschaft nach dem »Black Thursday« im Oktober 1929 (wegen des Zeitunterschieds zu Amerika in Deutschland »Schwarzer Freitag« genannt) verdüsterte sich Schumpeters Stimmung noch mehr. Als amerikanische Investoren nichts Eiligeres zu tun hatten, als ihre ausländischen Devisenbestände zu liquidieren, und amerikanische Händler ihre Importe von deutschem Getreide drastisch zurückfuhren, fiel die

Industrieproduktion in Deutschland um 40 Prozent, während die Arbeitslosigkeit auf mehr als 30 Prozent in die Höhe schoss.[85] Die Wirtschaftskrise in Deutschland war sogar noch schwerer als in den Vereinigten Staaten – tatsächlich gravierender als in jeder anderen großen Volkswirtschaft.

Zwanzig Jahre zuvor hatten Schumpeter und Keynes inmitten einer anderen globalen Krise ähnliche Reaktionen darauf gefordert. Nun definierte Schumpeter seine Position als die gegenteilige der Keynes'schen. Auf der Jahrestagung der American Economic Association im Dezember 1930 erregte Schumpeter mit seiner Behauptung, dass es für diese Depression keine politisch verträgliche Kur gebe, die Aufmerksamkeit der Presse.[86] Der Wirtschaftshistoriker Joseph Dorfman schrieb diese Reaktion Schumpeters »düsterer Weltanschauung« zu, die jedoch vielen Amerikanern als »ein nützliches Gegengewicht zum typischen Optimismus anglo-amerikanischer Tradition« erschien.[87]

Schumpeters beharrliche Warnung, dass die Geldmengenexpansion nur schiefgehen könne, wurde im Laufe der Zeit immer eindringlicher, was wirklich etwas rätselhaft ist angesichts des Lobes, das er Japan 1931 für dessen Entscheidung aussprach, sich vom Goldstandard abzukehren. Sicher, Schumpeters Konjunkturzyklus-Theorie legte weit größeres Gewicht als Keynes' und Fishers Theorien auf andere als rein monetäre Ursachen, vor allem auf die Auswirkungen der neuen chemischen und mechanischen Techniken, die gerade die Landwirtschaft revolutionierten. Außerdem glaubte Schumpeter, dass die »schöpferische Zerstörung« von veralteten Unternehmen oder Industrien eine Voraussetzung war für das langfristige Wachstum der Produktivität und des Lebensstandards. Doch hatte er 1919 denn weniger an diese Dinge geglaubt? Zumindest einigen seiner Studenten und Kollegen schien dieser extreme Fatalismus jedenfalls etwas ganz Neues bei ihm zu sein.

Schumpeter beteiligte sich an dem Bemühen, Arbeitsplätze für jüdische Ökonomen zu finden, die unter Hitlers neuem Regime verfolgt wurden. Gemeinsam mit dem amerikanischen Ökonomen Wesley Clair Mitchell gründete er ein Komitee, das sich um »die deutschen Wissenschaftler kümmert, die von der gegenwärtigen Regierung aufgrund ihrer hebräischen Rasse oder ihres Glaubens von ihren Lehrstühlen entfernt werden«. In einem Brief, den er wenige Monate nach Hitlers

Machtergreifung im Januar 1933 geschrieben hatte, brachte Schumpeter zum Ausdruck, dass er sich immer isolierter und unglücklicher fühlte:

Um ein ansonsten ganz natürliches Missverständnis zu vermeiden, gestatten Sie mir darzulegen, dass ich deutscher Staatsbürger, aber weder Jude noch jüdischer Abstammung bin. Auch bin ich kein wirklicher Exponent der gegenwärtigen deutschen Regierung, da deren Handlungen auf jemanden, der Erfahrungen mit dem vorangegangenen Regime gesammelt hat, etwas eigenartig wirken. Meine konservativen Überzeugungen machen es mir jedoch unmöglich, die nachgerade einmütige Verdammung zu teilen, welche Hitlers Wirken in der ganzen Welt erfährt. Es geschieht mehr aus reinem Pflichtgefühl den Männern gegenüber, die meine Kollegen gewesen waren, dass ich etwas Hilfe für sie zu organisieren versuche, welche sie vielleicht in die Lage versetzen kann, in diesem Land in Ruhe ihre wissenschaftliche Arbeit fortzusetzen, sollte es sich als notwendig erweisen.[88]

Schumpeter muss wohl einige der von Hayek an die London School of Economics getragenen Einstellungen übernommen haben, während er dort eine Vorlesungsreihe über die Wirtschaftskrise hielt. Denn als er ein gutes Jahr später in Harvard eintraf, beteuerte er, dass Ökonomen keine Ratschläge zu erteilen hätten – wenngleich er selbst, wie sein Student Paul Samuelson sarkastisch bemerkte, »ständig Ratschläge gab«. Er organisierte ein informelles Seminar mit gleichgesinnten Kollegen, den »Seven Wise Men«, die sich einmal wöchentlich trafen. Die Gruppe, welcher auch der in Russland geborene mathematische Volkswirtschaftler Wassily Leontief angehörte, publizierte schließlich ein Laissez-faire-Manifest gegen den amerikanischen New Deal.

Eine Genesung ist nur dann wirklich gegeben, wenn sie aus eigener Kraft geschieht. Denn jede Wiederbelebung, welche einzig infolge von künstlichen Anreizen geschieht, lässt einen Teil des Werks von Depressionen unerledigt zurück und fügt einem unverdauten Element der Verhaltensstörung eine eigene, neue Verhaltensstörung hinzu, die dann ihrerseits wieder beseitigt werden muss, womit dem Business eine neuerliche Krise droht. Insbesondere gibt unsere Geschichte uns Grund zu

der Annahme, dass Maßnahmen, die mittels Geld und Kredit durchge-
führt werden, keine Abhilfe schaffen. Denn das grundlegende Problem
liegt nicht beim Geld und Kredit, und Strategien dieser Art sind beson-
ders dazu angetan, eine Verhaltensstörung zu erhalten und zu verstär-
ken, um künftig zusätzliche Probleme zu bereiten.[89]

Als Keynes' *General Theory* erschien, schrieb Schumpeter, der sich
Keynes einst höchst freundschaftlich verbunden gefühlt und dessen
Ansichten ausgesprochen wohlwollend gegenübergestanden hatte, eine
einzigartig unwirsche Rezension: »Der Rat (und jeder weiß, was es ist,
das Mr. Keynes rät) mag gut sein. Für das England von heute ist er es
möglicherweise. Ansonsten aber könnte diese Vision Anspruch auf das
Lob erheben, aufs Eindringlichste die Gesinnung einer verwesenden
Zivilisation zum Ausdruck zu bringen.«[90]

KAPITEL XI

Experimente:
Beatrice Webb und Joan Robinson
in den Dreißigerjahren

Die Sowjetunion steht im lodernden Kontrast zum übrigen Europa.

Walter Duranty, 1931[1]

In der heutigen Welt sind zwei groß angelegte Experimente im Gang: der amerikanische Kapitalismus und der russische Kommunismus.

Beatrice Webb, 1932[2]

Die offensichtliche Hilflosigkeit westlicher Staaten angesichts einer globalen Wirtschaftskatastrophe schien die These von Sidney und Beatrice Webbs 1932 publiziertem Buch *The Decay of Capitalist Civilization* zu bestätigen. Beatrice, die die erstaunliche Wahlniederlage der Labour-Partei als »einen Sieg der amerikanischen und britischen Finanziers«, nicht aber als eine Reaktion auf das verunsicherte Verhalten der Regierung in der Rezession interpretiert hatte, verlor auch noch den letzten Glauben an die fabianische »Unvermeidbarkeit der kleinen Schritte«.[3] Obwohl sie dem bolschewistischen Regime ursprünglich so feindselig gegenübergestanden hatte, betrachtete sie die Sowjetunion nun als den einzigen Staat, der »die materiellen Ressourcen mehrt und die Gesundheit und Bildung seines Volkes verbessert«. Prompt beschloss sie etwas impulsiv, diese »neue Sozialordnung« zum Thema von ihrem und Sidneys nächstem Opus Magnum zu machen.[4]

Eine Woche nach den allgemeinen Wahlen vom 27. Oktober 1931, die Sidney seinen Kabinettsposten gekostet hatten, überlegte die mittlerweile Dreiundsiebzigjährige: »Wie sollen wir unser Alter verbringen?«[5] Sie fragte sich, ob sie noch genügend Kraft habe, um nach Russland zu reisen und dort Material zu sammeln, damit ihre Studie

»lebendiger« würde[6]. Denn was das Thema als solches betraf, so hatte sie sich längst festgelegt: Das sowjetische Experiment werde ebenso sicher funktionieren, wie das westliche versagen werde, und »wir stehen ohne Zweifel auf der Seite von Russland«.[7] Noch vor ihrer Abreise auf dem russischen Dampfer *Smolny* umriss sie »das gewaltige Buch«, das sie und Sidney nach ihrer Rückkehr schreiben wollten.[8]

Stalin hatte die Weltwirtschaftskrise ebenso wenig vorausgesehen wie Keynes oder Fisher, aber diese Chance beim Schopf gepackt, um Sympathisanten und Verbündete aus dem Westen zu rekrutieren. Prominente westliche Trittbrettfahrer wurden denn auch weit höher geschätzt als Besucher, die bloß namenlose Mitglieder irgendeiner kommunistischen Partei im Westen waren. Die Prominenz genoss eine ungemein bemühte Gastfreundschaft. In Leningrad erwartete die Webbs eine Phalanx aus Führern, Dolmetschern und Fahrern des Regimes, die sie dann zu einer anstrengenden zweimonatigen Tour durch Fabriken, Kolchosen, Schulen und Kliniken entführte, damit sie mit eigenen Augen die »neue Zivilisation« sehen konnten, wie es die Webbs inzwischen nannten.[9]

Seit der Wahlniederlage der Labour-Partei waren Dinnereinladungen, politische Konsultationen und Interviewanfragen der Presse für die Webbs versiegt. In Russland hingegen »schienen wir eine neue Art von Royalty zu sein«, vermerkte Beatrice mit Freuden.[10] Heute wissen wir, dass Stalin die Ukraine gerade in ein gigantisches Konzentrationslager verwandelte, als die Webbs in Limousinen und Sonderzügen durchs Land gefahren wurden. Die Russen hatten dem Westen im Gegenzug für Maschinen Korn verkauft, doch der Zusammenbruch des Getreidepreises auf dem Weltmarkt bedeutete, dass sie die Tonnagen für den Export verdoppeln mussten. Prompt verlangte der sowjetische Diktator – der ein derartiger ökonomischer Analphabet war, dass er einmal, als das Kleingeld knapp geworden war, mehrere Dutzend Bankkassierer erschießen ließ –, dass die Hälfte der Ernte in den Export fließen sollte. Die deshalb unvermeidliche Hungersnot forderte dann mindestens sechs Millionen sowjetische Opfer, ein Viertel der Landbevölkerung, die durch die Zwangskollektivierung ohnedies schon dezimiert worden war.

Wieder zurück in England, begann Beatrice Webb, Moskaus stetigen Dementis bezüglich einer Hungersnot mit ihrer Stimme Gewicht zu verleihen. Dabei verließ sie sich einzig und allein auf das Zeugnis ganz bestimmter westlicher Korrespondenten in Moskau, etwa auf das von Walter Duranty von der *New York Times*, der stur behauptete: »Es gibt weder eine Hungersnot noch wird gehungert, noch ist es wahrscheinlich, dass es dazu kommen wird.«[11] Duranty hatte sich nie aus der Hauptstadt herausgewagt und sich im Wesentlichen das Leugnen der Behörden zu eigen gemacht. Selbst nachdem Malcolm Muggeridge, ein Korrespondent des *Manchester Guardian* und der Ehemann einer Nichte von Beatrice Webb, in die Ukraine gereist war, um sich ein Bild vom Geschehen dort zu machen, weigerte sich Beatrice schlicht, seinen erschütternden Berichten über die hungernden Bauern und all die Misshandlungen von Staats wegen Glauben zu schenken. Sie qualifizierte die Berichte ihres Verwandten einfach als »hysterisch« ab und erklärte, dass der Sowjetkommunismus das unschuldige Opfer der »Komplexe des armen Malcolm« und das Ziel eines »Schwalls von Hass« geworden sei, der in seiner »Natur« angelegt sei. Lieber lud sie Iwan Maiskij, den neuen sowjetischen Botschafter, samt Frau übers Wochenende ein und ließ sich von seinen Versicherungen »beruhigen«, dass niemand Hunger leiden müsse.[12] In ihrer 1935 veröffentlichten Schrift *Soviet Communism: A New Civilization* erklärten die Webbs schließlich: »Es war keine Hungersnot, der sich die Sowjetunion nach 1929 ausgesetzt sah, sondern ein groß angelegter Generalstreik der Bauernschaft, die der Kollektivierungspolitik Widerstand leistete.«[13]

Der Philosoph Bertrand Russell, der den Webbs bereits die »Anbetung des Staates« und »ungebührliche Toleranz gegenüber Mussolini und Hitler« angekreidet hatte, fühlte sich von solch »reichlich absurder Verherrlichung« des Sowjetregimes vollends abgestoßen.[14] Der Historiker Robert Conquest bemängelte ihren naiven Glauben an amtliche Statistiken, ihren Hang, mündliche Berichte abzutun, und ihre völlige Ignoranz der Geschichte: »Sie verfügten über keinerlei Hintergrundwissen, geschweige denn ›Gefühl‹ für die großen Sklavenreiche der Antike, die millenaristischen Sekten des 16. Jahrhunderts, die Eroberer des mittelalterlichen Asiens.«[15] Aber es war Keynes, der mit dem Finger auf die vermutlich wahre Ursache der Webb'schen Vernarrtheit in die Sowjetunion zeigte, als er den Kommunismus zu einer Religion erklärte, die »das Asketische in uns anspricht«[16]. In ihrem achten Lebensjahrzehnt hatte Beatrice Webb einen neuen Glauben gefunden. Oder, wie Muggeridge klagte: »Man konnte ihre Meinung mit Fakten nicht ändern.«[17]

Wiewohl Keynes »durch und durch Verachtung für die offizielle Labour-Partei« empfand, war er wie Russell doch ein Liberaler alter Schule.[18] Das heißt, er warf die Sowjetunion in einen Topf mit dem faschistischen Deutschland und verachtete Stalin. 1937 prophezeite er, dass »ein Vertrag zwischen ihm und Deutschland schlussendlich keineswegs außer Frage [steht], falls es ihm gelegen kommt«[19]. Auf die Bitte, einen Beitrag zu einer Festschrift anlässlich von Beatrice Webbs achtzigstem Geburtstag zu schreiben, erwiderte er: »Der einzige Satz, der mir da spontan in den Sinn käme, wäre: ›Mrs. Webb gelang es bis zum Alter von achtzig Jahren zu überleben, da sie keine sowjetische Politikerin ist.‹«[20]

Junge Kommunisten und Männer aus seinem Cambridger Umfeld, die mit dem Kommunismus sympathisierten, spielte Keynes allerdings gerne als Amateure herunter, deren Fanatismus bloß ein harmloser Spleen oder eine vorübergehende Phase sei. Er sah überhaupt keinen Grund, weshalb Ideologie der Freundschaft oder Forschung im Wege stehen sollte, womöglich bewunderte er solchen Idealismus und Mut sogar. 1939 verstieg er sich zu der Aussage, dass es »heutzutage in der Politik jenseits der liberalen Reihen niemanden mehr gibt, der noch einen Groschen wert ist, ausgenommen die Nachkriegsgeneration intellektueller Kommunisten unter fünfunddreißig«. Sie mochten vielleicht verblendet sein, waren aber doch »prachtvolles Material«, das viel zu gut war, um es zu vergeuden.[21]

Joan Robinson, die zur Berühmtesten unter den Keynes-Anhängern in Cambridge werden sollte, zählte mit Sicherheit zu den »intellektuellen Kommunisten«, die der Meister im Sinn gehabt hatte, als er schrieb, dass diese Angehörigen der jüngeren Generation »die nächsten heute lebenden Verwandten des typisch entnervten, nonkonformistischen englischen Gentleman sind, der sich auf Kreuzzüge begab, die Reformation durchführte, in der ›Great Rebellion‹ kämpfte, uns unsere bürgerlichen und religiösen Freiheiten erstritt und im letzten Jahrhundert für die Menschenwürde der Arbeiterklasse eintrat«[22]. Robinsons gebieterische Art, ihr Eifer und Kampfgeist waren ihr in die Wiege gelegt worden. Sie wurde als Joan Violet Maurice geboren und entstammte einer langen Linie von Offizieren, Professoren, Staatsbeamten und Dissenters. Ihre Mutter, die unbezähmbare und ewig jugendliche Lady Helen Marsh, war die Nutznießerin eines Trusts, den das Parlament nach der Ermordung ihres Vorfahren, des britischen Premierministers Spencer Perceval, 1812 ins Leben gerufen hatte. Ihr Urgroßvater Frederick Denison Maurice, ein Theologe und christlicher Sozialist, den Afred Marshall aus dem Grote Club kannte, hatte sogar lieber seinen Cambridger Lehrstuhl hingegeben, als öffentlich kundzutun, dass er »an die ewige Verdammnis glaubt«[23]. Ihr Vater, Generalmajor Frederick Maurice, hatte seine militärische Karriere geopfert, weil er Premierminister Lloyd George öffentlich der Lüge bezüglich der Stärke der eingesetzten britischen Truppen im Ersten Weltkrieg bezichtigte, und sich anschließend zum Kriegskorrespondenten, Militärhistoriker, dem Leiter zweier Londoner Colleges und Autor von neunzehn Büchern gewandelt. Ein Onkel mütterlicherseits, Eddie Marsh, war Winston Churchills langjähriger Privatsekretär, der sich in seiner freien Zeit dem Verfassen von schlechter Dichtung und der Förderung von anmutigen jungen Dichtern und Malern widmete, darunter Rupert Brooke, Siegfried Sassoon und Duncan Grant. Die Familie Maurice, erklärte Joans Ehemann Austin Robinson einmal, war »ein wenig furchterregend«.[24]

Wie Beatrice Potter musste sich auch Joan Maurice selbst neu erfinden. Ungeachtet ihres beeindruckenden Stammbaums, des riesigen Herrenhauses ihrer Familie und ihrer noblen Schulbildung war auch sie nur dazu erzogen worden, einmal hinter der Karriere eines Ehemannes zurückzustehen und niemals eine eigene zu verfolgen. Mit vierzehn war sie ein verträumter, introvertierter Bücherwurm gewesen. Die Welt ihrer Phantasie war immer lebendiger als die Welt, in der sie lebte. Sie schrieb unablässig Essays, Geschichten und Gedichte, und weil sie sich von jeher so sehr nach einem Publikum sehnte, begann sie ihre Poeme an der Poet's Corner im Hyde Park zu deklamieren.

Die »Maurice-Affäre« um ihren Vater, die das Parlament 1918 mit Beschlag belegte, hatte ihr zu ebenso viel Stolz wie Schmerz Anlass gegeben. Generalmajor Maurice war selbst nach edwardianischen Standards ein äußerst reservierter und distanzierter Vater gewesen, durchdrungen von der Vorstellung, dass Gefühle ein egoistischer Luxus seien. Als man ihn zwang, Abschied von der Armee zu nehmen, schrieb er seinen Kindern, dass er überzeugt sei, »das Richtige zu tun, und wenn dem so ist, spielt nichts anderes mehr eine Rolle für einen Mann«. Dem fügte er noch hinzu, dass Christus genau das gemeint habe, als er seinen Jüngern befahl, seinetwegen Eltern *und Kinder* zu verlassen. Sein Schwiegersohn Austin Robinson sollte später erklären: »Was für die ihn gerade beherrschenden Gedanken irrelevant war, nahm er nicht stärker wahr als einen Schatten an der Wand.«[25] Einmal war Joans Schwester Nancy beim Langlaufen gleich hinter dem Vater auf einer Brücke ausgeglitten und so unglücklich gestürzt, dass sie mit dem Kopf nach unten über einem Abgrund hängen blieb. Nur weil zufällig ein Skilehrer des Weges kam, wurde sie gerettet.

Obwohl die Familie zahllose Verbindungen nach Cambridge hatte, sollte Joan als einzige der vier Maurice-Schwestern die Universität besuchen. Eine höhere Bildung galt nach wie vor als völlig überflüssig für ein Mädchen aus der Upperclass. Aber Joan, die ebenso stur sein konnte wie ihr Vater, wenn sie etwas durchsetzen wollte, hatte von sich aus ein Lehramtsstipendium ergattert. Also schrieb sie sich im Girton College ein, dem ältesten Frauencollege von Cambridge, dessen pseudo-mittelalterliche Architektur und Abgeschiedenheit von den Männercolleges den Philosophen Clive Staples Lewis einmal zum Vergleich mit dem Schloss von Otranto aus Horace Walpoles gleichnamigem Schauerroman anregte.[26]

Als Schülerin der St-Paul's-Mädchenschule hatte Joan während der schmerzlichen und lang anhaltenden Rezession von 1920/21 ehrenamtlich in einer Londoner Wohlfahrtseinrichtung gearbeitet. Als sie im Spätsommer 1922 schließlich nach Cambridge übersiedelte, hatte die Wirtschaftskrise ihr drittes Jahr erreicht. Und angesichts der zweistelligen Arbeitslosenrate, die zum Thema hitziger politischer Auseinandersetzungen geworden war, entschied sie dort, nicht Geschichte zu studieren, ihr Lieblingsfach in St Paul's, sondern Ökonomie. Marjorie Turner, eine ihrer Biografinnen, meinte dazu: Da Armut und Arbeitslosigkeit die Schandflecken auf der Weste der Gesellschaft waren, in der sie und ihre Familie eine so privilegierte Position einnahmen, habe sie sich gezwungen gefühlt, etwas über deren Zustandekommen zu lernen.

In den Zwanzigerjahren mag einem Cambridge zwar wie eine luxuriöse Vorstadt von Bloomsbury erschienen sein, in der man einen T. S. Eliot, Roger Fry, G. E. Moore oder John Maynard Keynes umherwandern sehen konnte, aber für Frauen waren an der Universität nach wie vor die meisten Früchte verboten. Unzählige Regeln beschränkten ihre Möglichkeiten, sich mit den dort ansässigen Genies auszutauschen, gleichgültig, ob es Dozenten oder Studenten waren. Das Gesetz, das es Frauen untersagte, wie männliche Studenten zu den Vorlesungen Talare anzulegen, und das sie zwang, stattdessen Kleider und Hüte zu tragen, war nur einer von vielen alltäglichen Hinweisen auf ihren minderwertigen Stand. Als Bertrand Russell einwilligte, Vorlesungen im zweitältesten Frauenkolleg, dem Newnham College, zu halten, drohten die in Panik versetzten Behörden prompt, seine Berufung für nichtig zu erklären, um anschließend wenigstens zu dekretieren, dass ihn keine junge Dame »vom Vorlesungssaal an die Tür geleiten« durfte.[27] Joan Maurice und die anderen Studentinnen von Arthur Pigou, einem hoch angesehenen Ökonomen, der den einstigen Lehrstuhl von Alfred Marshall innehatte, durften ihre Arbeiten nur beim Portier abgeben, wohingegen seine Studenten sie ihm direkt aufs Zimmer bringen konnten, wo Pigou sie dann meist zu einem Plauderstündchen einlud. Die Cambridge Union Society, in der Kcynes als Student seine Redekunst bei Debatten mit künftigen Premierministern geschliffen hatte, war für Frauen offlimits, außer als Zuhörerinnen auf der Galerie. Das galt auch für die »Cambridge Conversazione Society« alias »The Apostles«, wo der spätere Philosoph Frank Ramsey, der genauso alt war wie Joan, erstmals seinen künftigen Mentoren Keynes und Russell aufgefallen war. Und auch Keynes' eigene Kinderstube für kommende Stars, sein »Monday Political Economy Club«, stand nur persönlich geladenen Studenten, nicht aber Studentinnen offen.

Anstatt also einen der Cambridger Olympier zum Tutor zu haben, wurde Joan Maurice der elegant gekleideten Tochter eines New Yorker Parfümfabrikanten zugeteilt. Marjorie Tappan, selbst noch in den Zwanzigern, hatte an der Columbia University Ökonomie studiert – wiewohl sich dort kein Nachweis über die Dissertation finden lässt, die sie geschrieben zu haben vorgab – und anschließend zwei Jahre lang für das amerikanische Ökonomenteam bei den Pariser Friedensgesprächen gearbeitet. Joan konnte sie nicht ausstehen. Ob ihre Feindseligkeit etwas damit zu tun hatte, dass Tappan aus einer reichen amerikanischen Familie stammte, die »im Handel« tätig war, oder einfach nur damit, dass Tappan nicht zu den Koryphäen zählte, ist schwer zu sagen. Das Einzige, was auf Joan abgefärbt zu haben scheint, war Tappans Angewohnheit, beim Rauchen eine lange Zigarettenspitze zu verwenden und damit herumzuwedeln, wenn sie zu ihren Studentinnen sprach.

Joan Maurice hörte zwar Pigous Vorlesungen über Wirtschaftstheorie und auch die seltener angebotenen Vorträge von Keynes über aktuelle Wirtschaftsfragen, aber ihre Studienarbeiten gaben kaum Hinweise auf ihre spätere Bedeutung. Ihre Arbeit »Beauty and the Beast«, die sie in ihrem dritten Studienjahr bei der Marshall Society ablieferte, war ein liebreizender Pastiche, der bewies, dass sie schreiben konnte und ein gutes Verständnis von Alfred Marshalls *Principles of Economics* erworben hatte. Doch verglichen mit den Fragen, die so mancher ihrer gleichaltrigen männlichen Kommilitonen bereits zu lösen verstand, war sie völlig unreif. Keynes' Protegé Frank Ramsey zum Beispiel hatte bereits mit einundzwanzig ein vernichtendes Papier über Keynes' Wahrscheinlichkeitstheorie, eine kraftvolle Kritik an Wittgensteins *Tractatus* und einen Artikel in Keynes' *Economic Journal* veröffentlicht, in dem er nachwies, dass ein damals ungemein populäres wirtschaftliches Patentrezept, nämlich Clifford Hugh Douglas' Idee vom »Social Credit«, auf einer falschen Prämisse beruhte.

Trotz einiger anfänglicher Erfolge endete Joan Maurices studentische Karriere also in Tränen. 1924 legte sie den ersten Teil des Wirtschafts-Tripos ab, den zweiten Teil im folgenden Jahr. Dass sie beide Male nur zweitklassig abgeschnitten hatte, zerstörte jede Hoffnung auf ein College-Felloswhip und war »eine große Enttäuschung« für sie.[28] Noch Jahre später nagte es an ihr, dass sie »so schlecht ausgebildet« war.[29] Gedemütigt zog sie nach London, wo sie den Herbst und Winter über in »erbärmlichem Zustand« in einem »schmuddeligen Zimmer« im East End hauste und in einem staatlichen Wohnungsamt arbeitete.[30] So elend fühlte sie sich, dass sie ihren Vater sogar bat, Möglichkeiten in Amerika zu erkunden, darunter ein Stipendium für Harvards Schwester-College Radcliffe. Im Frühjahr entschied sie sich dann jedoch für die traditionelle Lösung des weiblichen Karrieredilemmas. Am Vorabend der Generalstreiks vom Mai 1926 war Joan Maurice in Begleitung ihrer Schwester Nancy auf Shoppingtour in Paris, um sich Hochzeitsgewänder auszusuchen.

Ihr Verlobter, ein adretter zweiunddreißigjähriger Dozent aus Cambridge namens Austin Robinson, der Sohn eines mittellosen Pastors und dekorierter Wasserflugzeugpilot aus dem Ersten Weltkrieg, war so elektrisiert von den Vorlesungen gewesen, die Keynes 1919 über den Versailler Friedensvertrag gehalten hatte, dass er beschloss, sein Studium der Altphilologie an den Nagel zu hängen und sich ganz der Ökonomie zu widmen. Schließlich wurde der aufgeweckte, tüchtige und ungemein hart arbeitende junge Mann von Keynes eingeladen, an den montäglichen Gesprächsrunden des Political Economy Club teilzunehmen, schloss mit Summa cum laude in Ökonomie ab und wurde zum Fellow des Corpus Christi College gewählt. In Joans zweitem Studienjahr hatte er Vorlesungen über die Geldwirtschaft gehalten. Doch zum Paar wurden sie erst, nachdem Joan von Cambridge nach London zurückgekehrt war.

Austin war geradezu liebestrunken, Joans Gefühle waren kühler, weshalb sie seinen ersten Antrag auch prompt ablehnte. Der junge Mann war attraktiv, klug, rechtschaffen, freundlich und allgemein respektiert – und fühlte sich offenbar nicht im Geringsten bedroht von Joans ausdrücklichem Wunsch, einen Beruf zu ergreifen, in dem Geld zu machen war. Doch vor dem Hintergrund des kühnen Bildes betrachtet, das sie von ihrem künftigen Leben malte, mangelte es dem jungen Mann an Farbe. Zwölf Jahre später wurde Joan von der Schriftstellerin Florence Margaret Smith, genannt Stevie, die eine ihrer vielen Bekannten aus dem Literaturbetrieb war, gebeten, ihr das Handlungsgerüst für einen neuen Roman zu liefern: Joan schlug die Geschichte eines Mädchens vor, das zwischen zwei Liebhabern hin- und hergerissen ist, der eine ein konventioneller junger Mann in einer guten Position, der ihr verspricht, sie mit dem »Oxford-Leben« zu versorgen, das »sie sich zu wollen zwingt«[31]. Kein vielversprechender Start für eine Ehe.

»Ich wünsche mir nichts sehnlicher, als in Cambridge zu bleiben«, gestand Austin ihr nach der Verlobung.[32] Doch ungeachtet von Keynes' Gönnerschaft standen seine Aussichten für eine Position mit festem Einkommen in Cambridge oder an irgendeiner anderen englischen Universität alles andere als gut. Es gab schlicht und einfach keine unbesetzten akademischen Posten. Dann erfuhr Joan durch einen Freund ihres Vaters, dass der alte Maharadscha von Gwalior in Indien gestorben war – ein anglophiler Mann, der darauf bestanden hatte, seine Kinder George und May zu nennen, und der für ihre Ausbildung Privatlehrer aus Cambridge zu importieren pflegte. Und da sein zehnjähriger Erbe dringend einer Bildung bedurfte, drängte sie Austin, der darauf wartete, dass sich doch noch eine Anstellungsmöglichkeit im eigenen Land eröffnen würde, sich für diesen Posten zu bewerben, weil er in Indien ein Vielfaches dessen verdienen würde, was ein Dozent in England bekam.

Also verbrachten die Frischvermählten die ersten drei Jahre ihres Ehelebens in einer alten indischen Stadt an der Hauptroute zwischen Delhi und Bombay, deren Straßen, wie sie schrieb, breit waren und in der es Bauten mit wundervoll geschnitzten Balkonen, Türen und Fenstergittern neben Moscheen und Tempeln, alten und neuen Palästen gab. Joan fühlte sich ihrer Familie zwar eng verbunden, doch für das Paar war es herrlich, ganz für sich sein zu können. Das Leben in Gwalior bestand aus morgendlichen Ausritten mit den Lanzenreitern und dem Knabenmaharadscha, Lektionen in Hindi zur Lunchzeit, Tennis, Zeitungslektüre und Cocktails im Club vor dem Dinner. Und dank eines Dutzends persönlicher Diener, darunter allein fünf Gärtner, fühlte Joan sich ungebunden genug, um an einer örtlichen höheren Schule Wirtschaftskurse zu geben und an einem Papier zu arbeiten, das Austin über den zu erwartenden Beitrag Indiens zu den britischen Steuereinnahmen schreiben sollte. Aber sie überlegte ständig, wie sie ihrem Mann am besten helfen konnte, einen dauerhaften Lehrauftrag in Cambridge zu bekommen, und welche Arbeit sie dort selbst tun könnte. Ihre Freundin Dorothy Garratt hatte sie einmal geneckt: Wenn sie keinen Pastorensohn geheiratet hätte, dann würde sie »vermutlich Toilettensitze in einer Leprakolonie putzen oder Messgewänder für Vikare besticken«[33]. Einmal dachte Joan sogar daran, ein Importgeschäft für indisches Handwerk zu eröffnen.

Nachdem der dreijährige Lehrervertrag ihres Mannes Ende 1928 auslaufen sollte, reiste Joan im Juli des Jahres allein nach Cambridge zurück. Sie wollte den Bericht, den sie gemeinsam geschrieben hatten, persönlich abliefern und außerdem ihre Beziehungen spielen lassen, um Austin den Weg für seine Rückkehr zu ebnen. Sie war eine einfallsreiche und beharrliche Netzwerkerin und sollte das auch immer bleiben. Knapp zwei Jahre später, im Mai 1930, hatte Austin seine dauerhafte Ernennung zum Vollzeit-Universitätsdozenten ergattert. Bis dahin hatten sie von ihren beträchtlichen Ersparnissen gelebt, und Austin hatte sein erstes Buch geschrieben. Erst als Austins Zukunft gesichert war, so schreiben ihre Biografinnen, begann Joan sich ernsthaft auf die eigene Karriere zu konzentrieren.

Indien und die Ehe hatten ihre geistige Selbstsicherheit wiederhergestellt, und dank Austin hatte sie nun auch Zugang zur Universitätsgemeinde. Der Erfolg ihres Mannes und seine Freundschaften zu solchen Koryphäen wie Keynes hatten erfreuliche Folgen für sie. Nachdem sie kein Fellowship bekommen und keinen erstklassigen Abschluss gemacht hatte, zahlte sie fünf Pfund Gebühren, um ein Masterdiplom zu erwerben, und ließ verlauten, dass sie für geringes Entgelt zur Verfügung stand, um Studenten auf ihre Examina vorzubereiten. Aber es war ihr ständig bewusst, dass sie nach wie vor eine Außenseiterin war, ein Zaungast, aber keine Teilnehmerin am geistigen Festschmaus. Der High Table, die Räume der Fellows und die Clubs blieben ihr als Frau nach wie vor verschlossen.

Doch in den Monaten nach dem amerikanischen Börsencrash änderte sich alles. Zwei Entwicklungen waren dabei von entscheidender Bedeutung.

Als Joan im akademischen Jahr 1929/30 darauf wartete, dass Austin seinen Lehrauftrag bekam, hatte sie an einem Seminar teilgenommen, in dem sie von einer theoretischen Herausforderung erfuhr, an der sich gerade so mancher von Keynes' Schülern die Zähne ausbiss. Das Seminar war von Piero Sraffa organisiert worden, einem brillanten, aber neurotischen Autodidakten, Ökonomen und Kommunisten, der 1927 aus Mussolinis Italien geflohen war und Keynes' Aufmerksamkeit mit der Forderung erregt hatte, die Wirtschaftstheorie so aufzuarbeiten, dass sich in ihr auch das monopolistische Element des modernen Business spiegeln würde: der Aufstieg von Konzernriesen, die Markenbildung und die Werbung. Die Ökonomen gingen noch von Wettbewerbsmärkten mit einer Vielzahl von Käufern und von Verkäufern aus, die identische Produkte anboten. Unter solchen Bedingungen konnte das einzelne Unternehmen den Preis seines Produkts ebenso wenig beeinflussen wie der Bauer den seines Weizens oder der Bergwerksbesitzer den seines Silbers. Die moderne Geschäftswelt ahmte jedoch das Monopolwesen nach und gab hohe Summen aus, um die Preise zu beeinflussen. Und das setzte Sraffa zufolge nicht nur das logische Grundprinzip des Wettbewerbs außer Kraft – eine freie Marktwirtschaft produziert zu Mindestkosten den Maximalertrag –, sondern öffnete auch die Tür für staatliche Interventionen. Was also gebraucht wurde, war eine neue Theorie. Aber Sraffa und mehrere seiner Kollegen arbeiteten ja bereits an diversen Ansätzen.

Joan Robinson freundete sich mit Keynes' »Lieblingsschüler« Richard Kahn an, einem schönen, glutäugigen, orthodoxen Juden, der ihr Bündnispartner und Gefährte werden sollte. Kahn war so begabt, dass Keynes ihn sogar bat, ihm bei der Revision seines *Treatise on Money* zu helfen, und das, obwohl Kahn noch nicht einmal ein Jahr lang formal in Wirtschaftswissenschaften ausgebildet worden war. Joan fand es aufregend, mit Männern umzugehen, deren Geist sie huldigen konnte, weil er ihrem eigenen überlegen war.[34] Austin erklärte sie, dass er bloß ein Ackergaul, Sraffa hingegen ein Tiger sei; und was Kahn betraf, so war sie ganz einfach bereit, über seine Unreife, Selbstverliebtheit und Verhaltensstörungen hinwegzusehen. Sie begann sich eines größeren Spiels bewusst zu werden und wollte ebenfalls zu seinen Playern gehören.

Bei einem gemeinsamen Lunch mit Richard Kahn und Joan schlug Austin ein Thema vor, mit dem sie sich Sraffas Aufgabe stellen wollte. Und mit der Hilfe und Unterstützung von Richard, der zwischen Mitte 1930 und Anfang 1933 ihr Liebhaber sein sollte, nahm Joan schließlich die Herausforderung an. Gemeinsam entwickelten sie eine Theorie, die aufzeigen sollte, wie Unternehmen in angeblich wettbewerbsorientierten Industrien – mit vielen Käufern und Verkäufern und ohne Zutrittsbarrieren – von der Werbung, Markenbildung und Produktinnovation dazu veranlasst wurden, sich wie Monopolisten zu verhalten. Anstatt die Verbraucherpreise zu senken und die Produktionsmenge und Beschäftigung zu steigern, nützten sie ihre Marktmacht, um Verbraucher zu neppen, außerordentliche Profite zu erwirtschaften, die Beschäftigung zu drücken und die Löhne zu senken. Im Kontext der Weltwirtschaftskrise hielt es Robinson für angebracht, erklären zu können, wieso der freie Markt selbst unter Idealbedingungen langfristig zu Arbeitslosigkeit, industrieller Überschusskapazität und Stagnation tendierte.

Je selbstsicherer Joan Robinson wurde, umso ehrgeiziger wurde sie auch. Im März 1931 informierte sie Kahn: »Ich spiele jetzt mit der Idee, ein ganzes Buch über all das Zeug zu schreiben. [...] Es bin nicht ich, die dieses Buch herausbringt. Es ist ein Syndikat aus Dir, A. + mir.«[35]

Wie ein General verteilte sie dann die Aufgaben unter ihren Soldaten: Austin sollte die Einleitung schreiben, Kahn die Fragen postulieren und den mathematischen Anhang schreiben, während sie den Text ausformulieren wollte. Sechs Monate später bat sie Dennis Robertson, einen hochgeachteten Mitarbeiter von Keynes, der ein Experte auf dem Gebiet der Theorie der Unternehmung war, das Vorwort zu schreiben. Sie berichtete ihm, dass sie bereits fünf Kapitel geschrieben und weitere zehn entworfen habe. Wie die Wirtschaftswissenschaftlerin Nahid Aslanbeigui und ihr Koautor, der Sozialwissenschaftler Guy Oakes, feststellten, hatte Joan Robinson von Anbeginn an »eindeutig geplant, allein unter ihrem Namen zu veröffentlichen«.[36] Die nächsten anderthalb Jahre arbeiteten sie und Kahn konzentriert an dem Buch, das sie inzwischen als ihren »Albtraum« bezeichnete.

Derweil hatte ihr die Zusammenarbeit mit Kahn Zutritt zu Keynes' innerem Kreis verschafft. Keynes rang im ersten Halbjahr 1931 gerade mit der Kritik, die an seinem Werk *Treatise on Money* geübt wurde – vor allem mit der Kritik von Hayek – und arbeitete einige der Ideen aus, die schließlich zu seiner *General Theory* reifen sollten. Von Januar bis Mai diente ihm die Gruppe der jungen Cambridge-Ökonomen, die sich »The Circus« nannten und der auch Sraffa, Kahn und Austin Robinson angehörten, als Resonanzboden. Aber auch Joan nahm an den wöchentlichen Gruppentreffen teil und begann Keynes über Kahn Notizen zu schicken. »Keynes schien die Rolle Gottes in einer Moralität zu spielen«, erinnerte sich ein anderes Mitglied dieses Kreises später. »Er dominierte das Stück, tauchte selbst aber kaum je auf der Bühne auf. Kahn war der Botenengel, der dem Zirkus die Mitteilungen und Fragen von Keynes überbrachte, um mit dem Ergebnis unserer Beratungen dann in den Himmel zurückzukehren.«[37] Für Joan war es eine außerordentliche Möglichkeit, um sich Zugang zu Keynes' neuestem Denken zu verschaffen, während dieser versuchte, die schlimmste Wirtschaftskrise der Neuzeit zu verstehen, und ihre eigenen analytischen Fähigkeiten an den seinen zu schärfen.

Ob ihr dieser neue Status dabei half, den ersten formellen, wenn auch befristeten universitären Lehrauftrag zu ergattern, ist unklar. Jedenfalls wurde sie zur Junior-Assistenzdozentin ernannt. Einer ihrer Studenten in diesem Jahr erinnerte sich an eine »junge, energische und schöne« Frau. Über ihre Vorlesungen schrieb er: »Sie schleuderte uns

abstruse Begriffe entgegen. [...] Ich verstand wenig, saß aber wie ge-
bannt da.«[38]

Trotz des zeitlichen Aufwands, den diese neue Position sie kostete,
hatte Joan ihr Manuskript im Oktober 1932 fast fertiggestellt. Bis dahin hatte sie, wie ihre Biografinnen schreiben, auch die letzten noch
denkbaren Skrupel abgelegt, das Buch als allein das ihre auszugeben.[39]
Ehemann, Ehefrau und Liebhaber scheinen über das Cambridger Post-
system – das eine fünfmalige tägliche Auslieferung garantierte – kom-
muniziert zu haben, wie wir es heutzutage über E-Mails tun. Einmal
schickte Joan eine siegessichere Notiz an Austin:

*Ich habe herausgefunden, um was es in meinem Buch geht. Es war eine
ziemlich plötzliche Offenbarung, die ich erst gestern hatte. Was ich gedacht, gemacht und getan habe, ist genau das, was Piero in seinem berühmten Artikel herausstellte als das, was getan werden müsse. Ich habe
die ganze Werttheorie umgeschrieben, angefangen bei der Firma als Mo-
nopolist. Ich pflegte zu glauben, dass ich irgendeinem Genie Werkzeuge
für den künftigen Gebrauch bereitstelle, dabei habe ich den Job die
ganze Zeit über selbst getan.[40]*

Bis dahin hatte sie sich strikt als Lehrerin gesehen. »Ich meinte immer:
›Ich muss diesen Leuten beibringen, was Ökonomen denken!‹ Jetzt
empfinde ich mich wirklich selbst als eine Ökonomin und kann ihnen
erzählen, was ich selber denke.« Kahn erzählte sie, ihr Mann »AR«
würde noch feststellen müssen, dass sie nun »eine gewandelte Frau«
sei. »Ich habe meine Selbstachtung wiedergefunden.« Und sie ließ keinen Zweifel daran, dass sie sich nun auch als die Erste unter Gleichen
verstand, als die originäre Denkerin, als der anleitende Genius. Ihrem
Mann schrieb sie: »Du und Kahn und ich haben einander in diesen beiden Jahren intensiv Ökonomie gelehrt. Aber ich war es, die das große
Licht sah, und es ist *mein* Buch.«[41] Ihre Schadenfreude, die Jungs ausgestochen zu haben, ist nicht zu überhören.

Währenddessen verliebte sich Kahn in Joan. 1931 gingen sie eine
immer wieder abgebrochene und neu auflebende Affäre ein, was
Keynes ziemlich alarmierte, weil er um die Karriere seines Protegés
Kahn fürchtete, und was Joan enervierte, da ein Skandal ihrem bevorstehenden akademischen Erfolg geschadet hätte. Austin war für sechs

Monate nach Afrika gegangen, und Joan bestand darauf, dass auch Kahn Cambridge verließ, um seinen »Liebeskummer« zu überwinden. Er beschloss, für ein Jahr nach Amerika zu gehen. Allein, unter großem Druck und mit dem Gefühl, am Rande eines Nervenzusammenbruchs zu stehen, stürzte sich Joan fieberhaft in die Arbeit, um das Buch zu vollenden. Und während sie das Manuskript Korrektur las, bewarb Kahn es an der University of Chicago und überzeugte einen Doktoranden namens Frank Coe (den späteren KGB-Spion), die noch unveröffentlichte Analyse in seine Dissertation einzubauen. Dann ließ Kahn die Bombe platzen. Der junge Harvard-Professor Edward Chamberlin war gerade dabei, eine Studie unter dem Titel *The Theory of Monopolistic Competition* zur Veröffentlichung vorzubereiten. Und dieses Thema überschnitt sich eindeutig mit dem ihren, abgesehen davon sollte das Buch mindestens sechs Monate vor dem ihren herauskommen. Also fuhr Kahn im Februar nach Harvard, um einen Tag vor dem Erscheinungstermin von Chamberlins Buch einen Vortrag für sich zu arrangieren. Und in dieser Rede behauptete er dann, dass Joan Robinsons Theorie und Analysemethoden denen Chamberlins weit überlegen seien. Chamberlin, der im Auditorium saß, gelang es nicht, diese Behauptung wirkungsvoll zu widerlegen. »Es ist mir ein teuflisches Vergnügen zu erfahren, dass Chamberlin nichts taugt«, antwortete Joan am 2. März 1933 auf Kahns Bericht über diese Konfrontation und erklärte, sie wolle in ihrem Vorwort »bloß anmerken«, dass sie nichts von dessen Arbeit gewusst habe. Sie überlegte kurz, Keynes zu bitten, sie Chamberlins Buch für das *Economic Journal* rezensieren zu lassen, machte sich »nach reiflichem Überlegen« jedoch bewusst, dass »das schlecht wäre« und sie sich »irgendwann, nachdem ich herausgekommen bin, um ihn kümmern« könne.[42]

Zu Joans großer Enttäuschung war Keynes dann aber »nicht sehr interessiert an der Theorie vom imperfekten Wettbewerb« und weigerte sich zu glauben, dass das Monopol eine Hauptursache für die periodischen Ausfälle der effektiven Nachfrage sei.[43] Nachdem Keynes seinen Verleger Macmillan vorgewarnt hatte, dass er das Buch höchstwahrscheinlich nicht besonders aufregend finden würde, empfahl er dennoch, es zu publizieren. Robinsons *The Economics of Imperfect Competition* erschien im Herbst 1933 und wurde augenblicklich zu einem Kritikererfolg. Es erhielt zahlreiche respektvolle, sogar einige hervorragende Rezensionen. Schumpeter, der Joan bereits einmal als »einen unserer besten Männer« bezeichnet hatte[44], reagierte sofort auf Kahns Vorschlag, das Buch zu promovieren. In seiner Rezension pries er Robinsons »genuine Originalität« und schloss mit den Worten, dass sie sich mit diesem Buch »gewiss einen führenden, vielleicht sogar den ersten Platz« unter den Wirtschaftstheoretikern auf diesem Gebiet verdient habe. Somit stellte er sie also nicht nur vor Kahn und Sraffa, sondern auch vor Chamberlin.[45]

Joan Robinson hatte einen großen Vorteil gegenüber Sraffa und Kahn: Beide litten unter einer schweren Schreibblockade, und Sraffa hatte zudem eine so schwere Neurose, dass er außerstande war, Vorträge zu halten. Sie hingegen war eine superbe Rednerin und Schreiberin. Wenn sie erst einmal glaubte, dass sie etwas zu sagen hatte, zählte sie zu den Produktivsten ihrer Disziplin. Kaum dass sie die letzten Korrekturen an ihrem Manuskript erledigt hatte, stürzte sie sich auf eine Reihe von Artikeln und Rezensionen.

Knapp ein Jahr nach der Veröffentlichung von *Imperfect Competition* brachte Joan ihr erstes Kind zur Welt. »Wie gut Du alle Dinge zu tun verstehst«, sprudelte es im Mai 1934 aus ihrer Freundin Dorothy Garratt heraus, »eine Entdeckung in der Ökonomie und ein kleines Mädchen.«[46] Robinson war regelrecht beflügelt von ihrem *succès d'estime*. Im September dieses Jahres fragte sie Kahn, der nach Tilton gefahren war, um an Keynes' neuem Buch zu arbeiten, keck: »Würde Maynard gerne ein Vorwort von mir für sein neues Werk haben, welches aufzeigen würde, in welcher Hinsicht sich seine Ideen verändert haben?«[47] Bedenkt man, dass fast all ihre Interaktionen mit Keynes via Kahn oder brieflich stattgefunden hatten, war dieser Vorschlag doch ziemlich gewagt, und das umso mehr, als Kahn das einzige Mitglied des Zirkus war, der einen eigenen Beitrag (den Multiplikator) zu Keynes' neuer Theorie geleistet hatte. Wie auch immer, jedenfalls hatte sie sich als Ökonomin zweifellos Keynes' Respekt erworben. Ein paar Jahre später sollte er einräumen, dass Joan Robinson »ohne jeden Zweifel einen Platz unter den sechs wichtigsten« Ökonomen in Cambridge einnahm – neben Pigou, Sraffa, Kahn und ihm selbst.[48]

Andrew Boyle – der schottische Journalist, der 1979 öffentlich machen sollte, dass Anthony Blunt, mittlerweile Direktor der Queen's Gallery, bereits 1945 als das vierte Mitglied der berüchtigten »Cambridge Five« enttarnt worden war (jenes Spionagerings aus vom KGB angeworbenen Cambridger Fellows, die als Doppelagenten für den britischen Geheimdienst MI5 arbeiteten) – behauptete, dass Joan Robinson ein Gründungsmitglied der ersten kommunistischen Zelle in Cambridge gewesen sei. Organisator des Ganzen soll der Ökonomiedozent Maurice Dobb gewesen sein, der 1931 auch einen seiner Studenten, den späteren Spion Kim Philby, für die kommunistische Sache gewann.[49] Aber Boyle, der mit Robinson korrespondiert hatte, gab keine Quellen preis. Der australische Wirtschaftswissenschaftler Geoffrey Hartcourt, der Joan Robinson gegen Ende ihres Lebens noch persönlich kennenlernte, datiert ihre Vernarrtheit in Stalin – ihre »Radikalisierung«, wie er es nennt – jedenfalls auf das Jahr 1936.[50]

In jenem Jahr waren Robinsons Gedanken ganz fraglos in heftigen Aufruhr geraten. Mitte 1935 hatte sie in ihrer Rezension von John Stracheys *Theory and Practice of Socialisms* noch dessen Behauptung kritisiert, dass eine zentrale Planwirtschaft sowjetischer Machart das Heilmittel für die Weltwirtschaftskrise sein könne. Zwar hatte sie Stracheys Logik nicht gleich zu »einer Beleidigung meiner Intelligenz« erklärt, wie Keynes es getan hatte, ihn aber ins Gebet genommen, weil er Mängel in der Mainstream-Wirtschaftstheorie mit fatalen Defekten im Wirtschaftssystem verschmolzen habe. »Wir können uns doch keinen Umsturz anempfehlen lassen, bloß weil irgendein Ökonom Unsinn verbreitet«, stichelte sie.[51]

Doch sechs Monate später scheint sie eine Glaubenskonversion durchlebt zu haben, denn nun bezeichnete sie den Kapitalismus als »ein System, das unter der Bedingung einer unterernährten Überbevölkerung einen Rückgang der effektiven Nachfrage zulässt, das der Arbeitslosigkeit mit Plänen für eine Produktionsbegrenzung begegnet und das notleidenden Regionen keine andere Hilfe als den Befehl zur Bewaffnung gibt«. Die marxistische Lehre möge ja vielleicht »allzu simplifiziert« sein, ersticke aber wenigstens nicht den »gesunden Menschenverstand«. Nun betrachtete sie den Marxismus sogar als einen wirkungsvollen Impfstoff »gegen die Raffinessen der Laissez-faire-Wirtschaft«.[52]

Im Mai 1936 machten sie ihre Freunde, die Garratts, mit einem Paar aus Aleppo bekannt, der Stadt in Syrien, die Agatha Christies Bestsel-

ler *Mord im Orient Express* als Hintergrund diente. Es waren Dora
Collingwood, eine englische Landschaftsmalerin – deren Vater, ein bekannter Archäologe, Maler und der Sekretär des Kunsthistorikers John
Ruskin war –, und ihr Mann Ernest Altounyan, ein angloarmenischer
Arzt. Dorothy Garratt bezeichnete ihn als »einen sehr eigenartigen,
aber attraktiven Mann, der auf einer emotionalen Ebene lebt, die be-
wirkt, dass ich mir ausgesprochen spießig vorkomme«. Er war Mitte
vierzig, kurzsichtig, hatte angegrautes Haar, aber »eine gute Stirn und
Nase«[53], immer einen vieldeutigen Ton in der Stimme und alle möglichen romantischen Freunde, darunter den Kinderbuchautor Arthur
Ransome und T. E. Lawrence alias Lawrence von Arabien. Letzterer
war gerade erst bei einem Motorradunfall ums Leben gekommen, und
Altounyan erzählte Joan nun, dass er hoffe, einen Verleger für das Epos
zu finden, in dem er seine Freundschaft mit Lawrence feierte. Robinson bot an, es zu lesen und an ihren Onkel zu schicken. Altounyan war
ungemein beeindruckt und dankbar. Sie begannen, kurze Nachrichten
auszutauschen. Am Ende des Monats schrieb er ihr vertraulich, dass
sie »bei Weitem das Liebreizendste ist, was mir in England widerfuhr«.
Die Begegnung mit ihr sei »berauschend« gewesen.[54]

Altounyan liebte es zu tanzen. Eine seiner Töchter erzählte: »Er versuchte sein ganzes Leben wie eine Art von Tanz zu leben und wurde
depressiv und frustriert, wenn man ihn daran hinderte.« Aber er war
auch manisch-depressiv. Aus Aleppo begann er Joan weitschweifige
Liebesbriefe zu schicken, während sie sein Epos Korrektur las. Eddie
Marsh, Keynes und ein Dutzend andere Literaturkenner erklärten es zu
einem schauderhaften Machwerk, aber Joan ließ sich nicht beirren und
setzte dem Verleger der Cambridge University Press so lange zu, bis er
schließlich einwilligte, es zu veröffentlichen.

Am 12. März des nächsten Jahres, einen Monat bevor Altounyans
Heldengedicht erscheinen sollte, bestieg Joan in der Victoria Station
den Orient Express. Sie war im zweiten Monat schwanger, reiste allein
und glich ein wenig Mary Debenham aus Christies Roman: »Es war
etwas Kühles, Effizientes an der Art, wie sie ihr Frühstück einnahm
und den Diener um Kaffee bat, etwas, das auf Weltläufigkeit und die
Gewohnheit des Reisens schließen ließ. [...] Er schätzte sie als die Art
von junger Dame ein, die mit formvollendeter Leichtigkeit auf sich
selbst achtgeben konnte, wo immer sie sich auch bewegte. Sie strahlte

Gelassenheit und Tüchtigkeit aus.«[55] In Aleppo traf Joan Altounyan wieder, dann reiste sie nach Jaffa und Tiberius in Palästina weiter.

Sie sah ihn noch einmal allein, auf ihrer Rückreise am 14. April. Inzwischen mochte ihr die unordentliche, traurige Atmosphäre seines Haushalts erstmals das Gefühl gegeben haben, dass seine Anziehungskraft als Liebhaber im Wesentlichen ihrer eigenen Phantasie entsprungen war. Sein Epos *Ornament of Honor* wurde von der Kritik kaum wahrgenommen. Nur die *Palestine Post* feierte den Autor als einen »kleinen Tennyson«.[56] Nachdem sie nach Cambridge zurückgekehrt war, wurde die alte Menage à trois mit Austin Robinson und Richard Kahn wieder der Dreh- und Angelpunkt ihres Lebens. »In einem anderen Zeitalter wäre sie auf einem Kamel gesessen und durch die Wüste geritten«, bemerkte der Ökonom Frank Hahn einmal. »Ein Teil ihrer Persönlichkeit bestand schlicht aus der Upperclass-Weigerung, sich der Herde anzuschließen, aus dem Bedürfnis, sich von der Masse zu unterscheiden.«[57]

Ein Jahr nach der Geburt ihres zweiten Kindes und wenige Wochen nach dem Einmarsch Hitlers in die Tschechoslowakei erlitt Joan Robinson einen schweren manischen Anfall und verbrachte viele Monate in einem Sanatorium. Bis sie es wieder verlassen konnte, war ihr Mann Austin zum Kriegsdienst in Whitehall verpflichtet worden, was die physische Trennung nach sich zog. Einer ihrer Kollegen nach dem anderen wurde einberufen. Eines Tages musste auch Kahn Cambridge verlassen. Er landete schließlich auf einem Posten in Kairo, wo er die meiste Zeit des Krieges verbringen sollte. Joan Robinson blieb allein in Cambridge zurück.

KAPITEL XII

Krieg der Ökonomen:
John Maynard Keynes und Milton Friedman
als Finanzbeamte

Im Krieg bewegen wir uns vom Zeitalter des Überflusses ins Zeitalter des Mangels zurück.

John Maynard Keynes, 1940[1]

Der Ausbruch des Krieges gab Hayek und Keynes die Möglichkeit, Frieden miteinander zu schließen. Beide hatten gehofft, dass ein Krieg vermieden werden könnte, sich aber keinerlei Illusionen bezüglich Hitlers »Friedens«-Angeboten gemacht. Beide hofften und glaubten, dass die Vereinigten Staaten in den Krieg eintreten würden, weil ansonsten, wie Hayek später sagte, als Deutschland zusammenbrach, »die Zivilisation Europas vernichtet« werde.[2] Beide betrachteten den Krieg nicht nur als eine Maßnahme zur Verteidigung Großbritanniens, sondern auch als den Versuch, die Werte der Aufklärung des 18. Jahrhunderts zu schützen. Wie Keynes dem Auditorium einer Benefizveranstaltung erklärte, bei der im Cambridge Arts Theatre Geld für Flüchtlinge gesammelt wurde, lebten mittlerweile allein in Cambridge rund tausend Deutsche, weshalb man nunmehr von »zwei Deutschlands« sprechen könne:

Die Anwesenheit eines Deutschlands im Exil hier bei uns ist [...] ein Anzeichen dafür, dass dies kein Krieg zwischen Völkern und dem Imperialismus, sondern zwischen zwei konträren Weltanschauungen ist. [...] Unser Ziel bei diesem wahnsinnigen, unvermeidbaren Kampf ist nicht die Eroberung Deutschlands, sondern es zu bekehren, es in den Schoß der abendländischen Kultur zurückzubringen, deren institutionelle Grundfesten [...] die christliche Ethik, der Geist der Wissenschaften und die Herrschaft von Recht und Gesetz sind. Nur auf diesen Grundfesten kann es ein privates Leben geben.[3]

Als im Sommer 1940 der Blitzkrieg begann, hatten Keynes und Hayek bereits monatelang über die Evakuierung der London School of Economics nach Cambridge und eine Fluchthilfe für jüdische Akademiker aus dem nationalsozialistisch kontrollierten Europa korrespondiert, aber auch besprochen, wie man die Freilassung der ausländischen Kollegen erreichen könnte, die in den panischen Wochen nach dem Fall Frankreichs im Juni 1940 als »enemy aliens« (feindliche Ausländer) in England interniert worden waren. Im Oktober hatte Keynes für Hayek Räumlichkeiten und Fellows-Privilegien im King's College arrangiert. An den langen Wochenenden, die Keynes nach wie vor in Cambridge verbrachte, besuchten sie häufig gemeinsam den Laden des antiquarischen Buchhändlers G. David um die Ecke des Cambridge Art Theatres, und erzählten sich historische Schmankerl.

Überraschender aber war, dass der Krieg Hayek und Keynes auf dieselbe Seite der wirtschaftspolitischen Debatte gerückt hatte. In den Dreißigerjahren hatte Hayek Keynes' Vorschlag, der Weltwirtschaftskrise mit billigerem Geld und einer Defizitfinanzierung zu begegnen, noch als »Inflationspropaganda« abgetan und den Rivalen im privaten Kreis einmal sogar als »Staatsfeind« diffamiert.[4] 1939 begann Hayek ihn in seinen Zeitungsartikeln jedoch zu preisen, denn sehr zum Leidwesen seiner linken Freunde und Anhänger hatte sich Keynes in einen Inflationsfalken verwandelt.

Was war geschehen? Nun, die Umstände hatten sich geändert. Nach dem Ersten Weltkrieg waren Großbritanniens Armee und Air Force praktisch aufgelöst worden, ergo hatte die Regierung, wenn sie denn militärisch zu Hitlers Deutschland aufschließen wollte, seit 1937 die Staatsausgaben gewaltig erhöhen müssen. Teils aus Sorge, dass Steuererhöhungen die Arbeitslosigkeit verschärfen würden, die noch immer bei rund 9 Prozent lag, teils aber auch, weil eine Aufrüstung ungemein unpopulär war, optierte die Regierung von Premierminister Neville Chamberlain schließlich nicht für eine Erhöhung der Steuern, sondern für die Ausgabe von Schuldscheinen in Form von Staatsanleihen. So kam es, dass die Staatsverschuldung bereits vor der Kriegserklärung auf schwindelerregende Höhen geklettert war. Der erste, im September 1939 veröffentlichte Kriegshaushalt veranschlagte ein Defizit von einer Milliarde Pfund respektive von atemberaubenden 25 Prozent des jährlichen Volkseinkommens.

Diese massive Defizitfinanzierung hatte dramatische Auswirkungen: Die Wirtschaft boomte, insbesondere im Süden Englands, wo die Häfen und Stützpunkte ausgebaut und die neuen Rüstungsfabriken errichtet wurden. Und das war, wenn auch verspätet, genau die Kur, die Keynes 1933 verschrieben hatte. Damit schien seine *General Theory* nun endlich gerechtfertigt.

Man könnte meinen, Keynes sei erfreut gewesen, weil das Schatzamt, das seinen Rat Ende der Zwanziger-, Anfang der Dreißigerjahre noch in den Wind geschlagen hatte, endlich »keynesianisch« geworden war. Stattdessen aber reagierte er, wie Skidelsky schreibt, zunehmend besorgt und missbilligend, weil die Regierung erst für gewaltige Schulden und dann für den Druck frischen Geldes optiert und damit seiner Meinung nach nur einer künftigen Inflation den Boden bereitet hatte. Und nun, da ein Krieg sicher war, konnten sich die Dinge ohnehin nur verschlechtern. Keynes selbst bestritt, dass bei ihm je ein Sinneswandel stattgefunden habe: Es seien die Umstände gewesen, die sich geändert hätten. 1933 hatte die Arbeitslosenrate 15 Prozent betragen; 1939 lag sie unter 4 Prozent und sank so tief, dass die Industrie über einen Mangel an Facharbeitern und Ingenieuren klagte. Keynes hatte die Theorie vom Überfluss erfunden, um den massiven Nachfrageausfall in einer Wirtschaftskrise anzusprechen. Nun wandte er dieselbe Logik auf die umgekehrte Bedingung, nämlich die überhöhte Nachfrage während eines Krieges, an.

Da nach dem Ersten Weltkrieg wirtschaftliches und politisches Chaos die Folge der inflationistischen Kriegsfinanzierung und der gewaltigen Schuldenlast gewesen waren, enthüllte Keynes Mitte November 1939 in zwei Artikeln für die Londoner *Times* seinen »Keynes-Plan«.[5] Um die Lücke von vierhundert bis fünfhundert Millionen Pfund zwischen den Staatsausgaben und den Steuereinnahmen zu schließen, schlug er eine kriegsbedingte Einkommensteuer vor. Der Dreh dabei war, dass dieses Geld nach dem Krieg zurückerstattet werden sollte, was es Keynes ermöglichte, die Steuer – ganz wie Schumpeter im Jahr 1919 – als eine »Zwangssparmaßnahme« zu bezeichnen. Skidelsky schreibt, die Artikel, die Keynes einige Monate später unter dem Obertitel *How to Pay for the War* veröffentlichte, veranschaulichten, dass er »das Budget als ein Instrument der Wirtschaftspolitik« verstanden habe.[6] Einer der wärmsten Befürworter war Hayek, der Keynes in einer

Kolumne im *Spectator* sekundierte, woraufhin Keynes ihm die Nachricht schickte: »Es ist beruhigend, zu wissen, dass wir so vollständig einer Meinung hinsichtlich der Theorie von der Mangelwirtschaft sind, auch wenn wir bei der Frage differieren, wann sie anzuwenden ist.«[7]

Wie Keynes sehr gut wusste, war seine Lebensuhr praktisch abgelaufen. Ein schwerer Herzanfall hatte ihn 1937 gezwungen, sich vorzeitig nach Tilton zurückzuziehen. Aber zwei Jahre der Pflege durch seine Frau Lydia, ein Wundermittel aus Deutschland und der deutsche Wahn, die Welt erobern zu können, verschafften ihm die Möglichkeit zu einem dritten und letzten Akt.

Am Vorabend der Schlacht um England – Hitlers Versuch, die Royal Air Force am Boden zu zerstören – kehrte Keynes ins Schatzamt zurück, »ohne Routinepflichten und Bürozeiten«, wie er am 14. August 1940 an J. T. Sheppard, den Provost des King's College schrieb, dafür mit »einem Vagabundenauftrag, plus Mitgliedschaften in diversen hochrangigen Komitees«. Premierminister Winston Churchill, der letzte Löwe Englands, schenkte der Frage kaum Aufmerksamkeit, wie sich der Krieg gegen Hitler finanzieren ließ, und noch weniger interessierten ihn die wirtschaftlichen Arrangements für die Nachkriegszeit. Also wanderten sie in Keynes' Zuständigkeitsbereich, und der sollte während des Zweiten Weltkriegs die Rolle von Churchills De-facto-Schatzkanzler annehmen. Als Keynes 1919 seinen Gefühlsausbruch gegen der Versailler Vertrag zu Papier gebracht hatte, hatte er gewarnt: »Wenn wir absichtlich auf den Ruin Mitteleuropas ausgehen, dann wird, das wage ich zu prophezeien, die Vergeltung nicht ausbleiben.« Und weil sich seine damalige Befürchtung so tragisch bestätigt hatte, war es nun, wie Skidelsky weiter schreibt, sein »vorrangiges Ziel«, zu erreichen, dass es die Alliierten diesmal »besser machen als beim letzten Mal«.[8]

Seit der atemberaubende Zusammenbruch Frankreichs Großbritannien ohne Partner an der Seite mit dem deutschen Moloch konfrontierte, war die Beschaffung des Geldes, das notwendig war, um weiterkämpfen zu können, zu einer regelrechten Obsession des Schatzamts und folglich von Keynes geworden. Hitlers Taktik, ein Land nach dem anderen zu erobern, machte es für die Deutschen nicht erforderlich, ihre Wirtschaft auf ein reines Kriegsfundament zu stellen, aber Großbritannien konnte sich den Luxus eines begrenzten Krieges nicht leisten. Als Aggressor konnte Hitler entscheiden, wann er angreifen wollte, abgesehen davon war seine Blitzkriegstrategie praktisch ein Selbstfinanzierungsgeschäft, da sie ja beinhaltete, dass die militärische Rechnung aus dem Vermögen beglichen wurde, das er seinen Opfern raubte. England blieben nur zwei Möglichkeiten: Entweder man akzeptierte Hitlers »Friedens«-Angebot, was bedeutet hätte, dass England das schändliche Schicksal Frankreichs hätte teilen müssen; doch während Keynes' alter politischer Mentor Lloyd George bereit gewesen wäre, King Edwards Marschall Pétain zu werden, und während die Linke Mahnwachen für den Frieden hielt, war diese Option unter der britischen Wählerschaft ein Rohrkrepierer. Oder man schlug jede fiskalische Besonnenheit in den Wind und führte ungeachtet aller Folgen für die Nachkriegszeit den totalen Krieg. Obwohl Keynes keinerlei Zweifel hegte, dass dies die richtige Wahl war, hörte er doch nie auf, sich den Kopf über irgendeine clevere Möglichkeit zu zerbrechen, die negativen Auswirkungen dieser Entscheidung abzumildern. Wieder einmal war er »interessiert, gewappnet und glücklich«[9]. Einem Freund schrieb er: »Also, hier bin ich, wie ein periodischer Dezimalbruch, und leiste sehr ähnliche Arbeit am selben Ort eines ähnlichen Notfalls wegen.«[10]

Seit August 1940 verbrachte Keynes rund achtzehn Stunden täglich an seinem Schreibtisch und oft genug auch im Bunker des Schatzamts. Wie Hayek, der, als die ersten Bomben auf London fielen, darauf bestanden hatte, in der Stadt zu bleiben und nach Cambridge nur zu pendeln, ignorierte auch Keynes die Gefahr, blendete die Möglichkeit einer deutschen Invasion aus und hoffte, dass seine Bücher und Gemälde überleben würden. Nun, da er ein Insider mit Zugang zu »sämtlichen innersten Geheimnissen« und dem Schatzkanzler war, dessen Amtszimmer direkt neben dem seinen lag, trug er eine Menge mehr zur Gestaltung der britischen Finanzpolitik bei als im Ersten Weltkrieg. Doch mag er auch Insider gewesen sein: Er war und blieb doch ein Bilderstürmer. Weder sein Alter noch sein Ruhm oder sein krankes Herz hatten die Ungeduld gemildert, die er gegenüber den Studienanfängern am King's College empfand, oder den Zorn, den er in den *wirtschaftlichen Folgen des Vertrages von Versailles* zu Papier gebracht hatte. »Für den Zimmermann mit dem Hammer sieht alles wie ein Nagel aus«, lautet ein altes englisches Sprichwort. Für Keynes sah alles wie ein Problem aus, das zu lösen er sich besser qualifiziert fühlte als alle, denen diese Verantwortung übertragen worden war. Er mischte sich in alles ein, von den Zöllen bis zur Biersteuer, wobei er allerdings oft die Fakten falsch interpretierte und so manchen gegen sich aufbrachte. Einmal schickte er Richard Kahn, der mittlerweile in Ägypten war, einen Plan zur Umstrukturierung des gesamten Transportsystems von Kairo.

Wie schon im Ersten Weltkrieg war es auch diesmal Keynes' Job, dafür zu sorgen, dass sich der amerikanische Geldhahn öffnen würde. Anfang Mai 1941, vor dem Eintritt Amerikas in den Krieg und auf dem Höhepunkt einer erbitterten Kontroverse Englands mit den Vereinigten Staaten (wegen der Bereitstellung von Navy-Destroyern als Eskorten für die Waffenlieferungen an Großbritannien) reiste Keynes als britischer Gesandter nach Washington, D.C., wo er dann elf Wochen verbringen sollte. Es war sein dritter Besuch in Amerika – jeden davon hatte er wegen einer »ernstlichen Krankheit« und in der Hoffnung auf »Konvaleszenz« angetreten.[11] Diesmal hatte er allerdings auf die *Queen Mary*, sein bevorzugtes Transportmittel über den Atlantik, verzichten und einen PanAm-Clipper besteigen müssen, denn angesichts der deutschen U-Boote, die im Nordatlantik lauerten und britische Schiffe mit einer Rate von sechzig pro Monat auf Grund torpedierten, war ein Flug eindeutig die sicherere Angelegenheit, wenngleich nicht unbedingt auch die schnellere, bedenkt man die Willkür der Flugpläne. Als Keynes das Rollfeld in La Guardia betrat, wo schon Reporter auf ihn warteten, erzählte er denn auch prompt erst einmal etwas von der Notwendigkeit eines täglichen Shuttles zwischen London und New York, bevor er sich die amerikanischen Isolationisten vorknöpfte.

Ein deutscher Sieg, erklärte er, werde die Beziehungen der Vereinigten Staaten zur Alten Welt auf Dauer beschädigen. »Die amerikanische Wirtschaft könnte auf ihrer gegenwärtigen Grundlage überhaupt nicht mehr funktionieren. Man wagt nicht einmal, daran zu denken.« Doch nicht jeder ließ sich gerne von ihm belehren. Der Erzisolationist Burton Wheeler, Senator von Montana, höhnte: »Das amerikanische Volk hasst es, wenn uns Ausländer in den Krieg hineinzuziehen versuchen, indem sie uns ungefragt Ratschläge erteilen, wie wir unser Land regieren sollen, während sie in ihrem eigenen derart erbärmlich versagt haben.«[12] Mit »erbärmlich versagt« spielte der Senator auf die Unfähigkeit Großbritanniens an, seine Rechnungen zu begleichen. England

hatte seine Wirtschaft auf den totalen Krieg umgestellt, war aber gezwungen, nach wie vor mit harten Währungen für importierte Rüs-
tungsgüter zu zahlen, obwohl seine Möglichkeiten, Devisen im Export zu verdienen, längst geschwunden waren. Doch nicht einmal als
der britische Botschafter Lord Lothian unverhohlen erklärte: »Na gut,
Jungs, Großbritannien ist pleite, es ist euer Geld, das wir brauchen«,
wollte man im amerikanischen Finanzministerium glauben, dass das
Britische Empire tatsächlich unter einem Goldmangel litt.[13]

Doch die Abneigung der Amerikaner, Leben und Geld für Bruder-
kriege in Europa zu opfern, war nach dem Ersten Weltkrieg so stark,
dass die Vereinigten Staaten sogar eine unilaterale Abrüstung beschlossen hatten, und das in einer Phase, in der sowohl Deutschland und
Russland als schließlich auch Großbritannien und Frankreich aufrüs-
teten. Zwar hatten die Vereinigten Staaten die größte Kriegsmarine
der Welt behalten, doch ihre Armee war zu einem »dürren Gerippe«
von zweihunderttausend Mann geschrumpft, und ihre Air Force war
auf nur noch hundertfünfzig Kampfflugzeuge dezimiert worden. 1940
wandten die Vereinigten Staaten weniger als 2 Prozent ihres Jahresein-
kommens für die Verteidigung auf, und Waffenverkäufe an ausländische Regierungen waren per Gesetz beschränkt. Dieser sogenannte
Johnson Act von 1934 richtete sich vor allem gegen Großbritannien,
da er Waffenverkäufe an jedes Land untersagte, das seinen Zahlungs-
verpflichtungen aus dem Ersten Weltkrieg gegenüber den Vereinigten
Staaten nicht nachgekommen war.

Der Fall Frankreichs und die fast völlige Vernichtung des britischen
Expeditionskorps vor Dünkirchen im Juni 1940 zwang die Vereinigten Staaten jedoch zu einer grundlegenden Neubewertung der Lage.
Auch wenn es ein Wahljahr war, konnten die Amerikaner doch nicht
mehr behaupten, dass Deutschland – vor allem, seit es mit der Sowjet-
nion verbündet war – keine ernsthafte Bedrohung für sie darstellte.
Hitler hatte ein gewaltiges Programm für den Bau von Zerstörern und
Kampfflugzeugen auf die Beine gestellt und drängte Caudillo Franco
gerade mit deutlichem Blick auf Amerika, Deutschland die Einrichtung
von Stützpunkten im Westen Spaniens zu erlauben. Eilends verabschiedete der US-Kongress einen Etat von rund vier Milliarden Dollar zu
Aufrüstungszwecken und setzte die Frist, dass bis Ende 1941 zwei Millionen »Männer unter Waffen« stehen sollten.

Begründet wurde diese Aufrüstung jedoch strikt mit der Notwendigkeit, »die Hemisphäre zu verteidigen«[14]. Die überwältigende Mehrheit der amerikanischen Wähler war überzeugt, dass Großbritannien eine Niederlage nicht abwenden könne. Und ironischerweise wurde die Aussicht, dass sich diese düstere Prognose bewahrheiten könnte, durch den Aufrüstungsbeschluss der Vereinigten Staaten nur wahrscheinlicher, wie der Historiker Alan Milward erläuterte. Denn Großbritannien hatte bereits für rund 2,4 Milliarden Dollar Kriegsmaterial bei amerikanischen Rüstungskonzernen in Auftrag gegeben – genügend Schiffe, Flugzeuge und Lastwagen, um US-Waffenfabriken mehrere Jahre lang zu beschäftigen. Nun aber lief es Gefahr, zusehen zu müssen, wie diese Aufträge wegen des amerikanischen Eigenbedarfs hintangestellt wurden.

Das Leih- und Pachtgesetz (Lend-Lease Act) war Roosevelts wohldurchdachtem Plan entsprungen, die Vereinigten Staaten aus dem Krieg heraus- und Großbritannien im Krieg zu halten. Im Gegensatz zu Joseph Kennedy, seinem Botschafter in London, und vielen seiner engsten Berater glaubte der Präsident, dass Großbritannien mit angemessener Unterstützung aus den Vereinigten Staaten siegen könne und werde. Churchills »We will never surrender«-Rede anlässlich der Evakuierung von Dünkirchen hatte Roosevelt überzeugt, dass es »keine Verhandlungen zwischen London und Berlin« geben werde, jedenfalls keine der Art, wie sie von den Gegnern eines Beitritts Amerikas in den Krieg gefordert wurden – angefangen bei der amerikanischen Kommunistischen Partei und dem America First Committee bis hin zu Botschafter Kennedy und zwei Mitgliedern des britischen Kriegskabinetts.[15]

Allein schon die Aufrüstung der Briten hatte für eine Wiederbelebung der amerikanischen Wirtschaft gesorgt und die Arbeitslosigkeit in den Vereinigten Staaten gedrückt. Das einzige Problem war, dass die stetigen Rüstungslieferungen an England nun nicht mehr nach dem amerikanischen Cash-and-carry-System abgewickelt werden konnten, da Großbritannien keine Dollars mehr im Export verdiente – wie Churchill Präsident Roosevelt denn auch in seinem »Bettelbrief« erklärte, den er bis zu dessen Wiederwahl im November 1940 zurückgehalten hatte.[16] Seine Antwort darauf erteilte Roosevelt bei einer Pressekonferenz: »Die beste unmittelbare Verteidigung der Vereinigten Staaten ist

die erfolgreiche Selbstverteidigung Großbritanniens.«[17] Dann erinnerte
der amerikanische Präsident sein Volk an den wirtschaftlichen Nutzen
der Versorgung Großbritanniens und veranschaulichte den entscheidenden Punkt mit einer Parabel: Wenn das Haus deines Nachbarn in
Flammen steht und du einen Feuerwehrschlauch besitzt, dann würdest
du ihm diesen doch auch nicht verkaufen, sondern leihen, und ihm
sagen, dass er ihn zurückgeben könne, nachdem er das Feuer gelöscht
habe.« »Was ich zu tun versuche [...] ist, das alberne, dumme alte Dol-
larzeichen loszuwerden«, sagte er.[18] Die Vereinigten Staaten würden
Großbritannien alle benötigten Waffen und Versorgungsgüter liefern,
und die Kosten dafür würden die amerikanischen Steuerzahler tragen.
Im Gegenzug erhielten sie Englands Versprechen, diese in Sachwer-
ten zurückzuzahlen, sobald der Krieg gewonnen war. Bei einem »Kamingespräch«, das im Radio übertragen wurde, erklärte der Präsident
dem Volk am 29. Dezember, der Nacht, in der deutsche Bomber Londons Finanzdistrikt in Schutt und Asche legten: »Wir müssen das große
Arsenal der Demokratie sein.«[19]

Da Roosevelt bereits als erste Zuwendung einen Betrag von sieben Milliarden Dollar angesetzt hatte, erforderte der Plan jedoch die
Zustimmung des Kongresses. Seine Gegner behaupteten, dass dieses
»Lend-Lease« Amerika unweigerlich in den Krieg hineinziehen werde,
weil es einen Angriff der Deutschen nur provoziere. Andere beschworen das Schreckgespenst, dass die nach England verschifften Waffen
nach der unvermeidlichen Niederlage der Briten in die Hände der
Nazis fallen würden. Doch der Präsident setzte sich durch, und der
Kongress verabschiedete das Gesetz am 10. März 1941 – mit einem
Zusatzartikel, welcher der Navy untersagte, ihre Schiffe ins Kriegsge-
biet zu schicken.

Churchill pries den Lend-Lease Act als »das ehrenhafteste *[un-sor-
did]* Gesetz in der Geschichte aller Nationen«, und tatsächlich bedeutete es nicht nur den Beginn eines ständigen Stroms an Schiffen, Flug-
zeugen und Lebensmitteln aus amerikanischen Fabriken und Farmen,
im Gegenwert von fünfzig Milliarden Dollar, sondern setzte auch die
amerikanische Tradition aus, Kredite an Bündnispartner als striktes
Business zu betrachten. Aber natürlich gab es dennoch Bedingungen,
und genau die wollte Keynes nun entschlossen lockern.

Bei dem Streit, der zwischen Großbritannien und den Vereinigten Staaten ausbrach, genau einen Tag nachdem das Weiße Haus den Lend-Lease Act an den Kongress weitergeleitet hatte, ging es um eine bestimmte Vorkehrung in diesem Gesetz: Es sollte ausschließlich auf Aufträge anwendbar sein, die nach seinem Inkrafttreten erteilt wurden, nicht aber auf bereits bestehende. Churchill blieb stur: Schon die Anzahlungen auf die bereits erteilten Orders »haben unsere Mittel erschöpft«[20]. Seine Klage, dass »wir nicht nur gehäutet, sondern auch noch bis auf die Knochen abgenagt werden«, bezog sich auf einen besonders misslichen Umstand: Um zu beweisen, dass sie wirklich Hilfe benötigten, sollten die Briten erst einmal die gesamten Goldreserven ihres Landes ausschöpfen, bevor sie das Lend-Lease-System anzapfen durften – womit effektiv gemeint war, dass Großbritannien den Bau der amerikanischen Fabriken, die die Waffen für die britische Armee herstellen würden, selbst bezahlen sollte.[21] Und das bedeutete wiederum, dass Großbritannien seine schwindenden Goldreserven schlicht aushändigen sollte. Die Vereinigten Staaten schickten sogar einen Zerstörer nach Kapstadt, um Goldbarren im Wert von fünfzig Millionen Dollar zu kassieren, die London aus Sicherheitsgründen dort deponiert hatte. Zudem sollte Großbritannien alle Anteile an amerikanischen Unternehmen und amerikanischen Tochtergesellschaften von britischen Unternehmen auf einem schwachen Markt verkaufen. Schon in den Wochen vor der Verabschiedung des Lend-Lease Act hatte der New Yorker Repräsentant des britischen Schatzamts, der gerade im Tempo von zehn Millionen Dollar pro Woche Großbritanniens Aktienportfolio liquidierte, festgestellt, dass bereits um die kommerziellen Vorteile in der Nachkriegszeit gerangelt wurde.

Der immer so optimistische Keynes war überzeugt, dass die Vereinigten Staaten niemals einfach zusehen würden, wie England zu einem zweiten Vichy-Frankreich gemacht würde. Aber er begriff nicht, wie entschlossen die Amerikaner waren, sich aus dem Krieg herauszuhalten. Natürlich sollte der Lend-Lease Act genau diese beiden Ziele unter einen Hut bringen. Im Wahlkampf hatte Roosevelt versprochen: »Ich habe es zuvor gesagt und werde es wieder und wieder und wieder sagen: Eure Söhne werden nicht in irgendwelche ausländischen Kriege geschickt werden.«[22] Und dem US-Kongress versicherte er wiederholt, dass die Vereinigten Staaten nur kämpfen würden, wenn sie angegrif-

fen würden. Seine Kritiker auf der linken wie der rechten Seite beschuldigten ihn zwar, hinter den Kulissen für Provokationen zu sorgen,
doch alle Indizien weisen darauf hin, dass der amerikanische Präsident
bis Pearl Harbor tatsächlich gehofft hatte, einen Kriegseintritt der USA
vermeiden zu können. »Die Zeit mag kommen, in der die Deutschen
und die Japse irgendwas Verrücktes tun, das uns hineinziehen wird«,
erklärte er seinen Beratern. »Aber die einzige wirkliche Gefahr, dass
wir uns einmischen müssen, ist die, dass ›ihr Fuß strauchelt‹.«[23] Außerdem gab es ein deutliches Anzeichen, dass der Präsident auch meinte,
was er sagte: Zur Zeit von Keynes' Ankunft in Washington nahmen die
Amerikaner gerade die Enigma-Dechiffrierungen unter die Lupe, die
ihnen von den Briten im April zur Verfügung gestellt worden waren –
aber nicht, um deutsche U-Boote zu jagen, sondern um jede Begegnung
mit ihnen zu *vermeiden*.[24]

Keynes beschuldigte die Vereinigten Staaten, »uns schlechter zu
behandeln, als wir jemals das ärmlichste und verantwortungsloseste
Balkanland zu behandeln für richtig erachtet haben«, und räsonierte,
dass Großbritannien kämpfen müsse, damit es »genügend Vermögen«
behalten und noch »zu Einzelaktionen« in der Lage sein würde.[25] Es
ging ihm also darum, die britische Abhängigkeit vom Lend-Lease Act
und somit die Kontrolle der Amerikaner über die britische Zahlungs-
bilanz zu begrenzen. Keynes war als persönlicher Sondergesandter des
Schatzkanzlers nach Washington gereist, um bessere Finanzierungsbe-
dingungen für die Aufträge auszuhandeln, die Großbritannien vor dem
Inkrafttreten des Lend-Lease Act erteilt hatte; aber sein Ziel war eine
Aufstockung der britischen Reserven auf sechshundert Millionen Dollar. Und die Möglichkeit der Briten, unter dem Deckmantel des Lend-
Lease Act Barreserven anzulegen, war genau das, was die Amerikaner
verhindern wollten.

Sein erstes Treffen mit Roosevelts Finanzminister Henry Morgenthau war ein Desaster. Keynes' herablassend-professorale Art irritierte
den Minister, außerdem widersprach sein Vorschlag, dass das amerikanische Finanzministerium siebenhundert Millionen Dollar aus den bereits getätigten Anzahlungen für längst erteilte Aufträge zurückerstat-
ten sollte, der Zusicherung des Präsidenten gegenüber dem Kongress,
dass der Lend-Lease Act nur auf Bestellungen anwendbar sei, die nach
dessen Verabschiedung getätigt wurden. Roosevelt empfing Keynes

zweimal, das zweite Mal 1941, nachdem Deutschland den Pakt mit Stalin gebrochen und in die Sowjetunion einmarschiert war. Es gelang Keynes, ihn zu einem Kredit zu bewegen, der Großbritannien in die Lage versetzte, den Verkauf seines Vermögens in einer Phase fallender Kurse zu verschieben, indem er britische Spitzenimmobilien als Kreditsicherheiten anbot und einem saftigen Zinssatz zustimmte.

Nachdem sich der Keynesianismus in den ersten beiden Kriegsjahren erfolgreich in den Vereinigten Staaten etabliert hatte, erreichte die gewaltige defizitfinanzierte Aufrüstung das, was bei den vorangegangenen Versuchen, die Weltwirtschaftskrise zu bekämpfen, nie gelungen war: Sie behob die massive Arbeitslosigkeit, die noch bis Ende der Dreißigerjahre geherrscht hatte. Nachdem die Geldmarktpolitik offensichtlich keine Vollbeschäftigung hatte herstellen können, schien das den jungen amerikanischen Wirtschaftswissenschaftlern doch eine sehr überzeugende Demonstration des Funktionierens der Ökonomie, die Keynes in der *General Theory* dargelegt hatte. Bis 1941 waren selbsterklärte Keynesianer in der Washingtoner Administration schließlich wie Rosinen im Kuchen verteilt.

Ein Prognosecoup hatte den jungen Keynesianern kurz nach dem Kriegseintritt der USA im Dezember 1941 in der Regierungsbürokratie schnell zu Glaubwürdigkeit verholfen. Die meisten Unternehmer, die als beratende Gutachter in Roosevelts War Production Board (WPB) saßen, waren überzeugt, dass die Produktionsleistung der amerikanischen Wirtschaft »sehr begrenzt« sei und die Produktion von Waffen und Wehrmaterial nicht so schnell hochgefahren werden könne, wie es sich der Präsident vorstellte. Die Keynesianer im Office of Price Administration (OPA) waren da ganz anderer Meinung. Bei einem von Keynes' Aufenthalten in Washington hatten sie ihren geistigen Führer um seine Meinung gebeten, und Keynes hatte sofort seine Gabe für schnelle Pi-mal-Daumen-Schätzungen anhand von wenigen Fakten unter Beweis gestellt. »Gut, wie hoch lag der Realausstoß 1929 über dem von 1914?«, fragte er. »Aha, das war eine Periode von fünfzehn Jahren, und seit 1929 sind zwölf Jahre vergangen, dann nehmen wir also zwölf Fünfzehntel dieses Zuwachses. [...] Ich denke, das wäre ein realistisches Ziel.«[26] Die Prognostiker des OPA fanden das auch. Da die Periode zwischen dem Ersten Weltkrieg und dem Ende der Zwanziger-

jahre eine lange Phase mit niedriger Durchschnittsarbeitslosigkeit gewesen war, hielt Keynes sie für einen guten Indikator, um herauszufinden, wie schnell die Wirtschaft wachsen *konnte*, sofern die Nachfrage
nicht unterdrückt wurde. Die Voraussage, die sich aus dieser Schätzung
ergab, sollte sich als bemerkenswert korrekt erweisen. Wie ein Mitarbeiter des OPA sagte: »Der keynesianische Flügel des US-Staatsdiensts
war bestätigt worden.«[27]

1941 dominierten die Keynesianer vier New-Deal-Institutionen:
die National Farmers Union, die National Planning Association, das
Bureau of the Budget und das National Resources Planning Board.
Aber auch im Finanzministerium gab es eine Gruppe. Und einige
Keynesianer waren hoch genug in der Roosevelt-Administration aufgestiegen, um sogar die Wirtschaftspolitik beeinflussen zu können, darunter John Kenneth Galbraith, damals der stellvertretende Leiter des
OPA, sowie Marriner S. Eccles, Chairman der Federal Reserve, Lauch-
lin Currie, einer der sechs Wirtschaftsberater im Weißen Haus, und
Harry Dexter White, der Finanzminister Henry Morgenthaus De-
facto-Stabschef war. Doch während alte Gegner plötzlich feststellten,
dass sie gemeinsame Sache mit Keynes machen konnten, blieben einige
seiner fanatischsten Anhänger in Washington restlos bestürzt zurück.
Bei einem Dinner im Haus der Curries versuchten mehrere jüngere
Männer Keynes zu überzeugen, dass der »Keynes-Plan« das falsche
Rezept für die Vereinigten Staaten sei. Die offizielle Arbeitslosenrate
war noch immer zweistellig, und einige Industrien hatten nach wie vor
mit ungenutzten Kapazitäten zu kämpfen. Ausgabenkürzungen, Steuererhöhungen und andere Sparmaßnahmen würden diesen Zustand nur
verschlimmern und den Aufschwung bereits bremsen, lange bevor sich
die Wirtschaft der Vollbeschäftigung genähert hätte. Aber Keynes behielt recht, außerdem ließ er sich sowieso nicht beirren. Allerdings fand
er – wenngleich er zugab, dass »mir die jüngeren Beamten und Berater außerordentlich fähig und dynamisch erscheinen« –, dass »der
sehr draufgängerische jüdische Typus vielleicht ein bisschen zu vorherrschend« gewesen sei.[28]

John Kenneth Galbraith, der als Sohn schottischer Siedler auf dem
Land in Kanada zur Welt kam, aber aussah und sprach wie ein englischer Lord, pflegte zu sagen, dass Keynes' Ideen via Harvard nach

Washington eingedrungen seien.[29] Genauer wäre es da wohl, zu sagen, dass sie Washington auch über den Umweg der University of Wisconsin, der Columbia University, der City University of New York, des MIT, Yale und vor allem der University of Chicago erreicht hatten.

Milton Friedman, der spätere Kopf des antikeynesianisch-monetaristischen Revivals in den Reagan-Jahren, hatte kurz zuvor an der Columbia University promoviert. Am Dinner mit Keynes im Haus von Lauchlin Currie hatte er nicht teilgenommen, zählte 1941 jedoch bereits zu einem der klügsten jungen Keynesianer im Finanzministerium. Und wie es sich begab, sollte er nun mehr als die meisten anderen dazu beitragen, die praktische Umsetzung des Keynesianismus in den Vereinigten Staaten zu ermöglichen.

Der Sohn jüdischer Einwanderer aus Ungarn, die sich im letzten Jahrzehnt des 19. Jahrhunderts in Brooklyn niedergelassen hatten, wurde kurz vor dem Ersten Weltkrieg geboren und wuchs über dem elterlichen Kurzwarenladen in der Hauptstraße von Rahway auf, einer düsteren Fabrikstadt in New Jersey an der Eisenbahnstrecke zwischen New York und Philadelphia, deren Namen man nur kannte, weil George Merck 1903 seine Chemiefabrik dorthin verlagert hatte. Friedman erlebte, wie seine Eltern sich erfolglos mit einer Geschäftsidee nach der anderen, darunter einer Eisdiele, abkämpften. Das Einkommen der Familie war im Wesentlichen schon vor dem frühen Tod des Vaters von der Mutter abhängig gewesen. Als der Vater mit neunundvierzig an Angina starb, war Milton fünfzehn gewesen. In der Highschool las er F. Scott Fitzgeralds Bildungsroman *This Side of Paradise (Diesseits vom Paradies)*, der den Werdegang des jungen Amory Blaine in Princeton schildert. Blaine besitzt »Persönlichkeit, Charme, Anziehungskraft, Haltung, die Macht, alle gleichaltrigen Männer zu dominieren, und die Gabe, alle Frauen zu faszinieren«. Die Tatsache, dass Friedman kaum einen Meter sechzig groß, Brillenträger und arm war, machte ihn zwar nicht gerade zu Amory Blaines Ebenbild, aber die Eigenschaft, die Blaine am meisten schätzt, nämlich »vollständige, unumstrittene geistige Überlegenheit«, konnte Friedman wahrlich kultivieren.[30]

In Friedmans Welt bedeutete das, Aktuar (Versicherungsmathematiker) zu werden. Also ging er, der einst Debattenmeister seiner Schule gewesen war, an die Rutgers University, nicht nach Princeton, um sich für diesen Beruf ausbilden zu lassen. Damit er sich über Wasser halten konnte, begann er Feuerwerksartikel zu verkaufen, andere Studenten auf ihre Examina vorzubereiten und Schlagzeilen für die Studentenzeitung zu texten. 1932, nach seiner Graduierung in Mathematik, reiste er einmal quer durchs Land, bevor er sich im Herbst an der University of Chicago einschrieb. Die Weltwirtschaftskrise und ein junger Dozent namens Arthur Burns, der später Chairman der Federal Reserve wurde, hatten ihn von der Mathematik weg- und zur Ökonomie hingelockt. In Chicago war die Fakultät zwar »zynisch, realistisch und negativ« gegenüber Reformen eingestellt, im Herzen aber dennoch reformistisch. Außerdem war es für die Zulassung dort kein Hindernis, wenn man ein Jude aus der unteren Mittelschicht war.[31] Binnen eines Jahres machte Friedman seinen Master und begegnete Rose Director, der jüngeren Schwester eines seiner Professoren. Er besuchte mit ihr die Chicagoer Weltausstellung und verliebte sich in sie.

Drei Jahre später, nach einem Postgraduiertenstudium an der Columbia University, als sein Sparstrumpf völlig leer war, wurde der New Deal zu seinem »Lebensretter«.[32] Den ganzen Sommer des Jahres 1935 über hatte er vergeblich auf das Angebot einer Dozentur gewartet, denn die Anzahl freier akademischer Posten war verschwindend gering, aber vor allem machte es der herrschende Antisemitismus unwahrscheinlich, dass er überhaupt einen davon ergattern würde. Hätte ihm schließlich nicht einer seiner Professoren eine Forschungsstelle in Washington beschafft, hätte er den Weg zu seiner erwünschten Karriere vermutlich verlassen und wäre zum Rechnungswesen zurückgekehrt. Aber seine Begeisterung für den New Deal war echt – Roses konservativer Bruder attestierte Friedman »einen sehr starken Hang zum New Deal«.[33] Und so zog er los, um bei der »Geburt einer neuen Ordnung« zu assistieren, die einen umfassenden sozialen Wandel versprach.[34]

Sein neuer Arbeitgeber, das National Resources Committee (NRC), war eine von rund einem Dutzend »Planungsbehörden«, die zur Zeit der ersten Roosevelt-Administration ins Leben gerufen worden waren. »Planung« war gerade ungemein en vogue. Die Vorschläge für festgelegte landwirtschaftliche Produktionsziele, Preisfestsetzungen in einer Vielzahl von Industrien und die Idee eines Mindestlohns wurzelten nicht in der stalinistischen Wirtschaftsdoktrin, sondern in den Ideen der britischen Fabianer und Anhänger der Labour-Partei. Faktisch aber waren die New-Deal-Planer hauptsächlich damit beschäftigt, volkswirtschaftliche Gesamtrechnungen anzustellen und die künftige Produktion und Beschäftigung zu prognostizieren. John Maynard Keynes hatte der britischen wie der amerikanischen Regierung in den Ohren gelegen, ein volkswirtschaftliches Gesamtrechnungssystem analog zur jährlichen Gewinn- und Verlustrechnung eines Unternehmens ins Leben zu rufen. Denn ohne verlässliche Ermittlungen der jährlichen Produktionsmenge einer Volkswirtschaft, ohne zu wissen, wie viel sie in Form von Löhnen, Profiten, Zinsen und aus den sogenannten ökonomischen Renten erwirtschaftete, oder wie viel die Haushalte, Unternehmen und der Staat für welche Produkte ausgaben, agierten Regierung wie Business im Dunkeln. Es gab keine Möglichkeit, Ungleichgewichte zwischen der Produktionsmenge und der Nachfrage festzustellen oder deren Umfang zu beurteilen. Aber nur mit Hilfe von Tischrechnern war eine volkswirtschaftliche Gesamtrechnung ein quälend langsames, arbeitsintensives und zeitaufwendiges Projekt. Also wurde eine gewaltige öffentliche Arbeitsbeschaffungsmaßnahme für graduierte Ökonomen ins Leben gerufen. Herbert Stein, einer von Friedmans einstigen Chicagoer Kommilitonen, schätzte einmal, dass die Zahl der Ökonomen in Washington von maximal hundert im Jahr 1930 bis auf fünftausend im Jahr 1938 hochgeschnellt war.[35]

Friedman wurde mit der Aufgabe betraut, die erste große Datenbank über Verbraucher und deren Anschaffungen zu erstellen. Später sollte er selbst einige seiner besten Arbeiten auf die Erfahrung mit diesen rein statistischen Projekten zurückführen, darunter nicht zuletzt seine »permanente Einkommenshypothese«, die zitiert wurde, als er 1976 den Nobelpreis erhielt, und die unter anderem erklärt, warum Konsumenten typischerweise einen kleineren Anteil des Zugewinns aus einmaligen Steuersenkungen oder anderen unerwarteten Einnahmen ausgeben als aus dem Zugewinn durch permanente Steuersenkungen oder anderen dauerhaften Einkommenssteigerungen.

Zwei Jahre später, als sich der Wirtschaftsaufschwung, der 1933 eingesetzt hatte, aber noch alles andere als abgeschlossen gewesen war, wieder umzukehren begann, verließ Friedman Washington und wechselte zum National Bureau of Economic Research (NBER) in New York, wo er sich dem Team von Simon Kuznets anschloss, einem Professor an der Columbia University, der die ersten vollständigen Gesamtrechnungen für die Volkswirtschaft der Vereinigten Staaten erstellte. Abgesehen von der Aufgabe, Datenlücken zu füllen, war es hier auch Friedmans Job, detaillierte Schätzungen über die Einkommen von Selbstständigen anzufertigen.

Im Zuge dieser Forschung entdeckte er dann zu seiner Bestürzung, dass sich ungeachtet des großen Zustroms an jüdischen Ärzten, die seit Hitlers Machtergreifung 1933 nach Amerika emigriert waren, die Zahl der amerikanischen Approbationen im Laufe dieser vergangenen fünf Jahre nicht erhöht hatte. In seinem Zorn angesichts der Macht von Berufsverbänden, Außenseitern den Zugang zu ihren Fachgruppen zu verwehren, verfasste er eine vernichtende Anklage gegen das amerikanische Lizenzierungssystem. Prompt sollte er selbst die volle Wucht dieser Macht zu spüren bekommen, denn ein Mitglied des NBER-Aufsichtsrats, das Verbindungen zur pharmazeutischen Industrie hatte, sorgte sogleich dafür, dass die Publikation seiner Studie um drei Jahre verzögert wurde. Mittlerweile fragte sich Friedman allerdings, warum er sich deshalb überhaupt noch Sorgen machte. »Die Welt springt in Stücke, […] und wir sitzen hier und zerbrechen uns die Köpfe über Mittel, Standardabweichungen und die Einkommen von Selbstständigen«, schrieb er 1938 an seine Verlobte Rose Director. »Aber was zum Teufel können wir sonst tun?«[36]

Im Sommer desselben Jahres heiratete er Rose, die ebenso lebhaft, energiegeladen und konservativ wie ihr Bruder war. Als Friedman im Herbst 1941 nach Washington zurückkehrte, hatte er seine Dissertation beendet und ein höllisches Jahr mit einem Lehrauftrag an der University of Wisconsin hinter sich gebracht – höllisch, weil die Atmosphäre dort so stark von Pro-Neutralisten und Antisemiten geprägt war. Das junge Paar tröstete sich mit dem Gedanken, dass die Vereinigten Staaten früher oder später schlicht in den Krieg eintreten müssten. Als Hitler dann seinen sowjetischen Bündnispartner angriff, waren die Friedmans über die Maßen froh, wieder nach Washington gehen zu können, wo es kriegswichtige Arbeit für sie zu leisten gab. Im Laufe des Sommers schrieb Friedman gemeinsam mit einem Professor für öffentliche Finanzwirtschaft von der Columbia University das Papier »Taxing to Prevent Inflation«, und dieser war es dann, der ihn für die Steuerforschungsabteilung des Finanzministeriums rekrutierte. Beim ersten Mal war Friedman als Statistiker nach Washington gekommen, nun war er bereit, eine einflussreichere Rolle bei der Ausgestaltung der Politik zu spielen.

Seit Dünkirchen und in Anbetracht der wachsenden Wahrscheinlichkeit, dass die Vereinigten Staaten in den Krieg hineingezogen würden, war die Roosevelt-Administration voll und ganz mit der Frage beschäftigt, wie sie das alles finanzieren sollte. Die amerikanische Wirtschaft wurde bereits auf Hilfsleistungen für die europäischen Alliierten umgestellt, aber die Rechnung für die fortschreitende eigene Aufrüstung stand noch aus. Und ein unerwünschter Nebeneffekt der Verlagerung der Volkswirtschaft auf ein Kriegsfundament war eine neuerliche Inflation. Zwischen 1940 und 1941 schossen die Verbraucherpreise um 5 Prozent in die Höhe: die größte Steigerung binnen eines Jahres seit 1920. Obwohl das an heutigen Standards gemessen kaum besorgniserregend war, reichte dieser plötzliche Anstieg doch aus, um unerfreuliche Erinnerungen an die Inflation, die Proteste wegen der steigenden Lebenshaltungskosten nach dem Ersten Weltkrieg und an die schwere Rezession zu wecken, die sich daran angeschlossen hatte und die mittlerweile als eine direkte Folge davon betrachtet wurde.

Im Ersten Weltkrieg hatten Steuereinnahmen zwei Drittel der Kriegskosten Washingtons gedeckt, der Rest war durch die Ausgabe von Kriegsanleihen finanziert worden. Die plausible Schlussfolgerung, dass sich der Staat Geld leihen müsse, um die Lücke zwischen Steuereinnahmen und Staatsausgaben zu schließen, war zwar einleuchtend, aber falsch gewesen. Denn ein Großteil dieser »Geldaufnahme« hatte in verschleierter Form aus dem Druck von mehr Geld bestanden. Die jüngst ins Leben gerufene Federal Reserve hatte ihre Mitgliedbanken gedrängt, den Kunden Kredite zu gewähren, damit sie Kriegsanleihen kaufen konnten. Und diese Banken hatten sich dann ihrerseits Geld bei der Notenbank besorgt, um ihre Reserven proportional zu erhöhen,

indem sie die Kredite bei der Federal Reserve diskontierten – d.h., sich Geld von der Federal Reserve gegen die Sicherheit von Krediten borgten, für die ihrerseits Staatsanleihen als Sicherheiten dienten. Die Folge war [...], während die Zahlungsmittel und Depositen bei der Federal Reserve [...] um 2,5 Milliarden Dollar stiegen [...], dass nur rund ein Zehntel davon aus dem direkten Kauf von öffentlichen Anleihen stammte und sich der Rest aus Krediten zusammensetzte, die den Mitgliedbanken gewährt wurden.[37]

Die Folge dieser massiven Expansion des Geldangebots war eine steil
ansteigende Inflation. Für die Farmer, Bergwerkbetreiber und Bau-
träger bedeutete diese Inflation eine schwindelerregende Ausweitung
des Kriegswirtschaftsbooms. Doch als die Federal Reserve dann die
Diskontsätze in die Höhe trieb, stürzten die Großhandelspreise um
44 Prozent ab, und der Aufschwung verwandelte sich in einen hässlichen Abschwung. Der politische Fallout katapultierte den Republikaner Warren Harding ins Weiße Haus, der seinen Wahlkampf mit der
Parole »Rückkehr zur Normalität« betrieben hatte. Ergo wurde es für
die Beamten im demokratischen Finanzministerium nun zur vordring-
lichsten Frage, wie sich nach dem Zweiten Weltkrieg eine Wiederholung dieses Desasters vermeiden ließ.

Zur selben Zeit, als die Friedmans ihr Apartment in der Nähe des
Dupont Circle in Washington bezogen, einen Katzensprung vom Finanzministerium entfernt, knurrte Finanzminister Morgenthaus Assistent, der Wadenbeißer Harry Dexter White, dass die Dinge alles andere
als gut liefen. »Es läuft dir aus dem Ruder«, herrschte er Galbraith
nach einem Meeting über das Inflationsproblem an. »Du musst in die
Gänge kommen.«[38] Der Minister hatte die Steuerabteilung bereits angewiesen, eine Umstrukturierung des Bundessteuerwesens vorzubereiten. Bei der Washingtoner Debatte, wie man die Inflation bekämpfen
könnte, ging es praktisch ausschließlich um die Frage der jeweiligen
Effektivität von Lohn- und Preiskontrollen versus einer Besteuerung,
und letztendlich entschied sich die Roosevelt-Administration für beides.

Selektive Preiskontrollen, um »eine Preisspirale, steigende Lebenshaltungskosten, Wucher und Inflation« abzuwenden, waren bereits
seit April 1941 in Kraft gewesen – das OPA war geschaffen worden,
um genau sie zu verwalten.[39] Bernard Baruch hatte einem Kongresskomitee erklärt: »Ich halte nichts von häppchenweisen Preisbindungen.
Ich finde, dass man zuerst einmal eine Höchstgrenze über die gesamte
Preisstruktur legen muss, inklusive der Löhne und Landwirtschafts-
preise […], dann kann man je nach Bedarf die verschiedenen Preislis-
ten nach oben oder unten anpassen.«[40] Daraufhin wurden dem Office
of Price Administration prompt umfassende Befugnisse zur Preis- und
Lohnfestsetzung in fast allen Industrien übertragen.

Das Finanzministerium und das OPA waren sich ursprünglich ganz und gar nicht einig bei den Steuerschätzungen gewesen, denn eines der Argumente, die Baruch für mehr Macht über das Unternehmertum vorgebracht hatte, war, dass das Gewähren solcher Vollmachten die Notwendigkeit von Steuererhöhungen verringern würde. Doch sobald 1942 die allgemeine Höchstpreisverordnung in Kraft getreten war, konnten sich beide Behörden auf die Steuern einigen. Friedmans erster großer Auftrag war, zu schätzen, wie viele Steuern erhoben werden mussten, um die Inflation in Schach zu halten.

Am 7. Mai 1942 schlug Friedman bei seinem ersten Auftritt vor einem Kongresskomitee 8,7 Milliarden Dollar an zusätzlichen Steuern vor, »den niedrigsten Betrag, der noch vereinbar ist mit einer erfolgreichen Prävention der Inflation«[41]. In Anlehnung an Keynes' Argumentation zur Rettung des »Keynes-Plans« von 1940 wies Friedman darauf hin, dass es angesichts der hochschnellenden staatlichen Nachfrage und des Haushaltseinkommens unerlässlich sei, die Verbraucherausgaben einzuschränken, um zu verhindern, dass die Existenz von mehr Geld die vorgegebene Produktionsmenge von Konsumgütern obsolet machen würde. Ein wenig hochtrabend erklärte er dem Komitee: »Besteuerung ist die wichtigste unter diesen Maßnahmen. Sofern sie nicht schnell und streng umgesetzt wird, werden die anderen Maßnahmen allein nicht in der Lage sein, eine Inflation zu verhindern.« Zu diesen anderen, weniger potenten Maßnahmen zählte Friedman die »Preiskontrolle und Rationierung, die Kontrolle von Verbraucherkrediten, die Reduktion der Staatsausgaben und die Kampagnen zum Kauf von Kriegsanleihen«.

An keinem Punkt erwähnte er die Geldmarktpolitik. 1953, im Rückblick auf seine Arbeit zu Kriegszeiten, schrieb er diese Nachlässigkeit »der keynesianischen Stimmung dieser Tage« zu.[43] Doch Tatsache ist, dass auch er zu den amerikanischen Jüngern von Keynes gezählt hatte und es bis in die späten Vierzigerjahre bleiben sollte.

Seinen keynesianischen Überzeugungen treu, neigte Friedman dazu, die Einkommenssteuer für eine »wirksamere Vorbeugungsmaßnahme gegen inflationäre Preissteigerungen und [...] eine bessere Verteilung der Kriegskosten« zu halten als eine Mehrwertsteuer, die natürlich regressiv war.[44] In diesem Sommer trug er zur Ausarbeitung einer Konsumsteuer bei, im Wesentlichen als Maßnahme, um die Erhöhung der Einkommenssteuersätze zu vermeiden. Harry Dexter White, der ganz begeistert von der Idee war, Ausgaben statt Einkommen zu besteuern, schlug vor, die Konsumsteuer mit Keynes' Idee für Zwangsspareinlagen zu kombinieren, welche erst nach dem Krieg wieder angezapft werden konnten. Ungeachtet einer stürmischen Sitzung im Finanzministerium, die mit einer 16:1-Abstimmung gegen diesen Plan endete, beschloss Morgenthau, Whites Vorschlag zu unterstützen und ihn dem Kongress vorzulegen. Es war eine Totgeburt. Und dieser Zwischenfall war nun Friedmans erste Erfahrung mit den Herausforderungen, eine Gesetzgebung durchzubekommen, Reden für seine Vorgesetzten zu schreiben und sich im Capitol Hill für eine Anhörung vor einem Kongresskomitee einzufinden.

Der Schlüssel für jede Steuerplanung war zweifellos die Frage der *Steuereintreibung*. Und genau da drückte Friedmann dem amerikanischen Staat seinen unauslöschlichen Stempel auf. Vor 1942 waren die auf das Einkommen des Vorjahres erhobenen Steuern in vierteljährlichen Tranchen fällig gewesen, und es hatte in der Verantwortung des Steuerzahlers gelegen, für den pünktlichen Eingang seiner Raten zu sorgen. Das stellte kein Problem dar, weder für den Steuerzahler noch für die Steuereinnehmer, solange die Raten niedrig gewesen waren und ohnedies bloß ein kleiner Teil der Bevölkerung überhaupt Einkommenssteuern zahlen musste. 1939 wurden nur knapp 4 Millionen Steuererklärungen eingereicht. Die gesamten Steuereinnahmen beliefen sich auf weniger als eine Milliarde Dollar und damit auf nur ungefähr 4 Prozent des besteuerbaren Einkommens. Die Friedmans zum Beispiel zählten mit ihrem Einkommen zu den 2 Prozent der amerikanischen Tophaushalte, doch ihr Steuerbescheid belief sich auf nur hundertneunzehn Dollar, was weniger als 2 Prozent ihres besteuerbaren Einkommens entsprach. Sie hatten also kein Problem, jeweils am 15. März, der bis 1955 der Stichtag zum Einreichen der Bundessteuern war, den gesamten Betrag auf einmal zu zahlen. Nach der geplanten Revision sollte sich ihr Steuerbescheid auf rund 1704 Dollar oder 23 Prozent ihres besteuerbaren Einkommens belaufen. Da lag es auf der Hand, dass das Finanzministerium, wenn es denn mehr Steuern eintreiben wollte, auch einen Weg finden musste, diesen Teil der Einkommen zu dem Zeitpunkt einzufordern, in dem sie verdient wurden, und nicht erst ein Jahr später.

Die Lösung war eine Quellensteuer: Das Finanzministerium sollte die Steuern vom Arbeitgeber in dem Moment eintreiben, in dem dieser seinen Beschäftigten die Löhne und Gehälter ausbezahlte. Empfänger anderer Einkommensarten – Zinsen, Dividenden, Einnahmen aus selbstständiger Arbeit – waren nun verpflichtet, vierteljährlich Steuern auf das Einkommen zu zahlen, das sie im *laufenden* Jahr verdienten, jeweils beruhend auf den Vorausschätzungen der Steuerschuld durch den Empfänger. Eine wesentliche Abweichung von der deutschen und britischen Praxis, die sich schon seit Jahren auf die Quellensteuer verließ, war jedoch, dass diese Zahlungen als vorläufige behandelt wurden und der späteren Anpassung offenstanden. Der einzige ernsthafte Einwand kam von der Bundessteuerbehörde IRS, die eine »fast unüberwindliche Last« auf die Steuereintreiber zukommen sah. Doch der Widerstand wurde überwunden, indem man Beamte des IRS in Betriebe schickte, um deren Lohn- und Gehaltsabrechnungspraktiken zu prüfen, damit die Technikalien der Quellenbesteuerung unter Berücksichtigung dieser Praktiken entwickelt werden konnten.[45]

Friedman war wieder einmal auf dem Capitol Hill. Diesmal wurde ihm eine Lektion erteilt – er sollte sich angewöhnen, zum Punkt zu kommen und die Dinge nicht zu verkomplizieren. Als er anhob, eine Frage des texanischen Senators Tom Connally zu beantworten, sich kurz räusperte und sagte: »Es gibt drei Gründe. Erstens…«, schnitt ihm Connally sofort das Wort ab. »Junger Mann, ein Grund reicht«, erklärte der Senator, der wie immer sein Markenzeichen, die schwarze Hemdkordel anstelle einer Fliege, trug.[46] Der Finanzminister, Friedmans Meinung nach ein Mann mit »dürftigen geistigen Fähigkeiten«, bestand immer darauf, dass seine Berater die Dinge so erklärten, dass sie selbst eine Highschool-Schülerin »wie meine Tochter Joan« begreifen konnte – er pflegte das aber auch dann noch zu sagen, als die Tochter längst ein College besuchte.[47]

Der Ideenhistoriker Isaiah Berlin schrieb in einem der wöchentlichen Berichte, die er in Washington für die britische Botschaft über die Stimmung im Land verfasste, dass dies »ein Steuergesetz beispielloser Dimensionen« sei und man erwartete, mit dem neuen Gesetz 7,6 Milliarden Dollar zu erheben.[48] Am 22. August 1942 vermeldete er aufgeregt, dass »das Steuergesetz mehr Bürger betreffen wird als jedes andere, das jemals vom Kongress verabschiedet wurde«.[49] Zum ersten Mal gab es eine breit angelegte Einkommensteuer in den Vereinigten Staaten. 1939 hatte eine vierköpfige Familie mit einem Jahreseinkommen von

3000 Dollar gar keine Steuern gezahlt; 1944 musste dieselbe Familie 274 Dollar zahlen. Die Steuer einer Familie mit einem 5000-Dollar-Einkommen stieg von 48 auf 755 Dollar; die einer Familie mit einem 10000-Dollar-Einkommen von 342 auf 2245 Dollar. Die 1939 eingetriebene Einkommenssteuer hatte sich auf etwas mehr als 1 Prozent des individuellen Einkommens belaufen; 1945 war diese Zahl auf knapp über 11 Prozent gesprungen. Anfang 1942 schickte Morgenthau den Vorschlag für eine Quellensteuer an den Kongress; der »Current Tax Payment Act of 1943« wurde am 3. März 1942 verabschiedet.

Der nachhaltigste Effekt von Friedmans Bemühungen zur Kriegszeit war die Erschaffung »einer ungemein mächtigen Erhebungsmaschine für Steuereinnahmen«[50]. So machtvoll war diese Maschine nach Meinung von Herbert Stein, dass die Steuereinnahmen dank der Interaktionen von Wirtschaftswachstum und progressiver Steuersätze noch Jahrzehnte nach dem Krieg schneller stiegen als das Bruttoinlandsprodukt. Und während die Einkommen stiegen, rutschten immer mehr Steuerzahler in die höheren Steuerklassen. Diese Dynamik stellte sicher, dass die amerikanischen Nachkriegsregierungen ihre Ausgaben immer weiter steigern und dennoch gelegentlich die Steuersätze senken konnten, ohne groß ins Minus zu geraten. Hinzu kam, dass die Quellensteuer die Besteuerung insgesamt weniger schmerzhaft erscheinen ließ.

Nun war es also möglich geworden, Steuern zu manipulieren, um die Wirtschaft zu stabilisieren. Vor dem Krieg hatten Steuern, wie ebenfalls Stein bemerkte, einen viel zu geringen Anteil am Volkseinkommen gehabt, um Raum für eine Stimulierung oder Bändigung der Wirtschaft zu lassen. Wichtiger noch aber war, dass große Schwankungen bei der Steuererhebung nun automatisiert worden waren: Wenn die Konjunktur abflaute, sanken auch die Steuereinnahmen; wenn sie sich wieder erholte, geschah das Gegenteil. Somit ergaben sich automatisch ein keynesianischer Stimulus zu Zeiten einer Rezession und eine keynesianische Beschränkung zu Zeiten einer Hochkonjunktur. Die Ironie war nur, dass ausgerechnet Friedman, der während der Reagan-Jahre zum Schutzpatron von niedrigen Steuern und einem schlanken Staat werden sollte, all dies ermöglicht hatte.

KAPITEL XIII

Exil:
Joseph Schumpeter und Friedrich von Hayek
im Zweiten Weltkrieg

> Während die Geschichte ihren Lauf nimmt, ist sie für
> uns noch nicht Geschichte. Sie führt uns in ein unbe-
> kanntes Land, und nur selten können wir einen Blick in
> die Zukunft werfen.
>
> Friedrich A. Hayek, 1944[1]

Für Keynes und viele seiner Schüler, die zum Dienst an ihrem Land gerufen wurden, war der Zweite Weltkrieg eine Zeit der intensiven En-
gagements, außerordentlichen geistigen Herausforderungen und der
beispiellosen Einflussnahmen. Für Schumpeter und Hayek war dieser
Krieg dagegen eine Zeit der erzwungenen Untätigkeit, der Isolation
und des Exils. Intellektuell waren sie in Ungnade gefallen, und als Emigranten wurden sie nicht zu kriegswichtigen Diensten gerufen, sondern
in Hochschulen zurückgelassen, deren verlassene Gebäude nur noch
Alte, Kampfunfähige, Ausländer und Frauen beherbergten. Nicht einmal über den letztlich unabwendbaren Sieg der Alliierten konnten sie
jubeln, ohne zugleich das Leid und die Zerstörung aufseiten des Fein-
des zu beweinen. Beide waren nach dem Ersten Weltkrieg Augenzeu-
gen – und Opfer – des Zusammenbruchs von Österreich-Ungarn gewesen und konnten sich deshalb Möglichkeiten vorstellen, welche den
Menschen, die in den Vereinigten Staaten oder Großbritannien aufgewachsen waren, gar nicht in den Sinn kamen oder kommen konnten.

Keynes war entschlossen, dazu beizutragen, dass die Alliierten nach
diesem Krieg nicht die gleichen Fehler machten wie 1919, und erwartete zuversichtlich, dass man seiner Stimme diesmal Beachtung schenken und sich sein Standpunkt diesmal durchsetzen würde. Er war
sechsundfünfzig, als Großbritannien den Achsenmächten den Krieg er-

klärte, und diesmal war er in einer Position, in der er Regierungen und
öffentliche Meinungen auf eine Weise beeinflussen konnte, die ihm mit
sechsunddreißig nicht gegeben gewesen war. Diesmal war er der Anführer einer ökonomischen Gedankenrevolution mit vielen Anhängern,
de facto Churchills Schatzkanzler, der britische Gesandte für Finanz-
verhandlungen mit Washington und auf dem Wege, ein Architekt des
monetären Nachkriegssystems zu werden.

Schumpeter quälte sich währenddessen mit dem Gefühl, persönlich
versagt zu haben, war deprimiert angesichts der Katastrophe, die Europa und Japan ins Elend stürzte, und befremdet von der inbrünstigen
Kriegstreiberei, die er allenthalben bemerkte. In Harvard sah er sich
obendrein zunehmend von seinen Kollegen und Studenten isoliert. Er
versuchte gar nicht erst zu verheimlichen, wie sehr es ihn verbitterte,
dass die Amerikaner Deutschland und Japan kategorisch verurteilten,
die Sowjetunion aber als Bündnispartner in die Arme schlossen, und
damit erregte er natürlich schnell die Aufmerksamkeit des FBI, unter
dessen Beobachtung er dann zwei Jahre lang stehen sollte.

Der politische Sieg von links- wie rechtsgerichteten sozialistischen
Parteien nach dem Ersten Weltkrieg in Europa hatte Schumpeter bewiesen, dass wirtschaftlicher Erfolg allein noch kein Garant für das
Überleben einer Gesellschaft war. Kapitalismus und Demokratie waren
aus seiner Sicht eine höchst instabile Mischung: Erfolgreiche Unternehmer kungelten mit Politikern, um Neueinsteigern die Tür zu verschlie-
ßen; Staatsbeamte behinderten Innovationen mit Steuern und Regulierungen; und feindselige Intellektuelle prangerten die moralischen
Mängel des Kapitalismus an, während sie das Loblied auf totalitäre
Regime sangen und den eingeschworenen Feinden des Abendlands gelegentlich sogar in aller Öffentlichkeit Hilfe und Trost anboten. Schumpeters Sorge, dass sich die bürgerliche Gesellschaft gerade das eigene
Grab schaufelte, wie Marx es prophezeit hatte, hatte sich zur Gewissheit verhärtet.

Anstatt sich also wie andere österreichische Exilanten in den Vereinigten Staaten den amerikanischen Kriegsanstrengungen anzuschließen, verdichtete Schumpeter seine Vorahnungen zu einem Buch, das
ihn so deutlich wie kein anderes als den Ironiker zeigt, der er war. Sein
1942 publiziertes Werk *Capitalism, Socialism and Democracy* (*Kapitalismus, Sozialismus und Demokratie*, 1950), veröffentlicht also zu

einer Zeit, in der der Glaube an das freie Unternehmertum im Westen gerade zu schwinden begann, ist eine als Grabrede getarnte Laudatio auf den Kapitalismus, in der er Keynes' Schlussfolgerung anfocht, dass der Kapitalismus von Natur aus zum Scheitern neige. Was auch immer dessen Defizite seien – Finanzkrisen, Wirtschaftskrisen, sozialer Unfriede –, so läge es doch in seiner Natur, das Versprechen gegenüber den »neun Teilen der Menschheit« einzulösen, die von jeher versklavt waren und in Armut lebten. »… die kapitalistische Maschine [ist] alles in allem eine Maschine der Massenproduktion«, versicherte er zuversichtlich, und das zu einer Zeit, in der sich das BIP der Vereinigten Staaten noch kaum von der Wirtschaftskrise erholt hatte.[2] Die Aufgabe dieser Maschine sei jedoch nicht, schrieb er in einer oft zitierten Passage, »noch mehr Seidenstrümpfe für Königinnen zu erzeugen, sondern sie in den Bereich der Fabrikmädchen zu bringen«[3]. Würde die Volkswirtschaft der Vereinigten Staaten in dem halben Jahrhundert nach 1928 ebenso schnell wachsen wie in dem halben Jahrhundert zuvor, dann wäre sie 1978 um das 2,7-Fache größer als im Jahr 1928 – eine Schätzung, die sich als gravierend untertrieben erweisen sollte. Nicht, dass Schumpeter diesen Ausgang hätte prophezeien wollen – er wollte seine Leser mit der Kraft seines »genialen Mechanismus« beeindrucken.

Nach der Feststellung, dass der Wettbewerb eine geniale gesellschaftliche Erfindung sei, die dazu diente, sich den Schöpfergeist zunutze zu machen und den Lebensstandard zu erhöhen, sagte er prompt den Niedergang des Systems voraus: »Kann der Kapitalismus weiterleben? Nein, meines Erachtens nicht.«[4] Der Unternehmer, die für den Erfolg des Kapitalismus verantwortliche schöpferische Kraft, werde ebenso attackiert wie die Ideologie des Wirtschaftsliberalismus, und das nicht nur in der Sowjetunion, sondern auch im Westen. Ein Rezensent meinte dazu, dass Schumpeter erst den Sieg des Sozialismus voraussagte, um dann zu einer der leidenschaftlichsten Verteidigungen des kapitalistischen Wirtschaftssystems überzugehen, die jemals zu Papier gebracht wurde.

In seiner Vorstellung, dass die Chancen für außergewöhnliche Persönlichkeiten stetig sinken würden, spiegelten sich zweifellos auch sein Alter und seine depressiven Tendenzen. Der Gedanke an den Tod und die Angst, dass er letztendlich selbst zum Anachronismus geworden sein könnte, quälten ihn. In Harvard fand man seine Ideen immer wun-

derlicher, nicht anders als sein höfisches Gebaren und seine blumige
Redeweise. Es werde »eine neue Ökonomie« gebraucht, schrieb er in
sein Tagebuch, doch er selbst fühlte sich der Aufgabe, diese zu erschaffen, nicht gewachsen. Mit sichtlich unbewusster Ironie merkte er an,
dass er nicht mehr ins Gewicht falle.[5]

Als Friedrich von Hayek im Herbst 1931 mit seiner Familie nach London übersiedelt war, war er davon ausgegangen, dass er irgendwann
nach Wien zurückkehren würde. Es dauerte zwei Jahre, bis er sich
eingestand, dass sein Exil sehr wahrscheinlich von Dauer war. Einige
Jahre lang sollte er sich an der Spitze des liberalen ökonomischen La-
gers in seinem Gastland wiederfinden. Doch als er 1938 schließlich
britischer Staatsbürger wurde, musste er feststellen, dass ihn seine Jünger im Stich gelassen hatten. Der prominente Keynesianer John Hicks
schrieb 1967 rückblickend: »Man erinnert sich kaum mehr daran, dass
es eine Zeit gab, in der die neuen Theorien von Hayek der Hauptkon-
trahent der neuen Theorien von Keynes gewesen waren.«[6]
    Hayeks Gefühl der geistigen Isolation verband sich mit den düste-
ren Entwicklungen in Österreich. Schon eine ganze Weile bevor Hitler
1938 nach Wien einmarschierte und den »Anschluss« erklärte, waren
die ersten von Hayeks alten Mitstreitern – darunter auch Ludwig von
Mises, der aus der Universität gefeuert worden war – ins Ausland emigriert, um dem wachsenden Antisemitismus zu entfliehen. 1935 schrieb
Hayek einen Brief an Fritz Machlup, einem Mitglied seines einstigen
Geist-Kreises, der ihn informiert hatte, dass er sich auf Dauer in Amerika niederlassen wolle. Als Jude hatte Machlup kaum eine andere
Wahl, und Hayek fand diese Entscheidung richtig, merkte aber an, dass
ihn die Massenemigration von Intellektuellen aus Wien und der Niedergang ihrer ökonomischen Denkschule zutiefst schmerzten.[7] Im Jahr
darauf schrieb er ihm, dass das Tempo der geistigen Kapitulation und
politischen Korruption (ganz zu schweigen von der der Finanzwelt)
niederschmetternd sei.[8]
    Nur Tage nach Hitlers – von den Massen bejubeltem – Einmarsch
in Wien machte Hayek die Runde unter den nach London geflohenen
Freunden aus seinem einstigen Geist-Kreis, die ihm Grauenvolles über
die Verhaftungsaktionen der Gestapo, über die Vertreibungen aus den
Ämtern und all die anderen Verfolgungsmaßnahmen erzählten. In die-

sem Jahr beantragte – und erhielt – er die britische Staatsbürgerschaft, begann die Nazis in Wort und Schrift zu attackieren, öffentlich den Antisemitismus zu verurteilen und sich an den Bemühungen zu beteiligen, jüdischen Kollegen vom Kontinent zur Flucht zu verhelfen.

Hayeks unglückliche Ehe trug noch das Ihre zu seiner Misere bei. Er hatte seine Frau Berta um Scheidung gebeten, sie hatte sie aber verweigert. Tatsächlich hörte er nie auf, seine Wiener Jugendliebe Helene Bitterlich zu lieben. Er hatte sie noch einmal gesehen, im August 1939, kurz bevor die Nachricht vom Hitler-Stalin-Pakt signalisierte, dass ein Krieg wohl unvermeidlich war und sie sich vermutlich nicht wiedersehen würden, bis alles vorbei war.

Als der Krieg dann schließlich ausbrach, verwandelte sich Hayeks Isolation in eine regelrechte Abschottung. Er war gerade vierzig geworden und somit ganze fünfzehn Jahre jünger als Keynes, fühlte sich aber uralt, verstärkt noch durch die Tatsache, dass er auf einem Ohr vollständig taub geworden war, wie als Versinnbildlichung der Abgeschnittenheit von seiner alten wie seiner adaptierten neuen Welt. Während der ersten sechs Wochen des Blitzkriegs blieb er in London, um England seine Loyalität wie seinen Gleichmut angesichts der Gefahr zu beweisen, sah sich aber schließlich gezwungen, der London School of Economics – die inzwischen auf ein paar Dutzend Studentinnen und ihn reduziert war – nach Cambridge zu folgen, wo sie bis Kriegsende angesiedelt bleiben sollte. Seine Frau und die Kinder zogen aufs Land, sein alter Bündnispartner Lionel Robbins trat den Dienst in Whitehall an. Einer seiner Kollegen nach dem anderen verschwand, um kriegswichtige Arbeit zu leisten.

Der Weg zur Knechtschaft war Hayeks Beitrag zum alliierten Kriegsbemühen. Er hielt das für eine Pflicht, der er sich nicht entziehen konnte. Einige wenige Wochen lang machte er sich nach der Kriegserklärung große Hoffnungen, dass er zum Kriegsdienst ins Propagandaministerium gerufen würde. Er überschüttete Propagandaminister Lord Macmillan mit Memoranden, in denen er Strategien für deutschsprachige Sendungen vorschlug: »Ich bin frei und begierig, meine Kapazitäten der bestmöglichen Verwendung zuzuführen, welche ich nach sorgfältiger Abwägung im Zusammenhang mit propagandistischer Arbeit sehe.«[9] Doch schon bald wurde ihm klar, dass er als im Ausland geborener Brite von kriegswichtiger Arbeit ausgeschlossen bleiben würde.

Verbittert fand er sich damit ab und leitete die geschrumpfte ökonomische Fakultät der LSE mehr oder weniger allein.

Verletzt und frustriert spielte Hayek mit dem Gedanken, sich zu seinen Freunden in Amerika zu gesellen. Er hasse diese völlige Abschottung, schrieb er an Machlup.[10] Doch als dieser in seiner Antwort dann von ähnlichen Gefühlen berichtete und erzählte, dass es ihm nicht viel anders ging, reagierte Hayek sofort gereizt auf den Vorschlag, auf die andere Seite des Atlantiks zu wechseln. Er habe jeden Gedanken an einen Umzug nach Amerika hingegeben, solange er in England irgendwie gebraucht werde; das sei immerhin seine Pflicht.[11] Als ihn 1940 aus New York das Angebot der New School für eine temporäre Professur erreichte, kabelte er eine kurz angebundene, fast schon hochmütige Absage.[12] Einem anderen Freund schrieb er später, dass er ihn ein wenig beneide, weil er die Möglichkeit habe, etwas Kriegswichtiges zu tun; wenn alles vorbei sei, werde er vermutlich der einzige Ökonom sein, der nie auch nur die Chance dazu bekommen habe – dafür nolens volens aber wenigstens der reinste unter den reinen Theoretikern geblieben sein.[13] Wie immer, wenn er eine Enttäuschung erlebte, verlagerte Hayek seinen Blick einfach in die Zukunft. An Machlup schrieb er, dass ihm die Fähigkeit, still und zufrieden in der Gegenwart zu leben, schon früh abhanden gekommen sei; was sein Leben interessant gemacht habe, sei von jeher die Planung für die Zukunft gewesen – Befriedigung habe er im Wesentlichen immer daraus gezogen, dass er getan habe, was zu tun er sich vorgenommen hatte; und Kränkungen habe er vor allem dann erlitten, wenn er seine Pläne nicht habe umsetzen können.

Paradoxerweise wurden die nächsten drei Jahre dann jedoch die produktivsten seines Lebens. Er habe, schrieb er, im Frühsommer 1940 mehr geleistet als in jeder anderen vergleichbaren Zeit.[14] Eine Weile arbeitete er zeitgleich an nicht weniger als drei verschiedenen Büchern, und das, während draußen die Bomben fielen. Bald schon füllte er praktisch im Alleingang auch die Seiten des LSE-Journals *Economica*. Kaum war er in Cambridge eingetroffen, schrieb er einem Freund, dass die Bombenangriffe bislang ein erbärmlicher Fehlschlag gewesen seien. Aus London habe ihn nur die Unbehaglichkeit eines leeren Hauses und die Notwendigkeit häufiger Reisen vertrieben.[15] Trotzdem beschloss er vorsichtshalber, sein neues Buch kapitelweise »zur sicheren Verwahrung« an Freunde in den Vereinigten Staaten zu schicken.

Im Januar 1941 spielte Hayek zum ersten Mal explizit auf den Plan an, ein Buch zu schreiben, das sich wie Keynes' Werk *Die wirtschaftlichen Folgen des Vertrags von Versailles* an ein Massenpublikum richten sollte. Er sei, berichtete er Machlup, hauptsächlich mit der Erweiterung und eher populären Exposition der Themen befasst, die er in seinem Pamphlet *Freedom and the Economic System* (1939) aufgeworfen habe; das fertige Buch könne man dann als Penguin-Taschenbuch zum Preis eines Sixpence kaufen.[16] Er sei dieses Buch seinen Mitmenschen schuldig, denn da er nichts dazu beitragen könne, den Krieg zu gewinnen, müsse er sich um die Zukunft kümmern; und wenngleich er in dieser Hinsicht auch so pessimistisch sei, wie man nur sein könne – wesentlich pessimistischer als in Bezug auf den Krieg selbst –, wolle er doch alles in seiner Macht Stehende tun, um den Menschen die Augen zu öffnen.

Zweieinhalb Jahre, vom Neujahrstag 1941 bis Juni 1943, schrieb er am *Weg zur Knechtschaft*. Ständig klagte er, dass er ein fürchterlich langsamer Arbeiter sei; und angesichts der Tatsache, dass seine Interessen derzeit in so viele Richtungen zugleich stoben, hoffe er auf ein langes Leben, um vollbringen zu können, was ihm im Augenblick als das Wichtigste erschien.[17]

Er begann das Buch mit historischen Verweisen und Hinweisen auf die Relevanz, die Geschichte für die Gegenwart hat, inklusive seiner eigenen Geschichte vom Leben in zwei Kulturen:

> *Aber während die Geschichte ihren Lauf nimmt, ist sie für uns noch nicht Geschichte. Sie führt uns in ein unbekanntes Land, und nur selten können wir einen Blick in die Zukunft werfen. Anders wäre es, wenn wir dieselben Ereignisse ein zweites Mal erleben ... Und doch können wir, obwohl die Geschichte sich niemals vollkommen wiederholt und gerade weil keine Entwicklung zwangsläufig ist, in gewissem Umfange von der Vergangenheit lernen, um eine Wiederholung desselben Ablaufs der Ereignisse zu vermeiden.[18]*

Dann wandte er sich direkt an den Leser und schilderte ein machtvolles Déjà-vu. Der englische Hang zum Kollektivismus erinnere ihn an das Wien unmittelbar nach dem Ersten Weltkrieg: »Das vorliegende Buch verdankt seine Entstehung einer Erfahrung, die dem zweimaligen Er-

leben derselben Vorgänge denkbar nahekommt – zum mindesten einer
Erfahrung, die auf das zweimalige Beobachten einer sehr ähnlichen
geistigen Entwicklung hinausläuft.«[19] Daran schloss sich eine Beobachtung über die britische Gesellschaft an, die auch Engels, Marx und
zuletzt Schumpeter schon gemacht hatten:

> *Geht man aber in ein anderes Land, so kann man bisweilen ein zwei-
> tes Mal eine ähnliche Phase der geistigen Entwicklung beobachten. Der
> Mensch steht dann den Dingen mit größerem Verständnis gegenüber.
> Wenn man zum zweiten Male Meinungen hört oder Maßnahmen befür-
> wortet sieht, denen man vor zwanzig oder fünfundzwanzig Jahren zum
> ersten Male begegnet ist, dann gewinnen sie eine neue Bedeutung [...].
> Sie legen den Gedanken nahe, daß die Entwicklung, wenn auch nicht
> notwendigerweise, so doch möglicherweise ähnlich verlaufen wird.*[20]

Welche Meinungen, welche Maßnahmen hatte er da im Sinn? Zu
den jüngsten schriftlichen Meinungsäußerungen zählte gewiss Hitlers
Machwerk *Mein Kampf*, das erstmals 1939 in einer ungekürzten englischen Fassung erschienen war. Eine andere war zweifellos der Lobge-
sang, den die Webbs 1936 mit ihrem Buch *Soviet Communism: A New
Civilization* auf die Planwirtschaft geschrieben hatten und das Hayek
damals für die *Sunday Times* rezensiert hatte. Letztendlich dachte er
dabei aber zweifelsohne auch an Keynes' *General Theory*, obwohl dessen politische Meinungen wahrlich weit entfernt waren vom Inhalt der
beiden anderen Schriften.

Hayek verteidigte den freien Wettbewerbsmarkt mit Begriffen aus
der modernen Informationswirtschaft. 1945 sollte er schreiben:

> *Wir müssen das Preissystem wie einen Mechanismus zur Informations-
> vermittlung betrachten, wenn wir seine wirkliche Funktion verstehen
> wollen. [...] Entscheidend ist die Wissensökonomie, mit welcher das
> System operiert, oder die Frage, wie wenig die einzelnen Beteiligten wis-
> sen müssen, um in der Lage zu sein, die richtigen Maßnahmen zu er-
> greifen.*[21]

Das war auch eine Warnung. Herbert Spencer hatte als Erster zu bedenken gegeben, dass Verletzungen der wirtschaftlichen Freiheit zu

Verstößen gegen die politische Freiheit führen würden. Hayeks Mentor Ludwig von Mises hatte den Wohlfahrtsstaat als ein Trojanisches Pferd bezeichnet, als »nur eine Methode, um die Marktwirtschaft Schritt für Schritt in Sozialismus zu verwandeln. [...] Was dabei herauskommt, ist das System einer Rundum-Planung, das heißt, ein Sozialismus von der Art, auf die das deutsche Hindenburg-Programm im Ersten Weltkrieg abgezielt hatte.«[22] Doch Hayek setzte sich keineswegs für das Laissez-faire ein. Tatsächlich distanzierte er sich sogar ziemlich explizit von der Idee, die Wirtschaft sich selbst zu überlassen:

Es gibt schließlich das äußerst wichtige Problem der Bekämpfung der Konjunkturschwankungen und der periodischen Massenarbeitslosigkeit, die mit ihnen einhergeht. Dies ist natürlich eines der ernstesten und dringendsten Probleme unserer Zeit. Gewiß wird zu seiner Lösung viel Planung im guten Sinn notwendig sein. Indessen erfordert es nicht jene besondere Art von Planung, die nach Ansicht ihrer Verteidiger den Markt ersetzen soll. Viele Nationalökonomen hoffen tatsächlich, daß die letzte Lösung auf dem Gebiet der Währungspolitik gefunden werden kann, und zwar durch Maßnahmen, die selbst mit dem Liberalismus des 19. Jahrhunderts vereinbar wären. Andere glauben allerdings, daß ein wirklicher Erfolg nur von öffentlichen Arbeiten erwartet werden könne, die zur rechten Zeit und in sehr großem Maßstab vorgenommen werden. Das könnte aber zu einer weit größeren Einengung des Bereiches der Konkurrenz führen, und unternehmen wir Versuche in dieser Richtung, so müssen wir vorsichtig zu Werke gehen, wenn wir vermeiden wollen, daß alle Wirtschaftstätigkeit in zunehmendem Maße von der Lenkung und dem Umfang der Staatsausgaben abhängig wird.«[23]

Später sollte er seinen Zuhörern während einer Rede in Detroit erklären: »Sie müssen aufhören, für oder gegen staatliches Handeln als solches zu argumentieren. [...] Wir können nicht ernsthaft vorbringen, dass der Staat nichts tun sollte.«[24]

Im Frühjahr 1943 verschickte Machlup mehrere Kapitel von Hayeks *Weg zur Knechtschaft* an amerikanische Verleger. Die ersten Reaktionen waren nicht sehr ermutigend: »Ehrlich gesagt«, antwortete ein Verleger,

sind wir skeptisch, was den Verkauf, den wir garantieren könnten, an-
belangt. Und ich persönlich kann auch nicht umhin festzustellen, dass
Professor Hayek ein wenig abseits des heutigen Denkens sowohl hier
als auch in England steht. [...] Sollte das Buch von jemand anderem
publiziert und zu einem Bestseller im Sachbuchbereich werden, dann
schreiben Sie es einfach einem dieser Fehlurteile zu, die wir alle einmal
fällen.[25]

Der Lektor von Harper & Brothers lehnte das Manuskript als »schwer-
fällig« und »übertrieben umständlich« ab.[26]

Im Juni 1943 unterzeichnete Hayek schließlich einen Vertrag mit
Routledge über die Veröffentlichung in Großbritannien. Erst im Februar 1944, kurz vor Erscheinen des Buches in England, erfuhr er, dass
die University of Chicago Press beschlossen hatte, es auch in den Vereinigten Staaten herauszubringen.

DRITTER AKT

ZUVERSICHT

Prolog:
Nichts zu befürchten

Es war der 11. Januar 1944. Franklin D. Roosevelt lag seit vier Tagen mit Grippe im Bett. Erschöpft von seinen Konferenzen mit Churchill und Chiang Kai-shek Anfang November des Vorjahres in Kairo sowie mit Churchill und Stalin Ende November in Teheran, war der amerikanische Präsident, der unter Bluthochdruck, dadurch hervorgerufenen Herzproblemen, einem Versagen der linken Herzkammer und einer akuten Bronchitis litt (wobei ihn jedes dieser Probleme für sich hätte umbringen können), zu schwach, um die anstehende Fahrt zum Capitol Hill anzutreten und wie geplant seine Rede zur Lage der Nation zu halten.[1] Da er jedoch wusste, dass die Zeitungen die Rede, die er dem Kongress bereits per Boten hatte zukommen lassen, nicht in voller Länge abdrucken konnten, bestand er darauf, in einem »Kamingespräch« übers Radio direkt zum amerikanischen Volk zu sprechen. Der D-Day, die Landung in der Normandie, war noch Monate entfernt, und die Vereinigten Staaten wurden gerade voll und ganz von den tödlichen Kämpfen in Anspruch genommen, die im Pazifik tobten, dennoch drängte der Präsident das Volk bereits jetzt, den Blick auf die Nachkriegszeit zu richten. »Es ist unsere Pflicht, jetzt mit der Planung zu beginnen und die Strategie für einen dauerhaften Frieden zu bestimmen.«[2]

Wieder und wieder hämmerte Roosevelt den Amerikanern seine Überzeugung ein, dass die Grundlage für einen dauerhaften Frieden nicht allein durch den Sieg über verbrecherische Regime geschaffen werden könne, sondern dass dafür auch eine Verbesserung der Lebensstandards notwendig sei. Ökonomische Sicherheit zu schaffen, sei die oberste Aufgabe von demokratischen Regierungen. Entschlossen, die Fehler der Alliierten nach dem Ersten Weltkrieg, die seiner Überzeugung nach zum gegenwärtigen Krieg beigetragen hatten, nicht zu wiederholen, erklärte er, dass ein Sozialstaat und individuelle Frei-

heit Hand in Hand gingen, und warnte: »Menschen, die hungrig und
arbeitslos sind, sind der Stoff, aus dem Diktaturen gemacht werden.«
Dann beschwor er den Kongress, sich für einen Wirtschaftsaufschwung
nach dem Krieg einzusetzen, und zwar daheim wie im Ausland. Seine
entscheidende innenpolitische Forderung galt denn auch einer »Economic Bill of Rights« – staatlichen Garantien für einen Arbeitsplatz, eine
Gesundheitsfürsorge und eine Altersrente.[3]

Die radikalste Rede, die Roosevelt während seiner Präsidentschaft
hielt, »prallte dumpf auf einen halb leeren Sitzungssaal«, schrieb sein
Biograf James MacGregor Burns.[4] Der Kongress wurde gerade von
einer republikanischen Mehrheit beherrscht, und die Hinweise des Präsidenten auf Arbeitslosigkeit und Hunger schienen keinen Nachhall bei
den Millionen Amerikanern zu finden, die sich um ihre Radiogeräte
versammelt hatten. Denn wie Keynes feststellte, als er wenige Monate
später in Washington eintraf, war »der Krieg auf diesem Kontinent eine
Zeit ungemeinen Wohlstands für jedermann«.[5] Die Kriegsjahre hatten
sich im eigenen Land nicht nur zur besten aller Zeiten entwickelt, sondern auch 60 Prozent der Bevölkerung dazu bewogen, Meinungsfor-
schern zu erklären, dass sie »mit der Lage der Dinge schon *vor* dem
Krieg zufrieden« gewesen seien.[6]

Verantwortlich für diesen Wohlstand war der Krieg selbst. Sogar
vor 1939 hatten die Ängste vor einem Krieg bereits zu einem gewaltigen Goldzufluss in die Vereinigten Staaten geführt, weil Investoren
in Europa und Asien nach einem sicheren Hafen für ihre Ersparnisse
suchten. Die Folge war, dass amerikanische Banken im Geld schwammen und die Zinssätze nahe null blieben. Nach 1939 waren die Ausgaben der US-Bundesregierung dann von 5 Prozent des BIP auf fast
50 Prozent gestiegen, wesentlich schneller als die Steuereinnahmen, ungeachtet des dramatischen Anstiegs der Einkommen- und Ertragssteuern und der Implementierung eines neuen Sozialversicherungsgesetzes
samt der Einführung einer Lohnsteuer. Das war Defizitfinanzierung in
einem Ausmaß, das die fiskalischen Strategien gegen die Wirtschaftskrise während der ersten Amtszeit Roosevelts noch weit in den Schatten stellte.

Diese Kombination aus massiver Defizitfinanzierung und dem zufälligen finanziellen Stimulus durch ausländische Vermögen löste dann
den Boom aus. Dank der elf Millionen Männer und Frauen in Uniform

und all der Fabriken, Bergwerke und Farmen, die auf Hochtouren arbeiteten, war die Arbeitslosenrate von 15 Prozent Ende 1939 – wobei 11 Prozent der Werktätigen zu den »temporär Arbeitslosen« im Rahmen der Jobs zählten, die zeitweilig von der öffentlichen Hand angeboten wurden – bis Ende 1943 auf weit unter 2 Prozent gesunken. Und in Anbetracht des angespannten Arbeitsmarkts waren die Fabriklöhne um 30 Prozent gestiegen, abzüglich der Inflationsrate. Nach vier Jahren Krieg sollte der amerikanische Durchschnittshaushalt mehr, nicht weniger als im Jahr 1939 konsumieren.

Die Vereinigten Staaten konnten Flugzeuge, Schiffe und Panzer liefern, weil sie die Produktion ankurbelten, nicht, weil sie den eigenen Gürtel enger schnallten. Die volkswirtschaftliche Jahresproduktion, das Bruttoinlandsprodukt, stieg um fast 14 Prozent jährlich, dreimal so schnell wie in den »wilden Zwanzigern«, als, wie der Präsident säuerlich bemerkte, »diese Nation einen Vergnügungstrip auf der Achterbahn genoss, der mit einem tragischen Absturz endete«.[7] Natürlich konnten die Amerikaner gerade keine neuen Autos, Kühlschränke oder Häuser bekommen, aber sie waren sich doch so sicher, dass der Dollar nach dem Krieg seinen Vorkriegswert behalten würde, dass sie bereit waren, fast ein Viertel ihrer Löhne zu sparen, um sich all das Ersehnte nach Kriegsende anschaffen zu können. Auch ihre geliebten Autofahrten übers Land konnten sie nicht machen. Dafür konnten sie sich mehr Kleidung, Nahrung, Alkohol, Zigaretten und Zeitschriften leisten, mehr Radio hören und mehr Schallplatten abspielen, sich mehr Filme ansehen und mehr Baseballspiele besuchen. Der Kontrast zu Großbritannien, wo der Pro-Kopf-Verbrauch um 20 Prozent gesunken war, war wahrlich außergewöhnlich. Wie Leser der englischen Schriftstellerin Elizabeth Jane Howard und ihrer *Cazelet Chronicles*-Romane wissen, wurde den Engländern durch den Mangel an Wohnraum, Kleidung, Kohle, Benzin und vielen Nahrungsmitteln das Leben auf Jahre hinaus schwer gemacht. Die Entbehrungen endeten in Großbritannien auch mit dem Waffenstillstand nicht. Noch 1946 sah sich die Labour-Regierung gezwungen, insgeheim zu beraten, ob sie Brot rationieren solle. Die letzte Kontrollmaßnahme dieser Art wurde erst 1954 aufgehoben.

In Amerika fürchteten der Präsident und seine Berater derweil, dass der kriegsbedingte Wohlstand, auch wenn die amerikanische Wirtschaft eindeutig nicht auf dem Zahnfleisch kroch, keinesfalls andauern könne. Zu den »ökonomischen Wahrheiten, die mittlerweile für selbstverständlich gehalten werden«, zählte, wie auch FDR in seiner Rede zur Lage der Nation andeutete, die Notwendigkeit eines *neuen* New Deal, um zu verhindern, dass wieder eine Wirtschaftskrise über das Land hereinbrach, sobald die Truppen heimkehrten. »Eine Rückkehr zur sogenannten Normalität der Zwanzigerjahre« nach dem Krieg könne nur bedeuten, dass »wir hier zu Hause dem Geist des Faschismus erlegen sind«, warnte er melodramatisch.[8]

In der Einstellung des Präsidenten spiegelte sich jedoch nur eine Seite der erregten Debatte, die zwischen den Keynesianern und deren Gegnern geführt wurde. Je optimistischer die Öffentlichkeit und das Unternehmertum die Aussichten nach dem Krieg beurteilten, umso mehr sorgten sich die amerikanischen Keynes-Jünger, dass die Wirtschaft neuerlich in eine Flaute geraten könnte und die Staatsausgaben im Zuge der Demobilisierung stark zurückgehen würden. Alvin Hansen, ein Berater der Federal Reserve, der manchmal auch »der amerikanische Keynes« genannt wurde, prophezeite »einen Nachkriegskollaps: Demobilisierung der Armeen, Stilllegungen von Rüstungsindustrien, Arbeitslosigkeit, Deflation, Bankrott, harte Zeiten«[9]. Paul Samuelson, Berater der obersten Planungsbehörde für die Nachkriegszeit, warnte das Amt davor, zu selbstgefällig zu werden in Bezug auf das Thema Arbeitslosigkeit. »Vor dem Krieg haben wir das Problem nicht gelöst, und nichts, was seither geschah, garantiert uns, dass sie nicht wieder ansteigen wird.« Die Keynesianer waren wenig zuversichtlich, dass das Business und die Verbraucher einspringen würden, oder wie Samuelson es formulierte: »Nur weil ein Mann sechs Jahre lang ohne ein Automobil gelebt hat, will er nicht plötzlich sechs Automobile auf einmal.«[10] Nachdem sie im Rückblick auf die Dreißigerjahre zu dem Schluss gekommen waren, dass das Business zu zaghafte Investitionen getätigt habe und die Geldmarktpolitik eine schlechte Waffe sei, um Rezessionen zu bekämpfen, gelangten sie nun zu der Überzeugung, dass die einzige Lösung darin bestand, öffentliche Ausgabenkürzungen hinauszuzögern, und zwar, indem man die Demobilisierung verlangsamte und zugleich die Ausgaben für neue Infrastrukturen steigerte.

Auch die Gegner der Keynesianer machten sich Sorgen wegen einer Stagnation, aber um eine andere Art von Stillstand und aus anderen Gründen. Schumpeter zum Beispiel fürchtete um die – längerfristigen –

Aussichten auf ein Wirtschaftswachstum, glaubte, dass die Wirtschaft keine Zugewinne bei der Produktivität und bei den Lebensstandards mehr zuwege bringen würde, jedoch nicht wegen einer zu geringen Nachfrage, sondern wegen bestimmter regierungspolitischer Maßnahmen. In einem 1943 veröffentlichten Artikel meinte zwar auch er, dass sich »jeder vor einem Konjunkturrückgang in der Nachkriegszeit fürchtet«, behauptete jedoch, dass die Ängste der Öffentlichkeit übertrieben seien: »Als ein rein ökonomisches Problem betrachtet, könnte sich die Aufgabe [des Wiederaufbaus] sehr wohl als eine viel einfachere erweisen als von den meisten Menschen erwartet. [...] In jedem Fall werden die Bedürfnisse von restringierten Haushalten so dringend und so berechenbar sein, dass jeder möglicherweise unvermeidliche Konjunkturrückgang nach dem Krieg zügig einem Wiederaufbauboom Platz machen wird. Kapitalistische Methoden haben sich schon sehr viel schwierigeren Aufgaben gewachsen gezeigt.«[11]

Die wahre Bedrohung des Wirtschaftswachstums nach dem Krieg ergab sich Schumpeters Meinung nach aus der im New Deal verankerten businessfeindlichen Politik. Wie Hayek befürchtete auch er, dass der Staat sein Kriegsmanagement von Produktion und Verteilung – inklusive der Lohn- und Preiskontrollen, Defizitfinanzierung und hohen Steuern – auch nach dem Sieg beibehalten würde. Maßnahmen, die zur Abwendung einer Stagnation dienen sollten, könnten dann just diese hervorrufen. Schumpeter nannte das einen »Kapitalismus im Sauerstoffzelt«.[12] Hayek machte sich weniger Sorgen über den möglichen Verlust an Dynamik denn über den Verlust an Freiheit. Während der amerikanische Präsident also zur Vorsicht mahnte, weil eine »Rückkehr zur Normalität« dem Sieg des Faschismus gleichkäme, warnte Hayek, dass ein fortgesetztes Kriegsmanagement von Produktion und Verteilung letztendlich zu einer radikalen Beschneidung der wirtschaftlichen und politischen Rechte führen würde. Wie sich herausstellte, waren die Befürchtungen beider wesentlich realistischer in Bezug auf Großbritannien und Europa als in Bezug auf die Vereinigten Staaten. Denn dort wurden 1945 praktisch alle Kriegsbehörden aufgelöst.

Abgesehen vom militärischen Sieg war es wie gesagt Roosevelts Priorität gewesen, die Fehler, die die Alliierten nach dem Ersten Weltkrieg gemacht hatten, nicht zu wiederholen. Er verwies auf die Gespräche der

»Großen Drei«, die im Januar 1944 zur Vorbereitung der Konferenz von Jalta im anschließenden Februar geführt wurden, wo die finanziellen, handelspolitischen und politischen Nachkriegsarrangements besprochen werden sollten, wie zum Beweis, dass man es diesmal besser machen wollte. Er geißelte den »Vogel-Strauß-Isolationismus« all der »blinden Maulwürfe«, die solchen Verhandlungen mit Misstrauen begegneten, und attackierte jeden, der Wohlstand im Rest der Welt als eine Bedrohung der amerikanischen Interessen betrachtete. 1943 war Stalin in Teheran von Roosevelt bereits die Zustimmung zu einem Völkerbund abgehandelt worden. Das »oberste Gebot für die Zukunft« sei die kollektive Sicherheit, darauf hatte der amerikanische Präsident beharrt, und darunter fielen eben auch die »wirtschaftliche Sicherheit, soziale Sicherheit und moralische Sicherheit« der »Völkerfamilie«. Sobald man die Aggressoren militärisch unter Kontrolle habe, sei »ein angemessener Lebensstandard für jeden Mann, jede Frau und jedes Kind in allen Völkern« unabdingbar für den Frieden. »Die Freiheit von Angst ist auf alle Zeiten mit der Freiheit von Not verknüpft.«[13]

Es gab keine Meinungsverschiedenheiten zwischen den Keynesianern und den Anti-Keynesianern hinsichtlich der Notwendigkeit einer internationalen Kooperation. In dieser Frage waren sie sich schon seit 1919 einig gewesen. Und nur noch wenige glaubten, dass ein günstiges globales Wirtschaftsklima von allein entstehen würde. Es waren die bilateralen Handelsblockaden der Zwischenkriegszeit gewesen, die es der Sowjetunion und dem nationalsozialistischen Deutschland ermöglicht hatten, aus der Weltwirtschaft auszuscheren. Sogar Hayek, der seiner Erfahrung und seines Temperaments wegen dem positiven Potenzial von staatlichen Interventionen skeptischer gegenüberstand, war überzeugt, dass Demokratien zu mehr Kompetenz in der Lage waren, als sie es eine Generation zuvor bewiesen hatten. Die Ansicht, dass Staaten aktiv planen und kooperieren mussten, um eine Wiederbelebung des Welthandels, die Beseitigung der Kriegsschulden und eine Stabilisierung der Währungen zu sichern, beruhte dieses Mal auf einem Konsens.

Aus Europa betrachtet, wirkte die optimistische Vision des amerikanischen Präsidenten von »One World«, in der die Großmächte sich auf das Wirtschaftswachstum konzentrierten anstatt auf expansionistische Aggressionen, allerdings viel zu rosig. Am 9. März 1944 gab der schwedische Ökonom Gunnar Myrdal, damals Chef einer schwedischen Planungskommission für die Nachkriegszeit, eine wesentlich düsterere Prognose ab. Die ersten Kriegsjahre hatte er als Vorbereitung auf seinen Klassiker – seine sozioökonomische Studie über die Rassenfrage mit dem Titel *An American Dilemma: The Negro Problem and Modern Democracy* – mit Reisen durch den amerikanischen Süden verbracht. 1942 war er in sein Heimatland Schweden zurückgekehrt, das sich den Status als neutrales Land bewahrt hatte, obwohl es die deutsche Kriegsmaschinerie mit Eisenerz belieferte.

Myrdal sah die Zukunft durch eine wesentlich trübere Brille. Er befürchtete, dass Autarkie, wirtschaftliche Stagnation und Militarismus – genau die Symptome also, die den zweiten globalen Flächenbrand in nur einer Generation ausgelöst hatten – nicht besiegt werden könnten, ungeachtet des Bemühens der Alliierten in einem bis dahin ungekannten Ausmaß und trotz all der Opfer und all des Leids, die ein Sieg kosten würde. Der Traum von einer einvernehmlich agierenden Weltgemeinschaft, von »Vereinten Nationen«, die durch Handel, konvertierbare Währungen und das Völkerrecht miteinander verbunden wären, hielt er für eine gefährliche Illusion. Die amerikanischen Ökonomen bezeichnete er als »allzu optimistisch«. Er prophezeite, dass sich der vom Krieg ausgelöste Boom in den Vereinigten Staaten in eine Krise verwandeln würde, die noch weit schwerer zu bewältigen sein würde als die vorangegangene Weltwirtschaftskrise und Massenarbeitslosigkeit. Und ein solcher Konjunktureinbruch in Amerika würde natürlich Auswirkungen auf die ganze Welt haben, insbesondere aber auf Schweden und all die anderen Staaten, die vom Export abhingen, um die Importe bezahlen zu können, die sie brauchten, damit sie als moderne Volkswirtschaften überleben konnten. Das unvermeidliche ökonomische Chaos würde eine Epidemie an Streiks und Unruhen nach sich ziehen und nationalistische Rivalitäten schüren – genau so, wie es ähnliche Wirtschaftslagen bereits zuvor getan hatten. Der allgemein herrschende Trend zum Militarismus und zur Autarkie, ähnlich dem, der in der Zwischenkriegszeit vorgeherrscht hatte, würde sich erneut durchsetzen. Vor allem aber würde die Welt zwangsläufig in drei große, konkurrierende Imperien zerfallen – in ein sowjetisches, ein britisches und ein amerikanisches –, sobald das gemeinsame Ziel der Alliierten, die Achsenmächte zu besiegen, durch die kollidierenden wirtschaftlichen und politischen Interessen der »Großen Drei« ersetzt worden wäre. In Myrdals globaler Dystopie (oder Antiutopie) war der neue Imperialismus nicht nur repressiv, sondern auch per se instabil.[14]

Das war natürlich die Szenerie von *1984*. George Orwell, der seine Dystopie 1948 vollenden sollte, beschrieb darin eine Welt, die in drei verfeindete Machtblöcke aufgeteilt ist – Ozeanien, Eurasien und Ostasien –, welche in einem permanenten kalten Krieg verharren. Sie sind einander zu ebenbürtig, als dass eine Partei gewinnen oder verlieren könnte, also nutzen diese Supermächte externe Bedrohungen, um ihre totalitäre Herrschaft und die wirtschaftliche Stagnation ihrer Blöcke zu rechtfertigen. Der Held des Romans, ein Durchschnittstyp namens Winston Smith, der immer wieder geradezu Churchill'schen Mut beweist, erfährt: »Die Aufteilung der Welt in drei große Superstaaten war ein Ereignis, das bereits vor der Mitte des zwanzigsten Jahrhunderts vorauszusehen war und auch tatsächlich vorausgesehen wurde.«[15]

Der Einzige, der diesen Albtraum voller Zufriedenheit und ganz ohne Furcht betrachtete, war Josef Stalin. Roosevelt war mit der Überzeugung aus Teheran zurückgekehrt, dass die alliierten Staatsführer auch dann ein gemeinsames Interesse verfolgen würden, wenn der Feind besiegt wäre; sie würden einen Rahmen errichten, innerhalb dessen sich alle Staaten auf ein Wirtschaftswachstum konzentrieren könnten. Dem amerikanischen Volk hatte er versichert: »All unsere Bündnispartner haben aus Erfahrung gelernt – aus bitterer Erfahrung –, dass eine wirkliche Entwicklung nicht möglich sein wird, wenn sie sich durch wiederholte Kriege, ja, allein schon durch die Androhung von Krieg, von ihrem Ziel ablenken lassen.«[16]

In Wirklichkeit war Stalin davon überzeugt, dass seine kapitalistischen Verbündeten von Natur aus unfähig seien, eine solche Kooperation auf Dauer aufrechtzuerhalten, und dass Profitstreben dafür sorgen würde, dass die Vereinigten Staaten und Großbritannien einander an die Gurgel gingen, sobald der gemeinsame Feind besiegt war. Aus seiner Sicht war ein Krieg zwischen Großbritannien und den Vereinigten Staaten etwas »Unabwendbares«.[17] So gesehen konnte er von seinen Alliierten also Hilfe fordern und Gebietsansprüche stellen und brauchte bloß zu warten, bis die anstehende Krise einen Krieg provozieren würde, um deren Bürger in die Arme von pseudo-politischen Parteien treiben zu können, deren absolute Loyalität Moskau gehören würde.

Wieso ignorierte er die so reichlich vorhandenen Beweise des Gegenteils? Nach Meinung von John Lewis Gaddis, dem führenden amerikanischen Historiker des Kalten Krieges, war Stalin in Wirklichkeit der Gefangene von Lenins primitiver Wirtschaftstheorie gewesen – einer Theorie, die auf einer falschen Analogie zwischen Wirtschaftswettbewerb und Kriegführung beruhte. Im Gegensatz zu Roosevelts Überzeugung, dass das Wachstum im einen Land auch den Ländern seiner Handelspartner zugutekommen werde respektive nicht schaden dürfe, glaubte Stalin, dass der Handel ein ebensolches Nullsummenspiel sei wie der Krieg, das heißt, dass der Gewinn der einen Seite für die andere Seite immer Verlust bedeute. Tatsächlich hatte Lenin geglaubt, dass Krieg bloß die aggressivere Variante des Wirtschaftswettbewerbs sei.

Keynes hatte in der *General Theory* seinen Glauben an die Bedeutung von Ideen zum Ausdruck gebracht: »Verrückte in hoher Stellung, die Stimmen in der Luft hören, zapfen ihren wilden Irrsinn aus dem, was irgendein akademischer Schreiberling ein paar Jahre vorher verfaßte.«[18] Mit Sicherheit war es nicht zuletzt einigen Ideen von Keynes, Hayek und ihren Anhängern zu verdanken, dass Männer in hohen Positionen weder verrückt noch irgendwelchen barbarischen Relikten hörig, sondern, im Gegenteil, entschlossen waren, solche Albträume abzuwenden.

KAPITEL XIV

Vergangenheit und Zukunft:
John Maynard Keynes in Bretton Woods

Ökonomische Krankheiten sind äußerst ansteckend. Infolgedessen ist die ökonomische Gesundheit jedes Landes das angemessene Anliegen aller Nachbarn nah und fern.

Franklin D. Roosevelt, 1944.[1]

Keynes schilderte die Überfahrt, die er mit Lydia Mitte Juni 1944 auf der *Queen Mary* angetreten hatte, knapp zwei Wochen vor Beginn der internationalen Finanz- und Währungskonferenz in Bretton Woods, als eine »höchst friedliche, aber auch höchst geschäftige Zeit«[2]. Er reiste mit Lionel Robbins, Friedrich von Hayeks engem Freund, der mittlerweile auch der seine geworden war, und einem Dutzend weiterer britischer Delegierter. An Bord des Schiffes saß er nicht weniger als dreizehn Konferenzen vor und hatte wesentlichen Anteil am Entwurf zweier »Boat Drafts« über die beiden wichtigsten Institutionen, die die finanziellen Arrangements nach dem Krieg regeln sollten: den Internationalen Währungsfond und die Weltbank.[3] In seiner freien Zeit lag er im Liegestuhl und verschlang Bücher: neben einer Neuausgabe von Platons *Der Staat* und einer Biografie seines Lieblingsessayisten Thomas Babington Macaulay vor allem Hayeks *Weg zur Knechtschaft*.

Im Gegensatz zu seinen eher doktrinären Anhängern verfügte Keynes über die geniale Fähigkeit, zwei einander widersprechende Wahrheiten zu hegen: »Moralisch und theoretisch«, schrieb er in einem langen Brief an Hayek, »befinde ich mich praktisch mit allem [im *Weg zur Knechtschaft*] in Übereinstimmung, und nicht einfach nur in Übereinstimmung, sondern in tief bewegter Übereinstimmung.«[4] Hayek möge es vielleicht nicht gelungen sein, »zur vollen Überzeugung die Grenze zwischen Freiheit und Planung« zu ziehen, weshalb das Buch vermutlich auch kein nützlicher Wegweiser durch den »Mittelweg« aktueller

Politikgestaltung sein könne. Er bringe darin jedoch Werte zum Ausdruck, die Keynes unentbehrlich fand, um »ein gutes Leben zu führen«. Robbins grübelte derweil darüber nach, wie es kam, dass Keynes »perspektivisch bei rein intellektuellen Fragen so radikal und in kulturellen Dingen ein wahrer Burke'scher Konservativer« sein konnte.[5]

Gegen Ende des Briefes erklärte Keynes, Hayek schließe allzu voreilig die Möglichkeit aus, dass es eine mit Freiheit verträgliche Form von Planung geben könne, insbesondere dann, wenn diese durch Personen vorgenommen werde, die sich den freiheitlichen Werten verpflichtet fühlten: »Riskante Handlungen können gefahrlos in einer richtig denkenden und empfindenden Gemeinschaft getätigt werden, wohingegen sie der Weg in die Hölle sind, werden sie von falsch denkenden und empfindenden Personen getätigt.«[6] Was er damit meinte, war: Bei einer von Churchill oder Roosevelt geleiteten Kriegswirtschaft sei kaum anzunehmen, dass sie zu einem totalitären Staat führen könnte, wohingegen die von Stalin und Hitler geleiteten in der Tat dazu geführt hatten.

Maynard und Lydia Keynes wurden mit einem Privatzug in die White Mountains von New Hampshire gebracht. Das Mount Washington Hotel in Bretton Woods war ein 1905 errichtetes Grandhotel, das an andere seiner Art erinnerte, etwa an das Majestic in Paris, in dem Keynes am Ende des letzten Krieges logiert hatte. Es verfügte über dreihundertfünfzig Zimmer samt Bädern en suite, einen Ballsaal, einen Innenpool und einen Palmengarten mit Tiffany-Fenstern, war inzwischen allerdings schon etwas schäbig und hatte seine Glanzzeiten deutlich hinter sich. Außerdem war es kaum darauf eingerichtet, den Ansturm von 730 Delegierten aus vierundvierzig verbündeten Ländern zu bewältigen. »Die Wasserhähne tropfen den ganzen Tag, die Fenster lassen sich nicht richtig öffnen und schließen, die Rohre sind geflickt oder müssen instand gesetzt werden, und niemand schafft es, irgendwohin zu kommen«, schrieb Lydia ihrer Schwiegermutter aus der riesigen Suite, die sie und ihr Mann direkt neben der von Finanzminister Henry Morgenthau bewohnten. Im Gegensatz zur Schiffsreise über den Atlantik war die Konferenz »ein Irrenhaus«, in dem »die meisten Leute über das Menschenmögliche hinaus arbeiten«[7].

Roosevelt hatte die Einladungen zu dieser Konferenz ausgesprochen,

aber nominell fungierte Morgenthau als Gastgeber. Die Hauptarchitekten, Planer und wichtigsten Deputierten waren sein Berater Harry Dexter White und Keynes; die Hauptakteure waren mit unterschiedlichen
Ideen, divergierenden Interessen und in vielen Fällen auch versteckten
eigenen Agenden angereist. Im Hotel wimmelte es nur so von Spionen. Dabei verfügten die Delegierten nicht einmal über die Vollmachten, verbindliche Vereinbarungen für ihre Regierungen zu treffen. Aber
die Organisatoren hatten doch erkannt, dass sie einen wirtschaftlichen
Wiederaufbau garantieren mussten und kein Aufschwung ohne Kooperationen stattfinden konnte. Die Gestalter teilten die Entschlossenheit, die Roosevelt in seiner Rede zur Lage der Nation zum Ausdruck
gebracht hatte: nicht die Fehler zu wiederholen, die nach dem Ersten
Weltkrieg gemacht worden waren; und sie verfolgten einen globalen,
multilateralen »Vereinte Nationen«-Ansatz. Schon in der Tatsache,
dass diese Konferenz überhaupt stattfand, spiegelte sich eine radikale
Neubewertung – und Erweiterung – staatlicher Verantwortlichkeiten.
So wie Washington, London und Paris mittlerweile die Verantwortung
für hohe Beschäftigungsraten in ihren Ländern übernommen hatten,
akzeptierte inzwischen praktisch jede westliche Regierung ein gewisses
Maß an Verantwortung für die Wahrung hoher Beschäftigungsraten
auch in den Volkswirtschaften ihrer Handelspartner.

In den spezifischen Merkmalen der neuen Ordnung spiegelte sich
aber auch Übereinstimmung bei der Frage, was beim letzten Mal schiefgelaufen war: Man war zu der Überzeugung gelangt, dass es mehr als
nur rein wirtschaftliche Auswirkungen haben würde, wenn man die
Dinge richtig anpackte. Roosevelt, Churchill und Keynes samt seinen
amerikanischen Jüngern glaubten, dass ökonomische Pathologien wie
Inflation und Arbeitslosigkeit dem Faschismus Tür und Tor geöffnet
und viele Demokratien tödlich geschwächt hatten. Ebenso fest waren
sie davon überzeugt, dass der Zusammenbruch der Weltwirtschaft vor
dem Ersten Weltkrieg – hervorgerufen durch die fieberhaften Versuche
einzelner Staaten, sich vor der Weltwirtschaftskrise zu schützen, indem
sie die Nachbarn an den Bettelstab brachten – und der parallele Absturz des Welthandels zumindest eine Teilschuld am Ersten Weltkrieg
getragen hatten. Ökonomische Rivalitäten können zum Krieg führen,
oder wie es der amerikanische Außenminister Cordell Hull formulierte:
»Ungehinderter Handel verzahnt sich mit Frieden; hohe Zölle, Han-

delsbarrieren und unfairer Wirtschaftswettbewerb verzahnen sich mit Krieg. [...] Könnten wir für einen freieren Handelsverkehr sorgen [...], so dass das eine Land nicht fatal neidisch auf das andere wäre und die Lebensstandards alle Länder ansteigen würden [...], hätten wir vielleicht eine realistische Chance auf einen dauerhaften Frieden.«[8]

Die große ökonomische Innovation der Zwanziger- und Dreißigerjahre – die von Fisher, Keynes und in geringeren Maßen auch von Schumpeter und Hayek entwickelte Gesamtwirtschaftslehre – hatte verdeutlicht, weshalb das, was für eine Nation gut ist, schnell zum Schlechten für alle Nationen werden kann. Die Abwertung der eigenen Währung, die Errichtung von Handelsbarrieren und harsche Kontrollen über die Abwanderung von Kapital können zwar vielleicht wirkungsvoll Zahlungsbilanzdefizite reduzieren, den Abfluss von Gold stoppen und die Einnahmen des Staates pushen, doch wenn jeder dieselbe Taktik anwendet, dann führt das letztendlich zu universeller Verarmung und Arbeitslosigkeit. In den Dreißigerjahren war der Welthandel um die Hälfte zurückgegangen, ein Handel hatte fast nur noch innerhalb der einzelnen Währungsblöcke stattgefunden – dem Pfund-Sterling-Block im Britischen Empire, dem sowjetischen Block und dem bilateralen Handelsblock, den sich Hitlers Reichswirtschaftsminister Hjalmar Schacht ausgedacht hatte. Mittlerweile war allgemein akzeptiert, dass die Wahrung des globalen Funktionierens einer freien Wirtschaft der sichtbaren Hand des Staates bedurfte. Gewissermaßen war das von White und Keynes erdachte neue Arrangement, wie Robert Skidelsky in seiner Keynes-Biografie schreibt, ein global angewandter Keynesianismus.

Der Zweck der Bretton-Woods-Konferenz war die Wiederbelebung des Welthandels, die Stabilisierung der Währungen und die Lösung der Frage, wie man mit den Kriegsschulden und den eingefrorenen Kreditmärkten umgehen sollte. Der Zweite Weltkrieg hatte einen Großteil der Welt dramatisch ärmer gemacht, nun mussten diese Länder in die Lage versetzt werden, sich ihren Weg zum Wohlstand zurückzuverdienen. Im weitesten Sinne bedeutete dieser Rettungsgedanke: Wiederaufbau und der Weg zurück zu einer Globalisierung, wie sie vor 1913 geherrscht hatte, jedoch nicht zugleich zurück zu der vor dem Ersten Weltkrieg herrschenden Prämisse, dass die Wirtschaftsmaschinerie automatisch funktioniere. Für den Westen bedeutete das, aus der Vergangenheit zu lernen, um die Fehler der Zwischenkriegsjahre vermeiden zu können – also genau die Lehren zu ziehen, welche Kapitalisten nach Meinung von Marxisten zu ziehen außerstande waren – und sich die verlorene moralische und materielle Glaubwürdigkeit zurückzuerobern. Wirtschaftliche Stabilität war ein Schlüssel für politische Stabilität und ein Wirtschaftswachstum die notwendige, wenn auch allein nicht ausreichende Grundbedingung für ein langfristiges Überleben des Westens. Moderne Gesellschaften konnten nicht überleben, wenn der geniale Mechanismus nicht funktionierte oder gar zusammenbrach, ebenso wenig wie Großstädte ohne Strom oder Transportmittel funktionieren konnten.

Anders als die britischen Denker, die sich in den Vierzigerjahren des 19. Jahrhunderts für den freien Handel eingesetzt hatten, glaubten weder Keynes noch Fisher (noch Schumpeter oder Hayek) an die automatische Tendenz zu Freiheit und Fortschritt, die zur Zeit der Belle Époque oft so fröhlich vorausgesetzt worden war. Die Staaten *mussten* zugunsten von Freiheit und Fortschritt eingreifen, und dazu *waren* internationale Kooperationen erforderlich. Es gab kein System, das sich spontan selbst erzeugte oder regulierte, wie man es vor 1914 angenommen hatte. Und es bedurfte der einzigen verbliebenen Supermacht des Westens und der einst so mächtigen, nun aber gedemütigten europäischen Imperien, ein solches System zu erschaffen. Die Alternative war undenkbar. White war überzeugt, dass ein neuerliches Versagen auch zu einem neuerlichen Krieg führen würde: »Das Ausbleiben einer hochgradigen wirtschaftlichen Zusammenarbeit unter den Nationen [...] wird unvermeidlich zu einem Wirtschaftskrieg führen, der nur der Vorbote und Auslöser für einen militärischen Krieg noch größeren Ausmaßes wäre.«[9]

Mit anderen Worten: White und Keynes teilten die Sorgen von George Orwell, Gunnar Myrdal, Joseph Schumpeter, Friedrich von Hayek und vielen anderen, waren jedoch weder sklavisch dem ökonomischen Determinismus hörig noch radikal misstrauisch dem Staat gegenüber. Sie weigerten sich einfach, zu glauben, dass sich die Staaten immer noch nicht davon überzeugen lassen könnten, durch die Errichtung eines gemeinsamen kooperativen Rahmenwerks sowohl Wirtschaftskrisen als auch Kriege abzuwenden. Beide waren sich sicher, dass demokratische Staaten aus vergangenen Fehlern lernen konnten und dass sie nicht nur die marxistische Idee von der historischen Notwendigkeit ablehnten, sondern inzwischen auch die traditionelle Prämisse von der Rivalität zwischen Großmächten verworfen hatten. Und mit Sicherheit teilte keiner von beiden Stalins Meinung, dass Krieg ein Bestandteil der kapitalistischen DNA sei.

Der wahre Prüfstein aber war natürlich nicht, ob der Westen in der Lage sein würde, seine Lehren aus der Geschichte zu ziehen, sondern vielmehr, ob er mit Hilfe seines genialen Mechanismus die *richtigen* Lehren ziehen würde.

Im Jahr 1944 kämpfte England um sein Überleben, um jeden Preis, selbst wenn das bedeutete, einen Großteil seines Empires verlieren, mit der Sowjetunion kooperieren und angesichts der immer forscheren Vereinigten Staaten die zweite Geige spielen zu müssen. Allen britischen Visionen von der Nachkriegswelt, mit Ausnahme der Vorstellungen einer kleinen Gruppe von Kommunisten, war eines gemein, nämlich der Gedanke, unter allen Umständen dafür sorgen zu müssen, dass die Amerikaner auch weiterhin in Europa engagiert blieben.

Am Ende des Ersten Weltkriegs waren die Vereinigten Staaten zwar bereits die größte und reichste Volkswirtschaft der Welt gewesen, aber noch keine Supermacht. Am Ende des Zweiten Weltkriegs waren sie die einzige westliche Supermacht. Aber wie dann eine amerikanische Regierung nach der anderen erfahren sollte, bedeuteten größerer Wohlstand und mehr Macht, dass mehr, keineswegs weniger Interdependenzen entstanden. Am Ende des Ersten Weltkriegs waren Woodrow Wilsons Argumente für ein nachhaltiges Engagement der Vereinigten Staaten in Europa auf taube Ohren gestoßen. 1944 wirkte das Argument, dass die Welt zum Wohle der Vereinigten Staaten sicherer gemacht werden müsse, längst nicht mehr so weit hergeholt. Pearl Harbor hatte die Illusion der Amerikaner, dass ihr Land durch zwei Ozeane vor fremdländischen Bedrohungen geschützt sei, ein für alle Mal zerstört.

Dem Historiker John Gaddis zufolge waren Roosevelts Kriegsprioritäten erstens, die Alliierten zu unterstützen, da die Vereinigten Staaten Japan und das nationalsozialistische Deutschland nicht im Alleingang besiegen konnten; zweitens, sich der Kooperation aller amerikanischen Bündnispartner bei allen Nachkriegsregelungen zu versichern, da ohne

sowjetische Beteiligung kein dauerhafter Friede möglich sein würde;
und drittens, einer neuerlichen Weltwirtschaftskrise vorzubeugen. Und
da die Vereinigten Staaten eine Demokratie waren und sich ihre Politiker der öffentlichen Meinung beugen mussten, war Roosevelt außerdem entschlossen, das amerikanische Volk davon zu überzeugen, dass
eine Rückkehr zum Isolationismus der Vorkriegszeit undenkbar war.

Im Jahr 1919 war Keynes einer von Hunderten technischen Beratern im Pariser Hotel Majestic gewesen, die sich kaum Hoffnung darauf machen konnten, dass ihr Rat Gehör finden würde, geschweige
denn, dass sie den Ausgang der Verhandlungen irgendwie mitbestim-
men könnten. 1944, im Mount Washington Hotel, war er ein »Pooh-
bah«, wie seine Frau Lydia gerne sagte: ein aufgeblasener Würdenträger. Die Alliierten hatten aus der Erfahrung gelernt. Nun wussten sie,
dass der Friede von einer Wiederbelebung der Volkswirtschaften aller
Staaten abhing. 1918 waren nur wenige dieser Meinung gewesen, darunter wie gesagt Schumpeter, Keynes und Fisher, aber zu diesen wenigen hatten weder die Führer der Siegernationen noch deren Wahlvöl-
ker gezählt.

Großbritanniens bankrotter Zustand und seine finanzielle Abhängigkeit von den Vereinigten Staaten bedeuteten, dass die Amerikaner
den Ausgang der Verhandlungen wesentlich bestimmen würden, während sie jedoch alles versuchten, um einen kooperativen Eindruck zu
erwecken. Und obgleich Finanzminister Morgenthau nominell den
Vorsitz führte, war Harry Dexter White doch der Einzige, »der die
Sache von vorn bis hinten kennt« und jederzeit »eine Abstimmung von
allem verhindern kann, über das er nicht abgestimmt haben will«[10].
White orchestrierte das Ganze, von den Pressekonferenzen bis hin zur
Anfertigung und Verteilung der Transkripte.

Keynes gab sich typischerweise keine große Mühe, zu verbergen,
dass er dem Bankenkomitee, dem er auf der Konferenz vorsaß, mit
aller Macht seine Sicht der Dinge aufoktroyieren wollte. Morgenthau
sah sich eigens genötigt, Keynes in seiner Suite aufzusuchen und ihn zu
bitten, »sich zu bremsen und lauter zu sprechen und seine Papiere in
besserer Ordnung zu halten«[11]. Skidelsky erwähnt, dass Keynes vielleicht nicht gerne andere einbezog, aber wenigstens effizient gewesen sei; er schreibt aber auch, dass sich in der Eile, mit der er seine
Agenda durchzuziehen versuchte, letztendlich seine Erschöpfung und

der immer drängendere Wunsch spiegelten, so schnell wie möglich wieder von dort wegzukommen. Keynes hielt die Abschlussrede beim Bankett. Als er den Raum betrat, fühlte sich die versammelte Schar genötigt, aufzustehen und schweigend stehend zu verharren, bis er seinen Platz auf dem Podium eingenommen hatte.

Die Sowjetunion sei auf dem aufsteigenden Ast, Großbritannien auf dem absteigenden, sagte Harry Dexter White an einem Punkt ihrer langwierigen und schwierigen Verhandlungen. Wie Skidelsky schreibt, war Keynes manchmal recht verwundert über Whites Besessenheit von der Sowjetunion und oft wütend über dessen Feindseligkeiten gegenüber Großbritannien. Was er jedoch ganz offensichtlich nie auch nur vermutet hätte, war die Tatsache, dass seine eigenen einflussreichsten amerikanischen Jünger – die nicht selten seine Gegner am Verhandlungstisch waren – Staatsgeheimnisse an die Sowjetunion weitergaben und den Sowjets halfen, ihn und andere Delegierte auszuspionieren. Unter der Schar von Ökonomen, die White nach Bretton Woods mitgenommen hatte, befanden sich mindestens ein Dutzend Mitarbeiter der Monetary Research Division des amerikanischen Finanzministeriums, die als Agenten des sowjetischen KGB dem sogenannten »Silvermaster Ring« angehörten.

Die Kriegsallianz mit der Sowjetunion und deren Heroismus und Opferbereitschaft im Kampf gegen Nazideutschland, aber auch die Rolle der europäischen Kommunisten im Widerstand erklären, weshalb die ersten Enthüllungen über diesen großen sowjetischen Spionagering so unglaubwürdig klangen und später so schockierten. Am verstörendsten dabei war, dass das Vertrauen der Sowjets in eine fünfte Kolonne aus amerikanischen Bürgern an die höchst erfolgreiche Strategie der Nazis erinnerte, ein verlässliches Netzwerk an Sympathisanten in ganz Europa aufzubauen. Das während der Kriegszeit so aufpolierte Image der Sowjetunion erklärt nicht bloß, warum Roosevelt und Truman nur so langsam begriffen, dass der Zweite Weltkrieg von einem Kalten Krieg abgelöst worden war, es erklärt auch – was heute unfassbar erscheint –, warum einige der Klügsten und Besten bereit gewesen waren, einem ausländischen Regime als Spione, als einflussreiche Agenten und Apologeten zu dienen, und dies in den meisten Fällen auch nie bedauerten. Sie taten, was sie taten, zum Wohle der »Menschheit«.

Selbst zur Zeit der schlimmsten Weltwirtschaftskrise hatte es die Kommunistische Partei der Vereinigten Staaten von Amerika (CPUSA) niemals auch nur annähernd geschafft, zu einer politischen Massenbewegung, geschweige denn zu einer von der Sowjetunion unabhängigen Bewegung zu werden. Ihre höchsten Mitgliederzahlen erreichte sie 1944 mit rund achtzigtausend. Binnen eines knappen Jahres waren die meisten bereits wieder abgewandert, und abgesehen von bestimmten Stadtteilen in der Bay Area, in Boston und New York, oder von einer Handvoll Gewerkschaften sollte sie kaum je Einfluss ausüben. Amerikaner, die für die Sowjetunion spionierten, waren häufig arm oder wirtschaftlich nicht abgesichert und meist die ersten Mitglieder ihrer Familien, die eine Universität besucht hatten. Viele von ihnen hatten unter dem beiläufigen Antisemitismus oder Snobismus in Amerika zu leiden gehabt. Der Aufstieg von Hitler und Franco, diesen so explizit antiintellektuellen und militaristischen Bedrohungen für die Zivilisation, hatte der CPUSA zu einem gewissen Prestige an den Universitäten verholfen; der Kampf gegen die Weltwirtschaftskrise verwandelte sie schließlich in eine Bewegung nach Art der Bürgerrechtsbewegungen in den Fünfziger- und Sechzigerjahren. Und nicht anders als die Physiker, die am Manhattan-Projekt mitarbeiteten und ihre Arbeit dort als unerlässlich für die amerikanischen Kriegsziele verstanden, verstanden sich auch diese Prognostiker im Finanzministerium als unerlässlich für das Kriegsziel, den Faschismus zu besiegen.

In den Dreißigerjahren war Lauchlin Currie Dozent in Harvard gewesen und hatte mit seinem besten Freund Harry Dexter White mehrere Manifeste verfasst, die für ein Stimuluspaket und den New Deal eintraten. 1939 wurde er einer von sechs Verwaltungsassistenten im Stab des Präsidenten und begann Roosevelt bald bei so entscheidenden Fragen wie der Mobilisierung der Wirtschaft für den Krieg, dem Kriegshaushalt und der Anwendung des Lend-Lease Act auf China zu beraten. Currie war es auch, der die »Flying Tigers« organisierte – eine amerikanische Fliegerstaffel aus Freiwilligen, die zur Verteidigung Chinas im Japanisch-Chinesischen Krieg herbeieilte. Die Anwendung des Lend-Lease Act auf China arrangierte er praktisch im Alleingang, außerdem war er unmittelbar an den amerikanisch-britischen und amerikanisch-sowjetischen Kreditverhandlungen und den Gesprächen beteiligt, die schließlich zur Bretton-Woods-Konferenz führten. Erdrückende Indizien aus einer Vielzahl von unabhängigen Quellen zeigen, dass weder Currie noch White die unschuldigen Opfer einer schmutzigen Anti-New-Deal-Politik gewesen waren, als die sie sich später darstellten, und ganz gewiss auch nicht die Opfer des McCarthyismus. Die Anklagepunkte gegen sie wurden von zwei unabhängigen Quellen vorgebracht, untermauert von sowjetischen Depeschen, die von amerikanischen Regierungsbehörden abgefangen und dechiffriert worden waren, lange bevor Joseph McCarthy seine sensationellen Anklagen vorbrachte. Jahrzehnte später sollten diese Klagepunkte durch Unterlagen aus dem KGB-Archiv bestätigt werden.

Currie wurde beschuldigt, das Amt für Strategische Dienste (OSS) – möglicherweise auf Anweisung des Präsidenten – unter Druck gesetzt zu haben, die abgefangenen verschlüsselten Depeschen aus der Sowjetunion zu übergeben und sämtliche Dechiffrierungsoperationen einzustellen. Die Beweise gegen Harry Dexter White waren besonders vernichtend. Laut zwei seiner Biografen, David Rees und R. Bruce Craig, hatte Whittaker Chambers, Chefredakteur des *Time*-Magazins und einstiger Agent des militärischen Nachrichtendienstes der Sowjetunion (GRU), dem stellvertretenden amerikanischen Außenminister bereits 1939 freiwillig offenbart, dass er sowjetischer Agent war, und dabei auch die Namen anderer Agenten verraten, darunter White und Currie. Belegt hatte Chambers das mit Kopien eines Dokuments aus dem US-Finanzministerium, das White ihm übergeben hatte, damit er es an den GRU weiterleitete. Diese Behauptungen wurden unabhängig voneinander von mindestens zwei anderen einstigen Agenten bestätigt. Eine sowjetische Depesche, datiert November 1944, die im Rahmen des »Venona-Projekts« (einer lange währenden Dechiffrierungskooperation amerikanischer und britischer Geheimdienste) entschlüsselt worden war und von Nathan Gregory Silvermaster, einem Ökonom im War Production Board (WPB) überbracht wurde, enthielt die sowjetische Offerte an Whites Ehefrau, bei den Studiengebühren für Whites Tochter behilflich zu sein. Zwei andere Depeschen dokumentierten, dass nicht autorisierte Gespräche zwischen White und einem KGB-General namens Vitali Pawlow stattgefunden hatten, darunter eines 1941 bei einem Lunch in einem Washingtoner Restaurant.

Auch wenn man Currie und White in Moskau als Spione geschätzt haben mag, lag ihre eigentliche Bedeutung doch eher in dem Umstand, dass sie sowjetische Agenten mit so hohem Einfluss auf die Regierung der Vereinigten Staaten waren. Beide besetzten höchst sensible Positionen mit großem Wirkungsbereich und mit weitreichenden Befugnissen, beide ergriffen und förderten Maßnahmen, die den Interessen ihres eigenen Landes gedient oder nicht gedient haben könnten, aber definitiv die Interessen der Sowjetunion befördert haben. Ironischerweise aber waren sie ebenso ahnungslos, was die wahren sowjetischen Absichten betraf, wie die naivsten amerikanischen Politiker. Im Gegensatz zu Roosevelt und Truman, deren Ansichten nach der Jalta-Konferenz im Jahr 1945 eine scharfe Wendung nahmen, reagierten diese beiden berechnenden, abgebrühten und doppelzüngigen Männer mit dem schockierten Unverständnis von Liebhabern, die den Laufpass bekommen hatten, nachdem ihnen klar geworden war, dass Stalin auch sie zum Narren gehalten hatte.

Die Generation, die sich während oder in direkter Folge der Weltwirtschaftskrise der Ökonomie zugewandt hatte, griff nach der *General Theory of Employment, Interest and Money* wie Ertrinkende nach der Rettungsleine. Keynes war ihr Held, und sie waren seine Jünger, wenngleich natürlich nur in Bezug auf seine Theorie. Denn das Etikett des »Keynesianer« implizierte nicht zugleich, dass man auch Keynes' politische Vorschläge guthieß, ganz zu schweigen von seiner eigenen Politik. Es gab politisch konservative Keynesianer und es gab, vor allem in Europa, sozialistische Keynesianer. Die meisten aber fielen unter das Spektrum, das von den Mainstream-Parteien definiert wurde. Dass einige von ihnen zu Macht und Einfluss kamen und ihre Positionen dann nutzten, um aus Loyalität gegenüber einem totalitären Regime ihre heimlichen Agenden zu verfolgen, sagt eine Menge über sie und über ihre Zeit aus, aber wenig über die keynesianischen Ideen, und noch weniger über den Menschen Keynes – außer vielleicht, dass er sich ebenso wenig wie jeder andere vorstellen konnte, dass derart smarte Männer so dämlich oder so hinterlistig sein konnten.

KAPITEL XV

Der Weg aus der Knechtschaft: Friedrich von Hayek und das deutsche Wirtschaftswunder

Es kann gar nicht oft genug gesagt werden – jedenfalls
wird es nicht annähernd oft genug gesagt –, dass der
Kollektivismus seiner Natur nach nicht demokratisch
ist, sondern, im Gegenteil, einer tyrannischen Minderheit Macht in einem Maße verleiht, von dem die spanischen Inquisitoren nicht einmal träumen konnten. [...]
Da der großen Mehrzahl der Menschen eine staatliche
Reglementierung wesentlich lieber wäre als Rezessionen und Arbeitslosigkeit, wird der Trend zum Kollektivismus zwangsläufig anhalten, solange die öffentliche
Meinung in dieser Angelegenheit etwas zu sagen hat.

George Orwell, 1944[1]

Am 31. März 1945 schrieb Isaiah Berlin in einem seiner wöchentlichen Berichte für die britische Botschaft in Washington: »*The Reader's
Digest*, faktisch die Stimme des Big Business, hat einen Auszug aus Professor Hayeks berüchtigtem Werk gedruckt«, und merkte an: »Das bevorstehende Eintreffen des Professors höchstpersönlich wird ungeduldig erwartet von den Bretton-Woods-Gegnern, die sich erhoffen, dass
er schwere Geschütze auffahren wird.«[2]

Hayeks Atlantiküberquerung im »langsamen Konvoi« während
der Frühjahrsstürme im März 1945 war um einiges unangenehmer
als Keynes' Überfahrt im Juni des Vorjahres. Doch als er den Pier in
New York betrat, wurde er vom Blitzlichtgewitter einer großen Re-
portermeute begrüßt. Dreitausend Besucher kamen zu seinem ersten
Vortrag an der New York University, und während der nächsten sechs
Wochen – vier Wochen länger, als er ursprünglich zu bleiben geplant
hatte – war sein Terminplan so vollgepackt mit Reden, Rundfunk-
sendungen und Interviews, dass er kaum noch Zeit fand für ein spät-

abendliches Treffen mit seinem alten Freund Fritz Machlup, der ihn
seit 1943 getreulich mit Lebensmittelpaketen voller Dosenfleisch, Nüs-
sen, Dörrpflaumen, Reis und Derartigem mehr versorgt hatte.

»Die Stimme des Big Business« hatte Hayek augenblicklich zu einer
Berühmtheit gemacht, eine Rezension von *The Road to Serfdom* auf
der Titelseite der *New York Times*, verfasst vom *Newsweek*-Autor
Henry Hazlitt, tat ihr Übriges. Der sensationelle Erfolg des Buches war
nicht zuletzt dem Timing seines Erscheinens zu verdanken gewesen. Infolge der jüngst beendeten Jalta-Konferenz und dem offenbar bevorstehenden Sieg der Roten Armee über die deutsche Wehrmacht hatte
die öffentliche Meinung in Amerika in diesem Frühjahr 1945 begonnen, sich auf die Nachkriegsregelungen und vor allem auf die künftigen amerikanisch-sowjetischen Beziehungen zu konzentrieren. Zu den
Neuerungen, die dem Kongress vorgelegt worden waren, zählten ein
Handelsgesetz, ein hoher Kredit an die Briten und natürlich die Ratifi-
zierung der globalen Finanzvereinbarungen, die im Juli des Vorjahres
in Bretton Woods befürwortet worden waren – allesamt Regierungs-
initiativen, die von den Republikanern strikt abgelehnt wurden. Und
auch wenn die meisten Bezüge in Hayeks Buch dem nationalsozialistischen Deutschland und nicht Stalins Sowjetunion galten, fanden seine
staatskritischen Botschaften doch großen Nachhall bei den Gegnern
des New Deal. Wie Isaiah Berlin prophezeit hatte, reagierten die amerikanischen Konservativen verzückt und hatten nichts Eiligeres zu tun,
als den Wiener Professor in die Arme zu schließen. Doch Hayek erwies
sich als ein blasses Aushängeschild für ihre Sache. In seinem nächsten
Bericht schrieb Berlin einigermaßen amüsiert, dass die Opposition des
amerikanische Bankenverbands gegen den Bretton-Woods-Vertrag zu
bröckeln beginne, »kurioserweise« dank eines Professors Hayek, der
sich »bei einem Treffen von einflussreichen Bankiers, an dem sowohl
Winthrop Aldrich und diverse Morgan-Partner als auch Mr. Herbert
Hoover und andere teilnahmen, leidenschaftlich für Bretton Woods
aussprach«.[3]

Einen Monat später freute sich Berlin diebisch, weil »sich Professor Friedrich von Hayek, in den die Wirtschafts-Tories dieses Landes
so große Hoffnungen wegen der feindseligen Ansichten des Professors zum New Deal gesetzt hatten, als ein höchst peinlicher Bündnispartner für sie erwiesen hat, da ihn seine Leidenschaft für den freien

Handel nicht weniger feindselig gegenüber Zöllen und Monopolen macht.«[4]

Ohne Wissen seiner republikanischen Sponsoren hatte sich Hayek vor dem Krieg für Franklin D. Roosevelt zu erwärmen begonnen. Er nehme an, Roosevelt wisse, was er tue, hatte er an Machlup geschrieben und dabei zugegeben, dass die Botschaft über die Konzentration der Wirtschaftsmacht, die der Präsident 1938 an den Kongress geschickt hatte, bei ihm ziemliches Umdenken hinsichtlich seiner Person ausgelöst habe.[5] Hayek war keineswegs eingeschüchtert von dem Unbehagen und der Betretenheit, die seine Position bei seinen amerikanischen Förderern auslöste. An seinem letzten Abend in Washington gab Albert Hawkes, der republikanische Senator von New Jersey, ein Dinner zu seinen Ehren. Gelangweilt und enttäuscht von der abstrakten Argumentations- und trockenen Redeweise Hayeks erhob sich ein anderer Senator und bat ihn um seine Meinung zu einem anhängigen Handelsgesetz. Hayek erwiderte eisig: »Meine Herren, wenn Sie auch nur das Geringste begriffen hätten von meiner Philosophie, dann müssten Sie wissen, dass ich vor allem für den freien Handel in aller Welt stehe. Der allgemeine Handelsplan soll den Welthandel fördern, ergo bin ich natürlich für eine solche Maßnahme.«[6]

Marquis Childs, ein Kolumnist der *Washington Post*, der ebenfalls unter den Gästen war, berichtete vergnügt, dass »die Temperatur im Raum um mindestens zehn Grad sank, da die Republikanische Partei beschlossen hatte, sich gegen eine Ausweitung des Handelsprogramms auszusprechen«. Und um noch einige Grade mehr kühlte sich die Stimmung ab, als Hayek wiederholt erklärte, dass ihm zwar so manches Detail des Bretton-Woods-Abkommens nicht gefalle, er aber dennoch dafür sei. Die Alternative zu einer solchen Vereinbarung, sagte er, sei »zu düster, um sie sich auch nur vorzustellen«.[7]

Im Juli verabschiedete der US-Kongress das Bretton-Woods-Abkommen. Das britische Parlament wartete bis Dezember – es hatte seine Zustimmung verweigert, bis Washington endlich grünes Licht für den 8,8-Milliarden-Dollar-Kredit an Großbritannien gab, für den Keynes sich so vehement eingesetzt hatte. Die Wahl zwischen Autarkie oder Globalisierung, zwischen freiem Handel oder Protektionismus war getroffen worden. Dann schockierten die Sowjets die Roosevelt-Regierung – und ihre eigenen amerikanischen Maulwürfe – mit der Weigerung, den Vertrag zu ratifizieren. Der Diplomat George Kennan, Architekt der Truman-Doktrin, erinnerte sich:

> *Nirgendwo in Washington hegte man mehr Blütenträume und setzte naivere oder hartnäckigere (man möchte fast sagen: grimmigere) Hoffnungen in die Nachkriegskooperation mit Russland als im Finanzministerium. Eingedenk des unbegreiflichen Widerwillens Moskaus, an Bank und Fonds festzuhalten, schien der Traum nun zu guter Letzt geplatzt; das Department of State übermittelte der [amerikanischen] Botschaft [in Moskau] in ausdruckslos-unschuldigem Ton den gepeinigten Schrei der Fassungslosigkeit, der über dem Dach des Weißen Hauses schwebte, herübergeweht vom Finanzministerium auf der anderen Seite. Wie ließ sich dieses Verhalten seitens der sowjetischen Regierung erklären? Was steckte dahinter?*[8]

Im Gegensatz zu Churchill schätzten Roosevelt und Truman Josef Stalin sehr ähnlich ein, wie Neville Chamberlain vor 1938 Hitler eingeschätzt hatte – nämlich als einen Staatsführer mit einem legitimen Grund zum Unmut und mit überschaubaren Zielen, der zu Deals bereit sein und sich an diese auch halten würde, sofern man angemessen mit ihm umging. Dass es Rivalitäten unter den Großmächten und kommerzielle Konflikte geben würde, hatten sie vorausgesetzt, aber sie waren davon ausgegangen, dass die Vereinigten Staaten und die Sowjetunion ein gemeinsames Ziel verfolgten, nämlich sicherzustellen, dass jede Art von Konflikt innerhalb des kooperativen Rahmens ausgetragen würde. Die Idee, dass man mit Stalin verhandeln könne, war allerdings schon verraucht, bevor Roosevelt am 12. April 1945, zwei Wochen vor Hayeks Ankunft in Amerika, an einer Hirnblutung starb. Die abrupte Weigerung des sowjetischen Diktators, dem IWF und der Weltbank beizutreten, zählte zu den Ereignissen, die schließlich zu einer radikalen Neubewertung der Lage führten, angefangen beim oben zitierten berühmten »langen Telegramm«, das George Kennan, damals die Nummer zwei an der amerikanischen Botschaft in Moskau, im Februar 1946 an den US-Außenminister schickte und in dem er eine Sowjetunion schilderte, die in der Tat an die totalitären Imperien aus George Orwells Phantasie erinnerte.

Keynes und Hayek sollten bei ihrer langwierigen Debatte über die Frage, wie viel Staat und welche Art von staatlichen Wirtschaftsinterventionen sich mit offenen Gesellschaften vertrügen, nie wirklich auf einen gemeinsamen Nenner kommen. Dennoch propagierte Keynes dessen *Weg zur Knechtschaft* und schlug dann auch ihn, Hayek – und nicht seine Jüngerin Joan Robinson – für die Mitgliedschaft in der Britischen Akademie der Wissenschaften vor. Nachdem Keynes' Herz am 21. April 1946 schließlich aufgehört hatte zu schlagen, schrieb Hayek noch am selben Tag an Lydia Keynes, dass ihr Gatte der einzig wirklich große Mann gewesen sei, den er jemals gekannt und für den er grenzenlose Bewunderung gehegt habe.

Anfang 1947 lag Keynes' hoffnungsvolle Vision von »One World« praktisch in Trümmern. Ein Land nach dem anderen, Polen, Ungarn, Rumänien, geriet unter sowjetische Kontrolle; Churchill hatte seine »Iron Curtain«-Rede gehalten; und Präsident Harry Truman hatte verkündet, dass die Vereinigten Staaten »freie Völker unterstützen« würden, die »der versuchten Unterjochung durch bewaffnete Minderheiten oder einem äußeren Druck Widerstand leisten«, und dass solche Unterstützung »primär aus Wirtschafts- und Finanzhilfen« bestehen würde, die »unentbehrlich sind für wirtschaftliche Stabilität und einen geordneten politischen Prozess«.[9]

Hayek hatte es nach Kriegsende vermieden, nach Wien zurückzukehren. Seine engsten Freunde waren entweder tot oder im Exil. Nach der Jalta-Konferenz hatte Stalin den Sturm der Roten Armee auf Berlin verschoben, um sich erst zu holen, was er für ein wertvolles Druckmittel bei den Verhandlungen hielt. Nach schwerem Flächenbombardement und heftigen Straßenkämpfen fiel Wien an die Russen. Einige der schönsten Gebäude der Stadt waren in Schutt und Asche gelegt worden; die Wasser-, Strom- und Gasversorgung war zerstört; die von den eigenen Polizeikräften und städtischen Behörden im Stich gelassenen Bewohner waren vandalisierenden Horden ausgeliefert. Die sowjetischen Sturmtruppen hatten sich gegenüber der Zivilbevölkerung noch einigermaßen zurückgehalten, aber als dann die zweite Welle sowjetischer Soldaten über die Stadt hereinbrach, begann ein sechswöchiger Wahnsinn aus Vergewaltigungen, Plünderungen und roher Gewalt.

Während des Krieges hatte Hayek davon geträumt, seinen alten
Geist-Kreis in der Heimat wiederzubeleben, um zu demonstrieren, dass
die Ideale der abendländischen Aufklärung noch immer lebendig waren: »Der alte Liberale, der aus reiner Tradition an einem alten Credo
festhält [...], ist für unsere Zwecke nicht von großem Nutzen. Was
wir brauchen, sind Menschen, die den Argumenten der anderen Seiten
ausgesetzt waren, die mit diesen gerungen und sich selbst zu einer Position durchgerungen haben, aus der heraus sie sowohl den Einwän-
den gegen [die Liberalität] kritisch begegnen als auch ihre eigene Sicht
rechtfertigen können.«[10] Während seines zweiten Besuchs in den Vereinigten Staaten bot der konservative William-Volker-Fund Hayek an,
eine Konferenz zu sponsern, die zur Bildung einer Gemeinschaft aus
gleichgesinnten Liberalen beitragen sollte. Zum ersten Treffen dieser
sogenannten Mont-Pèlerin-Gesellschaft lud Hayek vom 1. bis zum
10. April 1947 in die Nähe von Vevey ein, mit Blick über den Genfer
See. Die Mehrzahl der Teilnehmer waren Europäer, die in die Vereinigten Staaten oder nach England emigriert waren, darunter Karl Pop-
per, Ludwig von Mises und Fritz Machlup. Zu dem Kontingent der
University of Chicago zählten Milton Friedman und Aaron Director.
Auch Henry Hazlitt von *Newsweek* und John Davenport von *Fortune*
waren da. Diese versammelten Individualisten brachten es dann zwar
nicht fertig, sich unisono für die Institution des Privateigentums auszusprechen, stimmten aber ausnahmslos für das Prinzip der individuellen
Freiheit und kamen auch problemlos überein, dass ihre Gesellschaft
weder Bücher noch Fachzeitschriften herausgeben, noch sich an politischen Aktivitäten beteiligen oder Erklärungen abgeben sollte. Aber sie
verwarfen Hayeks Vorschlag, ihrer Gruppe den Namen »Acton-Toc-
queville« zu geben, weil Frank Knight von der Chicagoer Universität
sich dagegen verwahrt hatte, sie nach »zwei römisch-katholischen Aristokraten« zu benennen.[11] Ludwig von Mises machte während einer
Debatte über das Thema »Taxation, Poverty and Income Distribution«
eine Szene und beschuldigte andere Teilnehmer der sozialistischen Sympathien, während der deutsche Ökonom Walter Eucken seine erste
Orange seit Ausbruch des Krieges aß. Als die zehntägigen endlosen
Diskussionen schließlich ohne eine Grundsatzerklärung zu enden drohten, gelang es Lionel Robbins, diesem Veteran zahlloser Komitees, eine
Erklärung zu formulieren, die sich schließlich alle, mit Ausnahme des

Franzosen Maurice Allais, zu unterzeichnen imstande sahen. Die einleitenden Worte lauteten, dass »die Redefreiheit und das Recht auf freie Meinungsäußerung durch die Verbreitung von Überzeugungen bedroht werden, welche, wenn sie selbst in der Position einer Minderheit sind, für sich das Recht auf Toleranz in Anspruch nehmen, aber nur versuchen, sich selbst in einer Machtposition zu etablieren, aus der heraus sie dann alle Meinungen außer der eigenen unterdrücken und ausradieren können«.[12] Dann wurde die Notwendigkeit eines freien Unternehmertums und des Widerstands gegen den historischen Fatalismus betont und erklärt, dass es die Schuldigkeit von Völkern wie Individuen sei, sich einem Moralkodex zu verpflichten und vor allem die absolute geistige Freiheit zu fördern.

Sobald sich die Konferenz aufgelöst hatte, machte sich Hayek auf den Weg nach Wien. Der Zustand der Stadt und ihrer Bewohner war sehr viel schlimmer, als er es sich ausgemalt hatte. Nach zwei Jahren der Aufteilung in vier alliierte Sektoren war Wien genauso verwahrlost, demoralisiert und düster, wie es das Kinopublikum 1949 in dem Film noir *Der dritte Mann* vorgeführt bekommen sollte (nach einem Drehbuch, an dem Graham Greene mitgewirkt hatte und das dem Hauptdarsteller Orson Welles die unsterblichen Worte in den Mund legte: »In den dreißig Jahren unter den Borgias hat es nur Krieg gegeben, Terror, Mord und Blut, aber dafür gab es Michelangelo, Leonardo da Vinci und die Renaissance. In der Schweiz herrschte brüderliche Liebe, fünfhundert Jahre Demokratie und Frieden. Und was haben wir davon? Die Kuckucksuhr!«[13]).

Die fünf nordöstlichen Stadtbezirke Wiens bildeten den Sektor der von den Wienern so gefürchteten wie gehassten Sowjets. Hayek protestierte, weil die Alliierten Österreich so viel schlechter behandelten als Italien oder irgendeines der anderen Länder, die sich ohne Not mit Deutschland gemeingemacht hatten. Die Besatzungsbehörden verfuhren dort nach den mehr oder weniger gleichen Richtlinien wie in Deutschland, was bedeutete, dass praktisch sämtliche Wirtschaftsaktivitäten – ausgenommen Harry Limes Schwarzmarkt – lahmgelegt worden waren und man die Österreicher, wie Hayek klagte, daran hinderte, sich selbst aus einer verzweifelten Wirtschaftslage zu befreien.[14]

Durch einen dieser Zufälle, die sich in ungewöhnlichen Zeiten zu häufen scheinen, traf Hayek auch diesmal wieder in einem Zug, in die-

sem Fall auf der Strecke Wien–München, seinen Cousin Ludwig Wittgenstein, der griesgrämiger und zorniger denn je auf ihn wirkte. Er
hatte die meiste Zeit im sowjetischen Sektor gewohnt, wo die Rote Armee das Haus, das er für eine seiner Schwestern entworfen und gebaut
hatte, als Stall und Garage nutzte. Wittgenstein hatte die Bolschewiki
einst sehr bewundert und in den Dreißigerjahren sogar ernsthaft über-
legt, nach Russland auszuwandern.[15] Jetzt verhielt sich der Philosoph,
fand Hayek, als sei er zum ersten Mal einem Russen aus Fleisch und
Blut begegnet, und als habe ihm erst diese Begegnung seine ganzen Illusionen geraubt.

An seinen Aufenthalt in Wien schloss Hayek auf Einladung des British Council eine Tour durch ein halbes Dutzend deutscher Städte an.
In einem Brief an Machlup schrieb er, dass Köln in Grund und Boden
gebombt und auch der Dom schwer getroffen worden sei, es schien
ihm gar keine Stadt mehr zu geben, nur noch große Schutthaufen. Einmal sei er durch einen Schuttberg hindurch in ein großes Loch abge-
stiegen, um eine Rede zu halten. In Darmstadt habe er das bewegendste
Erlebnis in seiner Zeit als Universitätslehrer gehabt.

Ich hatte keine Ahnung, ob die Deutschen damals überhaupt etwas von
mir wussten, hielt aber eine Vorlesung in einem gewaltigen Hörsaal vor
derart dicht gedrängtem Publikum, dass die Studenten gar keinen Ein-
lass mehr fanden. Und dort entdeckte ich, dass die Leute handgetippte
Kopien von The Road to Serfdom *in deutscher Sprache herumreichten,*
obwohl es auf Deutsch noch gar nicht erschienen war.[16]

Typisch für Hayek war, dass er sich nach seiner Rückkehr nach London augenblicklich auf die Suche nach Büchern machte, die seit 1938
publiziert, den Gelehrten von der deutschen und österreichischen Zensur aber vorenthalten worden waren. Bis Jahresende hatte das von ihm
ins Leben gerufene Komitee rund 2500 Bände zusammengetragen, die
schließlich unter großen Schwierigkeiten nach Wien verfrachtet wurden.

Im Jahr 1947 war die Frage, wie man mit Deutschland verfahren
sollte, noch immer ungeklärt. Keynes, Henry Dexter White und ihrer
beider Regierungen hatten sich in eine heftige Debatte verstrickt, die

nur Wochen nach dem D-Day drei Jahre zuvor ausgebrochen war. White verfocht aufs Aggressivste die Deindustrialisierung Deutschlands, wohingegen Keynes sich für eine ökonomische Integration und den Wiederaufbau des Landes aussprach. Vom Morgenthauplan hatte Keynes erstmals im Juli 1944 aus den Zeitungen erfahren, ein paar Wochen nachdem dieser Streit ausgebrochen war. Der Versailler Vertrag, den er in den Zwanzigerjahren wiederholt als einen »karthagischen Frieden« bezeichnet und wie gesagt für den nächsten Weltkrieg verantwortlich gemacht hatte, war eine Strafaktion gewesen und hatte den Versuch der Sieger dargestellt, Deutschland für den Krieg zahlen zu lassen. Der Morgenthauplan wurde entworfen, um Deutschland, eine moderne Volkswirtschaft, wieder in ihren vorindustriellen Zustand des 18. Jahrhunderts zurückzuversetzen. In einem Schreiben an den britischen Schatzkanzler John Anderson stellte Keynes fest, dass zwei Dinge für diesen Plan sprächen: erstens, dass er in einem Moment erbittertster Kämpfe und grauenhafter Verluste vorgeschlagen wurde, als extreme – sogar völkermörderische – Maßnahmen zu etwas Akzeptablem geworden waren; zweitens, dass er eben nur ein Plan sei und das US State Department und das britische War Department keineswegs eine geschlossene Einheit darstellten.

Diese Meinung sprach Keynes allerdings nicht offen aus, weil er es sich, wie er schnell erkannt hatte, nicht leisten konnte, Morgenthau oder White zu verärgern. Also beruhigte er sein Gewissen mit der Prophezeiung, dass der Morgenthauplan ohnedies nie durch den Kongress kommen würde. In dem Punkt hatte er recht. Zu dem Zeitpunkt, da General Eisenhower 1945 die Kontrolle über Süddeutschland übernahm, war der Morgenthauplan bereits ad acta gelegt worden. Doch dass nun ein Vakuum entstanden war, in Ermangelung irgendeiner positiven Vision, und dass es überhaupt keinen Gegenvorschlag mehr gab, sowie Keynes' Entschlossenheit, seine Meinung keinesfalls laut auszusprechen, hatte Konsequenzen: Drei volle Jahre lang sollten nun »Morgenthau-Prinzipien und Morgenthau-Männer« über Deutschland bestimmen. Bereits im Juni 1945 hatte Austin Robinson von einer Fact-Finding-Mission, die er für das Schatzamt unternommen hatte, an Keynes berichtet, dass er sich »mehr Sorgen wegen des Wirtschaftssystems, das völlig zum Stillstand gekommen ist, als wegen der physischen Zerstörung« mache; er habe »weder Papier [...] noch Telefone« vorgefunden, »mit denen sich Ferngespräche führen ließen, und kaum einen echten Informationsaustausch« erlebt. Stattdessen habe er ein Deutschland vorgefunden, dessen »Städte in Schutt und Asche liegen, dessen Fabriken dem Erdboden gleichgemacht wurden, dessen Häuser verbrannt oder ausgebombt sind und das wie ausgestorben ist. Auf dem Land ist Deutschland noch lebendig, die Arbeit auf den Feldern geht normal voran […], es fehlt nur an Anreizen, an Städte zu verkaufen, die als Gegenleistung für Nahrungsmittel so wenig anzubieten haben«[17].

Die Weigerung, eine Wiederaufnahme wirtschaftlicher Aktivitäten in Deutschland zuzulassen, hatte zwei von den amerikanischen Behörden nicht vorausgesehene Folgen: Erstens verhinderte der Zusammenbruch der deutschen Wirtschaft auch die Genesung des übrigen Europa; zweitens schossen die Kosten der Besatzung für die amerikanischen und britischen Steuerzahler immer mehr in die Höhe. Konservativen Schätzungen zufolge hatten sich die Auszeichnungen auf den Preisschildern um den Faktor drei multipliziert. Robinson warnte Keynes: Falls die Russen »oder möglicherweise gar die Franzosen« zu hohe Reparationen fordern würden, müssten die Briten »für Importe sorgen und diese bezahlen, damit wir unsere Zone ausreichend ernähren und erhalten und eine Hungersnot und Katastrophe vermeiden können«.[18] Nachdem Keynes dieses Phänomen bereits nach dem Ersten Weltkrieg beobachtet hatte, reagierte er diesmal sofort: »Um Himmels willen, sieh zu, dass wir die Reparationen *diesmal* nicht zahlen müssen!«[19]

Schließlich adaptierten und verabschiedeten die Vereinigten Staaten das »European Recovery Program«, kurz Marshallplan genannt. Angesichts eines Europa, das am Verhungern und in Gefahr war, zum kommunistischen Lager überzuwechseln, war er sozusagen der natürliche Erbe von Bretton Woods: eine Selbstverpflichtung der Vereinigten Staaten und Großbritanniens, Institutionen aufzubauen, die zum Wachstum und zur Stabilität unter den Volkswirtschaften der freien Welt beitragen konnten. In diesem Wechsel von einer nationalistischen zu einer globalen Perspektive in der Wirtschaftspolitik spiegelte sich auch das Umdenken, das unter den diplomatischen und militärischen Nachkriegsstrategen in puncto Sicherheit eingesetzt hatte. Erst der Gedanke, dass es der wirtschaftliche Zusammenbruch war, der die totalitären Regime hervorgebracht hatte, ließ die Entschlossenheit der Vereinigten Staaten reifen, eine wirtschaftliche Gesundung Europas zu fördern; und seit 1947 klar geworden war, dass Europa nicht aus eigenem Antrieb genesen würde, erschien das noch dringlicher. Die wirtschaftliche Wiederbelebung lag im Interesse des amerikanischen Business und war die notwendige Voraussetzung für eine Selbstverteidigungsmöglichkeit Westeuropas. Trumans rationale Erklärung verhalf dazu, die Unternehmensführer von massiven Staatsausgaben für Hilfsleistungen und eine Friedensarmee zu überzeugen.

Obwohl Deutschland letztlich relativ wenig Hilfe im Rahmen des Marshallplans erhielt, erholte sich das Land dann derart erstaunlich, dass bald nur noch von einem deutschen Wirtschaftswunder die Rede war. In den ersten drei Jahren nach der Währungsreform von 1948 stieg die Pro-Kopf-Produktivität durchschnittlich um 15 Prozent jährlich. 1950 betrug sie in der Bundesrepublik 94 Prozent ihres Vorkriegsniveaus, und das trotz der Verwüstungen durch den Krieg, während in Ostdeutschland ganze Industrieanlangen von den Sowjets abgebaut und abtransportiert wurden.

Was war geschehen? Ludwig Erhard, der Wirtschaftsminister der jungen Bundesrepublik, schrieb das Wirtschaftswunder der Einführung einer neuen Währung und der Aufhebung der Preiskontrollen im Jahr 1948 zu. »Es gab eine Zeit«, erinnerte er sich, »in der man ›national‹ zu handeln glaubte, wenn man sich nationalistisch abriegelte [...]. Hinter falschen Valutakursen und Devisenzwangswirtschaft betrieb man Machtpolitik und Blockbildung [...]. Man kann entweder [vom Außenhandel] zehren, indem man Autarkie, Devisenzwangswirtschaft und Abgeschlossenheit fördert [...]. Oder es kann die Wirtschaftspolitik den Außenhandel aufbauen [...], indem sie [...] zum Wohlstand aller beiträgt. Wir haben seit dem Kriege diesen Weg gewählt...« Erst die Liberalisierung, »die Geburt der Matktwirtschaft«, habe »unternehmerische Impulse geschaffen; »sie weckte den Leistungswillen des Arbeiters, das Absatzinteresse des Händlers und den Produktionsanreiz der Wirtschaft schlechthin; erst so entstanden die Voraussetzungen echten Außenhandels. Zuvor war ja der Stillstand prämiert; der Außenhandel bewegte sich im müden Zwangsrahmen alliierter Befehlswirtschaft. Bei aller Unterversorgung und allem Schreien nach Waren fehlten die wirtschaftlichen Impulse.«[20]

Für Hayek war die Auferstehung Westdeutschlands aus der Asche nicht nur eine Bestätigung seines Glaubens an den freien Markt, den freien Handel und eine gesunde Währung, sondern auch ein hoffnungs- volles Omen, dass die liberale europäische Kultur, die er so liebte, am Ende doch nicht vom Aussterben bedroht war.

Im Jahr 1949 kündigte er bei der London School of Economics, ließ sich scheiden und heiratete seine langjährige Geliebte. Dann gab er sei- ner bibliophilen Leidenschaft nach und schrieb einen charmanten Be- richt über John Stuart Mills Partnerschaft mit Harriet Taylor, bevor er seinen Honeymoon auf den Spuren von Mills berühmter Pilgerschaft von London nach Rom verbrachte. 1950 nahm er eine Professur an der University of Chicago an.

Doch Hayek war nur eine kurze Zeit als Liebling der amerikani- schen Konservativen beschieden. Er verachtete die meisten republika- nischen Politiker, er hasste Autos, er konnte praktisch nichts am ameri- kanischen Lebensstil leiden. Es empörte ihn, dass es in den Vereinigten Staaten weder eine allgemeine Krankenversicherung noch eine staat- liche Rente gab. Und er hatte Heimweh nach Europa. Da er nun an der LSE aber nicht mehr willkommen war, nahm er 1962 schließlich einen Ruf an die Universität Freiburg an, zu der er nach einer Episode als Gastprofessor an der Universität Salzburg 1977 endgültig zurück- kehrte.

1974 holte die Schwedische Akademie der Wissenschaften Hayek aus der internationalen Vergessenheit und verlieh ihm, ironischer- weise gemeinsam mit dem schwedischen Sozialisten Gunnar Myrdal, den Nobelpreis für Wirtschaftswissenschaften »für ihre bahnbrechen- den Arbeiten auf dem Gebiet der Geld- und Konjunkturtheorie und ihre tiefgründigen Analysen der wechselseitigen Abhängigkeit von wirtschaftlichen, sozialen und institutionellen Verhältnissen«. Wenige Jahre später wurde seine Schrift *The Constitution of Liberty (Verfas- sung der Freiheit)* zur Bibel von Margaret Thatcher und ihrem konser- vativen Wiederbelebungsprogramm. Der Zusammenbruch der Sowjet- union und die Verbreitung der freien Marktwirtschaft in Osteuropa und Asien am Beginn der Neunzigerjahre machten Hayek schließlich zum Helden von Konservativen in aller Welt.

KAPITEL XVI

Kontrollinstrumente:
Mr. Samuelson geht nach Washington

Es schert mich nicht, wer die Gesetze eines Volkes
schreibt oder seine Vorverträge aufsetzt, solange ich
seine ökonomischen Lehrbücher schreiben kann.

Paul A. Samuelson[1]

Paul Anthony Samuelson, der anonyme Kopf hinter dem Regierungs-
bericht, auf den sich Präsident Roosevelt in seiner »radikalen« Rede
zur Lage der Nation bezog, hatte sich während der ersten Monate des
Zweiten Weltkriegs die Zeit damit vertrieben, gelangweilte Studenten der Ingenieurswissenschaften mit Volkswirtschaft zwangszuernäh-
ren und am Radiation Lab des Massachusetts Institute of Technology
(MIT) endlose Berechnungen für die Armee anzustellen.[2] Bereits 1940
hatte Roosevelts Wirtschaftsberater Lauchlin Currie versucht, dem
Präsidenten klarzumachen, dass die Vereinigten Staaten gar nicht früh
genug mit der Planung für die Nachkriegszeit beginnen könnten. Und
da ihm der Präsident zustimmte, begann Currie sofort einen Trupp
frisch gebackener Ökonomen als Berater für den National Resources
Planning Board (NRPB) anzuheuern, der ersten und noch einzigen Planungsbehörde des Landes, die von Frederic A. Delano, einem Onkel
des Präsidenten, geführt wurde. Samuelson, ein siebenundzwanzigjäh-
riges, frisch promoviertes Harvard-Wunderkind und gerade Assistenz-
professor am MIT, sollte bald zum nominellen Kopf dieser Gruppe
aus rund zwanzig Ökonomen und jeder Menge Doktoranden von der
Johns Hopkins University werden, welche mit der Aufgabe betraut
wurden, mögliche Trajektorien für die Nachkriegswirtschaft zu berechnen und Lösungen für potenzielle Probleme vorzuschlagen.[3] Um
seinen Vorgesetzten vor Augen zu führen, dass die neue keynesianische Volkswirtschaftslehre nicht subversiver war als die Grundlagen
der Buchführung, pflegte er bei Briefings im Weißen Haus demons-

trativ mit dem typischen grünen Augenschirm des Buchhalters aufzu-
kreuzen.

Am Morgen nach dem Labor Day 1944 traf Samuelson, ein Fuß-
soldat aus Roosevelts riesiger Kriegsarmee von Beratern aus Universitäten, in Washington, D.C., ein. Der klein gewachsene, drahtige junge
Mann mit dem Crew-Cut war mit dem Nachtzug aus Boston angereist
und machte sich, geschniegelt in Anzug und Fliege, sofort daran, seine
»vor sich hin brütenden Altersgenossen« aufzusuchen, die plötzlich
überall in der Hauptstadt aufgetaucht waren, verwickelte die einstigen
Kollegen und Studenten in Gespräche und quetschte neueste Nachrichten und Klatsch aus ihnen heraus.

Samuelson konnte »Kürzungen in der Kriegsproduktion förmlich
riechen«.[4] Jedes Büro, das er aufsuchte, war mit Rechenmaschinen, un-
ordentlichen Stapeln von grünem Papier und Stößen von Haushalts-
berichten vollgestopft. Angesichts des nun schon sicheren Kriegsendes
hatte Washington begonnen, die Aufmerksamkeit von den Fragen der
Kriegsproduktion auf die Probleme der Umstellung auf eine Friedenswirtschaft zu verlagern. Hunderte Beamte waren damit beschäftigt, zu
berechnen, wie viele militärische Produktionsaufträge zurückgefahren
werden konnten, wie viele GIs man demobilisieren konnte und wie
lange es dauern würde, bis sich die Fließbänder von der Panzer- auf
die Autoproduktion umstellen ließen. Die erste Runde dieser Umstrukturierung war für den kommenden Herbst geplant, vielleicht nicht zufällig in der heißen Phase des Präsidentschaftswahlkampfs, bei dem
Roosevelt gegen den republikanischen New Yorker Gouverneur Thomas E. Dewey antreten musste. Doch dann kam der Herbst und mit
ihm die deutsche Ardennen-Offensive. Der Durchmarsch der alliierten
Truppen durch Europa war zum Stillstand gekommen, und die Rück-
wandlung der Wirtschaft wurde auf Anfang 1945 verschoben.[5]

Trotz der drückenden, schwülen Hitze stellte Samuelson eine unerwartet heitere Stimmung unter den Washingtoner »Experten« und im
Kongress fest. Am Tag zuvor war die *New York Times* mit der Schlag-
zeile herausgekommen: »Boom After War Almost Certain.«[6] Er war
entsetzt. Die potenziellen Probleme waren niederschmetternd: 11 Millionen Männer und Frauen in Uniform, dazu 16 Millionen Arbeiter –
fast ein Drittel der gesamten Arbeitskraft –, die Kriegsdienst in den
Rüstungsfabriken leisteten; 1943 hatte die Bundesregierung mehr als

sechzig Milliarden Dollar ausgegeben, fast die Hälfte des jährlichen Sozialprodukts und beinahe siebenmal so viel wie 1940. Je intensiver Samuelson seinen Blick auf die Nachkriegszeit richtete, umso besorgter wurde er.

Seine Stimmung deckte sich mit der Gemütslage anderer Keynesianer, die sich zwar sicher waren, dass die amerikanische Wirtschaft in der Lage sei, die Produktion, Leistungskraft und das Pro-Kopf-Einkommen mit jedem Jahr zu steigern, aber mit weit weniger Gewissheit darauf zählten, dass die Unternehmen und Haushalte all die Profite und Löhne, die durch diese Aktivität generiert wurden, lieber ausgeben als ansparen würden. Samuelson wurde sich immer bewusster, dass die Stagnationstendenz der Wirtschaft nicht notwendigerweise eine kurzlebige Erkrankung war, ausgelöst durch Fehler in der Geldmarktpolitik oder durch äußere Schockeinwirkungen, sondern eine chronische Krankheit. Der Wirtschaftshistoriker David M. Kennedy bemerkte einmal, dass sich im Tenor und den Schlussfolgerungen von Samuelsons Bericht für den NRPB zwei Quellen spiegelten: einerseits das Urteil, das Keynes 1940 in seiner Schrift *How to Pay for the War* über die dürftigen Aussichten für die britische Nachkriegswirtschaft gefällt hatte, sofern es keine beträchtliche und vor allem permanente Infusion von Staatsausgaben geben würde; zum anderen die Meinung der keynesianischen Berater der amerikanischen Regierung, insbesondere die von Currie, White und Alvin Hansen, einem Harvard-Professor und Consultant des NRPB an der Federal Reserve. Hansen war es gewesen, der die Doktoranden und Dozenten der konservativen Harvard-Fakultät (das »Lumpenproletariat«, wie Samuelson gerne sagte[7]) unter dem keynesianischen Banner versammelt hatte; und Keynes' amerikanische Jünger waren noch pessimistischer als ihr Meister, so das überhaupt möglich war. Bereits 1938, in dem Jahr, in dem Hansen aus dem Mittleren Westen nach Harvard gegangen war, hatte er ein Buch mit dem Titel *Full Recovery or Stagnation* veröffentlicht, in dem er eine ausgesprochen trostlose Nachkriegszukunft prophezeite.

Samuelson, der ebenso schnell und lebhaft schrieb, wie er redete, startete nun eine kometenhafte zweite Karriere als Journalist. In einer provokanten zweiteiligen Artikelreihe über die bevorstehende Wirtschaftskrise für das Politikmagazin *The New Republic* legte er im energischen, aber keineswegs fatalistischen Ton dar, dass das Problem zwar ernst war, sich aber durchaus lösen ließ[8], und drängte zu Maßnahmen, die er bereits 1942 in seinem NRPB-Bericht vorgeschlagen hatte: Man müsse die Demobilisierung verzögern und hohe Staatsausgaben beibehalten. Die Artikel strahlten Zuversicht aus, wie der New Dealer Chester Bowles einmal bemerkte. »Wir haben unsere letzte große Wirtschaftskrise gesehen, aus dem einfachen Grund, weil die Öffentlichkeit klug genug [ist], um zu wissen, dass sie keine zu dulden braucht.«[9]

Samuelson stammte aus einer Familie, die mit dem jüdischen Exodus aus Russland nach Amerika gezogen war und den Boom, der durch den Ersten Weltkrieg angeheizt worden war, sowie die anschließenden »Wilden Zwanziger« im Mittleren Westen erlebte. Geboren wurde er 1915 in Gary, Indiana – ein Umstand, dem er, wie er später erzählte, seine lebenslange Begeisterung für Ökonomie und Börsenspekulationen zu verdanken hatte. Damals war Gary noch nicht der Speckgürtel von Chicago gewesen, sondern die brandneue Werkssiedlung gewaltiger Stahlwerke, die immer weiter in die Prärie hinauswuchs, wo man dann geschützter von Ruß und Rauch Geld scheffeln konnte. Während des Ersten Weltkriegs hatten die Schlote Tag und Nacht gequalmt, und die Stahlkocher, meist Einwanderer, hatten die Möglichkeit gehabt, sieben Tage die Woche zwölf Stunden täglich zu arbeiten. Wenn Fabrikarbeiter krank wurden, gingen sie zum Drogisten und nicht zum Arzt, damit ihnen der Tageslohn nicht verloren ging. Paul Samuelsons Vater Frank war in der glücklichen Lage, nicht nur einer der wenigen Apotheker der Stadt zu sein, sondern als jüdischer Einwanderer der ersten Generation mit seinen Kunden auch Russisch und Polnisch reden zu können.

Mit seinen relativ knappen Mitteln hatte er sich auf Grundstückspekulationen verlegt, wie es jeder im Mittleren Westen tat, der etwas gespartes oder geborgtes Geld besaß. Der durch den Krieg ausgelöste Boom hatte auch auf die Landwirtschaft übergegriffen und die Getreidepreise in die Höhe schießen lassen. Die Farmer, die es noch nie zuvor so gut gehabt hatten, liehen sich Geld, um in zusätzliches Ackerland oder neue Landwirtschaftsmaschinen zu investieren. Also florierten ihre Geschäfte jahrelang so gut wie die von Frank Samuelson, der in Grundstücke in der Innenstadt von Gary investiert hatte. Und wie Gopher Prairie, die fiktive Stadt aus Sinclair Lewis' *Main Street*, wurde

auch Gary von Ehrgeizlingen wie Frank Samuelson und deren unzu-
friedenen Ehefrauen bewohnt, die die Stadt ihrer Hässlichkeit wegen
hassten und ihren Ehemännern grollten, weil sie sie eine ganze Tages-
reise von Chicago entfernt im Nirgendwo ausgesetzt hatten. Ella Lip-
ton Samuelson, eine ziemlich eitle und »versnobte« Dame, pflegte ihren Ehemann wechselweise zu Höherem anzustacheln oder mit Hohn
und Spott zu überschütten. Sie unterlag großen Stimmungsschwankun-
gen und wünschte sich nichts so sehr, wie eine berühmte Modistin zu
werden und Töchter zu bekommen. Stattdessen brachte sie drei Söhne
zur Welt. Und so gab sie einen nach dem anderen, kaum dass sie laufen
konnten, zu Pflegeeltern aus dem Haus.

Der blonde, blauäugige Paul wurde mit siebzehn Monaten in die
Obhut von Farmern nach Wheeler in Indiana gegeben. Auf dem Hof an
einer Wegkreuzung inmitten von endlosen Weizenfeldern gab es weder
Strom noch fließend Wasser, weder ein Telefon noch ein Automobil.
Später erzählte Samuelson: »Ich habe in frühester Kindheit mit eige-
nen Augen gesehen, wie die Pferdewirtschaft verschwand und fließend
Wasser oder elektrisches Licht ins Haus Einzug hielten. Nach dieser
Erfahrung konnten einem die Radiowellen oder Fernsehbilder, die uns
durch den Äther erreichten, nicht mehr imponieren.«[10] Er sollte seine
Mutter erst wiedersehen, als er alt genug war, um in den Kindergarten
zu gehen.

Mütterliche Vernachlässigung kann einen Menschen kalt und bin-
dungsunfähig machen, aber auch die Sehnsucht nach Verbindlichkeit
und den Wunsch wecken, anderen zu gefallen. In Samuelsons Fall war
die Folge ein bisschen von beidem. Seine Pflegemutter wurde zur ersten von vielen weiblichen Wesen in seinem Leben, die ihn anhimmelten,
von seinen Ehefrauen und Sekretärinnen über seine Töchter bis hin zu
seinen Hündinnen. Im Gegensatz zu seiner leiblichen Mutter war die
Pflegemutter drall, warmherzig, liebevoll und eine gute Köchin.

Als der fünfjährige Paul nach Hause zurückkehrte, war der Waffenstillstand unterzeichnet, und die neue Federal Reserve hatte bereits
den Kredithahn zugedreht, um der Kriegsinflation Einhalt zu gebieten.
In England und Frankreich, den größten Märkten für amerikanischen
Weizen, hatten die Zentralbanken dasselbe getan. Binnen weniger Monate fielen die Getreidepreise um die Hälfte, die Stahlwerke standen
still, und Banken machten in Scharen pleite. »Nun ja, der Konkurs von

Banken war kein außergewöhnliches oder ungewohntes Phänomen in meinem Teil von Indiana«, erinnerte sich Samuelson. »Die Farmen, die auf dem Höhepunkt des Kriegswohlstands mit Hypotheken belastet und voll ausgestattet worden waren, wurden vom Kurssturz der Getreidepreise hart getroffen. Also machten die Provinzbanken pleite.« Und während zwangsläufig auch die Grundstückspreise ins Bodenlose fielen, schwand die finanzielle Sicherheit der Samuelsons dahin.

Der Mitte 1921 einsetzende Aufschwung trug wenig zur Wiederbelebung der ramponierten Landwirtschaft oder zur Verbesserung der familiären Finanzen bei. Vier Jahre lang beobachtete Vater Frank, wie sein einst so erfolgreiches Apothekergeschäft allmählich verkümmerte. Im Sommer 1925 übergab er die Schlüssel seines Drugstore schließlich einem neuen Besitzer. Er hatte der wundervollen Vision von warmen Wintern und tropischer Üppigkeit – Orangen vor der Haustür! – nachgegeben. Des permanenten Gekeifes seiner Frau müde, stieg er mit Ella ins Auto, um Richtung Süden bis Miami zu fahren und sich den Zehntausenden anderen Familien anzuschließen, die dem großen Landrausch in Florida erlegen waren. Ein Grundstückserwerb sah dort nach einer sicheren Sache aus: Nachdem die Preise um 10 Prozent zurückgegangen waren, würde ihre Verdoppelung einen Profit von 1000 Prozent gegenüber der ursprünglichen Investition bedeuten. Wen interessierte es da, dass dieses »Dream Development« inmitten von dichten Pinienwäldern und Sümpfen stattfand.

Als die Eltern nach Florida verschwanden, kehrten der mittlerweile zehnjährige Paul und sein fast dreizehnjähriger Bruder Harold wieder auf die Farm nach Wheeler zurück, wo sie auch zwischenzeitlich immer ihre Sommerferien verbracht hatten. Um den Labor Day herum wurden sie von den Eltern schließlich aufgefordert nachzukommen und bestiegen einen Pullman von Chicago nach Miami. Samuelson erzählte, dass er nach der Ankunft weder für die Mutter noch den Vater einen Blick übrig hatte, sondern nur Männer in Knickerbockers sah – welche zehn Zentimeter unter dem Knie endeten (sogenannte »Plus Fours«) –, die auf der Straße Land kauften oder verkauften.

Mitte des Jahres 1925 hatte sich der Boom bereits bis nach Jacksonville im Norden Floridas ausgebreitet, ein verschlafenes Farmernest am Atlantik, rund fünfhundertsechzig Kilometer nördlich von Miami. Er hatte auch einen berüchtigten Ganoven namens Charles Ponzi dorthin gezogen, welcher nun Parzellen für zehn Dollar verkaufte, die, wie sich dann herausstellte, rund hundert Kilometer (Luftlinie) von Jacksonville entfernt lagen und bloß ein Dreiundzwanzigstel Morgen umfassten. 1926 begann die Zuversicht zu schwinden, dass Floridas Straßen mit Gold gepflastert seien. Der Zustrom an neuen Käufern ebbte ab, und das taten zwangsläufig auch die Preise. Dann kamen zwei Hurrikane, und was bis dahin nur wie die kurze Atempause eines unaufhaltsamen Aufschwungs ausgesehen hatte, geriet zu einem Absturz. Frank Samuelson verlor fast sein gesamtes verbliebenes Vermögen und handelte sich damit weitere Vorwürfe seiner Frau ein, die, wie ihr Sohn Paul später erzählte, noch nie viel für sich behalten konnte und es bis lange nach dem frühen Tod ihres Mannes – der mit achtundvierzig an einem Herzleiden starb – genoss, die Geschichte von seinen dämlichen Investitionen zum Besten zu geben. Welcher Art das ökonomische Problem der Familie war, war selbst einem Zehnjährigen klar gewesen.

Zwei Jahre später waren die Samuelsons zurück im Mittleren Westen. Diesmal ließen sie sich an der South Side von Chicago nieder, damals wie heute eine Enklave der Mittelschicht, eingezwängt zwischen dem Lake Michigan und einem »Schwarzenghetto«. Die Chicagoer Wirtschaft boomte wieder. Der Gestank aus den Schlachthöfen vermischte sich mit dem Qualm aus den Stahlwerken in Gary, der über den See herüberwehte. Paul kam in die Hyde Park High School und begann wie alle anderen Amerikaner tagtäglich die Börsenkurse in den Zeitungen zu studieren, oft gemeinsam mit seinem Mathematiklehrer.

Der Kult um F. Scott Fitzgerald, den Autor von *The Great Gatsby*, hatte gerade seinen Höhepunkt erreicht. Samuelson schrieb für das Literaturmagazin seiner Schule Geschichten über weltmännisch-zynische Knaben, die sich im selben Tempo ver- und entliebten, wie sie ihre Kleidung wechselten (und ließ darin solche Sätze los wie: »Um des lieben Mike, Pat, Pete und der anderen sieben Apostel willen, halt die Klappe!«[11]). Das Zusammenleben mit einer Mutter, die »ein Schreihals« war, weckte in ihm Phantasien von einer Flucht an ein Ostküstencollege »mit weißem Kirchturm« in einem »friedlichen grünen Dorf«.[12] Bis Samuelson 1931 mit sechzehn seinen Highschool-Abschluss machte, hatte sich die Wirtschaftskrise bereits wie eine lange Winternacht über die Main Streets in ganz Amerika gelegt. Ein College an der Ostküste kam nicht mehr in Frage, wenn es denn überhaupt je eine realistische Möglichkeit gewesen war. Also schrieb sich Samuelson im Januar 1932 an der University of Chicago ein, wählte Mathematik als Hauptfach und blieb bei der Mutter wohnen.

Dass er nun im Mittleren Westen festsaß, hatte jedoch ein paar unerwartete Vorteile. Chicago war ganz und gar nicht das befürchtete Provinznest, sondern ein Bienenstock, in dem es von geistigen und politischen Aktivitäten nur so wimmelte, außerdem ein Sammelbecken für Ökonomen, die von Washington forderten, mehr zur Bekämpfung der Depression zu tun. Die ökonomische Fakultät an der Chicagoer Universität, deren Angehörige ein Mix aus fiskalisch konservativen Mittelwestlern und Burke'schen Liberalen mitteleuropäischer Abstammung waren, war alarmiert und frustriert von den ineffizienten Reaktionen Washingtons auf die Krise und nur allzu bereit, der Politik einen aktivistischeren Ansatz anzuraten.

Im ersten Semester erfuhr Samuelson von seinem Tutor, dass John Maynard Keynes, der »führende Ökonom der Welt«, im vorangegangenen Sommer an der Universität Vorlesungen gehalten hatte.[13] Sein erster Ökonomieprofessor Aaron Director, »ein sehr trockener, selbstsicherer, reaktionärer Ökonom« und Milton Friedmans späterer Schwager, übte »ziemlich großen Einfluss« auf ihn aus. Seit er Directors erste Vorlesung über Thomas Malthus' Bevölkerungstheorie hörte, habe ihn, so erzählte Samuelson später, die Ökonomie nicht mehr losgelassen. Ein anderer seiner Professoren war Jacob Viner, ein Kanadier rumänischer Abstammung, der den schreckenerregenden Ruf des härtesten Notengebers an der Universität hatte. Nach Roosevelts Amtsantritt wurde er, ohne selbst der Administration anzugehören, einer der engsten Berater von Finanzminister Henry Morgenthau und sorgte dafür, dass das Finanzministerium, die Federal Reserve und die New-Deal-Behörden mit Dutzenden seiner einstigen Studenten besetzt wurden. Schließlich sollte Viner, der eng mit Schumpeter und Hayek befreundet war, zu einem der lautstärksten und einflussreichsten amerikanischen Kritiker von Keynes' *General Theory* werden. Zwar stimmte er Keynes hinsichtlich seiner politischen Strategien und der Notwendigkeit einer Defizitfinanzierung zur Bekämpfung der Wirtschaftskrise zu, fand aber, dass Keynes' Theorie als solche alles andere als *general*, sondern höchstens kurzfristig von Wert war und in sich zusammenfallen würde, sobald man versuchte, sie auf einen längeren Zeitraum anzuwenden.

In Samuelsons erstem Monat an der University of Chicago fand dort eine Konferenz statt, auf der Irving Fisher, der berühmteste, aber auch berüchtigtste amerikanische Ökonom, mit einer Schar von weiteren Währungsexperten über die Frage debattierte, wie die Hoover-Regierung die Depression bekämpfen sollte. Director und Viner unterzeichneten beide das von Fisher verfasste Telegramm, in dem der Präsident zu einem aggressiven Stimulusplan gedrängt wurde.

Drei Jahre später wurde Samuelson bewusst, dass er einen besseren Ökonomen als Mathematiker abgeben würde. Und nachdem er ein Stipendium für ein Aufbaustudium erhalten hatte, beschloss er, Harvard der Chicagoer Universität vorzuziehen. Dass Edward Chamberlin dort lehrte, der erst jüngst seine bahnbrechende Studie *The Theory of Monopolistic Competition* veröffentlicht hatte, war schon verlockend genug, aber noch weit verlockender war die Aussicht, endlich von zu Hause wegzukommen und in ein »friedliches grünes Dorf« ziehen zu können. Im dritten Jahr des Roosevelt'schen Aufschwungs traf Samuelson in Cambridge ein, sollte aber schnell entdecken, dass Harvards älterer Fachbereich zwar politisch links von Chicago angesiedelt, intellektuell aber wesentlich konservativer war.

Im Herbst 1936, während Samuels erstem Jahr als Postgraduierter, traf dort ein kanadischer Doktorand ein, der im englischen Cambridge Keynes' Vorlesungen gehört hatte. Robert Bryce hielt ein Referat, in dem er bislang noch unveröffentlichte Ideen aus Keynes' *General Theory* zusammenfasste. Dass er dabei die Bedeutung von öffentlichen Ausgaben für die Bekämpfung der Arbeitslosigkeit hervorhob, ohne ausführlich auf die zugrunde liegende Theorie einzugehen, ließ Samuelson – der fiskalischen Aktivismus weder für eine neue noch für eine originär »keynesianische« Idee hielt – allerdings einigermaßen verwirrt zurück. Er verstand nicht, was das ganze Trara darum sollte. Doch da die Wirtschaft gerade erkennbar wieder auf die Füße kam, hielt er es für selbstverständlich, dass sie das dem New Deal zu verdanken habe, und nahm es Bryce einfach unhinterfragt ab, dass Keynes eine neue, rigorose und in sich konsistente Theorie entwickelt habe, die erklären konnte, weshalb dies der Fall war. »Am Ende fragte ich mich, wieso ich ein Paradigma ablehnen sollte, das mir den Roosevelt'schen Aufschwung von 1933 bis 1937 verständlich machte.«[14]

Als Nicholas Kaldor, ein marxistischer Keynesianer und Berater der britischen Labour-Partei, 1936 zu Besuch nach Harvard kam, nahm er, wie er anschließend selbst berichtete, an einer brillanten Diskussion mit dem Star der ökonomischen Fakultät teil. »Glückwunsch, Professor Chamberlin«, eröffnete er eine Frage an den Redner. Doch es stellte sich heraus, dass der »Professor« niemand anderer als Paul Samuelson war: ein Student im ersten Jahr des Aufbaustudiums. Samuelson hörte zu dieser Zeit die Vorlesungen des Mathematikers Edwin Bidwell Wilson, Willard Gibbs' letztem Jünger aus Yale – eine Veranstaltung von einem Schwierigkeitsgrad, dass Samuelson und Schumpeter, der ihn augenblicklich zu seinem Protegé machte, praktisch schon die Hälfte des Auditoriums stellten. Samuelson nahm auch an einem Seminar des brillanten russischen Emigranten und künftigen Nobelpreisträgers Wassily Leontief teil. Der japanische Ökonom Tsuru Shigeto, Samuelsons bester Freund während seiner Studienzeit in Harvard, sollte sich später erinnern: »Leontief war, wie allgemein bekannt, nicht besonders eloquent, außerdem pflegte er häufig die Tafel zu benutzen, ein paar sich kreuzende Linien darauf zu kritzeln und dann beispielsweise zu der Erklärung anzuheben: ›Sie sehen an diesem Schnittpunkt...‹, woraufhin Paul einzuwerfen pflegte: ›Ja, das ist der Punkt...‹, aber seinen Satz nie beenden konnte, weil Leontief dann immer sofort beifällig rief: ›Das stimmt! Sie sehen, was ich meine.‹ Dass er und Paul sich kannten, wollte keiner von beiden enthüllen, sorgte aber dafür, dass wir Übrigen aus dem Kurs immer völlig verwirrt dasaßen.«[15]

Im Jahr darauf wurde Samuelson als erster Ökonom in die Society of Fellows gewählt, eine bemerkenswerte Harvard-Institution nach dem Vorbild der englischen Universitätstradition des High Table. Sie erwartete von vielversprechenden jungen Talenten aus unterschiedlichen Disziplinen, dass sie die Arbeit an ihren Dissertationen für drei Jahre zurückstellten... um noch einmal über alles nachzudenken. Plötzlich befand sich Samuelson in der Gesellschaft des Philosophen und Logikers Willard Van Orman Quine; des Mathematikers und Erfinders der Verbandstheorie *(Lattice Theory)* George Birkhoff; von Stanislaw Ulam, dem Urheber des Prinzips der Strahlungsimplosion, das Edward Tellers Wasserstoffbombe zugrunde lag, sowie von weiteren hochbegabten mathematischen Denkern.

Aber eine durchgeistigte Atmosphäre und intellektuelle Nervenkitzel waren kein Ersatz für eine Familie. Binnen eines Jahres heiratete

Samuelson Marion Crawford, eine Kommilitonin aus Wisconsin. Und bis das dreijährige Verbot, seine Dissertation zu beenden, an seinem fünfundzwanzigsten Geburtstag im Mai 1940 schließlich abgelaufen war, hatte Marion ihren Doktor gemacht und das Paar bereits sein erstes Kind bekommen.

Wie so viele junge Amerikaner, die während der Weltwirtschaftskrise erwachsen geworden waren, hatte es auch Paul Samuelson immer eilig. Seine europäischen Freunde schockierte er, weil er sich Beethovens Neunte in falscher Reihenfolge anzuhören pflegte, nur damit er nicht so viel Zeit mit dem Umdrehen der 78er-Schellackplatten auf dem Mehrfachplattenspieler vergeuden musste. Und noch während er auf ein »Tenure-track«-Angebot von Harvard hoffte (eine befristete akademische Stelle mit der Zusage für eine spätere Festanstellung), stürzte er sich in die Arbeit an seiner Dissertation. Marion übernahm das Tippen. Bevor er seine Doktorarbeit schließlich einreichte, hatte er sich für den Titel *Foundations of Economic Analysis* entschieden. Angeregt dazu hatte ihn nicht zuletzt Schumpeters Lamento aus dem Jahr 1931 über die Krise der Wirtschaftstheorie, aber sie hatte auch eine gewisse Familienähnlichkeit mit Irving Fishers Dissertation. Jedenfalls war es ein ambitionierter Angriff auf die herrschende Wirtschaftstheorie. Mit Hilfe von »simpler Arithmetik und Logik« wollte Samuelson aufzeigen, wie viel von dieser Theorie sich auf einfachere, grundlegendere Thesen eindampfen ließ. »Ich hatte das Gefühl, mir mit einem Taschenmesser meinen Weg durch einen Urwald zu schlagen«, erzählte er später. »Es war ein einziges Gewirr aus Widersprüchen, Überschneidungen und Unübersichtlichkeiten.«[16]

Mit dieser Dissertation gelang Samuelson, was Bertrand Russell mit seiner *Principia Mathematica* und John von Neumann mit den *Mathematical Foundations of Quantum Theory* zu erreichen versucht hatten – und was Marshall 1890 mit seinen *Principles of Economics* erreicht hatte. Herbert Stein, ein an der University of Chicago ausgebildeter New Dealer, bot die vielleicht intuitivste Erklärung für Samuelsons Leistung, als er sie mit der Ökonomie verglich, die es vor Fisher und vor Keynes gegeben hatte: Wenn die Menschen arbeitslos sind, dann gibst du ihnen Arbeit; gibt es Arbeitslosigkeit, dann hast du an irgendetwas in irgendeiner Ecke des Systems herummanipuliert – an der Geldmenge zum Beispiel, oder an den Steuersätzen –, und zwar in der Annahme, dass es sich auf irgendetwas am anderen Ende des Systems – die Arbeitslosigkeit – auswirken würde. Das war die Umsetzung der Schlussfolgerung aus der »Gesamtwirtschaftslehre«: die Makroökonomie. Und genau sie war das Neue an der Fisher'schen und keynesianischen Nationalökonomie gewesen.[17]

Die Betonung der Bindeglieder zwischen den diversen Teilen der Ökonomie und ihren indirekten Aus- und Nebenwirkungen erklärt auch, weshalb sich die neue Makroökonomie so stark auf die Mathematik stützte. Man kann ein integriertes System nicht ohne Mathematik analysieren. Von Zeit zu Zeit taucht die Frage auf, ob ihre Anwendung bei der Analyse von ökonomischen Problemen eine gute oder schlechte Sache sei – so, wie auch immer wieder eine Debatte um die Frage entsteht, ob der Einsatz von Computern für den Beweis mathematischer Theoreme gut oder schlecht sei. Ökonomen sind Problemlöser, nicht anders als Ingenieure, Atomphysiker oder Komponisten. Und wenn sie vor einem Problem stehen, das mit den alten Werkzeugen nicht lösbar scheint, dann versuchen sie es eben mit neuen. Es stimmt, dass die ältere Generation nur selten versteht, worauf es dabei ankommt, und es oft schlicht unmöglich findet, mit den neuen Techniken zurechtzukommen. Doch für Samuelsons Generation, die während der Weltwirtschaftskrise und dem Zweiten Weltkrieg erwachsen geworden war, wirkte Willard Gibbs Aussage, dass Mathematik Sprache sei, wie das Konstatieren des Offensichtlichen. Die Sorge, dass die Anwendung von Mathematik andere Sprachen verkümmern lassen würde, stellte sich als übertrieben heraus. John von Neumann, einer der Mathematiker, die großen Einfluss auf die Ökonomie ausübten, konnte simultan aus dem Deutschen ins Englische übersetzen und wortgetreu Dickens zitieren. Samuelsons sprachliche Virtuosität war sogar noch ausgeprägter.

Es war vermutlich kein Zufall, dass *Foundations* in den Dreißigerjahren, diesem so ungemein innovativen Jahrzehnt, geschrieben wurde. Samuelson, der sein »Generals Exam« am Ende seines ersten Jahres in Harvard ablegte, nutzte die drei Jahre der erzwungenen »Denkzeit« als Junior Fellow (die akademischen Jahre 1936 bis 1940), um den Kern für seine *Foundations of Economic Analysis* zu legen. Die Arbeit habe kein konkretes konzeptionelles Moment gehabt, erinnerte er sich, sondern sich Schritt für Schritt zwischen 1936 und 1941 entwickelte.

Bei Samuelsons Rigorosum soll sich Schumpeter zu Leontief umgedreht und gefragt haben: »Also, haben *wir* bestanden?« Doch wie so viele Ideen und Erfindungen aus dieser fruchtbaren Zeit sollte auch Samuelsons Doktorarbeit wegen des Zweiten Weltkriegs dem Markt erst einmal vorenthalten bleiben. Im Gegensatz zu John von Neumanns und Oskar Morgensterns *Theory of Games and Economic Behavior* hatte seine Dissertation außerdem weder einflussreiche Verfechter noch reiche Mäzene. Im Gegenteil: Harold Burbank, damals der Fachbereichsleiter Ökonomie in Harvard, stand ihr derart feindselig gegenüber – ob wegen seiner Aversion gegen die Mathematik oder gegen Juden ist schwer zu sagen –, dass er sogar die Druckplatten vernichten ließ und darauf bestand, dass Samuelson nur eine zeitlich befristete Dozentur angeboten bekam. Dass man die Dissertation, als sie Ende 1947 schließlich erschien, mit nur noch mehr Jubel begrüßte, war dann ebenfalls dem Krieg zu verdanken, weil er dafür gesorgt hatte, dass die Anwendung von neuen Werkzeugen und Techniken selbstverständlich wurde. Samuelson bekam die John-Bates-Clark-Medaille, das Äquivalent der Fields-Medaille für die besten Mathematiker unter vierzig, und Schumpeter erklärte die *Foundations* zu einem Meisterwerk. Seinem einstigen Studenten schrieb er: »Lese ich abends darin, beeinträchtigt meine Aufregung die Nachtruhe.«[18]

Die Sorgen, die sich Amerikaner um die Nachkriegswirtschaft machten, wurzelten in der Überzeugung, dass der Krieg, nicht aber der New Deal für den Wirtschaftsaufschwung verantwortlich gewesen sei. Während die Briten im Wesentlichen damit beschäftigt waren, eine Inflation zu verhindern und der Bevölkerung ihre enormen Opfer zu vergelten, waren die meisten Amerikaner besorgt, dass die Arbeitslosigkeit zurückkehren würde, sobald Washington die Rüstungsausgaben kürzen und Millionen von G.I.s demobilisieren würde.

Das National Resources Planning Board, ein Vorgänger des Council of Economic Advisors im Weißen Haus, wurde mit der Aufgabe betraut, den Übergang zu einer Friedenswirtschaft zu planen. Everett Hagen, Koautor von Samuelsons NRPB-Bericht, fiel die Verantwortung zu, die Administration hinsichtlich ihrer Prognosen zu einem Konsens zu bringen. Denn seit Mitte 1944 hatte sich eine tiefe Kluft unter den Wirtschaftsexperten Washingtons aufgetan. Die New Dealer neigten zum Optimismus, was die Aussichten nach dem Krieg betraf, die Keynesianer zum Pessimismus. Samuelson gab zwar zu, dass es nach dem Krieg sehr wahrscheinlich zu einem Neuanschaffungsboom käme, da die Unternehmen ihre erschöpften Lagerbestände wieder aufstocken und abgenutzte Betriebsmittel ersetzen würden und gewiss auch die Verbraucher vergleichbare Maßnahmen träfen. Aber er war überzeugt, dass dieser Boom nur kurzlebig sein könne, weil er von gewaltigen militärischen Einsparungen überrollt werden würde.

Die Demobilisierung ging dann sogar noch zügiger vonstatten als von Samuelson erwartet, doch die von ihm prophezeite Krise materialisierte sich nicht. Nach einer schweren, aber kurzen Rezession im Jahr 1947 wuchs die Wirtschaft sprungartig. Der Ausbruch des Kalten Krieges veranlasste die Truman-Regierung, Hunderte Millionen für das Atomwaffenarsenal der Vereinigten Staaten auszugeben, während ihre Ausgaben für konventionelle Bodentruppen steil abfielen. Was Samuelson nicht vorhergesehen hatte, war das gewaltige Ausmaß des Nachholbedarfs der Verbraucher, die es nun nach Eigenheimen, Autos, Haushaltsgeräten und anderen Attributen eines Mittelklasselebens dürstete und die so große Ersparnisse auf ihren Konten angehäuft hatten. Samuelson selbst war überzeugt, dass seine beschämend falsche Prognose die Verbreitung des Keynesianismus in der akademischen Welt verzögert habe. Doch für einen Menschen, der es so hasste, Fehler zu machen, und dem auch tatsächlich nur selten Fehler unterliefen, kann ein katastrophaler Fehlgriff so früh in der eigenen Karriere durchaus eine sehr heilsame Erfahrung sein: Es machte Samuelson skeptischer in Bezug auf Wirtschaftsprognosen und besonnener in Bezug auf Behauptungen pro oder kontra Strategien, die er favorisierte oder ablehnte.

Für die amerikanischen Hochschulen, darunter auch das MIT mit seiner noch embryonalen ökonomischen Fakultät, sollte sich die Demobilisierung als eine Goldgrube erweisen. Die Gesetzesvorlage für die »G.I. Bill of Rights« sollte nach Roosevelts Mahnrede von 1944 als einzige Vorlage vom Kongress zu einem Gesetz (offiziell »Servicemen's Readjustment Act« genannt) verabschiedet werden. Doch allein schon diese Maßnahme übte einen großen und nachhaltigen Effekt auf die Nachkriegswirtschaft aus. In Großbritannien errichtete die Labour-Regierung einen Wohlfahrtsstaat, der das britische Volk von der Wiege bis zur Bahre für seine Kriegsopfer entschädigen sollte: die »G. I. Bill« war das amerikanische Gegenstück für demobilisierte Soldaten. Der einzige ernst zu nehmende Widerspruch gegen dieses Gesetz kam, wie David Kennedy betont, aus Samuelsons und Friedmans Alma Mater, der University of Chicago, deren berüchtigter Präsident Robert Hutchins gewarnt hatte, dass sich »die Colleges und Universitäten in einen Bildungsdschungel für Penner verwandeln« würden.[19] Am MIT, das kein Graduiertenprogramm für Ökonomen anbot, war man da pragmatischer.

Die »G. I. Bill« war im Juni 1944 verabschiedet worden, kurz vor dem geplanten Beginn der Demobilisierung. Samuelson bettelte darum, von seinen Verpflichtungen am Radiation Lab, die er so nervtötend fand, entbunden zu werden, um neue Projekte in Angriff nehmen zu können. Er überlegte kurz, das Angebot als Ghostwriter einer Geschichte des Manhattan-Projekts anzunehmen, lehnte dann aber doch lieber ab. Denn während die G. I.s nun nach Cambridge zu strömen begannen, wuchsen auch seine Lehrverpflichtungen exponentiell an. Im April 1945 schlug ihm sein MIT-Fachbereichsleiter Ralph Freeman vor, ein wirtschaftswissenschaftliches Lehrbuch für Ingenieure zu schreiben. »Das MIT wartet händeringend auf meine Rückkehr, damit ein notwendiges Projekt in Angriff genommen werden kann, und das kann nur ich allein tun«, schrieb er an die Army, die noch immer seine Zeit in Anspruch nahm, und warnte: »Es kommt der Tag, an dem es nicht mehr im nationalen Interesse liegen kann, einen guten Ökonomen in einen mittelmäßigen Mathematiker zu verwandeln.«[20]

Mittlerweile erwartete das MIT von allen neuen Studenten, dass sie auch Wirtschaftswissenschaften belegten – ein weiteres Zeichen dafür, wie sehr sich die Zeiten geändert hatten. Das Problem war nur, wie Freeman Samuelson anvertraute, obwohl das für den kaum neu sein konnte: »Sie hassen das Fach.« Am Tag nach dem japanischen Angriff auf Pearl Harbor hatte Basil Dandison, ein Vertreter des Lehrbuchverlags McGraw-Hill, im Economics Department von Harvard vorbeigeschaut, dort aber nur einen einzigen Professor vorgefunden. Dandison erzählte dem Mann, dass sein Verlagshaus nach jemandem Ausschau halte, der ein Ökonomielehrbuch schreiben könne, und erfuhr dabei von einem aufgehenden jungen Stern, der erst kürzlich zum Ingenieurscollege am anderen Ende von Cambridge übergelaufen sei. Bis zum Zeitpunkt der Kapitulation Japans hatten Dandinson und Samuelson (der dieser Hotshot am MIT war) einen Deal ausgehandelt, mit dem der Verlag ein Riesengeschäft gemacht zu haben glaubte, weil der schlaue Autor einen Vorschuss abgelehnt und stattdessen auf bislang nie dagewesene 15-prozentige Tantiemen bestanden hatte.

Samuelson glaubte, das Lehrbuch im Laufe des Sommers zügig schreiben zu können, vorausgesetzt, das Radiation Laboratory würde ihn ziehen lassen. Doch dann stimmte er 1945 zu, als einer von drei Ghostwritern für Vannevar Bush zu fungieren, einem Ingenieur am MIT und Mitbegründer des heutigen Rüstungs- und Elektronikkonzerns Raytheon, der einer Nachkriegsplanungsgruppe vorsaß und von Roosevelt beauftragt worden war, einen Bericht über die Forschung und Entwicklung zu schreiben, welcher dann unter dem Titel *Science: The Endless Frontier* erschien.[21] Samuelsons Lehrbuch *Economics: An Introductory Analysis* (*Volkswirtschaftslehre*) war deshalb erst im April 1948 fertiggestellt, den Studenten am MIT allerdings bereits in kopierten Auszügen zur Verfügung gestellt worden.

Die publizistische Sensation des Jahres 1951 war das Buch *God and Man at Yale: The Superstitions of »Academic Freedom«*. Es war eine einzige Anklage gegen die Alma Mater seines sechsundzwanzigjährigen Autors William F. Buckley, jr. »Die Nettoprägung der Wirtschaftswissenschaften von Yale«, beschuldigte er die Universität, sei »durch und durch kollektivistisch« und die Antithese aller unternehmerischen Werte, die von den Alumni der Hochschule verfochten würden. Als Beleg zitierte er die Pflichtlektüren des Einführungskurses »Economics 10«, der durchschnittlich von einem Drittel jedes Jahrgangs belegt wurde.[22] Eines der Lehrbücher, die er als Beleidigung empfand, war Paul Samuelsons *Economics*.[23] Buckley warf Samuelson vor, den Staat zu glorifizieren, den Wettbewerb und die individuelle Initiative zu verunglimpfen, und war höchst irritiert von der »typischen Zungenfertigkeit« und dem »Seifenopernreiz« dieses Lehrbuchs.[24] Besonders erbost aber war er über die Aussage des Autors, dass große Vermögen und Erbschaften grundsätzlich suspekt seien.

Der Blasphemien gab es in *Economics* viele, der Verbeugungen vor der herkömmlichen Meinung wenige.[25] Anstelle von Adam Smiths unsichtbarer Hand beschwor Samuelson bei seiner Schilderung der Privatwirtschaft das Bild einer Maschine, die über keine funktionsfähige Steuerung verfügt.[26] Anstatt den Staat als ein notwendiges Übel zu behandeln, bezeichnete Samuelson ihn als eine Notwendigkeit, da die komplexen wirtschaftlichen Lebensbedingungen moderner Zeiten eine soziale Koordination und Planung erforderten.[27] Der moderne Mensch sei nicht mehr zu glauben bereit, dass der Staat, der am wenigsten regiere, auch am besten regiere.[28] Monetäre Disziplin, wie sie vor dem Ersten Weltkrieg vom Goldstandard auferlegt wurde, werde mit der hochmütigen Begründung abgetan, dass sie die beteiligten Staaten zu Sklaven anstatt Herren des eigenen ökonomischen Schicksals machte.[29] Auch den Ausgleich des Haushalts betrachtete Samuelson als eine überholte Zwangsvorstellung. Und er brachte den Studenten bei, dass es keine fachlich begründbaren finanziellen Erklärungen für die Frage gebe, weshalb ein Staat selbst dann, wenn er geradezu fanatisch süchtig nach Defizitfinanzierung scheint, diese politische Strategie nicht auf immer und ewig verfolgen sollte.[30]

Economics war das Werk eines jungen Mannes, der sich direkt an andere junge Männer wandte:

Der Dekan der Harvard Law School pflegte den [...] Studenten zu sagen: »Sehen Sie sich den Mann zu Ihrer Rechten und den Mann zu Ihrer Linken genau an, denn nächstes Jahr wird einer von Ihnen nicht mehr hier sein.« [...] Es ist also wünschenswert, die entscheidende Frage der modernen Volkswirtschaftslehre zu verstehen: einerseits die Ursachen von [...] Depressionen, andererseits die von Wohlstand, Vollbeschäftigung und hohen Lebensstandards. Aber nicht weniger wichtig ist die Tatsache – die sich deutlich aus der bisherigen Geschichte des 20. Jahrhunderts ablesen lässt –, dass die politische Gesundheit einer Demokratie ganz entscheidend mit der erfolgreichen Aufrechterhaltung einer stabil hohen Beschäftigung und reichlich vorhandenen Chancen verbunden ist. Es ist nicht übertrieben, wenn man behauptet, dass die weitverbreitete Erschaffung von Diktaturen und der daraus resultierende Zweite Weltkrieg in nicht geringen Maßen aus dem Versagen der Welt entstanden, dieser grundlegenden ökonomischen Frage adäquat zu begegnen.[31]

Bedeutungsschwer erklärte Samuelson, ganz im Zeitgeist des übermächtigen Staats und einer Demokratie von unten, dass nun der gesamte kapitalistische Way of Life auf dem Prüfstand stehe.[32] Die neuen Prioritäten spiegelten sich auch in der Struktur des Buches. Samuelson begann mit einer Erläuterung, wie das Volkseinkommen produziert, verteilt und ausgegeben wird, und wie sich die steuerlichen und ausgabenpolitischen Entscheidungen der Regierung auf die Privatwirtschaft auswirken. Aus seiner Sicht waren diese Themen nicht nur entscheidend, um die Ökonomie der Nachkriegszeit verstehen zu können, sondern per se Fragen, die die meisten Menschen interessant fänden. In Umkehr der üblichen Reihenfolge stellte er die Makroökonomie allem anderen voran und sparte sich so traditionelle Themen wie die Theorie der Unternehmung und die Verbraucherwahl für die zweite Hälfte des Buches auf. Und da er sich nicht nur des neu auflebenden Investitionsinteresses bewusst war, das durch die im Krieg angehäuften Ersparnisse und Staatsanleihen hervorgerufen worden war, sondern auch der Notwendigkeit, seine Leser – die künftigen Ingenieure – wach zu halten, fügte er noch ein Kapitel über das Privatkapital und den Aktienmarkt an.

Im Wesentlichen führte Samuelson die neue keynesianische Volkswirtschaftslehre mit der Wirtschaftstheorie zusammen, die Marshall hinterlassen hatte, wobei er Marshalls Beispiel folgte und auch seine eigenen Erkenntnisse und Techniken einbezog. In der 4. Auflage bezeichnete er seinen Ansatz als eine »neo-classical synthesis«.[33] Marshall und Schumpeter hatten das Produktivitätswachstum als den Primärantrieb für Zugewinne im Lebensstandard hervorgehoben. Dem fügte Samuelson noch die Bedeutung hinzu, die »der Verhinderung von Massenarbeitslosigkeit« zukam.[34]

Um die Implikationen der neuen Theorie zu schildern, bemühte er sogar *Alice im Wunderland*. In einer Welt der Vollbeschäftigung – mit anderen Worten, einer Welt des Mangels und der Substituierung, in der es keine Suppenküchen gibt und in der das Prinzip herrscht: Wer mehr vom einen bekommen will, der muss dafür etwas anderes opfern – gälten wieder die alten Regeln, wenn auch exakter formuliert in der Sprache der Mathematik. In der keynesianischen Welt des Überflusses, in der keine Vollbeschäftigung herrscht, würde Unmögliches möglich, zum Beispiel, dass man etwas für nichts bekommen kann.

Das beste Beispiel dafür sei das »Paradox der Sparsamkeit«[35]. In einer Vollbeschäftigungswirtschaft, in der die Haushalte einen größeren Anteil ihrer Einkommen sparen, steigt der Gesamtbetrag der Spareinlagen; in einer Konjunkturkrise reduziert das Sparen in Wirklichkeit das Gesamtreservoir der Spareinlagen, weil Ausgabenkürzungen zum Absinken von Produktion und Einkommen – und folglich von Spareinlagen – führen; herrscht weniger als Vollbeschäftigung, »kehrt sich alles um«; dasselbe treffe zu, wenn der Staat sich sparsam verhält.

Die Weltwirtschaftskrise wurde nicht durch den Zusammenbruch eines einzelnen Marktes hervorgerufen, sondern wegen des koordinierten Handelns der Märkte. Doch Samuelson hat den Begriff der »Makroökonomie« – der sich heute auf das gesamtwirtschaftliche Verhalten aller Sektoren, auf die effektive Nachfrage aller Haushalte, Betriebe und des Staates, die gesamte Arbeitslosigkeit, die Inflationsrate und so fort bezieht – nicht geprägt. Wenn Samuelson den Studenten denn eine Botschaft auf den Weg geben wollte, dann die, dass die alte Geld- und Währungspolitik nicht mehr funktionierte. Die Weltwirtschaftskrise sei der Beweis dafür: »Heutzutage betrachten nur noch wenige Ökonomen die Währungspolitik der Federal Reserve als ein Patentrezept für die Kontrolle des Konjunkturzyklus.«[36] Die Ideen der Fed wirkten so verstaubt und veraltet wie die Mode der Zwanzigerjahre. Dasselbe ließ sich über Irving Fisher sagen, der im Jahr zuvor gestorben war, sogar über den Keynes, den es vor 1933 gegeben hatte.

Es sollte nun aber nicht der Eindruck entstehen, als hätte der Erfolg, den Samuelsons *Economics* an den Universitäten für sich verbuchen konnte, dafür gesorgt, dass man die neuen Ökonomen in Washington mit offenen Armen empfing. Ungeachtet der fadenscheinigen Sehnsucht, mit der Amerikaner heute die Fünfzigerjahre betrachten, war dieses Jahrzehnt doch vor allem wegen dreier Rezessionen, darunter einer schweren, und einer relativ hohen Arbeitslosigkeit gegen Ende des Jahrzehnts in den Vereinigten Staaten bemerkenswert. Historiker unterschätzen gelegentlich, wie dringlich Präsident Truman und anschließend auch Präsident Eisenhower den Bundeshaushalt ausgleichen und zu diesem Zweck vor allem die Rüstungsausgaben senken wollten. Und Trumans falkenhafte Kalte-Kriegs-Rhetorik wird nicht selten mit der Bereitschaft verwechselt, den Worten entsprechende Taten folgen zu lassen. In Wirklichkeit hat sich Truman, wie Herbert Stein schreibt, nicht nur 1945, sondern auch in den Jahren 1946, 1947 und 1948 für wesentliche Kürzungen bei den Rüstungsausgaben eingesetzt. Der Marshallplan war die Ausnahme, nicht die Regel gewesen.

Wie lässt sich diese Kluft zwischen Theorie und Praxis erklären? Zuerst einmal mit fiskalischer Besonnenheit. Truman war überzeugt, dass sich eine starke Verteidigung nur mit einer gesunden Wirtschaft bewerkstelligen ließ. Und den Sieg der Alliierten schrieb er in nicht geringen Maßen der Fähigkeit der Vereinigten Staaten zu, ihre Rolle als das Arsenal der Demokratie erfüllt zu haben. Für ihn, den fiskalisch und ökonomisch Konservativen aus dem Mittleren Westen (der es zudem mit einem republikanischen Kongress zu tun hatte), war es oberste Priorität, der Anhäufung von Kriegsschulden durch eine Eliminierung des Jahresfehlbetrags im Bundeshaushalt Einhalt zu gebieten. Hinzu kam, wie die mangelnde Verteidigungsbereitschaft Amerikas in den Vierzigerjahren so deutlich bewiesen hatte, dass es in den Vereinigten Staaten keine Tradition der Aufrechterhaltung eines großen Friedensheers gab. Nach dem Sieg über Deutschland hatte sich die Regierung einem unwiderstehlichen Druck zur Demobilisierung ausgesetzt gesehen, weshalb Trumans Vorschlag, eine allgemeine Wehrpflicht zu Friedenszeiten einzuführen, mit überwältigender Mehrheit abgelehnt wurde. So kam es, dass sich in den Vereinigten Staaten zu der Erfordernis, sich als eine globale Macht darzustellen, um sich verteidigen zu können, die Erfordernis hinzugesellte, dies mit ein paar Cent bewerkstelligen zu müssen.

Von der keynesianischen Revolution wurde Washington erst in den Sechzigerjahren ergriffen. Und keiner von Samuelsons Studenten sollte sich in diesem Zusammenhang als wichtiger erweisen denn John F. Kennedy, der Samuelson kurz vor den Präsidentschaftswahlen von 1960 in den Familiensitz nach Hyannis Port auf Cape Cod eingeladen hatte, damit er dort für ihn ein Privatseminar an der frischen Luft veranstaltete. Später scherzte Samuelson, dass er dort ein üppiges Mahl erwartet, aber »offene Worte mit Bohnen« bekommen habe.

Alles in allem fand JFKs kühl berechnendes und zurückhaltendes Temperament Anklang bei Samuelson. Der neue Präsident war schwer zu beeinflussen, doch wenn er sich einmal zu einer Entscheidung durchgerungen hatte, dann ließ er auch nicht mehr davon ab. Ungeachtet des großen Haushaltsdefizits forderte Kennedy gewaltige Steuersenkungen, um die flaue Wirtschaft anzukurbeln und seine miserable Zustimmungsrate in der Bevölkerung zu verbessern. »Das größte Defizit entsteht durch eine Rezession«, erklärte er dem amerikanischen Volk. Die Senkung der Steuersätze für Individuen wie Unternehmen sei »der wichtigste Schritt, den wir tun können, um eine neuerliche Rezession zu vermeiden.«[37]

Die von Kennedy initiierten Steuersenkungen, die nach seiner Ermordung im Jahr 1963 in Kraft traten, waren ein gewaltiger Erfolg. 1970 erklärte Präsident Richard Nixon: »Ich bin jetzt Keynesianer.«[38] Doch am Ende sollten sich diese Steuersenkungen als die Hochwassermarke der keynesianischen Theorie vom Wirtschaftskreislauf und der Frage, wie mit ihm umzugehen sei, erweisen. Samuelsons Meinung nach wurde der Keynesianismus durch eine Stagflation – diese hässliche Kombination aus Arbeitslosigkeit, Inflation und stagnierender Produktivität, von der die reichsten Volkswirtschaften der Welt in den Siebziger- und Achtzigerjahren heimgesucht wurden –, nicht aber durch irgendeine rivalisierende Theorie vom Sockel gestoßen. Doch Milton Friedman hatte bereits Ende der Fünfziger-, Anfang der Sechzigerjahre einen massiven Angriff auf das herrschende Paradigma der University of Chicago lanciert und die Vorstellung hinterfragt, dass sich der Staat jede beliebige Kombination aus Arbeitslosigkeit und Inflation aussuchen könne, indem er am Staatshaushalt herummanipuliere. Als Friedman das Erbe von Irving Fisher und die Theorie wiederbelebte, dass das Geldangebot den Level der Wirtschaftsleistung bestimme, und die Weltwirtschaftskrise zu einem kolossalen Versagen des monetären Managements uminterpretierte, konnte er zuerst die jungen Ökonomen überzeugen, dass Geld letztendlich doch eine Rolle spielt, und später Präsident Jimmy Carter bewegen, Paul Volcker die Aufgabe der Zähmung des Inflationsmonsters zu übertragen. Doch weder Friedman noch Samuelson sollten jemals wieder in den Regierungsbetrieb zurückkehren. Beide waren überzeugt, dass sie als Lehrer und Autoren größeren Einfluss ausüben konnten als im Stab eines Präsidenten oder als Mitarbeiter der Federal Reserve.

KAPITEL XVII

Die große Illusion:
Joan Robinson in Moskau und Beijing

Es ist heutzutage sehr problematisch, wirtschaftstheore-
tische Vorlesungen zu halten, da wir nun sowohl sozialistische als auch kapitalistische Staaten haben.

Joan Robinson, 1945[1]

Moskau im April ist noch immer eisig, der Schnee noch nicht weg-
getaut. Dafür bleibt es bis fast neun Uhr abends hell. An den Straßenecken tauchen die ersten alten Landfrauen auf, um Mimosen zu
verkaufen. Im Frühjahr 1952, nicht lange nachdem Winston Churchill verkündet hatte, dass Großbritannien im Besitz der Atombombe
sei, starrte Joan Robinson auf die goldenen Kuppeln des Kreml und
glaubte, ihr Herz müsse zerspringen. Der Anblick war ungemein vertraut und zugleich seltsam irreal. »Ich staune und staune«, schrieb sie
in ihr Tagebuch, »und frage mich, ob, was ich sehe, wirklich da ist, und
ob wirklich ich es bin, die es sieht.«[2]

Später, in der gewaltigen Säulenhalle, konnte Robinson den bom-
bastischen Reden, Friedensresolutionen und »brüderlichen« Begrü-
ßungen der »Frauen aus Schottland« nur mit halbem Ohr lauschen.
Ihre Gedanken waren noch ganz gefangen von den Eindrücken der
neuen Gesellschaft draußen: vom Bauernmarkt mit den rosenfarbe-
nen Bergen von Radieschen und den Stapeln von hellgrünem Salat;
von den blitzsauberen Läden mit dem Schweinefleisch, den Würsten
und dem Käse aus Gips in den Auslagen (nicht weil, wie in England,
das Echte ausgegangen war, sondern weil man vermeiden wollte, dass
echte Lebensmittel verdarben); von den kostenlosen Krippen, in denen
werktätige Mütter wohlgekleidete und wohlgenährte Kinder abgaben;
von den cleveren Kommissionsläden, in denen zu klein oder zu eng gewordene Kleidung der Wiederverwendung zugeführt wurde (»welch
gute Idee!«); vom »›schwedischen‹ Standard öffentlicher Ordentlich-

keit und Sauberkeit«, allerdings ohne die »freudlose« skandinavische Atmosphäre. Welch ein Kontrast zum tristen, schmutzigen, heruntergekommenen London.[3]

Robinson schwelgte in der Generosität ihrer Gastgeber, die so verschwenderisch war, dass es fast den Eindruck erweckte, als sei Geld von der ersten sozialistischen Großmacht abgeschafft worden. Die vierhundertsiebzig Delegierten bei der internationalen Moskauer Wirtschaftskonferenz wurden wie Könige behandelt.[4] Sie waren in einem Hotel mit »schwungvollen Treppen, Lüstern und Malachitsäulen« untergebracht, das jedem Sultan zur Ehre gereicht hätte.[5] Die Anreise ab Prag war gratis gewesen. Jedem Delegierten waren tausend Rubel Taschengeld ausgehändigt worden, damit er oder sie in Spezialgeschäften Wodka, Pelz und Kaviar erstehen konnte. Eine Flotte aus hundert Limousinen samt livrierten Chauffeuren hielt sich permanent bereit. Robinson bestand allerdings wagemutig, trotz fehlender Straßenkarten und mangelnder Russischkenntnisse, darauf, mit U- und Straßenbahnen zu fahren.[6] Für die Delegierten waren ständig die besten Plätze für Opern- und Ballettaufführungen reserviert. Und im Gegensatz zur englischen Verpflegung mit Kartoffelbreipulver und Würstchen, die wie feuchtes Brot schmeckten, waren die Mahlzeiten in Moskau »fabelhaft«. Selbst der simple Akt des Essens erinnerte daran, was es bedeutete, eine »kommende« und nicht eine »gehende« Großmacht zu sein. Nach einem solchen Festmahl konnte Joan fast »die Ausdehnung des Kontinents um mich herum sehen [...], in der Art, wie ein viktorianischer Speisender die Meere dieser Welt auf seinem Tisch aufgetragen gesehen haben mag«[7].

Ungeachtet solch »östlicher Üppigkeit« legte Robinson Wert auf die Feststellung, dass ihre russischen Gastgeber »nordische Effizienz« bei der Organisation der Konferenz an den Tag legten. Fünfhundert Dolmetscher, Übersetzer, Schreibkräfte, Boten und andere Lakaien, mehr als einer pro Delegiertem, standen den Gästen zur Verfügung. Und Joan war sich absolut sicher, dass »all diese Dolmetscher, Autos und Führer nicht unsere Bewegungen beobachten sollen, sondern unserer Annehmlichkeit dienen«. Das Versprechen der Gastgeber, von jeder ostentativen Propaganda Abstand zu nehmen, wurde peinlich genau eingehalten. (*Time* berichtete, dass die Sowjets sogar die allgegenwärtigen lebensgroßen Stalin-Porträts entfernt hatten, die üblicherweise jeden öffentlichen Raum zierten.[8]) Im post-rassistischen Moskau, jubelte Robinson, »kannst du einen östlichen Langweiler ebenso vergraulen wie einen englischen«[9]. Das hier war die Wirklichkeit, vor welcher der Westen die Augen verschloss.

Aber Robinson war weniger von düsteren Vorahnungen über die Zukunft des Westens als von blindem Optimismus hinsichtlich der Zukunft des Ostens erfüllt. Die Konferenz war für sie sozusagen ein sozialistisches Bretton Woods oder eine Versammlung der Vereinten Sozialistischen Nationen. Der Konferenzsaal war »clever ausgestattet« mit Simultanübersetzungsanlagen, die die Hoffnung der Delegierten auf eine vereinte globale Wirtschaft und ein globales Verstehen zu verkörpern schienen.[10] Wegen des Kalten Krieges, von dem Robinson wie die meisten anderen Delegierten annahm, dass er von den Vereinigten Staaten, der neuen imperialen Supermacht der Welt, angezettelt worden sei, hatte sich ein Graben in der Weltwirtschaft aufgetan. Lord Boyd Orr, Leiter der dreiundzwanzigköpfigen britischen Delegation, sprach wohl im Sinne der meisten Delegierten, als er Ost und West dazu aufrief, »den Eisernen Vorhang mit Güterwaggons zu durchbrechen, welche aus dem Osten all die überschüssigen Waren bringen, die der Westen braucht, und umgekehrt mit Güterwaggons, welche mit den überschüssigen Waren des Westens hindurchfahren, die der Osten braucht«[11]. Ein Delegierter nach dem anderen erklärte, dass das gegenwärtige Rinnsal des Ost-West-Handels zu einem Strom anschwellen würde, der all die volkswirtschaftlichen Krankheiten mit sich reißen könne – von der Arbeitslosigkeit in der britischen Textilindustrie bis hin zur chronischen Armut in Indien –, sofern »künstliche Barrieren«, wie das jüngst aufgestellte amerikanische Exportverbot von strategisch wichtigen Gütern in die Blockstaaten, beseitigt würden. Ein Delegierter aus den Vereinigten Staaten war sich sicher, dass neue Handelsverträge eine »spirituelle Kettenreaktion menschlicher Bruderschaft« auslösen und einen atomaren Holocaust abwenden würden.

Nach einer Woche in Moskau entschied Robinson, dass Stalin kein Diktator, sondern ein besorgter, wenn auch etwas strenger und distanzierter Vater sei. Sie notierte sich eine Geschichte, die sie besonders berührend fand: Einer alten Köchin, die vor dem Krieg in den Diensten einer Moskauer Familie gestanden hatte, war nach dem Überfall der Wehrmacht Arbeit in einer Fabrik auf dem Land zugewiesen worden.

Als der Krieg vorbei war, erhielt ihre einstige Herrschaft die Genehmigung, nach Moskau zurückzukehren, aber die alte Dienerin blieb auf dem Land. »Nachdem sie erfolglos alle üblichen Kanäle probiert hatte«, notierte Robinson in ihr Tagebuch, »schrieb sie an Stalin [...], erklärte ihm, dass ihr die Fabrikarbeit nicht gefiel, dass ihr ganzes Dorf vom Erdboden ausgelöscht worden war, und dass sie keine andere Freundin auf der Welt mehr hatte als ihre einstige Herrin«. Daraufhin habe sie »binnen dreier Wochen die Erlaubnis erhalten«.[12]

Joan Robinson verließ Moskau mit größerer Gewissheit denn je, dass der fehlgeleitete Kalte Krieg in der amerikanischen Paranoia, nicht aber im sowjetischen System wurzelte. Ihr *Conference Sketchbook*, das kurz nach ihrer Rückkehr nach Cambridge veröffentlicht wurde, schloss mit den feierlichen Worten: »Ich atme durch jede Pore die Überzeugung, dass die Sowjets nicht den geringsten Wunsch verspüren, unsere Seelen zu retten, weder durch Worte noch durch das Schwert.« Ohne explizit auf die Tatsache Bezug zu nehmen, dass Osteuropa die sowjetische Oberherrschaft aufgezwungen worden war, zeigte sie sich überzeugt, dass die Sowjets einzig und allein von der Furcht vor einer westlichen Umzingelung dazu verleitet worden seien. »Wenn man ihnen nur einmal wirklich versichern würde, dass wir sie in Ruhe lassen, dann wären sie nur allzu froh, uns auf unsere eigene Weise zum Teufel gehen zu lassen«, erklärte sie ihren Lesern. »Wenn unsere lokalen Kommunisten etwas anderes glauben, dann sind sie getäuscht worden.«[13]

Robinson gerierte sich nicht als eine Pilgerin ins neue sozialistische Mekka, sondern als eine objektive Beobachterin und Berichterstatterin der Wahrheit. Sie beharrte darauf, dass sie und die anderen Konferenzteilnehmer keine »Abgesandten von irgendjemandem, sondern ein bunt gemischter Haufen von Individuen« gewesen seien, der sich im Klaren gewesen sei, wie wichtig es war, »die exakte Wahrheit zu berichten über alles, was wir hier gesehen haben«.[14] Allerdings erwartete sie nicht unbedingt, dass man ihr auch Glauben schenken würde. An Richard Kahn schrieb sie: »Wir wappnen uns gegen all den Schmutz, mit dem man uns bewerfen wird, sobald wir zurück sind.«[15] Doch dann erwartete sie bei den Vorträgen, die sie in Cambridge über die sowjetische Gesellschaft hielt, kein »Schmutz«, sondern eine ziemliche Menge höchst gespannter Zuhörer. »Und was ist mit dem angeblichen

Plot von jüdischen Ärzten, Josef Stalin zu töten?«, forschte ein Student mit amerikanischem Akzent. Sie reagierte ohne zu zögern: »Und was ist mit Ihrer Lynchjustiz in den Südstaaten?«[16]

Mittlerweile war Robinson auf dem bestem Wege, zur Vorzeigeintellektuellen der kommunistischen Blockstaaten zu werden. Das war eine anspruchsvolle, aber durchaus lohnende Rolle, die alljährliche Pressereisen, Fototermine mit Potentaten, ein Bankkonto in Moskau und ein Netzwerk aus Freunden mit sich brachte, das vorrangig – wenn nicht ausschließlich – aus Apparatschiks, Untergrundkommunisten und Spionen bestand.

Die Leser ihres *Sketchbook* wären überrascht gewesen, hätten sie denn ebenfalls erfahren, dass die Berichterstatterin, die mit so staunenden Augen wie Alice in ein sozialistisches Wunderland gestolpert zu sein schien, in Wahrheit selbst zu den Organisatoren der Konferenz gehört hatte. Robinson war eines von zwei britischen Mitgliedern im Planungskomitee gewesen, auch wenn sie später steif und fest behauptete, dass sie das im Wesentlichen nur getan habe, um ihrem »alten Freund Oskar Lange« (einem polnischen Ökonomen und zentralistischen Planer, der mit dem KGB kollaborierte) einen Gefallen zu tun. Das britische Foreign Office war bereits damals überzeugt, dass sie sich »der Ursprünge« dieser Konferenz »sehr bewusst ist«, andere Komiteemitglieder kommentierten ihre »extremen Ansichten«[17], die sich ganz mit der Meinung eines weiteren britischen Delegierten, eines Geschäftsmanns namens Jack Parry, deckten, der Mitglied der Kommunistischen Partei Großbritanniens (CPGB) war. Alec Cairncross, ebenfalls Mitglied der britischen Delegation in Moskau, berichtete, den Delegierten sei bewusst gewesen, dass die Konferenz als »die nächste Rate der kommunistischen Friedenskampagne« konzipiert worden war, außerdem hätten sie vorausgesetzt, dass Stalin aus rein politischen Gründen entschieden habe, den Gastgeber zu spielen: um »einen Keil zwischen die USA und ihre europäischen Bündnispartner zu treiben«.[18] Die teilnehmenden Ökonomen, darunter Oskar Lange, Jürgen Kuczynski, Piero Sraffa und Charles Madge, waren nahezu alle Parteimitglieder oder KP-Sympathisanten gewesen.

Das heißt nun aber nicht, dass Robinson tiefere Einsichten in Stalins wahre Denkmuster gehabt hätte als zum Beispiel Harry Dexter White.

So war sie sich beispielsweise vermutlich nicht bewusst gewesen, dass er nur Wochen vor Beginn der Konferenz deren gesamte Prämisse über den Haufen geworfen hatte. Anfang Februar hatte er im Zentralkomitee Ausführungen verteilen lassen, die schon genügt hätten, um die Vorstellung von der Möglichkeit einer friedlichen Koexistenz und wirtschaftlichen Konvergenz mit dem Westen ad absurdum zu führen – und das war für die Verfechter der »One World«, zu denen auch Robinson zählte, immerhin das Evangelium. Sowjetische Kommunisten, die die Rekonstitution einer weltwirtschaftlichen Einheit prophezeiten, wurden von Stalin der Verführung durch die hektischen internationalen Kooperationen während und unmittelbar nach dem Krieg beschuldigt. Das entscheidende Erbe des Zweiten Weltkriegs, warnte er, sei die dauerhafte Spaltung der Weltwirtschaft in »zwei parallele Weltmärkte«. Sozialistische und kapitalistische Volkswirtschaften würden sich isoliert voneinander entwickeln und gegeneinander antreten. Die »unvermeidlichen« Folgen wären eine sich verschärfende Wirtschaftskrise im Westen, eine sich intensivierende Rivalität unter den Imperialisten und schließlich ein Bruderkrieg zwischen den Vereinigten Staaten und Großbritannien: »Daraus folgt aber, daß die Unvermeidlichkeit von Kriegen zwischen kapitalistischen Ländern in Kraft bleibt.«[19] Das sei eine Frage der »Gesetze der Wissenschaft«, versicherte Stalin dem sowjetischen Komitee.

Da sei er ziemlich ehrlich gewesen, schlussfolgerte John Gaddis, der amerikanische Historiker des Kalten Krieges.[20] Offenbar glaubte Stalin ebenso inbrünstig an eine säkulare Apokalypse wie Marx oder Engels ein Jahrhundert zuvor. Wären diese Äußerungen damals im Westen schon weithin bekannt gewesen, hätte es die russischen Gastgeber dieser Konferenz in eine ziemlich peinliche Lage gebracht. Denn schließlich hatten sie den britischen Textilfabrikanten und anderen Unternehmern die verlockende Aussicht auf riesige Aufträge geboten, um sich deren Teilnahme zu versichern, obwohl Stalin sich im Zentralkomitee bereits zu der Behauptung verstiegen hatte, dass der kommunistische Block bald schon ganz auf Importe aus dem Westen verzichten könne: »Man kann mit Bestimmtheit sagen [...], daß [die volksdemokratischen] Länder nicht nur nicht auf die Einfuhr von Waren aus den kapitalistischen Ländern angewiesen sind, sondern selbst die Notwendigkeit spüren, die überschüssigen Waren ihrer Produktion zu exportieren.«[21] Am Vorabend der Konferenz befürwortete Stalin dann plötzlich die politischere Sichtweise, dass eine friedliche Koexistenz von Kapitalismus und Kommunismus denkbar sei, sofern es zu keinen Einmischungen in die inneren Angelegenheiten anderer Länder und anderer Verhältnisse käme.[22]

Falls sich Robinson in irgendeiner Weise von den Beratungen enttäuscht gefühlt hatte, ließ sie sich das jedenfalls weder in ihren öffentlichen Berichten noch in ihren Briefen an Kahn anmerken. Aller Wahrscheinlichkeit nach hatten weder sie noch die anderen ausländischen Delegierten den Kommentar zu Gesicht bekommen, den Stalin an das Zentralkomitee geschickt hatte. Jedenfalls ließ ihn Stalin bis zu seiner Veröffentlichung in englischer Übersetzung im anschließenden Oktober vor der Presse zurückhalten.[23] Die Handelsvereinbarungen, die bei der Konferenz getroffen worden waren, sollten auf nicht viel hinauslaufen, vor allem verglichen mit der aufgeblähten Rhetorik, mit der sie präsentiert worden waren. Ein Ökonom schätzte, dass der Umfang des Ost-West-Handels so, wie ihn die Vorschläge implizierten, beträchtlich unter dem Vorkriegsniveau lag.

Aber vielleicht ahnte Robinson die Wahrheit. Einmal war sie in ein Büro im Handelsministerium gegangen, wo sie Abakusse neben Rechenmaschinen stehen sah. Und möglicherweise war es dieses Nebeneinander von Vorsintflutlichem und Modernem gewesen, das ihre Aufmerksamkeit auf ein weiteres Missverhältnis lenkte – auf die Tatsache, dass die sowjetischen Ökonomen während der Konferenz »das Nichtzitieren von Zahlen zu einer hohen Kunst erhoben«.[24]

Einer von Robinsons Biografen, der Cambridger Ökonom Geoffrey Hartcourt, datiert den Beginn ihrer politischen »Konversion« auf das Jahr 1936.[25] Britische Intellektuelle verbinden die Jahreszahl 1936 weniger mit der Weltwirtschaftskrise, die damals in Großbritannien schon fast überwunden war, als mit dem Beginn des Spanischen Bürgerkriegs. Seit Deutschland und Italien zugunsten der spanischen Nationalisten interveniert und die Sowjets sich auf die Seite der Republikaner gestellt hatten, betrachtete man diesen Konflikt in Großbritannien als einen Stellvertreterkrieg zwischen Faschismus und Kommunismus. Stalins Bereitschaft, die Faschisten in Spanien zu bekämpfen, steigerte das Prestige der Sowjetunion, während die Weigerungen Großbritanniens und der Vereinigten Staaten, sich in diesem Kampf zu engagieren, beide Staaten bestenfalls kleinmütig erscheinen ließen.

Doch Joan war 1936 gerade in Dr. Ernest Altounyan, ihren Dichter aus Aleppo, verliebt und intellektuell ganz Keynes hörig gewesen. Erst 1939, als sie sich von ihrem Zusammenbruch erholt hatte, überraschte sie den regelmäßig mit ihr korrespondierenden und sie bewundernden Joseph Schumpeter (den Keynes für einen Langweiler hielt) mit ihrer Hinwendung zu Marx. Ihre politischen Aktivitäten während des Krieges blieben auf ihre Funktion als Beraterin von diversen Labour-Partei-Komitees, das Verfassen von Pamphleten für die Partei und das Schreiben von diversen Berichten beschränkt, darunter des *Beveridge Employment Report*. Dieser Bericht war von ihrem engen Freund Nicholas Kaldor aufgesetzt worden, einem klugen Dozenten an der London School of Economics, der wie Austin Robinson und Hayek während des Krieges in Cambridge gelandet war. Joan Robinsons Annahme, dass die säkulare Prognose auf eine Stagnation und wiederholte Depressionen im Westen hindeutete, teilten Keynesianer jeglicher politischer Couleur. Doch 1943 hatte sie noch nicht ausgeschlossen, dass sich dieses Problem lösen lasse: »Die Frage der Arbeitslosigkeit überschattet alle anderen Nachkriegsprobleme. Das Wirtschaftssystem, in dem wir leben, steht auf dem Prüfstand. Die moderne Welt hat ein großes Experiment sozialistischer Planung gesehen. [...] Es bleibt abzuwarten, ob die demokratischen Nationen einen Weg finden werden, Strategien für einen Frieden und für Wohlstand zu entwickeln.«[26]

Wie andere Ökonomen der Labour-Partei verfocht auch Joan eine Mischung aus sozialistischer Planwirtschaft und keynesianischer Nachfragesteuerung mit Hilfe von Steuern und Subventionen.[27] Als Beraterin des Trade Unions Congress trat sie für eine Verstaatlichung fast aller Industrien ein, mit der Begründung, dass eine Planung die Eigentümerschaft des Staates voraussetze.[28] Ihre bevorzugten Lösungen waren eine staatliche Wirtschaftsplanung, staatliche Investitionskontrollen und die Verstaatlichung von Schlüsselindustrien, allerdings räumte sie ein, dass »eine kleinräumige privatwirtschaftliche Randzone in einer gelenkten Wirtschaft durchaus überleben könnte, vorausgesetzt, sie droht nicht, sich zu weit auszudehnen«[29]. Das war jedoch Standarddenken im linken Flügel der Labour-Partei gewesen. »Bis 1944«, schrieb ein Historiker, »hatte der Radikalismus der Kriegszeit seinen Höhepunkt hinter sich, und die Vorschläge von Kaldor und Robinson waren im Ton deutlich moderater geworden.«[30] Als Keynes im Dezember 1945 aus Washington zurückkehrte und die Bedingungen des »niederträchtigen« Kredits bekannt gab – um den er so hart gekämpft hatte, nur um ihn dann so wütend von rechts wie links angegriffen zu sehen –, stellte sich Robinson auf seine Seite, indem sie öffentlich zustimmte, dass Großbritannien es sich nicht leisten könne, das Kreditangebot abzulehnen oder die Vereinigten Staaten zu verärgern.

Nachdem Labour bei den Wahlen von 1945 an die Macht geschwemmt worden war, verbündete sich Robinson mit der extrem linken Opposition gegen die politische Führung. Im Gegensatz zur Labour-Regierung von 1931 begann die Regierung von Premierminister Clement Attlee allerdings augenblicklich, die Versprechen, die die Partei im Krieg gegeben hatte, zu erfüllen: Er verstaatlichte Industrien und erschuf einen Wohlfahrtsstaat von der Wiege bis zur Bahre. Doch auch wenn die Arbeitslosigkeit nun schwand und die Reallöhne stiegen, hatte Robinson nur Kritik für die Labour-Führung übrig, nun sogar noch mehr Kritik, weil diese Führung sich mittlerweile weniger auf innenpolitische Fragen konzentrierte und immer besessener schien von der Macht der Vereinigten Staaten und der Bedrohung eines Atomkriegs: Der erdrutschartige Sieg von Labour hatte nicht, wie erwartet, eine Kehrtwende um hundertachtzig Grad mit sich gebracht, also weg von Churchills vehementer proamerikanischer und antisowjetischer Außenpolitik, weil Labour-Außenminister Ernest Bevin nicht glaubte, »dass eine substanzielle Übereinstimmung mit Russland hinsichtlich der Gestaltung der Nachkriegswelt möglich war«, wie der Historiker Jonathan Schneer schrieb. Bevins »primäres und von den meisten Konservativen geteiltes Ziel war, die Amerikaner zu überzeugen, dass sie in das Machtvakuum, welches durch die nachlassende Kraft der Briten in Europa und anderenorts entstanden war, eintreten mussten, bevor es die Russen taten«[31].

Ende Mai 1950 beschwerte sich Stalin bei Harry Pollitt, dem Vorsitzenden der britischen KP, dass Labour den Amerikanern »noch untertaner« sei als die Tories.[32] Doch solche Attacken gegen die Labour-Partei, kaum dass die Wahlen vorbei waren, führten nur dazu, dass sich die Basis noch enger um ihre Führung scharte.[33] Der linke Parteiflügel war wütend, weil er sich dem Vorwurf ausgesetzt sah, nicht besser als die Tories zu sein, und er war beunruhigt, weil er im Parlament gerade einen heftigen Kampf um die Verstaatlichung der Schwerindustrie und den Aufbau eines staatlichen Gesundheitssystems führen musste. Vergrämt war der nach wie vor für die Blockfreiheit eintretende linke Flügel aber auch wegen der sowjetischen Aktionen in Bulgarien, Rumänien, Polen und Ostdeutschland. Bereits 1946 war die britische Labour-Führung zu der Überzeugung gelangt, dass die eigentliche Bedrohung des Friedens nicht von den Vereinigten Staaten, sondern von der Sowjetunion ausging.

Bei der Frage der Menschenrechte, wie wir es heute nennen, stellte sich der harte Kern der Linken gegen die Mehrheitsmeinung. Aber er bestand nur aus einem runden Dutzend Aktivisten vom Schlage einer Joan Robinson. Die Mehrheit der Labour-Linken war sehr viel entschiedener antikommunistisch eingestellt als die politischen Liberalen in den Vereinigten Staaten. Sich offen zum Kommunismus bekennende Labour-Mitglieder wie Denis Nowell Pritt und John Platts-Mills wurden aus der Partei ausgeschlossen, und der Vorschlag der britischen KP, sich mit Labour zusammenzuschließen, wurde brüsk abgelehnt. Selbst eine so verlässlich prosowjetische Figur wie Harold Laski – ein prominenter Politikwissenschaftler an der London School of Economics, der der Labour-Partei 1945 als Vorsitzender gedient hatte – verteidigte das Vorgehen der Labour-Führung mit der Begründung, dass die Kommunisten »wie ein Geheimbataillon von Fallschirmjägern in der eigenen Brigade agieren […]. Der geheime Zweck heiligt das Mittel, die Achtung vor der Wahrheit und dem ehrlichen Handel hinzugeben«[34]. Soweit es fast die gesamte britische Linke betraf, war die Kriegsromanze mit der Sowjetunion vorbei.

Nicht so für Joan Robinson. Sie, die vom Wesen her so autoritär war, hatte nichts als Verachtung für die typischen politischen Kompromisse einer Demokratie übrig. Sie ließ sich weder von den Säuberungsaktionen Stalins in der Sowjetunion noch von der Tatsache beirren, dass der sowjetische Diktator im Trüben fremder Gewässer zu fischen pflegte – oder besser gesagt: den Blick auf die Gewässer fremder Länder trübte, um dort in aller Ruhe fischen zu können. Dass die Welt Stalin verurteilte, schien ihn für Robinson nur noch anziehender zu machen. Aus ihrer Sicht stellten die Vereinigten Staaten die größte Bedrohung für den Frieden dar. »Die große Frage, von der alles überschattet wird, ist, ob Russland einen Angriff plant; denn wenn nicht, macht unsere ganze Politik keinen Sinn.« Sie beschuldigte die Vereinigten Staaten, ideologische mit militärischer Aggression zu verwechseln, und behauptete, dass »der große Boom, der in Amerika durch die Aufrüstung entstand, zu weit gegangen ist, um noch akzeptabel sein zu können [...]; die Aussicht auf eine friedliche Détente und eine plötzliche Einstellung der Rüstungsausgaben ist eine Bedrohung für ihre Wirtschaft. [...] Der Weg des geringsten Widerstands ist, damit fortzufahren. Das scheint mir in der gegenwärtigen Lage doch die größte Bedrohung zu sein«[35].

Der Marshallplan kam wie ein Blitz aus heiterem Himmel über die britische Linke und sollte sie prompt spalten. Am 5. Juni 1947 hatte der amerikanische Außenminister George C. Marshall eine Rede in Harvard gehalten, in der er seinen Plan vorstellte: »Die Vereinigten Staaten sollten alles in ihrer Macht Stehende tun, um der Welt die Rückkehr zu einem normalen wirtschaftlichen Gesundheitszustand zu verhelfen, ohne den es keine politische Stabilität und keinen gesicherten Frieden geben kann.«[36] Der Marshallplan sollte den Internationalen Währungsfonds (IWF), der praktisch inaktiv war, ebenso in den Schatten stellen wie die Weltbank, die so ungemein sparsam mit ihren Mitteln umging und sich weigerte, Wiederaufbaukredite zu geben. 1948 verfassten die IWF-Direktoren einen Bericht, der »eine beißende Grabinschrift für die Hoffnung [war], die zu Kriegszeiten auf den Multilateralismus gesetzt hatte«, schrieb der amerikanische Diplomat und Ökonom Richard Gardner und kam zu dem Schluss, dass »die Abhängigkeit vom bilateralen Handel und von bilateralen Währungen nun sehr viel stärker ist als vor dem Krieg«.[37] Binnen eines Monats lehnte Wjatscheslaw Molotow, der russische Volkskommissar für Auswärtige Angelegenheiten, bei einer internationalen sozialistischen Konferenz in Paris den Marshallplan öffentlich ab: Er bezeichnete ihn als einen »amerikanischen Plan zur Versklavung Europas«.

Die Labour-Partei hingegen hielt die amerikanischen Hilfsleistungen für »einen wichtigen Schritt hin zu einem geeinten, blühenden Europa«. Aber Robinson hatte nichts Eiligeres zu tun, als solche Hilfe anzuprangern.[38] Am 25. Juni behauptete sie beim »London Forum« der BBC, dass das amerikanische Geld einen »antikommunistischen westlichen Block« erschaffen und somit die Gefahr eines Krieges nur steigern würde. Dem fügte sie noch hinzu: »Ich glaube nicht, dass man sagen kann, wir würden westliche Werte schützen, indem wir Dollars annehmen und Europa spalten. Ich finde, dass erst das die westlichen Werte in Gefahr bringt.«[39] Mit anderen Worten: Großbritannien sollte das Angebot amerikanischer Hilfe ausschlagen, so wie es die Sowjetunion und ihre ostmitteleuropäischen Bündnispartner getan hatten. Damit nahm Robinson eine Position ein, die praktisch die gesamte britische Linke, welche sich hinter die Labour-Partei gestellt hatte, gegen sie aufbrachte. Die einzige Ausnahme bildete die britische KP: Sie warf der Labour-Regierung vor, sich »an die Wall Street zu verkaufen«.[40]

Robinsons Eintreten für Stalin in den Vierziger- und Fünfzigerjahren war letztlich noch rätselhafter – und auch von weit weniger Vorbehalten begleitet – als die Begeisterung, die Beatrice Webb in den Dreißigerjahren gezeigt hatte. Ein bisschen ähnelte das Ganze ihrer einstigen Anbetung von Keynes, den sie ja in erster Linie zu einer Ikone stilisiert hatte.[41] Der Politikwissenschaftler Bill Jones schätzte in seiner 1977 veröffentlichten Studie *The Russia Complex: The British Labour Party and the Soviet Union*, dass es 1946 nicht mehr als vielleicht zwanzig kommunistische Sympathisanten in der Labour-Partei gegeben habe. Dass Robinson die Sowjetunion so heftig verteidigte, unterschied sie nicht nur von Laski – den George Orwell als einen »Sozialisten aus Loyalität und einen Liberalen vom Temperament her« bezeichnet hatte –, sondern auch von fast der gesamten Labour-Linken. Sie verleugnete damit ihre eigenen Familientraditionen, was zwangsläufig nicht nur eines gewissen Maßes an Doppelzüngigkeit bedurfte, sondern auch die Mitwirkung an der Täuschung anderer zur Folge hatte. »Wovon man nicht sprechen kann, darüber muss man schweigen«, lauten Ludwig Wittgensteins berühmte Worte am Ende seines *Tractatus Logico-Philosophicus*. Was die wahre Natur ihrer Beziehung zu den Sowjets betraf, so sollte Robinson, die sonst so furchtlos ihre Ansichten zu äußern pflegte, immer argwöhnisch verschlossen bleiben.

Im Jahr 1939 hatte sie Richard Kahn gestanden, dass die »tiefe Kluft zwischen meiner politischen und meiner Stammesloyalität in all diesen Jahren eine unentwegte und stetig wachsende Belastung« für sie gewesen sei.[42] Als sie sich schließlich an Moskau band, waren ihre Erwartungen bezüglich eines Untergangs des Westens und ihr Optimismus bezüglich der Dynamik des Ostens bereits in Stein gemeißelt. Aber die Last ihrer gespaltenen Loyalität wog schwerer denn je. Im Laufe des Sommers und Herbstes 1952 wurde ihre freudig erregte Stimmung immer fieberhafter und hektischer. Sie schrieb, dass sie gerade dabei sei, große Geheimnisse zu entschlüsseln, darunter auch den Grund für ihre frustrierende Beziehung zu Kahn; und sie begann sich selbst davon zu überzeugen, dass sie einen versteckten Fehler im Unterbau der Wirtschaftstheorie entdeckt habe, der, wenn man seine Existenz nur erkennen würde, den Kapitalismus zu Fall brächte. Im Herbst konnte sie nicht mehr schlafen, redete unaufhörlich und ganz offensichtlich wahnhaft. Nachdem Richard Kahn, Austin Robinson und Ernest Altounyan sich gegenseitig konsultiert hatten, wurde sie erneut eingewiesen, diesmal für die Dauer von sechs Monaten.

Doch sie erholte sich so weit, dass sie im anschließenden Frühjahr erneut nach Moskau reisen konnte. Stalin war tot und Moskau nur die erste Station auf einer komplizierten Pilgerfahrt, die sie zum ersten Mal auch nach Beijing und in eine Reihe von sowjetischen Satellitenstaaten in der Dritten Welt führen sollte, darunter Burma, Thailand, Vietnam, Ägypten, Libanon, Syrien und der Irak. Sie hatte sich zur Vizepräsidentin des »British Council of International Trade with China« ernennen lassen, einer Organisation, deren Vorstand hauptsächlich aus heimlichen Mitgliedern der britischen KP bestand und die verdächtigt wurde, eine reine Zweckgemeinschaft zur Finanzierung der britischen Kommunistischen Partei zu sein. Ihr Präsident war Lord Boyd Orr, ein Welternährungsfachmann, der 1949 den Friedensnobelpreis erhalten hatte, britischer Delegationschef bei der Moskauer Konferenz gewesen und zu einer fixen Größe bei solchen Ereignissen geworden war.[43] Vielleicht war es Robinsons Verlegenheit angesichts der Rolle, die sie selbst bei dieser sogenannten »Eisbrecher-Mission« spielte, welche sie dazu brachte, sich bei der zeremoniellen Unterzeichnung der »Geschäftsvereinbarungen« fast unsichtbar für die Kamera hinter einem anderen Würdenträger zu verstecken. Milton Friedman, der das akademische Jahr gerade im englischen Cambridge verbrachte, war verblüfft, dass eine Ökonomin von der Brillanz einer Joan Robinson »es möglich fand, jedes einzelne Merkmal der russischen und chinesischen Politik zu rationalisieren und zu lobpreisen«[44].

Mit ihren neunundvierzig Jahren war Joan Robinson respekteinflößender denn je, teils »prächtige Walküre«, teils Huri, teils Politkommissar.

Von herrischer Art, intellektuell einschüchternd und verführerisch, vereinte sich in ihr eine geradezu olympische Siegessicherheit mit einem steten leisen Sarkasmus. Wiewohl sie erst 1958 in die Britische Akademie der Wissenschaften aufgenommen werden sollte und bis zu Austins Pensionierung im Jahr 1965 warten musste, um selbst eine Professur zu ergattern, verstand sie es doch, das führerlose Vakuum auszufüllen, das nach Keynes Tod entstanden war. Natürlich gab es unter den Keynesianern noch weitere Prominente, doch während sich Straffa in das Sammeln und Herausgeben der Arbeiten von David Ricardo vergrub und Nicholas Kaldor weitergezogen war, um ein politischer Insider der Labour-Partei zu werden, definierte sie die Agenda und dominierte die Männer in ihrem Umfeld.

In einem von John Hicks veranstalteten Seminar in Oxford – 1972 sollte er sich mit Kenneth Arrow einen Nobelpreis für ihre Arbeiten in der Gleichgewichts- und Wohlfahrtstheorie teilen – pflegte Robinson »ihm ständig zu erzählen, was er gerade gesagt hatte«, wie sich ein anderer Seminarist erinnerte. »Er wurde rosiger und rosiger, bis er schließlich heftig stammelnd erklärte: ›Ich habe nichts dergleichen gesagt‹, woraufhin sie ihm antwortete, wenn er das nicht gesagt habe, dann habe er es jedenfalls sagen wollen.«[45] Im Gegensatz zum Katholiken Keynes, der immer sorgsam darauf bedacht gewesen war, sich nicht allzu sehr in die eigenen Ideen zu verstricken, und dem es immer missfallen hatte, wenn seine geistigen Kinder doktrinär wurden, war Joan ständig auf der Suche nach Jüngern solcher Art. Ihre männlichen Nachhilfeschüler pflegten sich dann entweder in sie zu vergucken oder sich von ihr einschüchtern zu lassen. Einer von ihnen erinnerte sich:

Mrs. R. pflegte auf einem Pouf Platz zu nehmen, Zigaretten mit einer langen Spitze zu rauchen [...], ein Negligé zu tragen, das grau werdende Haar zu einem strengen Dutt gebunden, und mich mit ihren intelligenten Augen unter den ausladenden Brauen zu fixieren. Die Szene hatte entfernte Ähnlichkeit mit Picassos Porträt von Gertrude Stein: die gleiche schwere Behäbigkeit und Präsenz. Doch damit endete die Ähnlichkeit auch schon. Mrs. R. war zwar nicht gerade ein flotter Feger, aber mit Sicherheit wohlgestalt. Der Unterschied zwischen ihr und Stein wurde noch deutlicher durch eine Zeichnung, die auf einem klei-

nen Tisch neben dem Pouf stand und eine splitternackte Frau auf einem
Pouf zeigte, die das Gesicht in den Händen barg.[46]

Für Robinson wurde Cambridge/England der Gegenpol zu Cambridge/
Massachusetts. Die Verachtung, die sie für die Mathematik an den Tag
legte, grenzte schon an Affektiertheit. Das Angebot, Präsidentin der
Econometric Society zu werden, lehnte sie mit der Begründung ab, dass
sie nicht dem Redaktionsausschuss eines Journals beitreten werde, das
sie nicht lesen könne. Ihr alter Professor Arthur Pigou nannte sie »eine
Schnattergans, die unzählige Papageien ausbrütet«, und klagte, dass sie
»die Wahrheit mit einem so gewaltigen W und solch preußischer Effizienz kundtut, dass die jämmerlichen Männer zu eineiigen Würstchen
ohne eigene Meinung werden«[47]. Michael Straight, dessen Familie die
New Republic gehörte und der später vom KGB angeworben wurde,
nannte sie einmal »die aufregendste und brillanteste Dozentin, soweit
es die Ökonomiestudenten betraf«[48].

Als Angehörige der Klasse, die einst das Empire verwaltet hatte, war
Joan erwachsen geworden, als gerade der endgültige Abgesang des bri-
tischen Imperialismus eingeleitet wurde, und vielleicht war es dieses
Gefühl, der historischen Verliererseite angehört zu haben, das ihr die
Zielstrebigkeit verlieh, mit der sie sich immer auf die Seite der historischen Sieger schlagen wollte. Als sie zum ersten Mal nach Moskau gereist war, hatte ihre neue Leidenschaft der Frage des Wirtschaftswachstums gegolten, und sie war bereits überzeugt gewesen, dass sie zwanzig
Jahre zuvor, als sie *The Economics of Imperfect Competition* »auf der
Basis von statischen Annahmen ausgearbeitet« hatte, intellektuell »den
falschen Abzweig« genommen hatte.[49] Während der Weltwirtschaftskrise hatte sie sich mächtig abgeplagt, um eine Antwort auf eine Frage
zu finden, die sie mittlerweile für die falsche hielt. Anstatt zu fragen,
was zu temporärer Arbeitslosigkeit führe, hätte sie sich, wie sie nun
glaubte, auf die Frage konzentrieren müssen, was den Wohlstand und
die Armut von Nationen verursache. Rückblickend beurteilt, sagte sie,
hätte sie die »statische Analyse« verwerfen sollen und stattdessen »mit
Marshalls Entwicklungstheorie ins Reine kommen« müssen.

Die Frage des langfristigen Wachstums hatte ursprünglich die Aufmerksamkeit aller Keynesianer, Robinson eingeschlossen, auf sich gezogen, da sie sich Sorgen um eine langfristige Stagnation des industria-

lisierten Westens gemacht hatten. Doch diverse Entwicklungen hatten dazu geführt, dass sie ihre Aufmerksamkeit dann auf die »übervölkerten rückständigen Länder« verlagerten – auf die einstigen Kolonien in Asien, Afrika und Lateinamerika.[50] Allerdings hatte sich in der Nachkriegszeit zuerst keine Stagnation gezeigt. Das vom Krieg zerrüttete England und das westeuropäische Festland erholten sich vielmehr derart beeindruckend, dass die Arbeitslosigkeit bis 1950 praktisch von der Bildfläche verschwunden war und die Löhne rapide anstiegen. Die Linke behauptete, dass nur der Rüstungswettlauf die Marktwirtschaft gerettet habe, aber es war und bleibt eine Tatsache, dass die Wirtschaft im Westen derart florierte, um einfach keine überzeugenden Gründe für den Sozialismus zu liefern.

Der Zweite Weltkrieg hatte auch die Dekolonialisierung unvermeidlich gemacht. Großbritanniens finanzielle Schwäche und die Entschlossenheit der Briten, im eigenen Land einen Wohlfahrtsstaat aufzubauen, trafen zeitlich mit der Gründung von nationalen Befreiungsbewegungen zusammen. Der sich intensivierende Kalte Krieg beschleunigte diesen Prozess, weil er die Verhandlungsmacht der Dritten Welt stärkte. Und die wachsende politische Beteiligung armer Länder an globalen Organisationen, inklusive der Vereinten Nationen, lenkte die Aufmerksamkeit endlich auf das wirtschaftliche Problem der »Unterentwicklung«.

Die hoffnungsvolle Rhetorik der Moskauer Konferenz wirkt im Rückblick geradezu absurd optimistisch. China, das ein Fünftel der Weltbevölkerung stellte, hatte 1952 ein durchschnittliches jährliches Pro-Kopf-Einkommen zu verzeichnen, das ungefähr der Hälfte des Einkommens des afrikanischen Kontinents und bloß 5 Prozent des Einkommens des amerikanischen Kontinents entsprach. Der durchschnittliche Lebensstandard in Indien, das 15 Prozent der Weltbevölkerung stellte, lag nur marginal höher. Hätte irgendjemand vor dem Krieg danach gefragt, dann hätten die meisten Ökonomen bereitwillig konzediert, dass auch arme Länder reich werden könnten – irgendwann. Immerhin war Europa der malthusischen Falle universeller Armut und eines Lebens am Rande des Hungertods allein dadurch entkommen, dass es ein Wirtschaftswachstum zustande brachte, welches um 1 bis 2 Prozent schneller wuchs als die Bevölkerung.

Doch welche Hoffnung konnte die europäische Erfahrung Regionen wie dem bevölkerungsreichen China, Indien oder dem Mittleren Osten bieten? Nicht nur, dass die materielle Kluft zwischen den dicht besiedelten armen Ländern und den reichsten Ländern der Welt unvorstellbar tief war. Noch verstörender war, dass die damaligen armen Länder sogar um ein Vielfaches ärmer waren als England um das Jahr 1840, bevor der bemerkenswerte Anstieg der Reallöhne und Lebensbedingungen des durchschnittlichen Engländers einsetzte. »In den Ebenen von Indien und China führen heutzutage von Seuchen geplagte hungrige Männer und Frauen ein Leben, das kaum besser ist [...] als das des Rindviehs, welches mit ihnen schuftet«, schrieb der englische Wirtschaftshistoriker Thomas S. Ashton 1948. »Solche asiatischen Standards und die Schrecken einer nicht vorhandenen Mechanisierung sind das Los aller, die immer mehr an der Zahl werden, ohne eine industrielle Revolution zu erleben.« Würden China und Indien im gleichen Tempo wie einst Großbritannien, Europa und Amerika der Armut entkommen, bräuchten sie weitere hundert Jahre, um überhaupt erst einmal *dieses* Niveau zu erreichen.[51]

Das Pro und Kontra der zentralen Planwirtschaft und verstaatlichter Unternehmen war nicht das Einzige, was hier eine Rolle spielte. Es gab auch die Frage des internationalen Handels und der Investitionen. War eine Integration in die Weltwirtschaft oder eine Autarkie der schnellere Weg? Die Antwort hing ganz davon ab, welchen ursächlichen Zusammenhang man für Unterentwicklung sah. Im viktorianischen England hatten Friedrich Engels und Karl Marx ein Jahrhundert zuvor behauptet, dass Armut ein neuer Zustand und im viktorianischen England um ein Vielfaches schlimmer als im elisabethanischen gewesen sei. Die Schuld dafür gaben sie den Reichen. Alfred Marshall, Irving Fisher, Joseph Schumpeter und John Maynard Keynes vertraten später eine andere Meinung. Sie verwiesen darauf, dass Armut schon lange vor dem Entstehen der modernen Wirtschaft das Schicksal des Menschen gewesen sei. Die Wurzel des Übels von niedrigen Lebensstandards sei nicht der Mangel an Ressourcen oder die ungleiche Verteilung existierender Einkommen, sondern die Unfähigkeit, vorhandene Ressourcen – Land, Arbeit, Kapital, Wissen – effizient zu nutzen. Mittlerweile stellte sich fast überall auf der Welt die Frage, ob die Armut von Nationen durch das westliche Wirtschaftssystem oder durch lokale Bedingungen und Institutionen hervorgerufen wurde, die dem Wirtschaftswachstum abträglich waren, aber von westlichen Organisationen behoben werden könnten.

Schumpeter hatte den Sieg des Bolschewismus in einer vorkapitalistischen Agrarwirtschaft für einen reinen »Glückstreffer« gehalten. Robinson gestand in ihrer Rezension seiner Studie *Capitalism, Socialism and Democracy* zu:

> *Das mag ja sein. Aber in diesem Fall scheint die Ausnahme doch von größerer Bedeutung zu sein als die Regel. Wer weiß, welche Glückstreffer das Ende des gegenwärtigen Krieges begleiten könnten? Und selbst dann, wenn der bolschewistische Glückstreffer einzigartig bliebe, kann doch nicht bezweifelt werden, dass die Existenz einer sozialistischen Großmacht zumindest eine ebenso wichtige Rolle bei der Entwicklung anderer Länder spielen wird (selbst ohne absichtliche Einmischungen in deren Angelegenheiten) wie der subtilere Prozess der Evolution nach Maßgabe der dem Kapitalismus innewohnenden Eigenschaften.*

Der Sieg der Sowjetunion im Zweiten Weltkrieg über Deutschland, die führende Industriemacht Europas, hatte Robinson offenbar davon überzeugt, dass der Sozialismus eine Abkürzung zur Industrialisierung war:

> *Die großartige Lehre aus dieser dreißigjährigen Geschichte ist weniger wichtig für die industrialisierten Länder des Westens, wo bereits ein hoher Lebensstandard herrscht, als für die unterentwickelten Nationen. Dass der Kommunismus dazu bestimmt ist, den Kapitalismus zu verdrängen, liegt in der Natur der Lehre, doch es ist eine erwiesene Tatsache, dass das sowjetische System aufzeigt, wie sich die technischen Errungenschaften des Kapitalismus imitieren (und in einigen Fällen übertreffen) lassen durch diejenigen, die sich die erste industrielle Revolution als Holzfäller und Wasserträger hielt.*[52]

Im Jahr 1951 schrieb Robinson eine kurze Einleitung zur englischen Ausgabe von Rosa Luxemburgs marxistischem Klassiker *Die Akkumulation des Kapitals. Ein Beitrag zur ökonomischen Erklärung des Imperialismus*. Luxemburg, die 1919 ermordet wurde, war einer der besten Köpfe unter Marx' Jüngern gewesen. Ihr heutiger Ruf beruht eher

auf ihrer frühen Kritik an der bolschewistischen Diktatur als auf ihrer
Wirtschaftstheorie, doch 1951 war Robinson fasziniert von Luxemburgs Argument gewesen, dass die Grenzen des Wachstums der globalen Marktwirtschaft – und die Ursache für deren unvermeidlichen Zusammenbruch – in der Dritten Welt lägen.

Luxemburg zufolge wurden Unternehmer auf der Suche nach Profit
von den schrumpfenden Investitionsmöglichkeiten im eigenen Land,
welche unvermeidliche Rivalitäten hervorriefen, ins Ausland getrieben. Sobald den Imperialisten dann die ausbeutbaren neuen Gebiete
ausgingen – oder sie auch dort wieder aufeinanderprallten –, müsse
der Kapitalismus zusammenbrechen, entweder durch Stagnation oder
Krieg. Robinson erkannte, dass Luxemburgs Analyse unvollständig
war, da sie den Imperialismus als das einzige Mittel betrachtet hatte,
das es dem Kapitalismus gestatten würde, seinen erlahmenden Auftrieb fortzusetzen, und nicht auch den technischen Wandel oder steigende Reallöhne berücksichtigt hatte: »Gleichwohl, es werden nur
wenige bestreiten, dass die Ausweitung des Kapitalismus auf neue Gebiete die Antriebsfeder dessen war, was ein Wirtschaftswissenschaftler
den ›gewaltigen säkularen Aufschwung‹ der letzten beiden Jahrhunderte genannt hat, welchen viele Wirtschaftswissenschaftler für den
beklommenen Zustand des Kapitalismus im 20. Jahrhundert verantwortlich machen, größtenteils wegen ›der Schließung des Neulands‹ in
aller Welt.« Dennoch schlussfolgerte sie einigermaßen ungenau, dass
Luxemburgs Studie »mehr Voraussicht beweist, als jeder orthodoxe
Zeitgenosse für sich in Anspruch nehmen könnte«.[53]

Robinson begab sich an die Arbeit zu ihrem eigenen Hauptwerk
über das Wirtschaftswachstum, für das sie sich Luxemburgs Titel zu
borgen beabsichtigte.[54] Eine angriffslustige Rezension, die sie 1949
über Roy Harrods Klassiker zum selben Thema schrieb, veranschaulichte, was sie selbst erreichen wollte[55]: Sie geißelte Harrod, weil er die
Interessenkonflikte, Geschichte, Politik und vor allem »die Verteilung
des Einkommens oder die Maßnahmen zu sinnvollen Investitionsstei-
gerungen« ignoriert habe.[56] In einem Artikel, den sie kurz vor ihrer Abreise nach Moskau im Jahr 1952 für das *Economic Journal* schrieb, bot
sie eine Vorschau auf ihr Hauptargument: Wachstum, schrieb sie, sei
der Akkumulationsprozess von Sachkapital – von Straßen, Bürogebäu-
den, Dämmen, Fabriken, Maschinenanlagen und so fort. Marx habe

zugegebenermaßen unrecht gehabt mit seiner Behauptung, dass freie Marktwirtschaften nicht endlos wachsen *könnten*; sie würde nachweisen, dass dem *faktisch* in fast keiner so sei. »Eine fortwährende stetige Akkumulation ist an sich nicht unmöglich«, schrieb sie, doch »die Voraussetzungen, die dieses Modell erfordert, sind in der Realität höchst unwahrscheinlich gegeben.«[57]

Robinsons erster Besuch in China im Jahr 1953 verschaffte ihr »den endgültigen Beweis, dass der Kommunismus kein Stadium über dem des Kapitalismus, sondern ein Ersatz für diesen ist«.[58] Später erklärte sie: »Die Privatwirtschaft ist nicht mehr die bestgeeignetste Organisationsform, um Nutzen aus der modernen Technik zu ziehen.« Die entscheidende Hürde für das Wachstum in armen Ländern sei nicht der Mangel an Kapital oder Unternehmertum, sondern die Einmischung des Westens. Der Nord-Süd-Handel sei ein Nullsummenspiel, das ebenso viele Verlierer wie Gewinner hervorbringe, aber es seien zwangsläufig die armen Länder, die als Verlierer daraus hervorgingen. Die Rolle von Bildung und Innovation spielte sie herunter. »Nur wenn die fortgeschrittenen Länder der Überzeugung sind, dass sie sich damit nicht mehr belasten müssen, werden sie die drastischen sozialen Veränderungen tolerieren, welche erforderlich sind, um Kolonial- und einstige Kolonial- und Quasi-Kolonialvölker auf einen hoffnungsvollen Weg zu bringen.« Dem fügte sie die doch ziemlich irrelevante Bemerkung hinzu: »Eine friedliche Koexistenz ist natürlich und logisch.«[59]

Während Joan Robinson ihr Buch schrieb, veranstaltete Richard Kahn das von beiden so genannte »Geheimseminar«. Die Gruppe traf sich während des Herbst- und Frühjahrssemesters jeden Dienstag in Kahns Räumen im King's College, die als Testgelände für Joans noch unfertige Arbeit dienten. Besucher, die gebeten wurden vorbeizuschauen, pflegten dann allerdings festzustellen, dass man sie dort kaum zu Wort kommen ließ. Samuelson schilderte ein typisches Treffen: Robinsons Freund »Kaldor sprach 75 % der Zeit, und Joan sprach 75 % der Zeit«[60].

Als *The Accumulation of Capital* 1956 erschien, waren ausführliche Rezensionen schon wegen des »heroischen Umfangs« des Werkes und des erhabenen Status, den Robinson genoss, zu erwarten gewesen. Doch obgleich die Rezensenten das Werk als »monumental« und »bedeutend« bezeichneten, waren die Reaktionen doch gedämpft.

Einige beklagten, dass es darin »wenig neue Erkenntnisse« oder »keine
Thesen [gibt], die sich empirisch überprüfen lassen«; einer erklärte es
zu »einer in Worte gefassten grafischen Exposition« von »altbekann-
ten Ergebnissen linearer Programmierung«.[61] Andere kritisierten, dass
Robinson die Rolle des Verbrauchers nicht verstanden, logische Fehler gemacht und die jüngste Forschung schlicht ignoriert habe. (Was
übrigens als ein typisches Cambridge-Laster galt. Ein Rezensent zum
Beispiel verwies auf Piero Sraffas Buch *Production of Commodities by
Means of Commodities,* das dieser während des Zweiten Weltkriegs
geschrieben hatte und das keine einzige Quellenangabe enthielt, die
sich auf ein nach 1913 veröffentlichtes Werk bezog.) Wenig wohlwollend äußerte sich auch Harry Johnson. Er schrieb, dass seine einstige
Professorin allein zur eigenen Zufriedenheit schlüssig bewiesen habe,
dass der Kapitalismus unmöglich funktionieren könne. Samuelson verglich Robinsons Theorie mit Lenins Dreisatz: »Kommunismus = Sow-
jetmacht + Elektrizität.«[62] Der amerikanische Ökonom Abba Lerner
nannte das Buch eine »Perle«, nicht nur, weil es die Aufmerksamkeit
wieder auf »die Ursachen des Wohlstands der Nationen« lenkte, sondern auch, weil es Doktoranden mit einer Unzahl »von Fehlern und
[…] ausgeklügelten Irrungen« konfrontierte, an denen sie ihre geistigen Muskeln stählen konnten.[63] Sein amerikanischer Kollege Lawrence
Klein, der Robinsons politische Ansichten teilte, tat ihre Erkenntnisse
als »die übliche Art von Resultaten« ab, »die in der Wirtschaftstheorie
aus irgendeinem Maximierungs- oder Minimierungsprinzip abgeleitet
werden«.[64]

Robert Solow, ein Keynesianer am MIT, der im selben Jahr eine Abhandlung über das Wirtschaftswachstum veröffentlicht hatte – die ihm
1987 den Nobelpreis einbringen sollte –, versetzte Robinsons Theorie schließlich den Todesstoß: »Ich finde nichts Keynesianisches an der
Joan'schen Ökonomie. […] Es gibt nichts in *The Accumulation of Capital* […] oder in irgendeinem [ihrer anderen] Papiere, das mir unver-
fälscht in Keynes zu wurzeln oder von ihm inspiriert zu sein scheint.«[65]

Solow selbst hatte nicht nur eine elegante Theorie vorgeschlagen,
sondern auch ein atemberaubendes empirisches Ergebnis produziert:
Neun Zehntel der Verdoppelung, die in den Vereinigten Staaten zwischen 1909 und 1949 bei der Produktionsleistung pro Arbeiter zu verzeichnen gewesen war, hatten sich weder dank der Akkumulation von

Sachkapital noch irgendwelcher Verbesserungsmaßnahmen im Gesundheits- und Bildungssektor für die Werktätigen ergeben, sondern allein durch den technischen Fortschritt. Die Implikation, dass ein wirtschaftliches Umfeld, welches offen ist für Innovationen, wichtiger sei als dessen Vorrat an Fabriken und Maschinenanlagen, widersprach kategorisch Robinsons zentraler Prämisse, ganz zu schweigen der des weithin imitierten Sowjetmodells. Solow, der Schumpeter etwas unfair als einen prodeutschen Antisemiten und intellektuellen Blender bezeichnete, hatte zwingende Nachweise erbracht, dass nicht das, was ein Volk besitzt, sondern das, was ein Volk mit dem macht, was es besitzt, dessen langfristigen wirtschaftlichen Erfolg oder Misserfolg bestimmt. Und das war natürlich Schumpeter pur.

Robert Solow und Kenneth Arrow verbrachten das akademische Jahr 1963/64 im englischen Cambridge und hörten dort Robinsons Bericht über ihre zweimonatige Tour durch chinesische Volkskommunen: Sie erklärte, dass sie »der bösartigen Falschbewertung Chinas in der westlichen Presse« entgegenwirken wolle, zürnte »den Kritikern, die Krokodilstränen wegen der ›Hungersnot‹ vergossen«, und behauptete, dass Chinas Volkskommunen während der drei »bitteren Jahre« der Flut und Dürre »eine Methode der Organisation von Fürsorge« dargestellt hätten. Wie als Echo der begeisterten Berichte, die Beatrice und Sidney Webb während der ukrainischen Hungersnot im Jahr 1932 abgeliefert hatten, bezeichnete Robinson die Volkskommunen nun als »eine brillante Erfindung« und schlussfolgerte, dass »das Rationierungssystem funktionierte; die Rationen waren knapp bemessen, wurden aber immer eingehalten«.[66]

Wir wissen heute, dass zwischen 1958 und 1962 geschätzte fünfzehn bis dreißig Millionen Bauern in den Provinzen Henan, Anhui und Sichuan ums Leben kamen – zehnmal mehr Opfer als 1943 die Hungersnot in Bengalen gefordert hatte – und dass die erzwungene Kollektivierung, der katastrophale »Große Vorwärtssprung« und die Weigerung des Regimes von Mao Zedong, eine groß angelegte Hilfsaktion zu starten, nicht aber schlechte Witterungsbedingungen die Hauptschuld daran trugen.

Dass Demokratie und Wohlergehen Hand in Hand gehen, ist heute gängige Meinung. Doch die wurde lange Zeit nicht geteilt. Individualrechte galten unter vielen Intellektuellen, die von der utilitaristischen Tradition beeinflusst waren, als ein Luxus, den sich arme Völker schlicht nicht leisten konnten. Robinson hielt die Demokratie für einen ziemlichen Schwindel und demokratische Politiker für ebenso kleinmütig wie hinterlistig. »Der Begriff der Freiheit ist ein aalglatter«, schrieb sie während des Zweiten Weltkriegs und merkte ohne eine Spur von Ironie an: »Nur wenn es keinen ernst zu nehmenden Feind im Inneren oder Äußeren gibt, kann gefahrlos Redefreiheit gestattet werden.«[67] Demokratische Reformen lehnte sie als tendenziell »vorschnelle Versuche« ab, »die erreichbaren Früchte zu pflücken«. Dieser blinde Fleck kann eine Menge beitragen, um zu erklären, warum Robinson, die in den Fünfziger- und Sechzigerjahren immer wieder China besuchen sollte, so restlos versagt und die schlimmste Hungersnot der Neuzeit nicht erkannt hatte, während andere, darunter Bertrand Russell, Michael Foote, Harold Laski und Harold Macmillan, die zur einen oder anderen Zeit allesamt als kommunistische Sympathisanten oder Mitläufer geschmäht worden waren, sehr wohl erkannt *hatten*, was dort geschah, *und* internationale Hilfsmaßnahmen gefordert hatten.

Gewiss, Joan Robinson war kaum die Einzige unter den prominenten westlichen Beobachtern gewesen, die sich von Beijings Dementis täuschen ließen. Lord Boyd Orr zum Beispiel war sogar zu dem Schluss gekommen, dass Mao dem »traditionellen chinesischen Hungerkreislauf« ein Ende bereitet habe.[68] Tatsächlich war die gewaltige Zahl der Hungeropfer vor Maos Tod im Jahr 1976 außerhalb von China nicht bekannt gewesen. Doch Robinsons Bereitschaft, einem totalitären Regime Glauben zu schenken, das die Bewegungsfreiheit, die Redefreiheit und die Pressefreiheit verbot und keine freien Wahlen zuließ, war auch symptomatisch für die unter Entwicklungsökonomen vor fünfzig Jahren nur allzu verbreitete Ignoranz der entscheidenden Rolle von politischen Menschenrechten.

Geoffrey Harcourt bemerkte einmal, dass Robinson »immer nach der nächsten Utopie Ausschau« gehalten habe. Vielleicht. Aber sie hielt auch immer nach dem nächsten großen Führer Ausschau, und natürlich auch immer nach der nächsten Audienz beim jeweils Angebeteten. Sie genoss ihren Prominentenstatus, die sich ihr bietenden Vergnügungsreisen, die VIP-Behandlung und die Möglichkeit, andere herumzukommandieren. Sie gefiel sich in der Rolle der furchtlosen Außenseiterin, die ungezwungen mit den Machthabern parliert. Vielleicht haben ihr auch ihr Moskauer Konto, ihre Freundschaften mit Spionen des Kalten Krieges, darunter Solomon Adler, Frank Coe, Donald Wheeler und Oskar Lange, samt der entsprechenden Notwendigkeit von versteckten Anspielungen und bewussten Auslassungen, einen besonderen Kick gegeben.

Im Laufe der Jahre wurde Joan Robinson immer majestätischer, herrischer und pessimistischer. Ihr 1962 publiziertes Buch *Economic Philosophy* begutachtet ökonomische Ideen, die sich seit 1700 entwickelt hatten. George Stigler, Milton Friedmans bester Freund an der University of Chicago, nannte Robinson in seiner Rezension »eine überlegene Logikerin«, warf ihr aber vor, Fakten schlicht zu ignorieren:

Die Ökonomie, betrachtet als eine logische Struktur, die auf einigen wenigen unanfechtbaren Axiomen über die Welt ruht, ist wirklich nicht besonders schwierig. Wenn man sich von zwei Generationen einer ungemein vielfältigen und lehrreichen empirischen Forschung abkapselt, und wenn man glaubt, die Wirtschaftsgeschichte habe keine Relevanz für die Wirtschaftswissenschaften [...], dann bleibt man in der Tat mit einer hohlen Disziplin zurück. Ein Logiker ist ein bewundernswertes Geschöpf, aber er kann nicht zwischen zwei simplen Fehlern unterscheiden: Wenn A = B, und B = C, dann ergibt sich (1) A = 1.01C und (2) A = 10^{65}C. Ein Ökonom kann das.[69] [Hervorhebung der Autorin]

KAPITEL XVIII

Rendezvous mit dem Schicksal:
Amartya Sen in Kalkutta und Cambridge

> Es wurden nicht viele Volkslieder über den Kapitalis-
> mus geschrieben, aber viele über die soziale Gerechtig-
> keit komponiert.

> Es ist im Wesentlichen der Versuch, Entwicklung als
> einen Prozess zu definieren, der die realen Freihei-
> ten des Menschen erweitert. Bei diesem Denkansatz
> wird eine Erweiterung von Freiheit (1) als der *primäre*
> *Zweck* von und (2) das *entscheidende Mittel* für Ent-
> wicklung betrachtet.

> Amartya Sen, 1999[1]

Joan Robinson beendete ihren Vortrag an der Delhi School of Economics, mit der Hand umklammerte sie fest Maos Rotes Buch. Es waren
die späten Sechzigerjahre. Ihr Thema war der trostlose Zustand der
westlichen Volkswirtschaftslehre, doch gesprochen hatte sie hauptsächlich über China und die Kulturrevolution. Das Auditorium war hingerissen. Als der heftige Applaus schließlich abebbte, stellte ein gerten-
schlanker junger Mann eine Frage. Sein Ton verriet aufs Sanfteste und
Höflichste äußerste Skepsis, und Robinson ließ ihn gründlich, wenngleich »mit Zuneigung« abblitzen.[2] Die einstige Professorin und ihr
einstiger Lieblingsstudent waren die besten Feinde. In Cambridge hatte
sie sich immer besonders um Studenten aus der Dritten Welt gekümmert, und einer der begabtesten von ihnen war Amartya Sen gewesen. Doch sein Interesse an den Menschenrechten und einer sofortigen
Linderung von Armut war frontal auf Robinsons Begeisterung für das
sowjetische Industrialisierungsmodell geprallt.

Amartya bedeutet »zur Unsterblichkeit bestimmt«. Amartya Sen,
der aus einer gelehrten, kosmopolitischen Hindufamilie stammt, war
inmitten der Schrecken der bengalischen Hungersnot, der kommunalen Gewalt, des Zusammenbruchs der britischen Herrschaft und der

Teilung seines Landes aufgewachsen. Dann, als brillanter Student und Campusagitator in Kalkutta, hatte er nur knapp eine Krebserkrankung überlebt, aber ein besseres Examen hingelegt als hunderttausend andere Prüflinge, was ihm die Zulassung ans Trinity College in Cambridge bescherte, der Studienstätte von Isaac Newton, G. H. Hardy und des Mathematikers Srinivasa Ramanujan. Seit 1970 lebte Sen fast ausschließlich in England und Amerika, doch Indien ließ ihn gedanklich nie los. Er schöpfte aus eigenen Erfahrungen, dem lebenslangen Studium der Entrechteten und einem tiefgründigen Wissen über die östliche und westliche Philosophie, um jede einzelne Facette des zeitgenössischen ökonomischen Denkens und die traditionelle Vorstellung von sozialer Wohlfahrt in Frage zu stellen. Auch die herrschenden Vorstellungen von der Art und Weise, wie Fortschritt sich messen lasse, focht er an, außerdem trug er maßgeblich zur Wiedereinführung »einer ethischen Dimension in die Diskussion über entscheidende ökonomische Fragen« bei.[3] Sen ist ein *public intellectual*, ein Intellektueller also, der sich öffentlich mit den herrschenden kulturellen Traditionen auseinandersetzt, wobei er sich vor allem einer Themenpalette widmet, die von Hungersnöten über die vorzeitige Sterblichkeit von Frauen bis hin zum Multikulturalismus und der Proliferation von Atomwaffen reicht. Seine inspirierende Lebensreise aus dem verarmten Kalkutta im gerade unabhängig gewordenen Indien in die Elfenbeintürme von Cambridge in England und Cambridge in Massachusetts – und zurück – ist ein Sieg der Vernunft, der Empathie und einer ungemein menschlichen Entschlossenheit, unfassbar hohe Hürden zu überwinden.

Im Januar 2002 veranstaltete die hinduistisch-nationalistische Regierung der Bharatiya-Janata-Partei Indiens in Delhi ein dreitägiges Fest für die weit verstreut lebende indische Diaspora. In einer Geste, die offenbarte, wie wenig sich der weit gereiste Sen von seinen Wurzeln entfernt hatte, verließ er die Feier jedoch, um am anderen Ende der Stadt in der Kälte, unter freiem Himmel auf einem staubigen Feld, bei einem »Hunger Hearing« zu Hunderten von Bauern und Arbeitern zu sprechen.

Nacheinander stellten sich Personen aus dem Publikum ans Mikrofon. Eine dürre Vierzehnjährige aus Delhi erzählte, dass sie hungern müsse, weil sie ihren Job als Tellerwäscherin verloren habe. Ein dunkelhäutiger Mann aus Orissa berichtete, dass drei seiner Angehörigen der lokalen Dürre im Vorjahr zum Opfer gefallen waren. Fünfundfünfzig Jahre nach der Unabhängigkeit Indiens litt ein höherer Anteil der Bevölkerung als in jedem anderen Land der Welt, das subsaharische Afrika einbeschlossen, unter chronischer Mangelernährung. Und doch hielt die indische Regierung die Lebensmittelpreise hoch, indem sie die Agrarpreise stützte, während sie den größten Lebensmittelvorrat der Welt angelegt hatte, nur um ein Drittel davon in von Ratten verseuchten Kornspeichern verrotten zu lassen.

Als sich Sen erhob, frierend in seiner ausgebeulten Cordhose und dem zerknitterten Jackett, sprach er weniger über das »Interesse der Verbraucher, das den Farmern geopfert wird«, als über das »zutiefst einsame Sterben«. Sein Publikum erstarrte in Ehrfurcht. Er ließ es sein Mitgefühl spüren und ermutigte es. »Ohne Proteste wie diesen«, sagte er, »gäbe es noch sehr viel mehr Tote. Hätte es damals etwas Derartiges gegeben, dann hätte die bengalische Hungersnot vermieden werden können.« Ihre Bereitschaft, die Stimme zu erheben, erklärte er den Menschen anerkennend, sei »Demokratie in Aktion«.[4]

Sen ist Bengale. So, wie es für Amerikaner etwas Bestimmtes aussagt, wenn sich jemand als »Südstaatler« bezeichnet, hat »Bengale« für Inder einen ganz besonderen Beiklang. Bengalen ist ein großes Deltaland und Fisch daher die Hauptnahrung seiner Bewohner. Die traditionelle Bekleidung ist der Dhoti, das Beinkleid der Männer, für die Frauen der Punjabi und die Chappals genannten Jutesandalen. Alle Bengalen, sagt Sen, sind große Redner – wie er. Das Schlimmste am Sterben, so ein beliebter Scherz der Bengalen, sei die Vorstellung, dass die Leute weiterreden, wenn du nicht mehr antworten kannst.

Die bengalische Bezeichnung für einen »öffentlichen Intellektuellen« ist *bhadralok*. Bengalen hat eine mindestens zwei Jahrhunderte zurückreichende Tradition von gebildeten Männern mit kosmopolitischen Anschauungen, die gegen solche Übel wie die Unberührbarkeit und die Witwenverbrennung ankämpften. Sen ist Teil dieser Tradition. Seine Familie stammt aus dem alten Teil von Dhaka, der einstigen Hauptstadt Bengalens und heutigen Metropole des muslimischen Bangladesch, die am Fluss Buriganga liegt, rund zweihundertfünfzig Kilometer Luftlinie von Kalkutta entfernt. Zu Jane Austens Zeiten war Dhaka »ein großer, geschäftiger Ort von erstrangiger Bedeutung« und seines feinen Musselins wegen (genannt *bafta hawa*: »verwebte Luft«) welt-weit berühmt gewesen.[5] Aber die Konkurrenz aus Manchester hatte den Niedergang gebracht. Bis zum Jahr 1900 war die Bevölkerung der Stadt um zwei Drittel geschrumpft, und einem zeitgenössischen Reise-führer zufolge waren bereits »überall um die gegenwärtige Stadt herum die Ruinen von guten Häusern, Moscheen, Tempeln, vom Dschungel überwuchert«.[6] Dreiunddreißig Jahre später, als Sen auf die Welt kam, hatte sich Dhaka als eine regionale Verwaltungsstadt des britischen Raj wieder etwas von seiner einstigen Bedeutung zurückerobert.

Sen gehörte seiner Geburtskaste nach der englischsprechenden Klasse von Akademikern und Beamten an, die an der Verwaltung von Britisch-Indien beteiligt wurden. Sein Vater Ashutosh, den er als einen »abenteuerlustigen Mann« schildert, hatte seinen Doktor in Chemie an der London University gemacht und sich dort in eine englische Quäke-rin verliebt. Doch daheim erwartete ihn eine arrangierte Ehe. Er wurde schließlich Leiter des Fachbereichs für landwirtschaftliche Chemie an der Universität von Dhaka (oder »Dacca«, wie die anglisierte Schreib-weise lautete). Die Sens wohnten in einem typischen Dhaka-Haus, rund zwanzig Meter lang, mit einem schmalen Vorbau und »in der Mitte ein Innenhof, der sich dem Himmel öffnete«, das über reichlich Zimmer für die Dienerschaft und Verwandte verfügte.

Sens Bildungsprozess begann 1939 an einer englischen Missionars-schule. Zwei Jahre später, als die Japaner nach Britisch-Indien vor-rückten, wurde er zu seiner Großmutter mütterlicherseits nach San-tiniketan, hundertachtzig Kilometer nördlich von Kalkutta, geschickt, »damit ich vor den Bomben sicher war«. Auch der Name Santiniketan hat einen besonderen Klang für Bengalen – vielmehr: für alle Inder –, da er mit der Geschichte des Dichters Rabindranath Tagore (wie Tha-kur nach alter anglisierter Form geschrieben wurde) verflochten ist. Nachdem dieser 1913 den Literaturnobelpreis erhalten hatte, gründete er mit dem Preisgeld in Santiniketan die Visva-Bharati University, wo er dann seine Vorstellung von Bildung und der Verschmelzung östlicher Spiritualität mit westlicher Wissenschaft umsetzte. Mahatma Gandhi besuchte Santiniketan 1940, und noch jahrelang sollte Indiens natio-nalistische Elite, darunter auch Premierminister Jawaharlal Nehru, ihre Kinder zum Studium dorthin schicken.

Sens Großvater mütterlicherseits, Kshitimohan Sen, ein berühmter Sanskritgelehrter, gehörte selbst der Fakultät dieser Universität an. Amartya Sen nahm an den koedukativen Seminaren teil, die Tagore unter den Eukalyptusbäumen dort abzuhalten pflegte. Seine Freizeit verbrachte er meist mit dem Großvater. »Jeder fand ihn beeindruckend«, erinnerte er sich. »Er stand um vier Uhr auf. Er kannte alle Sterne. Er redete mit mir über die Querverbindungen zwischen dem Griechischen und dem Sanskrit. Ich war das einzige seiner Enkelkinder, das so etwas wie eine akademische Berufung empfand. Ich wollte der sein, der die Fackel weiterträgt.«

Nun mochte Santiniketan zwar eine Oase der Beschaulichkeit gewesen sein, konnte den Aufständen jener Jahre aber ebenfalls nicht entkommen. Tagore, der zum Zeitpunkt seines Todes im Jahr 1941 zutiefst enttäuscht vom Westen gewesen war, hatte bekannt, dass er keinen großen Unterschied zwischen den Alliierten und den Achsenmächten sehen könne. Der Zweite Weltkrieg beschleunigte den endgültigen Bruch mit Großbritannien. Nachdem Gandhi 1942 die »Quit India«-Bewegung ins Leben gerufen hatte, verhafteten die Briten sechzigtausend Anhänger der sozialistischen Kongresspartei, darunter auch einen Onkel von Amartya Sen. Bis zum Ende dieses Jahres waren mehr als tausend Menschen bei antibritischen Ausschreitungen getötet worden. »Mein Onkel war sehr lang in Sicherheitsverwahrung«, erzählte Sen. »Auch mehrere andere ›Onkel‹ kamen ins Gefängnis, einer von ihnen starb dort. Ich wuchs mit dem Gefühl auf, dass hier großes Unrecht geschah.«

Die Hungersnot, die 1943 in Bengalen herrschte – in erster Linie eine Folge der Kriegsinflation, Zensur und imperialen Gleichgültigkeit, nicht aber von Missernten –, zerstörte auch noch den letzten Respekt vor den Briten. Der neue Vizekönig Lord Wavell schrieb an Churchill: »Die bengalische Hungersnot war eine der größten Katastrophen, von der je ein Volk unter britischer Herrschaft überfallen wurde; der Schaden, der unserem Ruf deshalb sowohl unter Indern wie unter den Ausländern in Indien erwuchs, ist unermesslich.«[7] Sen schätzte später, dass drei Millionen Menschen, zumeist arme Fischer und besitzlose Landarbeiter, dem Hunger und den Seuchen zum Opfer fielen.

Für den damals zehnjährigen Jungen bedeutete diese Hungersnot einen nicht endenden Strom verzweifelter Menschen aus den umliegenden Dörfern, der sich bei dem Versuch, Kalkutta zu erreichen, durch Santiniketan zog. Sein Großvater gestattete ihm, Reis an Bettler zu verteilen, »aber immer nur so viel, wie in eine Zigarettendose passte« und immer nur eine Dose pro Familie. Später, als Student, sann Amartya dann über die Tatsache nach, dass nur die Ärmsten und die Angehörigen der verachteten Kasten verhungert waren, wohingegen er und seine Familie – tatsächlich die gesamte Kaste, der sie angehörten – davon unberührt geblieben waren. Und genau diese Beobachtung sollte ihn davon überzeugen, dass Hungersnöte menschengemachte und keine natürlichen Katastrophen sind.

Sogar noch traumatischer war der Ausbruch kommunaler Gewalt am Vorabend der Unabhängigkeit gewesen. In Santiniketan fand die Idee von einem multikulturellen Indien sehr breite Unterstützung, und in Bengalen erreichten Muslime und Hindus von jeher ein höheres Maß an Assimilation als in anderen Teilen Indiens. Doch als kurz vor der Unabhängigkeit religiöse Konflikte ausbrachen, kam es zu einem gewaltigen Pogrom Nachbar gegen Nachbar. 1945 wurden Ashutosh Sen und die anderen Hindus, die zur Fakultät der Dhaka-Universität gehörten, gezwungen, die Stadt zu verlassen.

Während einer der letzten Schulferien, die er bei seiner Familie in Dhaka verbrachte, wurde Sen Zeuge einer grauenvollen Szene: Ein muslimischer Arbeiter namens Kader Mia taumelte schreiend und blutend in den Garten des Hauses seiner Familie. Er war von aufständischen Hindus in den Rücken gestochen worden und starb noch am selben Tag. »Dieses Erlebnis hatte eine verheerende Wirkung auf mich«, erinnerte sich Sen. Mia hatte seinem Vater, der ihn in ein Krankenhaus gebracht hatte, noch erzählt, dass seine Frau ihn am Morgen angefleht hatte, zu Hause zu bleiben. Aber da die Familie nichts mehr zu essen hatte, blieb ihm gar keine andere Wahl, als in den hinduistischen Teil der Stadt zu gehen, um nach Arbeit zu suchen. Die Erkenntnis, dass »extreme Armut einen Menschen zur hilflosen Beute machen kann«, sollte Sen der eigenen Aussage nach schließlich zu seiner philosophischen Auseinandersetzung mit dem Konflikt zwischen Notwendigkeit und Freiheit führen.[8] Seine unmittelbarere Reaktion darauf war jedoch eine starke Abneigung gegen jede Form von religiösem Fanatismus und kulturellem Nationalismus.

Das Presidency College in Kalkutta, wie die Stadt damals noch hieß, ist eine der elitärsten höheren Bildungsstätten Indiens und sieht heute noch mehr oder weniger genauso aus wie im Jahr 1951, als Sen sich dort einschrieb – beziehungsweise, was das betrifft, noch fast genauso wie zur Jahrhundertwende, als die Briten die »Hindoo University« gegründet hatten. Der verblichene Rosaton des Gipsputzes ihrer Fassade und das abgeblätterte Grün der Fensterläden, die schwarzen Tafeln, die auf die verschiedenen Räumlichkeiten verweisen, das schummrige Licht in den Räumen mit den Deckenventilatoren und den Reihen von langen Holzbänken: Alles beschwört eine längst vergangene Zeit herauf. Doch in den ersten Jahren nach der Unabhängigkeit wurde dieses College zu einer politischen Brutstätte. Sen war dort mit der Absicht eingetroffen, Physik zu studieren, stellte jedoch bald schon fest, dass er Ökonomie viel interessanter und den Erwerb eines solchen Wissens wesentlich dringlicher fand.

Dank der höheren Bildungstraditionen Indiens wurde Sen in klassische Werke wie Alfred Marshalls *Principles of Economics* eingeführt, aber auch in neues Denken, etwa John Richards Hicks' *Value and Capital* oder Paul Samuelsons *Foundations*. (Später, am Trinity College, sollte er ziemlich enttäuscht von der geringen mathematischen Erfahrenheit seiner Cambridger Professoren sein.) Seine größte Leidenschaft aber galt der Politik, und noch vor Ende seines ersten Semesters war er zu einem Führer der kommunistisch geprägten »All India Students Federation« gewählt worden. Er las mit Heißhunger, schwänzte Vorlesungen und verbrachte den Großteil seiner Zeit mit seinen stalinistischen Freunden in den Kaffeehäusern nahe der College Street, die bis heute von Hunderten Buchständen gesäumt wird, bei Debatten über Marx.

Er erinnerte sich: »Wenn ich so zurückblicke auf die akademischen Fachgebiete, zu denen ich mich während meines Lebens am meisten hingezogen fühlte [...], dann sind es die, welche sich mit den Dingen befassen, die mich schon in meinen Studienjahren in Kalkutta am meisten bewegten.«[9] Es war eine Krise auf Leben und Tod in seinem zweiten Jahr am Presidency College gewesen, die diese Dinge herauskristallisierte. Kurz vor seinem neunzehnten Geburtstag fühlte Sen eine erbsengroße Geschwulst im Gaumen. Ein Straßendoktor tat sie als Gräte ab, die sich unter die Haut geschoben habe. Doch die Geschwulst ver-

schwand nicht, sie wurde immer größer. Von einem Medizinstuden-
ten, der das Nebenzimmer im YMCA bewohnte und den er konsultiert
hatte, erfuhr er, dass Mundkrebs relativ häufig unter indischen Männern sei. Ein paar Stunden, die er mit einem geliehenen medizinischen
Lehrbuch verbrachte, überzeugten Sen schließlich, dass er unter einem
Plattenepithelkarzinom im zweiten Stadium litt.

Es dauerte Monate und bedurfte der Intervention von Verwandten
und Freunden der Familie, um einen Termin für eine Biopsie am Chit-
taranjan Cancer Hospital in Kalkutta zu bekommen. Sie bestätigte seinen Verdacht. Damals war die Diagnose »Mundhöhlenkrebs« praktisch das Todesurteil. Operative Eingriffe pflegten die Ausbreitung des
Krebses nur zu beschleunigen, weshalb die meisten Erkrankten langsam erstickten, weil der Tumor peu à peu die Luftröhre blockierte. Be-
strahlungen, seit der Jahrhundertwende die Standardtherapie in England und den Vereinigten Staaten, waren noch viel zu schwierig und
teuer, um in Kalkutta allgemein angewandt zu werden. Nachdem sich
Sen also in medizinischen Fachzeitschriften über diese Methode informiert hatte, fand er schließlich einen Radiologen, der bereit war, ihn zu
behandeln. Der Arzt drängte Sen, in die Maximaldosis einzuwilligen,
und rechtfertigte das Risiko mit den Worten: »Ich kann es nicht wiederholen.« Sen fand, dass der mögliche Strahlentod dem sicheren Tod
durch Ersticken vorzuziehen sei.

Die Behandlung war unangenehm, wenn auch nicht ganz so schrecklich wie ihre Folgen. Es wurde ein Gipsabdruck von Sens Gesicht gemacht und eine Bleimaske angefertigt, in der Radiumnadeln angebracht waren. Wie der Held aus Victor Hugos Roman saß Sen in einem
winzigen Behandlungsraum, die Maske angeschraubt, »so dass sich
nichts bewegen konnte«. Die Prozedur wurde eine Woche lang täglich
wiederholt. »Ich saß dort jedes Mal vier Stunden lang und las«, berichtete er. »Draußen vorm Fenster konnte ich einen Baum sehen. Was war
es doch für eine Linderung, diesen einen grünen Baum zu sehen.«

Die Dosis war gewaltig, rund hundert Gray (oder zehntausend
Rad) – vier- bis fünfmal höher als üblich. Kaum war Sen zu Hause (die
Eltern wohnten mittlerweile in Kalkutta), setzten die Folgen der Strah-
lentherapie ein: nässende Haut, Magengeschwüre, Knochenschmer-
zen, ein wunder Rachen, Schluckprobleme. »Mein Mund war wie
eine Spachtelmasse. Ich konnte nicht zur Uni gehen. Ich konnte nichts

Festes essen. Ich fürchtete mich ständig vor Infektionen. Ich konnte nicht lachen, ohne zu bluten. Es brachte mir das Elend menschlichen Lebens sehr nahe.« Dieses Elend währte fast sechs Monate. Und das waren nur die unmittelbaren Folgen gewesen. Strahlen zersetzen nach und nach auch Knochen und Gewebe, führen zu Nekrosen und Brüchen und der Zerstörung des Gebisses.

Der Krebs war ein prägendes Moment. Denn die Offenbarung, dass man eine tödliche Krankheit hat, ist nicht nur entsetzlich – vor allem dann, wenn sie als ein soziales Stigma tabuisiert wird –, sie führt auch dazu, dass man sich verseucht, machtlos und als Außenseiter fühlt. Die schrecklichen Dinge, die Sen als Heranwachsender gesehen hatte, waren schockierend gewesen, aber sie waren anderen Menschen geschehen. Dies hier geschah ihm. Und diese Erfahrung sollte zu seiner bleibenden Identifikation mit leidenden Menschen führen, die darüber hinaus ohne Stimme und sozial benachteiligt sind.

Auch der Sieg über den Krebs war eine überwältigende Erfahrung. Sens Mutter Amita sagte: »Ich gab Gott Amartya, als er neunzehn war.«[10] Er selber aber erzählte, die Tatsache, dass er die Dinge selbst in die Hand genommen habe, habe in ihm ein enormes Vertrauen in seine Instinkte und seine Entschlusskraft geweckt. »Psychologisch gesehen stand ich am Ruder«, erzählte er. »Ich war aggressiv. Ich war derjenige, der fragte, ob ich leben würde. Was war das Beste? Was konnte ich tun? Ich fühlte mich siegesgewiss.«

Als er ans College zurückkehrte, tat er das »mit einem Knall« und voll frischem Tatendrang. Prompt schloss er Summa cum laude ab, gewann jede Menge Preise, darunter auch einen Debattierpreis. Er bewarb sich am Trinity College in Cambridge, wo schon Nehru studiert hatte. Zuerst lehnte man ihn ab, aber ein paar Monate später kam unversehens die Einbestellung. Sein Vater gab die Hälfte seines knappen Vermögens aus, um die Reise zu bezahlen. Ein Flug mit der BOAC wäre für ihn unerschwinglich gewesen, und so bestieg Sen im September 1953, kurz vor seinem zwanzigsten Geburtstag, in Bombay einen Dampfer nach Liverpool, mit dem auch das erste indische Frauenhockeyteam reiste.

In Cambridge erwartete Sen eine andere Art von Elend: Dunkelheit, Kälte, grässliches Essen, schreckliche Einsamkeit. Seine Zähne, die seit der Bestrahlung vor sich hin faulten, verursachten ihm nicht nur chronische Schmerzen, sondern waren auch eine einzige Peinlichkeit. Und die Frau, die in ihrem Haus Zimmer an Studenten vermietete, hatte das College angefleht, ihr keine »Farbigen« zu schicken. Nun herrschte sie Sen ständig wegen irgendwelcher Bagatellen an, beispielsweise weil er die Vorhänge am Abend nicht zuzog. »Sie können nicht hinaussehen, aber die können Sie sehen«, pflegte sie ihm wie einem Kleinkind einzubläuen.

An der Universität geriet Sen in ein Minenfeld aus gehässigen Rivalitäten zwischen den Anhängern und Kritikern von Keynes. Indira Gandhi, die ein Jahr in Santiniketan studiert hatte, bemerkte einmal, dass sie dort eine entscheidende Überlebenskunst gelernt habe, nämlich »die Fähigkeit, still in mich selbst zurückgezogen zu leben, ganz egal, was um mich herum geschah«.[11] Auch Sen kam derart in sich gekehrt über die Runden. Zwar gesellte er sich bereitwillig zu Gelehrten auf beiden Seiten des ideologischen Grabens, aber seine unabhängige Sicht auf die Dinge gab er dabei nie auf.

Allerdings geriet er in den Bannkreis der brillanten und herrischen Joan Robinson. Das gerade unabhängig gewordene Indien war nicht nur entlang ethnischer Grenzen gespalten, es hegte auch diametral entgegengesetzte Zukunftsvisionen. Die Anhänger Gandhis stellten sich ein spirituelles, ländliches Indien voller Menschen an Handwebstühlen vor; die Anhänger Nehrus sahen eine zentrale Planwirtschaft sowjetischen Stils und eine Landschaft vor sich, die von Dämmen und Stahlwerken durchzogen war. In seiner Dissertation *The Choice of Techniques* (1960) sollte Sen später die staatliche Planwirtschaft in Indien kritisieren, indem er sie ökonomischen Grundsätzen gegenüberstellte. Nach dem Abschluss mit einem zweiten BA und der Beendigung seiner Recherchen für die Dissertation kehrte er nach Indien zurück, um an der Jadvapur-Universität und anschließend an der neu gegründeten Delhi School of Economics zu lehren.

Hätte Sen in den späten Sechzigerjahren aufgehört zu schreiben, würden wir ihn, wenn überhaupt, nur als das Mitglied einer Generation von indischen Entwicklungsökonomen kennen, die Nehrus Rezept von einer Schwerindustrie, staatlichen Unternehmen und Autarkie favorisierten – ein Rezept, das enttäuschende Ergebnisse brachte und von dem sich seither die meisten indischen Ökonomen, inklusive Sen,

distanziert haben. Doch um das Jahr 1970 verlagerte er seinen geistigen Fokus grundlegend und brachte eine Reihe von aufsehenerregen-
den philosophischen Arbeiten zum Thema Sozialhilfe heraus, denen ein
Gutteil seines heutigen Einflusses zu verdanken ist.

Diesem Ausbruch an Kreativität folgte eine zweite Lebenskrise.
Im Lauf eines einzigen Jahres hatte Sen eine Stellung an der London
School of Economics angenommen, war sein Vater an Prostatakrebs
gestorben und hatte er selbst sich mit der Möglichkeit konfrontiert
gesehen, dass sein eigener Krebs zurückgekehrt war. Kaum war er in
England, unterzog er sich langwierigen rekonstruktiven Operationen,
weil sich herausgestellt hatte, dass seine Symptome verspätete Reaktionen auf die Bestrahlung waren. Nach langer und schwieriger Rekon-
valeszenz verließ er seine Frau und die beiden kleinen Töchter. Er hatte
sich leidenschaftlich in Eva Colorni verliebt, eine italienische Ökonomin und die Tochter eines prominenten sozialistischen Philosophen,
der im Zweiten Weltkrieg von den Faschisten ermordet worden war.
Eva ermutigte Sen, seinen neuen philosophischen Interessen nachzugehen, und drängte ihn, seine ethischen Erkenntnisse auf so drängende
Fragen wie Armut, Hunger und die Ungleichbehandlung von Frauen
anzuwenden. Die beiden lebten von 1973 bis 1985 mit ihren zwei Kindern in London, bis Eva an Magenkrebs starb.

Als Amartya Sen sich der Ethik zuwandte, riet Joan Robinson dem
Star unter ihren Schülern, »diesen ganzen Blödsinn aufzugeben«. Er
ignorierte ihren Rat. Auf Evas Drängen hin fertigte er eine detaillierte
Studie über all das an, was er für besonders grauenvolle Folgen autori-
tärer Herrschaft hielt, vor allem über die Hungersnöte. »Ich habe einmal fast zweihundertfünfzig Kinder aus zwei westbengalischen Dörfern
gewogen, um ihren Ernährungszustand im Verhältnis zum Einkommen
der Familie, zum Geschlecht usw. festzustellen«, erzählte er. »Wenn
mich jemand fragte, was ich tat, antwortete ich, dass ich Wohlfahrtsökonomie betrieb.«[12]

Hungersnöte wie die bengalische entstanden Sens Meinung nach
trotz adäquaten Nahrungsangebots, nämlich, sobald höhere Preise
und Arbeitslosigkeit die verletzlichsten Gruppen der Gesellschaft ihres
»Anrechts« auf Nahrung beraubten, und immer dort, wo das Fehlen
von freien Wahlen und einer freien Presse die Öffentlichkeit der nötigen Druckmittel beraubte, um die Regierung zum Handeln zu zwin-

gen. Robinson hingegen begrüßte drakonische politische Strategien – wie eben den Großen Vorwärtssprung – und »versagte gänzlich«, wie Sen später ziemlich verbittert betonte, als es darum ging, »die größte Hungersnot der Neuzeit wahrzunehmen« – jene, die im Anschluss an die Zwangskollektivierung geschätzte fünfzehn bis dreißig Millionen Chinesen das Leben kostete. Öffentlich hat er nie mit ihr gebrochen, doch als Robinson 1983 starb, hatten sie bereits seit Jahren nicht mehr korrespondiert.

In den Siebziger- und Achtzigerjahren stellte Sen schließlich eine allgemeine Theorie vor: seine »Theory of Social Welfare«. Es war der Versuch, das traditionelle Interesse der Ökonomen am materiellen Wohlergehen mit dem traditionellen Interesse der politischen Philosophen an den Individualrechten und der Gerechtigkeit zu vereinen. Sen stellte sich damit gegen das utilitaristische Credo seiner ökonomischen Kollegen, welches forderte, den materiellen Fortschritt im Wesentlichen anhand des Wachstums des Bruttoinlandsprodukts pro Kopf der Bevölkerung zu messen. Er behauptete – und berief sich dabei auf eine lange Tradition, von Aristoteles bis Friedrich von Hayek und John Rawls –, dass Freiheit, nicht der Wohlstand per se, der einzig wahre Messwert für eine gute Gesellschaft und nicht nur der primäre Zweck, sondern auch das entscheidende Mittel für ökonomische Entwicklung sei. Wie er in seinem Buch über Indien schrieb, wünschte er sich, dass man »Entwicklung anhand der Ausweitung substanzieller persönlicher Freiheiten bewertet – nicht bloß anhand des Wirtschaftswachstums [...] oder des technischen Fortschritts oder der gesellschaftlichen Modernisierung«. Diese Dinge müssten ebenfalls »hinsichtlich ihres tatsächlichen Wirkungsgrads auf die Bereicherung des Lebens und der Freiheiten von Menschen« bewertet und dürften »nicht als Werte für sich behandelt« werden.[13]

Sen stellte drei separate Fragen, auf die er gleich selbst die Antworten bot: Kann die Gesellschaft als solche tatsächlich Entscheidungen treffen, in denen sich die Präferenzen des einzelnen Bürgers spiegeln? Können Individualrechte mit ökonomischer Fürsorge in Einklang gebracht werden? Und was schließlich ist das Maß für eine gerechte Gesellschaft?

In den Dreißiger- und Vierzigerjahren waren die Liberalisten besorgt

gewesen, dass der Westen seine Verpflichtung zu politischem Liberalismus zum Wohle der ökonomischen Sicherheit hingeben könnte.
Eine Generation später war Sen besorgt, dass Indien und andere Dritt-
weltländer die Demokratie im Wettlauf um das Wirtschaftswachstum
opfern könnten. Wie, fragte er sich, ließen sich die Konflikte zwischen
dem sozialen Handeln und den individuellen Rechten lösen?

Als Sen das Thema in den späten Sechzigerjahren aufgriff, standen der Möglichkeit, diese beiden Dinge in Einklang zu bringen, zwei
mächtige Hürden im Weg. Die eine war von Friedrich von Hayek pos-
tuliert worden, der befürchtet hatte, dass »Experten« und Interessen-
gruppen jedem ihre eigenen Präferenzen aufzwingen würden. Ersetze
man die individuelle Planung durch staatliche Planung, so seine Argumentation, dann zwängen die Behörden Individuen, die es bevorzugten, unter mehreren Alternativen abwägen zu können, einen monolithi-
schen Prioritätenblock auf.

Die andere, noch entmutigendere Hürde war in einer völlig unerwarteten Ecke aufgetaucht, nämlich mit der höchst theoretischen Abhandlung *Social Choice and Individual Values*, die der politisch moderate amerikanische Ökonom Kenneth Arrows 1951 veröffentlicht
hatte. Sen war Arrows »Unmöglichkeitstheorem« bereits am Presidency College begegnet. Es schien ein logisch unanfechtbarer Beweis
zu sein, dass kein Wahlsystem zu Ergebnissen führen kann, in denen
sich die Präferenzen einzelner Bürger spiegeln. Außer dort, wo abso-
luter Konsens herrscht, könne ein Wahlprozedere, welcher Art auch
immer, letztendlich immer nur ein undemokratisches Ergebnis liefern.
Die meisten von Sens Freunden am College waren Stalinisten gewesen,
aber er, der ihre Begeisterung für das Gleichheitsprinzip teilte, sorgte
sich »wegen des politischen Autoritarismus«. War Arrows Theorem
das logische Grundprinzip der Diktatur?

Da er Arrows Erkenntnis nicht direkt anfechten konnte, beschloss
Sen, dessen scheinbar so harmlose Annahmen bezüglich der Bedin-
gungen, die jedes demokratische Verfahren zu erfüllen habe, auf den
Prüfstand zu stellen. In seiner 1970 veröffentlichten Schrift *Collective
Choice and Social Welfare* behauptete Senn schließlich, dass eines von
Arrows Axiomen – dasjenige, welches Vergleiche zwischen dem Wohl-
ergehen verschiedener Bürger ausschloss – genau genommen nicht Un-
vermeidliches, sondern vielmehr sogar Willkürliches postuliere. Würde

man solche Vergleiche zulassen, dann habe das Unmöglichkeitstheorem keinen Bestand mehr. Sen und von ihm inspirierte Forscher machten sich also daran, präzise die Umstände aufzuzeigen, unter welchen die Regeln der Entscheidungsfindung im Einklang mit den Individualrechten stehen konnten. Und seine »vergleichende Metrik des Wohlergehens« gab Sen dann den Anstoß zur Suche nach Maßstäben, die demokratische Regierungen davon überzeugen konnten, Sozialreformen zu verabschieden, was wiederum eine langwierige Debatte über die besten Möglichkeiten in Gang setzen sollte, Armut zu definieren und zu messen.

Gibt es einen Konflikt zwischen Individualrechten und ökonomischem Wohlergehen? Sen ging zu einem noch breiter angelegten Angriff auf den Utilitarismus über, nicht zuletzt inspiriert von John Rawls' bahnbrechendem, 1971 publiziertem Werk *A Theory of Justice*, das weithin als eine philosophische Rechtfertigung des modernen Wohlfahrtsstaats betrachtet wurde. Utilitaristen, darunter die meisten Ökonomen, glauben, die Gesellschaft brauche lediglich das Wohlergehen ihrer Bürger zu berücksichtigen. Individuelle Rechte spielen, wenn überhaupt, nur eine indirekte Rolle in ihrem Denken, nämlich als die Beiträger zu Glück oder Zufriedenheit. Wie als Wendung der von Jeremy Bentham aufgestellten Regel über »das größte Glück der größten Zahl« bekundet Rawls' »Differenzprinzip«, dass eine gerechte Gesellschaft immer das Wohlergehen jener Gruppe maximieren müsse, welcher es am schlechtesten gehe. Das ist natürlich eine ausgesprochen utilitaristische Idee. Doch Rawls' Fokus liegt dabei primär auf den Individualrechten, die Vorrang haben vor dem materiellen Wohlergehen und die von den Ökonomen bis dahin traditionell ignoriert wurden.

In einem Artikel, der 1970 unter dem Titel »Die Unmöglichkeit eines paretianischen Liberalen« in einer Fachzeitschrift erschien, plädierte Sen dringend dafür, den Individualrechten ebenso viel Aufmerksamkeit zu widmen wie dem Wohlergehen, wies dabei aber auf einen potenziell sehr ernsthaften Konflikt zwischen beidem hin.[14] Die meisten Ökonomen akzeptieren ein Kriterium für das wirtschaftliche Wohlergehen, das weit weniger abverlangt als die von Bentham oder Rawls vorgeschlagenen Kriterien. Der optimale Zustand, so hatte der italienische Ökonom Vilfredo Pareto im 19. Jahrhundert räsoniert, sei der, in dem es nicht mehr möglich ist, es jemandem besser gehen zu lassen, ohne dass es jemand anderem schlechter geht. Mit anderen Worten: Der optimale Zustand ist eine Gesellschaft, in der alle konfliktfreien Möglichkeiten zur Steigerung der allgemeinen Utilität ausgeschöpft wurden.

Sen zeigte jedoch auf, dass selbst diese scheinbar unverfängliche Norm mit den Individualrechten in Konflikt geraten kann. Wenn viele Menschen ihr eigenes Wohlergehen so definieren, dass es nur durch die Begrenzung der Freiheit anderer Menschen erreicht werden kann – muslimische Kleriker sind glücklicher, wenn Schulen für Mädchen verboten sind; katholische Nonnen fühlen sich besser, wenn Abtreibung illegal ist; Eltern gefällt die Vorstellung, Partydrogen zu verbieten –, dann kann die freie Wahl in Konflikt mit der Pareto-Optimalität geraten.

Nehmen wir einmal an – um hier eine modernisierte Version von Sens ursprünglichem Beispiel zu nehmen –, »Prude« schätzt die Freiheit, seine eigene Religion praktizieren zu können, aber er schätzt sie nicht so sehr, wie er ein Verbot der Pornografie schätzen würde. »Lewd« schätzt die Freiheit, Pornografie lesen zu können, aber nicht so sehr, wie er ein Verbot von Religionen schätzen würde. Würde der Staat nun sowohl Pornografie als auch Religion verbieten, dann wären beide glücklicher – aber auch weniger frei.

Die Wirtschaftswissenschaften sind sich hinsichtlich Sens Botschaft noch immer nicht einig geworden, aber die Ökonomen sind nun besser in der Lage, darüber nachdenken zu können, was bei der Gleichung fehlt, wenn sie das BIP als Messlatte für die Berechnung des materiellen Zugewinns anlegen. Vor allem aber sind sie besonnener geworden und setzen das BIP nicht mehr automatisch mit Wohlergehen gleich. Sen erklärt, dass das Bruttoinlandsprodukt die Chancen negiert, die für Individuen von größerer Bedeutung sein können als ihr Einkommen, und das ist in der Tat ein erhebliches Manko. Sicher könnte man nun behaupten (wie es der Wirtschaftsnobelpreisträger Eric Maskin tut), dass die Individualrechte und das Wohlergehen zwar manchmal in Konflikt geraten, dass diese Rechte aber generell als eine Möglichkeit betrachtet werden können, das Wohlergehen zu schützen. Das Recht zu lesen, was man will – im Gegensatz zu dem Zustand, in dem einem andere vorschreiben können, was man lesen darf –, führt beispielsweise für gewöhnlich zu einem höheren Einkommen. Aber wie auch immer: In Anbetracht der Tatsache, dass solche Konflikte viele Gesellschaften ungemein polarisieren, war es doch bemerkenswert vorausschauend von Sen, dass er bereits vor drei Jahrzehnten auf sie verwies.

Er weitete seinen Angriff auf den Utilitarismus sogar noch aus, indem er erstens behauptete, dass das Wachstum allein kein adäquater Maßstab für das Wohlergehen sei, weil es nicht enthülle, wie gut oder schlecht es sozial benachteiligten Individuen geht; und zweitens, dass auch die Utilität – bestimmt auf Grundlage der herrschenden Präferenzen und der Zufriedenheit von Menschen – irreführend sei, weil die Erwartungen von sozial Benachteiligten oft ihren ärmlichen Lebensumständen angepasst werden. Um diese und andere Schwierigkeiten zu umgehen, schlug er einen neuen Denkansatz in Bezug auf die Entwicklungsziele vor. Er nannte es den *capability approach* oder »Fähigkeitsansatz«.

Was Wohlergehen schaffe, seien nicht Güter als solche, sondern die Aktivitäten, für die sie angeschafft würden, erklärte er. Ich schätze beispielsweise mein Auto, weil es meine Mobilität steigert. Man mag auch seine Bildung schätzen, weil sie einem die Chance eröffnet, an Diskussionen wie der unseren teilzunehmen. Sens Meinung nach ist das Einkommen nur entscheidend, weil es Möglichkeiten schafft. Aber die tatsächlichen Möglichkeiten (oder Fähigkeiten, wie Sen sie nennt) hängen noch von einer ganzen Reihe weiterer Faktoren ab – nicht nur von Präferenzen, denn diese werden durch Entbehrung begrenzt: beispielsweise von der Lebensdauer, der Gesundheit und der Bildung. Auch diese Faktoren müssen ins Kalkül gezogen werden, wenn man Wohlergehen misst. Und in genau diesem Geiste entwickelte Sen dann auch seine Indikatoren für das Wohlergehen, darunter den »Index der menschlichen Entwicklung« (Human Development Index, HDI) für die Vereinten Nationen.

Entsprechend seiner Herangehensweise an die Messung des Wohlergehens erklärte Sen, dass die Fähigkeiten von Individuen auch die entscheidende gesellschaftliche Dimension des Strebens nach Gleichheit darstellen. Er geht zwar nicht so weit, zu sagen, um welche Fähigkeiten es sich dabei handelt oder um welches Maß an Gleichheit, gibt aber zu, dass es ein Problem bei dieser Definition von Gerechtigkeit gibt, nämlich, dass Individuen Entscheidungen treffen können – beispielsweise hart zu arbeiten oder eine Ausbildung abzuschließen –, die ihre Fähigkeiten erst zu einem späteren Zeitpunkt bestimmen.

Wie steht nun das postkoloniale Indien Sens Meinung nach in dieser Hinsicht da? *India. Development and Participation*, das Buch, das er mit Jean Drèze schrieb, beginnt mit einem Zitat aus der mitreißenden Rede, die Nehru zur Stunde der Unabhängigkeit gehalten hatte: »Vor vielen Jahren verabredeten wir ein Rendezvous mit dem Schicksal, und nun kommt die Zeit, in der wir unser Versprechen einlösen werden.« Unter anderem versprach er »die Beendigung von Armut und Unwissen und Seuchen und Chancenungleichheit«.[15] Aus der Sicht von Sen blieben »diese ambitionierten Ziele […] im Wesentlichen unerreicht«. Ein Student hatte ihn einmal gefragt, warum er den »Inhalt« seines Denkens seit 1950 nicht verändert habe. »Weil«, hatte Sen geantwortet, »die Umwelt sich nicht geändert hat. Ich werde vermutlich noch mit denselben Worten auf den Lippen sterben.«

Natürlich, betont Sen, habe sich in der Dritten Welt eine Menge verändert. Die Lebenserwartung ist von sechsundvierzig auf fünfundsechzig gestiegen und das reale Pro-Kopf-Einkommen hat sich mehr als verdreifacht. Viele einst arme Länder haben nun mehr mit den reichen als mit den armen Staaten gemein, welche sie überholt haben. Und doch zählen die eine Milliarde Bürger der größten Demokratie auf Erden noch immer zu den unterprivilegiertesten der Welt. Heute, erklärt er weiter, konzentriert sich extreme soziale Benachteiligung nur noch auf zwei Regionen: Südasien und das subsaharische Afrika. In Indien ist die Lebenserwartung höher als in Afrika, weil Indien einer Hungersnot großen Ausmaßes entging und einen Bürgerkrieg vermied. Doch in puncto Analphabetentum, chronischer Mangelernährung und wirtschaftlicher wie sozialer Ungleichheit steht Indien ebenso schlecht oder sogar noch schlechter da als das subsaharische Afrika, vor allem hinsichtlich der Lebensbedingungen von Frauen.

In den Vierzigerjahren waren Indien und China vergleichbar arm gewesen. Heute liegt die durchschnittliche Lebenserwartung in China bei dreiundsiebzig, im Vergleich zu vierundsechzig Jahren in Indien. Die Säuglingssterblichkeit beträgt dort weniger als die Hälfte der indischen: siebzehn von tausend Geburten versus fünfzig von tausend. Auch die Messlatten, die an den Ernährungsstatus angelegt werden, zeigen, dass China bei der Behebung von chronischer Mangelernährung Indien weit voraus ist. Die Alphabetisierungsrate unter Heranwachsenden liegt in China bei über 90 Prozent – unterschiedslos bei Mädchen und

Jungen –, wohingegen die Raten in Indien wesentlich niedriger liegen und stärker divergieren.[16] Indische Bürger genießen natürlich demokratische Rechte – darunter nicht zuletzt eine freie Presse –, von denen Chinas vergleichsweise wohlhabendere Bürger noch immer nur träumen können. Die Herausforderung, vor der Sen und all die anderen Ökonomen stehen, die Indien beraten, ist also die Frage, wie sich die indische Volkswirtschaft auf einen ähnlichen Weg der Globalisierung bringen lässt wie die chinesische Volkswirtschaft, ohne dabei die demokratischen Werte hinzugeben, auf die Sen und Indien so stolz sind.

Der Nobelpreisträger Robert Solow nannte Amartya Sen einmal »das Gewissen unseres Gewerbes«. Doch viele Jahre lang war Sens ökonomischer Denkansatz der Linken wie der Rechten äußerst suspekt gewesen. In den Fünfziger- und Sechzigerjahren, in Cambridge, Kalkutta und Delhi, als eine Planwirtschaft sowjetischen Stils noch en vogue gewesen war, war Sen bei der Linken Persona non grata. In den Achtziger- und Neunzigerjahren, als wieder die freie Marktwirtschaft groß in Mode war, prophezeite der damalige Vorsitzende des Nobelpreiskomitees zuversichtlich, dass »Sen niemals den Preis erhalten wird«. 1998 wurde Sen »für seine Beiträge zur Wohlfahrtsökonomie« der Wirtschaftsnobelpreis verliehen.

Die Zeiten haben sich geändert. Wenn Sen heute nach Asien reist, wird er eher wie Gandhi als wie ein Ökonomieprofessor behandelt und muss mit Polizeieskorte herumfahren. Im Januar 2002 säumten Menschenmassen die Straßen von Santiniketan, bloß um ihn an- und abfahren zu sehen; an der Visva-Bharati University sanken junge Mädchen zu Boden, um ihm die Füße zu küssen (was er vergeblich zu verhindern versuchte). Ebenso entschlossen wie der Dichter, nach dem er benannt wurde, nutzt Amartya Sen seinen Nobelpreis, um die Aufmerksamkeit auf die Fragen zu richten, die ihm wichtig erscheinen. Die Hälfte seines Preisgelds von einer Million Dollar spendete er für die Gründung zweier Stiftungen, eine in Westbengalen, die andere in Bangladesch, zur Förderung der Grundschulausbildung in ländlichen Regionen.

Als Indiens autarke und bürokratische Volkswirtschaft sowjetischen Stils unter immer mehr Funktionsstörungen litt, während Japan und die asiatischen Tigerstaaten moderne Lebensstandards erreichten, verabschiedete sich Sen von der Ansicht, dass westliche Hilfen und bessere Handelsbedingungen der Schlüssel zum Wachstum in der Dritten

Welt seien, und näherte sich Schumpeters Meinung an, dass lokale Umstände entscheidend seien und Völker ihr Schicksal letztendlich selbst in der Hand hätten. Er wandte sich einer Deregulierung und der Öffnung der indischen Volkswirtschaft für den Außenhandel und für Investitionen zu, beharrte aber auf staatlichen Interventionen zum Wohle der Armen, vor allem in den Bereichen Gesundheit, Bildung und Ernährung.

Der ganze Streit endete, als Mao die Kulturrevolution für abgeschlossen erklärte und wirtschaftliche Freiheiten einführte. Chinas bemerkenswerter Großer Vorwärtssprung in die Moderne ließ die Sowjetunion im Regen stehen und diskreditierte das sowjetische Wirtschaftsmodell ein für alle Mal.

Epilog:
Vorstellungen von der Zukunft

Die meisten Reisen beginnen in der Phantasie. Das grandiose Streben, die Menschheit zum Herrn ihrer eigenen Lebensumstände zu machen, bildet da keine Ausnahme.

Die Gründerväter der Nationalökonomie im 18. Jahrhundert hatten eine Vision von wirtschaftlicher Organisation: Spontane Kooperation ersetzt den Zwang. Doch sie waren davon ausgegangen, dass Gott oder die Natur neun von zehn Menschen zu einem Leben in tiefster Armut und mühevoller Plackerei verurteilt hätten. Zweitausend Jahre Geschichte hatten sie überzeugt, dass die meisten Menschen auf dieser Welt ebenso viele Chancen hätten, ihrem Schicksal zu entrinnen, wie Gefangene in einer vom unendlichen Ozean umschlossenen Strafkolonie.

Charles Dickens, Henry Mayhew und Alfred Marshall hatten sich mit Ökonomie zu befassen begonnen, als die Produktivität und der Lebensstandard im viktorianischen London gerade eine Revolution erlebten. Sie waren von einer strahlenderen und hoffnungsvolleren Vision getrieben; für sie sah der Ozean eher wie ein Festungsgraben aus; sie konnten sich eine Menschheit vorstellen, die sich Schritt für Schritt auf einen stetig verblassenden Horizont zubewegt. Diese ökonomischen Denker wurden nicht nur von intellektueller Neugier und dem Hunger auf Theorien angetrieben, sondern waren auch von dem Wunsch beseelt, die Menschheit selbst in den Sattel zu heben. Sie suchten nach Kontrollinstrumenten, nach Ideen, die dazu dienen konnten, Gesellschaften zu befördern, welche sich ihrerseits durch die Freiheit des Individuums und durch Wohlstand anstatt durch schwindende Moral und materiellen Zusammenbruch auszeichnen würden.

Sie begannen zu begreifen, dass ökonomische Intelligenz wesentlich entscheidender für den Erfolg war als Territorien, Bevölkerungen, Bodenschätze oder gar eine Führungsrolle bei der technischen Entwick-

lung. Ideen spielten eine Rolle. Tatsächlich wird »die Welt von kaum
etwas anderem regiert«, lautet Keynes' berühmtes Urteil aus der Zeit
der Weltwirtschaftskrise.[1] Wie Marshall hatte auch Keynes die Volkswirtschaftslehre als einen analytischen Motor betrachtet, der den Weizen von der Spreu der Erfahrungen trennen konnte, und war überzeugt gewesen, dass ökonomische Ideen mehr zur Verwandlung der
Welt beigetragen hätten als die Dampfmaschine. Ökonomische Wahrheiten mögen zwar weniger endgültig sein als mathematische, aber die
Wirtschaftstheorie war ein entscheidendes Mittel, um herauszufinden, was funktionierte und was nicht, was von Bedeutung war und
was nicht: Eine Inflation kann die Produktion kurzfristig, nicht aber
langfristig steigern; Produktivitätsgewinne sind der Primärantrieb für
Löhne und Lebensstandards; Bildung und ein soziales Sicherheitsnetz
können die Armut reduzieren, ohne zu ökonomischer Stagnation zu
führen; eine gesunde Währung ist notwendig für wirtschaftliche Stabilität, ein intaktes Finanzsystem unerlässlich für Innovationen. Wie
Robert Solow schrieb, »ändern sich die Fragen laufend, selbst die Antworten auf alte Fragen verändern sich im Zuge der gesellschaftlichen
Entwicklung. Aber das heißt nicht, dass wir nicht bereits über ziemlich
viel nützliches und umsetzbares Wissen verfügten.«[2]

Ökonomische Katastrophen – Finanzpaniken, Hyperinflationen,
Depressionen, soziale Konflikte, Kriege – haben zwar von jeher Ver-
trauenskrisen ausgelöst, kamen aber der Vernichtung all der kumulativen Zugewinne bei den durchschnittlichen Lebensstandards niemals
auch nur nahe. Die Weltwirtschaftskrise stellte die Wirtschaftswissenschaften und die moderne dezentralisierte Volkswirtschaft auf den
Prüfstand. Der Zweite Weltkrieg endete in einer Atmosphäre von Trüb-
sinn und Selbstzweifeln, während die keynesianischen Ökonomen ein
Zeitalter der Stagnation heraufdämmern sahen und Friedrich von
Hayeks Jünger den Sieg des Sozialismus im Westen befürchteten. Stattdessen aber stieg das Wachstum sprungartig an, und der Lebensstan-
dard schoss in die Höhe. Viele Regierungen konnten Erfolge bei der
Administrierung ihrer Volkswirtschaften verbuchen. Seit dem Zweiten
Weltkrieg erzählt die Geschichte von immer mehr Populationen auf der
Welt, die bitterer Armut entkamen. Das besiegte Deutschland und das
besiegte Japan erhoben sich in den Fünfziger- und Sechzigerjahren wie
Phönixe aus der Asche. China setzte um das Jahr 1970 zu seinem be-

merkenswerten Wachstumsspurt an, etwas später begann auch Indien aus seinen Jahrzehnten der Stagnation aufzutauchen.

Die Realität hat die Phantasie meist übertroffen. Nicht einmal Schumpeter hätte sich vorstellen können, dass die Weltbevölkerung einmal um das Sechsfache größer, aber um das Zehnfache wohlhabender sein würde als zu seiner Zeit; oder dass sich der Anteil der Erdenbewohner, der in bitterer Armut lebt, um fünf Sechstel verringern würde; oder dass der Durchschnittschinese heute mindestens so gut, wenn nicht besser lebt als der Durchschnittsengländer in den Fünfzigerjahren des 20. Jahrhunderts. Nur Irving Fisher wäre nicht überrascht gewesen, hätte er erfahren können, dass die durchschnittliche Lebenserwartung seit 1820 um das Zweieinhalbfache gestiegen ist und weiter ansteigt. Erstaunlicherweise gelang es nicht einmal der weltweiten Rezession in den Jahren 2008/2009, der dramatischsten Wirtschaftskrise seit den Dreißigerjahren, die vorangegangenen Produktivitäts- und Einkommenszuwächse zu reversieren. Das globale Finanzsystem kollabierte nicht. Es gab keine zweite Weltwirtschaftskrise.

Wahnsinnige an der Macht, ob Hitler, Stalin oder Mao, haben immer wieder versucht und versuchen bis heute, ökonomische Wahrheiten zu ignorieren oder sogar zu unterdrücken. Doch je mehr Völker der Armut entrinnen und ihr eigenes wirtschaftliches Schicksal bestimmen, desto weniger überzeugend wirken die Rationalisierungsversuche von Diktatoren. Die Sowjetunion hat den Westen nicht überholt, sie ist in den Neunzigerjahren zusammengebrochen.

Es gibt kein Zurück. Niemand debattiert heute noch über die Frage, ob wir unsere ökonomischen Rahmenbedingungen kontrollieren sollten oder nicht, es geht nur noch um die Frage, wie wir das tun sollten. Als man die Demonstranten auf den Kairoer Straßen befragte, was ihre größte Hoffnung für die Zukunft sei, antworteten sie: wirtschaftlicher Fortschritt. Die Männer und Frauen auf den Straßen von Tunesien, Libyen, Syrien und anderen Nationen im Nahen Osten und Nordafrika bildeten 2011 die jüngste Welle von Bürgern, die sich eine von Wachstum und Stabilität geprägte Zukunft vorstellten, gekennzeichnet durch ein Geschäftsklima, das dem Unternehmergeist wohlgesinnt ist. Und wo man sich eine solche Zukunft erst einmal vorstellen kann, ist eine Rückkehr zur albtraumhaften Vergangenheit kaum noch denkbar.

Dank

Während meiner Recherchen zu diesem Buch habe ich eine atemberaubende Menge an Dankesschulden angesammelt.

In tiefster Schuld stehe ich bei drei Personen, ohne die ich die Arbeit an *Markt und Moral* weder begonnen noch weitergeführt oder abgeschlossen hätte: meiner Lektorin Alice Mayhew, die mir mit großer Geduld und außerordentlichem Engagement zeigte, wie sich Wirtschaftswissenschaften, Geschichte und Biografien zu einer Story verdichten lassen; meiner Agentin Kathy Robbins, die das ganze Unterfangen mit dem üblichen Elan auf die Beine stellte; und meiner ältesten Tochter Clara O'Brien, die mir half, das Projekt zu Ende zu bringen.

Viele Personen und Institutionen haben mich großzügig bei der Forschung unterstützt. Ganz oben auf dieser Liste stehen Amartya Sen, Emma Rothschild, Eric Maskin, Philip Griffiths, Alan Krueger, Orley Schenfelter und Eric Wanner. Ich danke dem Institute for Advanced Study, der Russell Sage Foundation, dem Churchill College und dem King's College in Cambridge sowie der Yaddo Foundation und der MacDowell Colony für ihre stimulierende und produktive Unterstützung während meiner Besuche.

An der Columbia University brachte mich der außergewöhnliche Bruce N. C. Greenwald auf einige meiner besten Ideen. Mein Journalistenkollege Jim Stewart war eine große Stütze und der Quell weiser Ratschläge. Meinem Universitätskollegen Ed McKelvey kann ich gar nicht genug danken, weil er unseren Studenten in den vergangenen zwei Jahren zu deren wie zu meinem Wohl sein Letztes gab.

Bei Simon & Schuster hatte ich das unglaubliche Glück, mit einem bemerkenswerten Team zusammenzuarbeiten. Mein besonderer Dank gilt Jonathan Karp, Richard Rhorer, Roger Labrie, Rachel Bergmann, Irene Kheradi, Gina DiMascia, John Whaler, Nancy Inglis, Jackie Seow,

Ruth Lee-Mui, Tracey Guest, Danielle Lynn, Rachelle Andujar und dem unerschütterlichen Phil Metcalf.

Für die Möglichkeiten, Gespräche mit ihnen führen oder Zugang zu Quellen erhalten zu können, danke ich William Barber, Peter Singer, Harold James, Bruce Caldwell, Meghnad Desai, Marina Whitman, Peter Dougherty, Geoffrey Harcourt, Prue Kerr, Frances Stewart, Francis Cairncross, Barbara Jeffrey, Dutta Jayasri, Avinash Dixit, Lawrence Hayek, Luigi Pasinetti, Bill Gibson, Laurie Kahn-Leavitt, Jim Mirlees, Hans Jörg Hennecke, Hans Jörg Klausinger, Nils Eric-Sahlin, Geoffrey Heal, der Familie von Margaret Paul, Harold Kuhn, Hugh Mellor, Peter Passell, Edmund Phelps, Jagdish Bhagwati, Andrew Scull, Ruth und Carl Kaysen, Peter Boettke, Guido Hulsmann, William Barnett, Vernon Smith, Peter Temin, Elizabeth Darling, Robert Skidelsky, Mark Whitaker, Ray Monk, Amartya Sen, Paul Samuelson sowie seiner Frau Risha und seiner langjährigen Assistentin Janice Murray, Robert und Anita Summers, Robert und Bobbie Solow, Milton und Rose Friedman sowie Kenneth Arrow.

Ruth Tenenbaum führte einen mitleidlosen, aber immer wohlgesinnten Kampf gegen Fehler und Auslassungen. Alexandra Saunders, Louise Story, Jonathan Hull, Barry Harbaugh, Melanie Hollands, Rachel Elbaum, Catherine Viette und Tori Finkle waren zu unterschiedlichen Zeiten hilfreiche Forschungsassistenten. Besonders danke ich Bill Gibson, der logische Widersprüche und Fehler in den Fahnen entdeckte.

Der größte Teil meiner Recherchen fand in Archiven und Bibliotheken statt, und in diesem Zusammenhang möchte ich insbesondere den Mitarbeitern folgender Institutionen für ihre Freundlichkeit und fachmännische Beratung danken: Marshall Library, University of Cambridge, Trinity College Archive, King's College Archive, City of Cambridge Archive, Harvard University Archive, London School of Economics Archive, MIT Archive, Hoover Institution Archive. Natürlich erstreckt sich mein Dank auch auf die Macher von Google Books, J-Stor, Lexis-Nexis, des Marx-Engels-Archivs und zahlloser anderer Online-Archive und Bibliotheken, die die historische Recherche so revolutioniert haben.

Das letzte Wort richtet sich wie immer an meine Kinder Clara, Lily und Jack und an meine lieben Freunde. Sie wissen, dass es immer um die Reise geht… und darum, wer mit dir reist.

Bibliografie

Während der Recherchen zu diesem Buch konsultierte und las ich Hunderte inspirierende und informative biografische, historische und ökonomische Werke. Die folgende Liste enthält der Reihenfolge nach die Bücher, auf deren Fakten und Ideen ich mich am meisten stützte, die aber nicht notwendigerweise in den Quellenanmerkungen aufgeführt werden.[*]

VORWORT: Claire Tomalin, *Jane Austen: A Life*, New York, 1997; Gregory Clark, *A Farewell to Alms: A Brief Economic History of Modern Britain*, Princeton, 2009; Bradford DeLong, unveröffentlichte Wirtschaftsgeschichte des 20. Jahrhunderts; Harold Perkin, *The Origins of Modern British Society*, London, 1990; Angus Maddison, *The World Economy: A Millennial Perspective*, Paris, 2006, sowie *The World Economy: Historical Statistics*, Paris, 2006; Mark Blaug, *Economic Theory in Retrospect*, Cambridge, UK, 1983; T. W. Hutchison, *A Review of Economic Doctrines 1870–1939*, London, 1966; W. W. Rostow, *Theorists of Economic Growth from David Hume to the Present*, Oxford, 1992; Niall Ferguson, *Cash Nexus*, New York, 2001.

ERSTER AKT, PROLOG: Kitson Clark, »Hunger and Politics in 1842«, *Journal of Modern History*, 24, Nr. 4, Dezember, 1953; James P. Henderson, »›Political Economy Is a Mere Skeleton Unless...‹ What Can Social Economists Learn from Charles Dickens«, *Review of Social Economy*, 58, Nr. 2, Juni 2000; Michael Slater, *Charles Dickens*, New Haven, 2009.

KAPITEL I: David McLellan, *Karl Marx: Interviews and Recollections*, New York, 1981; Gustav Mayer, *Friedrich Engels: A Biography*, Berlin, 1969; Steve Marcus, *Engels, Manchester, and the Working Class*, New York, 1974; Gertrude Himmelfarb, *The Idea of Poverty: England in the Early Industrial Age*, New York, 1984, sowie *Poverty and Compassion: The Moral Imagination of the Late Victorians*, New York, 1991; David McLellan, *Karl Marx: His Life and Thought*, London, 1973; Isaiah Berlin, *Karl Marx: His Life and Environment*, London, 1939; Francis Wheen, *Karl Marx: A Life, New York*, 1999; Dirk Struik, *Birth*

---

[*] Anm. d. Übers.: Hinweise auf vorliegende Übersetzungen oder Quellenangaben zu deutschsprachigen Originalen finden sich in den Anmerkungen zu den einzelnen Kapiteln.

of the Communist Manifesto, New York, 1986; Anne Humphereys, *Travels into the Poor Man's Country: The Work of Henry Mayhew*, Athens, Georgia, 1977; Francis Sheppard, *London 1808–1870: The Infernal Wen*, London, 1971; Asa Briggs, *Victorian Cities*, Berkeley, 1993; Gareth Stedman Jones, *Outcast London*, London, 1982.

KAPITEL II: Mary Paley Marshall, *What I Remember*, Cambridge, UK, 1947; J. M. Keynes, »Alfred Marshall 1842–1924«, in: Arthur Pigou (Hg.), *Memorials of Alfred Marshall*, London, 1925; Gertrude Himmelfarb, *Poverty and Compassion: The Moral Imagination of the Late Victorians*, New York, 1991; Peter Groenewegen, *A Soaring Eagle: Alfred Marshall 1842–1924*, London, 1995; Mark Whitaker, *Early Economic Writings of Alfred Marshall*, Bde. 1–2, London, 1975; Mark Whitaker, *The Correspondence of Alfred Marshall*, Bde. 1–3, Cambridge, 1996; Tizziano Raffaeli et al. (Hg.), *Alfred Marshall's Lectures to Women: Some Economic Questions Directly Connected to the Welfare of the Laborer*, Aldershott, UK, 1995.

KAPITEL III: Barbara Caine, *Destined to Be Wives: The Sisters of Beatrice Webb*, Oxford, 1986; Carole Seymour Jones, *Beatrice Webb: Woman of Conflict*, Chicago, 1992; Royden Harrison, *The Life and Times of Sidney and Beatrice Webb: The Formative Years, 1858–1903*, London, 1999; Kitty Muggeridge und Ruth Adam, *Beatrice Webb: A Life, 1858–1943*, New York, 1968; Margaret Cole, *Beatrice Webb*, New York, 1946; Michael Holroyd, *Bernard Shaw*, London, 1997; William Manchester, *The Last Lion: Winston Spencer Churchill: Visions of Glory, 1874–1932*, New York, 1983; Gertrude Himmelfarb, *Poverty and Compassion: The Moral Imagination of the Late Victorians*, New York, 1991; Elie Halevy, *A History of the English People in the Nineteenth Century*, Bd. 6: *The Rule of Democracy (1905–1914)*, London, 1952; Jeanne und Norman MacKenzie, *The Diary of Beatrice Webb*, Bde. 1–4, London, 1984; Norman MacKenzie, *The Letters of Sidney and Beatrice Webb*, Bde. 1–3, Cambridge, 2008.

KAPITEL IV: Muriel Rukeyser, *Willard Gibbs*, New York, 1942; William J. Barber (Hg.), *The Works of Irving Fisher*, Bde. 1–17, London, 1997; Irving Norton Fisher, *My Father: Irving Fisher*, New York, 1956; Muriel Rukeyser, *Willard Gibbs: American Genius*, New York, 1942; Robert Loring Allen, *Irving Fisher: A Biography*, Cambridge, 1993; Richard Hofstadter, *The Age of Reform: From Bryan to FDR and Social Darwinism in American Thought*, New York, 1969; Jeremy Atack und Peter Passell, *A New Economic View of American History*, New York, 1994; Perry Mehrling, »Love and Death: The Wealth of Irving Fisher«, in: Warren J. Samuels und Jeff E. Biddle (Hg.), *Research in the History of Economic Thought and Methodology*, New York, 1992.

KAPITEL V: Seymour Harris, *Joseph Schumpeter: Social Scientist*, Cambridge, Mass., 1951; Wolfgang F. Stolper, *Joseph Alois Schumpeter: The Public Life of a Private Man*, Princeton, 1994; Robert Loring Allen, *Opening Doors: The Life and Works of Joseph Schumpeter*, Bd. I, New Brunswick, 1991; Richard Swedberg, *Joseph A. Schumpeter: His Life and Work*, Cambridge, UK, 1991; Thomas K. McCraw, *Prophet of Innovation: Joseph Schumpeter and Creative Destruction*, Cambridge, Mass., 2007; Charles A. Gulik, *Austria from Habsburg to Hitler*, Bd. I, Berkeley, Cal., 1948; David F. Good, *The Economic Rise of the Habsburg Empire 1750–1914*, Berkeley, Cal., 1990; Joseph Schumpeter, *History of Economic Analysis* Cambridge, Mass., 1954.

ZWEITER AKT, PROLOG: Charles John Holmes, *Self and Partners (Mostly Self): Being the Reminiscences of C. J. Holmes*, London, 1936; Anne Emberton, »Keynes and the Degas Sale«, *History Today*, 31. Dezember 1995; Ray Monk, *Ludwig Wittgenstein: The Duty of Genius*, New York, 1991; Ray Monk, *Bertrand Russell: The Spirit of Solitude 1872–1921*, Bd. I, New York, 1996; Hugh Mellor, *Frank Ramsey: Better Than the Stars*, London, 1994; Henry Andrews Cotton, mit einem Vorwort von Adolf Meyer, *The Defective, Delinquent and Insane: The Relation of Focal Infections to Their Causation, Treatment and Prevention, Lectures delivered at Princeton University, January 11, 13, 14, 15, 1921*, Princeton, 1922.

KAPITEL VI: Eduard März, *Joseph A. Schumpeter: Forscher, Lehrer und Politiker*, München, 1983; Eduard März, »Joseph Schumpeter as Minister of Finance«, in: Helmut Frisch, *Schumpeterian Economics*, New York, 1981; F. L. Carsten, *The First Austrian Republic*, Aldershot, 1986; F. L. Carsten, *Revolution in Central Europe: 1918–1919*, Aldershot, 1988; David Fales Strong, *Austria (October 1918–March 1919)*, New York, 1939; Norbert Schausberger, *Der Griff nach Österreich: Der Anschluss*, Wien/München, 1988; Otto Bauer, *The Austrian Revolution*, London, 1925; Eduard März, *Austrian Banking and Financial Policy: Creditanstalt at a Turning Point, 1913–1923*, New York, 1984; Christine Klusacek und Kurt Stimmer, *Dokumentation zur österreichischen Zeitgeschichte 1918–1928*, Wien/München, 1984; Joseph A. Schumpeter, *Aufsätze zur Wirtschaftspolitik*, Tübingen, 1985; Wolfgang F. Stolper und Christian Seidl (Hg.), *Joseph A. Schumpeter, Politische Reden*, Tübingen, 1992.

KAPITEL VII: Donald E. Moggridge (Hg.), *The Collected Writings of John Maynard Keynes*, Bde. 1–30, London, 1971–1989; Paul Mantoux, *The Carthaginian Peace or The Economic Consequences of Mr. Keynes*, Oxford, 1946; Robert Skidelsky, *John Maynard Keynes*, Bd. 1: *Hopes Betrayed*, New York, 1986; Donald E. Moggridge, *Maynard Keynes: An Economist's Biography*, London, 2009; Margaret MacMillan, *Paris 1919: Six Months That Changed the World*, New York, 2002.

KAPITEL VIII: Peter Gay, *Freud: A Life of Our Time*, New York, 1988; F. L. Carsten, *The First Austrian Republic*, Aldershot, 1986; Otto Bauer, *The Austrian Revolution*, London, 1925; Eduard März, *Austrian Banking and Financial Policy: Creditanstalt at a Turning Point, 1913–1923*, New York, 1984.

KAPITEL IX: Robert Skidelsky, *John Maynard Keynes*, Bd. 2: *The Economist as Savior 1920–1937*, London, 1992; Donald E. Moggridge, *Maynard Keynes: An*

Economist's Biography, London, 1992; Irving Norton Fisher, *My Father: Irving Fisher*, New York, 1956; Robert Loring Allen, *Irving Fisher: A Biography*, Cambridge, MA, 1993; Milton Friedman, *Money Mischief: Episodes in Monetary History*, New York, 1992.

KAPITEL X: Robert Skidelsky, *John Maynard Keynes*, Bd. II: *The Economist as Saviour 1920–1937*, London, 1992; Donald E. Moggridge, *Maynard Keynes: An Economist's Biography*, London, 1992; Irving Norton Fisher, *My Father: Irving Fisher*, New York, 1956; Robert Loring Allen, *Irving Fisher: A Biography*, Cambridge, MA, 1993; Milton Friedman, *Money Mischief: Episodes in Monetary History*, New York, 1992.

KAPITEL XI: Nahid Aslanbeigui und Guy Oakes, *The Provocative Joan Robinson: The Making of a Cambridge Economist*, Durham, N.C., 2009; Marjorie Shepherd Turner, *Joan Robinson and the Americans*, Armonk, N.Y., 1989.

KAPITEL XII: Robert Skidelsky, *John Maynard Keynes*, Bd. 3: *Fighting for Freedom, 1937–1946*, New York, 2001; David Kennedy, *Freedom from Fear: The American People in Depression and War*, Oxford, 1999; Milton Friedman und Rose Friedman, *Two Lucky People*, Chicago, 1998; Herbert Stein, *Presidential Economics: The Making of Economic Policy from Roosevelt to Clinton*, Washington, 1994; Stephen Kresge und W. W. Bartley III. (Hg.), *The Collected Works of F. A. Hayek*, Bde. 1–17, Chicago, 1989.

KAPITEL XIII: Seymour Harris, *Joseph Schumpeter: Social Scientist*, Cambridge, Mass., 1951; Wolfgang F. Stolper, *Joseph Alois Schumpeter: The Public Life of a Private Man*, Princeton, 1994; Robert Loring Allen, *Opening Doors: The Life and Works of Joseph Schumpeter*, Bd. I, New Brunswick, 1991; Richard Swedberg, *Joseph A. Schumpeter: His Life and Work*, Cambridge, 1991; Thomas K. McCraw, *Prophet of Innovation: Joseph Schumpeter and Creative Destruction*, Cambridge, Mass., 2007.

DRITTER AKT, PROLOG: James McGregor Burns, *Roosevelt: The Soldier of Freedom, 1940–1945*, New York, 1970.

KAPITEL XIV: Robert Skidelsky, *John Maynard Keynes*, Bd. 3: *Fighting for Freedom*, New York, 2000.

KAPITEL XV: Alan Ebenstein, *Hayek's Journey*, Chicago, 2005; Hans Jörg Hennecke, *Friedrich von Hayek*, Hamburg, 2010; Werner Erhard, *Germany's Comeback in the World Market*, New York, 1954.

KAPITEL XVI: Richard Reeves, *President Kennedy*, New York, 1993; Herbert Stein, *Presidential Economics: The Making of Economic Policy from Roosevelt to Clinton*, Washington, D.C., 1994.

KAPITEL XVII: John Lewis Gaddis, *The Cold War: A New History,* New York, 2009; Marjorie Shepherd Turner, *Joan Robinson and the Americans,* Armonk, N.Y., 1989.

KAPITEL XVIII: Amartya Sen, *Development as Freedom,* New York, 1999; Amartya Sen, *The Idea of Justice,* Cambridge, Mass., 2009.

Anmerkungen

Anmerkungen zum Vorwort

1   John Kenneth Galbraith, *The Affluent Society*, Boston, 1958 (vgl. ders.: *Gesellschaft im Überfluss*, o.A.d.Ü., München, 1961).

2   Edmund Burke, »A Vindication of Natural Society Or a View of the Miseries and Evil Arising to Mankind from Every Species of Artificial Society, In a Letter to Lord **** by a Late Noble Writer, 1756«, in: Paul Langford und William B. Todd (Hg.), *The Writings and Speeches of Edmund Burke*, New York, 1901, Bd. 1, S. 59.

3   Patrick Colquhoun, *A Treatise on the Wealth, Power, and Resources of the British Empire* (1812), London, 1814, S. 49.

4   James Heldman, »How Wealthy is Mr. Darcy – Really? Pound and Dollars in the World of *Pride and Prejudice*«, *Persuasions: The Jane Austen Journal*, 12. Dezember 1990, S. 38 f.

5   Berechnung der Autorin anhand von Daten aus Patrick Colquhoun, *Wealth, Power and Resources*. Siehe auch Harold Perkin, *The Origins of Modern British Society*, London, 1969, S. 20 f.; sowie Roderick Floud und Paul Johnson, *Cambridge Economic History of Modern Britain*, Cambridge, UK, 2004, S. 92.

6   Jane Austen an Cassandra Austen, in: Deirdre le Fay (Hg.), *Jane Austen's Letters*, Oxford, 1995; sowie Anonymous, *How to Keep House! Or Comfort and Elegance on 150 to 200 a Year*, London, 1835.

7   Claire Tomalin, *Jane Austen: A Life*, New York, 1997.

8   Burke, »Vindication«, S. 59.

9   Siehe Gregory Clark, *A Farewell to Alms: A Brief Economic History of the World*, Princeton, 2009.

10 James Edward Austen Leigh, *A Memoir of Jane Austen*, London, 1870, S. 13.

11 Siehe Clark, *A Farewell to Alms*.

12 Robert Giffen, »Notes on the Progress of the Working Classes (1883) and Further Notes on the Progress of the Working Classes«, *Essays in Finance*, London, 1886, S. 419.

13 Burke, »Vindication«, S. 60.

14 Tomalin, *Jane Austen*, S. 96.

15 Patrick Colquhoun, *A Treatise on Indigence*, London, 1806, S. 148.

16 Leigh, *A Memoir of Jane Austen*, S. 13.

17 Giffen, »Notes on the Progress«, S. 379.
18 Alfred Marshall, *The Present Position of Economics: An Inaugural Lecture*, Cambridge, UK, 1885, S. 57.
19 John Maynard Keynes, »Economic Possibilities for our Grandchildren«, in: *Essays in Persuasion*, London, 1931, S. 344.
20 John Maynard Keynes, Trinkspruch anlässlich seines Ausscheidens aus der Chefredaktion des *Economic Journal* im Jahr 1945, zitiert in: Roy Harrod, *The Life of John Maynard Keynes*, London, 1951, S. 193 f.

Anmerkungen zu Akt 1 / Prolog

1 G. Kitson Clark, »Hunger and Politics in 1842«, *Journal of Modern History*, Jg. 24, Nr. 4, Dezember 1953, S. 355–374.
2 Thomas Carlyle, *Past and Present*, London, 1843, S. 26.
3 Charles Dickens, *Daily News*, London, 21. Januar 1846.
4 Siehe Asa Briggs (Hg.), *Chartist Studies*, London, 1959.
5 Thomas Carlyle, *Past and Present*, S. 335.
6 Thomas Carlyle an John A. Carlyle, Chelsea, 17. März 1840, in: *The Carlyle Letters Online*, abrufbar unter: http://carlyleletters.org (letzter Zugriff am 2.6.2011).
7 John Stuart Mill (Carlyles Schilderung von Camille Desmoulins aus *The French Revolution: A History*, 1837, paraphrasierend) an John Robertson, London, 12. Juli 1837, in: Francis E. Mineka (Hg.), *The Earlier Letters of John Stuart Mill*, Bd. 1: *1812–1848*, Toronto, 1963, S. 343.
8 Zitiert in: Michael Slater, *Charles Dickens: A Life Defined by Writing*, New Haven, Conn., 2009, S. 143.
9 Thomas Carlyle, »Occasional Discourse on the Negro Question«, *Fraser's Magazine for Town and Country*, Nr. 40, Februar 1849, S. 672.
10 Frank N. Pagano (Hg.), Edmund Burke, *A Vindication of Natural Society Or A View of the Miseries and Evils Arising to Mankind from Every Species of Artificial Society* (1756), Indianapolis, 1982, S. 87.
11 Thomas Malthus, *Eine Abhandlung über das Bevölkerungsgesetz oder eine Untersuchung seiner Bedeutung für die menschliche Wohlfahrt in Vergangenheit und Zukunft, nebst einer Prüfung unserer Aussichten auf eine künftige Beseitigung oder Linderung der Übel, die es verursacht*, aus dem englischen Original nach der Ausgabe letzter Hand (6. Auflage 1826) ins Deutsche übertragen von Valentine Dorn, in: *Sammlung sozialwissenschaftlicher Meister*, Jena, 1924–1925, Bd. 1, S. 28. [Anm. d. Übers.: Die Autorin zitiert aus Malthus, *An Essay on the Principle of Population, as It Affects the Future Improvement of Society with Remarks on the Speculations of Mr. Godwin, M. Condorcet, and Other Writers*, London, Erstausgabe, 1798; sowie aus der revidierten Ausgabe *An Essay on the Principle of Population: Or a View of Its Past and Present Effects on Human Happiness: With an Inquiry Into Our Prospects Respecting the Future Removal or Mitigation of the Evils Which It Occasions*, 2. Auflage, London, 1803. Da beide englische Ausgaben nicht vollständig identisch sind mit der o.a. deutschen Überset-

zung, müssen einige hier zitierte Passagen anhand der beiden Originalquellen belegt werden.]

12 Malthus, *Principle of Population*, 1798, S. 139.

13 Malthus, *Über das Bevölkerungsgesetz...*, Bd. 1, 2. Kap., S. 29.

14 Charles Dickens, *Oliver Twist*, Deutsch von Gustav Meyrink, Waltrop/Leipzig, 2003, 2. Kapitel, S. 26, 24.

15 Nicholas Bakalar, »In Reality, Oliver's Diet Wasn't Truly Dickensian«, *The New York Times*, 29. Dezember 2008.

16 Charles Dickens, *Amerika*, aus dem Englischen von Otto von Czarnowsky, Braunschweig, 1843, 3. Teil, S. 114 f.

17 Charles Dickens an Dr. Southwood Smith, 10. März 1843, in: *The Letters of Charles Dickens*, Bd. 3: *1842–1843*, herausgegeben von Madeline House et al., Oxford, 2002, S. 461.

18 James P. Henderson, »›Political Economy is a Mere Skeleton Unless...‹ What Can Social Economists Learn From Charles Dickens?«, *Review of Social Economy*, Juni, 2000, Jg. 58, Nr. 2, S. 141–151.

19 Charles Dickens, *Weihnachtslied. Eine Gespenstergeschichte*, übersetzt von Richard Zoozmann, der Reihenfolge nach aus der Dritten und Ersten Strophe, abrufbar unter http://gutenberg.spiegel.de.

20 Henderson, »Political Economy«, S. 146.

21 Dickens, *Weihnachtslied*, Erste und Dritte Strophe.

22 Malthus, *Principle of Population*, 1803, S. 532.

23 Dickens, *Weihnachtsgeschichte*, »Der Zweite Geist«.

24 Michael Slater, Einführung und Anmerkungen zu Charles Dickens, *A Christmas Carol and Other Christmas Writings*, London, 2003, S. xi.

25 Anthony Trollope, *The Warden*, London, 1855, Kap. 15. [Vgl. ders.: *Septimus Harding, Spitalvorsteher*, aus dem Englischen von Andrea Ott, Kap. 15, Zürich, 2002.]

26 Charles Dickens, »The Bemoaned Past«, *All Year Round: A Weekly Journal, With Which is Incorporated Household Words*, Nr. 161, 24. Mai 1862.

27 Sir Robert Peel an Sir James Graham, August 1842, zitiert in: Clark, »Hunger and Politics in 1842«.

28 Charles Dickens, »On Strike«, *Household Words; A Weekly Journal* Nr. 203, 11. Februar 1854.

29 *ibd.*

30 Richard Swedberg (Hg.), Joseph A. Schumpeter, *The Economics and Sociology of Capitalism*, Princeton, 1991, S. 290. Schumpeter prägte diesen Begriff, um Alfred Marshalls Sicht zum Ausdruck zu bringen, dass die Ökonomie »kein Hort von konkreten Wahrheiten, sondern ein Instrument für die Entdeckung konkreter Wahrheit« sei. Siehe Alfred Marshall, *The Present Position of Economics: An Inaugural Lecture*, London, 1885, S. 25.

31 John Maynard Keynes, Einleitung, *Cambridge Economics Handbook*, London, 1921.

Anmerkungen zu Kapitel I

1　Walter Bagehot, *Lombard Street: A Description of the Money Market*, New York, 1873, S. 20. [Siehe ders., *Lombard Street: Der Weltmarkt des Geldes in den Londoner Bankhäusern*, aus dem Englischen übersetzt von F. v. Holtzendorf, Leipzig, 1874.]

2　Friedrich Engels, Barmen, an Karl Marx, Paris, ca. 8.–10. Oktober 1844, in: *Marx-Engels. Briefwechsel*, unveränderter Nachdruck der im Jahre 1935 vom Marx-Engels-Lenin-Institut, Moskau, besorgten Ausgabe, Bd. I, Berlin, 1949, S. 6.

3　Friedrich Engels, *Die Lage der arbeitenden Klasse in England*, Leipzig (1845), zweite durchgesehene Auflage, Stuttgart, 1892, in: *MEW*, Berlin/ DDR, 1972, Bd. 2, S. 252. (Man bedenke, dass die ersten autorisierten englischen Übersetzungen erst viel später erschienen, nämlich in den USA 1887 und in England 1892.) Sowie Engels an Marx, 19. November 1844, in: *Briefwechsel*, Bd. I, S. 8.

4　Engels, *Die Lage der arbeitenden Klasse in England*, S. 318; sowie Friedrich Engels, »Lage der arbeitenden Klasse in England«, *Rheinische Zeitung* Nr. 359, 25. Dezember 1842, in: *MEW*, Bd. 1, S. 464 f.

5　Siehe Edwin Chadwick, *Report on the Sanitary Condition of the Labouring Population of Great Britain*, 1842.

6　Friedrich Engels, »Englische Ansicht über die innern Krisen«, *Rheinische Zeitung* Nr. 342, 8. Dezember 1842, in: *MEW*, Bd. 1, S. 454–455.

7　Charles Dickens, *Nikolas Nickleby*, deutsch von Gustav Meyrink, Zürich, 1982, 43. Kapitel.

8　Engels, *Die Lage der arbeitenden Klasse in England*, S. 229, 273.

9　Friedrich Engels, »Zur Geschichte des Bundes der Kommunisten«, Erstabdruck in: *Sozialdemokrat* Nr. 46, 47 und 48 vom 12., 19. und 29. November 1885, in: *MEW*, Bd. 21, S. 211.

10　Friedrich Engels, »Umrisse zu einer Kritik der Nationalökonomie« (Januar 1844), Erstdruck in: *Deutsch-Französische Jahrbücher*, Paris 1844, in: *MEW*, Bd. 1, S. 499–524.

11　Karl Marx, *Zur Kritik der Politischen Ökonomie*, »Vorwort«, in: *MEW*, Bd. 13, S. 7.

12　Karl Heinzen, *Erlebtes*, Bd. 2, Boston, 1864, S. 423, 432.

13　Isaiah Berlin, *Karl Marx: His Life and Environment*, London, 1939, S. 26. [Vgl. ders.: *Karl Marx*, o.A.d.Ü., München, 1959, vergriffen.]

14　George Bernard Shaw, »The Webbs«, in: Sidney und Beatrice Webb, *The Truth About Soviet Russia*, London, 1942, S. 5.

15　Arnold Ruge an Ludwig Feuerbach, 15. Mai 1844, in: Paul Nerrlich (Hg.), *Arnold Ruges Briefwechsel und Tagebuchblätter aus den Jahren 1825–1880*, Bd. 1, Berlin, 1886, S. 343 f.

16　Karl Marx an Arnold Ruge, 9. Juli 1842, in: *MEW*, Bd. 27, S. 405 ff.

17　Karl Marx an Arnold Ruge, September 1943, in: *MEW*, Bd. 1, S. 335–346.

18　*ibd.*, S. 343 f.

19　*ibd.*, S. 346.

20　Karl Marx, *Zur Kritik der Hegelschen Rechtsphilosophie. Einleitung*

(1843/44), Erstdruck in: *Deutsch-Französische Jahrbücher*, 1844, in: *MEW*, Bd. 1, S. 390–391, 381.

21 *ibd.* S. 381.

22 Getrude Himmelfarb, *The Idea of Poverty: England in the Early Industrial Age,* New York, 1984, S. 278.

23 Engels an Marx in Paris, Barmen, 19. November 1844, in: *Der Briefwechsel zwischen F. Engels und K. Marx,* Bd. 1, Stuttgart, 1913, S. 8. Sowie Engels an Marx in Paris, 20. Januar 1845, in: *ibd,* S. 17.

24 Engels, *Die Lage der arbeitenden Klasse in England,* S. 486, 487, 488, 504; sowie Friedrich Engels, »Umrisse zu einer Kritik der Nationalöko-nomie«, *Deutsch-Französische Jahrbücher,* Paris, 1844, in: *MEW,* Bd. 1, S. 499–524.

25 Friedrich Engels an Karl Marx in Paris, Barmen, 20. Januar 1845, in: *Brief-wechsel,* Bd. 1, S. 15.

26 Karl Marx, Vorwort zur Ersten Auflage, *Das Kapital,* Bd. I, in: *MEW,* Bd. 23, S. 15.

27 Henry Mayhew, »Letter 47«, *The Morning Chronicle,* 11. April 1850, in: *The Morning Chronicle Survey of Labour and the Poor: The Metropolitan Districts,* Bd. 4, Sussex/London, 1981, S. 97.

28 Asa Briggs, *Victorian Cities,* Berkeley, Cal., 1993, S. 311.

29 William Lucas Sargant, »On the Vital Statistics of Birmingham and Seven Other Large Towns«, in: *Journal of the Statistical Society of London,* Bd. 29, Nr. 1., März 1866, S. 92–111.

30 Roy Porter, *London: A Social History,* Cambridge, Mass., 1998, S. 187.

31 Engels, *Die Lage der arbeitenden Klasse in England,* S. 256.

32 Charles Dickens, *Dombey und Sohn,* aus dem Englischen von Carl Kolb, Bd. 1, 15. Kapitel, in: *Boz's (Dickens) sämmtliche Werke,* Stuttgart, 1861.

33 Niall Ferguson, *The House of Rothschild,* Bd. 1, New York, 2000, S. 401. [Vgl. ders., *Die Geschichte der Rothschilds. Propheten des Geldes,* 2 Bde., aus dem Englischen von Irmela Arnsprenger und Boike Rehbein, München, 2002.]

34 Bagehot, *Lombard Street,* S. 4.

35 Ferguson, *The House of Rothschild,* Bd. 2, S. 65.

36 Peter Geoffrey Hall, *The Industries of London Since 1861,* London, 1962, S. 21.

37 Francis Sheppard, *London 1808–1870: The Infernal Wen,* London, 1971, S. 158f.

38 George Dodd, *Curiosities of Industry,* London, 1858, S. 158.

39 Hall, *The Industries of London,* S. 6.

40 Henry Mayhew, *The Daily Chronicle,* 19. Oktober 1849, zitiert in: E. P. Thomson et al. (Hg.), *The Unknown Mayhew: Selections from the* Daily Chronicle *1849–1850,* London, 1884, S. 13.

41 John Maynard Keynes, *Economic Consequences of the Peace,* London, 1919, S. 9. [Anm. d. Übers.; vgl. ders., *Die wirtschaftlichen Folgen des Frie-densvertrages,* übersetzt von M. J. Bonn und C. Brinkmann, einzig autori-sierte Übersetzung aus dem Englischen, München, 1920: eine um rund ein Viertel gekürzte Fassung, 2006 unter dem Titel *Krieg und Frieden. Die wirt-*

schaftlichen Folgen des Vertrages von Versailles von Dorothea Hauser neu herausgegeben.]

42 Henry James, *Essays in London and Elsewhere,* New York, 1893, S. 19.

43 George Augustus Sala, *Twice Around the Clock; or the Hours of the Day and Night in London,* London, 1862, S. 157.

44 Henry Mayhew und John Binney, *The Criminal Prisons of London and Scenes of Prison Life,* London, 1862, S. 28.

45 *The Economist,* 19. Mai 1866.

46 Harold Perkin, *The Origins of Modern English Society 1780–1880,* London, 1969, S. 91; sowie Sala, *Twice Around the Clock,* S. 157.

47 Henry Mayhew und John Binny, *The Criminal Prisons of London,* S. 28.

48 *ibd.,* S. 32.

49 Henry James, »London«, *Century Illustrated Magazine,* Dezember 1888, S. 228.

50 Charles Dickens, *Bleakhaus,* aus dem Englischen von Gustav Meyrink, Berlin/Wien, 1928.

51 Friedrich Engels, »Vorrede« zum *Manifest der Kommunistischen Partei* (englische Ausgabe von 1888), in: *MEW,* Bd. 21, S. 357.

52 David McLellan, *Karl Marx: His Life and Thought,* London, 1973, S. 169.

53 *ibd.,* S. 177.

54 Friedrich Lessner, zitiert in: David McLellan (Hg.), *Karl Marx: Interviews and Recollections,* London, 1981, S. 45.

55 Karl Marx, Friedrich Engels, *Manifest der Kommunistischen Partei,* in: *MEW,* Bd. 4, S. 459–493.

56 Siehe auch Friedrich Engels, »Das Buch der Offenbarung«, in: *MEW,* Bd. 21, S. 9–15.

57 Siehe Karl Marx, *Das Elend der Philosophie,* »Vorrede«, Brüssel, 15. Juni 1847, in: *MEW,* Bd. 4, S. 65.

58 Siehe Anonymous [Robert Chambers], *Vestiges of the Natural History of Creation,* London, 1844.

59 Marx, Engels, *Manifest der Kommunistischen Partei,* in: *MEW,* S. 465.

60 Friedrich Engels, »Die Lage Englands. II. Die englische Konstitution«, *Vorwärts,* Nr. 75, Paris, 18. September 1844, in: *MEW,* Bd. 1, S. 570.

61 Angus Maddison, *Statistics on World Population, GDP and Per Capita GDP, 1–2008 AD,* abrufbar unter www.ggdc.net/maddison (letzter Zugriff am 26.6.2011).

62 Marx, Engels, *Manifest der Kommunistischen Partei,* Einzelbroschüre, London, Februar–März 1848, in: *MEW,* Bd. 4, der Reihenfolge nach S. 467, 465.

63 Gregory Clark, *A Farewell to Alms: A Brief Economic History of the World,* Princeton, N.J., 2007; Roderick Floud und Bernard Harris, »Health, Height and Welfare: Britain 1700–1800«, in: Richard H. Steckel und Roderick Floud (Hg.), *Health and Welfare During Industrialization,* Chicago, 1997, S. 91–126.

64 Charles H. Feinstein, »Pessimism Perpetuated: Real Wages and the Standard of Living in Britain During and After the Industrial Revolution«, *Journal of Economic History,* Bd. 58, Nr. 3, September 1998, S. 630.

65 Thomas Carlyle, *Past and Present*, London, 1843, S. 4.

66 Arnold Toynbee, *Lectures on the Industrial Revolution of the Eighteenth Century in England*, London, 1884, S. 84.

67 John Stuart Mill, *Die Hörigkeit der Frau (The Subjection of Women*, 1869), übersetzt von Jenny Hirsch, Berlin, 1872, Erstes Kapitel.

68 John Stuart Mill, *Grundsätze der politischen Oekonomie nebst einigen Anwendungen auf die Gesellschaftswissenschaft (1848)*, aus dem Englischen übersetzt und mit Zusätzen versehen von Adolph Goetbeer, Hamburg, 1852, Bd. 2, Buch IV, S. 229.

69 Marx, Engels, *Manifest der Kommunistischen Partei*, in: *MEW*, S. 473, 493.

70 David McLellan, *Karl Marx*, S. 35.

71 Charles Dickens, »Perfidious Patmos«, *Household Words. A Weekly Journal*, 7, Nr. 155, 12. März 1853.

72 *The Times*, London, 26. Oktober, 1849.

73 Anne Humphreys, *Travels Into the Poor Man's Country: The Work of Henry Mayhew*, Athens, 1977, S. 203.

74 Henry Mayhew, »A Visit to the Cholera Districts of Bermondsey«, *The Morning Chronicle*, Serie ab 24. September 1849.

75 Thompson (Hg.), *The Unknown Mayhew*, S. 102 f.

76 Zitiert in: Humphreys, *Travels*, S. 31.

77 Charles Dickens, *Oliver Twist*, London, 1838, 50. Kapitel, S. 252. [Vgl. die Übersetzungen von Gustav Meyrink (1914) und Carl Kolb/Carl Hartz (1946), die das Original jedoch mit aus heutiger Sicht unzulässigen Eingriffen und Kürzungen verändert haben.]

78 Siehe Gareth Stedman Jones, *Outcast London: A Study in the Relationship Between Classes in Victorian Society*, New York, 1984.

79 Henry Mayhew, »Letter 11«, *The Morning Chronicle*, 23. November 1849.

80 *ibd.*

81 Mayhew, »Letter 15«, *The Morning Chronicle*, 7. Dezember 1849.

82 Mayhew, »Letter 8«, *The Morning Chronicle*, 13. November 1849.

83 Thomas Carlyle, »The Present Time«, *Latter Day Pamphlets*, Auflage 9, 1. Februar 1850.

84 Douglas Jerrold an Mrs. Cowden Clarke, Februar 1850, zitiert in: Thompson (Hg.), *The Unknown Mayhew*, S. 11.

85 Henry Mayhew, *London Labour and the London Poor*, Nr. 40, 13. September 1851.

86 John Stuart Mill, »The Claims of Labor«, *Edinburgh Review*, April 1845.

87 Zitiert in James Anthony Froude, *Thomas Carlyle: A History of the First Forty Years of His Life (1795–1835)*, Montana, 2006, S. 298.

88 *ibd.*, S. 282.

89 John Stuart Mill an Macvey Napier, Herausgeber des *Edinburgh*, 9. November 1844.

90 Siehe David Ricardo, *Principles of Political Economy and Taxation*, 1817. [Vgl. ders., *Über die Grundsätze der Politischen Ökonomie und der Besteuerung*, herausgegeben von Heinz D. Kurz und Christian Gehrke. Vollständige deutsche Fassung der englischen Standardausgabe einschließlich der Einführung und editorischen Anmerkungen Piero Sraffas. Von Ottmar Kotheimer

überarbeitete Übersetzung Gerhard Bondis, 2. überarbeitete Auflage, Marburg, 2006.]

91 H. G. Wells, »Men Like Gods«, *Hearst's International* 42, Nr. 6, Dezember 1922.

92 Mill, *Grundsätze der politischen Oekonomie*, Bd. 1, Buch III, S. 452.

93 McLellan, *Karl Marx*, S. 268 f.

94 Karl Marx, London, an Joseph Weydemeyer in Zürich, 2. August 1851, in: *MEW*, Bd. 27, S. 565–567.

95 John Tallis, *Tallis's History and Description of the Crystal Palace, and the Exhibition of the World's Industry in 1851*, London/New York, 1852, zitiert in: Jeffrey A. Auerbach, *The Great Exhibition of 1851*, New Haven, 1999.

96 Karl Marx, *Neue Rheinische Zeitung. Organ der Demokratie, Nr. 184*, Januar 1849, in: *MEW*, Bd. 6, S. 148 ff.

97 *ibd.*, S. 150.

98 Karl Marx und Friedrich Engels, *Neue Rheinische Zeitung*, Mai–Oktober 1851.

99 Marx/Engels, *Manifest der Kommunistischen Partei*, in: *MEW*, Bd. 4, S. 474.

100 Karl Marx, London, an Ludwig Kugelmann in Hannover, 28. Dezember 1862, in: *MEW*, Bd. 30, S. 639.

101 *ibd.*, sowie Karl Marx, *Das Kapital*, Bd. I, »Vorwort zur Ersten Auflage«, in: *MEW*, Bd. 23, S. 11.

102 *Das Kapital*, S. 675; sowie *Manifest*, I, in: *MEW*, Bd. 4, S. 466.

103 *Manifest*, in: *MEW*, Bd. 4, S. 469; sowie *Das Kapital*, 23. Kap., Teil II, in: *MEW* Bd. 23, S. 677–701.

104 *Das Kapital*, Bd. 1, 22. Kap., in: *MEW*, Bd. 23, S. 608; sowie Karl Marx, Friedrich Engels, *Manuskripte zum zweiten Buch des »Kapitals« 1868 bis 1881, Teil 2*, Berlin, 2008, S. 1300 (siehe John Stuart Mill, *Essays on some Unsettled Questions of Political Economy*, London, 1844, S. 94).

105 Siehe Mark Blaug, *Economic Theory in Retrospect*, Cambridge, UK, 1997.

106 Marx/Engels, *Das Kapital*, Bd. I, in: *MEW*, Bd. 23, S. 677–678.

107 Robert Giffen, »The Recent Rate of Material Progress in England«, *Opening Address to the Economic Science and Statistics Section of the British Association*, London, 1887, S. 3.

108 Robert Dudley Baxter, *National Income, the United Kingdom*, London, 1868, S. B1.

109 Eric J. Hobsbawm, »The Standard of Living During the Industrial Revolution: A Discussion«, *Economic History Review*, New Series, Bd. 16, Nr. 1, London, 1963, S. 119–134.

110 Charles H. Feinstein, »Pessimism Perpetuated: Real Wages and the Standard of Living in Britain During and After the Industrial Revolution«, *Journal of Economic History* 58, Nr. 3, S. 625–658.

111 Gareth Stedman Jones, Einführung zur englischen Ausgabe von Marx/Engels, *The Communist Manifesto*.

112 Marx/Engels, *Das Kapital*, 8. Kapitel, Anm. 48, in: *MEW*, Bd. 23, S. 254.

113 Egon Erwin Kisch, *Karl Marx in Karlsbad* (1947), Berlin (DDR), 1968; sowie Saul Kussiel Padover, *Karl Marx: An Intimate Biography*, New York, 1978.

114 Karl Marx an Friedrich Engels, 22. Juli 1859. Die Rezensionen erschienen in: *Das Volk*, Nr. 14, 6. August 1859, sowie Nr. 16, 20. August 1859.

115 Berlin, *Marx*, S. 13.

116 *ibd.*

117 Karl Marx, »Bericht des Generalrats über das Erbrecht«, geschrieben am 2./3. August 1869 und vom Generalrat am 3. August 1869 angenommen, in: *MEW*, Bd. 16, S. 367 ff.

118 Zitiert in: Franz Mehring, *Gesammelte Schriften*, Bd. 3, Berlin/DDR, 1960, S. 256.

119 Karl Marx an Eleanor Marx, zitiert in: McLellan, *Karl Marx*, S. 334.

120 Karl Marx an Ludwig Kugelmann, 28. Dezember 1862, in: *MEW*, Bd. 30, S. 639.

121 Siehe Fjodor Dostojewski, *Winter Notes on Summer Impressions*, Illinois, 1988.

122 Schätzung der Autorin.

123 *The Bankers Magazine*, Bd. 26, 1866, S. 639; *Illustrated London News*, 19. Mai 1866; *The Times*, London, 12. Mai 1866.

124 *The New York Times*, 26. Mai 1866. [Anm. d. Übers.: Nach dem 1844 erlassenen »Bank Charter Act« durfte nur die Bank of England neue Banknoten ausgeben.]

125 Sidney Pollard und Paul Robertson, *The British Shipbuilding Industry, 1870–1914*, Cambridge, Mass., 1999, S. 77 ff.

126 Marx/Engels, *Das Kapital*, Bd. I, Kap. 23, 5/d, in: *MEW*, S. 697.

127 J. H. Clapham, *An Economic History of Modern Britain*, Bd. 3: *Machines and National Rivalries (1887–1914) with an Epilogue (1914–1929)*, Cambridge, UK, 1932, S. 117.

128 Marx an Engels, 31. Juli 1865, in: *Briefwechsel*, Bd. III, S. 333.

129 Marx an Engels, *ibd.*, S. 338, 356 f., 386.

130 Engels an Marx, *ibd.*, S. 460, 393.

131 Marx an Engels, *ibd.*, S. 410.

132 Marx/Engels, *Das Kapital*, Kap. 23, Teil II, in: *MEW*, S. 681.

133 William Gladstone, »Budget Speech of 1863, House of Commons«, *The Times*, London, 16. April 1863.

134 Honoré de Balzac, *Das unbekannte Meisterwerk* (1845), abrufbar unter: www.gutenberg.org/files/23060/23060-h/23060-h.htm (letzter Aufruf am 30.7.2012).

135 John Maynard Keynes, *Essays in Persuasion* (1931), New York, 1963, S. 300.

Anmerkungen zu Kapitel II

1 Ralph Waldo Emerson, »Ode, Inscribed to William H. Channing«, in: *Poems*, London, 1847.

2 Alfred Marshall, »Speech to the Cambridge University Senate« (1891), in: John K. Whitaker (Hg.), *The Correspondence of Alfred Marshall*, Bd. 3: *Towards the Close, 1903–1924*, Cambridge, UK, 1996, S. 399.

3 Karl Marx, *Das Kapital*, Bd. I, VII/23: »Das allgemeine Gesetz der kapitalistischen Akkumulation«; W.D.B, »Distress in Poplar«, Brief an den Herausgeber, *The Times*, London, 12. Januar 1867; »The Distress at the East End: A Soup Kitchen in Ratcliff Highway«, *Illustrated London News*, 16. Februar 1867.

4 Sara Horrell und Jane Humphries, »Old Questions, New Data, and Alternative Perspectives: Families' Living Standards in the Industrial Revolution«, *Journal of Economic History* 52, Nr. 4, Dezember 1992, S. 849–880.

5 Florence Nightingale an Charles Bracebridge, Januar 1867, in: Lynn McDonald (Hg.), *The Collected Works of Florence Nightingale*, Bd. 6: *Florence Nightingale on Public Health Care*, Ontario, 2002, S. 399.

6 Francis Sheppard, *London: 1808–1870*, London, 1971, S. 340.

7 *The Times*, London, 6. Mai 1867.

8 Robert Giffen, »Proceedings of the Statistical Society«, *Journal of the Statistical Society of London*, 30, Nr. 4, Dezember 1867, S. 564 f.

9 Henry Fawcett, *Pauperism: Its Causes and Remedies*, London, 1871, S. 1 f.

10 Edward Denison, *A Brief Record: Being Selections from Letters and Other Writings of Edward Denison*, herausgegeben von Sir Bryan Baldwin Leighton, London, 1871, S. 46.

11 Zitiert in: John Maynard Keynes, »Alfred Marshall, 1842–924«, in: Arthur Pigou (Hg.), *Memorials of Alfred Marshall*, London, S. 358.

12 Alfred Marshall, »Lecture Outlines«, in: Tiziano Raffaelli, Eugenio F. Biagini, Rita McWilliams Tullberg (Hg.), *Alfred Marshall's Lectures to Women: Some Economic Questions Directly Connected to the Welfare of the Laborer*, Aldershot, UK, 1995, S. 141.

13 Siehe Ronald H. Coase, »Alfred Marshall's Mother and Father« sowie »Alfred Marshall's Family and Ancestry«, in: *Essays on Economics and Economists*, Chicago, 1994.

14 Charles Dickens, *Große Erwartungen*, aus dem Englischen von Margit Meyer (1977), Berlin, 2010, S. 166, 164.

15 *The Times*, London, 8. Oktober 1859.

16 Anthony Trollope, *The Vicar of Bullhampton* (1870), London, 1906, S. 81.

17 K. Theodore Hoppen, *The Mid Victorian Generation 1846–1886*, Oxford, 1998, S. 40.

18 Siehe Anthony Trollope, *Septimus Harding, Spitalvorsteher*, aus dem Englischen von Andrea Ott, Zürich, 2002.

19 Peter D. Groenewegen, *A Soaring Eagle: Alfred Marshall: 1842–1924*, London, 1995, S. 51.

20 Siehe David McLellan, *Karl Marx: His Life and Thought*, New York, 1974.

21 Siehe William Dudley Baxter, *National Income: The United Kingdom*, London, 1868.

22 Groenewegen, *A Soaring Eagle*, S. 107.

23 John Maynard Keynes, »Alfred Marshall«, in: *Essays in Biography*, New York, 1951, S. 126.

24 Mary Paley Marshall, zitiert in: Keynes, »Alfred Marshall, 1842–1924«, S. 37.

25 *ibd.*

26 Groenewegen, *A Soaring Eagle,* S. 62.

27 Leslie Stephen, *Sketches from Cambridge by a Don,* London, 1865, S. 37 f.

28 Alfred Marshall an James Ward, in: John King Whitaker (Hg.), *The Correspondence of Alfred Marshall,* Bd. 2: *At the Summit, 1891–1902,* Cambridge, UK, 1996, S. 441.

29 Mary Paley Marshall, zitiert in: Keynes, »Alfred Marshall, 1842–1924«, S. 37.

30 Alfred Marshall, »Speech to Promote a Memorial for Henry Sidgwick«, in: Whitaker (Hg.), *Correspondence,* Bd. 2, S. 441.

31 Groenewegen, *A Soaring Eagle,* S. 3.

32 Alfred Marshall, Vorwort zu *Money, Credit and Commerce,* London, 1923.

33 Alfred Marshall an James Ward, 23. September 1900, in: Whitaker (Hg.), *Correspondence,* Bd. 2.

34 Gertrude Himmelfarb, »The Politics of Democracy: The English Reform Act of 1867«, *Journal of British Studies,* 6, Nr. 1, November 1966, S. 97.

35 Henry James, Vorwort zu *The Princess Casamassima* (1886), New York, 1908, S. vi.

36 Keynes, »Alfred Marshall, 1842–1924«, S. 37.

37 *ibd.,* S. 37 f.

38 Henry Sidgwick, *Principles of Political Economy,* London, 1883, S. 4.

39 John E. Cairnes, *The Character and Logical Method of Political Economy; Being a Course of Lectures Delivered in the Hilary Term, 1857,* London, 1857, S. 38.

40 John Ruskin, *Unto This Last: Four Essays in the First Principles of Political Economy,* London, 1862. [Vgl. ders., *Diesem Letzten. Vier Abhandlungen über die ersten Grundsätze der Volkswirtschaft,* Leipzig, 1902.]

41 Siehe Gertrude Himmelfarb, *The Idea of Poverty: England in the Early Industrial Age,* New York, 1985.

42 Leslie Stephen, *The Life of Henry Fawcett,* London, 1886, S. 157.

43 Ruskin, *Unto This Last,* S. 20.

44 John Elliot Cairnes, *Some Leading Principles of Political Economy,* London, 1874, S. 291.

45 John Stuart Mill, *Grundsätze der politischen Oekonomie nebst einigen Anwendungen auf die Gesellschaftswissenschaft,* aus dem Englischen übersetzt und mit Zusätzen versehen von Adolph Goetbeer, Bd. 1, Buch II, Hamburg, 1852, S. 366.

46 Francis Bowen, *The Principles of Political Economy Applied to the Condition, the Resources, and the Institutions of the American People,* Boston, 1859, S. 197.

47 Millicent Garrett Fawcett, *Political Economy for Beginners,* London, 1906, S. 100.

48 John Francis Bray, *Labour's Wrongs and Labour's Remedy, or the Age of Might and the Age of Right,* Leeds, 1839, S. 67.

49 Alfred Marshall, *Alfred Marshall's Lectures to Women, Some Economic*

Questions Directly Connected to the Welfare of the Labourer, Aldershot, 1995, Lecture 5, S. 119.

50 *ibd.*, S. 156.

51 Zitate aus Mary Paleys Notizen vom April und Mai 1873, in: *ibd.*, S. 47, 53 f.

52 Joseph Schumpeter, *The History of Economic Thought*, Cambridge, Mass., 1954, S. 290.

53 Arnold Toynbee, *Lectures on the Industrial Revolution of the Eighteenth Century in England*, London, 1884, S. 175.

54 Marshall, *Lectures to Women*, 9. Mai 1873.

55 *ibd.*

56 Mary Paley Marshall, *What I Remember*, Cambridge, posthum 1947, S. 9.

57 Winnie Seebohm in: Martha Vicinus, *Independent Women: Work and Community for Single Women 1850–1920*, Chicago, Ill., 1985, S. 151.

58 William S. Gilbert und Arthur Sullivan, *Princess Ida,* 1884, deutsches Libretto.

59 Mary Paley Marshall, *What I Remember,* S. 16.

60 Siehe George Eliot, *The Mill on the Floss*, London, 1859. [Vgl. dies., *Die Mühle am Floss,* übersetzt von Julius Frese, Berlin, 1861.]

61 Rita McWilliams Tullberg, »Marshalls Contribution to the Women's Higher Education Movement«, in: Marshall, *Lectures to Women,* S. 55.

62 Mary Paley Marshall, *What I Remember,* S. 20 f.

63 Lord Ernle, *English Farming Past and Present*, London, 1922, 3. Auflage, S. 407.

64 *The Cambridge Chronicle*, 11. April 1874.

65 Alf Peacock, »Revolt of the Fields in East Anglia«, in: Communist Party History Group, *Our History*, London, 1968.

66 *The Times*, London, 13. April 1874.

67 George Eliot, *Middlemarch* (1874), aus dem Englischen und mit Anmerkungen von Irmgard Nickel, Berlin, 1979, S. 552.

68 *The Cambridge Chronicle*, 25. April 1874 und 8. Mai 1874.

69 *The Cambridge Independent Press*, 16. Mai 1874.

70 Alfred Marshall, »Beehive Articles« (1874), in: R. Harrison, »Two Early Articles by Alfred Marshall«, *Economic Journal* 73, September 1963, S. 422–430.

71 Alfred Marshall, zitiert in: *The Cambridge Independent Press,* 16. Mai 1874.

72 Alfred Marshall an Rebecca Marshall, Niagara Falls, 10. Juli 1875, in: John K. Whitaker (Hg.), *The Correspondence of Alfred Marshall, Economist,* Bd. 1: *Climbing, 1868–1890,* Cambridge, UK, 1996, S. 68 f.

73 Alfred Marshall an Rebecca Marshall, Springfield, Mass., 12. Juni 1875, in: *ibd.*

74 *ibd.*

75 Alfred Marshall an Rebecca Marshall, Boston, 20. Juni 1875, in: *ibd.*, S. 54.

76 Alfred Marshall an Rebecca Marshall, Cleveland, 18. Juli 1875, in: *ibd.*, S. 71.

77 Alfred Marshall, »Some Features of American Industry«, Vortrag am 17. November 1875 im Moral Sciences Club, Cambridge, in: John Whitaker

(Hg.), *The Early Economic Writings of Alfred Marshall, 1867–1890*, London, 1975, Bd. II, S. 369.

78 Alfred Marshall an Rebecca Marshall, Cleveland, 18. Juli 1875, in: Whitaker, *Correspondence*, Bd. 1, S. 72.

79 John Maynard Keynes, »Alfred Marshall: 1842–1924«, in: *Essays in Biography*, New York, 1951, S. 142.

80 John Whitaker, »The Evolution of Alfred Marshall's Economic Thought and Writings Over the Years«, in: Whitaker (Hg.), *The Early Economic Writings*, S. 57.

81 Alfred Marshall, »Some Features of American Industry«, in: Whitaker, *Early Economic Writings*, S. 354.

82 Siehe *Reminiscences of America in 1869 by Two Englishmen*, London, 1870.

83 Marshall, »Some Features of American Industry«, S. 357.

84 Alfred Marshall an Rebecca Marshall, Lowell und Cambridge, Mass., 22. Juni 1875, in: Whitaker, *Correspondence*, Bd. 1, S. 58.

85 Two Englishmen, *Reminiscences*, S. 86.

86 Siehe Samuel Bowles, *The Pacific Railroad Open: How to Go, What to See*, Boston, 1869.

87 Marshall, »Some Features of American Industry«, S. 357.

88 Alfred Marshall an Rebecca Marshall, Springfield, Mass., 12. Juni 1875, in: Whitaker, *Correspondence*, Bd. 1, S. 44.

89 Two Englishmen, *Reminiscences*, S. 242.

90 Marshall, »Some Features of American Industry«, S. 359.

91 Alfred Marshall, *Principles of Economics*, London, 1890, Buch V, S. 267.

92 Marshall, »Some Features of American Industry«, S. 353.

93 Alfred Marshall an Rebecca Marshall, Cleveland, 18. Juli 1875, in: Whitaker, *Correspondence*, Bd. 1, S. 71.

94 Alfred Marshall an Rebecca Marshall, New York, 5. Juni 1875, in: *ibd.*, S. 48.

95 Zitiert in: Whitaker, *The Early Economic Writings*, S. 373.

96 Marshall, »Some Features of American Industry«, S. 372.

97 Marx, *Das Kapital*, Bd. I., Kap. 23, *in: MEW*, Bd. 23, S. 675.

98 Whitaker, *The Early Economic Writings*, Bd. II, S. 358.

99 Marshall, »Some Features of American Industry«, S. 375.

100 Alfred Marshall an Rebecca Marshall, 5. Juni 1875, in: Whitaker, *Correspondence*, Bd. 1, S. 36.

101 Mary Paley Marshall, *What I Remember*, S. 19.

102 Siehe Phyllis Rose, *Parallel Lives: Five Victorian Marriages*, New York, 1983.

103 Mary Paley Marshall, *What I Remember*, S. 23.

104 Alfred Marshall, »Testimony« vom Dezember 1880, *Governmental Committee on Intermediate and Higher Education in Wales and Monmouthshire*, zitiert von J. K. Whitaker, »Marshall: The Years 1877 to 1885«, *The History of Political Economy*, Bd. 4, Nr. 1, Frühjahr 1972, S. 6.

105 Siehe Marion Fry Pease, »Some Reminiscences of University College, Bristol«, University of Bristol Library, Special Collections, 1942.

106 Mary Paley Marshall, *What I Remember*, S. 24.
107 Zitiert von Keynes, »Mary Paley Marshall«, in: *Essays in Biography*, S. 334.
108 Zitiert in: Whitaker, *Early Economic Writings*, S. 355.
109 Alfred Marshall, »The Present Position of Economics«, in: *ibd.*, S. 51.
110 Marshall, *Principles of Economics*, S. 1.
111 Mill, *Grundsätze der Politischen Oekonomie*, Bd. II, Buch IV.
112 Mary Paley Marshall, unveröffentlichte Notizen, Marshall Archive, Cambridge University.
113 Charles Dickens, *Hard Times*, 1854, Erstes Buch, Kapitel 5.
114 Marx, *Das Kapital*, Bd. I, *in: MEW*, Bd. 23, S. 445 f., 528.
115 Alfred Marshall, in: Whitaker, *Correspondence*, Bd. 1, S. 59.
116 Siehe Alfred und Mary Paley Marshall, *The Economics of Industry*, London, 1879.
117 Alfred Marshall, *The Present Position of Economics* (1855), London, 1925, S. 155.
118 Mary Paley Marshall, *What I Remember*, S. 24.
119 Edwin Cannan, »Alfred Marshall, 1842–1924«, in: *Economica* 4, November 1924, S. 257–261.
120 Alfred Marshall an Macmillan, Juni 1878, in: Whitaker, *Correspondence*, Bd. 1, S. 97.
121 Henry George, *Progress and Poverty: An Inquiry into the Cause of Industrial Depressions…*, Buch VIII, Kapitel 2, New York, 1879.
122 *Jackson's Oxford Journal*, 15. März 1884. Ein Bericht des Treffens findet sich nachgedruckt im Anhang zu George Stigler, »Three Lectures on Progress and Poverty by Alfred Marshall«, *Journal of Law and Economics* 12. April 1969, S. 184–226.
123 *ibd.*, S. 186
124 *ibd.*, S. 188.
125 *ibd.*, S. 208.
126 *ibd.*
127 *ibd.*
128 *ibd.*

Anmerkungen zu Kapitel III

1 George Eliot, *Middlemarch* (1874), New York, 1992, S. 142. [Vgl. dies., *Middlemarch*, aus dem Englischen von Irmgard Nickel, Leipzig, 1979.]
2 Daniel Pool, *What Jane Austen Ate and Charles Dickens Knew*, New York, 1993, S. 50–56.
3 Beatrice Webb, *My Apprenticeship*, London, 1926, S. 48.
4 Michelle Jean Hoppe, »The London Season«, *Literary Liaisons*, abrufbar unter: www.literary-liaisons.com/article024.html (letzter Aufruf am 14.7.2011).
5 Norman und Jeanne MacKenzie (Hg.), *The Diary of Beatrice Webb*, Bd. 1, *1873–1892*, Cambridge, Mass., 1982, S. 90 (Eintrag vom 15. Juli 1883).
6 *ibd.*, S. 75 (22. Februar 1883).

7 *ibd.*, S. 76 (26. Februar 1883).
8 *ibd.*, S. 74 (2. Januar 1883).
9 Webb, *My Apprenticeship*, S. 157.
10 Henry James, *The Portrait of a Lady* (1881), New York, 1908, S. xiii. [Im Deutschen liegen drei Übersetzungen vor: *Bildnis einer Dame*, deutsch von Lore Krüger, Berlin (DDR), 1984; *Bildnis einer Dame*, deutsch von Hildegard Blomeyer, München, 1997; sowie *Porträt einer jungen Dame*, deutsch von Gottfried Röckelein, München, 2007. Das Vorwort ist in keiner davon enthalten.]
11 Margaret Harkness an Beatrice Potter, o.D., *Papers of Beatrice and Sidney Webb*, Passfield Archive, British Library of Political and Economic Science, London School of Economics and Political Science, Signatur 2/2/2.
12 James, *The Portrait of a Lady*, Bd. 1, London, 1881, S. 193.
13 MacKenzie, *Diary of Beatrice Webb*, Bd. 1, S. 80 (31. März 1883).
14 *ibd.*, S. 54.
15 Siehe das Epigraph zum vorliegenden Kapitel.
16 Barbara Caine, *Destined to Be Wives: The Sisters of Beatrice Webb*, Oxford, 1986, S. 12.
17 Webb, *My Apprenticeship*, S. 39.
18 *ibd.*, S. 42.
19 MacKenzie, *Diary of Beatrice Webb*, Bd. I, S. 4.
20 *ibd.*, Bd. 2, *1892–1905*, S. 132 (o.D. März 1883).
21 Herbert Spencer, *An Autobiography*, Bd. 1, New York, 1904, S. 298.
22 Webb, *My Apprenticeship*, S. 10.
23 MacKenzie, *Diary of Beatrice Webb*, Bd. 2.
24 Spencer, *An Autobiography*, Bd. 1, S. 298.
25 *ibd.*
26 Webb, *My Apprenticeship*, S. 10.
27 MacKenzie, *Diary of Beatrice Webb*, Bd. 1, S. 112 (8. April 1884).
28 *ibd.*, S. 16 (6. März 1874).
29 Webb, *My Apprenticeship*, S. 25.
30 Kitty Muggeridge und Ruth Adam, *Beatrice Webb: A Life, 1858–1943*, New York, 1968, S. 38.
31 *ibd.*
32 MacKenzie, *Diary of Beatrice Webb*, Bd. 1, S. 19 (27. September 1874).
33 Webb, *My Apprenticeship*, S. 56, 106, 112; sowie MacKenzie, *Diary of Beatrice Webb*, Bd. 1, S. 74 (2. Januar 1883).
34 Webb, *My Apprenticeship*, S. 112 f.
35 MacKenzie, *Diary of Beatrice Webb*, Bd. 1, S. 77 (1. März 1883).
36 *ibd.*
37 *ibd.*, S. 81 (31. März 1833).
38 *ibd.*, S. 88 (24. Mai 1833).
39 *ibd.*, S. 79 (24. März 1883).
40 Helen Dandy Bosanquet, *Social Work in London, 1869–1912: A History of the Charity Organization Society*, New York, 1914, S. 95.
41 MacKenzie, *Diary of Beatrice Webb*, Bd. 1, S. 85 (18. Mai 1883).
42 *ibd.*, S. 89 (7. Juli 1883).

43 *ibd.*, S. 81 (31. März 1883).

44 James Louis Garvin, *The Life of Joseph Chamberlain*, Bd. I, London, 1932, S. 202.

45 MacKenzie, *Diary of Beatrice Webb*, Bd. 1, S. 90f. (15. Juli 1883).

46 *ibd.*, S. 88 (3. Juni 1883).

47 *ibd.*, S. 89 (27. Juni 1883).

48 *ibd.*, S. 92 (15. Juli 1883).

49 *ibd.*, S.111 (16. März 1884).

50 *ibd.*, S. 95 (22. September 1883).

51 *ibd.*, S. 94 (26. September 1883).

52 *ibd.*

53 »The Bitter Cry of Outcast London«, *The Pall Mall Gazette*, 16. Oktober 1883, S. 11.

54 Andrew Mearns, *The Bitter Cry of Outcast London: An Inquiry into the Condition of the Abject Poor*, London, 1883, S. 5, 7; sowie *Earl Grey Pamphlets Collection* (1883), Durham University Library, abrufbar unter: www.jstor.org/stable/60237726 (letzter Zugriff am 13.7.2011); und Gertrude Himmelfarb, *Poverty and Compassion: The Moral Imagination of the Late Victorians*, New York, 1991.

55 MacKenzie, *Diary of Beatrice Webb*, Bd. 1, S. 137 (22. August 1885).

56 Webb, *My Apprenticeship*, S. 150.

57 *ibd.*, S. 152.

58 MacKenzie, *Diary of Beatrice Webb*, Bd. 1, S. 101 (31. Dezember 1883).

59 *ibd.*

60 *ibd.*, S. 100 (27. Dezember 1883).

61 *ibd.*, S. 102f. (12. Januar 1884).

62 *ibd.*

63 Webb, *My Apprenticeship*, S. 23.

64 Terence Ball, »Marx and Darwin: A Reconsideration«, in: *Political Theory*, Bd. 7, Nr. 4, November 1979, S. 469–483.

65 Herbert Spencer, *The Man Versus the State*, London, 1884, S. vii.

66 Arnold Toynbee, »Progress and Poverty: A Criticism of Mr. Henry George – Mr. George in England«, London, 18. Januar 1883, in: Benjamin Jowett (Hg.), *Lectures on the Industrial Revolution of the 18th Century in England: Popular Addresses, Notes and Fragments by the Late Arnold Toynbee*, 6. Auflage, London, 1902, S. 318.

67 MacKenzie, *Diary of Beatrice Webb*, Bd. 1, S. 91 (15. Juli 1883).

68 Beatrice Webb an Anna Swanwick, London, 1884 (nicht abgeschickt), in: Norman MacKenzie (Hg.), *The Letters of Sidney and Beatrice Webb*, Bd. 1, Cambridge, UK, 1978, S. 23.

69 MacKenzie, *Diary of Beatrice Webb*, Bd. 1, S. 115 (22. April 1884).

70 Webb, *My Apprenticeship*, S. 138.

71 MacKenzie, *Diary of Beatrice Webb*, Bd. 1, S. 105–112 (16. März 1884).

72 Joseph Chamberlain, »Work for the New Parliament«, Birmingham, 5. Januar 1885, in: Henry W. Lucy (Hg.), *Speeches of the Right Honorable Joseph Chamberlain, M.P.*, London, 1885, S. 104.

73 MacKenzie, *Diary of Beatrice Webb*, Bd. I (9. Mai 1884).

74 *ibd.*, S. 119 (28. Juli 1884).
75 *ibd.*, (1. August 1884).
76 Webb, *My Apprenticeship*, S. 272.
77 MacKenzie, *Diary of Beatrice Webb*, Bd. 1, S. 145 (19. Dezember 1885).
78 *ibd.*, S. 153 (1. Januar 1886).
79 *ibd.*, S. 154 (11. Februar 1886).
80 »London Under Mob Rule«, *The New York Times*, 8. Februar 1886.
81 *ibd.*
82 *ibd.*
83 »London's Recent Rioting«, in: *The New York Times*, 10. Februar 1886.
84 »The Rioting in the West-End«, *The Times*, London, 10. Februar 1886.
85 Queen Victoria an William Ewart Gladstone, Windsor Castle, 11. Februar
    1886, in: George Earle Buckle (Hg.), *The Letters of Queen Victoria; Third
    Series: A Selection of Her Majesty's Correspondence and Journal Between
    the Years 1886 and 1901*, Bd. 1, New York, 1932, S. 52.
86 *ibd.*
87 Margaret Harkness (alias John Law), *Out of Work*, London, 1888.
88 Webb, *My Apprenticeship*, S. 273.
89 MacKenzie, *Diary of Beatrice Webb*, Bd. 1, S. 154.
90 Beatrice Webb, »A Lady's View of the Unemployed at the East«, *The Pall
    Mall Gazette*, 18. Februar 1886.
91 Joseph Chamberlain an Beatrice Potter, 25. Februar 1886, *Passfield Archive*
    der London School of Economics, Signatur 2/1/2.
92 Joseph Chamberlain an Beatrice Potter, 28. Februar 1886, *ibd.*
93 *ibd.*
94 Beatrice Potter an Joseph Chamberlain, Bournemouth, o.D., März 1886, in:
    MacKenzie, *Letters*, Bd. 1, S. 53 f.
95 Joseph Chamberlain an Beatrice Potter, 5. März 1886, *Passfield Archive*
    2/1/2.
96 Royden Harrison, *The Life and Times of Sidney and Beatrice Webb: The
    Formative Years, 1858–1903*, London, 1999, S. 125.
97 MacKenzie, *Diary of Beatrice Webb*, Bd. 1, S. 160 (4. April 1886).
98 Webb, *My Apprenticeship*, S. 212.
99 MacKenzie, *Diary of Beatrice Webb*, Bd. 1, S. 164 (18. April 1886).
100 Charles Booth, »The Inhabitants of Tower Hamlets (School Board Divi-
    sion), Their Condition and Occupations« (17. Mai 1887), *Journal of the
    Royal Statistical Society*, Bd. 50, London, 1887, S. 326–391.
101 MacKenzie, *Diary of Beatrice Webb*, Bd. 1, S. 164 (17. April 1886).
102 *ibd.*, S. 173 (2. Juli 1886).
103 *ibd.*
104 *ibd.*, S. 174 (18. Juli 1886).
105 *ibd.* S. 213 (o.D.).
106 Webb, *My Apprenticeship*, S. 300.
107 MacKenzie, *Diary of Beatrice Webb*, Bd. 1, S. 241 (11. April 1888).
108 Beatrice Potter, »Pages from a Workgirl's Diary«, *The Nineteenth Century:
    A Monthly Review*, 24, 139, September 1888, S. 301–314.
109 MacKenzie, *Diary of Beatrice Webb*, S. 249 (13. April 1888).

110 »The Peers and the Sweaters«, *The Pall Mall Gazette*, 12. Mai 1888.
111 MacKenzie, *Diary of Beatrice Webb*, Bd. 1, S. 261 (14. September 1888).
112 *ibd.*, S. 264 (8. November 1888).
113 *ibd.*, S. 269 (29. Dezember 1888).
114 *ibd.*, S. 250 (26. April 1888).
115 *ibd.*, S. 274 (8. März 1889).
116 Webb, *My Apprenticeship*, S. 341.
117 Rezension von: Charles Booth (Hg.), *Labor and Life of the People*, *The Times*, London, 15. April 1889, S. 9.
118 Webb, *My Apprenticeship*, S. 374.
119 MacKenzie, *Diary of Beatrice Webb*, Bd. 1, S. 321 (1. Februar 1890).
120 *ibd.*, S. 328 (29. März 1890).
121 *ibd.*, S. 321 (1. Februar 1890).
122 *ibd.*, S. 310 (26. November 1889); sowie Beatrice Potter an Sidney Webb, 7. Dezember 1890, in: MacKenzie, *Letters*, Bd. 1, S. 239.
123 MacKenzie, *Letters*, Bd. 1, S. 70.
124 Webb, *My Apprenticeship*, S. 390.
125 Muggeridge und Adam, *Beatrice Webb: A Life*, S. 123.
126 MacKenzie, *Diary of Beatrice Webb*, Bd. 1, S. 184 (31. Oktober 1886).
127 *ibd.*, S. 324 (14. Februar 1890).
128 Sidney und Beatrice Webb, *The History of Trade Unionism*, London, 1907, S. 400.
129 G. M. Trevelyan, *British History in the Nineteenth Century (1782–1901)*, London, 1922, S. 403.
130 Sidney Webb an Edward Pease, London, in: MacKenzie, *Letters*, Bd. 1, S. 101; sowie Sidney Webb, *Socialism in England*, London, 1889, S. 11, 20.
131 Sidney Webb, »Historic«, in: George Bernard Shaw (Hg.), *Fabian Essays in Socialism*, London, 1889, S. 38.
132 MacKenzie, *Diary of Beatrice Webb*, Bd. I, S. 322 (1. Februar 1890).
133 William Harcourt, Rede vor dem Unterhaus, 11. August 1887, *Parliamentary Debates: 3rd series*, Bd. 319.
134 MacKenzie, *Diary of Beatrice Webb*, S. 330 (26. April 1890).
135 Beatrice Potter an Sidney Webb, Gloucestershire, 2. Mai 1890, in: MacKenzie, *Letters*, Bd. 1, S. 133.
136 Sidney Webb an Beatrice Potter, 6. April 1891, in: *ibd.*, S. 269.
137 MacKenzie, *Diary of Beatrice Webb*, Bd. 1, S. 354.
138 Beatrice Potter an Sidney Webb, Gloucestershire, in: MacKenzie, *Letters*, Bd. 1, S. 281.
139 MacKenzie, *Diary of Beatrice Webb*, Bd. 1, S. 357 (20. Juni 1891).
140 Friedrich August von Hayek, »Review«, in: Barbara Drake und Margaret I. Cole (Hg.), Beatrice Webb, *Our Partnership*, London, 1948; sowie *Economica*, New Series 15, Nr. 59, August 1948, S. 227–230.
141 MacKenzie, *Diary of Beatrice Webb*, Bd. 1, S. 371 (23. Juli 1892).
142 *ibd.*, Bd. 2, S. 37 (17. September 1893).
143 Michael Holroyd, *Bernard Shaw: The One-Volume Definitive Edition*, London, 1997, S. 164.

144 George Bernard Shaw an Archibald Henderson, 30. Juni 1904, in: Archibald Henderson, *George Bernard Shaw: His Life and Works,* Cincinnati, 1911, S. 287.

145 George Bernard Shaw, Vorwort zu *Mrs. Warren's Profession: A Play in Four Acts,* London, 1907, S. xvii.

146 George Bernard Shaw an den Chefredakteur des *Daily Chronicle,* 30. April 1898, in: Dan H. Laurence (Hg.), *Bernard Shaw: Collected Letters, 1874–1897,* New York, 1965, S. 404.

147 H. G. Wells, *The New Machiavelli,* New York, 1910, S. 194f.

148 James A. Smith, *The Idea Brokers, Think Tanks and the Rise of the New Policy Elite,* New York, 1991, S. xiii.

149 Wells, *The New Machiavelli,* S. 199.

150 *ibd.,* S. 197.

151 A. G. Gardiner, *The Pillars of Society,* London, 1913; sowie Wells, *The New Machiavelli,* S. 195.

152 Wells, *The New Machiavelli,* S. 194.

153 *ibd.,* S. 190.

154 *Diary of Beatrice Webb,* Bd. 2, S. 262 (28. November 1902), S. 325 (8. Juni 1904).

155 Gardiner, *The Pillars of Society,* S. 204, 206.

156 Wells, *The New Machiavelli,* S. 196.

157 Richard Henry Tawney, *The Webbs in Perspective: The Webb Memorial Lecture Delivered 9 December 1952,* London, 1953, S. 4.

158 MacKenzie, *Diary of Beatrice Webb,* Bd.. 3, S. 69 (22. März 1907).

159 Wells, *The New Machiavelli,* S. 196.

160 *ibd.,* S. 191.

161 MacKenzie, *Diary of Beatrice Webb,* Bd. II, S. 287 (8. Juli 1903).

162 *ibd.,* S. 321 (2. Mai 1904) und S. 326f. (10. Juni 1904).

163 Élie Halévy, *A History of the English People in the Nineteenth Century,* Bd. 6: *The Rule of Democracy (1905–1914),* London, 2. revidierte Auflage, 1952, S. 267.

164 Edward Marsh, *A Number of People: A Book of Reminiscences,* New York, 1939, S. 163; sowie Winston Churchill und Henry William Massingham, Einführung zu: *Liberalism and the Social Problem: A Collection of Early Speeches as a Member of Parliament,* London, 1909.

165 Winston S. Churchill, »H. G. Wells«, in: Michael Wolff (Hg.), *The Collected Essays of Sir Winston Churchill,* Bd. 3: *Churchill and People,* London, 1976, S. 52f.

166 Marsh, *A Number of People,* S. 150.

167 William Manchester, *The Last Lion: Winston Spencer Churchill, Visions of Glory (1874–1932),* Boston, 1983, S. 403.

168 Peter de Mendelssohn, *The Age of Churchill,* Bd. 1: *Heritage and Adventure, 1874–1911,* New York, 1961, S. 365.

169 Winston S. Churchill, *Never Give In! The Best of Winston Churchill's Speeches,* New York, 2003, S. 25.

170 Webb, *Our Partnership,* S. 149. [Anm. d. Übers.: Mit »Housekeeping State« war der Übergang vom »Nachtwächterstaat« zum Sozialstaat gemeint.]

171 Sidney und Beatrice Webb, *Industrial Democracy*, Bd. 2, London, 1897, S. 767.
172 Sidney und Beatrice Webb, *The Prevention of Destitution*, London, 1911, S. 1.
173 *ibd.* S. 17, 97.
174 *ibd.*, S. 5.
175 *ibd.*, S. 90.
176 *ibd.*, S. 285.
177 MacKenzie, *Diary of Beatrice Webb*, Bd. 3, S. 95 (27. Juli 1908).
178 Webb, *Our Partnership*, S. 481 f.
179 George Bernard Shaw, »Review of the Minority Report«, zitiert in: Holyrod, *Bernard Shaw*, S. 398.
180 Webb, *Our Partnership*, S. 481–492.
181 MacKenzie, *Diary of Beatrice Webb*, Bd. III, 10. Februar 1908.
182 *ibd.*, 16. Oktober 1908.
183 *ibd.*, 18./20. April 1908.
184 John Grigg, *Lloyd George: The People's Champion, 1902–1911*, London, 1978, S. 100.
185 Charles Frederick Gurney Masterman an Lucy Masterman, Februar 1908, zitiert in: Lucy Masterman, *C. F. G. Masterman. A Biography*, London, 1939, S. 97.
186 Roy Jenkins, *Churchill: A Biography*, London, 2001, S. 143 f.
187 Winston S. Churchill an H. H. Asquith, 14. März 1908, zitiert in: Martin Gilbert, *Churchill: A Life*, New York, 1991, S. 193
188 Churchill an Asquith, 29. Dezember 1908, in: *ibd.*
189 MacKenzie, *Diary of Beatrice Webb*, Bd. 3, S. 100 (16. Oktober 1908) und S. 118 (18. Juni 1909).
190 *ibd.*, 18. Juni 1909.
191 *ibd.*, 11. März 1908.
192 Manchester, *The Last Lion*, S. 371.
193 Himmelfarb, *Poverty and Compassion*, S. 378.
194 Baron William Henry Beveridge, *Power and Influence*, London, 1953, S. 86.

Anmerkungen zu Kapitel IV

1 Bemerkung von Professor H. Morse Stephens gegenüber Beatrice Webb während einer Führung durch die Cornell University im Mai 1898, zitiert in: David A. Shannon (Hg.), *Beatrice Webb's American Diary*, Madison, 1963, S. 72.
2 Norman und Jeanne MacKenzie (Hg.), *The Diary of Beatrice Webb*, Bd. 2, *1892–1905: All the Good Things of Life*, Cambridge, Mass., 1983, S. 137.
3 Beatrice Webb, *Our Partnership*, London, 1948, S. 146.
4 Niall Ferguson, *Empire: The Rise and Demise of the British World Order*, New York, 2004, S. 242.
5 Siehe zum Beispiel die Artikel in *The Manchester Guardian*: »An American Invasion«, 21. Juni 1871 (Gerüchte über Susan B. Anthonys Reise mit der American Woman's Rights League nach Irland); sowie »From Our Lon-

don Correspondent«, 21.Oktober 1890 (amerikanische Mädchen brechen in den Markt für heiratswürdige britische Adlige ein); oder »Cycling Notes«, 29. Oktober 1894 (Fahrräder made in USA drohen den britischen Markt zu dominieren); sowie »By-ways of Manchester Life, XI. An American Invasion«, 9. April 1898 (eine amerikanische Firma baut einen Kornaufzug am Manchester Ship Canal).

6   Frederick Arthur McKenzie, *The American Invaders: Their Plans, Tactics and Progress,* London, 1902, S. 142 f.

7   William Ewart Gladstone, *Gleanings of Past Years,* Bd. I: *1843–78. The Throne and the Prince Consort; The Cabinet and the Constitution,* London, 1879, S. 206.

8   Angus Maddison, *The World Economy: A Millennial Perspective,* OECD Paris, 2001, S. 265.

9   Niall Ferguson, *Empire,* S. 242.

10 Dudley Baines, *Migration in a Mature Economy: Emigration and Internal Migration in England,* Cambridge, UK, 2003, Tabelle 3.3, S. 63.

11 William Ewart Gladstone, »Free Trade« in: Gladstone et. al., *Both Sides of the Tariff Question by the World's Leading Men,* New York, 1890, S. 44.

12 Jeremy Atack und Peter Passell, *A New Economic View of American History from Colonial Times to 1940,* New York, 1994, S. 468.

13 Shannon, *Webb's American Diary,* S. 27 (Eintrag am 12. April 1898).

14 *ibd.,* S. 137 (2.–7. Juli 1989).

15 *ibd.,* S. 137–150 (2.–7. und 10. Juli 1898).

16 *ibd.* S. 89 ff. (24. Mai 1898) und 92 f. (29. Mai 1898).

17 Beatrice Webb an Catherine Courtney, Chicago, 29. Mai 1898, in: Norman McKenzie (Hg.), *The Letters of Sidney and Beatrice Webb,* Bd. 2: *Partnership. 1892–1912,* Cambridge, Mass., 1978.

18 MacKenzie, *The Diary of Beatrice Webb,* Bd. 2, S. 159 (16. Mai 1889); sowie Charles Philip Trevelyan an Beatrice Webb, Chicago, 19. April 1898, zitiert in: Shannon, *Webb's American Diary,* S. 88, Fn. 4.

19 Shannon, *American Diary,* S. 60 (29. April 1898), S. 10 (1. April 1898) und S. 68 (7. Mai 1898).

20 Milton Friedman, *Money Mischief: Episodes in Monetary History,* New York, 1992, S. 37.

21 Henry James, *The Ambassadors,* New York, 1903, S. 257.

22 Alfred Marshall an Rebecca Marshall, St. Louis, 22. August 1875, in: John K. Whitaker (Hg.), *The Correspondence of Alfred Marshall, Economist,* Bd. 1: *Climbing, 1868–1890,* Cambridge, UK, 1996, S. 73.

23 Henry Seidel Canby, *Alma Mater: The Gothic Age of the American College,* New York, 1936, S. 71, 32.

24 Irving Norton Fisher, *My Father Irving Fisher,* New York, 1956, S. 21, 26 f., 29 f., 33.

25 Muriel Rukeyser, *Willard Gibbs,* New York, 1942, S. 158.

26 Edward Bellamy, *Looking Backward: 2000–1887,* London, 1887. [Vgl. ders., *Rückblick von dem Jahre 2000 auf das Jahr 1887,* Übersetzung nach dem 301. Tausend der amerikanischen Originalausgabe von Georg von Gizycki, Leipzig, 1890.]

27 Rukeyser, *Willard Gibbs*, S. 146.

28 *ibd.*, S. 231.

29 Paul A. Samuelson, »Economic Theory and Mathematics – An Appraisal«, in: Joseph E. Stiglitz (Hg.), *The Collected Scientific Papers of Paul A. Samuelson*, Bd. 2, Cambridge, Mass., 1966, S. 1751.

30 Irving Fisher an William G. Eliot, jr., Berlin, N. J., 29. Mai 1886, in: Irving Norton Fisher, *My Father*, S. 25 f.

31 Irving Fisher an Will Eliot, Pittsfield, Mass., 25. Juli 1886, in: *ibd.*, S. 26.

32 Arthur Twining Hadley, *Economics: An Account of the Relations Between Private Property and Public Welfare*, New York, 1896, S. iv.

33 Richard Hofstadter, *Social Darwinism in American Thought, 1860–1915* (1944), New York, 1959, S. 8.

34 Albert Galloway Keller (Hg.), Einführung zu: *War and Other Essays by William Graham Sumner*, New Haven, Conn., 1911, S. xx, xxiv; sowie Hofstadter, *Social Darwinism*, S. 51.

35 Irving Fisher an William G. Eliot, Peace Dale, September 1892, in: Irving Norton Fisher, *My Father*, S. 52.

36 William James an Thomas W. Ward, Berlin, o. D., November 1867, in: Henry James (Hg.), *The Letters of William James*, Bd. 1, Boston, 1920, S. 118.

37 Irving Fisher, »Mathematical Investigations in the Theory of Value and Prices« *(27. April 1892)*, in: William J. Barber (Hg.), *The Works of Irving Fisher*, Bd. 1, London, 1997, S. 162.

38 *ibd.*, S. 68.

39 *ibd.*, S. 145.

40 *ibd.*, S. 4.

41 Francis Ysidro Edgeworth, Rezension von Irving Fishers *Mathematical Investigations in the Theory of Value and Prices*, Economic Journal, Bd. 3, Nr. 9, März 1893, S. 112.

42 Alfred Marshall, *Principles of Economics*, 3. Auflage, London, 1895, S. 450 und Anm. 1, S. 148.

43 Barbara W. Tuchman, *The Proud Tower: A Portrait of the World Before the War, 1890–1914*, New York, 1966. (Vgl. dies.: *Der stolze Turm: Ein Portrait der Welt vor dem Ersten Weltkrieg 1890–1914*, aus dem amerikanischen Englisch von Hartmut Garding, München/Zürich, 1981.)

44 *Narragansett Times*, 23. Juni 1893, zitiert in: Irving Norton Fisher, *My Father*, S. 60.

45 *The New York Times*: »Wedding Announcement«, 18. Juni 1893.

46 Daniel T. Rogers, *Atlantic Crossings: Social Politics in a Progressive Age*, Cambridge, Mass., 1998.

47 Irving Fisher an Ella Wescott Fisher, zitiert in: Irving Norton Fisher, *My Father*, S. 123.

48 *ibd.*, S. 69.

49 Siehe Douglas Steeples und David O. Whitten, *Democracy in Desperation: The Depression of 1893*, New York, 1998.

50 Reverend T. De Witt Talmage, Predigt in Washington am 27. September 1896, zitiert in: William Jennings Bryan, *The First Battle: A Story of the Campaign of 1896*, Chicago, 1896, S. 474.

51 Albro Martin, *James J. Hill and the Opening of the Northwest*, Minneapolis, 1975, S. 428.

52 William Jennings Bryan, *The First Battle*, Chicago, 1896, S. 439.

53 Paxton Hibben und Charles A. Beard, *The Pearless Leader: William Jennings Bryan*, Whitefish, MT, 2004, S. 189. [Anm. d. Übers.: Benedict Arnold war ein zu den Briten übergelaufener General der Rebellenarmee, dessen Name zum Synonym für »Verräter« wurde.]

54 Anm. d. Übers.: Beim demokratischen Nationalkonvent von 1896 hielt Bryan eine Rede, die mit den Worten endete: Falls es die Republikaner »wagen hervorzutreten und den Goldstandard als eine gute Sache zu verteidigen, werden wir sie bis zum Äußersten bekämpfen [...]: Ihr werdet diese Dornenkrone nicht auf das Haupt der Arbeit drücken, ihr werdet die Menschheit nicht an ein Kreuz aus Gold nageln.« Die Rede ist abrufbar unter: http://historymatters.gmu.edu/d/5354/ (letzter Zugriff am 5.7.2011).

55 Bryan, *The First Battle*, S. 485f.

56 *ibd.*, S. 486.

57 *ibd.*

58 »Bryan's Backers Are Shy«, *The New York Times*, 27. September 1896; sowie Henry Seidel Canby, *Alma Mater; The Gothic Age of the American College*, New York, 1936, S. 27; sowie Martin L. Fausold, *James W. Wadsworth, Jr.: The Gentleman from New York*, Syracuse, N.Y., 1975, S. 17.

59 »Yale Would Not Listen«, *The New York Times*, 25. September 1896, S. 15. [Anm. d. Übers.: »Boy Orator« ist die Kurzform des Schimpfnamens »Boy Orator of the Platte«, mit dem Bryan von Gegnern bedacht wurde, die seine rednerischen Fähigkeiten so seicht fanden wie den Fluss Platte.]

60 Irving Fisher an William G. Eliot, Sommer 1895, zitiert in: Irving Norton Fisher, *My Father*, S. 71.

61 Irving Fisher an William G. Eliot, 29. Juli 1895, zitiert in: Barber, *Works of Irving Fisher*, S. 10.

62 Irving Fisher an William G. Eliot, Sommer 1895, zitiert in: Irving Norton Fisher, *My Father*, S. 71.

63 *ibd.*

64 William Graham Sumner, »The Absurd Effort to Make the World Over«, in: Keller, *War, and Other Essays*, S. 195–210.

65 Irving Fisher an William G. Eliot, Sommer 1895, zitiert in: Irving Norton Fisher, *My Father*, S. 71.

66 Irving Fisher, »The Mechanics of Bimetallism«, *Economic Journal*, 4, September 1894, S. 527–536; sowie Irving Norton Fisher, *My Father*, S. 187.

67 Harold James, *The End of Globalization: Lessons from the Great Depression*, Cambridge, Mass., 2001, S. 24f.

68 Walter Bagehot, *Lombard Street: A Description of the Money Market*, New York, 1873, S. 123.

69 Irving Fisher, *Mathematical Investigations*, in: Barber, *Works of Irving Fisher*, S. 147.

70 Katherine Ott, *Fevered Lives: Tuberculosis in American Culture Since 1870*, Cambridge, Mass., 1996, S. 113.

71 *ibd.*, S. 79.

72 Irving Fisher, »Self Control«, Rede an der Thacher High School in Ojai, Kalifornien, Mai 1901.

73 Irving Fisher an William G. Eliot, in: Irving Norton Fisher, *My Father*, S. 75.

74 Irving Fisher an Margaret Hazard Fisher, Battle Creek, Michigan, 31. Dezember 1904, in: *ibd.*, S. 108.

75 Irving Fisher, Memorial Relating to the Conservation of Human Life as Contemplated by Bill (S1) Providing for a United States Public Health Service, Library of Congress RA445, F54, Washington,1912.

76 Irving Fisher, »Why Has the Doctrine of Laissez Faire Been Abandoned?«, Rede vor der 55. Jahresversammlung der American Association for the Advancement of Science, New Orleans, Dezember 1905–Januar 1906, in: *Science*, 25, Nr. 627, 4. Juni 1906, S. 18–27.

77 Perry Mehrling, »Love and Death: The Wealth of Irving Fisher«, in: Warren J. Samuels und Jeff E. Biddle (Hg.), *Research in the History of Economic Thought and Methodology*, Bd. 19, New York, 2001, S. 47–61.

78 Fisher, »Why Has the Doctrine of Laissez Faire Been Abandoned?«, S. 21.

79 *ibd.*, S. 20.

80 *ibd.*, S. 23.

81 *ibd.*

82 Fisher, Januar 1903, zitiert in: Irving Norton Fisher, *My Father*, S. 84 f.

83 Irving Fisher, *The Rate of Interest: Its Nature, Determination and Relation to Economic Phenomena*, New York, 1907, S. 326.

84 *ibd.*, S. 327.

85 *ibd.*, S. 288.

86 *ibd.*

Anmerkungen zu Kapitel V

1 Rosa Luxemburg, *Die Akkumulation des Kapitals*, in: *Gesammelte Werke*, herausgegeben vom Institut für Marxismus-Leninismus, Bd. 5, Berlin/DDR, 1975, Kap. 30, S. 384.

2 National Bureau of Economic Research, UK Bank Rate, abrufbar unter: www.nber.org/databases/macrohistory/rectdata/13/m13013.data (letzter Zugriff am 6.7.2011).

3 Berichtet von Felix Somary, *Erinnerungen aus meinem Leben*, Zürich, 1959.

4 Oszkár Jászi, *The Dissolution of the Habsburg Monarchy*, Chicago, 1929, S. 210.

5 Siehe Carl Schorske, *Fin-de-siècle Vienna*, New York, 1979. [Vgl. ders.: *Wien. Geist und Gesellschaft im Fin de Siècle*, deutsch von Horst Günther, Frankfurt a. M., 1982.]

6 Erich Streissler, »Schumpeter's Vienna and the Role of Credit in Innovation«, in: Helmut Frisch (Hg.), *Schumpeterian Economics*, New York, 1981, S. 60.

7 Joseph Roth, *Radetzkymarsch*, Köln, 1998, S. 26.

8 »Opening of the International Exhibition of Electricity at Vienna«, *Manu-*

facturer and Builder, Bd. 15, Nr. 9, September 1883, S. 214 f.; sowie »An Electric Exhibition«, *The New York Times*, 12. August 1883.

9   Zitiert von Roman Sandgruber, »The Electrical Century: The Beginnings of Electricity Supply in Vienna«, in: Mikulas Teich und Roy Porter (Hg.), *Fin de Siècle and Its Legacy*, Cambridge, UK, 1990, S. 42.

10   Richard L. Rubenstein, *The Age of Triage: Fear and Hope in an Overcrowded World*, Boston, 1983, S. 8; sowie Raymond James Sontag, *Germany and England: Background of Conflict, 1848–1894*, New York, 1964, S. 146.

11   David F. Good, *The Economic Rise of the Habsburg Empire, 1750–1914*, Berkeley, 1984, S. 256.

12   Gottfried Haberler, *Quarterly Journal of Economics*, Bd. 64, Nr. 3, August 1950, S. 338.

13   Arthur Smithies, »Memorial: Joseph Alois Schumpeter, 1883–1950«, *American Economic Review*, Bd. 40, Nr. 4, September 1950, S. 628–648.

14   Marcel Proust, *Auf der Suche nach der verlorenen Zeit*, deutsch von Eva Rechel-Mertens (1953), 2. Auflage der Ausgabe in zehn Bänden, Bd. I: *In Swanns Welt*, Frankfurt a. M., 1979, S. 118.

15   Joseph A. Schumpeter, »Preface to the Japanese Edition of *The Theory of Economic Development*«, in: Joseph A. Schumpeter, *Essays on Entrepreneurs, Innovations, Business Cycles, and the Evolution of Capitalism*, herausgegeben von Richard Clemence, New York, 1951, S. 166.

16   Alfred Marshall, *Principles of Economics*, Bd. 1, 5. Auflage, London, S. xxix.

17   Joseph A. Schumpeter, »Review of *Essay in Biography* by J. M. Keynes«, *Economic Journal*, 43, Nr. 172, Dezember 1933, S. 652–657.

18   »Wills and Bequests«, *The Times*, London, 12. Januar 1933.

19   »Appendix II: Schumpeter's Novel Ships in Fog (a Fragment)«, in: Richard Swedberg, *Schumpeter, a Biography*, Princeton, N. J., 1991, S. 207.

20   Walt W. Rostow, *Theorists of Economic Growth from David Hume to the Present*, Cambridge, 1960, S. 234 f.

21   Anthony Trollope, *The Bertrams*, London, 1859, S. 465.

22   Rosa Luxemburg, »Die Akkumulation des Kapitals. Ein Beitrag zur ökonomischen Erklärung des Imperialismus« (1913), in: *Gesammelte Werke*, Berlin/DDR, 1975, Bd. 5, Kap. 30, S. 380.

23   Lord Rathmore, zitiert in: Alexander D. Noyes, »A Year After the Panic of 1907«, *Quarterly Journal of Economics* 23, Februar 1909, S. 185–212.

24   »The Progress of the World«, *American Monthly Review of Reviews*, Bd. 35, Nr. 1, Januar 1907.

25   Evelyn Baring Cromer, *The Situation in Egypt: Address Delivered to the Eighty Club on December 15h, 1908 By the Earl of Cromer*, London, 1908, S. 9.

26   William Jennings Bryan, »The Government of Egypt Beyond Definition«, in: *The Old World and Its Ways*, St. Louis, 1907, S. 323.

27   »Railroad Up Cheops«, *The Los Angeles Times*, 12. Februar 1907.

28   *London Economist*, 27. April 1907, zitiert in: Noyes, »A Year After the Panic«, S. 202.

29   »Cotton Crops and Gold in Egypt«, *The New York Times*, 5. Januar 1908.

30   Harry Boyle zu Lord Rennell, 21. April 1907, zitiert in: Clara Boyle, *A Ser-*

vant of the Empire: A Memoir of Harry Boyle with a Preface by the Earl of Cromer, London, 1938, S. 107.

31 »Egyptian Finance«, *The New York Times*, 8. Dezember 1907, S. 54.

32 Noyes, »A Year After the Panic«, S. 202 f.

33 *ibd.*, S. 194.

34 Desmond Stewart, »Herzl's Journeys in Palestine and Egypt«, *Journal of Palestine Studies*, Bd. 3, Nr. 3, Frühjahr 1974, S. 18–38.

35 Wassily Leontief, »Joseph A. Schumpeter«, *Econometrica*, Bd. 8, Nr. 2. April 1950.

36 Zitiert in: Trevor Mostyn, *Egypt's Belle Époque, 1869–1952: Cairo and the Age of the Hedonists*, London, 1989, S. 154.

37 Douglas Sladen, zitiert in: Max Rodenbeck, *Cairo: The City Victorious*, New York, 1999, S. 138.

38 Joseph Alois Schumpeter, *Das Wesen und der Hauptinhalt der theoretischen Nationalökonomie*, »Vorwort«, Leipzig, 1908, S. xxi, vi.

39 *ibd.*, S. 621.

40 Smithies, »Memorial«, S. 629.

41 Joseph Alois Schumpeter, *Theorie der wirtschaftlichen Entwicklung*, 7. Auflage, unveränderter Nachdruck, Berlin, 1987, S. 30.

42 Mark Twain, *Queen Victoria's Jubilee. The Great Procession of June 23, 1897* (zur damaligen Zeit unveröffentlicht), in: *The Norton Anthology of English Literature*, Bd. 2: *The Age of Victoria*, New York, 2000.

43 Joseph A. Schumpeter, *Geschichte der ökonomischen Analyse*, nach dem Manuskript herausgegeben von Elizabeth B. Schumpeter, Übersetzer Gottfried und Johanna Frenzel, mit einem Vorwort von Fritz Karl Mann und einer Einführung von Alexander Ebner, Göttingen, 2007, S. 697 f.

44 Joseph A. Schumpeter, *Kapitalismus, Sozialismus und Demokratie* (1942), 7. erw. Auflage, aus dem Englischen von Susanne Preiswerk, Tübingen/Basel, 1993, S. 115; sowie Alfred Marshall, »The Social Possibilities of Economic Chivalry«, *Economic Journal* 17, Nr. 5, März 1907, S. 7–29.

45 Angus Maddison, »GDP per Capita in 1990 International Geary-Khamis Dollars«, in: *The World Economy: Historical Statistics,* OECD Paris, 2003.

46 Jeffrey Williamson, »Real Wages and Relative Factor Prices in the Third World Before 1940: What Do They Tell Us About the Sources of Growth?«, Oktober 1998, in: *Conference on Growth in the 19th and 20th Century: A Quantitative Economic History*, 14–15. Dezember 1998, Valencia, Spanien, S. 37, Tabelle 2; sowie Michael D. Bordo, Alan M. Taylor, Jeffrey G. Williamson, *Globalization in Historical Perspective*, Chicago, 2005, S. 285.

47 Schumpeter, *Kapitalismus, Sozialismus und Demokratie*, S. 143.

48 Karl Marx/Friedrich Engels, *Manifest der Kommunistischen Partei*, in: *MEW*, Bd. 4, 6. Auflage, Berlin/DDR, 1959, Kap. I, S. 465.

49 Schumpeter, *Theorie der wirtschaftlichen Entwicklung*, S. 140. [Anm. d. Übers.: Das Zitat zur Postkutsche stammt aus Schumpeters Notiz zur englischen Erstausgabe *The Theory of Economic Development* (1934), S. 64.]

50 Beatrice Webb, *My Apprenticeship* (1926), London, 1950, S. 380.

51 Schumpeter, *Kapitalismus, Sozialismus und Demokratie*, S. 214.

52 Schumpeter, *Theorie der wirtschaftlichen Entwicklung*, S. 125.

53 Schumpeter, *ibd.*, S. 138 f.

54 Siehe Friedrich von Wieser, »Theorie der gesellschaftlichen Wirtschaft«, in: *Grundriss der Sozialökonomik*, Bd. 1: *Wirtschaft und Wirtschaftswissenschaft*, Tübingen, 1914, S. 125–444.

55 Joseph A. Schumpeter, »The Communist Manifesto in Sociology and Economics«, *Journal of Political Economy*, Juni 1949, S. 199–212.

56 *ibd.*

57 David Landes, *Bankers and Pashas: International Finance and Imperialism in Egypt*, Cambridge, Mass., 1980, S. 57.

58 Joseph A. Schumpeter an David Pottinger, 4. Juni 1934, in: Swedberg, *Schumpeter*, S. 219.

59 Edwin A. Seligman, Ökonomieprofessor an der Columbia University, an Nicholas Murray Butler, Präsident der Universität, 22. Oktober 1913, zitiert in: Robert Loring Allen, *Opening Doors: The Life and Work of Joseph Schumpeter*, New Brunswick, 1991, S. 130.

Anmerkungen zu Akt 2 / Prolog

1   Irving Fisher, »The Need for Health Insurance«, *American Labor Legislation Review* 7, 1917, S. 10.

2   Norman und Jeanne MacKenzie (Hg.), *The Diary of Beatrice Webb*, Bd. III: *The Power to alter Things. 1905–1924*, Cambridge, Mass., 1984, S. 204.

3   *ibd.* (Eintrag zum 5. August 1914).

4   *ibd.* (4. November 1918).

5   George Bernard Shaw, »Common Sense About the War« (1914), in: *Current History of The European War*, Bd. I, Nr. 1: *What Men of Letters Say*, New York, 1914, S. 46.

6   Bertrand Russell, zitiert in: Niall Ferguson, *The Pity of War*, New York, 1999, S. 318.

7   John Maynard Keynes an Neville Chamberlain, *The Papers of John Maynard Keynes, 1868–1951*, King's College Archive Centre, Cambridge, UK, Sign. GBR/0272/PP/JMK.

8   Richard Shone mit Duncan Grant, »The Picture Collector«, in: Milo Keynes, *Essays on John Maynard Keynes*, Cambridge, UK, 1975, S. 283.

9   Siehe Charles John Holmes, *Self & Partners (Mostly Self): Being the Reminiscences of C. J. Holmes*, London, 1936; sowie Anne Emberton, »Keynes and the Degas Sale«, *History Today*, 31. Dezember 1995.

10 John Maynard Keynes an Florence Keynes, *The Papers of John Maynard Keynes*, King's College Archive.

11 Vanessa Bell an Roger Fry, zitiert in: Regina Marler (Hg.), *Selected Letters of Vanessa Bell*, New York, 1993, S. 212.

12 Sigmund Freud, *Gesammelte Schriften* IV, Bd. 7: *Vorlesungen zur Einführung in die Psychoanalyse*, Leipzig/Wien/Zürich, 1924, S. 147.

13 Friedrich von Hayek, »Remembering My Cousin Ludwig Wittgenstein (1889– 1951)«, *Encounter*, 19. August 1977, S. 20 f.; sowie Ray Monk, *Ludwig Wittgenstein: The Duty of Genius*, New York, 1991.

14   Hayek, »Remembering My Cousin«, S. 20.

15   D. H. Mellor, »Better than Stars: Portrait of Frank Ramsey«, BBC Radio 3, 27. Februar 1978; sowie D. H. Mellor, *Cambridge Philosophers*, Bd. I: F. P. Ramsey, *Philosophy*, 70, 1995, S. 259.

16   »National Society to Conserve Life«, *The New York Times*, 30. Dezember 1913; sowie Irving Fisher, »Membership Pledge of the Life Extension Institute«, in: William J. Barber (Hg.), *The Works of Irving Fisher*, Bd. XIII: *Fisher as Crusader for Social Causes*, London, 1997, S. 80.

17   Henry Andrews Cotton, *The Defective, Delinquent, and Insane: The Relation of Focal Infections to Their Causation, Treatment, and Prevention, by Henry A. Cotton, lectures delivered at Princeton University, January 11, 13, 14, 15, 1921*, mit einem Vorwort von Adolf Meyer, Princeton, 1922.

18   Bette M. Epstein, New Jersey State Archives, im Gespräch mit der Autorin.

19   Irving Fisher, »The Need for Health Insurance«, *American Labor Legislation Review*, Bd.VII, Nr. 1. 1917, S. 10.

20   MacKenzie, *Diary of Beatrice Webb*, Bd. 3, S. 324 (17. November 1918).

21   *ibd.*, S. 318 (11. November 1918).

22   Bertrand Russell, *The Problem of China*, London, 1922, Kap. 1.

Anmerkungen zu Kapitel VI

1   Joseph A. Schumpeter, *Politische Reden*, herausgegeben und kommentiert von Christian Seidl und Wolfgang F. Stolper, Tübingen, 1992, S. 5.

2   Francis Oppenheimer (1919), *The Stranger Within: Autobiographical Pages*, London, 1960.

3   Norman und Jeanne MacKenzie (Hg.), *The Diary of Beatrice Webb*, Bd. 3, *1905–1924*, Cambridge, Mass., 1982–1984 (Eintrag 11. November 1918).

4   Peter Gay, *Freud. Eine Biographie für unsere Zeit*, aus dem Amerikanischen von Joachim A. Frank (1987), Frankfurt a. M., 1997, S. 424.

5   F. L. Carsten, *Revolution in Central Europe: 1918–1919*, Aldershot, 1988, S. 41.

6   Karl Kraus, *Nachts*, 2. Auflage, Wien, 1918, S. 146.

7   Edmund Glaise von Horstenau, »The Armistice of Villa Giusti 1918«, in: *The Collapse of the Austro-Hungarian Empire*, London, 1930.

8   Sigmund Freud an Samuel Freud, 27. Oktober 1919, zitiert in: Gay, *Freud*, S. 433.

9   Friedrich Wieser, »The Fight Against Famine in Austria«, in: *Fight the Famine Council, International Economic Conference*, London, 1920, S. 53.

10   F. O. Lindley, Britischer Hochkommissar, zitiert in: Carsten, *Revolution in Central Europe*, S. 11 f.

11   *The Memoirs of Herbert Hoover*, Bd. 1: *Years of Adventure 1874–1920*, New York, 1951, S. 392.

12   *ibd.*

13   Stefan Zweig, *Die Welt von Gestern. Erinnerungen eines Europäers*, Stockholm, posthum 1942, S. 330.

14 Ludwig von Mises, »The Austro-Hungarian Empire«, in: *Encyclopædia Britannica*, 1921.

15 Sigmund Freud an Sándor Ferenczi, 27. Oktober 1918, zitiert in: Gay, *Freud*, S. 426.

16 Felix Salten, *Florian. Das Pferd des Kaisers*, Berlin/Wien/Leipzig, 1933, S. 303.

17 »Austria Willing to Pawn Anything«, *The New York Times*, 22. Januar 1920.

18 Carsten, *Revolution in Central Europe*, S. 37.

19 Joseph Schumpeter, *Arbeiter-Zeitung*, 22. November 1919, in: Christine Klusacek, Kurt Stimmer (Hg.), *Dokumentation Zur Österreichischen Zeitgeschichte, 1918–1928*, Wien, 1984.

20 Sir T. Montgomery-Cuninghame, *Dusty Measure*, London, 1939, S. 309.

21 William Beveridge, *Power and Influence*, London, 1953, S. 153.

22 Karl Kautsky, *Die soziale Revolution*, Teil II: *Am Tage nach der sozialen Revolution*, Berlin, 1902, S. 65–112.

23 William E. Scheuermann, »Die politische Theorie konkurrierender Eliten: Joseph Schumpeter«, in: André Brodocz und Gary S. Schaal (Hg.), *Politische Theorien der Gegenwart*, Opladen, 2006, S. 298.

24 Otto Bauer, *Die österreichische Revolution*, Wien, 1923. Abrufbar unter: http://www.marxists.org/deutsch/archiv/bauer (letzter Zugriff am 17.7.2011).

25 Albert Einstein/Max Born, *Briefwechsel 1916–1955*, kommentiert von Max Born, München, 1969, S. 27.

26 Siehe Eduard März, *Joseph A. Schumpeter: Forscher, Lehrer und Politiker*, München, 1983.

27 Felix Somary, *Erinnerungen aus meinem Leben*, Zürich, 1955, S. 172.

28 Karl Corino, *Robert Musil. Eine Biographie*, Reinbek, 2003, S. 598.

29 Friedrich von Wieser, *Tagebuch*, zitiert in: Schumpeter, *Politische Reden*, S. 10 ff.

30 Wolfgang F. Stolper, *Joseph Alois Schumpeter: The Public Life of a Private Man*, Princeton, N. J., 1994, S. 123.

31 Karl Kraus, *Die Fackel*, April 1919, zitiert in: Richard Swedberg, *Joseph A. Schumpeter. Eine Biographie*, aus dem Englischen von Johannes G. Pankau, Stuttgart, 1994, S. 89.

32 Anna Eisenmenger, *Blockade – Das Tagebuch einer österreichischen Mittelklasse-Frau*, Wien, 1932.

33 Schumpeter, *Politische Reden*, S. 38, 40.

34 Bauer, *Die österreichische Revolution*, Abschn. IV, § 13: »Wirtschaftliche Umwälzung und soziale Umschichtung.«

35 Gabor Betony, *Britain and Central Europe 1918–1933*, Oxford, 1999, S. 10.

36 Joseph A. Schumpeter, »Zur Soziologie der Imperialismen« (1919), in: *Aufsätze zur Soziologie*, Tübingen, 1953, S. 89.

37 »Über die industrielle Zukunft Deutschösterreichs«, *Neue Freie Presse (Morgenblatt)*, 31. Mai 1919, S. 10 f., zitiert in: Schumpeter, *Politische Reden*, S. 115–117.

38 David Lloyd George, »Fontainebleau Memorandum«, 25. März 1919, ab-

rufbar unter: http://tmh.floonet.net/articles/fontainebleaumemo.html (letzter Zugriff am 16.7.2011)

39 Winston Churchill, House of Commons, 29. Mai 1919, zitiert in: Randolph Spencer Churchill und Martin Gilbert, *Winston S. Churchill*, Bd. 4, New York, 1966, S. 308.

40 Bauer, *Die österreichische Revolution*, Abschn. III, § 10: »Zwischen Imperialismus und Bolschewismus«.

41 *ibd.*, sowie *The Memoirs of Herbert Hoover*, Bd. 1, *Years of Adventure 1874–1920*, New York, 1951.

42 Siehe Isabella Ackerl (Hg.), Hans Loewenfeld-Russ, *Im Kampf gegen den Hunger. Aus den Erinnerungen des Staatssekretärs für Volksernährung, 1918–1920*, München, 1986.

43 Siehe Thomas Montgomery-Cuninghame, *Dusty Measure, A Record of Troubled Times*, London, 1939.

44 Ellis Ashmead-Bartlett, *The Tragedy of Central Europe*, London, 1924, S. 159.

45 *ibd.*

46 Friedrich von Wieser, *Tagebuch*, 30. Juni 1919, zitiert in: *Schumpeter, Politische Reden*, S. 11.

47 Eduard März: *Österreichische Bankpolitik in der Zeit der großen Wende 1913–1923. Am Beispiel der Credit-Anstalt für Handel und Gewerbe*, Wien, 1981, S. 333.

48 *Le Temps*, 4. Juni 1919, zitiert in: W. F. Stolper, *Joseph Alois* Schumpeter, *The Public Life of a Private Man*, Princeton, 1994, S. 118–122.

49 Bauer, *Die österreichische Revolution*, Abschn. III, § 10: »Zwischen Imperialismus und Bolschewismus«.

50 *ibd.*

51 *Die Woche*, 21/26, 28. Juni 1919, zitiert in: Schumpeter, *Politische Reden*, S. 122.

52 Schumpeter, »Der Staatsvoranschlag in der Nationalversammlung«, in: *Politische Reden*, S. 70 f.

53 *Neues 8 Uhr-Blatt*, 10. Mai 1919, zitiert in: *ibd.*, S. 132.

54 Francis Oppenheimer an John Maynard Keynes, 18. Mai 1919, King's College Archive.

55 Francis Oppenheimer, *The Stranger Within: Autobiographical Pages*, London, 1960, S. 369.

56 Bauer, *Die österreichische Revolution*, Abschn. III, § 10: »Zwischen Imperialismus und Bolschewismus«.

57 Joseph Schumpeter in: *Neue Freie Presse*, 24. Juni 1919, abrufbar unter: http://anno.onb.ac.at/cgi-content/anno?aid=nfp (letzter Zugriff am 16.7.2011)

58 *ibd.*, 28. Juni 1919.

59 Friedrich Wieser, »The Fight Against Famine in Austria«, in: *Fight the Famine Council, International Economic Conference*, London, 1920, S. 53.

60 Schumpeter, 1942, zitiert in: Swedberg, *Schumpeter*, S. 200.

61 Bauer, *Die österreichische Revolution*, Abschn. III, § 11: »Die Revolution in den Betrieben«. Siehe auch Richard Kola, *Rückblick ins Gestrige: Erlebtes und Empfundenes*, Wien, 1922.

62 *Der Neue Tag* (Morgenblatt), 16. Oktober 1919, zitiert in: Schumpeter, *Politische Reden*, S. 28 f.
63 Somary, *Erinnerungen*, S. 170.
64 Friedrich von Wieser, *Tagebuch*, 19. November 1919, zitiert in: Schumpeter, *Politische Reden*, S. 12.
65 Siehe Eduard März, »Joseph Schumpeter as Minister of Finance«, in: Helmut Frisch (Hg.), *Schumpeterian Economics*, New York, 1981.

Anmerkungen zu Kapitel VII

1 Francis Oppenheimer, *The Stranger Within: Autobiographical Pages*, London, 1960, S. 374.
2 Lord William Beveridge, *Power and Influence*, New York, 1955, S. 149 f.
3 John Maynard Keynes an Vanessa Bell, 16. März 1919, *Keynes Papers*, King's College Archive.
4 Harold Nicolson, *Peacemaking 1919: Being Reminiscences of the Paris Peace Conference*, Boston, 1933, S. 44 f.
5 *ibd.*, S. 275 f.
6 David Lindsay, *The Crawford Papers: The Journals of David Lindsay, Twenty-Seventh Earl of Crawford and Tenth Earl of Balcarres (1871–1940), During the Years 1892 to 1940*, 9. April 1919.
7 Robert Skidelsky, *John Maynard Keynes*, Bd. 1: *Hopes Betrayed*, New York, 1986, S. 304.
8 John Maynard Keynes, »My Early Beliefs (1938)«, in: *Essays in Biography*, New York, 1951, S. 436.
9 John Maynard Keynes an Lytton Strachey, 23. November 1905, zitiert in: Skidelsky, *Keynes*, Bd. 1, S. 166.
10 John Maynard Keynes an Lytton Strachey, 15. November 1905, in: *ibd.*, S. 165.
11 »A Key for the Prurient: Keynes's Loves, 1901–15«, in: Donald E. Moggridge, *Maynard Keynes: An Economist's Biography*, London, 1992, Anhang 1.
12 C. R. Fay, »The Undergraduate«, in: Milo Keynes (Hg.), *Essays on John Maynard Keynes*, Cambridge, UK, 1975, S. 36.
13 Lionel Robbins, *Autobiography of an Economist*, London, 1971, S. 210.
14 Winston Churchill an Clementine Churchill, zitiert in: Mary Soames (Hg.), *Speaking for Themselves: The Personal Letters of Winston and Clementine Churchill*, London/New York, 1998, S. 96.
15 Elizabeth Johnson, »Keynes' Attitude Toward Compulsory Military Service«, *Economic Journal* 70, Nr. 277, März 1960, S. 160–165.
16 David Lloyd George, *Memoirs of the Peace Conference*, Bd. 1, New Haven, Conn., 1939, S. 302.
17 »O die tollen Sterblichen!«, William Shakespeare, *Ein Sommernachtstraum*, in der Übersetzung von August Wilhelm von Schlegel, Dritter Aufzug, Zweite Szene.
18 Lloyd George, *Memoirs of the Peace Conference*, Bd. 1, S. 302.

19 John Maynard Keynes an Florence Keynes, zitiert in: Skidelsky, *Keynes*, Bd. 1, S. 353.

20 John Maynard Keynes an Florence Keynes, *Keynes Papers*, King's College Archive.

21 Zitiert in: Margaret Macmillan, *Paris 1919: Six Months That Changed the World*, London, 2001, S. 60.

22 John Maynard Keynes, »Dr. Melchior: A Defeated Enemy«, in: *Essays in Biography*, S. 210.

23 Max Warburg, zitiert in *Collected Writings of John Maynard Keynes*, Bd. 16: *Activities 1914–1919, The Treasury and Versailles*, Cambridge, UK, S. 417. [Vgl. Max Warburg, *Aus meinen Aufzeichnungen*, Glücksstadt, 1952.]

24 Keynes, »Dr. Melchior«, S. 214.

25 *ibd.*, S. 216.

26 *ibd.*, S. 218.

27 *ibd.*, S. 221,

28 *ibd.*, S. 223.

29 George Allerdice Riddell, *Lord Riddell's Intimate Diary of the Peace Conference and After, 1918–1923*, New York, 1924, S. 30.

30 Keynes, »Dr. Melchior«, S. 231.

31 Thomas W. Lamont, »The Final Reparations Settlement«, *Foreign Affairs*, 8. April 1930, S. 342–348.

32 Nicolson, *Peacemaking 1919*, S. 86.

33 Peter Rowland, *David Lloyd George*, London, 1975, S. 485 f.

34 Nicolson, *Peacemaking 1919*, S. 78.

35 Skidelsky, *Keynes*, Bd. 1, S. 367.

36 Jan Smuts, zitiert in: *ibd.*, S. 373.

37 *The Memoirs of Herbert Hoover*, Bd. 1: *Years of Adventure 1874–1920*, New York, 1951, 461 f.

38 John Maynard Keynes an Florence Keynes, in: Skidelsky, *Keynes*, Bd. 1, S. 371.

39 John Maynard Keynes an Florence Keynes, *Keynes Papers*, King's College Archive.

40 *Wiener Abendzeitung*, 4. Juni 1919, zitiert in: John Maynard Keynes, *Krieg und Frieden. Die wirtschaftlichen Folgen des Vertrages von Versailles* (1919; Übersetzung 1920), aus dem Englischen von M. J. Bonn und C. Brinkmann, herausgegeben von Dorothea Hauser, Berlin, 2006, Anm. 24, S. 155.

41 John Maynard Keynes an Duncan Grant, 14. Mai 1919, *Keynes Papers*, King's College Archive.

42 Rowland, *David Lloyd George*, S. 480.

43 Alec Cairncross, »Austin Robinson«, *Economic Journal*, 104, Juli 1994, S. 903–915.

44 *ibd.*

45 Jan Smuts, zitiert in: Skidelsky, *Keynes*, Bd. 1, S. 373.

46 Keynes, *Die wirtschaftlichen Folgen des Vertrages von Versailles*, S. 106.

47 *ibd.*, S. 39.

48 *ibd.*, S. 40.

49 *ibd.*, S. 39.

50 *ibd.*, S. 131.

51 Henry Wickham Steed, »A Critic of the Peace« sowie »The Candid Friend at Versailles« und »Comfort for Germany«, in: Charles Robert McCons (Hg.), *John Maynard Keynes: Critical Responses*, London, 1998, S. 51–60.

52 Zitiert in Niall Ferguson, *Paper and Iron*, Cambridge, 1995, S. 206.

53 Keynes, »Dr. Melchior«, S. 234.

54 Keynes, *Die wirtschaftlichen Folgen des Vertrages von Versailles*, S.65 f.

55 *ibd.*, S. 66.

56 Lytton Strachey an John Maynard Keynes, zitiert in: Michael Holroyd, *Lytton Strachey*, London, 1978, S. 374.

57 A.J.P. Taylor, *The Origins of the Second World War*, London, 1964, S. 26.

58 Siehe Paul Mantoux, *The Carthaginian Peace or the Economic Consequences of Mr. Keynes*, Oxford, 1946.

59 Wickham Steed, *Critical Responses*, S. 51–60.

60 Thorstein Veblen, »Review of J. M. Keynes' *The Economic Consequences of the Peace*«, *Political Science Quarterly* 35, 1920, S. 467–472.

61 »Europe a Year Later«, *The New York Times*, 16. Mai 1920.

62 »Solution of Europe's Disorder, as seen by Baruch«, *The New York Times*, 20. April 1920.

Anmerkungen zu Kapitel VIII

1 Joseph Schumpeter, *Theorie der wirtschaftlichen Entwicklung. Eine Untersuchung über Unternehmergewinn, Kapital, Kredit, Zins und den Konjunkturzyklus* (1911), 7. Auflage, unveränd. Nachdr. d. 1934 erschienenen 4. Auflage, Berlin, 1987, S. 321.

2 Ludwig von Mises, »The Austrian Empire: Finance and Banking«, *Encyclopaedia Britannica*, 2. Aufl., Bd. 30, 1921.

3 Johann Schober, zitiert in: Francis L. Carsten, *The First Austrian Republic*, Aldershot, 1986, S. 41. (Vgl. ders.: *Die Erste Österreichische Republik im Spiegel zeitgenössischer Quellen*, aus dem Englischen übersetzt vom Autor, Bohlau, 1988.)

4 *ibd.*, S. 45.

5 Sigmund Freud an Otto Rank, 8. September 1922, zitiert in: Peter Gay, *Freud. Eine Biographie für unsere Zeit*, aus dem Amerikanischen von Joachim A. Frank, Frankfurt a. M., 1997, S. 436.

6 Sigmund Freud an Samuel Freud, 24. November 1919, zitiert in: *ibd.*, S. 431.

7 Anna Eisenmenger, *Blockade: The Diary of an Austrian Middle-Class Woman, 1914–1924*, London, 1932, S. 149. [Anm. d. Übers.: Da das Original weder bibliothekarisch noch antiquarisch erhältlich ist, mussten alle Auszüge daraus rückübersetzt werden.]

8 Zitiert in Carsten, *The First Austrian Republic*, S. 13.

9 Charles A. Gulik, *Austria from Habsburg to Hitler*, Bd. 1, Berkeley, Cal., 1948, S. 248.

10 Eisenmenger, *Blockade*, S. 149.

11 C. A. Macartney, *The Social Revolution in Austria*, Cambridge, UK, 1926, S. 215.

12 Robert Loring Allen, *Opening Doors. The Life and Work of Joseph Schumpeter*, Bd. 2, New Brunswick, 1991, S. 187.

13 Richard Swedberg, *Joseph A. Schumpeter. His Life and Work*, Cambridge, UK, 1991, S. 68. [Vgl. ders.: *Joseph A. Schumpeter. Eine Biographie*, aus dem Englischen von Johannes G. Pankau, Stuttgart, 1994.]

14 Wolfgang F. Stolper, *Joseph Alois Schumpeter: The Public Life of a Private Man*, Princeton, N.J., 1994, S. 3.

15 Charles A. Gulick, *Austria from Hapsburg to Hitler*, Bd. 1, Berkeley, Cal., 1948, S. 251.

16 Siehe Fritz Machlup, *Tribute to Mises, 1881–1973*, Chislehurst, UK, S. 1974.

17 Aus »Ships in Fog«, englischsprachiges Romanfragment, das Schumpeter in den Dreißigerjahren entwarf, siehe Swedberg, *Joseph A. Schumpeter*, Anhang 2.

18 Thomas K. McCraw, *Prophet of Innovation: Joseph Schumpeter and Creative Destruction*, Cambridge, Mass., 2007, S. 140.

19 Zitiert in: Robert Loring Allen, *Opening Doors, The Life of Joseph Schumpeter*, Bd. 2, New Brunswick, NJ, 1991, S. 274. [Anm. der Übers: Sofern es sich hier um einen ursprünglich deutschsprachigen Brief handelt, musste er rückübersetzt werden, da er weder enthalten ist in Joseph A. Schumpeter, *Briefe/Letters*, ausgewählt und herausgegeben von Ulrich Hedtke und Richard Swedberg, noch im Archiv der Universität Wien vorhanden ist, dem er laut Allen nach seinem Auffinden übergeben worden war.]

20 Israel Kirzner, »Austrian Economics«, Vortrag vor der Foundation for Economic Education, 26. Juli 2004.

21 Joseph A. Schumpeter, *Konjunkturzyklen: Eine theoretische, historische und statistische Analyse des kapitalistischen Prozesses* (1939), berechtigte Übersetzung aus dem Amerikanischen von Klaus Dockhorn (1961), Göttingen, 2008, S. 151.

22 Joseph A. Schumpeter, *Theorie der wirtschaftlichen Entwicklung*, S. 229, 99.

23 *ibd.*, S. 369.

24 Joseph A. Schumpeter, *Kapitalismus, Sozialismus und Demokratie* (1950), aus dem Englischen von Susanne Preiswerk, 7. erweiterte Auflage, Tübingen, 1993, S. 214 f.

25 Schumpeter, *Theorie der wirtschaftlichen Entwicklung*, S. 358.

26 Joseph A. Schumpeter, »The Instability of Capitalism«, *The Economic Journal*, Bd. 38, 1929, S. 383 f. Siehe auch Richard Clemence (Hg.), Joseph A. Schumpeter, *Essays on Entrepreneurs, Innovations, Business Cycles, and The Evolution of Capitalism*, New York, 1951, S. 71 f.

27 Stephen Kresge (Hg.), Friedrich A. Hayek, *Hayek on Hayek: An Autobiographical Dialogue*, Chicago, 1984, S. 50.

28 Gulick, *Austria from Hapsburg to Hitler*, Bd. 1, S. 134 f.

29 Max Weber, »Der Sozialismus«, Rede zur allgemeinen Orientierung von österreichischen Offizieren in Wien (1918), in: Marianne Weber (Hg.), *Gesammelte Aufsätze zur Soziologie und Sozialpolitik*, Tübingen, 1988, S. 492–518.

30 Otto Bauer, »Die Voraussetzungen der Sozialisierung«, in: *Der Weg zum*

Sozialismus, Berlin, 1919, abrufbar unter http://www.marxists.org/deutsch/
archiv/bauer/1919/weg/index.html (letzter Zugriff am 25. 7. 2011).

31 *Hayek on Hayek*, S. 54–59.

32 Siehe Friedrich von Hayek, *Monatsberichte des Österreichischen Instituts
für Konjunkturforschung*, Februar 1929.

Anmerkungen zu Kapitel IX

1 Irving Fisher, et al., *Report on National Vitality Bulletin 30 of the Committee of One Hundred on Public Health*, Washington, D.C., 1908, S. 1.

2 Irving Fisher, »Our Unstable Dollar and the So-Called Business Cycle«,
Journal of the American Statistical Association, Bd. 20, Nr. 150, Juni 1925,
S. 179–202.

3 John Maynard Keynes, zitiert in: Robert Skidelsky, *John Maynard Keynes*,
Bd. 2, *The Economist as Savior, 1920–1937*, London, 1992, S. 25.

4 *ibd.*, S. 42.

5 Siehe Peter Clarke, *Keynes; The Rise, Fall, and Return of the 20th Century's
Most Influential Economist*, New York, 2009.

6 John Maynard Keynes, »Alternative Theories of the Rate of Interest«, *Economic Journal*, 47, Juni 1937.

7 John Maynard Keynes, »How Far Are Bankers at Fault for Depressions?«
(1913), zitiert in: Angel N. Rugina, »A Monetary and Economic Dialogue
with Lord Keynes«, *International Journal of Social Economics*, 28, Bd. 1,
Nr. 2, S. 200.

8 John Maynard Keynes, *Tract on Monetary Reform*, 1923, S. 4. [Vgl. ders.:
Ein Traktat über Währungsreform, übersetzt von Ernst Kocherthaler, München, 1924, Nachdruck 1997.]

9 *ibd.*, S. 35 f.

10 *ibd.*, S. 40.

11 *ibd.*, S. 26.

12 *ibd.*, S. 80.

13 *ibd.*, S. 149.

14 Zitiert in: D. E. Moggridge, *Keynes: An Economists' Biography*, London,
1992, S. 429.

15 Anne Olivier Bell mit Andrew McNeillie (Hg.), *The Diary of Virginia Woolf*,
Bd. 3, San Diego/New York/London, 1981, Eintrag 24. September 1925.

16 John Maynard Keynes, »Ein kurzer Blick auf Russland«, in: *Politik und
Wirtschaft. Männer und Probleme. Ausgewählte Abhandlungen von John
Maynard Keynes*, herausgegeben von Edgar Salin und Arthur Spiethoff,
übertragen durch Eduard Rosenbaum, Tübingen/Zürich, 1956, S. 241.

17 *ibd.* S. 242

18 *ibd.* S. 239.

19 *ibd.* S. 245.

20 Norman und Jean MacKenzie (Hg.), *The Diary of Beatrice Webb*, Bd. 4, *1924–
1943: The Wheel of Life*, Cambridge, Mass., 1985 (Eintrag 9. August 1926).

21 John Maynard Keynes, »Das Ende des Laissez-Faire, Ideen zur Verbindung

von Privat und Gemeinwirtschaft«, *Zeitschrift für die Gesamte Staatswissenschaft*, 82, 1927, S. 190ff.

22 Felix Somary, *Erinnerungen aus meinem Leben*, Zürich, 1926, S. 199.
23 John Maynard Keynes, »My Visit to Berlin«, in: *Collected Writings of John Maynard Keynes*, herausgegeben von Austin Robinson und Donald Moggridge, Cambridge, 1971–1998, Bd. 10, S. 383f.
24 John Maynard Keynes, Ansprache vor der National Liberal Federation, 27. März 1928, zitiert in: Robert Skidelsky, *John Maynard Keynes*, Bd. 2: *The Economist as Savior, 1920–1937*, London, 1992, S. 297.
25 Skidelsky, *ibd.*, S. 231.
26 *ibd.*, S. 232.
27 Charles Loch Mowat, *Britain Between the Wars, 1918–1940*, London, 1956, S. 262.
28 Skidelsky, *Keynes*, Bd. 2, S. 258.
29 John Maynard Keynes an H. G. Wells, 18. Januar 1928, in: *ibd.*, S. 265.
30 Mowat, *Britain Between the Wars*, S. 349.
31 Skidelsky, *Keynes*, Bd. 2, S. 302.
32 Irving Norton Fisher, *My Father Irving Fisher*, New York, 1956, S. 171.
33 Alan Milward, *War, Economy and Society, 1939–1945*, Berkeley, Cal., 1979, S. 17.
34 Angus Maddison, »Statistics of World Population, GDP, per Capita GDP, 1–2008 AD«, abrufbar unter www.ggdc.net/maddison/ (letzter Zugriff am 1.8.2011).
35 Joseph Schumpeter, »The Decade of the Twenties«, *American Economic Review*, 1946, sowie »Business Cycle Dates«, National Bureau of Economic Research.
36 Geoffrey Keynes, zitiert in: D. E. Moggridge, *Maynard Keynes: An Economist's Biography*, London, 1992, S. 103.
37 Fisher, *My Father Irving Fisher*, S. 200.
38 *ibd.*, S. 232.
39 *ibd.*, S. 117f.
40 Irving Fisher, Rede vor der American Public Health Association, 13. Oktober 1926, abrufbar unter: http://www.ncbi.nlm.nih.gov/pmc/articles/PMC132 1524/ (letzter Zugriff am 2.8.2011).
41 Irving Fisher et al., *Report on National Vitality*, Bulletin 30, »Committee of One Hundred on Public Health«, Washington, D.C., 1908, S. 1.
42 *ibd.*
43 Fisher, Rede vor der American Public Health Association.
44 Fisher et al., *Report on National Vitality*.
45 John Maynard Keynes, »Opening remarks: The Galton Lecture«, *Eugenics Review*, Bd. 38, Nr. 1, 1946, S. 39f.
46 Robert W. Dimand, »Economists and ›the Other‹ Before 1912«, *The American Journal of Economics and Sociology*, Juli 2005.
47 Irving Fisher, »Lecture on The Irving Fisher Foundation«, in: *Collected Works*, Bd. I, 1997, S. 35.
48 *ibd.*
49 Fisher, »Our Unstable Dollar and the So-Called Business Cycle«, S. 197.

50 Irving Fisher, »Depressions and Money Problems«, Rede in Los Angeles, 4. April 1941, Historical Sound Recording, Yale University.

51 Irving Fisher, »I Discovered the Phillips Curve: ›A Statistical relation between unemployment and price changes‹«, *Journal of Political Economy*, 81, Nr. 2, März-April 1973, S. 496–502, Nachdruck aus der *International Labour Review*, 1926.

52 Irving Fisher et al., *Report on National Vitality*.

53 Irving Fisher, »Our Unstable Dollar...«, S. 179–202.

54 Fisher, »I Discovered the Phillips Curve...«, S. 496–502.

55 *ibd.*

56 Irving Fisher, *Battle Creek Sanitarium News*, Nr. 25, 7. Juli 1925.

57 Fisher, *My Father Irving Fisher*, S. 57.

58 *ibd.*, S. 192, zitiert aus dem autobiografischen Anhang in: *Stable Money, A History of the Movement*, New York, 1934.

59 Jeremy Siegel, *Stocks for the Long Run*, New York, 2008.

60 Fisher, *My Father Irving Fisher*, S. 264.

61 *Recent Economic Changes in the United States*, Chicago, National Bureau of Economic Research, 1929, S. xii.

62 »Fisher Sees Stocks Permanently High«, *The New York Times*, 16. Oktober 1929.

Anmerkungen zu Kapitel X

1 Arnold J. Toynbee, *Journal of International Affairs*, 1931, S. 1.

2 David Fettig, »Something Unanticipated Happened«, in: *The Region*, Federal Reserve Bank of Minneapolis, Dezember 2000.

3 John Maynard Keynes an F. C. Scott, 15. August 1934, zitiert in: Donald E. Moggridge, *Maynard Keynes: An Economist's Biography*, London/New York, 1992, S. 585.

4 John Maynard Keynes, »A British View of the Wall Street Slump«, *New York Evening Post*, 25. Oktober 1929.

5 Charles A. Selden, »Big British Labor Gains; Third of Vote Counted; Tory Control Seems Lost«, *The New York Times*, 31. Mai 1929, S. 1.

6 Winston Churchill, »Disposal of Surplus«, *Hansard 1803–2005*, 15. April 1929, Commons Sitting, Orders of the Day.

7 Lionel Robbins, *Autobiography of an Economist*, London, 1971, S. 151.

8 Joseph J. Thorndike, »Tax Cuts, Confidence, and Presidential Leadership«, 8. September 2008, abrufbar unter: www.taxhistory.org/thp/readings.nsf/ (letzter Aufruf am 10.8.2011).

9 John Maynard Keynes, »The Great Slump of 1930«, Teil I, in: *The Nation & Athenæum*, London, 20. und 27. Dezember 1930, abrufbar unter: www.gutenberg.ca/ ebooks/keynes-slump/keynes-slump-00-h.html (letzter Zugriff am 10. 8. 2011).

10 John Maynard Keynes, *The General Theory*, 6. Buch, London, 1936, S. 322. [Vgl. ders., *Allgemeine Theorie der Beschäftigung, des Zinses und des Geldes*, Nachdruck, Berlin 1955.]

616 ANMERKUNGEN

11 Keynes, »The Great Slump«, Teil I.

12 *ibd.*, Teil I / II.

13 Godfrey Harold Hardy, »Mathematical Proof«, in: Raymond George Ayoub, *Musings of the Masters: An Anthology of Mathematical Reflections,* New York, 2004, S. 59.

14 Keynes, »The Great Slump«, Teil I.

15 *ibd.*

16 Robert Skidelsky, *John Maynard Keynes,* Bd. 2: *The Economist as Savior, 1920–1937,* London, 1992, S. 333.

17 *The Break-Up of the Poor Law: Being Part One of the Minority Report of the Poor Law Commission, Edited, with Introduction by Sidney & Beatrice Webb,* London, 1909, S. 35, Anm. S. 507, S. 657ff., 660, 661, 662. Abrufbar unter: http://www.webbmemorialtrust.org.uk/docs/breakupofpoorlaw.pdf (letzter Zugriff am 20.8. 2011).

18 Skidelsky, *Keynes,* Bd. 2, S. 32.

19 Sir John Anderson an Ramsay MacDonald, 31. Juli 1930, zitiert in: Austen Morgan, *J. Ramsey MacDonald,* Manchester, 1987, S. 165.

20 Ross McKibbin, »The Economic Policy of the Second Labour Government, 1929–1931«, *Past and Present,* Nr. 65, 1975, S. 95–123.

21 Skidelsky, *Keynes,* Bd. 2, S. 524.

22 Irving Fisher, 2. September 1929, zitiert in: Kathryn M. Dominguez, Ray C. Fair, Matthew D. Shapiro, »Forecasting the Depression: Harvard Versus Yale«, *American Economic Review* 78, Nr. 4, September 1988, S. 607.

23 »Fisher Sees Stocks Permanently High«, *The New York Times,* 16. Oktober 1929, S. 8.

24 Irving Fisher, 6. Januar 1930, zitiert in: Robert Barber (Hg.), *The Works of Irving Fisher,* Bd. 14, London, 1996, S. 4.

25 Harvard Economic Society, *Weekly Letter,* Bde. 8 und 9, Cambridge, Mass., 1929, zitiert in Dominguez et al., »Forecasting the Depression«, S. 606.

26 Siehe Irving Fisher, The *Stock Market Crash – and After,* New York, 1930.

27 Milton Friedman und Anna Jacobson Schwartz, *A Monetary History of the United States, 1867–1960,* Princeton, N.J., 1963, S. 311.

28 »Scores Coolidge in Market Slump«, *The New York Times,* 12. Januar 1930.

29 Zitiert von Robert W. Dimond, »Irving Fisher's Monetary Macroeconomics«, in: Hans-E. Loef und Hans G. Monissen, (Hg.), *The Economics of Irving Fisher,* Cheltenham, UK/Northampton, MA, 1999.

30 Irving Norton Fisher, *My Father Irving Fisher,* New York, 1956, S. 263.

31 »Harvard Group Sees Debt Plan Benefits: Believes Moratorium Will Balance Exchanges and Remove Pressure on Commodities«, *Wall Street Journal,* 17. Juli 1931, S. 20; »The 1929 Speculation and Today's Troubles: Controversy as to How Far the ›Great Boom‹ Caused the Great Depression«, *The New York Times,* 1. Januar 1932, S. 33.

32 Irving Fisher, »The Stock Market Panic in 1929«, *Proceedings of the American Statistical Association,* März 1930, Supplement Nr. 169A, S. 93–96.

33 22.–23. Juni 1931, zitiert in: Skidelsky, Bd. 2, *Keynes,* S. 391.

34 John Maynard Keynes, maschinengeschriebene Notizen, King's College Archive.

35 John Maynard Keynes, maschinengeschriebene Notizen zur Gesprächsleitung, King's College Archive.

36 Bank of England rate of discount, 1836–1939, *National Bureau of Economic Research Macro Data Base*.

37 Zitiert in: Skidelsky, *Keynes*, Bd. 2, S. 430.

38 Irving Fisher an Henry Stimson, 11. November 1932, zitiert in: Fisher, *My Father Irving Fisher*, S. 273.

39 Lauchlin Bernard Currie, *Memorandum Prepared by L. B. Currie, P. T. Ellsworth, and H. D. White*, Cambridge, Mass., 1932, Nachdruck in: *History of Political Economy* 34, Nr. 3, Herbst 2002, S. 533–552.

40 Irving Fisher an Margaret Fisher, zitiert in: Fisher, *My Father Irving Fisher*, S. 267.

41 Walter Lippmann, *Interpretations 1933–1935*, New York, 1936, S. 15.

42 K. M. Dominguez, R. C. Fair und M. D. Shapiro, »Forecasting the Great Depression: Harvard Versus Yale«, *American Economic Review*, 78, September 1988, S. 595–612.

43 David Fettig, »Something Unanticipated Happened«, *The Region*, Federal Reserve Bank of Minneapolis, Dezember 2000.

44 Irving Fisher, *The Debt-Deflation Theory of Great Depressions*, New York, 1933, S. 341, abrufbar unter: http://fraser.stlouisfed.org/docs/meltzer/fisdeb33.pdf (letzter Zugriff am 15.8.2011).

45 Irving Fisher, »Cancellation of War Debts«, Rede auf der Southwest Foreign Trade Conference, 2. Juli 1931, zitiert in: Giovanni Pavanelli, »The Great Depression in Irving Fisher's Thought«, *Fifth Annual Conference of the European Society for the History of Economic Thought*, Februar 2001.

46 Irving Fisher, *The Depression: Causes and Cures*, Miami, Committee of One Hundred, 1. März 1932.

47 »Economists Urge Release of Gold«, *The New York Times*, 28. Oktober 1931.

48 *The New York Times*, 9. Dezember 1931.

49 Irving Fisher, *Booms and Depressions: Some First Principles*, New York, 1932, S. viii.

50 Rexford G. Tugwell, *Brains Trust*, New York, 1964, S. 97.

51 David M. Kennedy, *Freedom from Fear. The American People in Depression and War; 1929–1945*, New York, 1999, S. 113.

52 Tugwell, *Brains Trust*, S. 98.

53 Franklin D. Roosevelt, *Oglethorpe University Commencement Speech*, 22. Mai 1932, abrufbar unter http://georgiainfo.galileo.usg.edu/FDRspeeches.htm (letzter Zugriff am 15.8.2011).

54 Franklin D. Roosevelt, *Address to Commonwealth Club*, 23. September 1932, San Francisco, in: *Great Speeches*, New York, 1999, abrufbar unter http://www.americanrhetoric.com/speeches/fdrcommonwealth.htm (letzter Zugriff am 15.8.2011).

55 Kennedy, *Freedom from Fear*, S. 123.

56 Siehe auch John Maynard Keynes, *The Means to Prosperity*, London, 1933, S. 22.

57 Irving Fisher, George Warren von der Cornell University und John Com-

mons von der University of Wisconsin an Franklin D. Roosevelt, 25. Feb-
ruar 1933, zitiert in: William J. Barber, *Designs Within Disorder: Franklin
D. Roosevelt, the Economist and the Shaping of American Economic Policy*,
New York, 1996, S. 25.

58 John Maynard Keynes, »On Spending Our Way To Prosperity«, *The New
York Times*, 31. Dezember 1933.

59 Irving Fisher an Irving Norton Fisher, 15. August 1933, zitiert von William
J. Barber, in: Malcolm Rutherford (Hg.), *The Economic Mind in America:
Essays in the History of American Economists*, London, 1998, S. 38.

60 Irving Fisher an Margaret Hazard Fisher, zitiert in: Irving Norton Fisher,
My Father Irving Fisher.

61 Skidelsky, *Keynes*, Bd. 3, S. 506.

62 *ibd.*

63 *The New York Times*, 29. Mai 1933.

64 Moggridge, *Maynard Keynes*, S. 584.

65 Irving Fisher an Louis McHenry Howe, Secretary to the President, 18. Mai
1934, zitiert in: William R. Allen, »Irving Fisher, F.D.R. and The Great Depression«, *History of Political Economy* 9 (4), 1997, S. 563.

66 Irving Fisher an Margaret Hazard Fisher, 7. Juni 1934, zitiert in: Barber, *Designs Within Disorder*, S. 84.

67 »Mr Keynes's Control Scheme«, *American Economic Review*, Dezember
1933.

68 *Keynes's Lectures, 1932–35, Notes of a Representative Student*, zitiert in:
Skidelsky, *Keynes*, Bd. 3, S. 502.

69 Zitiert in: *ibd.*, S. 503.

70 John Maynard Keynes an George Bernard Shaw, 1. Januar 1935, in: Austin Robinson und Donald Moggridge (Hg.), *The Collected Writing of John
Maynard Keynes*, London, 1971–1998, Bd. 13, S. 492 f.

71 John Maynard Keynes, *The General Theory of Employment, Interest and
Money*, London, 1936, S. 16.

72 Marriner S. Eccles, *Fortune*, April 1937, Nachdruck in: Arthur D. Gayer
(Hg.), *The Lessons of Monetary Experience: Essays in Honor of Irving
Fisher Presented to Him on the Occasion of His 70th Birthday*, New York,
1937, S. 6.

73 Friedrich von Hayek, *Monatsberichte des Österreichischen Instituts für
Konjunkturforschung*, Wien, Heft 2, Februar 1929.

74 Friedrich A. Hayek im Interview mit *Gold and Silver Newsletter*, Newport
Beach, Calif., Juni 1976.

75 Lord Robbins, *Autobiography of an Economist*, London, 1971, S. 154.

76 Lionel Robbins, *The Great Depression*, London, 1934. S. 194.

77 Robbins, *Autobiography*, S. 127.

78 *ibd.*, S. 154 f.

79 Skidelsky, *Keynes*, Bd. 2, S. 469.

80 Beatrice Webb, zitiert in: José Harris, *William Beveridge: A Biography*, Oxford, 1977, S. 330.

81 Fritz Machlup an Barbara Chernow, 12. Juni 1978, *Fritz Machlup Papers*,
Hoover Institution Archives.

82 John Maynard Keynes »The Pure Theory of Money: A Reply to Dr. Hayek«, *Econometrica*, Bd. 11, November, 1931, S. 387–397.

83 Alan Ebenstein, *Friedrich Hayek: A Biography*, New York, 2001, S. 81.

84 Erich Schneider, *Joseph A. Schumpeter: Leben und Werk eines großen Sozialökonomen*, Tübingen, 1970, S. 56.

85 Harold James, *The German Slump: Politics and Economics, 1924–1936*, Oxford, 1986, S. 6.

86 Joseph Schumpeter, »The Present World Depression: A Tentative Diagnosis«, *American Economic Review: Proceedings*, Bd. 21, Nr. 1, 1931, S. 179–182.

87 Joseph Dorfman, *The Economic Mind in America*, Bd. 4, New York, 1959, S. 168.

88 Joseph Schumpeter an Rev. Harry Emerson Fosdick, Riverside Church, 19. April 1933.

89 Joseph Schumpeter et al., *The Economics of the Recovery Program*, New York, 1934, S. 20. Nachdruck in: Richard V. Clemence (Hg.), *Joseph Schumpeter. Essays: On Entrepreneurs, Innovations, Business Cycles and the Evolution of Capitalism*, New York, 1988, S. 117.

90 Joseph Schumpeter, »J.M. Keynes's *General Theory of Employment, Interest and Money*«, *Journal of the American Statistical Association*, Dezember 1936, S. 791–795.

Anmerkungen zu Kapitel XI

1 Walter Duranty, *The New York Times*, 20. Juli 1931, S. 1.

2 Beatrice Webb an Arthur Salter, 12. April 1932, in: Norman und Jeanne MacKenzie (Hg.), *The Letters of Sidney and Beatrice Webb*, Bd. 3: *Pilgrimage 1912–1947*, Cambridge, Mass., 1978.

3 Norman und Jean MacKenzie (Hg.), *The Diary of Beatrice Webb*, Bd. 4: *1924–1943 – The Wheel of Life*, Cambridge, Mass., 1985 (Einträge vom 23. September 1931 und 10. Oktober 1931).

4 *ibd.*, S. 437.

5 *ibd.*, S. 272.

6 *ibd.*, 14. Mai 1932.

7 *ibd.*

8 *ibd.*, S. 272.

9 *ibd.*, S. 274.

10 *ibd.*, S. 273.

11 Walter Duranty, *The New York Times*, 13. November 1932, S. 1.

12 MacKenzie, *Diary of Beatrice Webb*, Bd. 4, S. 299 ff., 315, 328.

13 Beatrice und Sidney Webb, *Soviet Communism: A New Civilization*, London, 1935, S. 265.

14 Bertrand Russell, *Autobiography*, London, 1967, S. 74 f.

15 Robert Conquest, *Reflections on a Ravaged Century*, New York, 2001, S. 148.

16 Austin Robinson und Donald Moggridge (Hg.), *The Collected Writings of John Maynard Keynes*, Bd. 23: *Activities 1940–1943*, London, 1979, S. 5.

17 Malcolm Muggeridge, *Chronicles of Wasted Time*, Bd. 1: *The Green Stick*, New York, 1973, S. 207.
18 MacKenzie, *Diary of Beatrice Webb*, Bd. 4, S. 371 (19. Juni 1936).
19 John Maynard Keynes an Kingsley Martin, 1937, in: *The Collected Writings of John Maynard Keynes*, Bd. 28: *Social, Political and Literary Writings*, London, 1928, S. 72.
20 John Maynard Keynes, zitiert in: Muggeridge, *Chronicles*, S. 469.
21 John Maynard Keynes, »Democracy and Efficiency«, in: *New Statesman and Nation*, 28. Januar 1939.
22 *ibd.*
23 Rita McWilliams Tullberg, »Alfred Marshall and Evangelicalism«, in: Claudio Sardoni et al. (Hg.), *Keynes, Post-Keynesianism and Political Economy*, London, 1999, S. 82.
24 Austin Robinson an Joan Robinson, *The Papers of Professor Joan Violet Robinson*, Kings College Archive Centre, Cambridge, Ref. GBR/0272/PP/JVR.
25 Major General Sir Edward Speers, »Forward«, in: Sir Frederick Maurice und Nancy Maurice, *The Maurice Case*, London, 1972, S. 95 f.
26 Zitiert in: Marjorie Shepherd Turner, *Joan Robinson and the Americans*, New York, 1989, S. 13.
27 Margaret Gardiner, *A Scatter of Memories*, London, 1988, S. 65.
28 Geoffrey Harcourt, Jesus College, University of Cambridge, im Gespräch mit der Autorin, 2000.
29 Joan Robinson an Richard Kahn, November 1930, King's College Archive Centre.
30 Joan Robinson an Stevie Smith, King's College Archive Centre.
31 *ibd.*
32 Austin Robinson an Joan Robinson, April 1926, King's College Archive Centre.
33 Dorothy Garratt an Joan Robinson, 26. Januar 1932, King's College Archive Centre.
34 Joan Robinson an Richard Kahn, März 1931, King's College Archive Centre.
35 *ibd.*
36 Nahid Aslanbeigui und Guy Oakes, *The Provocative Joan Robinson: The Making of a Cambridge Economist*, Durham, N.C., 2009, S. 47.
37 James Meade, zitiert in: George R. Feiwell, *Joan Robinson and Modern Economic Theory*, New York, 1989, S. 917.
38 *ibd.*, S. 916.
39 Aslanbeigui und Oakes, *The Provocative Joan Robinson*, S. 47 f.
40 Joan Robinson an Austin Robinson, 11. Oktober 1932, zitiert in: *ibd.*, S. 48.
41 Joan Robinson an Richard Kahn, Herbstsemester 1932; sowie Joan Robinson an Austin Robinson, 16. Oktober 1932, zitiert in: *ibd.*, S. 48.
42 Joan Robinson an Richard Kahn, 2. März 1933, zitiert in: *ibd.*, S. 131.
43 Joan Robinson, Einführung, *The Theory of Employment* (1937), London, 1969, S. xi.
44 Zitiert in: Aslanbeigui und Oakes, *The Provocative Joan Robinson*, S. 125.
45 Joseph Schumpeter, »Review of Joan Robinson's Theory of Imperfect Competition«, *Journal of Political Economy*, 42, 1934.

46 Dorothy Garratt an Joan Robinson, 25. Mai 1934, King's College Archive Centre.

47 Joan Robinson an Richard Kahn, 5. September 1934, King's College Archive Centre.

48 John Maynard Keynes an Richard Kahn, 19. Februar 1938, zitiert in: Aslanbeigui und Oakes, *The Provocative Joan Robinson*, S. 18.

49 Andrew Boyle, *Climate of Treason*, London, 1979, S. 6, Anm. 4, S. 453.

50 Geoffrey C. Hartcourt, »Joan Robinson, 1903–1983«, *Economic Journal* 105, Nr. 432, September 1995, S. 1228–43.

51 Joan Robinson, »Review of *The Nature of the Capitalist Crisis* by John Strachey«, *Economic Journal*, 46, 182, Juni 1936, S. 298–302.

52 Joan Robinson, »Review of Britain Without Capitalists«, *Economic Journal*, 46, 704, Dezember 1936.

53 Siehe Taqui Altounyan, *Chimes from a Wooden Bell: A Memoir. A Hundred Years in the Life of a Euro-Armenian Family*, London, 1990; sowie: ders., *In Aleppo Once*, London, 1969.

54 Ernest Altounyan an Joan Robinson, 30. Mai 1936, King's College Archive Centre.

55 Agatha Christie, *Murder on the Orient Express*, New York, 1934, S. 17.

56 Zitiert in: Altounyan, *Chimes from a Wooden Bell*.

57 Gespräch der Autorin mit Frank Hahn, Churchill College, Cambridge, 2000.

Anmerkungen zu Kapitel XII

1 John Maynard Keynes, *How to Pay for the War*, London, 1940, S. 17.

2 Friedrich von Hayek an Fritz Machlup, Oktober 1940, *The Fritz Machlup Papers, 1911–1983*, Hoover Institution Archives, Standford University, Box 45/14.

3 Robert Skidelsky, *John Maynard Keynes*, Bd. 3: *Fighting for Freedom, 1937–1946*, New York, 2001, S. 51.

4 Friedrich Hayek an Fritz Machlup, 19. März 1934, *Machlup Papers*, Box 43, Ordner 15.

5 John Maynard Keynes, »Paying for the War I: The Control of Consumption«, *The Times*, London, 14. November 1939, S. 9, sowie »Paying for the War II: Compulsory Savings«, *ibd.*, 15. November 1939, S. 9.

6 Skidelsky, *Keynes*, Bd. 3, S. 142.

7 John Maynard Keynes an F. A. Hayek, zitiert in: *ibd.*, S. 56.

8 John Manyard Keynes, *Krieg und Frieden. Die wirtschaftlichen Folgen des Vertrages von Versailles*, aus dem Englischen von M. J. Bonn und C. Brinkmann, herausgegeben von Dorothea Hauser, Berlin, 2006, S. 131; sowie Skidelsky, *Keynes*, Bd. 3, S. 179.

9 Winston Churchill an Clementine Churchill, 18. Juli 1914, zitiert in: Mary Soames, *Winston and Clementine: The Personal Letters of the Churchills*, New York, 2001, S. 96.

10 John Maynard Keynes an Russell Leffingwell, 1. Juli 1942, Keynes Papers, King's College.

11 John Maynard Keynes an P. A. S. Hadley, 10. September 1941, *ibd.*

12 »Wheeler Doubts President Will Order Convoys«, *Chicago Daily Tribune,* 10. Mai 1941.

13 Sir John Wheeler Bennet, *The New York Times,* 24. November 1940, S. 7.

14 Alan Milward, *War, Economy and Society, 1939–1945,* Berkeley, Cal., 1979, S. 49.

15 Gerhard L. Weinberg, *A World at Arms: A Global History of World War II,* Cambridge, UK, 2005; David Kennedy, *Freedom from Fear: The American People in Depression and War,* Oxford, 1999, S. 446.

16 Winston Churchill an Franklin D. Roosevelt, 7. Dezember 1940, *Great Britain Diplomatic Files,* Franklin D. Roosevelt Presidential Library and Museum, abrufbar unter http://docs.fdrlibrary.marist.edu/psf/box37/ (letzter Zugriff am 16. 8. 2011).

17 Franklin D. Roosevelt, Pressekonferenz, White House, 17. Dezember 1940, abrufbar unter: http://docs.fdrlibrary.marist.edu/ODLLPc2.html (letzter Zugriff am 16. 8. 2011).

18 *ibd.*

19 Franklin D. Roosevelt, »Fireside Chat« Radio Address, White House, 29. Dezember 1940, abrufbar unter: http://docs.fdrlibrary.marist.edu/122940.html (letzter Zugriff am 16. 8. 2011).

20 Winston S. Churchill an Franklin D. Roosevelt, 31. Dezember 1940, zitiert in: Martin Gilbert (Hg.), *The Churchill War Papers,* New York, 2000, Bd. 3, S. 11.

21 Winston S. Churchill an Sir Kingsley Wood, 20. März 1941, zitiert in: *ibd.,* S. 372.

22 Franklin D. Roosevelt, Wahlkampfrede, Boston, 30. Oktober 1940, abrufbar unter: http://www.presidency.ucsb.edu (letzter Zugriff am 17.8.2011).

23 Franklin D. Roosevelt, Gespräch im Oval Office mit nicht identifizierten Beratern, 4. Oktober 1940, White House Office Transcripts, 48–61:1, Franklin D. Roosevelt Presidential Library and Museum, Hyde Park, New York. [Anm. d. Übers.: Siehe Psalm 94.18: »Ich sprach: Mein Fuß hat gestrauchelt ...«]

24 Gerhard L. Weinberg, *A World at Arms. A Global History of World War II,* New York, 1994, S. 240.

25 John Maynard Keynes, zitiert in: Skidelsky, *Keynes,* Bd. 3, S. 102.

26 Zitiert von Paul A. Samuelson, in: David C. Colander und Harry H. Landreth (Hg.), *The Coming of Keynesianism to America,* Cheltenham, 1996, S. 170.

27 *ibd.*

28 Zitiert in: Skidelsky, *Keynes,* Bd. 3, S. 116.

29 Siehe John Kenneth Galbraith, *A Life in Our Times,* Boston, 1981.

30 F. Scott Fitzgerald, *This Side of Paradise,* New York, 1920, S. 20.

31 Milton Friedman und Rose Friedman, *Two Lucky People,* Chicago, 1998, S. 32.

32 *ibd.,* S. 58.

33 *ibd.,* S. 81.

34 *ibd.,* S. 61.

35 Siehe Herbert Stein, *Presidential Economics: The Making of Economic Policy from Roosevelt to Clinton,* Washington, D.C., 1994.
36 Friedman und Friedman, *Two Lucky People,* S. 77.
37 *ibd.,* S. 107.
38 Galbraith, *A Life in Our Times,* S. 163.
39 *ibd.* Galbraith war zuerst Assistent, dann stellvertretender Leiter der Aufsichtsbehörde zur Kontrolle von Löhnen und Preisen im Office of Price Administration. Richard Gilbert, George Stigler, Walter Salant und Herbert Stein gehörten allesamt dem ökonomischen Stab des OPA an.
40 Zitiert in: *ibd.,* S. 133. Die allgemeine Höchstpreisverordnung trat am 28. April 1942 in Kraft.
41 Friedman und Friedman, *Two Lucky People,* S. 113. Siehe auch Milton Friedman und Walter Salant, *American Economic Review,* 32, Juni 1942, S. 308–320; sowie Milton Friedman, »The Spendings Tax as a Wartime Fiscal Measure«, *American Economic Review,* März 1943, S. 50–62.
42 Friedman und Friedman, *Two Lucky People,* S. 112.
43 *ibd.,* S. 113.
44 *ibd.,* S. 112.
45 Die Quellensteuer sollte für das Steuerjahr 1943 eingeführt werden, doch der Ruml-Plan – welcher der strittige Punkt bei der Debatte von 1942 gewesen war – erforderte ihre Einführung für das Einkommen von 1942. Der »Revenue Act« wurde am 21. Oktober 1942 verabschiedet, der Current Tax Payment Act am 9. Juni 1943.
46 Friedman und Friedman, *Two Lucky People,* S. 114.
47 *ibd.,* S. 115 f.
48 Isaiah Berlin, 3. März 1942, in: H. G. Nicholas (Hg.), *Washington Dispatches, 1941–45. Weekly Political Reports from the British Embassy,* London, 1981, S. 25.
49 *ibd.*
50 Stein, *Presidential Economics,* S. 68.

Anmerkungen zu Kapitel XIII

1 Friedrich A. Hayek, *Der Weg zur Knechtschaft,* München, 1971, Neuauflage 1994, S. 18.
2 Joseph A. Schumpeter, *Kapitalismus, Sozialismus und Demokratie,* aus dem Englischen von Susanne Preiswerk, 7. erw. Auflage, Tübingen, 1993, S. 113.
3 *ibd.,* S. 114.
4 *ibd.,* S. 105.
5 Joseph Schumpeter, Tagebucheintrag, 23. November 1942, zitiert in: Richard Swedberg (Hg.), *Joseph A. Schumpeter, The Economist and Sociology of Capitalism,* Princeton, N.J., 1991, S. 29.
6 John Hicks, *Critical Essays in Monetary Theory,* Oxford, 1967, S. 203.
7 Friedrich A. Hayek an Fritz Machlup, Januar 1935, *Fritz Machlup Papers 1911–1983,* Hoover Institution Archives, Stanford University, Boxes 21–75.

8   Friedrich A. Hayek an Fritz Machlup, 1. Mai 1936, *Machlup Papers*.
9   Friedrich A. Hayek an Lord Macmillan, 9. September 1939, *Friedrich A. von Hayek Papers*, Hoover Institution Archives, Stanford University, Box 5.
10   Friedrich A. Hayek an Fritz Machlup, 14. Dezember 1940, *Machlup Papers*.
11   Friedrich A. Hayek an Fritz Machlup, 21. Juni 1940, *ibd.*
12   Friedrich A. Hayek an Alvin Johnson, 8. August 1940, *Hayek Papers*.
13   Friedrich A. Hayek an Alfred Schutz, 26. September 1943, *ibd.*
14   Friedrich A. Hayek an Fritz Machlup, 21. Juni 1940, *Machlup Papers*.
15   Friedrich A. Hayek an Herbert Furth, 27. Januar 1941, *Hayek Papers*.
16   Friedrich A. Hayek an Fritz Machlup, 2. Januar 1941, *Machlup Papers*.
17   Friedrich A. Hayek an Fritz Machlup, 31. Juli 1941, *ibd.*
18   Hayek, *Weg zur Knechtschaft*, S. 18.
19   *ibd.*, S. 18 f.
20   *ibd.*, S. 19.
21   Friedrich A. Hayek, »The Use of Knowledge in the Society«, *American Economic Review*, Bd. 35, Nr. 4, 1945, S. 519–530.
22   »Liberty and Its Antitheses«, in: Ludwig von Mises, *Planning for Freedom. Let the Market System Work. A Collection of Essays and Addresses* (1952), Kapitel XII, Indianapolis, 2008.
23   Hayek, *Weg zur Knechtschaft*, S. 158 f.
24   Friedrich A. Hayek, »The Road to Serfdom: Address Before the Economic Club of Detroit, April 23, 1945«, Abschrift, Hoover Institution Archive, Stanford, Cal.
25   Zitiert von Fritz Machlup in einem Brief an Friedrich Hayek, 21. Januar 1943, *Hayek Papers*.
26   Ordway Tead an Fritz Machlup, 25. September 1943, *Machlup Papers*.

Anmerkungen zu Akt 3 / Prolog

1   James MacGregor Burns, *Roosevelt: The Soldier of Freedom, 1940–1945,* New York, 1970, Bd. 2, S. 424.
2   Franklin D. Roosevelt, »Economic Bill of Rights«, Abschrift der Rede zur Lage der Nation am 11. Januar 1944, Presidential Library and Museum, Hyde Park, New York, abrufbar unter: http://www.fdrlibrary.marist.edu/archives/stateoftheunion.html (letzter Zugriff am 26.8.2011).
3   *ibd.*
4   Burns, *Roosevelt*, Bd. 2, S. 426.
5   John Maynard Keynes an Sir J. Anderson, 10. August 1944, zitiert in: Robert J. A. Skidelsky, *John Maynard Keynes*, Bd. 3: *Fighting for Freedom*, New York, 2001, S. 360.
6   Gunnar Myrdal, »Is American Business Deluding Itself?«, *Atlantic Monthly*, November 1944, S. 51–58.
7   Roosevelt, Rede zur Lage der Nation, 11. Januar 1944.
8   *ibd.*
9   Alvin H. Hansen, »The Postwar Economy«, in: Seymour E. Harris (Hg.), *Postwar Economic Problems,* New York, 1943, S. 12.

10 Paul A. Samuelson, »Full Employment After the War«, in: *ibd.*, S. 27, 52.
11 Joseph A. Schumpeter, »Capitalism in the Postwar World«, in: *ibd.*, S. 120f.
12 *ibd.*
13 Roosevelt, Rede zur Lage der Nation, 11. Januar 1944.
14 Gunnar Myrdal, »Is American Business Deluding Itself?«, S. 51–58.
15 George Orwell, *1984*, übersetzt von Kurt Wagenseil, München, 2000, S. 170.
16 Roosevelt, Rede zur Lage der Nation, 11. Januar 1944.
17 John Lewis Gaddis, *The Cold War: A New History*, New York, 2006, S. 14.
18 John Maynard Keynes, *Allgemeine Theorie der Beschäftigung, des Zinses und des Geldes*, Übersetzung von Fritz Wagner, korrigiert und überarbeitet von Jürgen Kromphardt und Stephanie Schneider, zehnte, verbesserte Auflage, Berlin, 2006. S. 323.

Anmerkungen zu Kapitel XIV

1 Franklin D. Roosevelt, *Message to Delegates at Bretton Woods*, Juli 1944, *The Bretton Woods Conference Files*, IMF Archives, Washington, D.C., File 47/449.
2 John Maynard Keynes an Florence Keynes, 28. Juni 1944, zitiert in: Robert Skidelsky, *John Maynard Keynes*, Bd. 3: *Fighting for Freedom, 1937–1946*, New York, 2000, S. 343.
3 *ibd.*
4 John Maynard Keynes an Friedrich A. Hayek, 28. Juni 1944, *Friedrich Hayek Papers*, Hoover Institution, Stanford University.
5 Lionel Robbins, zitiert in: Marquis Childs, »Washington Calling«, *Washington Post*, 4. Juni 1945.
6 John Maynard Keynes an Friedrich A. Hayek, 28. Juni 1944, zitiert in: Robert Skidelsky, *Keynes. The Return of the Master*, New York, 2009, S. 162.
7 Lydia Keynes an Florence Keynes, Juni 1944, zitiert in: Liaquat Ahamed, *Lords of Finance: The Bankers Who Broke the World*, New York, 2009, S. 335.
8 Cordell Hull, *The Memoirs of Cordell Hull*, New York, 1948, S. 81.
9 Papers of Harry Dexter White, Seeley G. Mudd Manuscript Library, Princeton University, Sign. MC140.
10 Skidelsky, *John Maynard Keynes*, Bd. 3, S. 348.
11 *ibd.*, S. 353.

Anmerkungen zu Kapitel XV

1 George Orwell, »Review: *The Road to Serfdom* by F. A. Hayek«, *Observer*, London, 9. April 1944.
2 Isaiah Berlin, 31. März 1945, *Washington Despatches, 1941–1945: Weekly Political Reports from the British Embassy*, Chicago, 1981.
3 *ibd.*, 6. Mai 1945.

4 *ibd.*, 10. Juni 1945.
5 Friedrich A. Hayek an Fritz Machlup, *Fritz Machlup Papers 1911–1983*, Hoover Institution Archives, Stanford University, Boxes 21–75; sowie *Message to Congress on the Concentration of Economic Power*, 29. April 1938.
6 Marquis Childs, »Washington Calling: Hayek's ›Free Trade‹«, *Washington Post*, 6. Juni 1945, S. 8.
7 *ibd.*
8 George Kennan, *Memoirs*, Bd.1: *1925–1950*, New York, 1967, S. 292.
9 Harry S. Truman, 12. März 1947, Abschrift der Truman-Doktrin (1947), abrufbar unter: http://www.ourdocuments.gov/doc.php?flash=true&doc=81 (letzter Zugriff am 29. 8. 2011); sowie Robert A. Pollard, *Economic Security and the Origins of the Cold War, 1945–1950*, New York, 1985, S. 123.
10 Friedrich A. Hayek, »Opening address to a conference at Mont Pelerin« (1947), zitiert in: Peter G. Klein (Hg.), *The Collected Works of F. A. Hayek*, Bd. 4: *The Fortunes of Liberalism*, Chicago, Ill., 1992, S. 238.
11 Friedrich A. Hayek, *Nobel Prize Winning Economist Friedrich A. von Hayek*, Los Angeles, University of California at Los Angeles Oral History Program, 1983, abrufbar unter: http://www.archive.org/stream/nobel prizewinninoohaye#page/n11/mode/2up (letzter Zugriff am 24.8.2011).
12 *Statement of Aims*, Mont Pelerin Society, abrufbar unter: https://www.mont pelerin.org/montpelerin/mpsGoals.html (letzter Zugriff am 24.8.2011).
13 Orson Welles' spontan improvisierter Monolog im *Dritten Mann*, siehe Robert Andrews, *The Columbia Dictionary of Quotations*, New York, 1993, S. 888, zitiert nach der deutschen Kinosynchronisation von 1963.
14 Kurt R. Leube, »Hayek in War and Peace«, *Hoover Digest*, Nr. 1, 2006.
15 Ray Monk, *Wittgenstein: The Duty of Genius*, New York, 1990, S. 518.
16 Stephen Kresge (Hg.), F.A. Hayek, *Hayek on Hayek: An Autobiographical Dialogue*, Chicago, 1994, S. 105 f.
17 Siehe Austin Robinson, *First Sight of Postwar Germany, May–June, 1945*, Cambridge, 1986.
18 *ibd.*
19 John Maynard Keynes an Austin Robinson, Juni 1945, *The Papers of Sir Austin Robinson, 1945–1959*, Churchill College, Cambridge, UK, Churchill Archives Centre, Reg. GBR/0014/ROBN.
20 Ludwig Erhard, *Deutschlands Rückkehr vom Weltmarkt*, Düsseldorf, 1953, S. 6, 13.

Anmerkungen zu Kapitel XVI

1 Zitiert in: Philip Saunders und William Walstead, *The Principles of Economics Course*, New York, 1990, S. ix.
2 Paul A. Samuelson, *The Samuelson Sampler*, Glen Ridge, N. J., 1973, S. vii.
3 Paul A. Samuelson mit Everett Hagen, »Studies in Wartime Planning for Continuing Full Employment«, Washington, D. C., National Resources Planning Board, 1944; sowie Paul A. Samuelson et al., *After the War 1918–1920*, *ibd.*, 1942/1943.

4   Paul Samuelson, Godkin Lecture I: »How Keynes Came to America via Har-
     vard«, Harvard University, 19. November 1986, zitiert in: Janice Murray
     (Hg.), *Collected Scientific Papers of Paul A. Samuelson*, Cambridge, Mass.,
     2011, Bd. 6, S. 638–661.

5   Alan Millward, *War, Economy and Society, 1939–1945*, Berkeley, Cal.,
     1980.

6   Will Lissner, *The New York Times*, 3. September 1944, S. 23.

7   Zitiert von: David M. Kennedy, *Freedom from Fear: The American People in
     Depression and War, 1929–1945*, New York, 1999, S. 301.

8   Paul A. Samuelson, »Unemployment Ahead: The Coming Economic Crisis«,
     The New Republic, 18. September 1944.

9   Gespräch der Autorin mit Paul Samuelson.

10   Paul A. Samuelson, »How I became an Economist«, September 2003, ab-
     rufbar unter: http://www.nobelprize.org/nobel_prizes/economics/laureates/
     1970/samuelson-article2.html (letzter Zugriff am 25.8.2011).

11   Paul A. Samuelson, unveröffentlichtes Manuskript.

12   *ibd.*

13   Paul A. Samuelson, »How Foundations Came To Be«, *Journal of Economic
     Literature*, 36, Nr. 3, 1998, S. 1376–1386.

14   Samuelson, unveröffentlichtes Manuskript.

15   Tsuru Shigeto, »Reminiscences of Our ›Sacred Decade of Twenties‹«, *The
     American Economist*, Bd. 51, 2007.

16   Paul A. Samuelson im Gespräch mit der Autorin.

17   Herbert Stein, *Presidential Economics. The Making of Economic Policy
     From Roosevelt to Reagan and Beyond*, Washington, 1984, S. 78.

18   Joseph Schumpeter an Paul A. Samuelson, 3. November 1947, *The Papers
     of Joseph Alois Schumpeter*, Harvard University Library, Boxes HUGFP 4.8
     (ausgehende Korrespondenz 1932–1949).

19   Robert Maynard Hutchins, 30. Dezember 1944, zitiert in: Gary A. Berg,
     *Lessons From the Edge: For-Profit and Nontraditional Higher Education in
     America*, Westport, CT, 2005, S. 1.

20   Paul A. Samuelson an F. Wheeler Loomis, Direktor, MIT Radiation Labora-
     tory, 26. April 1945, *The Papers of Paul A. Samuelson*, Rubenstein Library,
     Duke University.

21   *Science. The Endless Frontier, A Report to the President by Vannevar Bush,
     Director of the Office of Scientific Research and Development*, Washington,
     D.C., Juli 1945.

22   William F. Buckley, *God and Man at Yale: The Superstitions of »Academic
     Freedom«*, Washington, D.C., 1951, S. 49.

23   Paul A. Samuelson, *Economics. An Introductory Analysis*, New York,
     1. Auflage, 1948. [Anm. d. Übers.: Es liegen im Deutschen mehrere Über-
     setzungen vor, die jedoch alle nach späteren Revisionen von William Nord-
     haus angefertigt wurden und die hier zitierten Auszüge nicht mehr oder nur
     in stark veränderter Form enthalten.]

24   Buckley, *God and Man*, S. 60.

25   *ibd.*, S. 81.

26   Samuelson, *Economics*, 1. Aufl. (1948), S. 412.

27 *ibd.*, S. 434.
28 *ibd.*, S. 152.
29 *ibd.*, S. 380.
30 *ibd.*, S. 433.
31 *ibd.*, S. 3.
32 *ibd.*, S. 584.
33 Paul A. Samuelson, *Economics*, 4. Auflage (1958), S. 209 f.
34 Samuelson, *Economics*, 1. Auflage (1948), S. 607.
35 *ibd.*, S. 271.
36 *ibd.*
37 John F. Kennedy, Radio- und Fernsehansprache an das amerikanische Volk zur Lage der Volkswirtschaft, 13. August 1962, abrufbar unter: http://www.presidency.ucsb.edu/ws/index.php?pid=8812#axzz1WJhgKbN4 (letzter Zugriff am 29.8.2011).
38 »I am now a Keynesian«, zitiert in: *Time Magazine*, 23. Oktober 2008.

Anmerkungen zu Kapitel XVII

1 Joan Robinson in einer Vorlesung an der Cambridge University, zitiert in: Harry G. Johnson, *On Economics and Society*, Chicago, 1975, S. 110.
2 Joan Robinson, *Conference Sketch Book, Moscow, April 1952*, Cambridge, 1952, S. 19.
3 *ibd.*, S. 6, 21, 23 f.
4 Alec Cairncross, »The Moscow Economic Conference«, *Soviet Studies* 4, Nr. 2, Oktober 1952, S. 114.
5 Robinson, *Conference Sketch Book*, S. 5.
6 *ibd.*, S. 7 f.; Cairncross, »The Moscow Economic Conference«, S. 119.
7 Robinson, *Conference Sketch Book*, S. 23.
8 »Russia: Two Faces West«, *Time*, London, 14. April 1952.
9 Robinson, *Conference Sketch Book*, S. 11.
10 Committee for the Promotion of International Trade, *International Economic Conference in Moscow, April 3–12, 1952*, Moskau, 1952; sowie Oleg Hoeffding, »East-West Trade Possibilities: An Appraisal of the Moscow Economic Conference«, *American Slavic and East European Review*, 1953; und Richard B. Day, *Cold War Capitalism: The View from Moscow, 1945–1975*, Armonk, 1995, S. 79.
11 Committee for the Promotion of International Trade, *International Economic Conference*, S. 85.
12 Robinson, *Conference Sketch Book*, S. 28.
13 *ibd.*
14 *ibd.*, S. 3, 5.
15 Joan Robinson an Richard Kahn, 4. April 1952, *The Papers of Richard Ferdinand Kahn*, King's College, University of Cambridge, Sign. RFK/13/90/5.
16 Paul Samuelson, »Remembering Joan«, in: G. R. Feiwell (Hg.), *Joan Robinson and Modern Economic Theory*, London, 1989, S. 135.

17 Paul Preston, Michael Partridge und Piers Ludlow, *British Documents on Foreign Affairs: Reports and Papers from the Foreign Office Confidential Print*, Teil V: 1951–1956, Series A, London, 2006.

18 Cairncross, »The Moscow Economic Conference«, S. 113, 118.

19 Josef W. Stalin, *Die ökonomischen Probleme des Sozialismus in der UdSSR*, 1. Februar 1952, Abschn. 6: abrufbar unter: http://www.stalinwerke.de/band15/b15-066.html (letzter Zugriff am 1.9. 2011). Das Werk beruht auf Stalins »Bemerkungen zu ökonomischen Fragen, die mit der Novemberdiskussion 1951 zusammenhängen«, welche er um den 7. Februar 1952 an die Mitglieder des Zentralkomitees verteilt hatte, die an seinem Lehrbuch über die sowjetische politische Ökonomie arbeiteten.

20 John Lewis Gaddis, *We Now Know: Rethinking Cold War History*, New York, 1997, S. 195.

21 Stalin, *Die ökonomischen Probleme*, Abschn. 5.

22 Richard B. Day, *Cold War Capitalism: The View from Moscow, 1945–1975*, Armonk, 1995, S. 76.

23 Ethan Pollock, »Conversations with Stalin on Questions of Political Economy«, Juli 2001, Working Paper Nr. 33, *Cold War International History Project*, Woodrow Wilson International Center for Scholars, abrufbar unter http://www.wilsoncenter.org/topics/pubs/ACFB07.pdf (letzter Zugriff am 1.9.2011).

24 Robinson, *Conference Sketch Book.*

25 Geoffrey Colin Harcourt, »Some Reflections on Joan Robinson's Changes of Mind and Their Relationship to Post-Keynesianism and the Economics Profession«, in: *Capitalism, Socialism and Post-Keynesianism: Selected Essays of George Harcourt*, Cheltenham, UK, 1995, S. 111.

26 Siehe Joan Robinson, *The Problem of Full Employment: An Outline for Study Circles*, London, 1943.

27 Stephen Brooke, »Revisionists and Fundamentalists: The Labour Party and Economic Policy During the Second World War«, *Historical Journal*, März 1989, S. 158.

28 Elizabeth Durbin, *New Jerusalems: The Labour Party and the Economics of Democratic Socialism*, London, 1985, S. 164.

29 Zitiert in: C. W. Guillebaud, »Review of Joan Robinson, *Private Enterprise or Public Control: Handbook for Discussion Groups*«, *Economica* 10, Nr. 39, August 1943, S. 265.

30 J. E. King, »Planning for Abundance: Joan Robinson and Nicholas Kaldor on the Socialist Reconstruction in Britain 1942–45«, in: I. Barnes (Hg.), *Political Events and Economic Ideas*, Cheltenham, 2004, S. 307.

31 Jonathan Schneer, »Hopes Deferred or Shattered: The British Labour Left and the Third Force Movement, 1945–1949«, *Journal of Modern History*, Bd. 56, Nr. 2, Juni 1984, S. 199–226.

32 Josef Stalin, *Meeting Between Comrades Stalin and H. Pollitt, 31st May 1950*, Transkript, russisches Staatsarchiv für Soziopolitische Geschichte, S. 4.

33 Siehe Eric Shaw, *Discipline and Discord in the Labour Party*, Manchester, 1988.

34 Siehe Harold J. Laski, *The Secret Battalion: An Examination of the Communist Attitude to the Labour Party*, London, 1946.

35 Joan Robinson, »Preparation for War«, *Cambridge Today*, Oktober 1951, Nachdruck in *Monthly Review*, Nr. 2, 1951, S. 194 f.

36 *Speech delivered by General George Marshall at Harvard University on June 5, 1947*, abrufbar unter: http://www.fordham.edu/halsall/mod/1947marshallplan1.html (letzter Zugriff am 3. 9. 2011).

37 Richard N. Gardner, *Sterling-Dollar Diplomacy: Anglo-American Collaboration in the Reconstruction of Multilateral Trade*, London, 1956, S. 298.

38 Schneer, »Hopes Deferred or Shattered«, S. 198–226.

39 Joan Robinson, BBC, *London Forum*, 25. Juni 1947, zitiert in: *ibd.*, S. 221.

40 »Why the CP Says Reject the Marshall Plan«, 5. Juli 1947, zitiert in: Keith Laybourn, *Marxism in Britain: Dissent, Decline and Reemergence, 1945–2000*, New York, 2006, S. 35.

41 Robert Solow, zitiert in: Marjorie Shepherd Turner, *Joan Robinson and the Americans*, Armonk, NY, 1989, S. 143.

42 Joan Robinson an Richard Kahn, Papers of Richard Ferdinand Kahn, King's College.

43 Siehe auch Christopher Andrew, *Defend the Realm: The Authorized History of MI5*, New York, 2009, S. 400; Turner, *Joan Robinson and the Americans*, S. 86; und Percy Timberlake, *The 48 Group: The Story of the Icebreakers in China*, London, 1994.

44 Milton Friedman und Rose Friedman, *Two Lucky People: Memoirs*, Chicago, Ill., 1998, S. 245 f.

45 Robert Clower, zitiert in: Turner, *Joan Robinson and the Americans*, S. 133.

46 Alvin L. Marty, »A Reminiscence of Joan Robinson«, *American Economic Association Newsletter*, Oktober 1991, S. 5–8.

47 Arthur Pigou an John Maynard Keynes, Juni 1940, King's College Archive.

48 Michael Straight, zitiert in: Turner, *Joan Robinson and the Americans*, S. 56.

49 Brian Loasby, »Joan Robinson's Wrong Turning«, in: Ingrid H. Rima (Hg.), *The Joan Robinson Legacy*, London, 1991, S. 34.

50 Joan Robinson, »Mr. Harrod's Dynamics«, *Economic Journal*, März 1949, S. 81.

51 T. S. Ashton, *The Industrial Revolution* (1948), Oxford, 1997, S. 129.

52 Joan Robinson, »Review of Joseph Schumpeter, *Capitalism, Socialism and Democracy*«, *Economic Journal*, 53, 1943, S. 381 ff.

53 Siehe Sidney Hook, »Review of Rosa Luxemburg, *The Accumulation of Capital, with a Preface by Joan Robinson*«, 1951.

54 Joan Robinson, *The Accumulation of Capital*, London, 1956.

55 Joan Robinson, »Mr. Harrod's Dynamics«, *Economic Journal* 59, März 1949. Siehe auch Roy Forbes Harrod, *Towards a Dynamic Economics*, London, 1948.

56 Robinson, »Mr. Harrod's Dynamics«, S. 85.

57 Joan Robinson, »Model of an Expanding Economy«, *Economic Journal* 62, März 1952.

58 Joan Robinson, *Letters from a Visitor to China*, Cambridge, 1954, S. 8.

59 Joan Robinson, »Has Capitalism Changed?«, *Monthly Review,* Bd. 13, Nr. 5, Oktober 1961.

60 Samuelson, »Remembering Joan«, S. 121–143.

61 Stanislaw H. Wellisz, *Review of Economics and Statistics* 40, Nr. 1, Februar 1958, S. 87 f.

62 Samuelson, »Remembering Joan«, S. 121 f.

63 Abba Lerner, »*The Accumulation of Capital*«, *American Economic Review,* September 1957, S. 693, 699.

64 Lawrence R. Klein, »*The Accumulation of Capital* by Joan Robinson«, *Econometrica,* 26, Nr. 4, Oktober 1958, S. 622, 624.

65 Robert Solow, »Technical Change and the Aggregate Production Function«, *Review of Economics and Statistics,* 39, Nr. 3, August 1957, S. 320; sowie Robert Solow, zitiert in Turner, *Joan Robinson,* S. 143.

66 Joan Robinson, *Reports from China, 1953–76,* London, 1977, S. 7, 40 f.

67 Joan Robinson, *Private Enterprise or Public Control,* London, 1942, S. 13 f.

68 Zitiert in: Jason Becker, *Hungry Ghosts: Mao's Secret Famine,* London, 1998, S. 292.

69 George J. Stigler, Rezension von »*Economic Philosophy* by Joan Robinson«, *The Journal of Political Economy* 71, Nr. 2, April 1963, S. 192 f.

Anmerkungen zu Kapitel XVIII

1 Amartya Sen, *Development as Freedom,* New York, 1999, S. 36. [Vgl. ders., *Ökonomie für den Menschen. Wege zu Gerechtigkeit und Solidarität in der Marktwirtschaft,* übersetzt von Christiana Goldmann, München, 2000.]

2 Sankar Ray, »The Third World Apologist Finally Strikes«, *Calcutta Online,* 15. Oktober 1998, abrufbar unter: http://www.nd.edu/~kmukhopa/cal3oo/sen/art1o14m.htm (letzter Zugriff am 13. 9. 2011).

3 The Royal Swedish Academy of Sciences, »The Prize in Economics 1998–Press Release«, 14. Oktober 1998, abrufbar unter http://nobelprize.org/nobel_prizes/economics/laureates/1998/press.html (letzter Zugriff am 13.9.2011).

4 Amartya Sen im Gespräch mit der Autorin. Alle Zitate von Mr. Sen, die wie dieses aus meinen Gesprächen und Diskussionen mit ihm stammen, werden nicht mehr eigens ausgewiesen.

5 John B. Seely, *The Road Book of India,* London, 1825, S. 12. Musselin war übrigens ein beliebtes Thema in Jane Austens Briefen an ihre Schwester Cassandra.

6 William Sproston Caine, *Picturesque India: A Handbook for European Travellers,* London, 1891, S. 367.

7 Telegramm von Archibald Percivel Wavell an Winston Churchill, Februar 1944, zitiert in: Penderel Moon (Hg.), *Wavell: The Viceroy's Journal,* Oxford, 1973, S. 54.

8 Amartya Sen, »Autobiography«, abrufbar unter: (http://nobelprize.org/nobel_prizes/economics/laureates/1998/sen-autobio.html (letzter Zugriff am 4.9.2011).

9   *ibd.*

10 Amita Sen im Gespräch mit der Autorin.

11 Indira Gandhi, *Selected Speeches and Writings of Indira Gandhi,* Bd. 5: *January 1, 1982–October 30, 1984,* New Delhi, 1986, S. 457.

12 Arjo Klamer, »A Conversation with Amartya Sen«, *Journal of Economic Perspectives* 3, Nr. 1, Winter 1989, S. 148.

13 Jean Drèze und Amartya Sen, *India, Development and Politics,* Oxford, 2002, S. 3.

14 Amartya Sen, »The Impossibility of a Paretian Liberal«, *Journal of Political Economy* 78, 1970, S. 152–157.

15 Drèze und Sen, *India, Development and Politics,* S. 2.

16 Weltentwicklungsindikatoren der Weltbank, abrufbar unter http://data. worldbank.org/indicators (letzter Zugriff am 15.9.2011).

Anmerkungen zum Epilog

1   John Maynard Keynes, *The General Theory of Employment, Interest and Money,* New York, 1936, S. 383.

2   Robert Solow, »Faith, Hope and Clarity«, in: David Colander und Alfred William Coats (Hg.), *The Spread of Economic Ideas,* Cambridge, Mass., 1993, S. 37.

Register

Bildnachweis